MANAGEMENT COMMUNICATION: A CASE-ANALYSIS APPROACH

Business Administration Classics

工商管理经典译丛

管理沟通
以案例分析为视角

（第5版）（FIFTH EDITION）

詹姆斯·奥罗克（James S. O'Rourke, IV）　著
康　青　译

中国人民大学出版社
·北京·

工商管理经典译丛
出版说明

随着中国改革开放的深入发展，中国经济高速增长，为中国企业带来了勃勃生机，也为中国管理人才提供了成长和一显身手的广阔天地。时代呼唤能够在国际市场上搏击的中国企业家，时代呼唤谙熟国际市场规则的职业经理人。中国的工商管理教育事业也迎来了快速发展的良机。中国人民大学出版社正是为了适应这样一种时代的需要，从1997年开始就组织策划"工商管理经典译丛"，这是国内第一套与国际管理教育全面接轨的引进版工商管理类丛书，该套丛书凝聚着100多位管理学专家学者的心血，一经推出，立即受到了国内管理学界和企业界读者们的一致好评和普遍欢迎，并持续畅销数年。全国人民代表大会常务委员会副委员长、国家自然科学基金会管理科学部主任成思危先生，以及全国MBA教育指导委员会的专家们，都对这套丛书给予了很高的评价，认为这套译丛为中国工商管理教育事业做了开创性的工作，为国内管理专业教学首次系统地引进了优秀的范本，并为广大管理专业教师提高教材甄选和编写水平发挥了很大的作用。其中《人力资源管理》（第六版）获第十二届"中国图书奖"；《管理学》（第四版）获全国优秀畅销书奖。

进入21世纪后，随着经济全球化和信息化的发展，国际MBA教育在课程体系上进行了重大的改革，从20世纪80年代以行为科学为基础，注重营销管理、运营管理、财务管理到战略管理等方面的研究，到开始重视沟通、创业、公共关系和商业伦理等人文类内容，并且增加了基于网络的电子商务、技术管理、业务流程重组和统计学等技术类内容。另外，管理教育的国际化趋势也越来越明显，主要表现在师资的国际化、生源的国际化和教材的国际化方面。近年来，随着我国MBA和工商管理教育事业的快速发展，国内管理类引进版图书的品种越来越多，出版和更新的周期也在明显加快。为此，我们这套"工商管理经典译丛"也适时更新版本，增加新的内容，同时还将陆续推出新的系列和配套参考书，以顺应国际管理教育发展的大趋势。

本译丛选入的书目，都是世界著名的权威出版机构畅销全球的工商管理图书，被世界各国和地区的著名大学商学院和管理学院所普遍选用，是国际工商管理教育界最具影响力的教学用书。本丛书的作者，皆为管理学界享有盛誉的著名教授，他们的这些著作，经过了世界各地数千所大学和管理学院教学实践的检验，被证明是论述精辟、视野开阔、资料丰富、通俗易懂，又具有生动性、启发性和可操作性的经典之作。本译丛的译者，大多是国内各著名大学的优秀中青年学术骨干，他们不仅在长期的教学研究和社会实践中积累了丰富的经验，而且具有较高的翻译水平。

本丛书的引进和运作过程，从市场调研与选题策划、每本书的推荐与论证、对译者翻译水平的考察与甄选、翻译规程与交稿要求的制定、对翻译质量的严格把关和控制，到版式、封面和插图的设计等各方面，都坚持高水平和高标准的原则，力图奉献给读者一套译文准确、文字流畅、从内容到形式都保持原著风格的工商管理精品图书。

　　本丛书参考了国际上通行的 MBA 和工商管理专业核心课程的设置，充分兼顾了我国管理各专业现行通开课与专业课程设置，以及企业管理培训的要求，故适应面较广，既可用于管理各专业不同层次的教学参考，又可供各类管理人员培训和自学使用。

　　为了本丛书的出版，我们成立了由中国人民大学、北京大学、中国社会科学院等单位专家学者组成的编辑委员会，这些专家学者给了我们强有力的支持，使本丛书得以在管理学界和企业界产生较大的影响。许多我国留美学者和国内管理学界著名专家教授，参与了原著的推荐、论证和翻译工作，原我社编辑闻洁女士在这套书的总体策划中付出了很多心血。在此，谨向他们致以崇高的敬意并表示衷心的感谢。

　　愿这套丛书为我国 MBA 和工商管理教育事业的发展，为中国企业管理水平的不断提升继续做出应有的贡献。

中国人民大学出版社

　　管理的实质是什么？哈佛大学商学院的罗伯特·埃克尔斯教授认为，管理的实质就是通过有效运用语言让人把事情做好。更简洁地说，管理的过程就是沟通的过程。

　　也许，你正在为自己不善言辞而感到困惑；也许，你会认为只有那些天赋过人者才能成为沟通高手。那么，请阅读本书吧，它能为你答疑解惑，也许会使你重拾信心。詹姆斯·奥罗克所著的《管理沟通——以案例分析为视角》一书以生动幽默的笔触为你呈现出一个令人充满自信的理念，即沟通不仅是管理者应具备的必要的基本技能，也是可以通过学习得以掌握和完善的一门艺术。正如本书题名所寓，作者以原创性案例为视角，通过案例分析的方法，着力将沟通理论、沟通伦理、倾听与反馈、非语言沟通、跨文化沟通、冲突管理、商务会议、媒体应对等主题阐述得淋漓尽致。它不仅使自我研习与课堂教学变得趣意盎然、生动活泼，而且使学生通过身临其境般的管理沟通实例的体验与感悟，从管理的战略高度认识和把握管理沟通的真谛。

　　《管理沟通——以案例分析为视角》一书自 2001 年由培生教育出版公司在美国出版以来，广受欢迎，先后在英国、加拿大、新加坡、日本、澳大利亚以及中国等出版。

　　受中国人民大学出版社委托，译者在翻译本书第 4 版基础上再为读者奉上其第 5 版中译本。新版《管理沟通——以案例分析为视角》在充分保持原教材生动诙谐、循循善诱等特色的同时，更新和补充了一些国际著名企业的生动案例，极具可读性，令人深受启发。相信您在仔细研读本书后，一定会对管理沟通产生更深刻的感悟。

　　本书不仅适用于管理沟通、商务沟通、组织沟通等课程的教学，也适用于 MBA 管理沟通课程教学及企业内训。

康　青

多年前,作为美国西南航空公司(American Southwest)飞行测试小组的一名空军军官,我有幸与一位长者(显然也是一位智者)进行了交谈。他从事航空业已有多年。我们的谈话围绕着年轻军官如何才能获得成功,即如何在众多出类拔萃、受过良好教育,且训练有素的同行中脱颖而出,成为一名出色的领导者。他的话颇具哲理:"对于年轻的军官而言,没有什么技能比自我表达来得更重要。"就是说,不是实际的勇气,也不是精湛的飞行技术;不是高学历,也不是专业化的训练,而是"有效的自我表达"最重要。

自那次谈话后的这些年来,我亲眼看见了年轻管理者们所谓的"职业生涯的关键时刻"。有时,一份精心设计的建议书、一份翔实周到的报告,或者对批评所做出的及时敏捷的反应在关键时刻都可以挽救一个人的职业生涯。我见到过一些年轻人因其富有技巧的自我介绍而获得了理想的工作。我也见到过一些人因在做简介时答不出简单明了的问题而变得语无伦次,而该问题完全属于其专业领域。更糟糕的是,还有一些人喋喋不休,使自己陷入难堪的境地。

毫无疑问,沟通是管理者应具备的主要技能。它是思想和行动的纽带;它是创造利润的过程;它是建立人际关系的感情黏结剂;它是,正如诗人威廉·布莱克(William Blake)所描述的,"天才的驾驭者"。缺乏沟通能力就会使自己疏远组织、行业或外界社会的其他人。反之,拥有沟通技能就能使自己在通向成功的道路上游刃有余。

本书的基本观点是:沟通作为一种技能可以学习、传授和完善。你有可以提升自己目前的人际沟通状况的潜能,但要做到这一点并非易事。本书可以助你一臂之力。你已取得的成就足以证明你致力于成功,那么本书将从一个系统性和可读性的视角全面考察立志成为一名成功管理者所必须特别关注的方方面面。

本书的内容

1. 本书着重讨论了管理沟通的过程,并且探讨了有助于商科学生和新上任的管理者通过了解和掌握沟通技巧成为沟通高手的途径。

2. 本书认为写、说、倾听及其他沟通行为是思辨过程的最终产物。这种过程恰恰是管理者为了企业的生存而每天都得经历的。日复一日,管理者的基本工作就是要解决管理问题,而管理者能够运用的大多数基本工具/手段却与修辞学有关。

本书支持如下观点:学习目标从本质上讲是战略性的,它随着工作场所为了满足瞬息万变的全球经济的需要做出改变而不断演变。本书提供了一些沟通的基本技能,如果你有机会成为中高层管理者,我们希望你能够将这些基本技能在你自己的企业,或者在其他各类企业中发扬光大。

本书的与众不同之处

本书一方面沿袭了大多数管理沟通教师的教学方法，另一方面，在大多数关键方法上，又有别于沟通领域的其他书籍。

第一，整个过程突出战略性。本书开宗明义地以某种非传统观点阐述了21世纪成功企业的所有沟通过程都将是高度整合的。在一家企业所发生的事件会对其他所有企业产生影响。对一个观众所讲的话，其结果会影响到其他人。21世纪经济世界中的管理者如果不从整合的、战略的视角出发，那么，无疑他们会陷入事与愿违的境地，进而置他们的企业于危急之中。

第二，本书所倡导的方法是将伦理学和道德决策过程整合到学科的各个方面。对于在商科类课堂讲授伦理道德，许多教师觉得无所适从或稍感不适。然而，渐渐地，商界管理者却发现他们经常会遭遇道德两难境地，以及涉及员工、顾客、股东和其他利益相关者的道德决策问题。

本书并未一味说教，相反，它提供了简单明了的道德决策框架，以促进教师和学生的理解。通过全书的学习，尤其是通过案例研究和角色扮演等练习，你能学会如何向同学和同事提出他们所热切关注的问题。尽管要解答这些问题并非易事，但直面这些问题的过程会使你成为一名出色的管理者。

第三，本书包括以下章节："技术"（第7章）、"倾听和反馈"（第8章）、"非语言沟通"（第9章）、"跨文化沟通"（第10章）和"冲突管理"（第11章）。这些内容在其他同类教材中往往被忽视。显然，这类人际沟通技巧对于管理者的职业生涯发展而言是不可或缺的，对管理者借以施加个人影响力也至关重要。此外，第5版重新修订了"劝说"（第6章），并且着重探讨了影响劝说过程的内在因素。

第四，本书考察了商业组织及其管理者与新闻媒体之间那种常常令人捉摸不透但又不可回避的关系。提供了一整套深入浅出的方法以帮助你无论是获得好消息还是坏消息时都能从容应对，处理好各种关系。在公平、准确、全面阐述有关你公司故事的同时，你能否坦然面对记者可能关系到你的职业生涯是继续向前发展还是戛然而止。

案例研究方法的附加值

第5版提供了30多篇原创性并适合课堂教学的案例研究，它们有助于组织课堂讨论，以及运用各章节所阐述的原理。其中两章（第8章和第13章）编制了角色扮演练习。附录A"案例研究分析"帮助你了解案例学习对于商科学生的价值，以及如何从本书的案例中获得最大的收获。一个丰富而有趣的案例研究会让你领悟到企业与沟通的关系，提供向你的老师和同学学习的机会，以及提供考察当人们一起工作时的错综复杂过程的机会。阅读和分析案例是很有用的，但真知灼见却是来自当其他人讨论并阐述其观点时的洗耳恭听。附录B"撰写案例研究"提供了足够的信息，帮助你和你的小组学会如何进行调研并撰写原创性商业案例。

其余的在于你自己

你能从本书获益多少，如何通过使用此书变得更加精明，获得更加擅长作为一名管理者所需的技能完全取决于你自己。只是简单地阅读书中的原理，浏览各种例子，或者与朋友和同学讨论那些案例是远远不够的。你需要运用所学知识将成功管理者的谆谆告诫及本书中深入讨论的内容付诸实践。然而，开发和运用沟通技巧的真正喜悦却来自你与他人建立起良好的关系，你的职业生涯及其他方面获得成功发展。这些沟通技巧不仅是我们学会谋生的保障，更是我们学会生存的策略。

第 1 章

新时期的管理沟通
■ Management Communication in Transition

本书认为管理沟通乃是 21 世纪全球职场的主要技能。对于语言的理解及对其内在威力的领悟能力，以及说、写、倾听和建立人际关系的技能将是决定你作为一名管理者成功与否的关键。

20 世纪中叶，管理学大师彼得·德鲁克曾经写道："管理者必须学会懂得语言，理解词的含义。也许最最重要的是，他们应该学会像珍惜我们最为珍贵的礼物和遗产那样尊重语言。管理者必须认识到语言最古老定义的含义，即语言是'人类渴望真知灼见的艺术'。"[1]

20 世纪晚期，哈佛商学院的两位教授罗伯特·埃克尔斯（Robert Eccles）和聂廷·诺里亚（Nitin Nohria）在德鲁克观点的基础上提出了独到的管理学观点，他们这样写道："为了正确认识管理学，管理者需要首先重视语言。"[2]特别是，他们认为完整的管理学观点应关注三方面的问题：运用语言来实现管理者的目标、构成管理身份，以及采取措施实现所在组织的目标。最重要的是，他们认为"管理的实质就是通过有效运用语言让人把事情做好"。[3]

因此，有能力的、有效的管理者的工作之一便是理解语言与行动的关系。此外，管理者的工作还包括寻找成为管理者这一角色的方法。大量知名研究人员对于大型组织中沟通与行动之间的重要关系进行了考察，他们得出的结论是：两者不可分割。如果语言措辞不当或运用不当，就很难确保产生正确的行动。"语言表达至关重要，"埃克尔斯和诺里亚写道，"它们非常重要。离开语言，我们无法阐明战略理念、组织架构形式或绩效测评体系设计。"他们最后如此归纳，语言"对于管理者而言，实在是太重要了，以至于他们不能不当回事，更不能滥用语言"。[4]

因此，如果语言是管理者实施有效行动的关键，那么接下来的问题便是：你很擅长运用语言吗？你实施行动的能力——招聘人员、组织重组、投入新的生产线——完全取决于你对语言的有效运用，无论是作为演讲者还是倾听者。你作为演讲者和写作者的有效性决定了你是否能够让他人按你的意图做事。同时，作为倾听者的有效性决定了你能否很好地理解他人，并为他们做事。

本书将考察语言在管理者生活中的作用，以及语言在组织生活中的中心地位。此外，本书特别帮助你考察自己在运用语言、试图影响他人以及对你的上司和组织的要求做出反应方面的技能和能力。

如果你认为获得一份理想的工作很大程度上取决于你成绩单上的成绩，那你就错了。沟通及其他技能是用人单位在招聘大学毕业生时最看重的基本的个人优点。除此之外，他们还看重很强的工作道德观念、团队协作技能、主动性、与他人友好相处，以及解决问题和分析问题的能力。[5]

本书涉及信息传递以及在信息传递过程中各种技巧的运用，如说、写、倾听和批判性思维过程等，但不局限于对技巧的论述，它还讨论了如何了解你自己，了解他人眼中的你，以及你作为企业中的个体所能够做出的贡献。这涉及自信心的问题，即你是否能够成功运用知识进行演讲和书写，当他人演讲时你能否有效运用倾听技巧，以及能否确保你作为一名管理者和领导者获得并给出反馈。

本章将首先考察管理工作的本质、管理者的角色及管理者工作的特点。此外，还将探讨管理者职位的变化和管理者工作的差异。我们还将讨论若干年后你所需的管理技能。本章的核心在于传递一种理念，即沟通从诸多方面而言是管理者的日常工作。本书随后将考察写、说和其他具体技能在你作为管理者的职业生涯中的作用，以及随着你事业的进步和发展你会遇到的挑战。

1.1　管理者整天在做些什么

如果你查阅大量管理教材以了解有关管理工作的本质，很多教材——如果不是绝大部分——会提及管理者把他们的时间用来从事计划、组织、人员配备、指挥、协调、报告和控制。这些管理活动，就像简·汉纳韦（Jane Hannaway）在其关于工作中的管理者的研究中所发现的，"事实上并不能描述管理者实际从事的事情"。[6]充其量它们也只是描述了管理者不断试图实现的一些不明确的目标而已。现实世界远不止那么简单。绝大多数管理者所工作的真实世界是一个"混乱、忙碌且持续进行的活动流"。[7]

管理者持续不断地工作。事实上，每一项有关工作中管理者的研究都发现，他们"频繁地在工作与工作间转换，改变关注焦点以对新出现的问题做出反应，同时，他们还从事大量的短期工作任务"。[8]麦吉尔大学（McGill University）哈维·明茨伯格（Harvey Mintzberg）教授通过观察首席执行官的工作以了解他们在做些什么以及如何分配时间。例如，他发现首席执行官每天平均有36次书面的和16次口头的交流，并且几乎每次都是处理不同的问题。绝大多数这样的活动都很短暂，持续时间不到9分钟。[9]

哈佛商学院教授约翰·科特（John Kotter）花了5年的时间对许多成功的总经理进行研究，发现他们大部分时间都是同他人在一起，包括下属、上司及众多组织外部人员。科特的研究表明平均每位管理者只有25%的时间独自工作，这些时间还大部分是在家、机场或是上下班的路上。几乎所有的管理者超出70%的工作时间是与他人在一起，一些甚至达到90%。[10]

科特还发现管理者与其他人讨论的话题范围极其广泛，而且花在那些不重要的问题和重要的商业问题上的时间一样多。他的研究还显示，管理者很少在这些谈话中做出"重大决策"，很少下达传统意义上的命令。他们经常会对其他人的倡议做出反应，花大量的时间在计划外的、没有入日程的活动上。科特发现管理者把他们绝大部分时间用在与他人简短的、不连贯的谈话上。"讨论一个单独的问题的时间很少超过10分钟，"他注意到，"对一位总经理来说，在5分钟的谈话中涉及 10 个不相关的话题一点儿也不意外。"[11] 最近，李·斯普劳尔（Lee Sproull）的管理者研究也显示了相同的模式。在一天当中，管理者参与了 58 个不同的活动，平均每个活动的持续时间只有 9 分钟。[12]

受到打扰也是工作本质的一部分。罗斯玛丽·斯图尔特（Rosemary Stewart）在对管理者进行的为期 4 周的研究中发现，他们只有 9 次可以持续工作半小时而不被打扰。[13] 实际上，管理者留给自己极少的时间。与管理教材所描述的情形不同，他们很少独自拟定计划或为做出重大决策而独自苦思冥想。相反，他们花费绝大部分时间与人沟通——不论是组织内还是组织外。假如包括走廊上的非正式沟通、电话交流、一对一会议和大型会议，管理者有 2/3 的时间与他人在一起。[14] 正如明茨伯格所指出的："与其他员工不同，管理者不能丢下电话或离开会议而回去工作。恰恰相反，这些交流就是他的工作。"[15]

管理的互动本质意味着绝大多数管理工作均是会话式的。[16] 当管理者在工作时，他们就是在交谈和倾听。[17] 对管理工作本质的研究表明管理者 2/3～3/4 的时间用于语言交流活动。这些活动，根据艾克尔斯和诺里亚的说法，是管理者收集信息、通晓一切、识别问题、达成共识、制定计划、开展工作、下达命令、维护权威、发展关系和传播非正式信息的一种手段。简言之，它们就是管理者日常工作的全部。"通过其他形式的交谈，例如演讲和陈述，"艾克尔斯和诺里亚写道，"管理者明确他们工作的意义和重要性，同时也让其他人知道组织是什么、组织现在的地位如何以及组织的实力如何。"[18]

1.2　管理者扮演的角色

明茨伯格教授在那项对之后的理论发展产生重大影响的关于管理者及其工作的研究中发现，大多数管理者扮演了三种主要的管理角色。

人际关系角色　管理者在一周的工作时间中需要同大量的人员进行互动性交流。他们负责接待，邀请客户和顾客用餐，会见商业伙伴及潜在伙伴，主持招聘及绩效评估面谈，以及与很多人建立联盟、友谊及人际关系。大量的研究表明，由于这些人际关系比较直接和具有个人化特点，它们因此成为管理者最丰富的信息来源。[19]

管理者的三种角色直接来源于正式权力以及基本的人际关系。首先是挂名领袖的角色。作为一个组织单位的领导，每个管理者都必须履行一些礼仪性职责。根据明茨伯格的研究，总经理们将 12% 的时间用于履行礼仪性职责；他们 17% 的邮件涉及与他们身份相关的回执和邀请。例如一家公司的总裁为一名残疾学龄儿童申请免费商品。[20]

管理者也对组织单位内的人员的工作负责，他们在这方面的行为直接与其领导者角色有关。根据明茨伯格的观点，管理者的影响力在领导者角色中清楚地得以体现。正式权力赋予他们巨大的潜在权力。领导力在很大程度上决定了他们获得权力的大小。[21]

领导者的角色重要吗？我们来看看克莱斯勒公司（Chrysler Corporation）（现

为戴姆勒克莱斯勒公司（Daimler Chrysler））的员工怎么说。当李·艾柯卡（Lee Iacocca）在 20 世纪 80 年代接管公司时，这个曾经辉煌的汽车制造厂正面临破产，在灭亡的边缘挣扎。他与美国汽车工人联合会（United Auto Workers）建立了新的关系，重组了公司高级管理层，也许最重要的是说服美国联邦政府为公司一系列的银行贷款作担保，使公司重新获得了偿债能力。贷款担保、工会影响、市场反应在很大程度上归功于艾柯卡的领导风格和个人魅力。更近一点的例子是星巴克的创始人霍德华·舒尔茨（Howard Schultz），他重新驾驭公司，使公司再度焕发活力；以及亚马逊首席执行官杰夫·贝佐斯（Jeff Bezos）及他在经济低迷时期的改革能力。[22]

直到最近，热门的管理文献才开始涉及管理者的联络员角色。管理者建立、维持垂直指挥之外的联系。由于每一项有关管理工作的研究都发现，管理者与同级或组织外人员相处的时间和与下属相处的时间一样多，因此联络员角色就变得特别重要。出人意料的是，管理者与其上级相处的时间极少。在罗斯玛丽·斯图尔特的研究中，160 名英国中层和高层管理者将 47% 的时间用于与同级相处，41% 的时间用于与组织单位外的人员相处，只有 12% 的时间用于与上级相处。[23]罗伯特·H. 格斯特（Robert H. Guest）关于美国制造业主管的研究得出类似的结果。[24]

信息角色   管理者需要收集、整理、分析、存储和传播多种信息。在这个过程中，他们变成了信息中心，通常在他们的大脑中存储大量信息，在信息收集角色和传播角色中迅速转换。虽然很多商业组织安装有大型的、昂贵的管理信息系统来完成以上工作，但是没有任何东西可以与一个训练有素的管理者的大脑信息处理的速度和直觉相媲美。毫无疑问，大多数管理者选择了这种方式。[25]

作为监督者，管理者不断地观察周围的信息环境，与联络人和下属交谈，获得原始信息。大多数信息是通过个人交际网来获得的，其中相当一部分通过口头沟通形式，通常包括闲聊、传闻或推测。[26]

在传播者角色中，管理者把特有的信息直接传播给可能无法获得这些信息的下属。管理者不仅要决定谁应该得到这些信息，也要决定所获得信息量的多少、获得信息的时间间隔以及获得信息的形式。现在越来越多的情况是，管理者需要决定下属、同级、顾客、商业伙伴以及其他人是否有权一天 24 小时都可直接获得信息，而不必同管理者直接联系。

在发言人角色中，管理者把信息传递给组织外的人员：管理者为了组织的事业发表演讲，或者向供应商建议如何改进产品等。现在，在大多数情况下，管理者需要与新闻媒体的代表打交道。这些媒体代表会对事件做出基于事实和基于主观两方面的回应，他们会通过印刷或广播来传达给广大不了解事情原委的读者或听众，通常直接发表而很少经过编辑。在这种情形下，对组织而言风险极大，但同时对品牌识别、公众形象、组织能见度来说都会是一种潜在收益。

决策角色   最终，管理者要代表组织和利益相关者的利益担负起做决策的责任。这些决策通常是在信息高度模糊、不充分的情形下做出的。通常，其他两种管理角色——人际角色和信息角色——会协助管理者来做出结果不明确、利益相冲突的艰难决策。

　　在企业家角色中，管理者积极进取提升企业核心能力以适应改变的市场环境，并且在机会出现的时候迅速做出反应。随着老的办法已经过时、竞争对手获得优势，那些以长远眼光看待自己责任的管理者会在第一时间意识到他们需要对自我、产品、服务项目、营销策略以及做生意的方式进行再造。

　　企业家角色描述了管理者是变革的发起人，而危机处理者角色则描述了管理者必须不自觉地对环境做出反应。危机可能因拙劣的管理者而使情况恶化和失控，但同样很多时候出色的管理者会迅速积极地对危机做出反应，有效控制态势。

　　第三种决策角色是资源分配角色，是指管理者针对谁应该得到什么资源、得到多少、什么时候得到、为什么得到做出决策。包括资金、设备、人力、办公室或生活空间等资源，甚至老板的时间都是有限的，需求不可避免地总是大于供给。管理者必须在保留、激励、开发员工最大潜力的同时，对资源分配做出明智的决策。

　　最后一个决策角色是谈判者角色。管理者将相当多的时间用于谈判：预算分配、劳资谈判协议以及其他正式的争议处理。在一周的时间里，管理者要做出许多决策，这些决策通常是员工、消费者或顾客、供应商以及管理者必须与之打交道的其他人两者之间或多者之间简短但重要的谈判的结果。[27]

1.3　管理者工作的主要特征

　　时间是零碎的　自古以来，管理者就发现他们从来不可能有足够的时间来完成需要完成的工作，而 20 世纪末的几年间出现了一种现象：领导者角色所需的时间在不断增加，而一天的时间却仍然不变。增加工作时间是对这种需求的一种回应，但是管理者很快发现一天只有 24 小时，用更多的时间来工作并不能增加收益。根据一位研究人员的观点："由于管理者责任重大，因而无法进行有效授权。结果，他们被迫过度工作，不得不草率地完成许多面上的任务。简洁、零碎及口头沟通乃是他们工作的特征所在。"[28]

　　价值观之间的竞争及各种角色之间关系紧张　管理者显然不能使每个人都感到满意。员工希望有更多的时间来完成工作；顾客希望快捷地获得高质量的产品和服务；主管希望拥有更多的资金购买设备、培训员工、开发产品；股东希望投资收益最大化。管理者被夹在中间，不可能每个人都得到他们最想要的东西，管理者通常只能依据需求的紧迫性和问题的邻近性来做出决策。

　　工作超负荷　最近几年，许多北美和全球企业通过重组变得更高效、反应更迅速，也更具竞争力。这些重组在很大程度上意味着下放管理程序，同时大规模地精简中层管理。许多在这样的裁员中幸存下来的管理者发现他们的直接下属猛增为之前的两倍。古典管理理论建议一名管理者有效指挥的直接下属最多为 7 人。但今天，快速发展的信息技术和十分高效的远程通信系统使得许多管理者的直接下属达到 20 人或 30 人。

　　高效是一种核心技能　随着管理者的时间比他们实际需要的少，随着时间被零碎地分散到工作日内不断增加的更小工作单元，从职场延伸到公司外，甚至是管理者的休假场所，以及随着在精简的扁平化组织中管理者需要承担更多的责任，高效已经成为 21 世纪的一项重要管理技能。

1.4 管理者的工作中不断变化的是什么？ 管理的重点

企业家角色变得日益重要　管理者必须增强对市场环境中威胁和机遇的认识。威胁包括竞争者的技术突破、管理者自身组织内的管理过时和显著缩短的产品周期。机遇大致包括有待提供的产品或服务利基，非周期性招聘机会，企业合并，采购，或设备、场所及其他资产的升级。谨慎地适应市场和竞争环境的管理者会寻找机遇来获得竞争优势。

领导者角色变得日益重要　管理者作为战略家和指导者必须更加富有经验。管理者的工作不只是简单地进行大型组织内的工作分工。管理者应该能够吸引、培训、激励、保留和提升优秀员工，这样组织才有希望在竞争中获得优势。因此，作为领导者，管理者必须持续不断地对那些具有潜力的员工扮演指导者的角色。一旦损失了一名十分有能力的员工，公司内的所有其他员工就可能会停止工作直到你能找人替代那名员工。即使你发现有人十分适合、完全有资格胜任某个空缺职位，你也必须培训、激励、鼓舞那名新员工。同时还必须明白新员工的生产率在短期内会比先前的员工低。

在帮助员工成长时，管理者必须构建局部视角　公司的年报及销售人员提供给顾客的精美的销售手册可能明确表达了公司的愿景、价值观和信念。但是这些概念对于你所在单位的员工到底意味着什么？竞争者的全球战略对于周一早上 8 点来上班的员工又意味着什么？无论如何，你必须根据公司的战略创建你所在单位的愿景，通过实际的通俗易懂的表达方式解释你的组织或单位的目标是什么以及员工的工作是如何与公司总体目标息息相关的。

1.5 21 世纪管理者应具备的管理技能

21 世纪的工作环境需要管理者具备三种管理技能，每一种在职业生涯的不同阶段都会起到有益的作用。

技术技能　这些技能的价值在管理的初级层面体现得较明显，但在管理的较高层面其价值就不是那么凸显。组织会根据人们的技术特长来进行员工招募：你能否对某栋商务办公楼的市场价值进行评估？你能否计算一系列净现值？你是否可以熟练使用 C++ 或 SAP/R3 软件？然而，这些技术不断变化，并且可能很快过时。那些使你被公司录用的技能未必能确保你获得晋升。

人际关系技能　人际关系技能在整个管理职业生涯过程都很有用，甚至可能有助于你的进步和晋升。这些能够帮助你建立关系的技能乃是管理沟通的核心所在：读、说、倾听，以及随着工作转换和工作增加，思考你如何去帮助他人以及他人如何帮助你。

概念技能　概念技能对于管理的初级层面的作用甚小，但对于组织的高级管理层面，其作用却非同小可。它们使你透过当前琐碎的工作拥有大局观。希望成为企业中最高管理层的成功管理者必须在较早时候就开始培养自己的大局观及前瞻性思维的能力。然而，假如你仍未建立起能够帮助你晋升的人脉，那么，你可能就不会有足够的机会使用概念技能。

1.6 交谈就是工作

根据戴尔德丽·博登（Deirdre Borden）的观点，所有行业的管理者均花费其75％的时间于语言互动。[29]这些日常的互动包括以下几个方面：

一对一交谈 管理者越来越发现大量信息是通过口头传递，通常是在办公室、大厅、会议室、自助餐厅、休息室、运动场所、停车场以及实际上许多其他场合的面对面会谈中获得的。大量的信息在高度非正式情形下交流、确认、证实及来回传递。

电话交流 现在，管理者花费惊人的时间来打电话。但奇怪的是每个电话持续的时间在缩短，而每天打电话的次数却在增加。随着手机的普及和卫星电话服务的实现，没有人会长时间与办公室外失去联系。现在，关闭手机的决定实际上被认为是对工作-生活平衡的一种考虑。

远程电视会议 视频会议在时区和文化之间架起桥梁，使得与不同国家或全世界的员工、同事、顾客和商业伙伴交谈变成一件简单又便捷的事情。卡里尔公司（Carrier Corporation）是一家空调制造商，现在它是使用桌面视频会议来管理从员工会议到技术培训一切事务的典型企业。其康涅狄格州法明顿总部的工程师可以与千里之外的分公司服务部经理建立联系，解释新产品开发、演示维修技术以及更新一流员工的技术。这些事情就在最近还需要频繁出差或是昂贵的、具有广播性质的电视节目规划。他们之间的交流是非正式的和会话式的，与两个人同在一个屋子里进行交流有很大不同。[30]

面对小群体做演讲 管理者经常出于这样或那样的原因，需要对 3～8 名成员组成的群体做正式和非正式的演讲：传递高层管理者给予的信息；审核项目进程；解释从工作日程到组织目标的一切改变。这样的演讲有时会采用投影或书面大纲的形式，但基本上以口头表达为主，很大程度上保留了一对一的会话式特征。

面对大众的公众演讲 大多数管理者必须定期向数十人或数百人的听众做演讲。这样的演讲在形式上通常更为正式，经常采用 PPT 或 Corel 这些可以从文本文件、图表、照片甚至录像中的视频剪辑来传递信息的软件作为支持。尽管有更正式的环境和精密的视听系统，但是这些演讲仍是由一名管理者对他人进行的口头沟通，即由管理者构思、表达、传递信息给观众。

1.7 管理沟通的主要渠道是说和倾听

从 1926 年的兰金（Rankin）[31]，1957 年的尼科尔斯（Nichols）和史蒂文斯（Stevens）[32]，一直到 1982 年的沃尔温（Wolvin）和科克利（Coakley）[33]，科学家所做的大量科学研究证实了我们的直觉，即大多数管理者每天花费最多的时间于说和倾听。沃纳（E. K. Werner）在其马里兰大学（University of Maryland）的论文中阐述道，北美的成年人用 78％的沟通时间与他人交谈或倾听。[34]

根据沃纳及其他人对后现代商业组织沟通习惯的研究，管理者所从事的不仅是在讲台上的讲话或演讲，他们每天还要参加会议、打电话、主持面谈、巡回考察、非正式造访下属单位，以及参加各种社会活动。

每项这样的活动对于管理者而言都是其工作的一部分。精明的管理者会把这些活动视作听取他人想法、通过小道消息获得信息、倾听办公室传闻、传递由正式沟通渠道未能传递的观点或者在一种更为宽松的氛围下与同事或朋友进行交流的好机会。无论管理者参与这些活动的意图如何，这些活动所提供的信息和真知灼见都可以运用于日常工作中以实现组织和个人的目标。"为了解有效管理者的行为，"约翰·科特教授写道，"关键在于首先要认识到管理者工作中的两个根本挑战和困境。"面对大量相关信息，管理者必须首先明确该做什么。然后，在不具备太多控制力的情况下他们必须"通过各种群体完成要做的事"。[35]

1.8　写作的作用

写作在组织的生活中起着至关重要的作用。在一些组织中，写作显得比其他技能更为重要。例如，在宝洁公司，品牌管理者必须将其观点首先以书面的形式表达方能在团队会议上提出与工作相关的问题。对于宝洁公司的管理者而言，这么做意味着他们必须非常详尽地将其观点以标准的 1～3 页的备忘录形式提供给大家，其中涵盖完整的背景材料、财务讨论、实施细节以及观点说明。

其他组织在传统上更口头化，如 3M 加拿大公司就被称为是一个"口头"组织，但事实上，重大项目、决策和建议最终都还是以书面的形式呈现的。此类书面文件还提供分析、证明、归档及分析方法，尤其当管理者做出影响公司盈利和战略方向的重大决策时。

写作是职业生涯的筛选机　如果你无法清晰地以书面的形式表达自己的思想，那么你的职业生涯就很有可能受到威胁。由于写作能力贫乏而被早早解雇的故事举不胜举。你的主要目标，至少在你职业生涯的头几年，是不要使自己成为这类故事中的素材。请记住，那些极有可能注意到你写作质量和能力的人很可能会成为影响你未来职业生涯的关键人物。

管理者从事大部分的写作和编辑工作　管理者惬意地背靠椅子若有所思地让秘书听写信函或备忘录的时代已不复存在。一名拥有出色速记技能的管理助理对于一些高层管理者而言的确很重要，但今天的管理者有多少人具有这种优势呢？非常少，主要是因为购买电脑和打印机远比雇用另一名员工来得便宜。绝大多数组织中各层面的管理者都要自己起草、检查、编辑和发送信件、报告和建议。

文件有自己的生命力　一旦文件离开你的办公桌，它就再也不属于你了。当你签署了一封信函邮寄出去时，这封信就不再是你的了，而归你所寄送的个人或组织所有。结果，收信人倒是可以随心所欲地处置这封信，包括用它来对付你。如果你的观点有失周全或表述不清，那么组织中并不十分支持你观点的那些人就会不知所措。我们给你的忠告是：不要邮寄你的初稿，不要在你并不满意的文件上署名。

1.9 沟通就是创新

毫无疑问，沟通是一个创新过程。管理者完全是通过沟通来创造含义的，例如，一家公司未履行义务，直到一组审计人员来到公司，仔细地查看账本，严格审核后它才会履行义务。只有在进行了大量的讨论之后，会计师才得出结论，公司的确未尽义务。正是因为他们进行的讨论，才创造了这一结果。在这之前，未尽义务也只不过是诸多可能之一。

事实证明管理者通过沟通创造含义。在很大程度上，通过讨论和语言交流——常常是热烈的和富有激情的——管理者决定他们希望成为怎样的人，如市场领袖、兼并高手、革新者或经济守护神。只有通过沟通，才能将有关含义传递给股东、员工、顾客和其他人。那些广泛深入的讨论决定了公司将在这一年派发多少红利，公司是否会面临罢工或劳资纠纷，以及公司将大量投产顾客所需产品的时间表。此外，值得指出的是，管理者通常通过与他人的不断交流获得做事灵感。交谈还是很好的缓和剂，可以帮助管理者理性地处理日常事务。

1.10 **信息具有社会性**

如果我们希望认识在商业生活中人类话语的重要性，那么应关注以下方面。

信息是由人们创造、分享和理解的 含义全然是一个人为现象。一个问题只有当人们认为它重要时它才重要。事实只有当我们认同其界定时才成为事实。在有关管理者接下去该做什么的讨论中，观念和假设与真理同样重要。[36]

信息本身并不能说明问题 管理者在给其同事做报告时通常会说："先生们，这些数据本身说明了问题。"坦率地讲，这些数据并不能说明问题。它们几乎总是需要进行一定的解释或提供背景材料。不要认为他人与你的看法会一致，也不要认为你总是正确的。他人可能有与你见到的同样的事实或证据，但也许得出不同的结论。事情本身说明不了什么。

上下文总是决定了含义 一条信息的背景对于倾听者、浏览者或读者就其所见到的和所听到的得出合理的、理性的结论是至关重要的。就我们讨论的这一特别主题，这些天的新闻是怎么讲的？我们处于历史上哪个时期？除这条信息外是否还有其他相关信息需要考虑？我们不可能孤立地从一条消息中获得含义。

信息的发送者总是与信息相随 很难将一条信息与其发送者分开。我们往往会对信息发送者做出比信息本身更多的反应。这是很自然也很正常的事。人们为了某个理由而讲话，而我们都往往还没听清楚他们要说什么就去判断他们讲话的理由。记住，在每个组织，信息接收者将通过信息发送者及信息的内容和用意来判断信息的价值、分量、目的、意图和结果。如果你希望作为管理者而发送的信息产生一定的影响，那么这些信息应该由信息接收者所认识的、尊敬的和理解的信息发送者来传递。

1.11　你所面临的最大挑战

　　每位管理者都知道沟通的重要性，但每个人又都认为自己擅长沟通。你最大的挑战莫过于承认自己沟通技能的不足，然后坚持不懈地加以改进。首先你得承认自己的不足。

　　拉金（T. J. Larkin）和桑达·拉金（Sandar Larkin）在《沟通变革：为实现企业新目标而赢得员工的支持》（*Communicating Change：Winning Employee Support for New Business Goals*）一书中写道："管理者从骨子里认为他们正进行有效的沟通。在10多年的管理咨询经历中，我们从未遇到过有哪个管理者说自己不擅长沟通。他们承认偶尔会把事情弄得一团糟，但总体而言，毫无例外，每个人都认为自己基本上是个沟通高手。"[37]

1.12　你作为专业人员的任务

　　作为一名职业经理人，你的第一项任务便是认识到自己作为一名沟通者的优缺点。只有当你确定了那些自己最擅长和最不擅长的沟通任务时，才能有机会改进和提高。

　　你最重要的目标是改进目前的技能。改进技能以把事情做得最好。当然也不要错过开发新技能的机会，不断补充有助于你职业发展的能力清单。

　　为了改进你作为管理者的专业地位，还有两个建议。一是掌握今后几年工作中所需的基本知识。这就意味着你需要与你公司、行业和社区的其他专业人员进行交流并倾听他们的观点。关注那些带有倾向性的观点，它们不仅会影响你的产品和服务，也会影响你的未来。此外，这还意味着你需要大量阅读。你每天至少得阅读一份美国国内的报纸，包括《华尔街日报》（*Wall Street Journal*）、《纽约时报》（*New York Times*）、《金融时报》（*Financial Times*）以及其他地方性报纸。你每周得阅读新闻杂志，如《美国新闻和世界报道》（*U. S. News & World Report*）、《商业周刊》（*Business Week*）和《经济学家》（*Economist*）等。还要订阅月刊，如《快公司》（*Fast Company*）和《财富》（*Fortune*）。每个月你至少要阅读一本新的精装书。每年你起码得阅读10多本书，才能从中获得新思想和管理指导。

　　二是培养自信，这是你成为成功管理者所必需的，尤其是在面临不确定的变化和富有挑战的情境时。

延伸阅读 /////////////////////////

Axley, S. R. *Communication at Work: Management and the Communication-Intensive Organization.* Westport, CT: Quorum Books, 1996.

Christensen, L. T., Morsing, M., and Cheney, G. *Corporate Communications: Convention, Complexity, and Critique.* Thousand Oaks, CA: Sage Publications, Inc., 2008.

Clutterbuck, D. and Hirst, S. *Talking Business: Making Communication Work.* Burlington, MA: Butterworth-Heinemann, 2002.

Drucker, P. F. *Management Challenges for the 21st Century.* New York: HarperBusiness, 1999.

Ferguson, N. *The Ascent of Money: A Financial History of the World.* New York: The Penguin

Press, 2008.

Hamel, G. and Breen, B. *The Future of Management.* Boston, MA: Harvard Business School Press, 2007.

Krisco, K. H. *Leadership and the Art of Conversation.* Schoolcraft, MI: Prima Publishing, 1997.

Mintzberg, H. *Managing.* San Francisco, CA:

Berrett-Koehler Publishers, Inc., 2009.

Van Riel, C. B. M. and Fombrun, C. J. *Essentials of Corporate Communication.* New York: Routledge, 2008.

Wishard, W. V. D. *Between Two Ages: The 21st Century and the Crisis of Meaning.* Washington, DC: Xlibris Corporation, 2000.

注　释 /////////////////////

1. Drucker, P. F. *The Practice of Management.* New York: Harper &amp, Row, 1954.

2. Eccles, R. G. and N. Nohria. *Beyond the Hype: Rediscovering the Essence of Management.* Boston, MA: The Harvard Business School Press, 1992, p. 205.

3. Ibid., p. 211.

4. Ibid., p. 209.

5. *Job Outlook 2008.* National Association of Colleges and Employers, Chart A.

6. Hannaway, J. *Managers Managing: The Workings of an Administrative System.* New York: Oxford University Press, 1989, p. 39.

7. Eccles and Nohria. *Beyond the Hype*, p. 47.

8. Hannaway. *Managers Managing*, p. 37. See also J. P. Kotter. *The General Managers.* New York: The Free Press, 1982.

9. Mintzberg, H. *The Nature of Managerial Work.* New York: Harper &amp, Row, 1973, p. 31. See also: Mintzberg, H. *Managing.* San Francisco, CA: Berrett-Koehler Publishers, Inc., 2009.

10. Reprinted by permission of *Harvard Business Review* from Kotter, J. P. "What Effective General Managers Really Do," *Harvard Business Review,* March–April 1999, pp. 145–159. Copyright © 1999 by the Harvard Business School Publishing Corporation; all rights reserved.

11. Kotter. "What Effective General Managers Really Do," p. 148.

12. Sproull, L. S. "The Nature of Managerial Attention," in L. S. Sproull (ed.), *Advances in Information Processing in Organizations.* Greenwich, CT: JAI Press, 1984, p. 15.

13. Stewart, R. *Managers and Their Jobs.* London: Macmillan, 1967.

14. Eccles and Nohria. *Beyond the Hype*, p. 47.

15. Mintzberg. *The Nature of Managerial Work*, p. 44 (emphasis mine).

16. Pondy, L. R. "Leadership Is a Language Game," in M. W. McCall, Jr. and M. M. Lombardo (eds.), *Leadership: Where Else Can We Go?* Durham, NC: Duke University Press, 1978, pp. 87–99.

17. Mintzberg. *The Nature of Managerial Work*, p. 38.

18. Eccles and Nohria. *Beyond the Hype*, pp. 47–48.

19. Reprinted by permission of *Harvard Business Review* from Mintzberg, H. "The Manager's Job: Folklore and Fact." *Harvard Business Review*, March–April 1990, pp. 166–167. Copyright © 1990 by the Harvard Business School Publishing Corporation. All rights reserved.

20. Mintzberg. "The Manager's Job," p. 167.

21. Ibid., p. 168.

22. McGregor, J. "Bezos: How Frugality Drives Innovation," *BusinessWeek*, April 28, 2008, pp. 64–66.

23. Stewart, R. *Managers and Their Jobs.* London: Macmillan, 1967.

24. Guest, R. H. "Of Time and the Foreman," *Personnel*, May 1956, p. 478.

25. Mintzberg. "The Manager's Job," pp. 166–167.

26. Ibid., pp. 168, 170.

27. Ibid., pp. 167–171.

28. Ibid., p. 167.

29. Borden, D. The Business of Talk: Organizations in Action. New York: Blackwell, 1995.

30. Ziegler, B. "Video Conference Calls Change Business," *Wall Street Journal*, October 13, 1994, pp. B1, B12. Reprinted by permission of *Wall Street Journal*, Copyright © 1994 Dow Jones & Company, Inc. All rights reserved worldwide.

31. Rankin, P. T. "The Measurement of the Ability to Understand Spoken Language" (unpublished Ph.D. dissertation, University of Michigan, 1926). *Dissertation Abstracts* 12, No. 6 (1952), pp. 847–848.

32. Nichols, R. G. and L. Stevens. *Are You Listening?* New York: McGraw-Hill, 1957.

33. Wolvin, A. D. and C. G. Coakley. *Listening.* Dubuque, IA: Wm. C. Brown and Co., 1982.

34. Werner, E. K. "A Study of Communication Time" (M.S. thesis, University of Maryland, College Park, 1975), p. 26.

35. Kotter. "What Effective General Managers

Really Do," pp. 145–159.

36. Searle, J. R. *The Construction of Social Reality.* New York: The Free Press, 1995. See also Berger, P. L. and T. Luckmann. *The Social Construction of Reality.* New York:

Doubleday, 1967.

37. Larkin, T. J. and S. Larkin. Communicating Change: Winning Employee Support for New Business Goals. New York: McGraw-Hill, 1994.

案例 1-1　▶▶▶▶▶▶▶▶

奥德瓦拉公司（A）

斯蒂芬·威廉森（Stephen Williamson）最糟糕的噩梦即将来临。作为奥德瓦拉公司（Odwalla Inc.）的首席执行官，他是一个价值达 4 亿美元的公司的掌舵手，并且公司的产品因其质量和新鲜度而在优质果汁市场上受到顾客和竞争者的广泛关注。公司在太平洋西北部享有稳固的声誉，但是如今摆在斯蒂芬·威廉森面前的只有坏消息。

威廉森刚与公司的沟通主管见过面，讨论了危机沟通计划，正在对一份准备传真给美通社（PR Newswire）的新闻稿做必要的修改。现在是 1996 年 10 月 30 日，就在不到一小时前，西雅图金县公共卫生部（Seattle-King County Department of Public Health）、华盛顿州卫生署（Washington State Department of Health）报道了大肠杆菌（0157 - H7）传染病暴发的突发事件，根据流行病学分析是喝了奥德瓦拉公司的苹果汁和饮料所致，甚至公共健康医师发现，表现出相应症状的人与消费奥德瓦拉公司产品有直接关系。最近几周，喝过奥德瓦拉果汁的人中，已有 66 人患病。

大肠杆菌细菌

大肠杆菌全名为大肠埃希氏菌，是在显微镜下才可以看到的细菌物种，它是 20 世纪初由德国生物学家发现的，故以这位生物学家命名。几乎在所有体型较大的动物包括人类的大肠道内共生着多种细菌。但是在这些生物体中有一种极其有害的细菌，就是我们熟知的 0157 - H7 大肠杆菌，它是通过损害宿主的免疫系统而使其得病或死亡。

0157 - H7 大肠杆菌能够在未煮熟的食品中迅速生长，这些食品如肉、乳酸、水果、奶制品及果汁。然而，这种细菌可以通过加热或辐射被完全杀死。如果肉类经过 160 华氏度的蒸煮处理，或者果汁及其他饮料经过高温处理，这种细菌带来的伤害就可以避免或彻底消除。比如，消费者会认为速冻果汁不存在这种细菌危害，因为它们是经过 170 华氏度的高温加热过的。

奥德瓦拉的果汁产品虽然没有经过高温消毒，但是通过多步骤生产工艺流程，包括挑选最新鲜的水果，每个水果清洗两遍，冷却渣滓减慢微生物的生长，使大肠杆菌和其他有害细菌得到有效控制。产品每天由冷藏车配送给零售商，放在专门的奥德瓦拉冷柜里出售。这种过程每天都在重复，并且由公司的司机收集前一天未售出的产品将其集中到处理厂进行处理，以确保顾客每天从公司零售商购买的产品都是新鲜的、当天压榨的，从而使得老顾客愿意出高价购买公司产品。

现在的问题是，致命的大肠杆菌是如何进入奥德瓦拉果汁的呢？谨慎的、一丝不苟的生产流程怎么会出现问题呢？在过去的 16 年里，威廉森和公司的创始人格雷格·斯特尔腾波尔（Greg Steltenpohl）及奥德瓦拉团队努力保持着公司一流的口碑和产品的优质与时尚。可是，他们所有的努力就取决于这一刻了。处于发展中的公司的未来取决于威廉森和他的资深团队在接下来的几个小时内如何处理这起事件。整理好桌上的文件，威廉森做了个深呼吸并开始拨打传真号码。

奥德瓦拉公司

格雷格·斯特尔腾波尔和他的妻子邦尼·巴赛特（Bonnie Bassett），以及他的朋友格里·珀西（Gerry Percy）于 1980 年创立了奥德瓦拉公司。三个长期相处的朋友把后院的棚屋作为作坊，用借来的 200 美元购买的手动压榨机和一箱橙子制作出了新鲜的压榨橙汁。他们用大众面包车在当地的餐馆销售果汁。第一天所赚的钱仅够他们多买两箱橙子并在第二天继续他们的事业。就这样，他们开始了果汁帝国的历程。

多年来，位于圣克鲁斯的公司已经成长为美国西部鲜榨果汁供应商中的领头羊。如今，公司销售 20 多种口味的果汁、冰沙及维生素饮料。1993 年，斯特尔腾波尔曾说："如果不是新鲜压榨，就不是奥德瓦拉的产品。"公司于 1996 年上市，其销售额由 1991 年的 900 万美元暴涨到 1996 年的 5 900 万美元。在过去的 5 年里，奥德瓦拉每年的销售额以高达 40% 的增长率增长。

斯特尔腾波尔、巴赛特、珀西的创业灵感来自一本平装的商业书籍《即使少于 100 美元你也有 100 种企业可以开创》（*100 Businesses You Can Start for Under $ 100*）。基于对社会潮流和环境问题的关注，公司创始者决定创建一个有社会道德的公司。"奥德瓦拉"这个名字来自芝加哥艺术乐团（The Art Ensemble of Chicago）的音乐作品，该作品讲述了英雄奥德瓦拉（Odwalla）是如何引领其追随者冲出灰色阴霾的。与之相似，在加工食品行业处于灰色阴霾的时候，这家新创立的公司将通过提供鲜橙的替代品来吸引其顾客、朋友和邻居。

奥德瓦拉的愿景包含了"赋予整个身体以营养"的理念。通过奥德瓦拉的奉献精神，提供更加新鲜的果汁、保护环境，以及与社区建立联系，确保公司的市场地位。公司这种"以人为本"的理念在内部体现在员工和股东身上，在外部体现在顾客和更多其他群体身上。

多样化的产品系列

多样化的产品系列包括果汁、冰沙、所有天然膳食替代品、饮料及地热天然矿泉水，它们构成了奥德瓦拉所谓的营养滋补饮料。公司的核心竞争力在于用最精简的生产过程提供可口的和高营养价值的产品，区别于浓缩的、含有多种添加剂的替代品。公司通过有严格质量的生产系统、与供应商和推销商的协商，以及根据消费者口味和偏好进行及时的调整来实现这一目标。另外，除了营养价值和口味品质，公司的产品包装也是精心设计的。

公司的产品销往加利福尼亚、俄勒冈、科罗拉多、华盛顿、新墨西哥、得克萨斯和内华达等七个州。尽管要跨越七个州，公司的目标依然是生产"高质量的当天果汁"。这种严格的标准既保证了产品的营养价值，又保证了产品的纯正口味。因此，所购水果和蔬菜的货架时间被限制在 8~17 天。

水果口味、响亮的名字和纯天然成分使公司因让顾客在消费中获得健康而得到了极大的成功。公司的产品已经吸引了因关注健康而寻找维生素供应物的忠诚的成年人顾客，同时也在幼儿中享有盛名。父母们考虑到奥德瓦拉果汁的营养价值，认为与其他企业生产的饮料相比，奥德瓦拉果汁是有益健康的最佳选择。

奥德瓦拉的"纯天然"产品流程

奥德瓦拉采取了"纯天然"合成产品的差异化战略。公司采用最新鲜的水果来生产果汁、冰沙及维生素补充剂。奥德瓦拉产品的"纯天然"基础几乎涵盖了从采购到生产流程的各个方面。例如，所用的大部分水果是在华盛顿州生长的。但由于水果生长的季节性，公司会根据季节的变化选择稍微便宜点的加利福尼亚州的水果。

作为购买协议的一部分，奥德瓦拉要求所购买的所有水果都必须是手工精选的。这样就大大减少了水果在装运过程中出现瘀伤和腐烂的数量。除了购买这些基础原料，公司还分别设有专门的生产部和质量控制部。生产部负责监督产品的研发工作，它不仅要雇用工人操作压榨机、混合成分和灌装果汁，还要雇用一些分选者，他们的任务是确定哪些水果适合生产产品。公司通过质量控制部门监督所有的生产流程以确保严格执行安全规定。

尽管全国的果汁有98%是经过巴氏消毒生产流程的，但奥德瓦拉的产品却未经高温消毒。斯特尔腾波尔担心如果用巴氏消毒法或者其他清洗剂会杀死重要养分并影响最终产品的口感。他强调，"绝对新鲜"是奥德瓦拉产品的关键组成部分。

生产与质量

1995年年中，在佛罗里达州，由于在提供给迪士尼乐园的橙汁中发现沙门氏菌而引发了沙门氏菌事件。这起事件导致60多位儿童和成年人患病。结果，佛罗里达州起草了严格的法律，要求各大果汁公司成立专门小组确保生产流程的安全性。作为一家总部设在加利福尼亚州的公司，奥德瓦拉没有义务遵守这些标准，并且在佛罗里达州之外的果汁公司也很少有这样做的。

1996年早期，奥德瓦拉雇用了两名管理人员，他们均来自佛罗里达州的果汁业。其中一位叫戴夫·史蒂文森（Dave Stevenson），他负责监控质量，他建议公司增加以氯为基础的冲洗作为预防措施。然而，另一位名为奇普·比特尔（Chip Beetle）的管理人员却担心氯会留下异味，并且认为没有必要使用氯消毒。威廉森采纳了后者的观点，奥德瓦拉继续执行原来的采购、生产和分销流程。到1996年夏天，企业蓬勃发展。事实上，销量如此之大，以至于奥德瓦拉在满足市场需求上感到力不从心。公司当时的一些管理者认为产品需求问题比安全问题更重要。

是否每日一苹果，不用看医生？

在整个20世纪90年代，随着消费者健康意识的增强以及对环境敏感问题的支持，奥德瓦拉的销售额呈爆发式增长。此外，由于对奥德瓦拉果汁产品的青睐，公司那些极其忠诚的顾客坚信该公司有益健康的使命和社会价值观。在危机发生前的3年里，奥德瓦拉快速扩张，并且其盈利以每年40%的速度增长。

史蒂芬·威廉森回到办公室，他拿起电话拨通了公司沟通部主任的分机，当对方接听电话时，他说："我发送了新闻稿，我们现在该做什么？"

◆ 讨论题

1. 奥德瓦拉主要的沟通问题有哪些？

2. 什么是保持消费者信心的沟通策略？

3. 奥德瓦拉是否拥有现成的有效危机管理系统？

4. 像奥德瓦拉这样的公司应该如何在危机发生之前制定危机处理的指导方针？

5. 像奥德瓦拉这样的公司是否有责任改变其生产流程？

6. 如果奥德瓦拉所说的（是由于广告及其核心价值观出了问题）是真的，那么它该做什么？接下来应采取什么措施？

This case was prepared from personal interviews and public sources by Research Assistants Suzanne Halverson, Kristan L. Rake, and Jay Gallagher under the direction of James S. O'Rourke, Concurrent Professor of Management, as the basis for class discussion rather than to illustrate either effective or ineffective handling of an administrative situation.

案例1-2 ▶▶▶▶▶▶▶▶

Great West Casualty 公司与威瑟斯庞的财产（A）

1999 年 1 月 15 日，Old Republic 国际公司的主席兼首席执行官佐卡罗（A. C. Zucaro）像往常一样走进办公室并拿起当天的《华尔街日报》。当喝着第一杯咖啡开始工作时，他那受到良好训练的直觉告诉他这将是美好的一天：利率下降、市场上扬，并且 Old Republic 的许多子公司业绩良好。此刻，佐卡罗先生是个幸福的人。

当他翻到报纸的副刊时，他的乐观感荡然无存。市场版的头条是一篇关于 Old Republic 的子公司与 Great West Casualty 公司诉讼案的文章。这对于一个拥有 20 亿美元收入和 9 个子公司的企业来说并不是什么新鲜事。但是佐卡罗从头条消息中预知这个周五的早晨不再是那么愉快了。

保险行业中任何人都能回答以下问题：一位 81 岁的老太太在公路上被迎面而至的一辆大卡车撞死，接下来会发生什么？

提出损害赔偿申诉，这是当然的。但是在这个案子中，不是那位老太太的家庭请求补偿，而是肇事卡车的保险公司认为是已去世的老人因疏忽造成事故，并要求从她的财产中索赔。

"我不会给害死我妈妈的人支付赔偿金，"已逝老太太的女儿乔伊斯·兰说（Joyce Lang），"我情愿去坐牢。"

事故发生在 7 月的一个黎明前，当时来自密苏里州阿德里安的格特鲁德·威瑟斯庞（Gert rude Witherspoon）正在上班的路上。虽已 81 岁高龄，但是她充满活力、生性活泼，她在一家叫作 Dave's Wagon Wheel 的餐馆每周工作 50 小时，那里的常客习惯叫她"萨米"（Sammy）。

突然，她的车爆胎了。她的汽车滑到公路边的沟渠里。昏昏沉沉地，她爬了出来并走在迎面而来的装有粮食的卡车前面。警方报告说，卡车司机用力踩下刹车，但车子仍滑行了 100 多英尺，威瑟斯庞被宣告当场死亡。

大约 5 个月以后，就在圣诞节前夕，兰女士接到了来自肇事卡车的保险公司 Great West Casualty 公司的索赔通知，要求对受损卡车进行赔偿。Great West Casualty 公司的索赔额是 2 800 美元。

"当看到我母亲的名字出现在纸上，就像她是个罪犯时，我整个人简直都要垮了。"兰女士说道，她是母亲财产的遗嘱执行人。兰女士在第一次与《堪萨斯城星报》（*Kansas City Star*）说起此事时，请了一位律师针对索赔单进行反驳。"在那种情况下，一位 5 英尺高、105 磅重的老太太能对一辆卡车造成多大的破坏？"她问道。

Great West Casualty 公司作为总部在芝加哥的 Old Republic 国际公司的一家子公司，没有对此做出应答。遵从公司政策，它拒绝讨论案件的细节问题。但是公司却基于这样的观点进行索赔：威瑟斯庞太太横穿公路是她的"疏忽"。

雷克斯·威廉斯（Rex Williams）是弗农县 Grain & Supply 公司的主人，公司的卡车牵涉到事故中，他却说对事故不做评论。

另外，Great West Casualty 公司的执行副总裁斯科特·拉赫尔（Scott Rager）承认保险公司 2 800 美元的索赔会带来公共关系方面的风险。"这将有损公众对我们的印象。"他说。

资料来源：The Wall Street Journal，Friday，January 15，1999，p. B1.

发生在 1998 年 7 月 1 日的事故

1998 年 7 月 1 日清晨 4：30，81 岁的格特鲁德·威瑟斯庞在开车上班的路上，车子的一个轮胎爆了，导致车子倾斜到路边的沟渠中。由于车子无法开动，威瑟斯庞太太只能下车，沿着密苏里州阿德里安附近的美国 71 号公路往前走。她有点晕头转向，试图横穿高速公路求得帮助。就在那一刻，两辆双轮卡车几乎肩并肩地在通过桥下狭窄的公路，司机们发现了路上矮小的人影。当时以每小时 70 英里的速度行驶的卡车不可避免地撞上了她。根据警方的报告，肇事卡车司机用力踩下了刹车，但车子仍滑行了 100 多英尺，威瑟斯庞当场死亡。

威瑟斯庞的亲戚和朋友都感到震惊与悲伤，尤其是 Dave's Wagon Wheel 餐馆的同事们，因为威瑟斯庞太太曾是那里的一位服务员，每周在那里工作 50 小时。听到这个消息时没有人比威瑟斯庞太太的独生女儿乔伊斯·兰更伤心。"家庭破碎了，"她说，"我一定要找出更多的关于那天早晨所发生事故的信息。"

一位亲戚与保险公司联系

在事故发生后接下来的日子里，兰找寻更多关于事故的信息。她却只得到了密苏里州公路巡逻队和来自弗农县 Grain & Supply 公司的卡车车主雷克斯·威廉斯漠不关心的回应。由于在尝试进一步了解关于妈妈去世的事情时受挫，因此，兰打电话给 Great West Casualty 公司的一位索赔调解员询问一些问题。

Great West Casualty 公司的调解员解释说警方的报告和证词证明卡车司机没有错。"这就是你要告诉我的吗？"她问道。

调解员回应道："案子已经了结。""好吧，"兰说，"我会让案子重新开始。"

索赔代表预感到威瑟斯庞家要将 Great West Casualty 公司告上法庭，转向以其公司的名义就威瑟斯庞太太的财产进行起诉。"我从未想将公司告上法庭，"兰后来说，"我的确咨询过律师，但那只是想了解我们应享有哪些权利，我们没有提起任何诉讼。"

大约 5 个月后（就在圣诞节前的几天），即 1998 年 12 月 18 日，乔伊斯·兰接到了法院的传票，要求用威瑟斯庞的财产对撞上其母亲的卡车进行赔偿。传票明确规定，要求赔偿2 886 美元，以补偿 1998 年 7 月 1 日，因格特鲁德·威瑟斯庞的疏忽导致的对机动车的财产损害。

当地媒体于 1998 年 9 月 4 日第一次报道了这起事件，《堪萨斯城星报》的记者及兰的熟人巴巴拉·谢利（Barbara Shelly）撰写了一篇关于威瑟斯庞太太生活的短文。巧合的是，兰在与谢利女士交谈时收到了索赔通知书。"当看到我母亲的名字出现在通知书上，就像她是个罪犯时，"兰说，"我整个人都要垮了。"

兰之所以接到通知是因为她是其母亲财产的遗嘱执行人。"我不会给害死母亲的人支付赔偿金，"她说，"我情愿去坐牢。"

因对保险公司的行为感到吃惊，谢利女士写了第二篇文章来讨论那次事故及保险公司的反应。有关事件的详情被刊登在 1999 年 1 月 8 日的《堪萨斯城星报》上。然后被《华尔街日报》采编，并在 1999 年 1 月 15 日的副刊上进行了报道。正是在那一刻，佐卡罗意识到了麻烦。处理雷克斯·威廉斯的索赔要求是一个小问题，但是随之带来的问题是，公司如何应对媒体暴风骤雨般的批评。

Old Republic 国际公司

1999 年 1 月，Old Republic 国际公司是个财力雄厚并且高效的保险企业，在各个保险和再保险业务领域都有可观的收益。Old Republic 国际公司主要属于商业性保险业者，服务于美国领先行业的公司和金融服务公司等重要客户。1997 年年底，公司收入 19.62 亿美元，净收入为 2.98 亿美元。

从 1923 年起，Old Republic 国际公司作为一家专业保险公司，稳健成长。公司被视为具有独立性和创新性，这点在它的成长中得以体现。很多华尔街保险分析师认为公司的表现反映了公司的企业精神、良好的前瞻性规划，以及促进和鼓励积极审慎预测商业风险的有效公司结构。当时，Old Republic 国际公司拥有 9 家子公司，从事四种一般性的业务，包括普通保险、抵押担保、产权保险和人寿保险。

Old Republic 国际公司的沟通部有一名雇员，主要处理投资者关系。所有其他沟通方式外包给了一个位于伊利诺伊州芝加哥的大型公共关系公司，直接由公司总裁拍板。公共关系公司的工作是财务导向的，其任务包括准备年度报告及收入报告。

Great West Casualty 公司

Great West Casualty 公司是 Old Republic 国际公司的一家独立的子公司，成立于 1956 年，公司服务于货运业的特殊需要。到 1999 年，它的服务业务覆盖全美 29 个州，并且在以下地区设置了区域办事处：爱达荷州博伊西（西部地区）、印第安纳州布卢明顿（东部地区）、得克萨斯州阿灵顿（南部地区）和田纳西州诺克斯维尔（东南部地区）。位于内布拉斯加州南苏城的公司总部服务于中部和北部地区。Great West Casualty 公司共雇用了 600 多名专业人员。险种包括：汽车损害赔偿责任险、货运保险、一般法律责任险、内陆海洋流动财产险、物理损坏险、财产保险、综合险以及工人的赔偿保险。

Great West Casualty 公司的沟通部也只有一名雇员，莱斯利·巴塞洛缪（Leslie Bartholo-mew）女士。作为公司信息的负责人，她需要处理公司的所有沟通事宜。除了由 Old Republic 国际公司提供的业务手册（其中主要包括处理通信业务公司沟通事务的总则）外，Great West Casualty 公司基本上都是独立做出有关沟通事务的决策。

对于佐卡罗及其 Old Republic 国际公司高层团队来说，摆在他们面前的问题直接明了：他们该做什么、该何时做以及该如何将他们的行为向外界沟通？他们是否需要寻求公共关系公司的专业性帮助？此外，更重要的是，这一连串的事件对公司的沟通策略提出了怎样的启示？

This case was prepared by Research Assistants Eric Gebbie, John Nemeth, and Jeffrey White under the direction of James S. O'Rourke, Concurrent Professor of Management, as the basis for class discussion rather than to illustrate either effective or ineffective handling of an administrative situation. Information was gathered from corporate as well as public sources.

案例 1-3 ▶▶▶▶▶▶▶

达美乐比萨公司的"特殊"配送：在社交媒体上病毒式扩散

我们都会有一些秘密配料……并且这些配料在大约五分钟内就会被送出去给顾客食用。是的，被顾客吃掉。然而，顾客却浑然不知这些奶酪曾逗留过他的鼻孔，他们食用的萨拉米肉肠上粘有致命的气体。这就是我们在达美乐比萨公司工作的方式！[1]

星期一从来不是任何人最喜欢的日子。但是，对于达美乐比萨公司的企业沟通副总裁蒂姆·麦肯特（Tim McIntyre）来说，2009 年 4 月 13 日这个星期一可能是他在公司 25 年里经历的最糟糕的星期一。[2] 那天，在密歇根州安娜堡的公司办公室准备下班时，麦肯特收到了一封电子邮件，警告他说，一个有关公司员工在一家门店（未经确认）里污染食物的视频被发布在 YouTube 上。原本复活节周末之后的一个安静的日子顿时变成了充斥着无休止沟通和营销噩梦的开始。

噩梦的开始

4 月 13 日下午 4 点 30 分，麦肯特收到了一封来自 www.GoodAsYou.org 网站管理员的电子邮件，那是一个 GLBT（同性恋）宣传博客网站。邮件上说他们在 YouTube 上发现了不少有损其公司形象的视频。[3]（这个 GLBT 网站之所以对这些视频感兴趣是因为视频里多次提及"同性恋"这个词。）

麦肯特一看立刻意识到这五段业余拍摄的视频将会严重影响达美乐比萨公司的声誉，更不用说会使公司陷入法律困境。他说："你知道吗，情况很糟糕——他们都穿着公司的制服且在我们的门店里。我们必须马上采取行动。"[4] 每一段视频都是由一位达美乐比萨公司的女员工录制的，其中一位男员工正在展示各种污染食品行为。更糟糕的是，导演和演员都穿着达美乐比萨公司的制服，又是在正常的门店营业时间，这意味着这些被污染的食物很快就会被送到毫无戒心的顾客那里。麦肯特和他的团队一直等到那天深夜才确定了发布视频者的身份和位置。

所幸的是，www.GoodAsYou.com 认为有责任在发现视频的第一时间向达美乐比萨公司总部进行通报。但是，为了保护公众权益，博主们也在他们自己的网站上发布了视频链接。[5] 麦肯特说这个最初的提醒比公司自己的社交网络团队发现的早 15 分钟。[6] 差不多同一时间，另一个颇受欢迎的消费者事务博客网站 www.Consumerist.com 也在其网站上发布了这些视频。24 小时之内，麦肯特发现视频在 YouTube 上的点击率竟高达 25 万次，并且这还只是开始。[7] 在麦肯特看来，这些视频就像病毒一样正在网络上迅速扩散。

麦肯特在脑子里急速地搜寻他多年来在达美乐比萨公司任职期间的各种经历，试图找到他曾处理过的类似犯罪、指控和品牌问题等情形，以便作为他处理眼前事件的参考。然而，在他的记忆中却从来没有遭遇过类似的事件，他意识到，沟通手册中并没有现成的解决方案可以帮助他解决眼下面临的危机。[8] 现在他所能做的就是要凝聚其团队的力量来面对这个前所未有的挑战。然而，他第一步应该做些什么呢？如果他处理不当，达美乐比萨公司将会遭受怎样的重创呢？

粗俗的视频

星期一晚上 11 点，在视频发布的 6 个半小时之后，麦肯特在两名 www.Consumerist.com

读者的帮助下，借助视频中的线索和先进的 GPS 技术以及调查工具，找到了视频拍摄者的位置。[9]这两个肇事者都是 30 岁出头，分别是克莉丝蒂·哈蒙德（Kristi Hammond）和迈克尔·塞策（Michael Setzer），都是达美乐比萨公司的全职员工，在卡罗来纳州北部康诺弗的特许经营店工作。

哈蒙德的"作品"是一段 2 分 26 秒长的视频，名叫"达美乐比萨公司的特殊配料"，视频中两名员工开玩笑地说自己是懒惰的员工，并且提及他们的经理像往常一样正在后面看报纸。视频生动地展示了塞策朝萨拉米肉肠打喷嚏并且把做三明治的奶酪塞进自己的鼻孔。在整个过程中，镜头里的哈蒙德一直在大笑并开玩笑地说，这便是达美乐比萨公司的经营常态。然后，画面转到了头顶的点餐屏幕上，哈蒙德说，屏幕上所显示的就是将收到这些配送的顾客名单。

那些称作"喷嚏棒"、"粪便菜"和"达美乐比萨汉堡"的视频显示塞策向奶酪面包打喷嚏，用擦过自己屁股的海绵去擦洗比萨烤盘，并在用烤箱做三明治的时候把辣椒塞进自己的鼻孔。以下是从其中一段视频中截取的内容：

哈蒙德：你好，我又回来了。在达美乐我就是喜欢偷懒……你看到塞策在那里努力工作——额，其实没有。你们看到了吗？他刚刚对着三明治擤了一粒鼻屎！你还记得你是怎么打喷嚏的吗？再来一次！再来一次！

塞策：这就是塞策的特制意大利三明治！

哈蒙德：三明治就这样做成了！嗨，塞策，这些三明治肯定富含蛋白质哦……

达美乐比萨公司的背景

达美乐比萨公司由汤姆·莫纳汉（Tom Monaghan）于 1960 年创立，刚开始时它只是一家小店铺。后来，通过公司自营和特许经营扩张，其门店网络得以迅速发展。目前，达美乐比萨公司在美国国内拥有 5 000 多家门店，在国外拥有 3 700 多家门店。根据消费者消费情况的统计，达美乐的比萨连锁规模已在国际上跃居比萨配送行业的老大。[10]达美乐在美国和超过 60 个国家雇用员工 12.5 万余名。[11]2008 年，这些员工在世界各地制作和配送了超过 4 亿张比萨。[12]

达美乐比萨公司已在纽交所上市，股票代码为 DPZ。2008 年，公司的全球收益为 14 亿美元，其中 55% 的销售额来自美国国内，45% 来自国外。从 2004 年到 2008 年，达美乐比萨公司的增长主要得益于其海外扩张。其间，该公司在美国仅新增了 39 家门店，而在国外增开了 977 家门店。[13]

加盟经营

达美乐比萨公司的营销网络由自营和加盟经营的门店组成，后者是公司销售额增长的主要驱动力，因为该公司超过 90% 的美国门店和 100% 的海外门店是特许经营的。加盟经营者必须按照达美乐比萨公司总部制定的统一政策、统一标准和操作规范来经营他们的门店。但是，在很多具体事务上，加盟经营者拥有自主权，包括设定菜单价格和雇用员工。公司总部为加盟经营者提供培训材料、综合操作手册和加盟经营开发课程，但至于如何确保员工素质以及运营过程符合达美乐品牌的标准，则完全取决于各加盟经营者。[14]

企业沟通团队

麦肯特大学一毕业就在达美乐比萨公司任职。25 年后，他作为企业沟通副总裁，现在直接受公司的企业沟通执行副总裁领导，沟通执行副总裁对公司的首席执行官负责。[15]麦肯特将自己在达美乐比萨公司的成功归功于在关键问题上来自管理团队的高度信任和全力支持。[16]

麦肯特的内部团队主要负责公司所有的公关事务，而两家外部机构的合伙人则负责广告推广和新媒体策略方面的工作。[17]在 YouTube 视频事件爆发前一个月，一个专门负责社交媒体的新团队刚刚成立，原本计划在一周后通过多个社交平台发布公司的上市信息，然而却慢了一步。

竞争激烈的比萨行业

达美乐比萨公司处于竞争高度激烈的快餐领域，比萨市场不仅庞大而且高度细分，每年销售额达 339 亿美元，在美国年销售额达 2 300 亿美元的快餐行业中排名第二。在快餐行业内部，质量、价格、服务、便利和概念等方面的竞争非常激烈。在美国，大约有 69 000 家比萨店，每年提供 30 亿份比萨。但比萨外卖主要还是达美乐、棒约翰、必胜客这三家，占据了全美销售额的 47%。必胜客是达美乐海外市场的最大竞争对手。[18]

总体而言，快餐领域的零散消费者并不会在销售中占很大比例。相反，快餐行业主要依赖于批量销售和长期供给销售来提高收益。就达美乐比萨公司而言，零散消费者只占其销售额的不到 10%。[19]显然，如果客户察觉到产品在质量、价格、服务、便利上存在问题，这会对公司未来的运营造成十分严重的影响。所以，对达美乐比萨公司来说，没有什么比客户的信任更重要、更神圣的了。[20]

社交媒体播放器

由于社交媒体网站的发展，每个人现在都有与全球观众即时分享信息、图片、视频的能力。一旦信息被发布到网上，他人就可以复制并上传至其他网站。因此，事件的影响会十分广泛而深远。这次事件涉及了三个网站，哈蒙德和塞策是在 YouTube 上发布了最初的视频，另外两个著名的博客网站，www. GoodAsYou. org 和 www. Consumerist. com 则在数小时内复制并发布到它们自己的网站。

在当今先进的媒体技术世界，互联网把全球的人们迅速地连接在一起。仅仅在美国，对网络宽带连接量的预测表明，到 2010 年，11 900 万美国家庭中有 8 400 万家庭，或者大概有全美 71% 的宽带连接到了互联网。[21]只需轻点鼠标，用户就可以快速访问数量庞大的信息海洋。这些信息很多都是由各类公司、新闻社或其他机构发布的。但是，现在这些信息被快速传播，被大众复制并上传到其他网络连接的社交网站。[22]

在美国，最受欢迎的社交网络和共享网站如 Facebook、MySpace、Twitter 和 YouTube。[23]Facebook 自称拥有 3.5 亿活跃用户，其中平均一半的用户每天都会登录该网站。[24]MySpace 拥有超过 1 亿的活跃用户[25]，而 Twitter 在 2009 年 2 月拥有 700 万会员，年增长率达到 1 382%。[26]YouTube 于 2005 年开始运营，现在已是美国最受欢迎的视频服务平台，远超 Fox 交互媒体、CBS 公司、Yahoo 网站和其他公司。[27]截止到 2009 年 1 月，YouTube 宣称其拥有超过 1 亿名独特的美国访客。[28]根据网站的统计，YouTube 的用户在 YouTube 上"每天观看数以百万计的视频"，与此同时，每分钟有另外长达 20 小时的视频被用户上传到 YouTube。[29]

由于用户在许多社交网站上上传的内容无须经过正规的审核和取得网站的认可，所以用户在发布信息方面拥有很大的自主权。一旦信息被发布到网上，他人就可以复制并上传至其他网站，因此信息可以轻易地传播而很难被控制。"病毒式扩散"是一个常用的网络术语，通常用来描述网络信息可以通过用户间的分享快速地传播。[30]

达美乐比萨公司所遭遇的此次事件，是因为哈蒙德和塞策发布的视频病毒式地在网络上迅速扩散。YouTube 拥有哈蒙德和塞策上传的原始视频，但在几个小时内，两家著名博客网站 www.GoodAsYou.org 和 www.Consumerist.com 将该视频复制并发布在它们自己的网站。[31]一旦发生了这种情况，哈蒙德和塞策还有达美乐比萨公司，都无法控制视频在哪播出及谁会浏览。针对这种日常用户发布和分享信息的趋势，以及信息似病毒那样扩散所导致的影响，蒂姆·麦肯特在对 www.Consumerist.com 网站上有关达美乐比萨公司的恶作剧视频做出回应时做了非常精辟的诠释。他说："互联网自由所带来的'挑战'是，任何拥有相机和互联网链接的白痴都能做这样的事情——肆意毁掉一个有着近50年历史的品牌的声誉，以及全美及全球60个国家125 000名为之辛勤工作的员工的声誉。"[32]在麦肯特看来，仅仅一个互联网用户就能在全球范围产生影响。

救火

蒂姆·麦肯特深知达美乐比萨公司最宝贵的资产莫过于无数客户对公司的信赖。由于达美乐比萨公司是以家庭食物配送为主，所以顾客在下订单请送货司机上门送餐的同时，已经将自己的住址、银行卡信息、电话、姓名等重要信息交给了达美乐比萨公司。正是顾客对达美乐比萨公司的这份信任让麦肯特感到十分担忧：如果这次事件不能迅速平息，达美乐比萨公司恐怕会永远失去这份信任。[33]

直觉告诉麦肯特，这些视频很可能是一个骗局——一个由两个无聊的员工所闹出的愚蠢的恶作剧——但他不确定。但无论视频是否为恶作剧，如果他不马上拿出一套应对方案，达美乐的顾客将很快做出他们自己的决定。

当谈及那个星期一时，麦肯特说："当我刚看到那个视频时，我的第一反应就是愤怒。因为我喜欢达美乐比萨公司这个地方，我喜欢这个品牌，我喜欢我的加盟店。我非常在意……我们，应急团队要迅速将满腔的愤怒转化为行动。"[34]毫无疑问，星期一事件对麦肯特和他的团队来说，并不是一次消防演习，接下来的几周需要采取大量的行动来控制这场迅速扩散的媒体火灾。

◆ 讨论题

1. 案例中，达美乐比萨公司遇到了怎样的商业问题？
2. 该事件涉及哪些利益相关者？
3. 蒂姆·麦肯特和他的团队首先该做什么？
4. 达美乐比萨公司该如何处置在网上发布视频的员工？
5. 达美乐比萨公司该如何处置拍摄相关视频的门店？
6. 达美乐比萨公司应采取哪些措施来解决这场危机？
7. 达美乐比萨公司应如何在不同层面（当地、美国国内及全球范围）做出回应？
8. 达美乐比萨公司应通过什么渠道进行沟通？
9. 达美乐比萨公司应如何确保不再发生类似危机？
10. 达美乐比萨公司应如何与加盟店合作？

注 释

1. Direct quote from Kristi Hammond, narrator of Domino's prank video.
2. Personal interview with Tim McIntyre, September 25, 2009.
3. Ibid.
4. Jacques, Amy. *The Strategist*, "Domino's Delivers During Crisis," Summer 2009, page 7.
5. http://www.goodasyou.org/good_as_you/2009/04/video-let-the-dominoes-appall.html.
6. Personal interview with Tim McIntyre, September 25, 2009.
7. Ibid.
8. Ibid.
9. Jacques, Amy. *The Strategist*, "Domino's Delivers During Crisis," Summer 2009, page 8.
10. Domino's Pizza Corporate Website, About Us section: www.dominosbiz.com. Accessed 10/5/2009.
11. Domino's Investor Relations. http://phx.corporate-ir.net/phoenix.zhtml?c=135383 & p=irol-homeProfile&t=&id=&. Accessed 10/5/2009.
12. 2008 Domino's Pizza Annual Report.
13. Ibid.
14. Ibid.
15. Personal interview with Tim McIntyre, September 25, 2009.
16. Ibid.
17. Ibid.
18. Ibid.
19. Ibid.
20. Ibid.
21. Mintel report, "Social Networking and Connectivity in the Digital Age - US - January 2008." Section called, "Demographics and Trends." http://academic.mintel.com.proxy.library.nd.edu/sinatra/oxygen_academic/search_results/show&/display/id=294369.
22. Ibid.
23. Ibid.
24. "Press Room: Statistics." Facebook.com. Dec 2009. http://www.facebook.com/press/info.php?statistics.
25. "Fact Sheet." MySpace.com. Dec 2009. http://www.myspace.com/pressroom?url =/fact+sheet/.
26. Carlson, Nicholas. "Twitter Traffic Grows 1,382% In a Year." BusinessInsider.com. 19 Mar 2009. Dec 2009. http://www.Businessinsider.com/twitter-traffic-grows-1382-in-a-year-2009-3.
27. Research by comScore. Posted by emarketer.com in the article, "YouTube Hits 100 Million." 18 Mar 2009. Dec 2009. http://www.emarketer.com/Article.aspx?R=1006981.
28. Ibid.
29. "YouTube Fact Sheet." YouTube.com. Dec 2009. http://www.youtube.com/t/fact_sheet.
30. "Viral Internet Marketing: Why Viral Content is Great." Articlesbase.com. 22 Oct 2009. Dec 2009. http://www.articlesbase.com/internet-marketing-articles/viral-internet-marketing-why-viral-content-is-great-1369574.html.
31. Personal interview with Tim McIntyre, September 25, 2009.
32. Letter to Jonathon Drake by Tim McIntyre on 14 Apr 2009. Posted by Chris Walters. "Consumerist Sleuths Track Down Offending Domino's Store." Consumerist.com. 14 Apr 2009. Dec 2009. http://consumerist.com/2009/04/consumerist-sleuths-track-down-offending-dominos-store.html#comments-content.
33. Ibid.
34. Jacques, Amy. *The Strategist*, "Domino's Delivers During Crisis," Summer 2009, page 7.

第 2 章
沟通与战略
■ Communication and Strategy

第 1 章论述了沟通在管理者生活中的作用——考察了管理者为什么要进行沟通。本章将更加关注管理者是怎样进行沟通的——考察沟通过程本身。本书的其他章节将考察沟通过程的产物：写、说、倾听、冲突管理和群体互动。

2.1 沟通的定义

尽管定义有助于我们理解，但如果你阅读了足够多的有关这一主题的书籍，你就会发现比你能够理解或记忆多得多的沟通定义。我们在此所提供的沟通定义既便于理解又便于记忆：沟通就是含义的转换。[1]

"我给你发送了一封电子邮件，"你的主管对你说，"你收到了吗？"那天你收到 40 封电子邮件。他说的是哪一封呢？

"就在上个月我们发送了相关主题的备忘录，"一位年轻的副总裁责备道，"为何员工们没有照着执行呢？"员工的信箱里每天都会有几十份纸质文件。没有人看到这份备忘录，你会感到奇怪吗？记住了那份备忘录的你是否理解它了呢？而对于那些认为自己理解了副总裁的意思的人，你做出了怎样的反应呢？那份备忘录是否就是一个背景情况介绍或者是情况介绍的更新版，仅仅向你提供有关发展和实施某个政策的信息，而这项政策与你根本没啥关系？对于那些收到、阅读、理解或记住备忘录的人而言，你按照副总裁的要求去做了吗？你会得到什么奖励？这将对你产生怎样的影响？更重要的是，你参与其中的动力是什么？

"那份备忘录对于公司的未来发展至关重要，"你的上司大声吼道，"它是有关我们高层团队希望看到的整个组织的愿景。"天哪，所有重要的东西都在一份备忘录中，但你却只是瞄了一下就将其搁在一边。也许它只是先被放在某个地方，等你有空时再把它拿出来阅读。但是，目前你似乎有许多更要紧的事情要做，"愿景备忘录"也只好排队等候了。

这些听起来是不是很熟悉？这种情况在许多组织中简直是太司空见惯了，因为人们尤其是管理者常常将沟通过程相混淆。他们认定发送的信息必定能被收到，而被收到的信息就必定会被理解和执行。是这样吗？在他们看来，沟通在很大程度上，如果不是全部的话，是关于发送信息的。

对于真正认识沟通过程的管理者而言，沟通远不只是发送信息，它涉及含义的转换。

当我对某个主题的理解与你的理解一致时（包括所有错综复杂的事物、背景及细节等方面），那么你已与我沟通了；如果我不仅认识到你对某个主题熟知的程度，而且还知道你对该主题的感受，那么你已与我沟通了；如果我理解到某个主题对于你来说是何等的重要，以及为什么你认为现在采取行动很重要时，那么你已与我沟通了。上述情况都可能存在于发送给员工备忘录的过程中，但这并不容易。因为沟通是一个复杂且不断持续的过程，它涉及方方面面的因素，能够符合上述情况的备忘录肯定是一份非同寻常的备忘录。

2.2　沟通的要素

为了成功地转换含义，你必须认识到你所收到的每一条信息都是由发送者通过编译具体内容、选择某个媒介，并且通过该媒介将其所知所感传递给你的。那条信息有可能充斥着噪声，这主要是信息接收者的文化背景和经历不同所致。信息的有效性还取决于你接收信息时的思维定式和态度，以及你所在组织、行业和社会中主导沟通的伦理道德体系。

如果这一切都看似比较错综复杂，那么祝贺你，显然你已经确确实实地认识到：人类的沟通是复杂的、微妙的、困难的，甚至是错综复杂的。然而，值得关注的事实是，我们每天都在沟通，并且经常取得某种程度上的成功。例如，完成订单，按期送货，使顾客满意，人们按你的要求做事，以及你所在企业的经营多多少少能够正常运行。

在这里，真正的问题不是你能否沟通。在你填写商学院入学申请表时，表明你能够沟通。真正的问题是你能否改善沟通。能否靠你足够的影响力来留住客户？能否鼓励一名缺乏积极性的员工尽心尽力？能否向你的上司证明你是承担新任务的最佳人选？我们每个人都拥有基本的技能，然而我们需要的是一整套更高层面的能力，这种能力是我们几年之后在世界级组织工作时所需要的。

2.3　沟通的原则

沟通过程涉及若干项基本原则。这些原则涵盖了人类沟通的跨时空和跨文化、跨组织和跨职业，以及跨国度和跨经济领域等方面的问题。但最重要的沟通原则莫过于如下几个。

动态性　人类的沟通是不断变化的过程。一条信息产生了另一条信息；一种经验补充了另一种经验。

持续性　沟通永不停止。即便你挂断电话，你也在传递信息，即你没话说了。沉默，事实上，或许是较强的沟通方式之一。简而言之，你无法不沟通。

循环性　沟通很少是完全单向的。我们每个人都从外部世界获得信息，确定其含义，然后做出反应。我们所谓的循环就是指提供反馈的信息接收者转而又成为信息发送者，这样轮换更替。当我们停下讲话，注意倾听时，便进入反馈这一环。

不可重复性　希腊哲学家和数学家赫拉克利特（Heraclitus）曾写道："没有人能够两次走进同一条河流。"他的意思是说你如果想重复某个经历，该经历会是不同的，因为周围情况会变，因此你也会变。沟通也是如此，即使我们以完全相同的方式对同一群听众重复以前所说的话。同样的信息传递给两类不同的听众，意味着两种不同的信息。同样，同样的信息向同样的听众传递两次，也会是不同的信息。

如果相比我们初次听到或看到某个信息时的感受，当我们再次听到或看到该消息时，我们会按照自己的想法去看待和理解它。

不可逆性　有些过程是可逆的，如我们可以冷却水使其结冰，然后再让冰融化为水。但沟通不能这么做。我们也许希望能够把说过的话收回来，但我们做不到。所有我们能做的就是理解、道歉、说得更多，但怎么也无法把说出去的话收回来。

复杂性　沟通是复杂的，这不仅是因为沟通过程涉及诸多要素和原则，而且是因为沟通涉及人。我们每个人在许多重要方面都与他人不同，这意味着由于每个人的教育背景和经历不同，对于词语的理解，对于事物的反应以及行为表现都会有所差异。人们之间的沟通方式并不简单，也不完全直截了当。[2]

2.4　沟通的层面

人类沟通发生在各个层面。随着沟通层面的提升，沟通过程，尤其是受众分析和信息组织的复杂性也随之增强。

内心的　当我们与自己进行沟通时，如把信息传递到我们身体的各部位、考虑事情或者默默地思考解决问题的方案，我们就是在进行内心沟通。

人际　当我们与他人相互之间进行沟通时，如通过语言和非语言的形式把信息从一人传递给其他人，我们就是在进行人际沟通。

组织的　当我们在组织背景下进行相互沟通时，如通过各权力层级发送并接收信息、运用各种信息体系，讨论关系到我们所在的工作群体或公司的各种话题，我们就是在进行组织沟通。

公众的或公开的　有时，当我们由一个人或信息发送者同时向许多人传递信息时，如在报纸上刊登广告或在电视上播放商业广告等，就是在进行公众沟通。[3]

2.5　沟通的障碍

如果我们每个人都了解沟通原则和沟通层面，如果每个人都使用并理解同一种语言，那么为何我们还屡遭失败？是什么阻碍了含义的正确转换？宽泛地讲，有两大障碍阻止我们成功地进行沟通。

生理障碍　当我们接收世上所有信息时，这些信息都要经过我们五官（视觉、听觉、触觉、嗅觉和味觉器官）中的一个或多个。我们依赖这些感官来准确地告诉我们周围所发生的事情，尽管我们的感官可能受到损害，或者信息发送者提供不完整的信息（光线不足影响看清楚信息，发布通知时声音不够响亮而影响听清楚通知等）。在向他人传递信息时，我们一定要清楚地意识到他们的感官也许有别于我们。

心理障碍　沟通不仅仅是发送和接收信息，它还涉及理解信息。记住，沟通是指含义的转换，因此，即便我可以清晰地看到你和听见你，但如果我不明白你

的意思，也就没有沟通。我们遵从自己所在群体的规范标准，而由此形成的文化
会影响我们日常生活中对于信息、事件和经历的看法和反应。甚至，个体的思维
定式，包括偏见和成见也会影响我们对他人的理解和反馈。在第 4 章"演讲"中，
我们将对这些障碍进行深入探讨。

2.6　策略性沟通

策略性沟通包括诸多方面。首先策略性沟通意味着你为沟通所做的计划、建
议的信息、选择的媒介、信息的编码、提供的背景，以及所涉及的道德规范都会
直接影响沟通的结果。还记得我们之前讨论的沟通要素吗？它们是成功的策略性
沟通的关键。

然而，我们必须清楚它们只是工具而已；它们是达到目的的途径。你首先要
清楚自己希望达到怎样的目的。什么是你的沟通目标？如果是进行策略性沟通，
那么你的沟通目标就应与你所工作的组织目标相联系并直接支持组织目标的实现。
此外，在组织的每个层面，你都应保持沟通方式不变、目标不变。

为了找到有助于你和你的组织实现自己设定的目标的沟通策略，你首先必须
问自己有关我们上述讨论过的沟通要素方面的若干问题：

信息发送者　谁是该信息的发送者？你的签名会迫使人们付诸行动吗？你需
要让经理或副总裁签署这封信吗？你需要让与受众比较熟悉的人去传递该信息吗？

信息接收者　该信息的受众是谁？你对他们了解多少？更重要的是，他们对
你和你讲的主题了解多少？他们对你和你讲的主题会有怎样的感受？他们之前是
否熟悉该主题和这位信息发送者？他们可能会做出怎样的反应？

媒介　发送该信息的最佳方式是什么？是否有更快捷的媒介？是否有更加有
利于受众做出反馈的媒介？是否有可以提供更具体细节的媒介？是否有更能体现
紧迫性的媒介？是否有更昂贵的媒介？

编码　编码，简单地讲就是选择适当的措辞和形象。也就是当你向读者和听
众提供新的信息时，应注意沟通风格和语气。他们会理解你的措辞吗？他们会理
解信息中的有关概念吗？对于你的受众而言，解码比你编码来得更加复杂。受众
对信息的理解会与你相同吗？你的措辞和形象对你和你的受众是否具有多种含义？

反馈　受众的反应是什么？你如何知道自己是否沟通成功？通过什么方法来
确定受众对主题的理解与你的相同？受众的反馈会及时吗？受众会受到其他信息
发送者的影响吗？你获得多少信息才能决定是否有必要进行第二次沟通？

噪声　外面有多少信息发送者和类似的信息？你的竞争对手是谁？其他人是
否会歪曲或妨碍你的沟通努力？你如何确保你的受众专注于每天不得不阅读、观
看、倾听和思考的事情上？

效果　为了实现你自己和组织的目标，你必须知道如何去激励他人。你必须
向他们表明你给他们提供的信息的价值及将其付诸实施的意义。

2.7　成功的沟通策略

让人们倾听你所说，阅读你所写，或者专注于你所展示的并非易事。通常，

在组织的各个层面，人们需要关注其他更重要的利益和更要紧的事。那么你如何说服他们关注你的信息，并且相信与你合作是最有利于他们的呢？

成功的沟通策略通常涵盖以下六个步骤：

将你的信息与组织的战略和目标相联系 你公司的战略目标是什么？如果的组织拥有有关愿景、价值观和信念方面的文件，那就好办。当然，给股东的公司年报上也可以找到公司的战略。如果找不到你所要的，那就与公司沟通部门联系，向他们索取你所需要的东西并向他们解释你的理由。

企业的每个部门都应该备有一套简洁明了的阐明公司目标的文件（例如，"在本财政年度，现金流增加 10％"，或者"在今后的三年中市场份额增加 15％"）。你所有的沟通——无论受众是谁、媒介是什么、沟通目的何在——都应与企业目标相一致并直接支持这些目标。如果你所说的和所写的与企业目标的描述不相符，说明要么你没有理解公司目标，要么你不同意那些目标。如果是那样，那么你应该努力学习，深入理解公司的目标，否则你就得走人。

吸引受众的注意力 通过关注受众的基本需要或生理要素来吸引受众的注意力。基本需要包括亚伯拉罕·马斯洛人类需要层次理论中的底层部分。这一层面主要关注与生存、食物、水、性欲及其他需要相关的问题。[4]生理要素即设计一些活动来吸引受众的视觉、听觉、味觉、触觉和嗅觉能力。大的声音、明亮的光线以及类似的方法可以引人注意。更重要的是，一旦受众了解到你是谁及你想要什么时，你是否能够仍然保持他们的注意力。

运用受众能够理解和接受的表述表明自己的观点 如果你的受众愿意花时间和精力听你给他们传递信息，但不清楚你的意图，你只会增加他们的挫败感。正如你将在第 5 章中看到的，运用受众可能熟悉并接受的语言有助于他们的理解和依从。这意味着你应该了解你的受众，即他们是谁、他们对该主题了解的程度、他们对该主题的看法，以及他们的理解能力。

鼓励受众接受你所提供的信息并付诸行动 你可以通过若干种方法鼓励受众这么做。

第一，权威的方法。如果你是组织中的掌权人物或该事件方面公认的专家，你就有理由让受众照章办事。这就如同我们经常听到"……因为我是你的母亲"一样，当然事情并没那么简单。而且，在一些情况下，你也许既没有时间又没有动力去详细解释为什么受众应该依从。成功借助权威的方法通常涉及后续层面的工作，即有权威人士证明之前提出的要求是至关重要的。

第二，社会从众性方法，即如同"名人赞助"或"上百万满意的顾客不可能会错"的方法。绝大多数人都有从众心理，他们赞同并重视一致性及其对社会的意义。受众得到他们所尊敬的（你是否尊敬他并不重要）某个人的支持或许是很有用的。如果不这样，你总还是可以求助于民意测验（"五个嚼口香糖的牙医中有四个推荐我们的产品"）。

第三，理性和一致性理论。正如大多数人的从众心理那样，他们同样希望在他们的生活中保持理性和一致的行为。如果他们注意到你所宣扬的东西不够理性或与他们目前的信仰不一致，那么他们就不会购买它。你必须向他们表明这个东西与他们所相信的相一致，而且，对于那些逻辑追求者而言，完全是理性的。[5]

帮助受众抵御相反信息和观念　说服理论家表明，如果持某种信仰者受到过某种程度的反劝说，在面对相反证据时其信仰不会改变。你可以通过几种方法来达到这一目的。首先，你可以要求受众做出明确的承诺。如果那个承诺是公开做出的，或者至少目标受众中的其他成员也知道，就越多越好。任何事情从签署保证卡到佩戴运动小徽章都会坚定受众的信念。[6]一家洛杉矶餐馆的主人通过向电话预订餐位的用餐者询问一个简单的问题"你是否承诺用餐计划如有变动会来电？"大大减少了预订"不露面者"。电话里说出"会的"这一承诺约束了他们的行为，这极大地有利于这家餐馆的营运。[7]

进行受众期望管理　当人们获得的服务或产品的质量没有达到或满足他们的预期时，他们就会感到失望。沟通也如此。你应该始终信守诺言，始终满足或超出受众的期望。通过让受众了解他们可以从你与他们的沟通中期待什么来管理受众的那些期望。如果你传递的是你做得到的事，你的受众将回报给你对你信息的关注和采纳。

2.8　为什么管理者的沟通与众不同

沟通是人类经验中不可或缺的技能。我们每个人都知道如何进行沟通；我们自生下来就一直在沟通，并且每天都不断地操练。如此，为何工作中的沟通还那么困难？职场对沟通的本质做了怎样的改变？商业生活中的一些因素改变了我们看待沟通的方式。这些因素影响了我们写作和与人交谈的方式，甚至影响到措辞和表达方式。它们影响到我们倾听他人的意愿，以及我们看待日常问题、责任和挑战的方式。

责任和解释权层面　你在组织中的责任层面越高，你考虑的事情就越多。如果你每天都花大部分时间专注于一个或一些比较明确的问题，你的沟通内容就会比较集中。如果你一天要应付许多问题、许多挑战，你的沟通内容就会是零碎的且比较宽泛的。正如第 1 章所论及的，时间管理和沟通效率是核心技巧。

除此之外，随着你越来越负有解释责任，你需要不断做好记录。这样，如果你知道你会被问及一些特别的问题，你就可以及时更新和保留有关这些问题的信息。你上司的一个问及那些你答不上来的问题的电话总是会令人难堪。

组织文化　一些组织拥有独特的书面文化。比如，宝洁公司要求任何问题都得写入备忘，在形成团队会议议题之前在团队成员中进行传递。其他组织，如3M 加拿大公司，则更加"口头化"一点，它们在形成任何书面文件之前都让员工进行充分的口头交流。许多公司依赖一种特有的文化进行组织内部每天的信息传递。因此，为了在这样的企业中获得成功，你必须适应现有的文化，而非试图改变它或让它来适应你。

组织动力　组织，就如使其聚集人气、充满活力的人类一样不断地变化。企业随着市场状况及管理者生活的变化而变化。你的沟通必须适应你所在环境的实际情况。

这不是说当时间紧迫，或者没法获得你工作所需的信息时，让你在一份假文件上签名，或者传递假信息。而是说，你需要使自己的风格适应行业的标准和规范。这可能意味着提供比你个人偏好来得更加简明扼要、更加具体详尽的信息。这可能意味着缩短到比你认为合理的时间来对要求做出答复，或者这可能意味着与你的同事分享信息或保留信息。每个组织都有自己的风格，而这种风格在条件和时间上均受到从市场份额到兼并中的目标定位等一系列问题的影响。

个性偏好　最后，有必要指出，我们每个人对于收集、组织和传递信息都有自己的偏好。每个人的决策风格也不尽相同。为了事业的成功，你必须适应你的同事和你工作的环境。

如果上司在做决策之前需要了解大量的细节，花大量的时间思考，你就应适应他的这些做法，向他提供一份行政摘要。但是如果他需要，可以表格或附件的形式向他提供有关细节，并按时递交，即以听众或读者喜欢的方式提供信息。如果你的客户喜欢电子邮件，你就要学会向其提供简明扼要的电子信息，而对于较长的文本，你可以以附件的形式发送。如果你的客户喜欢当面介绍情况，那你就应与他约定时间告知具体信息。这似乎有点违反直觉，但如果你将他人，尤其是你上司和客户的收集信息和决策需求放在首位，而非你自己的偏好，那么你就能更快地满足你自己的需要，并且减少麻烦。

2.9　危机沟通

危机的发生令人捉摸不透。一些危机在数月或数年中慢慢发生；有些危机的发生则是快速的或爆炸性的，没有任何预兆。

可口可乐公司于1999年夏天对发生在欧洲的产品污染危机事件处理不当便是这样的一个例子。可口可乐公司在比利时的瓶装产品中被发现含有不纯正的二氧化碳，并摆上了博尔讷姆、洛克里斯蒂及科特赖克等一些城市杂货店的货架上。在当地报纸刊登了有关学校的孩子们在饮用了可口可乐产品之后出现恶心呕吐，被送往医院接受治疗的报道之后，公司管理层称报道不实，并且宣称该产品"对身体没有任何危害"。[8]

事实上，事件发生时可口可乐的首席执行官道格·艾夫斯特（Doug Ivester）在巴黎，然而他却选择飞回亚特兰大而不是前去处理问题。他非但没有正确解读当地消费者对公司责任的谴责，也没有洞悉危机背后的文化含义。比利时首相让-吕克·德阿纳（Jean-LuC Dahaene）被赶下台是由于牵涉食品供应污染丑闻，其他人则利用此次机会大肆奚落美国软饮料巨头。瑞典的《瑞典日报》（*Svenska Dagbladet*）声称"200人被可口可乐公司毒死"，意大利《邮报》（*La Stampa*）则声称"整个欧洲沉浸在对可口可乐产品的惊恐之中"。[9]

公司的产品被召回，在短短的6周时间内公司损失了1亿美元，这致使可口可乐公司的股票大跌20多点。之后公司逐渐恢复了元气，不到一年的时间欧洲的消费者又开始购买可口可乐产品，可口可乐的股价又回到每股75美元的水平。然而，公司名誉受损导致道格·艾夫斯特下课，因为主要投资者对于由他来保护公司的品牌不抱信任。

危机每年都有发生。1995 年 2 月 5 日早晨，吉姆·亚当森（Jim Adamson）到位于南卡罗来纳州斯巴达堡的 Flagstar 公司办公室上班。作为公司新任命的首席执行官，他的任务就是重新勾画该问题公司的未来，他的前任杰里·理查森（Jerry Richardson）进行了一系列的重组尝试，旨在维系负债 23 亿美元的公司的生存。尽管做了大量的努力，公司仍然在 1985—1990 年连续 5 年亏损。[10]

更糟糕的是，亚当森还面临种族歧视问题。Flagstar 公司是 Denny's Restaurants 连锁餐馆的母公司，而 Denny's Restaurants 却是美国种族主义的象征。亚当森对提供快捷服务和便利用餐餐馆的控股公司的商业模式提出严厉质疑。一无资产，二无得心应手的管理团队，Kohlberg Kravis & Roberts 公司（垃圾债券收购王）的亨利·克拉维斯（Henry Krvris）买下了这家公司，并把亚当森从汉堡王（Burger King）那里挖了过来。亚当森当时是汉堡王的首席执行官。亨利的要求很明确，彻底整治该公司，使其盈利，否则就走人。[11]

上述事件都表明了某种危机对公司声誉、财务健康及生存的某种潜在威胁。尽管每位管理者采取了不同的方法应对威胁，但他们都面临抉择。"我面临着什么？我应该怎么做？"

危机的定义　让我们首先区分一下商业问题和真正的危机。作家劳伦斯·巴顿（Lawrence Barton）描述道："问题是商业世界司空见惯的。危机与日常甚至不平常的管理困境的区别在于：危机涉及一个重大的且无法预料的事件，它存在潜在的负面影响。事件本身及其后果会极大地损害一个组织及其员工、产品、服务、财务状况和声誉。"[12]一般的商业问题可以在短时间内解决，不会引起公众注意，也不会使组织的资源枯竭。相比较而言，危机来得更加昂贵，并且往往需要时间去理解和做出反应。当然，除此之外，危机的威胁性要大得多。

危机的类型　一些专业人员对危机管理中的危机进行了细分，认为有些危机属于内在的。如 Tyco 公司的首席执行官丹尼斯·科兹洛夫斯基（Dennis Kozlowski）的会计丑闻和挪用问题。问题几乎都出在内部，又如 United Way 公司的那些问题都是由威廉·阿拉莫尼（William Aramony）一手造成的。相比较而言，其他的危机则属于外在的或对抗性的。2003 年 3 月，人道对待动物组织（Ethical Treatment of Animals）抨击宝洁公司及其爱慕思狗粮（Iams Dog Food）分部，指控其研究部门没有善待动物。这场危机是一个组织反对另一组织所致。

为应对危机做准备　谈到危机，英国内科医生托马斯·富勒（Thomas Fuller）于 1732 年就有精辟的论述："一个感到惊讶的人差不多已被击败。"[13]显然，有备才能无患。

"准备危机应对计划绝对不是浪费时间，"凯旋公共关系公司（Ketchum）的合伙人及其中西部经理阿代尔·帕特南（J. Adaire Putnam）说道，"那是因为，当危机发生时，往往不预先告知，只是让你马上做出反应，应对所发生的一切。你应对危机的先见之明有 80% 会在危机发生时的混乱中丧失，所有你能做的就是发挥剩下的 20% 的作用。"[14]

组织如何对事件或紧急情况做出反应是关系到拯救组织的声誉还是损害组织的声誉的重大问题。但是，人们往往无法知道紧急情况会何时发生。安达信公司（Arthur Andersen）的会计师，凡士通轮胎公司（Firestone Tire）的管理者，泰诺的制造者以及温迪公司（Wendy's）及其餐馆的领导者们当然没有预料到灾难会发生在他们身上。但是，负有保护产品、品牌或组织声誉责任的管理者完全可以做好危机沟通准备。

以下是阿代尔·帕特南认为所有管理者在进行危机沟通时应考虑的五项原则：

1. 拟订一份具体的危机沟通行动计划，其中包含具体需要调研的方面。"对所有潜在的问题和危机责任进行评价，并且制定相应的计划。"她说。建立一个制度，你就不大会在决定如何进行沟通上浪费宝贵的时间。1999 年，当有线电视运营商考克斯传媒公司（Cox Communications）准备与电视公司进行合同谈判以播放它的节目时，公司让帕特南及其公司帮助处理该问题，因为如果节目播放协议失败，就会导致电视节目空白的"黑频道"。详尽的调研帮助公司明确界定了其信息要点、听众以及在该问题上的立场。当 2000 年元旦危机发生时，以及当福克斯电视公司（Fox Television）取消考克斯用户观看大学生保龄球比赛和美国国家橄榄球联盟（NFL）的夺标决赛时，其危机沟通计划收到了良好的效果。考克斯公司及其在凯旋公司的合伙人不断检查传播工具使用情况及顾客来信以确定其策略及信息传递的有效性。[15]

2. 制定具体目标和原则。考克斯传媒公司的危机应对计划确立了三个目标：鼓励电视公司提供重播许可、减少顾客转向卫星电视的数量，以及减少对公司公众形象的损害。这些目标均是可测量的和可达到的。

3. 建立一支危机控制团队及一份危机处理的责权概述。确定危机团队的组成人员，他们应该拥有你所需要的技术和个性。帕特南认为至少得任命一名有过亲身经历的人担当危机沟通团队领导，然后再选一名后备人员。除此之外，还必须挑选两名发言人。将你所需要的来自外界的专家和帮助排序，包括外部的法律顾问、消除环境影响的专家，以及外伤人员的心理健康疏导工作者等。建立一个沟通联系树，涵盖每个人的电话号码，包括手机号码，并且定期更新。

联系当地某家旅馆或汽车旅馆，告知业主有朝一日你可能会包下他那里的所有房间，并且愿意支付他希望的所有费用。设立一个"作战室"或可供所有团队成员工作的会议室。确定那里有足够的电话线，并且能够提供手机服务。此外，还应该在远离"作战室"处设立一个单独的新闻室，这样媒体就不会知道谁在那里，也不会要求见到其他潜在的发言人。[16]

4. 统一口径。制定一个沟通计划以确保你所有的利益相关者——员工、顾客、供应商、社区、地方官员及其他人接收到同样明确有效的信息。可以考虑利用你的网站或专门的危机网站这一平台提供危机相关信息。

该网站在对危机做出反应、解释公司的情况或赢得公众的支持方面是非常重要的。2004 年 9 月，当默克制药公司（Merck & Company）决定将其重要的止痛药万络从市场撤出时，公司副总裁琼·温赖特（Joan Wainwright）意识到她应该告知上百万的病人、医生、药店老板及其他人。当时1亿多份该药的处方已开具。在初次发布这一信息的60小时内，她与她的沟通团队在 www. vioxx. com 上开设了一个页面并提供免费电话号码以解答大家关注的问题。[17]

2004年10—11月，默克公司公共事务部门的努力为媒体就此话题创造了40多亿美元的收入。公司的万络网站日访问量从9月29日的4 000次达到10月1日的234 000次。截止到12月初，www. vioxx. com 网站吸引了200多万名访问者，而公司的 www. merck. com 网站则另增加了100万名访问者。团队的免费电话在信息发布后的头6天收到超出12万个来电。除此之外，公司报道说还拿出了50多万美元作为全球范围内万络处方的退款。如果没有网站的支持和精干的电话中心，默克公司绝不可能处理几乎是一夜之间发生的引起公众巨大反响的事情。[18]

5. 做好危机培训。事先设计危机情境，然后针对不同的案例做出相应的反应。设想你需要什么样的信息，并且确保一旦危机发生你能拥有你需要的信息。有必要的话，还可以假设偶发事件，同时选定可以与你并肩作战的专家。你可以考虑进行危机模拟以测试你的程序和其他资源，并且更好地训练你的团队，使团队成员做好充分的准备。准备好背景资料，包括新闻披露模板、书面事实陈述、历史回顾及情况说明，这些均可以事先格式化以便真正的危机发生时进行修改和更新。

2005年5月，联邦快递公司（FedEx）汇集其主要的沟通力量进行了一次危机模拟。那是个全球性训练，涉及联邦快递公司位于美国、欧洲、亚洲、加拿大和拉丁美洲的几大营运公司的75名参与者。联邦快递公司及其在凯旋公司的合伙人设计了一个恐怖分子袭击联邦快递系统的情景，对联邦快递公司全球的员工使用一种带有传染性的化学武器。联邦快递公司面临公司声誉严重受损的威胁，并且有可能整个系统都不得不关闭。借助长达93页的描述故事情节的剧本，遍布7个城市的工作促进者扮演了各类角色，包括联邦快递公司的工作人员、媒体、顾客联系人以尽可能使这次活动具有实战性。演习过后，工作促进者找出模拟训练中暴露出来的问题并将最佳实践纳入所有联邦快递危机沟通过程之中。公司还做出规定，每年对危机准备状况进行检测。

"准备工作的确很关键，"阿代尔·帕特南说，"简单地说，就是预料不可预料之事。你越是对最糟糕事情的发生做好充分的准备，你就越能快捷有效地做出反应。危机期间进行管理沟通的最佳方法莫过于提前做计划。"[19]

延伸阅读 ////////////////////////

Argenti, P. "Crisis Communications," in *Corporate Communication*, 5th ed. New York: Irwin McGraw-Hill, 2009, pp. 257–283.

Coombs, T. *Ongoing Crisis Communication: Planning, Managing, and Responding*, 2nd ed. Thousand Oaks, CA: Sage Publications, Inc., 2007.

Goodman, M. B. and Hirsch, P. B. *Corporate Communication: Strategic Adaptation for Global Practice*. New York: Peter Lang Publishing, Inc., 2010.

Hatch, M. J. and Schultz, M. *Taking Brand*

Initiative: How Companies Can Align Strategy, Culture, and Identity Through Corporate Branding. San Francisco, CA: Jossey-Bass, 2008.

Mitroff, I. I., Pearson, C. M., and Harrington, L. K. *The Essential Guide to Managing Corporate Crises*. New York: Oxford University Press, 1996.

O'Hair, D., Friedrich, G. W., and Shaver, L. D. *Strategic Communication in Business and the Professions*, 7th ed. Boston, MA: Allyn & Bacon, 2010.

Quirke, B. *Communicating Corporate Change: A Practical Guide to Communication and Corporate Strategy*. London: McGraw-Hill, 1996.

注　释 ///////////////////////

1. Fabun, D. *Communication: The Human Experience*. New York: William Morrow, 1968.

2. See DeVito, J. A. *The Interpersonal Communication Book*, 10th ed. New York: HarperCollins Publishers, 2003, pp. 23–36. See also Watzlawick, P., J. H. Beavin, and J. D. Jackson. *Pragmatics of Human Communication: A Study of Interactional Patterns, Pathologies, and Paradoxes*. New York: Norton, 1967.

3. DeVito, J. A. *Human Communication: The Basic Course*, 9th ed. New York: HarperCollins Publishers, 2002, p. 5.

4. Maslow, A. "A Theory of Human Motivation," *Psychological Review* 50 (1943): 370–396.

5. Bem, D. J. *Beliefs, Attitudes, and Human Affairs*. Belmont, CA: Brooks/Cole Publishing Company, 1970, pp. 24–38.

6. Cialdini, R. B. *Influence: The Psychology of Persuasion*. New York: Quill Books, 1993.

7. Grimes, W. "In War Against No-Shows, Restaurants Get Tougher," *New York Times*, October 15, 1997, pp. B1–B6. Copyright 1997 © by the New York Times Company. Reprinted with permission.

8. Smith, H. and A. Feighan. *Coca-Cola and the European Contamination Crisis (A), (B)*. Notre Dame, IN: Eugene D. Fanning Center, Mendoza College of Business, 2000.

9. Ibid.

10. Adamson, J., R. NcNatt, and R. B. McNatt. *The Denny's Story: How a Company in Crisis Resurrected Its Good Name*. New York: John Wiley & Sons, 2000.

11. Abes, M. J., W. B. Chism, and T. F. Sheeran. *Denny's Restaurants: Creating a Diverse Corporate Culture (A), (B)*. Notre Dame, IN: Eugene D. Fanning Center, Mendoza College of Business, 2000.

12. Barton, L. *Crisis in Organizations: Managing and Communicating in the Heat of Chaos*. Cincinnati, OH: South-Western Publishing Company, 1993, p. 2.

13. Fuller, T. www.inspirational-quotes.org/competition-quotes.html. Accessed November 7, 2005.

14. Putnam, J. A. In a personal interview with the author, August 1, 2005, Chicago, IL.

15. Ibid.

16. Ibid.

17. Wainwright, J. Vice President for public affairs, Merck & Company, in a teleconference interview from her offices at Merck corporate headquarters, Whitehouse Station, NJ, December 9, 2004.

18. Ibid.

19. Putnam. In a personal interview with the author.

案例 2-1　▶▶▶▶▶▶▶▶

星巴克：顾客可以在咖啡馆里哺乳吗？

奥德丽·林科夫（Audrey Lincoff）坐在她的办公桌前，看着桌上一大堆报纸文章。作为星巴克的发言人，她明白自己在星巴克应对当前的困境中所扮演的重要角色。困境就在这些报纸上：星巴克将如何应对来自新的激进团体——"哺乳母亲"的压力？在一位颇具影响力的女性和经验丰富的谈判专家的领导下，愤怒的哺乳母亲们聚集在马里兰州的一家星巴克门店要求在店内哺乳。林科夫担心媒体会过于炒作此事，因此她不得不对下面的问题做出决策：是接受该团体的要求，还是无视她们，让她们自然淡化或选择其他目标？

星巴克咖啡公司的历史

作为一家咖啡进口及烘焙企业，星巴克创建于 1971 年。位于西雅图的公司是以赫尔曼·梅尔维尔（Herman Melville）的经典小说《白鲸》（Moby Dick）中的大副命名的。其名字反映了创始人杰拉尔德·鲍德温（Gerald Baldwin）、戈登·波克（Gordon Bowker）和泽夫·西格尔（Zev Siegl）比较古怪的性格，他们三人是于西雅图大学就读时相识的朋友。[1]

星巴克咖啡、茶和香料公司的门店位于紧邻着皮吉特湾的派克市场中，它向餐厅和市场出售烘焙咖啡豆。到 1982 年，星巴克发展到了拥有四家门店的规模。那年，它在 Hammerdast 公司的销售代表决定访问星巴克。霍华德·舒尔茨（Howard Schultz）从纽约飞来，试图向这家西雅图的小公司销售咖啡过滤器；他深深地为这家公司所吸引，因而说服创始人为他设立了零售经理的职位。

第二年，舒尔茨在米兰度假，其间他体验到了意大利的咖啡文化，发现在美国并没有同样的文化。更重要的是，他认为美国已经准备好迎接这种"第三空间"的到来，即除了家和办公室外，人们可以相聚的场所。然而，老板并不认同他的观点。舒尔茨为追寻梦想离开了星巴克，并于 1985 年在西雅图开创了 II Giornale 咖啡连锁店。

两年后，当星巴克的主人决定离开咖啡行业的时候，舒尔茨召集了一批投资者，其中包括比尔·盖茨（Bill Gates），买下了星巴克。然后他决定将 II Giornale 更名为星巴克。他为准备公司上市花了 5 年时间，到 2004 年，星巴克公司已经位居《财富》杂志"全美最令人羡慕的企业"排行榜的第八位。

从 1987 年起，公司开始以惊人的速度扩张。舒尔茨的预感是正确的：美国已经准备好接受星巴克提供的"第三空间"。1987 年，星巴克在华盛顿州以外开设了首家门店。在接下来的 8 年中，公司的门店遍布整个北美。之后，又在日本开了首家海外门店。公司继续以惊人的速度开设新店：2006 年计划开设 1 500 家。星巴克还通过加盟经营、在杂货店出售瓶装饮料和袋装咖啡的方式继续成长。2003 年的零售总额达到了 345 万美元。[2]

企业文化

正是星巴克独特的企业文化使得霍华德·舒尔茨离开他成功的销售职业，并把自己的家从美国的东海岸搬到西海岸。随着公司的不断发展，公司领导层小心谨慎地维护并发展着公司的文化。正如舒尔茨所说："创建星巴克犹如建立一家我的父亲从未有机会为之工作的公司。"[3]

星巴克所有每周工作超过 20 小时的员工都有权享受福利。公司还与种植咖啡豆的农民一道努力，改善咖啡种植者的生活，因为种植咖啡的地区通常都十分贫困，而且由于过度供应，咖啡的价格通常会比较低。[4]星巴克的员工为他们所工作的企业，以及他们所受到的培训而感到自豪。公司的高层管理比大多数的美国大型企业更为多元化。[5]所有这些建立起了公司崇尚进取、崇尚自由的良好声誉。

培训

员工培训包括 20 小时的在线和店内在职培训。许多门店拥有无线网络。当无线网络对于顾客构成巨大的吸引力时，也充实了公司的培训项目。在参加入门培训之后，还可以接受在线高级培训项目，包括最新引入的"黑围裙"培训，以获得"咖啡专家"称号。[6]

管理培训项目需要另外 10 周的时间。[7]星巴克认识到培养高级管理者的关键之一就是选择合适的人进行培训。负责门店开发的管理者培训项目被安排在位于西雅图的总部进行，参加培训的管理者必须在门店工作 3 个月以上。[8]

顾客

尽管在星巴克的文化中员工是第一位的，但顾客也是受到格外重视的。星巴克的第四条指导原则是"永远使顾客满意"。"我们很早就认识到星巴克的品牌取决于顾客在我们门店所获得的体验。"舒尔茨说。[9]

正如一位行业分析师最近指出的那样："使得星巴克成为卓越公司有两大方面：一是其房地产生意；二是其确保每个人在星巴克都能获得美好的体验。"舒尔茨说："我们的顾客可以从我们的公司和我们的品牌中看到他们自己，因为他们是星巴克发展过程中不可或缺的一部分。"[10]

对禁止哺乳的抗议：请问本店供应牛奶吗？

2004 年 8 月 8 日，一项针对年轻人的新产品列入了马里兰州星巴克的菜单中。大约 100 人，包括婴儿、婴儿的父母和祖母等，纷纷涌入星巴克马里兰州 Silver Spring 门店，要求在"店内哺乳"。他们打着标语，当众为婴儿哺乳，发放印有母乳喂养益处的传单。这时，广大的母亲受到了前所未有的关注。

"店内哺乳"的想法源于一个月之前，罗利格·查科迪安（Lorig Charkoudian）在马里兰州的咖啡店中为其 15 个月大的女儿哺乳，一位星巴克的员工接到了几位顾客的投诉，他便要求罗利格到洗手间哺乳或哺乳时遮挡一下。事件发生后，罗利格聚集了大约 30 位母亲在店里哺乳，抗议星巴克轻视哺乳的重要性，她们认为哺乳是一个自然的、健康的过程。罗利格称，哺乳时进行遮挡会令婴儿感到不适，而且按照她的说法，哺乳时"乳房的暴露程度还没有啤酒广告上暴露的多"。[11]

到 2005 年，星巴克还没有关于在其门店是否允许哺乳的官方政策。在罗利格事件中，法律站在罗利格这边。2003 年，马里兰州颁布了一项法令，规定不能阻碍年轻母亲在公共场所哺乳。

星巴克发言人，奥德丽·林科夫回应道："星巴克遵守一切适用的有关哺乳的州级或当地法律，并且星巴克会指导马里兰州门店的经营者告知所有相关的顾客，根据马里兰州的法律，母亲有权在公共场所哺乳，并建议其他的顾客可以将视线移开，或者选择坐到其他位置。"[12]

遗憾的是，罗利格对于这样的结果并不满意。她希望星巴克在全美 5 882 家门店中都允许顾客哺乳。为了支持自己的行动，罗利格开设了一个网站，www.nurseatstarbucks.com，使得母亲们可以直接向星巴克的首席执行官奥林·C. 史密斯（Orin C. Smith）发送邮件。[13]"所有的邮件都反映了公众对于哺乳的接受程度。"罗利格说。[14]持赞同意见的母亲们看来打算将星巴克事件作为展示她们观点的舞台。一位参与抗议的母亲说："如果你看一下在工作时间光顾的客人，你会发现有许多年轻的母亲带着孩子来聚会和交流。如果星巴克想要继续吸引这类客人，他们就需要改变规定。"[15]另一方面，当时在星巴克的一位忠实顾客认为，罗利格的做法是一种"过度反应"，并且在那个他正进餐的场合，"店内哺乳"是他最不想看到的事情。[16]

事件的领导者

在处理公众对抗和冲突方面，罗利格·查科迪安算是一位老手。从死刑到大象的权利，她参加过许多运动。最近入选"马里兰州百位优秀女性"的罗利格长期从事公众对抗和公众示威的协调工作，她在处理这些事情方面积累了丰富的经验。

1995—2005 年，罗利格是位于巴尔的摩的社会调解项目（CMP）的创立者兼总裁。最初建立 CMP 是为了帮助巴尔的摩的居民和平解决冲突，但最终发展成为覆盖马里兰全州的大型项目。她也被巴尔的摩大学（University of Baltimore）的谈判和冲突管理项目聘为副教授。在巴尔的摩地区，罗利格获得了许多奖项，包括无名英雄奖（Unsung Hero Award，1999）、布里克奖（Brick Award，1997）和人权社区建设者（Human Rights Community Builder，1997）。[17]因此，星巴克的哺乳冲突事件并非业余的激进分子所为，而是由一位经验丰富、懂得如何领导以及使他人追随的专业人士带领。

过去的问题

哺乳问题并不是第一次在星巴克店内发生的冲突和矛盾。1995 年，星巴克的顾客关系经理贝齐·里斯（Betsy Reese）知道一位名叫杰里米·多罗辛（Jeremy Dorosin）的顾客购买的一台咖啡机存在一些问题。但是不到 6 周，这些问题升级到了任何星巴克的高层管理者都始料未及的严重程度。

1995 年 4 月，多罗辛先生从加利福尼亚的星巴克门店购买了一台咖啡机，但他对于该机器的缺陷很不满意。在将机器送回维修时，多罗辛从公司得到了一个"替代品"。他对该替代品的性能十分满意，于是又买了一台送给一位朋友作为结婚礼物。不幸的是，他的朋友发现这个礼物极其糟糕——肮脏、潮湿，并且不能正常工作——好像之前被使用过一样。多罗辛十分尴尬地将这个结婚礼物送回星巴克的门店，并且向经理投诉。在与门店经理、公司的服务总监、地区经理进行了几次交涉之后，并没有找到解决方法。即使星巴克同意道歉并赠以礼物，多罗辛还是认为"太少了，太晚了"。作为回应，他选择将他的不满公之于众，与星巴克在媒体上对峙。[18]

杰里米·多罗辛在 1995 年 5 月的《华尔街日报》上刊登了一则广告，描述了发生在他身上的事情，并征询其他人是否有与星巴克有关的和他类似或者更糟糕的经历。最后，他接到了来自愤怒的顾客、竞争者、员工的数千个电话。尽管多罗辛与星巴克对于应该何时道歉意见不一，但有一件事是很明显的：从发生问题到问题升级之间仅仅经过很短的时间。从 1995 年 5 月 5 日的首则广告，到 6 月中旬，多罗辛得到了四次《华尔街日报》、三次电台广播、三次电视节目和一次《纽约时报》的报道。[19]他甚至建立了一个个人网站，网址为 www. starbucked. com。多罗辛的名字现在已经成为星巴克内部的一个标志，象征着极小的问题也有可能升级至无法掌控的程度。

关于哺乳的立法

2003 年 5 月 22 日，马里兰州州长罗伯特·L. 厄里奇（Robert L. Ehrlich）签署了一项关于在公共场所哺乳的法律，其中的第二十项第十三条规定：

- 母亲可以为她的孩子在任何允许的公共或私人场所哺乳。
- 任何人不得限制母亲为其孩子哺乳的权利。[20]

这项法律事实上给予母亲在马里兰州的任何场所为其孩子哺乳的权利，但并没有明确他人是否拥有要求她在哺乳过程中遮掩乳头的权利。

马里兰州并不是第一个立法允许在公共场所哺乳的州。实际上，仔细审阅其他州关于哺乳的立法会发现情况十分复杂。到 2005 年，全美有 16 个州没有立法将哺乳从不雅暴露法律中删除。这使得母亲们在这些州的公共场所哺乳要冒触犯法律的风险。

而另一些州，如密苏里，给予母亲在公共场所哺乳的权利，但是要尽可能地慎重。佐治亚州的法律起先也有类似的条文，但到 2002 年被取消了。与此相反，有 9 个州的立法宣称："母亲可以在任何场所，不论是公共的还是私人的，为其孩子哺乳，而且可以不用考虑是否在哺乳过程中遮掩乳头。"新泽西州和康涅狄格州的法律向任何歧视哺乳母亲的人处以罚款，甚至拘留。夏威夷州和伊利诺伊州的法律给予哺乳母亲对任何有歧视行为的人采取行动的权利。康涅狄格州、夏威夷州和路易斯安那州将限制母亲为其孩子哺乳的权利视作歧视行为。[21]

不仅大量的州立法允许在公共场所哺乳，而且许多州已通过立法允许在职场哺乳，并且取消与哺乳相关的产品销售税和使用税。巧合的是，马里兰州是第一个规定取消对哺乳产品征收销售税的州。

考虑到 34 个州都有关于在公共场所哺乳的法令，显然，对于星巴克的管理层来说哺乳母亲是一个强大的特殊利益团体。

在任何场合进行哺乳

星巴克并不是唯一一家涉及制定关系到组织绩效的哺乳政策的公司。麦当劳也经历过一起类似的事件，当时全国各地都有女性在当地的快餐店中进行抗议，以此来支持杰米·洛维特（Jamie Lovett）。2004 年 6 月 27 日，在亚拉巴马州伯明翰的一家麦当劳门店中，店方要求洛维特女士停止为她 9 个月大的孩子哺乳。麦当劳的经理将解决这个问题的任务委托给营销代表斯塔西·考克斯（Stacy Cox），而后者一直拒绝对该事件做出评价。[22]

汉堡王也在盐湖城的分店中经历过一起类似的事件。汉堡王后来赶在一场计划好的抗议活动暴发之前颁布了一项允许在其餐馆哺乳的政策。一位汉堡王的发言人在回应该事件时称："我们的门店希望成为一个对家庭来说友好的地方。"这项新政策要求汉堡王的员工劝说向其投诉的顾客移坐到店里的其他位置。当犹他州的女性对汉堡王的公开道歉和所颁布的政策感到满意时，还有一些女性却认为仅一项允许哺乳的政策是远远不够的。一些抗议者希望那些宣称"对家庭友好"的餐馆提供一个特别的空间，以专供母亲为其孩子哺乳。[23]

来自哺乳抗议者的一系列回应清楚地显示，满足她们的所有要求对于任何企业来说都是很困难的。任何组织一旦满足了一位哺乳母亲的要求，这也就等于要准备好满足更多哺乳母亲的要求。因此在问题转变为重大的危机之前，组织必须决定如何妥善处理这类事情。

关于未来

奥德丽将所有的剪报收集到一个文件夹中，并将其带到有关沟通策略的会议上。她希望知道，最终采取的计划是如何形成的。如果不能得到妥善处理，即使是一个微不足道的小事件也可能对品牌产生损害。她思考了在冲突中利益相关者的目标，以及可能满足他们的方法。随着企业在市场中的成长和成功，各种各样的挑战和机会也随之而来，哺乳母亲及其孩子们显然就是下一个挑战和机会。

◆ 讨论题

1. 罗利格女士的群体要求应该受到重视吗？或者她们的要求简直是荒唐可笑，公司完全可以置之不理？

2. 星巴克是否可以采用合理的方法满足所有细分市场顾客的要求？

3. 假设星巴克将出台一项官方政策，它将如何就该新政策在全公司进行有效沟通？

4. 当影响门店的州立法发生改变，星巴克将如何与其在该州的门店进行沟通，以确保所有门店都能遵从？

注　释

1. Serwer, A. "Hot Starbucks to Go," *Fortune*, January 26, 2004, p. 60.
2. Starbucks corporate Web site: www.starbucks.com. Retrieved December 23, 2004.
3. O'Connell, P. "A Full-Bodied Talk with Mr. Starbucks," *BusinessWeek*, October 15, 2004. Retrieved from yahoo.businessweek.com
4. Stopper, W. "Establishing and Maintaining the Trust of Your Employees," *Human Resource Planning*. June 21, 2004.
5. Fellner, K. "The Starbucks Paradox," *ColorLines*, Spring 2004. Available from www.arc.org.
6. Wolff, L. "Coffee Chains Perk Up Training, Store Design," *Gourmet News*, May 1, 2004.
7. Coeyman, M. "Loving the Daily Grind," *Restaurant Business*, October 10, 1996, 82.
8. H. D. "Boot Camp Brewhaha," *Training*, July 17, 2004.
9. Dann, Schultz, Somberg, and Levitan. "How to . . . Find a Hit as Big as Starbucks," *Business 2.0*, May 2004, 66.
10. Smith, S. "Experiencing the Brand—Branding the Experience," February 2001. Available from www.personaglobal.com.
11. Helderman, R. "Maryland Moms Say No to Coverup at Starbucks," *Washington Post*, August 9, 2004. Available from www.washingtonpost.com/ac2/wp-dyn/A50610.
12. "Mothers Stage 'Nurse-in' at Starbucks Store," *MSNBC*, August 10, 2004. Available from www.msnbc.msn.com/id/5662809.
13. Ibid.
14. Charkoudian, L. Resume. *Maryland Daily Record*, October 26, 2004. Available from www.mddailyrecord.com/top100w/01charkoudian.html.
15. Helderman, R. *Washington Post*, August 9, 2004.
16. Ibid.
17. Charkoudian, L. *Maryland Daily Record*, October 26, 2004.
18. Rosenthal, D., T. Barr, and T. Boyd. "Dorosin v. Starbucks," *Case Research Journal* (1998). Retrieved October 2, 2004 from www.starbucked.com.
19. Ibid.
20. "Maryland Code 20-81, S.B. 223, Chap. 369," Maryland General Assembly Home Page. May 22, 2003 Available from mlis.state.md.us/2003rs/chapters/Ch_369_SB0223T.rtf.
21. Vance, M. "A Current Summary of Breastfeeding Legislation in the U.S.," *La Leche League International*. September 21, 2004. Available from lalecheleague.org/Law/summary.html.
22. Daley, J. "Local Breastfeeding Advocate to Join Nationwide Protest," *The Marion Star*, August 7, 2004. Available from www.marionstar.com/news/stories/20040807/localnews.
23. "Breastfeeding OK at Burger King," Online posting. *A Sassy Lawyer in Phillipine Suburbia*. November 25, 2003. Available from journal.houseonahill.net.

This case was prepared by Research Assistants Jenny E. Bailey, Shannon J. Rainer, and Cameron A. McHale under the direction of James S. O'Rourke, Concurrent Professor of Management, as the basis for class discussion rather than to illustrate either effective or ineffective handling of an administrative situation. Information was gathered from corporate as well as public sources.

塔可钟公司：公众的看法与品牌保护

当然，我们所关注的是，这个已经注册为动物饲料的产品，是否通过某种不合法途径成了人类食品。[1]

2000 年 9 月 15 日，星期五，下午晚些时候，劳瑞·甘农（Laurie Gannon），这位塔可钟公司（Taco Bell）公关部主管，接到了公司政府关系部打来的一个电话。甘农定期会接到这个部门打来的电话，告诉她塔可钟公司与政府的关系。这次，当她拿起电话，甘农却发现是另外一回事。然而，事情很快就变得更糟。她被告知，华盛顿特区有一个特别关注小组将于下周初举行新闻发布会，讨论的焦点是一种贴了"塔可钟"标志的，由卡夫食品公司（Kraft Foods, Inc.）销售的脆皮玉米饼。

甘农在进一步询问后，了解到这种在杂货店里出售的脆皮玉米饼可能含有一种不适合人类食用的玉米成分。虽然报告里明确说明这种脆皮玉米饼是由卡夫公司生产和销售的，但是媒体和之后的消费者的反应有可能会对塔可钟的品牌造成影响。

具体的细节还不清楚，但甘农知道有个叫"地球之友"（Friends of the Earth）的团体，它的调查结果会刊登在周一出版的《华盛顿邮报》（Washington Post）上，紧接着就会有一个新闻发布会。她立刻意识到，塔可钟这个标志将会成为媒体攻击的目标。虽然这周的工作马上就要结束了，但是甘农必须做出回应，这个电话的时间把握得简直太妙了，以至于塔可钟公司不得不在极短的时间内做出反应。不管怎么样，甘农迅速行动起来，她首先通知了公司的几名关键高层管理者，同时还有这起事件中卡夫公司的几位高层领导。整个周末她一直在跟踪 Starlink 产品所有可以获取的有关脆皮玉米饼问题成分的信息。

召回

在过去的几年里，围绕转基因食品副作用的争论一直没有间断。由于这些食物是最近几年才有的，因此还没有机会来综合研究其对人体的长期影响。于是一些国家和组织，强烈反对这些转基因食品，并通过制定法律来严格限制使用这些食物。[2]例如，1999 年，欧洲议会（European Parliament）强制推出"严格限制使用转基因产品"。[3]

这个话题一直是一些国家和非政府组织主要争论的问题，这些组织公开集会，反对那些转基因食物的支持者。2000 年 8 月，玉米食物成为这场争论的焦点，伴着一系列对 23 种主流玉米食物的检测，其中就包括塔可钟公司 Home Originals 牌的脆皮玉米饼。[4]这些检测得出结论，脆皮玉米饼里含有"Cry9c"蛋白质，这是一种杀虫剂，被确定为不适合人类食用。[5]

在"地球之友"团体将其调查结果公之于众后不到一个星期，卡夫公司主动召回所有与这种脆皮玉米饼有关的食物。召回食物包括[6]：

● 塔可钟 Home Originals 牌 12 片装脆皮玉米饼。
● 塔可钟 Home Originals 牌 18 片装脆皮玉米饼。
● 塔可钟 Home Originals 牌 12 片装脆皮玉米饼（12 片果酱味）。

2000 年 9 月 22 日，卡夫公司发表公告说："卡夫保证全面配合联邦食品与药品管理局……卡夫公司将停止这种脆皮玉米饼的生产，直到产品符合监管当局的全部要求。"[7]卡夫公司在另一则公告中明确表示："我们预计 250 万～290 万箱产品被召回。卡夫公司召回的产品不包括任何在塔可钟餐馆出售的产品。"[8]

塔可钟公司

1962 年，格兰·贝尔（Glen Bell）在加利福尼亚州唐尼市创建了塔可钟公司。贝尔先生的两种风味小吃迅速成为当地餐馆的名菜。1969 年，公司的产品受到顾客的普遍青睐，其销售额前所未有的高增长率一直持续到 20 世纪 70 年代中期，直到贝尔先生将其所拥有的 868 家餐馆出售给百事公司，并成为百事公司的大股东。[9]从那时开始，塔可钟的销售收入和门店数就一直在增长。现在塔可钟旗下的门店数大概有 7 000 家。

塔可钟是一家从事快餐业的公司，它在激烈竞争的环境下经营，行业年平均增长率在 3% 左右。因此在快餐业要想发展就一定要抢占他人的市场份额。

此外，要想维持增长，公司就必须不断推出新产品，扩大产品系列。公司最近推出的新产品包括 Grilled Stuft Burrito, Gordita 和 Quesadilla；扩大的产品系列包括 Steak Grilled Stuft Burrito, Cheesy Gordita Crunch 和 Monterey Jack Quesadilla。

经营效率同样需要考虑。最近，多品牌经营是增加收入和扩大市场份额的一个很流行的方法。多品牌经营的意思就是将两个不同概念（如塔可钟和必胜客）放在同一个屋檐下。通常这是经营两家餐馆的更有利可图的方式。根据塔可钟母公司的经验，"这些多品牌的餐馆可以比两个单一餐馆产生更多的现金流"。[10]

私下里，塔可钟公司将自己定位为"中心偏左"（left of center）餐馆。[11]尽管一些竞争对手主要迎合年轻人和老年人的需求，塔可钟将自己的营销对象定位于 18～24 岁的年轻人，因为这些人的消费构成公司销售收入的很大一部分。[12]多年来，除了致力于极其诱人的促销活动外，公司还坚持不懈地通过创意性广告来制造轰动效应，比如 1996 年 4 月 1 日，自由钟（Liberty Bell）的虚拟购买和赠送"免费玉米饼"等。[13,14,15]每周，全美塔可钟公司旗下 6 500 家餐馆需要为 3 500 多万名消费者提供服务。2001 年，公司全系统创造了 50 亿美元的销售收入。[16]

塔可钟公司快速增长的本质原因是它较早地建立了特许经营。从 1964 年公司的第一家特许经营餐馆开始，这些商业伙伴及其各自的餐馆与公司共同成长。结果，特许经营成为塔可钟公司系统中最重要的组成部分。要想成为塔可钟公司的特许经营商，首先必须克服一系列财务和经营难题，然后参加塔可钟公司的"确定步调"（Setting the Pace）培训项目。[17,18]

认识到有必要统一思想，达成共识，特许经营商成立了特许经营管理咨询委员会（FRANMAC），FRANMAC 与塔可钟公司的高层管理团队保持直接联系，并经常性地参与决策制定，包括广告、市场开发和产品提供。FRANMAC 领导团队除了每两个月召开一次例会以外，还通过定期的 FRANMAC 公开见面会为特许经营商、主要摊贩及塔可钟公司高管团队提供一个会面、交谈以及共同解决重大问题的机会。在这些会议中，利益相关者可以围绕品牌等问题发表自己的观点。截止到 2003 年中期，特许经营门店已占到塔可钟公司系统的 80% 左右。[19]

为了将核心竞争力集中在软饮料和小吃上，百事公司于 1997 年剥离了其对塔可钟公司的所有权，并且成立了 Tricon Global Restaurants 公司，这是一家独立经营的公司，塔可钟的总裁直接向 Tricon Global Restaurants 公司的总裁兼 CEO 报告。

2002 年，在更多餐馆加盟的基础上，Tricon Global Restaurants 公司更名为百盛餐饮集团 (Yum! Brands)。[20]百盛餐饮集团（纽约证券交易所代码：YUM）对其旗下机构提供一些通用业务方面的支持，包括投资者关系。百盛餐饮集团的总部设在肯塔基州的路易斯维尔。

卡夫公司

卡夫公司成立于 1903 年，它是北美最大、世界第二大的食品和软饮料公司。[21]从最初名为 James L. Kraft's 的奶酪业务开始，公司逐渐扩张成联合大企业，销售世界领先的品牌，如纳贝斯克（Nabisco）饼干、奥斯卡·梅耶（Oscar Mayer）肉和宝氏（Post）麦片。实际上，要了解卡夫公司的历史，首先要了解整个食品行业的历史。[22]

克拉夫特（Kraft）先生早期的成功是由于他创新的生产方式——用 3.5 盎司和 7.75 盎司的罐子来生产罐装干酪，努力满足顾客希望存放时间较长的需要。这种生产方法是个巨大的成功，以致克拉夫特在 1917 年获得这个方法的专利，开始为美军在第一次世界大战期间提供食品。[23]因此，卡夫公司的一举成名以及卡夫公司与其他食品业开创者的携手努力有力地推动了 20 世纪食品服务业的发展。

1998 年，卡夫公司被菲利普·莫里斯公司（Philip Morris）并购，最终与众多食品公司进行了联合，诸如通用食品公司（General Foods）、奥斯卡·梅耶公司（Oscar Mayer）和纳贝斯克公司（Nabisco）。

通用食品公司，其前身是 Charles W. Post 麦片公司，经营家用品牌，如 Jell-O 布丁、麦斯威尔（Maxwell House）咖啡、唐（Tang）水果饮料和凉爽（Cool Whip）植物奶油。[24]1981 年，通用食品公司并购了奥斯卡·梅耶公司。1985 年，被菲利普·莫里斯公司并购，随后于 1988 年成为卡夫公司的一部分。此外，2001 年，随着菲利普·莫里斯公司将两家食品业公司合并，拥有众多品牌（Triscuit 华夫、Ritz 薄脆、Honey Maid 全麦薄脆和 Planters 坚果）的纳贝斯克公司成为卡夫公司的一部分。

2001 年 6 月，菲利普·莫里斯公司将其食品服务子公司公开上市。从那以后，卡夫（纽约证券交易所股票代码：KFT）凭借其多个著名品牌及其创始人的特质确立了其食品业领头羊的地位。[25]

今天，卡夫公司经营 60 多个品牌，并且，正如公司出版物所称，卡夫将继续探索新产品，以满足全球家庭的需要。

塔可钟公司与卡夫公司之间的许可协议

1996 年 8 月 1 日，塔可钟公司和卡夫公司称将制定一份协议，允许卡夫公司生产拥有塔可钟品牌标志的脆皮玉米饼，并在其杂货店销售。[26]卡夫公司在该销售渠道方面享有很好的声誉，主要是通过公司目前提供的多个产品。

虽然关于这项交易的条款仍然是个秘密，但是很多人认为那是标准的许可协议，即卡夫公司会生产和分销塔可钟公司的产品，包括 Home Originals 产品系列。塔可钟公司将监督其标识和商标的使用，确保其严格按高标准运作。塔可钟公司和卡夫公司的代表们定期讨论质量、财务、经营等方面的问题。此外，他们还就营销标有塔可钟标志的塔可钟公司的产品达成共识。[27]

借助卡夫公司的全国范围的分销网点，这项协议有助于塔可钟公司不用承担营销成本就可以将其品牌拓展到全国。[28]外界猜测卡夫公司会将脆皮玉米饼 4%～6%的收入给塔可钟公司。

转基因食品

转基因食品是从那些通过分子生物技术强化过的农作物生产出来的。这些植物在实验室中得到改良以达到人们想要的一些特性，如提高抵抗杀虫剂的能力，或者提高营养含量。[29]无须通过耗时的繁殖过程来达到这些高品质，基因工程可以快速准确地创造这些特性。例如，植物基因学家可以将具有抗旱能力的基因进行分离，然后将它植入其他植物。这种新的转基因植物就可以获得较好的抗旱能力。[30]此外，自然界存在一些病毒，这些病毒可以产生杀死昆虫幼虫的致命蛋白质。将这些与致命蛋白质相关的基因转移到玉米中，这样玉米就可以产生它们自己的杀虫剂。

转基因食品的优点在于它可以确保当前日益膨胀的人口有足够的食物。具体的好处包括抵抗害虫、抵抗杀虫剂、抵抗温度变化和干旱，以及提高营养和药用价值。[31]根据美国食品与药品管理局的统计，已有 40 多种植物获得了联邦政府的完全授权。转基因食品不像杂货店里出售的水果蔬菜一样普遍，但它们经常出现在植物油、早餐麦片和一些经过加工处理的食品中。[32]

正如人们所预料的，转基因食品的使用招致了一些人的批评。人们最主要的关注涉及转基因食品对环境的威胁、对人类健康的威胁，以及对经济的威胁，正如大农场经营被指责为只考虑获利而不考虑健康。

Aventis 公司和 StarLink 产品

1999 年 12 月，德国 Hoechst 化学制药联合公司与法国 Rhone-Poulence 公司合并，成立了 Aventis 制药公司，后者成为世界生命科学行业的引领者。Aventis 公司关注两个核心领域：制药和农业。Aventis 公司通过探索开发处方药、疫苗、治疗性蛋白、植物生产和保护、动物健康和营养等领域的创新产品，致力于提高生命质量。[33]

Aventis 公司的制药业由三部分构成：处方类制药、人类疫苗和治疗性蛋白。公司的农业部门，Aventis Crop Science 农作物科学公司主要从事植物蛋白合成、植物生产和种子业。[34]Aventis 公司还有一家与默克公司合资的动物健康公司——Merial 公司。

StarLink 是由 Aventis 公司开发的一种转基因玉米植株，这种植株可以产生抵御害虫的毒素。这种毒素实际上是一种叫 "Cry9c" 的蛋白质，并于 1998 年 8 月经美国环保署（EPA）同意注册为一种 "植物杀虫剂"。这项批准还规定这种玉米植株的唯一商业用途就是用作动物饲料。然而，Aventis 公司必须确保 StarLink 不会进入人类的食品供应。[35]研究表明，这种植株可能引起耐热性，比如它可以耐胃酸和消化酶。因此，Cry9c 乃是一种潜在的变应素，其全部的表征还不清楚。[36]1999 年 4 月，Aventis 公司再次向美国环保署提交申请，允许 StarLink 可以用于人类，然而由于对变应素的普遍关注，美国环保署没有批准这份提议。

Aventis 公司扩大了 StarLink 的全球销售，并在 1998 年将这种转基因玉米引入美国市场。1999 年，StarLink 首次作为商业用途在美国进行种植。到 2000 年，估计有 29 个州 2 000 多名农场主种植了超过 341 000 英亩的 StarLink 玉米植株。[37]

"地球之友" 团体和基因工程食品警示运动

1969 年，"地球之友" 团体于旧金山成立，它为 "为创造一个更加健康、更加公正的世界奋斗在最前沿" 而感到自豪。[38]"地球之友" 是基因工程食品警示（GEFA）运动的成员，GEFA 运动 "支持取消在杂货店销售转基因原料，除非它们足够安全，并贴有标签"。这项运动得到了 250

多人的支持，其中包括科学家、宗教领袖、医生、厨师长、环境与健康领袖以及来自农场的群体。[39]

GEFA 的总部设在华盛顿特区，在旧金山和加利福尼亚设有办事机构。除"地球之友"外，GEFA 还有其他六个创建组织，分别是食品安全中心、农业贸易政策研究院、国家环境监管会、有机消费者协会、北美杀虫剂管理网络和公共利益研究组。

政府监管者

有关转基因食品的研究仍处于相对初级的阶段，因此美国政府并没有设立专门的中心机构来监管转基因食品的准入和使用。美国联邦政府中有三家单位（美国环保署、美国农业部和联邦食品与药品管理局）共同监管转基因食品，以保护公众免于转基因有机体的威胁（包括 Cry9c）。

联邦食品与药品管理局

每当有新成分加入食品时，联邦食品与药品管理局（FDA）就会对该食品进行评估。虽然 FDA 要求对食品和色素添加剂进行严格检测，但是转基因食品却免于这些检测，并且也没有要求对其进行任何安全检测。然而，1992 年，在任何转基因产品进入市场前，转基因产品与传统种植的一般农作物完全一样。因此，没有要求对转基因食品进行上市之前的安全检测，或者贴上标签。有关转基因食品的召回事宜均由 FDA 核定和沟通。

美国环保署

美国环保署（EPA）的特点是确保对所有作物进行上市前检测，以检测潜在的健康和环境问题。EPA 往往相信申请者递交的研究报告，而这些报告时常缺乏客观性。

美国农业部

美国农业部（USDA）有责任确定转基因食品是否对环境存在威胁，监管这些作物的生长，监督对那些未经批准进行商业化生产的农作物的检测。过去，USDA 因对种植有危害植物行为监管不力而遭到批评。《纽约时报》于 1999 年 11 月曾报道："科学家说，有一部分问题是由于 USDA 没有为证明作物对环境是否安全设定科学标准。"[40]

下一步该怎么做

劳瑞·甘农挂上电话后，意识到她这个周末不可能去海边，而要在办公室处理现状。凝视着电话机，她在思考如何通知所有受到影响的各方。甘农知道，她必须立刻行动，因为新闻将在 48 小时内披露。她应该先与谁联系？卡夫公司该如何应对这一情况？公众是否会将召回产品与塔可钟餐馆所提供的食品相联系？这次危机会否威胁到卡夫品牌？

◆ 讨论题

1. 谁是受影响的利益相关者？谁是最主要的？甘农应与哪个利益相关者进行沟通？她应该如何与之沟通？

2. 既然有关转基因食品的研究仍在继续（如有关转基因食品的长期影响仍未有官方的结论），转基因食品的使用成为一个颇具争议的问题。塔可钟公司应如何处理这些问题？塔可钟是否应该继续在其食品中使用转基因物质？

3. 塔可钟公司将如何与卡夫公司进行沟通？为确保卡夫公司有效处理此事，塔可钟公司应如何做？塔可钟公司与卡夫公司之间的关系存在什么问题？它们之间关系紧张了吗？有否导致品牌受损？如何减少其损害？塔可钟是否该就此问题与媒体联系，或者将卡夫推至风口浪尖，告诉媒体是卡夫生产了脆皮玉米饼？应选择怎样的沟通渠道？

注　释

1. "Taco Bell: Drop the Biotech Corn," www.wired.com/news. Last visited: January 21, 2003.
2. "Banned Corn in Taco Shells," www.more.abcnews.go.com. Last visited: January 21, 2003.
3. "Europe Approves New GM Rules," news.bbc.co.uk/1/hi/world/europe/1167511.stm. Last visited: April 18, 2003.
4. "Banned Corn in Taco Shells," www.more.abcnews.go.com.
5. "Shell Shocked," www.more.abcnews.go.com. Last visited: January 21, 2003.
6. "Kraft Announces Voluntary Recall of All *Taco Bell* Taco Shell Products from Grocery Stores," www.kraft.com, September 22, 2000. Site last visited: January 21, 2003.
7. Ibid.
8. "Taco Shell Recall Focuses on Safety of Biotech Foods," www.mindfully.org/GE.
9. www.tacobell.com. Last visited: April 18, 2003.
10. www.yum.com/investors/fact.htm. Last visited: April 23, 2003.
11. "Yeah Baby! Taco Bell and Mini-Me 'Power' Up for the Summer," www.tacobell.com. Last visited: January 21, 2003.
12. "New 'Age of Hedonism' Emerges in 18–24 Year Olds—Nationwide Survey Reveals Self-Indulgence Trend Has Reached All-Time-High with Younger Generation," www.tacobell.com. Last visited: April 18, 2003.
13. Taco "Liberty" Bell. www.painepr.com/case_studies2.asp. Last visited: April 18, 2003.
14. "America Eats Free Tacos if World Series Home Run Hits Taco Bell Target," and "Free Tacos for U.S. If Mir Hits Floating Taco Bell Ocean Target," www.tacobell.com. Last visited: April 18, 2003.
15. "Taco Bell Chalupas Point Promotion for Los Angeles Lakers Fans Begins Sunday," www.tacobell.com. Last visited: April 18, 2003.
16. "Yeah Baby! Taco Bell and Mini-Me 'Power' Up for the Summer," www.tacobell.com. Last visited: January 21, 2003.
17. www.tacobell.com.
18. "World Franchising: Taco Bell," www.worldfranchising.com/Top50/Food/TacoBell1.html. Last visited: April 23, 2003.
19. Telephone and e-mail correspondence with Michael Lim, Taco Bell Analyst. April 18–24, 2003.
20. "Tricon Global Restaurants to Acquire Long John Silver's and A & W All-American Food Restaurants to Drive Multibranding Leadership—Company Will Change Name From Tricon To 'Yum! Brands, Inc,' " www.yum.com. Last visited: April 18, 2003.
21. www.kraft.com/newsroom/anniversary/history.html. Last visited: April 22, 2003.
22. Ibid.
23. Ibid.
24. Ibid.
25. Ibid.
26. "Kraft Foods Acquires Taco Bell Grocery Products Line," Kraft Foods, Inc. press release, August 1, 1996.
27. Interview with Laurie Gannon. April 18, 2003.
28. Bluth, Andrew. "Taco Bell Selling Its Grocery Line to Kraft," *The Orange County Register*, August 2, 1996.
29. www.csa.com/hottopics/gmfood/overview.html. Last visited: April 21, 2003.
30. Ibid.
31. Ibid.
32. Ibid.
33. Aventis, "New World Leader in Life Sciences, Launched Today," www.archive.hoechst.com/english/news/99/pm121599.html. December 15, 1999.
34. Ibid.
35. www.greenpeaceusa.org. Last visited: April 27, 2003.
36. www.for.gov. Last visited: April 18, 2003.
37. www.greenpeaceusa.org. Last visited: April 27, 2003.
38. www.foe.org. Last visited: April 18, 2003.
39. Ibid.
40. Madigan, Kate. "Risky Business—Financial Risks that Genetically Engineered Foods Pose to Kraft Foods, Inc. and Shareholders," *State Public Interest Research Group*, Appendix B: Regulatory Agencies. April 2003.

This case was prepared by Research Assistants Jared T. Hall and Michael P. Viola under the direction of James S. O'Rourke, Concurrent Professor of Management, as the basis for class discussion rather than to illustrate either effective or ineffective handling of an administrative situation.

第 3 章

■ 沟通伦理
■ Communication Ethics

> 永远不要受一些隐藏在你脑海中而不能公开的思想的影响。每当你想要秘密地做某件事情的时候，都要先问问自己是否也会在公众场合这么做。如果答案是否定的，那么可以确定你要做的事情是错误的。
>
> ——摘自托马斯·杰弗逊（Thomas Jefferson）于 1816 年 5 月 21 日给其 14 岁孙子弗朗西斯·爱佩斯（Francis Eppes）的一封信

随手拿起一份某天早上的《华尔街日报》或《纽约时报》，从 A 版到 C 版，上面的新闻没有什么特别令人鼓舞的：

"拍卖"经纪人被指控。权威人士说瑞士信贷（Credit Suisse）的前雇员涉嫌误导投资者。布鲁克林当地一家联邦法院起诉了两位瑞士信贷集团的经纪人，指控他们欺骗了投资者关于他们资产中的 10 亿美元用于投资短期债券的真实经过。这份长达 12 页的起诉书描述了经纪人朱利安·佐罗夫（Julian Tzolov）和埃里克·巴特勒（Eric Butler）是如何通过电子邮件的方式误导世界各地的企业客户的。这些经纪人制造了一种假象使人们相信这些债券是由联邦担保的学生贷款作为后盾的，但实际上他们是在运作一些高风险的抵押贷款产品和其他经纪人可以从中赚取高额佣金的债务。[1]

其他时候，报上常常会刊登这样的故事：

前公司高层支付了 20 亿美元来平息证券交易委员会（SEC）提起的欺诈指控。一位 Aremis Soft 公司（已停业）的前高管已经同意支付 20 亿美元来平息 SEC 的欺诈指控。

这差不多就是委员会所说的他在 2000 年通过 Aremis Soft 的股票交易所获取的非法收益的数额。这位名为罗伊斯·波亚德基斯（Roys Poyiadjis）的高管还接受了终身不得经营上市公司的裁决。他并没有承认或者否认什么不法行为。SEC 认为，昨天公布的处罚结果是委员会所处理的最大的个人案件。

SEC 指出，波亚德基斯先生及其属下——莱克格斯·基普里亚诺（Lycourgos Kyprianou）（目前仍是 SEC 所提起的民事诉讼的被告），在 1999—2000 年间至少涉嫌三起 Aremis Soft 公司财务案件。[2]

从最近 Tyco 公司首席执行官丹尼斯·科兹洛夫斯基到安然公司及世通公司（World Com）的高管，再到玛沙·斯图尔特（Martha Stewart）（我的天哪！），并不总是公司的高管和资深官员陷入道德或法律麻烦，而往往是一些刚刚毕业的大学生需要面对这些他们在大学校园根本不会想到的抉择。

华尔街的一名雇员被逮捕。据说此人利用在信托公司的职务之便,谋取利益。据检察官透露,他们昨天逮捕了一名经纪公司的雇员,原因是她涉嫌利用市场敏感信息进行内幕交易以获取非法利益。

曼哈顿地区一位名叫罗伯特·M. 摩根索(Robert M. Morgenthau)的检察官介绍说,本周一,供职于摩根士丹利法律部门的分析师,Discover & Company 公司的迪安·威特(Dean Witter)在工作时被逮捕,并于周二被指控非法挪用财产、欺诈、商业贿赂等多项罪名,调查人员在昨天召开的记者招待会上宣布将继续进行深入调查,并可能有更多的人被逮捕……

据说迪安·威特利用职务之便将其所掌握的有关佐治亚·太平洋公司(Georgia Pacific)的信息透露给一个不知名的组织,并且就在上周,将摩根士丹利一位分析师所做的有关 Einstein Bagels 公司股票将下跌的信息卖给他人。"只要你掌握了一些市场的热门信息,就会有人诱惑你来交易这些内部消息。"摩根索如是说。

这位雇员是一名法学院的毕业生,她在摩根士丹利有着很高的薪资。她住在曼哈顿的上东区……[3]

在过去的几年中,每天至少都会有一则新闻是关于虚报账目、挪用资产或商业欺诈的。这些新闻通常披露了人们是如何欺诈雇主、顾客和客户、管理机构及法庭的。而在其他一些事件中,他们简直就是在自欺欺人。

这到底是为什么呢?难道这些行为都是北美商界道德问题的突然爆发吗?还是得益于调查和起诉技术的改进?尽管后者也有一定的道理,但我们很难相信这些管理者现在才开始表现出违法的或不道德的行为倾向。

这一领域的许多专家都撰写报告,称相当多的商人似乎认为他们可以利用各种在他们看来合适的方法去处理信息,并且与股东、客户、顾客、竞争者、管理机构、立法机构以及其他政府机构进行沟通而无须尊重事实、公平、公正和道德。

最近曝光的财务丑闻、高管的不端行为及公司财务官员的欺诈案等都揭示了在整个企业界强调价值观和诚信的必要性。约翰·A. 伯恩(John A. Byrne)在《商业周刊》中阐述道:"在后安然的泡沫世界,对企业价值观的追求超过了公司高管的薪酬,甚至超过了最新的股票价格。信任、正直、公平的确很重要,它们是守住底线的关键。"[4]在我行我素的 20 世纪 90 年代,太多的公司将业绩与意义重大的企业价值观相脱离。食品零售商 Albertson 公司的首席执行官拉里·约翰逊(Larry Johnson)说:"许多公司只是以绩效作为考核领导者的标准",而"对于领导者来说,考核的标准至少应包含两个层面:绩效和价值观。两者缺一不可"。[5]兰登·托马斯(Landon Thomas)在《纽约时报》上刊登了一篇文章,文中认为,"随着安然和其他公司倒闭后监管力度的加强,许多公司和董事会正在逐步实施零容忍政策,并且不断要求其员工保持高标准的商业和个人行为",结果是"随着企业纷纷叫停可能导致触犯法律或公共关系灾难的员工违背伦理道德的行为,各公司掀起了一股解雇浪潮"。[6]

3.1　雇主的经营伦理

　　最近美国国内商业伦理调查机构的一项调查显示，员工普遍关心雇主的经营伦理。值得引起我们关注的是，今天的员工会对他们的许多管理者的道德问题提出质疑。位于印第安纳波利斯的赫德森研究院（Hudson Institute）和沃克情报所（Walker Information）对 3 000 多名来自全美商业和非营利组织的员工的工作经验和态度进行了调查。调查结果颇令人担忧！不足一半的人认为他们的高层领导者是诚实正直的。[7]

　　在赫德森-沃克的调查中，其他一些发现也值得关注。只有 1/3 的员工能够毫无顾虑地举报不良行为，造成这种情况的部分原因是只有不到一半的人认为道德或违法问题能够得到公平和彻底的解决。值得一提的是，30％的人知道或怀疑在过去的两年中他们的组织存在违反伦理道德的行为，但其中大部分人（60％）并没有举报任何违法行为。为什么？我们认为人们不举报不良行为主要出于以下三个原因[8]：

- 员工认为组织不会做出相应回应。
- 缺乏匿名的或是秘密的举报机制。
- 担心举报后来自管理层的报复行为。

　　《快公司》杂志最近指出，在全美范围的调查中，有 76％的工人在过去的 12 个月中发现有违背法律或公司准则的行为，其中 2/3 的人认为他们的公司不会对违反道德者进行处罚，另外有超过一半的人认为"管理层根本就不知道什么样的行为在公司里才是允许的"。更糟糕的是，接近 40％的人认为"管理层会为了达到商业目标而默许违法的或是不道德的经营行为"。[9]

　　这些关于道德行为态度的研究结果对你有什么触动吗？几乎所有的商业领导者的回答都是肯定的。在商业实践中，即使是在一个自由竞争的市场环境中也是有规则可循的。这些规则涵盖了从复杂的税法条例到出口限制、广告的真实性和个人说话的可信性等一系列必须遵循的规则。如果竞争者违反了这些规则或根本就无视这些规则的存在，就会危害到自由的市场竞争，使希望破灭，市场的公信力也将不复存在。

　　如果你的行为不符合道德规范，人们很快就会意识到你不值得信任，你的表现就会被视为不可靠的和自私的。除了触犯法律，不道德的行为最终还会被遵守市场规则和重视诚信的从业者所孤立。

3.2　商业伦理的定义

　　曾担任大学校长的伦理学家雷蒙德·鲍姆哈特（Raymond Baumhart）曾经询问了许多企业管理者"合乎职业道德"这个表述对他们意味着什么。在其采访的管理者中有一半人将"职业道德"定义为"我感觉对的事情"。但感觉是不能作为决策依据的。有 25％的受访者将"职业道德"定义为"符合我们宗教信仰的事情"。有 18％的人认为"合乎职业道德"是"遵守黄金法则"。然而，宗教界权威人士强烈批评用宗教以及"黄金法则"来解释职业道德简直就是牵强附会。[10]

关键是，宗教通常要求以忠实的行为来遵从引导、规范、教条或训导。而黄金法则（别人是怎么对你的，你也怎么对别人）则认为我们每个人都期望得到与付出相同的回报。实际上，我们的兴趣与偏好之间千差万别。一位主管对员工的询问在一些人看来是体贴、关心下属的表现，而对于另一些人来说则是打探消息的行为。如果这种指导是有用的，但又是不明确的，那么我们怎样来做出伦理判断？对于企业沟通者来说，合乎职业道德又意味着什么呢？

伦理学通常是指一种系统考察对与错、善与恶、优与劣的行为准则领域。而道德经常提倡日常生活中的行为方式。从这个意义上讲，道德属于伦理学的行为准则范畴。因此，商业道德也就属于商业伦理范畴。[11]

"企业社会责任"和"企业公民"有时被用作与商业伦理同义。例如，石油公司竭力标榜自己是何等的关注环境问题，化工企业也声称自己"提供工作机会及经常行善"体现了其"好公民"行为。然而，如果它们的上述说法是指商业伦理仅限于处理商业组织与外部顾客（如消费者、供应商、政府机构、社区组织和东道国等）之间的关系，那么它们是在误导。

尽管这些关系属于商业伦理的重要部分，但是它们还不足以涵盖整个领域。一些重要的内部顾客，如雇员、股东、董事会及管理者等也都包含在内。此外，伦理学还应包括不适用于顾客或利益相关者分析的伦理问题。因此，尽管商业伦理也包括企业社会责任，但它是比企业社会责任更宽泛的概念。[12]

3.3　调查的三个层面

在企业决策的道德责任、义务和善举方面最令人关注的莫过于个人的选择和个性、组织的政策和文化，以及整个社会和经济体制（如资本主义）的协调和信念。因此，商业伦理是多层面的。

个体层面　作为企业中的个体，商业伦理涉及从公司内部和外部的公平性和普惠性出发，平衡个人利益与其他动机之间关系的价值观。一个不能公平对待下属诚信的项目主管显然就将个人利益放在了组织利益和员工利益之上。这可能在法律上没什么问题，但肯定是不公平的。

组织层面　在组织层面上，商业伦理涉及企业在追求其经济目标时所呈现出来的群体道义感（尽管这种道义感没有明确的定义）。这种道义感是组织文化和行为的双重体现。一家购买一整条聚集了低收入住房街区的房地产开发公司，或许只关注通过将旧公寓改造成写字楼、商场及室内停车场并从中获利，而对于原来住在低收入住房街区的居民在他们的公寓被推倒后很难再找到一个他们能够负担得起的安身之处的问题却不闻不问。在房地产开发商的购买和开发计划中，显然在这方面没有给予足够的重视。这并不触犯什么法律，但肯定是不公正的。

商业系统层面　最后，在整个商业系统层面，伦理涉及驱动个体和商业组织的社会、政治和经济模式，如界定资本主义的价值观。但是，即使是资本主义也是基于伦理规则体系运作的。如果一个国家的政府决定不强制推行版权法或对海外生产的产品或知识产权实行专利保护，就会在自由竞争的市场机制中引起混乱。[13]

3.4 决策制定的三种观点

对于企业的沟通者或决策者而言，有三种观点有助于他们做出正确的决策。这些观点包括道德观、经济观和法律观。

道德观 从这个视角出发，商人会问："从道德上，什么是最该做的事情？"这类问题不同于探究追求股东利益最大化的决策方面的问题，也不同于法律允许或禁止的法律决策方面的问题。根据众多商业伦理学家的观点，道德具有两大特点。首先是强调决策过程的理性化。

其次，道德观要求决策者必须保持公正性：决策者必须理性地做决策，同时提供对他们自己和其他人都具有说服力的道德论据。他们在决定要做什么的时候也能够权衡各种利益。这种观点存在的问题是大多数商业伦理问题不是那么清晰明确，并且在许多情况下，决策者非常需要信息时却没有足够的信息来为他们提供支持。[14]

经济观 相对而言，经济观运用的是资本主义的自由市场模式，在这种模式中，稀缺资源或者是生产要素被用来制造产品和服务。此时，由市场供需来调节分配资源，由市场结构来决定组织的发展方向。然而，经济学原理并非完全保持价值中立。一些有关自由市场的假设成为所有商业活动的基础，包括有关诚实守信、偷窃、欺诈等。

此外，对企业沟通者来说很重要的一点就是要理解企业并不仅仅是抽象的经济实体，更是由"有血有肉"的人组成的大型组织。这些企业还必须在一个复杂的环境中运作，并且在这样的环境中企业要取悦许多不同的人，其中一些人还常常在很多方面是相互冲突的。[15]

法律观 对商业决策伦理性的第三个观点是法律观。大部分商业活动都在法律体系的监督下进行，因此所有的商业决策，特别是那些包含了沟通的决策，必须从经济和法律的角度去考虑。许多商人都认为"如果是合法的，就是符合道德规范的"。这种观点忽略了涉及法律和决策制定的诸多现实问题。

首先，法律不适于对商业活动的某些方面进行调节。实际上，并不是每一件看似不道德的事都是不合法的。例如，当你为某个职位雇用亲属而拒绝了其他条件更好的应聘者时，便会产生利益冲突问题，但这并不违法。其次，对新兴领域的法律制定通常都比较滞后。例如，就技术而言，不仅为不道德行为提供新的机会，同时也经常逾越法律的约束。

由于法律经常使用难以准确定义的道德概念，因此在运用法律标准制定决策时不得不考虑道德因素。此外，法律本身在许多情况下不是一成不变的，而是不断演变的。通常，法庭对某个行为是否触犯法律的判决必须视具体案情而定，而重大案子则往往由上诉法院审理。法律无法为所有情形下的行为准则提供具体指导。例如，几个朋友间的谈话是属于言论自由还是属于性骚扰，法院应根据是非曲直断案。最后，法律一般被认为是一个效率低下的工具，并且立法和诉讼的过程需要花高昂的费用，而更为有效的决策制定系统完全能够提供具有同样可行性的方案。[16]

3.5 整合的方法

考虑到对道德、经济和法律的要求，许多商业伦理学家提倡整合上述三种观点的决策制定过程。他们认为，决策可以同时建立在道德、利润和合法性的基础上来更好地解决问题，满足不同利益群体的需求，保护股东的投资利益，同时遵守法律法规。

自觉自愿将污染或有缺陷的产品从超市下架的企业在考虑到消费者的人身安全和利益的同时也避免了法律诉讼，保护了企业的声誉和市场份额。这种决策虽然从短期看成本比较大，但是从长远来看企业将因此而获益。

对于那些问题不够明朗或决策的结果不完全明确的情形该怎么办呢？一些伦理学家认为应该通过对话的方式来获得符合伦理要求的答案。迈克尔·G. 波温 (Michael G. Bowen) 和 F. 克拉克·鲍尔 (F. Clark Power) 写道："在这一点上，我们认为具备道德素养的管理者就是一个愿意与利益相关者或是他们的代表进行开诚布公对话的人。"[17]

将决策建立在广泛倾听那些受决策结果影响程度最大的人群的意见和建议的基础上有助于使决策更加有效。然而，要成为一名符合伦理要求的企业沟通者远不止仅与利益相关者探讨相关的问题，同时还应包括掌握准确做出道德判断及其依据的相关知识。

3.6 道德判断的性质

判断的两种基本类型是规范性判断（normative judgements）和道德判断（moral judgements）。规范性判断主要是判断事物的好与坏、对与错、更好与更糟，以及该与不该。因此，判断涉及的是我们的价值观。非规范性判断则是价值中立的。它们对事或人进行客观描述、命名、界定、报告或预测。[18]

如果我说"这些数字是错误的"，这属于规范性判断；如果我说"这些数字与审计员所提交的结果不相符"，则属于非规范性判断。规范性判断是约定俗成的，而非规范性判断是描述性的。道德判断则是规范性判断的一个特殊范畴。

伦理学并不研究所有的规范性判断，而只关注那些在道德上看来是对与错或好与坏的东西。当我们判断一个决策在道德上是对还是错、是好还是坏时，我们的基本判断标准就是道德标准。例如，如果按照这种标准来衡量，装运货物时缺斤短两的行为是不道德的，或者那种将商品描述为"含所有天然成分"而实际上并不是那样的行为也是不道德的。

商人通常运用两种道德标准来制定决策。一方面，道德规范是衡量涉及要求、禁止或允许等行为的标准。另一方面，道德原则是一般意义上的衡量组织和个体行为的理念。例如，某种规范可能会根据标准的会计程序允许对百位数或千位数进行四舍五入，而某项原则可能涉及对所有利益相关者透明的理念。

例如，小艾尔弗雷德·P. 韦斯特（Alfred P. West, Jr.）认为，透明度是一种道德原则，它对于构建信任的商业关系至关重要。韦斯特是 SEI 金融投资公司的创始人和首席执行官。这家公司运营着公司共同基金和银行信贷部门的办公室后勤服务系统。韦斯特的目标是创建一种融正直、共享和信任为一体的开放式企业文化，这同时也是他所认为的未来组织的表现形式。"我们让员工充分了解企业的发展方向，"他说，"我们不断地向他们沟通企业的愿景和战略以更好地强化这种文化。"[19]

3.7　道德原则的主要特点

道德标准在很多方面与其他标准类似。它们是我们的行为准则。当我们需要做出决策时道德标准就是指路牌或指南针。但是，在一些重要的方面，道德标准与其他标准不同。

道德原则对人们的美好生活会产生潜在的重大影响　道德标准要求区分重大事情与一般事情。对包装或生产过程中的产品遗漏或插入可能是一个重大的法律事件，而不是什么道德问题。但是没有说明产品存在的潜在危害则肯定是个道德问题。

道德原则的有效性取决于用以支持这些原则或作为其依据的理由的适当性　如果你所采用的用以支持你的决策的理由不能被社会上的大多数人所接受，或者至少不被那些对该问题十分关注的群体所接受，那么你就需要重新评估你的标准的适当性了。

道德原则超越了个人利益　真正的道德标准是超越个人或一部分人的利益的。它们涉及从事惠及社会或大多数人的事情。在这种原则下，你可能会问"这项决策对于整个公司或整个社区会有什么样的影响？"而不是问"这项政策对我会有怎样的影响？"

道德原则基于公正的考虑　道德标准是建立在普遍观点基础上的，因此显然它们更具客观性。它们不会为了少数人的利益而伤及大多数。[20]

3.8　决策制定的四要素

对于企业沟通者而言，制定伦理性决策时应关注的四个方面是：观察、假设、价值判断和建议。它们看似简单，但却很重要。以下我们将逐个进行考察。

观察　这些描述性陈述用来揭示实际情形。"并非所有有关未决诉讼的信息都会在年报中披露给股东"，类似这样的陈述依赖于对事实的正确阐述，并且通常通过更多的调查研究得以证实。观察的作用可以根据其客观性程度来衡量。陈述越客观说明观察越有成效。只有一则陈述能够反证，它才能作为观察的资料。例如，如果我观察到"日益凸显的产品责任问题正在使我们的行业陷入危机"，那我通过具体的证据既能证实也能反驳上述陈述。

观察有时看似假设，因为它们都具描述性，但它们之间主要的区别在于观察通常比较具体且具有实证主义的属性。"我们的产品包装标签没有说明所有产品使用上存在的潜在危害。"该陈述是典型的观察例证，而相关的假设可能是揭示所有有助于顾客识别的潜在危害。一个相反的假设则可能说明罗列全部的危害性只是为了吓唬顾客，因为许多危害几乎不存在。

假设 这些反思性陈述用来表达世界观和态度。类似"我们的雇员是忠诚的"这样的陈述依赖于文化、宗教、社会和个人经历。这些在日常交流和商业信函中通常被视作司空见惯的事，却在我们的态度体系中有着理论根源。它们可以通过诸如相关性、一致性和包容性等标准来衡量。

表 3-1 归纳了决策制定要素之间的主要差异。例如，建议和价值判断属于行动导向型，即告知倾听者和读者该做什么。观察和假设仅仅是用来描述事件。建议和观察比较具体化，关注周围的行动或情况。而价值判断和假设则比较概括，为决策者提供宽泛的指导。

表 3-1 决策制定的四要素		
	行动导向	**描述性导向**
具体的	建议	观察
概括的	价值判断	假设

资料来源：Adapted from Marvin T. Brown. *The Ethical Process: A Strategy for Making Good Decisions*. Upper Saddle River, NJ: Prentice Hall, Inc., 1996, p. 7.

价值判断 这些规范性陈述用来指导他人的行动。类似"那些涉及严重影响员工工作进程或职位的信息应由主管本人亲自传递"。这样的陈述建立在假设及建议与观察资料的相关性上。然而，这些陈述无法通过实证研究来加以验证，但它们可以通过不同的传统伦理标准加以评价。

价值判断也可以视作行为准则性（should statements）陈述。与具体的建议不同，价值判断属于概括性陈述。"我们在与顾客的交易中应该公平"这样的陈述并未指出对于某个顾客我们具体该怎么做，而只是概括性的行动指导。

建议 这些指定性陈述为采取行动提供建议。"我们应该在公司设立一个儿童关爱中心"便是有关建议的一个实例。这样的陈述依赖于但又不局限于观察、价值判断和假设。它建议人们所应采取的行动，并且通过考察支持性理由来做出评价。建议往往可以揭示人们所关注的方面，并且通常能够揭示他们的价值观和假设。

建议通常被用来作为解决问题的答案。一个好的问题能够产生好的建议。例如："我们是否应该修改我们的绩效考核系统？"好的问题应该是具体的和行动导向的，而好的建议则应该是针对这些问题的具体回应。例如："我们应该修改我们的绩效考核体系，使之涵盖半年一次的同级反馈。"该建议的不足之处在于缺乏基本的支持性理由或价值观。[21]

3.9　做出道德判断

道德判断似乎取决于决策者是否拥有以下四种能力：伦理敏感性、伦理推断力、伦理行为力和伦理领导力。[22]

伦理敏感性　伦理敏感性反映了一个人在某个情境下把持伦理秩序的能力——识别该情境中涉及重大伦理问题的各个方面。一个对于情境中重大伦理特征不敏感的人很可能采取不恰当的行动。

假设你是一名计算机软件顾问，当地的慈善组织让你加入其志愿者顾问委员会。这听起来既高尚又值得，不是吗？那么再假设，该慈善组织决定以招标的形式建立一个信息技术系统以募集资金。他们希望你提供建议。这时如果你的雇主想投标这个系统，情形会是怎样呢？你还能够继续服务于顾问委员会吗？当然不能，如果你认识到你所面临的利益冲突。你作为一名商业软件顾问的利益与你作为慈善组织顾问的利益相冲突。伦理敏感性会使你意识到这种冲突。

伦理推断力　认识到情境中重大伦理特征是恰当处理重大伦理问题的第一步。第二步是对该情境进行仔细的推理，以确定你所面临的伦理问题：是行贿受贿？是不公平用工？还是消费者欺诈行为？通过伦理推断可以找到要解决问题的答案：什么是对所有人最公平的做法？这个问题是否与我们过去所看到过的相似？在这件事中某个规定或政策在决定我们行为方面是否适用？如果没有相关规定或政策，我们是否应该制定一个？我们所面临的问题其争论点的基础是什么？

有时，简单地认识到伦理问题就等于找到了解决问题的方案。让我们假设你的工作是审阅你公司的产品广告稿。当你在做这项工作时，你发现被提议的广告中有一系列误导性表述。你的解决办法很简单：将这些稿件退回到文案部门，并提出删除或更正这些误导性表述的具体要求。然而，在通常情况下，伦理问题的解决涉及相矛盾的价值观。

比方说，你是一名管理者，你发现生产线对女员工的生理健康存在隐患。但你也认识到不让女员工在生产线工作是不公平的。举这个例子涉及了两种相矛盾的价值观——公平的雇佣机会和保护员工远离危害，这就要求管理者通过谨慎的伦理推断来做出适当的道德判断。

伦理行为力　识别两难的伦理困境并为寻求合适的解决方案进行推断乃是商业伦理环境中的两大生存法宝。但知道该怎么做是一回事，实际去做往往是另一回事。哈佛商学院的莱恩·夏普·派恩（Lynn Sharp Paine）认为："在自称的信仰与实际行为的不一致中所反映出来的伪善和懦弱是诚实和正直的劲敌。"[23]

你认识到为报销超额的差旅费做证明人是不对的，你提醒你的同事，公司愿意报销所有必要的差旅费，但仅限于那些实际花费的部分。尽管你鼓励并期望其他人遵从这一规定但你自己却要求得到超出个人实际花销并要求报销公司理应不可报销的那部分费用。在这个例子中，伪善可以很好地解释你的行为。

如果你发现有个家伙偷了公司的东西，但你没有与他和你的上司说，那么你可能会因懦弱而产生一种负罪感。你意识到了问题，也知道恰当的做法是什么，但就是没有这么做。这种情况下需要很大的道德勇气——站出来并做正确的事的能力，即使这并非易事，也没有什么好处，并且大多数人不会这么做。

伦理领导力　根据派恩教授的观点，伦理领导力"与最高水平的诚实、正直相关"。她引用孔子的话："君子成人之美，不成人之恶。小人反是。"她还认为大多数商学院的学生将会在组织中工作，他们不仅拥有发挥他们自己的伦理的能力，同时还拥有影响他人发挥这些能力的权力和责任。[24]

众多研究者和评论家非常关注组织高层管理者塑造的道德榜样。在一个由缺乏基本正义感的管理者所领导的组织中，似乎不会有高度的诚实和正直。但毫无疑问，一个组织的领导力并非仅局限于主席或首席执行官，它包括了每个组织的中层和高层管理者。

从事管理者研究的拉塞尔雷诺兹公司（Russell Reynolds）和从事个性测试的 Hogan 评估系统公司最近对美国一些大公司的 1 400 多名管理者进行了心理测试。每位被测的管理者需要回答 28 道有关遵守规则及与他人互动方面的是非题，以此来评估他们的正直感。测试结果在某种程度上令人担忧：每 8 个人中只有一个有"高危"反应。据公司总经理迪安·斯坦莫里斯（Dean Stamoulis）所言，该调查结果表明：这些人比其他人更会打破游戏规则。他说："这些人认为现有的游戏规则不适于他们。"[25]

此外，伦理领导力涉及这些管理者以及一线的主管。日复一日，这些监管者担负着给其下层树立榜样和协助他们工作的重任。组织中的其他成员会观察你的所作所为，如果你在一个领导职位，那么在你从事管理工作的同时还应承担伦理道德义务的职责。如果你的员工直接或间接地知道你宽容商业间谍或市场竞争情报的盗窃行为，那么他们会认为公司允许这样的行为或这种行为无可厚非。事实上，在组织中对下属的道德教育取决于你崇尚优良道德行为的意愿。[26]

3.10　道德标准在管理沟通中的应用

商业伦理实践乃是每个公司所追求的目标。但许多公司都出于种种原因而无法实现这个崇高的理想。日益加剧的全球化竞争、财务压力、组织中缺乏沟通、公司高层缺乏道德领导力等还只是最普遍的原因中的沧海一粟。[27]

3.11　道德准则陈述

在一个商业组织中建立伦理领导力并将该领导力展示给组织的员工、顾客、客户、竞争者乃至全世界的最重要的方法或许就是通过正式的道德准则陈述。制定并公开公司道德准则陈述本身当然不会使公司符合道德准则，但它的确是一个良好的开端。至于公司为何要具备这样一个陈述，帕特里克·E. 墨菲（Patrik E. Murphy）教授是这样解释的[28]：

　　　　首先，最重要的是道德准则陈述表明公司的道德承诺是严肃认真的。如果没有书面形式，口头文字是很空洞的。书面陈述可以作为建立道德行为的基础。公司文化在形成组织道德风气方面比政策发挥着更重要的作用。但书面的道德准则在表达伦理道德对公司至关重要方面的作用更强。

根据墨菲的观点，如果组织规模远不止几个可以面对面互动的员工，那么想要传达组织的道德准则和价值取向就有一定的难度。道德准则陈述可以使组织的期望变得更加具体，并且迫使这个过程的参与者，无论是公司的创始人还是现任管理者都能清楚、一致地表达他们的理念，并通过书面制定准则以防他人违反。[29]

道德准则陈述的种类　道德准则陈述可以划分为许多种类，其中三种较为常用：价值观陈述、公司信条陈述和公司道德法规陈述。

最普遍的形式是美国本土公司的公司道德法规。超过 90% 的大型组织使用这类道德准则陈述。

此外，其中至少一半的公司还拥有价值观陈述。而公司信条在 1/3 的美国本土大型企业中都有。有趣的是，尽管似乎拥有企业信条的公司越来越少，但许多公司有关这方面的文件却存在已久。[30]最近，世界大型公司联合会在全球 22 个国家的 124 家公司间展开了一项调查研究。结果表明，超过 3/4 的公司董事会制定了伦理道德标准，比几年前的只有 41% 有所增加。公司的管理者将自我调节视作使他们在商业运作中免受法律和司法侵扰的方法。研究还显示，道德准则也有助于公司在海外开展业务时适应多种多样的商业惯例和顾客。[31]

雅克·波莱特（Jacques Polet）回顾了欧美企业的道德准则陈述，发现大多数道德准则均体现了清晰、公开、透明、诚实、真实或客观（对于负面的和不愉快的信息必须进行沟通，当然也包括积极的信息）、可信、协调一致、忠诚且尊重人。[32]

在考察公司道德准则陈述时，沟通的重要性与其他许多行为一样受到高度重视。波莱特写道："同样，沟通必须以对第三方无偏见和不伤害情感的方式服务于公司（包括其股东、员工和顾客）。概括地说，它应反映公司的项目、表达其目标、战略和文化……"[33]因此，有效的管理沟通不只是实现组织目标的一种手段（传达公司的准则），它本身就是一个目标（伦理沟通是引导管理行为的一项基本准则）。

拉力与道德价值观　许多价值观与管理者必须扮演的角色和必须追随的目标之间有时是相互冲突的，因此而形成的某种拉力不时地左右着人们的行为。透明化或将公司的所作所为公之于众的价值与保密性的价值相悖。雇员期望采取一定的措施以确保职场的私人空间，但总有人要求不应有私人空间。管理者必须以谨慎、敏感和公平地对待每一位相关者的方式对这些冲突及由此产生的拉力做出回应。[34]

每项沟通活动，从年度报告到常规的股东大会，对于管理者而言都是一种平衡行为。对于雇员和股东，我们究竟应该披露哪些信息？披露多少？为了保持我们的竞争优势，应该在哪些方面和多大程度上有所保留？伦理哲学家吉勒斯·利波维茨基（Gilles Lipovetsky）在其著作《即将到来的责任时代》（*The Dawn of*

Duty）中辩证地阐述道[35]：

> 显然，一个企业的伦理沟通并不在于其对善与恶（一个道德问题）做出选择，而是在现实生活中，对于"各种或多或少相矛盾的必要措施"寻找某种平衡。

企业价值观的价值　对于企业层面价值观的关注使企业开始热衷于明确和详述它们的价值观。只是短短的几年时间，公司行为就发生了显著的变化。施乐公司的首席执行官安妮·马尔卡希（Anne Mulcahy）说，企业价值观"在最严重的危机时期挽救了施乐"，并且多年来，"践行我们的价值观"一直是施乐的五项绩效目标之一。她说，这些价值观远非纸上谈兵，"它们是由具体目标和硬措施得以体现的"。[36]

根据市场和社会趋势分析员丹尼尔·扬克洛维奇（Daniel Yankelovich）的研究，公众对于当今企业界普遍的悲观怀疑态度是过去 80 年里公众对企业缺乏信任的第三次浪潮。第一次浪潮是由大萧条引发直至第二次世界大战时期；第二次浪潮是由经济滞胀和越战引发，从 20 世纪 60 年代持续到 80 年代。每个时期，企业都倾向于被动地做出反应，责怪"几个害群之马"，摒弃那些"不重要"的价值观，或者忽视改进的机会。[37]

目前的这一次浪潮是伴随着 2001 年互联网泡沫的破灭而产生的。股票市场的熊市和安然、世通、Tyco 等公司的财务丑闻接踵而至。最近的一项调查显示，企业对于这一次浪潮的反应有所不同。越来越多的公司开始审视自身的错误并放眼外界寻找答案。它们质疑其管理体系的质量，教诲和强化有益于公司、其利益相关者的能力。它们对通过触碰道德底线将企业置于风险之中的管理者毫不姑息。

由 Booz Allen Hamilton 咨询公司和 Aspen 研究院针对 30 个国家和 5 个地区的 365 家公司所做的一项研究表明，道德行为是公司活动的核心。其中 89% 的公司拥有企业价值观陈述，90% 的公司制定了道德行为准则。大约 81% 的公司认为它们的管理行为鼓励员工间的道德行为。研究发现，在正式的道德陈述中与伦理相关的语言不仅为员工的行为设定了期望，同时也在日益复杂的法律法规环境中保护了企业。[38]

道德准则陈述的作用　尽管道德准则陈述不会自动确保企业员工的道德行为，但这样的文件着实会唤起人们的道德意识，营造鼓励良好道德行为的环境，从而促进企业中有关道德行为价值的对话和沟通。

1982 年，在美国泰诺胶囊事件中，有七人因氰化物中毒而丧生。调查者最终确定这起事件是某个不明身份者对放在货架上的泰诺胶囊动了手脚。即使在强生公司（该产品的生产商）还未获得有关这起悲剧的信息，即使在法律责任还未认定之前，公司便承担起了这次事故的道德责任，立即召回了 3 100 万瓶总价值 100 万美元的泰诺胶囊，并开通了面向公众的免费问答电话。[39]强生公司的主席兼首席执行官詹姆斯·伯克（James Burke）召开新闻发布会悬赏 10 万美元给提供抓捕嫌犯线索者。利波维茨基认为："无疑，强生公司的这一系列行为是道德导向的。不管怎么说是展示公司责任行为的一次成功沟通。"[40]

泰诺危机事件以一种特殊的方法强调了公司高层管理者个人道德承诺的重要性。在这样非常紧急的时期，尽管管理者都希望做正确的事，但却不是立即清楚什么是正确的事。强生公司的员工自 1947 年起就拥有工作信条和广为人知的企业道德准则陈述。强生公司管理层在这次危机中这样说道："我们现在在做的事情在公司信条中没有明确提到，但它绝对源自公司信条。"[41]

强生公司的伯克毫不犹豫地承担了直接的责任，从而弘扬了公司信条的真谛。正如劳拉·纳什（Laura Nash）所报道的那样："詹姆斯·伯克常这样说，危机情况下，公司信条的引导作用在公司的管理层决策中扮演了重要的角色。"[42]如果有人怀疑伯克和他的总裁戴维·柯林斯（David Collins）所做的事情是否正确，那么在危机发生的 11 周后，泰诺品牌重新恢复了 80% 其原先占有的市场份额，并在两年内恢复了全部的市场份额就是最好的佐证。[43]

如何实施道德准则陈述　墨菲教授提出了制定和实施企业道德准则陈述、行为准则、信条的七个要点。

● 记录。将具有指导性的公司理念或价值观以书面的形式呈现，以便管理层与所有的利益相关者，特别是员工就这些观念进行沟通。书面文件也是告诉每一位相关者，即公司在道德方面的观点是鲜明的。

● 不断改进。通过不断改进道德准则陈述使其适应行业和商业的变化有助于重视企业日常运作中经常发生的问题，并及时处理那些亟待解决的事情。

● 沟通。这一点对于确保企业内外部利益相关者明确和理解企业对他们行为的期望来说至关重要。许多作者指出，这一过程应该成为每个企业的常规性工作。

● 促进。仅对道德准则陈述的书面文件进行简单沟通是不够的，还应该尽可能利用每一个机会进行积极的推进，如出版物、事件和渠道等。

● 修订。每隔几年就对道德准则陈述进行修订有助于使陈述与时俱进，反映变化的世界环境、社区标准，以及不断演变的组织活动。

● 执行。根据墨菲等人的观点，检验各种道德准则陈述的"试金石"是组织成员是否在日常工作中按道德准则陈述行事。高层管理者必须协同努力，奖励那些遵守道德准则陈述的员工。

● 强化。对于拒绝履行准则者，管理层必须施以处罚。通过公正、无私的方式加强约束和惩罚，使得所有利益相关者明确其行为的后果。[44]

为了使道德准则陈述具有实际意义，高层管理者必须让员工相信，并不是简单地运用该行为准则去规避一些事件，更重要的是，他们应该履行他们所一贯崇尚的东西。宾夕法尼亚大学组织行为学教授琳达·克莱伯·特里维诺（Linda Klebe Trevino）指出，为了避免在今后的工作中产生问题，在行为准则中对什么行为适宜、什么行为不适宜进行描述"会是不错的做法。但如果所制定的准则与员工所感知的文化不一致，那它就只是做表面文章和伪善了"。[45]

特里维诺说："当管理层对某人施以惩戒时，他们传达了一个强有力的信号。人们在从事自己的工作时都应努力去做正确的事。如果他们发现某人的行为非常不适宜且每个人都认为不适宜，而管理者却无动于衷，那么，这将使行为准则大打折扣，而且从某种角度讲，管理者的地位也会大打折扣。"[46]

3.12 "头版头条" 测试

为了判断其政策或行为从根本上是否合理，管理者可以简单地采用一种名为"头版头条"的测试方法。如果你所在组织的政策或雇员的行为被刊登在《华尔街日报》或你家乡的报纸上，你是否会感到高兴？如果回答是否定的，那么你可以试问自己"为什么？"我们做了什么不希望被他人知道的错事？

你所在组织的沟通方式和方法支持这种测试吗？公司是否尊重每位客户和顾客，并且公正和真诚地服务于他们？你是否向管理机构和政府组织诚实、准确地披露了他们有权了解的一切情况？你与新闻界和媒体的交往是否建立在公开、诚信、公正的基础上？如果你的回答是否定的，那么你可以做些什么来加以改进？

仪式、典礼和你所在组织的常规活动是否以诚信、公平的方式来计划和实施？组织中的成员是否了解他们受评估的方式？由谁来评估？晋升或提拔他们的标准是什么？

日复一日，你和公司中的其他人是否以他人欣赏和尊重的方式来表达、写作、倾听和做事？你是否以他们喜欢和期待的方式待人，而不仅仅是作为受到同等待遇的一种回应？从许多方面来讲，伦理道德与沟通之间并非简单的不可分割，它们对任何商业活动的成功都是至关重要的，也是人类彼此交互影响的核心所在。仅仅为了沟通商业活动而努力完善伦理道德是没有意义的，但每天都遵守道德准则、以身作则、树立榜样，这样的努力不仅是可行的，也是非常值得的。

延伸阅读 ////////////////////////

Allen, L. and Voss, D. *Ethics in Technical Communication: Shades of Gray*. New York: John Wiley & Sons, 1997.

Donaldson, T. and Werhane, P. *Ethical Issues in Business: A Philosophical Approach*, 8th ed. Upper Saddle River, NJ: Prentice Hall, 2007.

Ferrell, O. C. and Fraedrich, J. *Business Ethics: Ethical Decision Making and Cases*, 7th ed. Mason, OH: South-Western College Publishing, 2010.

Fritzsche, D. J. *Business Ethics: A Global and Managerial Perspective*, 2nd ed. New York: McGraw-Hill, 2004.

Gardner, H. "The Ethical Mind," *Harvard Business Review*, March 2007, pp. 51–56.

Hartman, L. P. *Perspectives in Business Ethics*. New York: McGraw-Hill, 2001.

Lancaster, H. "You Have Your Values: How Do You Identify Your Employer's?" *Wall Street Journal*, April 8, 1997, p. B1.

McCarthy, M. J. "Virtual Morality: A New Workplace Quandary," *Wall Street Journal*, October 21, 1999, pp. B1, B4.

Murphy, P. E. "Creating Ethical Corporate structures," *Sloan Management Review*, Winter 1989, pp. 81–87.

Paine, L. S. "Managing for Organizational Integrity," *Harvard Business Review*, March–April 1994, pp. 106–117.

Seglin, J. L. "In Ethics, It's the Thought That Counts," *New York Times*, December 19, 1999, p. BU-4.

Thomas, L. "On Wall Street, a Rise in Dismissals Over Ethics," *New York Times*, Tuesday, March 29, 2005, pp. A1, C4.

Trevino, L. K. and Nelson, K. A. *Managing Business Ethics: Straight Talk About How to Do It Right*, 4th ed. New York: John Wiley & Sons, 2006.

Van Lee, R., Fabish, L., and McGaw, N. "The Value of Corporate Values," *Strategy + Business*, 39, Summer 2005, pp. 52–65.

Velasquez, M. G. *Business Ethics: Concepts and Cases*, 6th ed. Upper Saddle River, NJ: Prentice Hall, 2005.

Weiss, J. *Business Ethics: A Stakeholder and Issues Management Approach*, 4th ed. Cincinnati, OH: South-Western College Publishing, 2005.

注 释 ///////////////////////

1. Efrait, A. and Randall Smith. "Auction Brokers Are Charged." *Wall Street Journal*, Thursday, September 4, 2008, p. C1. Copyright © 2008 by Dow Jones & Company, Inc. All rights reserved worldwide. Reprinted with permission.

2. Story, L. "Former Executive to Pay $200 Million to Settle S.E.C. Fraud Charges," *New York Times*, Friday, June 10, 2005, p. C3. Copyright © 2005 by The New York Times Company. Reprinted with permission.

3. Truell, P. "An Employee on Wall St. Is Arrested," *New York Times*, November 7, 1997, p. C8. Copyright © 1997 by The New York Times Company. Reprinted with permission.

4. Byrne, J. A. "After Enron: The Ideal Corporation," *BusinessWeek*, August 26, 2002, p. 68.

5. Ibid., p. 70.

6. Thomas, L. "On Wall Street, a Rise in Dismissals Over Ethics," *New York Times*, Tuesday, March 29, 2005, pp. A1, C4.

7. The 1999 National Business Ethics Survey. Indianapolis, IN: Walker Information, September 1999. A summary is available online at www.walkerinfo.com/.

8. Ibid.

9. "Conduct Unbecoming." *Fast Company*, September 2000, p. 96.

10. Baumhart, R. *An Honest Profit: What Businessmen Say About Ethics in Business.* New York: Holt, Rinehart, Winston, 1968, pp. 11–12.

11. Goodpaster, K. E. "Business Ethics," in L. C. Becker (ed.), *Encyclopedia of Ethics*. New York: Garland Publishing, Inc., 1992, p. 111.

12. Ibid., pp. 111–112.

13. Boatright, J. R. *Ethics and the Conduct of Business*, 5th ed. Upper Saddle River, NJ: Prentice Hall, 2006, pp. 6–7.

14. Ibid, pp. 7–9.

15. Ibid.

16. Ibid.

17. Bowen, M. G. and F. C. Power. "The Moral Manager: Communicative Ethics and the Exxon Valdez Disaster." *Business Ethics Quarterly*, February 1993, p. 10.

18. Velasquez, M. G. *Business Ethics: Concepts and Cases*, 6th ed. Upper Saddle River, NJ: Prentice Hall, 2005, pp. 8–16.

19. Byrne. "After Enron," p. 74.

20. Velasquez. *Business Ethics*, pp. 11–13.

21. Brown, M. T. *The Ethical Process: An Approach to Disagreements and Controversial Issues*, 3rd ed. Upper Saddle River, NJ: Prentice Hall, 2003, pp. 5–7.

22. Paine, L. S. "Ethics as Character Development: Reflections on the Objective of Ethics Education," in R. E. Freeman (ed.), *Business Ethics: The State of the Art*. New York: Oxford University Press, 1991, pp. 67–86.

23. Ibid., p. 81.

24. Ibid., p. 82.

25. Lavelle, L. "Another Crop of Sleazy CEOs?" *BusinessWeek*, August 26, 2002, p. 12.

26. Paine. "Ethics as Character Development," pp. 82–83.

27. Murphy, P. E. *Eighty Exemplary Ethics Statements*. Notre Dame, IN: University of Notre Dame Press, 1998, p. xiii.

28. Ibid., p. 1.

29. Ibid., p. 2.

30. "Global Ethics Codes Gain Importance as a Tool to Avoid Litigation and Fines," *Wall Street Journal*, August 19, 1999, p. A1. Reprinted by permission of the *Wall Street Journal*, Copyright © 1999 by Dow Jones & Company, Inc. All rights reserved worldwide.

31. Ibid.

32. Polet, J. "Company Communication: From the Ethics of Communication to the Communication of Ethics," in G. Enderle (ed.), *International Business Ethics: Challenges and Approaches*. Notre Dame, IN, and Hong Kong, China: The University of Notre Dame Press and the University of Hong Kong Press, 1998.

33. Ibid., p. 6.

34. Ibid., p. 7.

35. Lipovetsky, G. *Le Crepuscule du Devoir. L'Ethique Indolore des Noveaux Temps democratiques*. Paris: Gallimard, 1992, p. 248.

36. Mulcahy, A. M. Keynote Address, Business for Social Responsibility, Annual Conference. New York, November 11, 2004.

37. Yankelovich, D. "Making Trust a Competitive Asset: Breaking Out of Narrow Frameworks," a report of the Special Meeting of Senior Executives on the Deeper Crisis of Trust. New York, May 15–17, 2003. Available at www.viewpointlearning.com.

38. For a complete description of the study, see Van Lee, R., L. Fabish, and N. McGaw. "The Value of Corporate Values," *Strategy+Business* 39, Summer 2005, pp. 52–65.

39. Barton, L. *Crisis in Organizations: Managing and Communicating in the Heat of Chaos.* Cincinnati, OH: Southwestern Publishing Company, 1993, pp. 84–85.
40. Lipovetsky. *Le Crepuscule du Devoir*, pp. 269–270.
41. Nash, L. L. "Johnson & Johnson's Credo." In *Corporate Ethics: A Prime Business Asset.* New York: The Business Roundtable, 1988, p. 100.
42. Ibid., p. 97.
43. Lipovetsky. *Le Crepuscule du Devoir*, p. 270.
44. Murphy. Eighty Exemplary Ethics Statements, pp. 5–9.
45. Seglin, J. L. "An Ethics Code Can't Replace a Backbone," *New York Times*, April 21, 2002, p. BU-4. Copyright © 2002 by The New York Times Company. Reprinted with permission.
46. Ibid.

案例 3-1 ▶▶▶▶▶▶▶▶

Excel 实业公司（A）

背景简介

北美洲的劳动力中女性的人数越来越多，这种现象在美国和加拿大尤其明显。它反映了向双职工家庭发展的普遍趋势。

根据哈德森研究所（Hudson Institute）的一项调查，越来越多的女性进入北美的人才市场。从 1990 年起，新生劳动力中女性约占 2/3。此外，从 2002 年起，美国的适龄女性中 2/3 的人成为劳动力。其他研究也显示，美国女性进入劳动力市场更多是出于经济原因而非职业追求原因。伴随着获得学位与职业资格证书的女性人数的增加，以女性为主体的单亲家庭数量也不断增加。这些家庭中大部分的收入、教育水平都低于平均水平，他们比双亲家庭更需要社会的援助。

同时，雇主们逐渐意识到弹性工作时间、产假、孩子和父母一起的休假及小孩的日托，这些从前被视为"女人的事情"其实是"家庭的事情"，都应该受到公共部门和私营机构的重视。其中一些问题已经成为劳资双方就工资等问题谈判的讨论热点。曾经很多组织中被视为奢侈或附加的福利，现在更多地被员工看作应有的权利。

在北美，尤其是在美国，为女员工提供托儿服务不被认为是政府应该承担的事务。美国联邦政府认为其自身是宪法规定的与教育和托儿管理无关的机构，而州政府和地方政府则称缺少经费。美国企业越来越意识到对其员工子女负有的社会责任，而员工也期待和依赖企业对他们的需求做出这样的反应。

这个案例涉及这些家庭事务的几个方面。对于一个商业组织来说，每个员工都有其价值和成本，而每个雇主对其员工也都承担着责任和义务。这个案例是关于在责任与决策制定相冲突甚至相悖的情况下，责任与管理决策之间的平衡问题。

这个案例还涉及公司的沟通。每个企业的管理者和管理层都是在充斥着各种信息的环境中运作的，这些信息当然也包括流言、误解和错误信息。企业领导者必须认识到，每项措施——无论是否打算公开讨论——都会影响到公众对其企业的认知度。领导者还必须明确，当他们将公司战略和实施方案运用到商场上时，他们需要与各种各样的听众互动并沟通，而那些将了解管理措施的个体具有不同的背景、阅读能力、认知度、政治观点、偏见和兴趣。

在很多情况下，广播、电视、报纸、杂志及互联网面对的只是许多年轻的群体。企业管理者应考虑到包括股东，顾客，供应商，竞争者，政客，当地的、地区的及国家的官员，潜在的投资者，具有潜力的员工，邻居，社区成员及其他人在内的更大群体。

在一些情况下，企业领导者可能会考虑针对不同的受众传递不同的信息，即根据其背景、需求、兴趣、偏好和可能的反应设计内容。例如，股东可能比附近社区成员对一个事件或声明将如何影响他们的投资更感兴趣。员工可能比其他人对一个事件将如何影响他们在组织中的工作和生活更感兴趣。

一家制造厂开始重视儿童保育

1988 年，Excel 实业公司（一家汽车车窗系统的供应商），收购了价值 4 000 万美元的注模公司——Nyloncraft 公司。两家公司的总部都设在印第安纳州的北部，即家用汽车供应区的中心。在被收购的时候，Nyloncraft 公司是一家具有很好发展前景并广受赞誉的公司，它拥有 Excel 实业公司所需的制造能力、设备和劳动力。

兼并完成后，Nyloncraft 公司开设了一家日托中心，这件事被誉为全美最具创新的事件之一，《金钱》（Money）、《美国新闻和世界报道》（U. S. News & World Report）以及其他一些商业出版物都刊发了有关该中心的特别报道，把它描述为"中西部地区公司为员工的福利而开设的设备最先进的 24 小时学习中心之一"。Excel 实业公司的主席、总裁兼首席执行官詹姆斯·J. 洛曼（James J. Lohman）说："学习中心的开设，完美地迎合了 Nyloncraft 公司的需要。这个中心耗资很大，但是它能帮助我们吸引并留住可靠的劳动力，这将有助于我们企业的发展。我们有很多生育年龄的女员工，这个中心将为她们的儿童保育提供优质的帮助。我们从经验中得知，一流的、现场的学习中心会减少人员流失、旷工和拖拉现象。这不仅对企业大有好处，而且对我们的员工以及他们的孩子都有好处。"

当洛曼说到资金投入很大时，他并没有夸大。"当 Excel 实业公司收购 Nyloncraft 公司时，我们立即投资了 20 万美元到学习中心，改进它以使它在设备上赶上或超过现有的高标准。"这个中心的年度预算超过 40 万美元，为 162 个孩子提供全天候的照顾和教育。

提供现场儿童保育的成本

洛曼说："几年之内，我们发现 Nyloncraft 公司的员工送子女进学习中心的人数越来越少，因此我们就把范围扩大到社区。"到 1988 年 7 月，员工的子女总数占中心登记的儿童总数的 45%。他说："到 1990 年，学习中心中员工子女的数量不足总数的 7%。"他补充说，在那个时候，每年的补贴增长到接近 30 万美元。每个在学习中心登记的孩子家长，无论其雇主是谁，都享受到大量的学费折扣，他们每人只需支付这些保育市价的一小部分。

洛曼说："我们不仅像保姆那样照顾这些孩子，还提供州政府承认的教育和专业的学前开发项目，同时，我们还养育他们。我们的保险、报告以及照料问题都在与日俱增。仅仅为了 10 名 Excel 实业公司员工的子女花费远远超过 25 万美元的补贴，这样大手笔的投入其正确性越来越受到质疑。面对巨大的资金压力，我们很难这样继续运作下去。"

Excel 实业公司努力了将近一年的时间，想找个合适的买主卖掉学习中心，但却失败了。那之后，又尝试寻找管理公司来接手该中心日常的营运。洛曼说："没有人愿意站出来帮助我们。"他说："我们不想关了 Nyloncraft 学习中心。但是，我们的希望越来越渺茫。"

洛曼开始仔细地考虑所有可能的方案，以尽可能达到他期望的效果。在学习中心为公司为数不多的员工照看孩子可能既不困难也不昂贵。但是其他人对于管理层要关闭一个附属机构会有什么反应呢？公司还有其他的选择吗？家长们还有其他的选择吗？在当地，高质量的日托机构很少，洛曼颇感时间紧迫。董事会要他尽快做出决定。

很明显，现在最棘手的两个问题是：对这个学习中心我应该做些什么？我们应该如何将我们的决定与公众沟通？

◆ 讨论题

1. Excel 实业公司对其雇用的女员工负有怎样的道德义务？

2. 雇主有义务为其员工子女提供日托吗？

3. 本案例中该公司对社区负有怎样的义务？曾经向非员工的子女敞开大门，公司是否有义务继续照看他们呢？

4. 像 Excel 这样一家公司能否完全通过雇用男员工或已过生育年龄的女员工来规避与日托有关的道德问题？

5. 作为首席执行官的洛曼对于 Excel 实业公司的股东及借贷人应承担怎样的责任？他所承担的使股东利益最大化、借贷人风险最小化的义务与为关注儿童保育的女员工提供安全舒适的工作环境的义务是否相冲突？

6. 既然对于洛曼而言，Nyloncraft 学习中心显然由于经济原因无法再支撑下去，那么对于那些以录取其孩子就读的女员工而言，洛曼应负有怎样的道德义务？

7. 公司公共关系及公共新闻媒体部在把公司的这一决策向 Excel 实业公司的员工沟通过程中应起到什么作用？在把公司的决策向广大社区居民沟通中应起到什么作用？

8. 你认为社区在持续运作的 Nyloncraft 学习中心的既得利益是什么？社区与雇主是否在向本社区所雇员工其学前儿童提供必要的关怀、养育和教育方面应承担共同的义务？Excel 实业公司是否违背了任何管理层与工人之间或公司与社区之间的"默契"？

This case was prepared from personal interviews and public sources by James S. O'Rourke, Concurrent Professor of Management, as the basis for class discussion rather than to illustrate either effective or ineffective handling of an administrative situation.

案例 3-2 ▶▶▶▶▶▶▶▶

西尔斯公司的假追债丑闻

一个星期日早上 8：30，当大多数的芝加哥人或者在睡梦中或者出门买早报时，阿瑟·C. 马丁内斯（Arthur C. Martinez）正在霍夫曼郊区的总部大楼给数十位公司高管开会。很长一段时间，当马丁内斯竭力思考着他所听到的信息时，房间里一片寂静。西尔斯公司（Sears, Roebuck & Company）的律师向他解释了近十年来员工是如何秘密从事违法行为的。

马丁内斯简直无法相信自己的耳朵：根据波士顿的一桩破产案，西尔斯公司的代理和信贷员多年来一直向那些有不良记录的信用卡持有者讨债，这些人已经寻求并得到破产保护。报纸和电视新闻频道还不知道这件事，但是距离它们知道也只是几个小时的时间。马丁内斯是前萨克斯第五大道精品百货店（Saks Fifth Avenue）的高管，他努力想避免让发展中的公司陷入它 111 年历史中法律和道德上最大的丑闻中。

美国司法部（Department of Justice）已经开始考虑不仅要依照民法，还要依照刑法进行起诉。更糟的是，这不是简单的违规操作或者对法律的误解：西尔斯公司表现为蓄谋系统地侵犯许多顾客的权利。律师认为，公司可能甚至把不法行为写入职工操作指南中。

这么多年来这些错误行为是如何避人耳目的？马丁内斯很想知道。他问："难道从来没有人打电话反映有关情况？从来没有？"根据至少一位与会者的回忆，这是一个"痛苦的时刻"。

一封价值"5 亿美元"的亲笔信

正如一次广泛的调查即将揭示的，西尔斯公司挣扎着先是理解犯罪指控，然后处理该指控和伦理过失带来的近 5 亿美元的罚款。据资深副总裁罗恩·卡尔普（Ron Culp）说，1996 年 11 月，一名叫弗朗西斯·拉坦诺维奇（Francis Latanowich）的残疾人保安给波士顿破产法庭（Boston Bankruptcy Court）写了一封亲笔信，请求重新审理他的案子，由此导致代收款方案的流产。尽管卡罗尔·肯纳（Carol Kenner）法官清空了他的债务，西尔斯公司后来却仍然追缴他电视、汽车电池和一些其他商品的总计 1 161 美元的欠款。他写道："每月的付款都从餐桌上剥夺了我孩子的食物。"

结果，西尔斯公司给拉坦诺维奇寄了一份提议。如果他每月支付 28 美元，公司将不收回他破产前使用西尔斯公司信用卡购买的商品。这种极力劝服负债人签署这种协议的行为被称为再确认（reaffirmation），这是零售信用卡业务中普遍存在的合法行为。但是在很多法官看来，再确认是阻碍了人们重新开始生活的不道德行为。此外，每份签署的再确认协议都要在法院备案，以确保法官可以评审负债人是否可以承担新的款额。肯纳法官不知道为何这份协议没有在法院备案。

1997 年 1 月 29 日的听证会上，一位在波士顿任职的西尔斯公司律师为未备案一事给出了令人费解的技术性解释。肯纳的反应是："简直是一派胡言。"根据《新闻周刊》（*Newsweek*）的说法，以往诸多案子的迹象表明，在全美褒贬参半的、热衷于再确认行为的西尔斯公司其许多再确认协议均没有到法院备案。如果这是真的，这家公司就使用了不能执行的协议收款，因为这些协议不再具有合法性。肯纳法官要求西尔斯公司上报这类案例的情况。3 月中旬，西尔斯公司的一位信贷经理极不情愿的回应着实令人震惊：这家公司仅在马萨诸塞州就非常明显地无视法律将近 2 800 次。马丁内斯和他的高层团队只能想象在其他 49 个州公司的情况。

猛增的个人破产

1994—1998 年，美国的个人破产案从 78 万件激增到 130 万件，这导致许多零售商和信用卡发行商受到坏账的严重冲击。西尔斯公司作为全国第二大零售商，受到的冲击更大。那一年，西尔斯公司 50% 的利润来自信贷，包括 630 万家庭使用西尔斯公司信用卡进行的赊账。

马丁内斯即将发现的问题是，太多新持卡者没有信用资格。为了吸引新用户，西尔斯公司为风险最高的客户提供贷款。随着国内个人破产数量的增多，西尔斯公司的坏账率也越来越高。1997 年，超过 1/3 的美国个人破产案都包括了西尔斯公司的信贷业务。那些大部分收入依赖于信贷的公司开始迫不及待地追讨坏账，西尔斯公司也只是其中之一。其中著名的债权商还包括美国联合百货公司（Federated Department Stores）、五月公司（May Company）、通用资本公司（G. E. Capital）、Discover Card 以及 AT & T。

　　马丁内斯还发现，这个问题既不是孤立的也不是小问题。在过去的 5 年中，有 51.2 万名顾客签署了再确认协议，保证还款总额总计 4.12 亿美元。马丁内斯怀疑公司从筋疲力尽的失败者官僚体制转型到积极进取、勇往直前的公司导致了始料未及的结果：经理们不敢将坏消息禀告上级。

　　迫不及待追讨坏账的同时向上级隐瞒坏消息已经成为公司的一种文化和官方政策。西尔斯公司法律部主任麦克尔·莱文（Michael Levin）向首席执行官解释道，不止一家外部的法律事务所曾经告诉公司的人，西尔斯公司的政策存在问题。这本该引起公司内部广泛调查的警示，却因为官僚政治而不知为什么没有引起上层的注意。

　　马丁内斯向后斜倚并向其助理打手势说："召集凤凰小组明天上午八点开会。"这意味着西尔斯公司的 200 名高管将直接从他们的首席执行官口中听到这个坏消息。这也标志着西尔斯公司开始对指控做出回应。

　　随后，马丁内斯向负责公共关系和政府事务的西尔斯公司资深副总裁罗恩·卡尔普和负责伦理与商业政策的副总裁比尔·吉芬（Bill Giffen）说："谈谈你们的想法，你们认为我们应该怎么做？"

◆ 讨论题

　　1. 在这个节骨眼上什么是西尔斯公司应采取的最佳策略？你会对阿瑟·马丁内斯提出怎样的建议？

　　2. 当罗恩·卡尔普琢磨着有关公司沟通及董事会上刚刚披露的事件时，他首先应与哪部分受众进行沟通？请给出你的建议。

　　3. 这些受众各自的利益是什么？这些利益是相同的还是相互冲突的？这些受众从马丁内斯那里了解什么？

　　4. 当比尔·吉芬考察西尔斯公司的信用卡代收款政策和做法时，你会给他提供怎样的建议？马丁内斯如何能够继续保持公司原有的激情和激励，并且继续鼓励人们报告和揭露坏消息？

　　5. 即使再确认协议完全是合法的并且有法律效应的，但如果恰当地向法院起诉的话，那么向那些法律上宣告破产者榨取金钱是否道德？破产者应对借钱给他们的公司，如西尔斯公司承担怎样的道德义务？

　　6. 西尔斯公司的奖励结构是否对其沟通结构产生一定的影响？在重组这些体系方面你能给予马丁内斯怎样的建议？

案例 3-3　▶▶▶▶▶▶▶▶

泰格·伍兹基金会：当价值观和行为发生冲突时

简介

自从泰格·伍兹两年前通过《麦克·道格拉斯秀》（Mike Douglas Show）节目进入公众视

野的那一刻起，他就被视为一个极具个人魅力且训练刻苦的运动员。整个世界公认他是男人中的典范，他不仅通过不懈努力使自己成为史上最成功的高尔夫球手之一，还为全球的高尔夫社区建设带来了积极的影响，同时他还是位体贴的父亲和丈夫。他和他的父亲厄尔·伍兹 (Earl Woods) 一起创立了泰格·伍兹基金会 (Tiger woods Foundation)，以倡导他们家族团结、真诚、自律并富有责任感的价值观。

但是，在 2009 年 11 月 27 日的凌晨 2 点 25 分左右，泰格·伍兹的名声骤然受损。泰格的一位邻居拨打了 911，举报伍兹在佛罗里达温德米尔的家中撞坏了他自己的 2009 凯迪拉克豪车。伍兹也由于受了"重伤"被送去医院，并于当晚作为轻伤出院。那一整天出现的报道都是支离破碎的，甚至有时是自相矛盾的。有一个报道称，一个邻居发现泰格·伍兹躺在他那被撞坏的车子旁边，鞋都没穿并且失去了意识。另一个报道声称泰格的妻子艾琳 (Elin) 用高尔夫球棒打碎了他的凯迪拉克轿车的后窗。许多类似的传言都没有得到证实。

这些报道留下了许多无法解答的疑问。凌晨 2 点多的时候，泰格去了哪里？为什么他被这场连安全气囊都没有弹出的小意外撞得失去了意识？为什么他的妻子要打破车子的窗户？新闻报道开始把这场意外和刊登在《国家询问报》（National Enquirer）上的一篇报道联系起来。该报道称，泰格·伍兹有了婚外恋。更糟的是，每天都有越来越多的女性站出来说，她们曾在伍兹的五年婚姻中与其发生过关系。

短短几天内，伍兹如日中天的声望荡然无存。他再也不是一个热衷于努力工作、以家庭为中心的人了。现在，他在公众心里就是一个鬼鬼祟祟的花花公子、好色之徒。作为泰格·伍兹基金会的创始者和掌门人，基金会数年来的财政成功以及上市都归功于伍兹。他看上去具有基金会所推崇的一切价值观。有关泰格劣迹的披露，严重地影响了他的名誉。现在，泰格·伍兹的形象有悖于基金会的核心价值观。时至今日，基于泰格的声誉和人格魅力的泰格·伍兹基金会，将如何继续它的使命？基金会还有能力利用泰格的名人头衔来集资并继续致力于改善年轻人的生活吗？

关于泰格·伍兹基金会

泰格·伍兹基金会是一家非营利组织，旨在促进儿童的性格开发并探索青少年潜在的职业生涯。这是一个播撒博爱的组织，许多公司和企业都是这个组织的合伙人，它们通过提供面向社区的项目来帮助改善国内外年轻人的生活。在泰格·伍兹基金会 14 年的历程中，已经组织了许多活动来集资并唤起大众对诸多性格开发事业的关注。泰格·伍兹是基金会的创始人，作为掌门人，他一直活跃在基金会组织的各项活动中。他的父亲厄尔·伍兹也是创始人之一，是董事会成员。

基金会的首席执行官和主席是格雷戈里·麦克劳克林 (Gregory McLaughlin)。三个副主席负责组织各项活动、业务拓展、宣传和营销，以及项目管理等方面工作，为首席执行官提供支持。泰格·伍兹基金会一共雇用了 25 名员工。[1]

基金会的主要职责是为美国的年轻人提供开发自我的项目。[2] 泰格·伍兹基金会相信这些项目有助于开发孩子们的好奇心，并借此激励可能被忽视的潜在职业生涯和人生目标。为了让孩子们发挥自己最大的潜力，基金会给他们提供一系列性格开发项目。泰格·伍兹基金会通过自己的一系列活动和项目来完成这一使命。

泰格·伍兹基金会历史

基金会于 1996 年的 11 月成立。泰格·伍兹和他的父亲想要建立一个播撒博爱的组织来向全世界年轻人倡导伍兹家族的座右铭"关怀和分享"。20 世纪 90 年代末，泰格·伍兹基金会开始了他们的筹款工作，并且在全美开设了高尔夫训练基地。1999 年，泰格·伍兹初级高尔夫球队成立。

2001 年 9 月 11 日恐怖袭击发生的那一刻，泰格·伍兹正驱车从圣路易斯州去佛罗里达州，他决定着手创立伍兹学习中心（TWLC），他认为这会是基金会工作的里程碑。2006 年伍兹学习中心正式创立。截至 2001 年末，泰格·伍兹基金会赠予青少年慈善机构的善款达到了 100 万美元。2006 年，厄尔·伍兹去世，为了纪念他，基金会不久后设立了厄尔·伍兹奖学金。

截至 2006 年末，泰格·伍兹基金会管理并贡献的项目影响着 1 000 万年轻人的生活。基金会还在持续发展，成为新增美国职业高尔夫球系列赛事（PGA）巡回赛，如 2007 年开始的 AT&T 全美赛善款的受益者。

泰格·伍兹基金会的项目

基金会致力于一系列的教育和个性发展项目，包括泰格·伍兹学习中心、补助金和奖学金，还有许多高尔夫训练基地和初级高尔夫球队。从 1996 年起，基金会集资并给当地慈善机构捐赠了超过 3 000 万美元的善款。2009 年，泰格·伍兹基金会在泰格·伍兹学习中心培养了 5 000 个孩子，为其中 25 人提供了大学四年的奖学金，并给全国的青少年组织提供了 109 份补助金。[3]

补助金和奖学金

每年，泰格·伍兹基金会都会给多个项目提供补助金和奖学金。补助金旨在给 8~18 岁缺医少药的年轻人提供帮助，通常在 2 500 美元到 25 000 美元不等。泰格·伍兹基金会还向其他当地非营利性教育或青少年教育组织提供专项资助。[4] 泰格·伍兹基金会每年还专门为边远地区提供奖学金。基金会也管理着厄尔·伍兹奖学金，为那些对社会服务做出贡献并需要经济补助的大学生提供最多 5 000 美元的奖学金。除了经济奖励，厄尔·伍兹奖学金也给学生在大学期间提供指导和实习机会。[5] 奖学金的资金来源于全球的个人捐赠。自从奖学金设立以来，个人捐赠总额已达到了 100 万美元。泰格自己又拿出 100 万美元，使总额增加到了 200 万美元。[6]

泰格·伍兹学习中心

泰格·伍兹学习中心位于加利福尼亚州阿纳海姆，占地面积 35 000 平方英尺，主要设施建在 14 英亩土地上。泰格·伍兹学习中心是一个可供 5~12 年级孩子通过动手和互动项目来自我开发新职业生涯的地方。中心提供独一无二的课外活动，并为孩子们设计专门的课程。许多涉及诸如生物技术、海洋生物、企业家和外太空火箭等项目，提供了孩子们在学校无法体验的机会。课程着重强调了职业生涯的探索和准备。[7]

泰格·伍兹基金会国家青少年高尔夫球队

泰格·伍兹基金会国家青少年高尔夫球队最初旨在为底层孩子提供加入青少年高尔夫世界大奖赛的机会。青少年高尔夫世界大奖赛是为 18 岁以下有天赋的高尔夫运动员设立的世界级比赛。[8] 通常，年轻的适龄球员必须报名申请参加选拔比赛。泰格·伍兹基金会与大奖赛合作，为被选拔进入泰格·伍兹基金会国家青少年高尔夫球队的适龄孩子预留名额。

泰格的行动计划

基于厄尔·伍兹的著作《付诸行动》（*Start Somethirg*），泰格的行动计划是专为 8～17 岁孩子提供的免费项目，旨在性格教育、志愿者服务和职业生涯探索。在实施这个项目的过程中，每位青少年要为自己确定一个特定的个人职业目标，并学习如何在达成目标的同时回馈社会。[9]

国际项目

为了使更多年轻人受益，基金会最近通过支持六个国际组织开启了国际项目。[10]

国际大学生企业家联盟（SIFE）：韩国和泰国

梦想＋团队：泰国

国际青年基金会：中国

乡村教育促进会：中国

扫盲行动：中国

泰国三个组织的投资项目

为筹资所付出的努力

泰格·伍兹基金会通过个人捐赠及与许多公司的合伙人关系进行筹资。最大的企业赞助商有 AT&T、美国银行、雪佛龙、汇丰银行、德意志银行、博思艾伦咨询公司、泰格豪雅和梅赛德斯-奔驰。[11]除了这几家公司的赞助外，基金会还是几个年度筹资活动的受助单位。比如美国职业高尔夫球系列赛事（PGA）巡回赛、慈善音乐会等。2007 财政年度末，泰格·伍兹基金会的收入达到 1 280 万美元，其中 920 万美元来自企业合伙人和个人的捐赠。在 2008 财政年度，基金会的收入达到 1 060 万美元，其中 780 万美元来自捐赠。[12]

AT&T 全美赛

AT&T 全美赛是在 2007 年开始的 PGA 巡回赛，由泰格主持，旨在为泰格·伍兹基金会筹款。一般在 7 月的第四个周末举办。当来自全美各地约 120 支 PGA 专业团队为 620 万美元奖金角逐的同时，也在为基金会和当地慈善机构筹款，并且通过这一赛事以示对军人的致敬。

雪佛龙世界杯挑战赛

雪佛龙世界杯挑战赛是又一项 PGA 巡回赛，于每年 12 月初在加利福尼亚州南部举办。这项比赛为泰格·伍兹基金会的诸多项目筹集资金，其中就有奥兰治县的泰格·伍兹学习中心项目。泰格·伍兹基金会发起并资助的项目都有一个共同的使命——给予年轻人追寻至高理想的力量，并帮助他们确定实际的目标来实现理想。

泰格·詹姆音乐会

泰格·詹姆音乐会（Tiger Jam）是每年在曼德勒湾度假村和拉斯维加斯赌场举办的慈善音乐会，同样为泰格·伍兹基金会筹资。泰格·詹姆音乐会自 1998 年举办以来，已经为泰格·伍兹基金会筹资超过 1 000 万美元，吸引了包括邦·乔维（Bon Jovi）、斯汀（Sting）、史提夫·汪达（Stevie Wonder）、普林斯（Prince）、席琳·迪翁（Celine Dion）和克里斯蒂娜·阿奎莱拉（Christina Aguilera）在内的众多艺术家。

街区舞会

街区舞会是奥兰治县的泰格·伍兹学习中心为社区和年轻人举办的年度庆典。每年，街区舞会都会为泰格·伍兹学习中心的各类项目筹资超过 100 万美元。

泰格·伍兹传记

影响力

泰格是高尔夫运动史上最具天赋的高尔夫球手之一。除了在 PGA 巡回赛中的 71 项赛事（其中 14 项是主要赛事）里拔得头筹，他还以其他多种方式影响着该项运动。拥有多种族裔背景的泰格给高尔夫这个在美国历史上从未垂青少数族裔的体育项目带来了多元化色彩。他也是高尔夫球界有史以来获得如此成功的球员中最年轻的一个。他勤奋好学，不断为完善高尔夫运动刻苦钻研，在他职业生涯后期还重新调整了其挥杆技巧，并且凭借其执着的精神将增进健康的理念注入了高尔夫运动。泰格还是首个在其职业生涯中挣得超过 10 亿美元的运动员。[13]

个性特征

泰格的决心、动力和坚强的意志力都是为人称道的。正是他那大量的常规强化训练、职业道德、勤于工作、不给自己放假、注重细节以及对提升自我的不懈追求吸引了公众的关注。泰格成为美国人的偶像，他展示了只要努力和有决心就能收获成功的形象。

根据泰格·伍兹的官网，泰格日常的安排大致是这样的[14]：

上午

6：30：一小时有氧运动：耐力跑、短跑或骑自行车。

7：30：一小时轻量举重训练：60%～70% 是多组重复数次的举重。

8：30：早餐：高蛋白低脂肪，一般是蛋白煎蛋卷加蔬菜。

9：00：在高尔夫球场训练两小时，击中靶杆并练习挥杆动作。

11：00：30 分钟到一小时的推杆练习。

中午

12：00：练习九洞高尔夫。

下午

1：30：午餐：高蛋白低脂肪。一般是烤鸡肉或鱼，沙拉和蔬菜。

2：00：在高尔夫球场训练 3～4 小时：练习挥杆动作、打短杆，偶尔会再练习九洞高尔夫。

6：30：30 分钟的多组重量举重练习。

7：00：晚餐和休息。

除了众所周知的为其赢得比赛的品质外，泰格在赛场外也同样受人尊敬。公众认为泰格是个顾家的男人，也是个各方面都十分完美的男人。泰格通过公关活动很好地维护了这些良好形象。而且，尽管他享誉世界体坛，却仍然过着非常低调的生活。

个人简介

泰格从小就开始打高尔夫球，并由他父亲亲自指导。他在很小的时候就进入了公众的视野。两岁时，他在 CBS 新闻和《麦克·道格拉斯秀》上就有露面。13 岁时，他上过《今日秀》(Today show)、《早安美国》(Good Morning America)、ESPN（娱乐与体育节目电视网）、CBS、

NBC（美国全国广播公司）和 ABC（美国广播公司）。15 岁时，他成为历史上赢得美国初级业余冠军赛最年轻球员，并被誉为"年度高尔夫球员"。[15]

泰格最著名的高尔夫球成就包括 95 项赛事冠军及 71 个 PGA 巡回赛赛事冠军。他达成了职业生涯大满贯——在美国名人赛、美国公开赛、英国公开赛和 PGA 锦标赛四个主要赛事中获得冠军。[16]这样的成就除了泰格·伍兹以外世界上仅有五人达成。34 岁时，他已经成为史上最成功的高尔夫球员。2004 年 10 月，泰格娶了前瑞典模特艾琳·诺德格伦（Elin Nordegren）。艾琳在 2007 年 6 月生下了他们的第一个孩子。第二个孩子于 2009 年 2 月出生。[17]

赞助

泰格广泛的声誉为他的职业生涯赢得了无数的赞助，他的赞助商包括[18]：

耐克

Titleist

通用磨坊（General Mills）

美国运通（American Express）

埃森哲（Accenture）

别克

泰格豪雅（TAG Heuer）

泰格·伍兹 PGA 巡回赛系列电子游戏开发商、视频游戏出版商

吉列（Gillette）

加得乐（Gatorade）

这些赞助很好地向公众诠释了泰格·伍兹的鲜明形象。埃森哲的电视商业广告用泰格早上 4 点 30 分的闹钟开头，广告里说"持之以恒，方能立于不败之地"。许多埃森哲的商业广告都以这样一句话结尾："成就卓越，心诚必达"。[19]然而，埃森哲已经终止了与泰格·伍兹的合作关系。其他赞助商还是在积极争取泰格·伍兹为代言人。耐克高尔夫（Nike Golf）的全部业务都是围绕泰格·伍兹而展开，在其广告中仍然赞誉这位卓越的高尔夫球手。耐克的一则广告就是关于泰格·伍兹的父亲谈论泰格是如何成为世界上意志力最强的高尔夫球运动员的。[20]另一则广告则是许多受鼓舞的青少年高尔夫球手异口同声地说"我就是泰格·伍兹"。[21]这则广告展现了美国公众对泰格·伍兹的崇拜。他被当作一个强大的偶像，孩子们争相模仿。鉴于泰格的极佳声誉，他被选中在奥巴马的林肯纪念馆就职仪式上，作纪念军人的演讲。[22]

泰格·伍兹基金会的未来

在这个节骨眼上很难预测泰格的丑闻会对他及其合作伙伴产生什么样的严重影响。一些赞助商比如埃森哲，已经完全中止了与泰格的合作关系，因为泰格·伍兹"再也不适合作为我们广告的代言人"。[23]其他赞助商也显著减少了与泰格的合作。[24]比如 AT&T 也打算中止对泰格·伍兹及泰格·詹姆音乐会的赞助。但 AT&T 公司根据合同仍然要为 AT&T 2014 年的美国高尔夫球赛提供赞助。[25]

赞助商们对泰格以及泰格·伍兹基金会的支持很大程度上是依赖于泰格·伍兹的声誉，以及它们自己通过合作关系扩大的品牌知名度。营销研究人员认为，泰格·伍兹之所以具有极大的商业价值，是因为他所具有的美德——运动员精神、力量和正直。现在他仅剩的吸引

力就是在高尔夫球场上的战绩。[26]鉴于目前这种状况，泰格·伍兹想要回到之前的品牌辨识度是极其困难的，因为许多商业合作伙伴不希望自身名誉与他有任何关系。

泰格的所作所为、紧随其后的道歉和退出公众视野，这些行为是否会影响捐赠的资金数尚不得而知。基金会主席麦克劳克林暗示说，泰格·伍兹学习中心已经有了充足的资源，即便没有泰格·伍兹本人，也可以继续它的使命。[27]加利福尼亚大学经济学教授克里斯托弗·尼特尔（Christopher Knittel）和维克多·斯坦戈（Victor Stango）最近的研究显示，仍然与泰格·伍兹保持合作关系的赞助商自泰格·伍兹的丑闻被公之于众后，已经在股东权益方面损失了 50 亿～120 亿美元。[28]

此前，那些一直渴望依附泰格·伍兹及其冠军生涯的公司，现在可能要寻找其他出路来树立公众形象了。"性格教育"是泰格行动计划的三项重点之一。然而，颇具讽刺意味的是，这个项目的存在已成了基金会投资商撤资的理由。[29]泰格·伍兹基金会已经为全球青少年的性格塑造和目标管理持续努力了 14 年，现在基金会的挂名掌门人形象崩塌，基金会必须做出努力以维护其自身的名誉，并将基金会妥善运营下去。

◆ 讨论题

1. 基金会将如何做到：一方面能够撇清其与泰格个人行为的关系，另一方面仍然能够通过他的名人身份来获得资金赞助和关注？

2. 基金会是否应该就该丑闻发表声明？

3. 基金会该如何做才能得以保留赞助商？

4. 该丑闻将如何影响公众对基金会服务的兴趣？

5. 基金会是否应该完全与泰格划清界限？

6. 泰格能否通过增加自己在基金会的参与来提升自己的声誉？

注 释

1. Tiger Woods Foundation, About the Foundation, Board & Staff. http://web.tigerwoodsfoundation.org/aboutTWF/staff.
2. Tiger Woods Foundation, About the Foundation, What We Do. http://web.tigerwoodsfoundation.org/aboutTWF/whatWeDo.
3. 2009 Tiger Woods Foundation Annual Report. http://web.tigerwoodsfoundation.org/aboutTWF/annualReport.
4. Tiger Woods Foundation, TWF Grants, Overview. http://web.tigerwoodsfoundation.org/programs/grants/index.
5. Tiger Woods Foundation, TWF Scholarships, Steps for Success. http://web.tigerwoodsfoundation.org/programs/scholarships/stepsForSuccess.
6. Tiger Woods Foundation, TWF Scholarships, Earl Woods Scholarship Program. http://web.tigerwoodsfoundation.org/programs/scholarships/index.
7. Tiger Woods Foundation, Tiger Woods Learning Center, TWLC Programs. http://web.tigerwoodsfoundation.org/programs/twlc/twlcPrograms.
8. The 2010 Callaway Junior World Golf Championships, Eligibility Requirements for 2010 Championships.

http://www.juniorworldgolf.com/index.php?pg=dyn&bi=eligability.

9. 2009 Tiger Woods Foundation Annual Report. http://web.tigerwoodsfoundation.org/aboutTWF/annucaalReport.

10. Tiger Woods Foundation, TWF Grants, International Programs. http://web.tigerwoodsfoundation.org/programs/grants/internationalPrograms.

11. 2009 Tiger Woods Foundation Annual Report. http://web.tigerwoodsfoundation.org/aboutTWF/annualReport.

12. Charity Navigator, Your Guide to Intelligent Giving, Tiger Woods Foundation, Revenue. http://www.charitynavigator.org/index.cfm?bay=search.history&orgid=8100.

13. Tiger Woods, (Eldrick Tont Woods), Wikipedia. http://en.wikipedia.org/w/index.php?title=TigerWoods&oldid=345273017.

14. Tiger Woods, Health & Fitness, Tiger's Daily Routine. http://web.tigerwoods.com/fitness/tigerDailyRoutine.

15. Tiger Woods, About Tiger Woods, Chronology. http://web.tigerwoods.com/aboutTiger/chronology.

16. Tiger Woods, About Tiger Woods, Biography http://web.tigerwoods.com/aboutTiger/bio

17. Tiger Woods, (Eldrick Tont Woods), Wikipedia. http://en.wikipedia.org/w/index.php?title=Tiger_Woods&oldid=345273017.

18. Ibid.

19. Accenture—High Performance. Delivered (TV Ad by Tiger Woods), February 18, 2009. http://www.youtube.com/watch?v=YM8FrX3b_Jo.

20. Nike Golf-Never-Tiger Woods, June 14, 2008. http://www.youtube.com/watch?v=UTuk5Uloyjg.

21. Tiger Woods first Nike commercial: I am Tiger Woods, March 13, 2008 http://www.youtube.com/watch?v=tAnlcW_ILyw&NR=1.

22. Tiger Woods, (Eldrick Tont Woods), Wikipedia. http://en.wikipedia.org/w/index.php?title=Tiger_Woods&oldid=345273017.

23. Mark Ritson, "Tiger Economy in Jeopardy," Marketing, December 16, 2009. http://www.marketingritson.com/documents/ritson161209.pdf.

24. Ken Belson, "AT&T Is the Latest to Drop Woods," New York Times, December 31, 2010. http://www.nytimes.com/2010/01/01/sports/golf/01tiger.html.

25. Tim Dalhberg, "School's In, Despite Tiger's Many Woes," Associated Press, January 30, 2010. http://abcnews.go.com/Sports/wirestory?id=9707365&page=2.

26. Sarah Skidmore, "Tiger the Pitchman Far from Out of the Woods," Associated Press, February 19, 2010. http://abcnews.go.com/Sports/wireStory?id=9890054.

27. Tim Dalhberg, "School's In, Despite Tiger's Many Woes," Associated Press, January 30, 2010. http://abcnews.go.com/Sports/wireStory?id=9707365.

28. News release, UC Davis News Service, "Tiger Woods Scandal Cost Shareholders up to $12 Billion," December 28, 2009. http://www.news.ucdavis.edu/search/news_detail.lasso?id=9352.

29. Rick Horrow and Karla Swatek, "Who Benefits from Tiger Woods' Scandal?" Business Week, December 10, 2009. http://www.businessweek.com/lifestyle/content/dec2009/bw20091210_272903.htm.

第 4 章

■ 演 讲
■ Speaking

你的胃有种紧缩感，你在出汗，翻来覆去睡不着觉、焦虑不安。整个屋子闷热难耐。怎么会这样？你 10 分钟前刚起床调低了空调设定温度。看了一下时钟才凌晨 2 点。照这情形下去，你再也不可能入眠了。

这是什么原因呢？是吃坏了什么让你成这样？是宾馆床单粗糙得让你背部感觉不适所致？还是时差问题影响了你的生物钟？尽管上述情况都有可能，但最有可能导致你失眠和焦虑的是由于人类最大的恐惧，即你知道自己要做演讲。

美国 CBS 新闻记者查尔斯·奥斯古德（Charles Osgood）曾经这样问道："你有否在夜间开车，你开着开着，突然一只鹿出现在你车前灯的光线中，一动也不动，这是为什么？让我来告诉你。"奥斯古德说："那只鹿以为车前灯就是聚光灯，让它变成这个样子是因为它怯场。它想象着最糟糕的事：它不得不做演讲。"[1]

根据一项经常被引用的由市场研究人员所做的研究，面对某个群体进行演讲在"人类恐惧"中排在首位。死亡排第 6 位，乘坐电梯排第 12 位。[2]原因在于，根据奥斯古德的观点，我们都怕出洋相。演讲越重要，我们就越害怕。[3]

那些恐惧并不是没有一点儿道理。彼得·谢伊（Peter Shea）是帝国化学工业公司（Imperial Chemical Industries）的一名工厂管理人员，他被要求就他对于公司的价值做 5 分钟的演讲。谢伊试图激发在座 18 名高管的想象力，于是他以一个比喻作为开场白：他的工厂就好比是一辆赛车，他想让它快速奔跑。然而，他考虑错了。那些高管没等他讲第五句话就让他离开。"我无法挽回，"他说，"我彻底完蛋了。"[4]

像他这样的例子不胜枚举，一些人千方百计想让自己在演讲中表现得聪明、智慧，但往往以失败告终。戴夫·詹森（Dave Jensen）是 Search Masters International 公司（一家生物技术行业的招聘公司）的一名行政招聘人员。当他在圣迭戈市的工业微生物协会（Society for Industrial Microbiology）做演讲时，为了激发听众的兴趣，他引用了演讲技巧书上的一个笑话作为开场白。这个主意不好。"简直糟透了，"他回忆道，"那个笑话很无趣。对于工业微生物专家，用笑话作为开场白不合适。如果你在演讲一开始的两分钟没有把握好，你就很难走回头路了。"[5]

达里尔·戈登（Darryl Gordon）是位于加利福尼亚州的拉霍亚公司（La Jolla）的一名广告经理。他应邀向 60 位广告机构总裁展示数字技术的威力。于是他决定采用手提电脑进行演讲以提供色彩丰富的幻灯片、清晰明了的图表以及丰富的音响效果。但是他错了，在开讲前他没有检查电脑的电池。当他按启动键时，电脑没有反应。他花了整整 15 分钟才将演讲内容拷贝到另一台备用电脑上。"那 15 分钟的每一秒都令我终生难忘，"他说，"我永远都不会忘记。"[6]

给予演讲者的忠告很简单：充分准备有助于你克服恐惧心理，无论恐惧是否有理。的确，完备的准备是你成功的保证，有助于达到你的预期目标，有助于调整心态并让听众照你说的去做。

4.1　为何做演讲

通常，我们别无选择。作为一名管理人员，你需要对你不愿见的听众及你不愿讲的话题做好演讲准备。就季度预算赤字向公司执行委员会做汇报是没有人喜欢的差事，但你得做，因为那是你管理职责的一部分。许多演讲都带有指导性，要么是你被告知这么做，要么是你必须做。面对这种场合的确不易，当然也不必害怕。

然而，许多演讲机会是自愿的，即你喜欢做演讲。你随便来到员工工作的场所与他们分享经过他们辛勤努力公司刚刚获得一个大合同的好消息。你完全可以通过电子邮件与他们分享这一消息，但你想亲眼看见他们兴高采烈、欢呼雀跃和满屋子击掌相庆的样子。

在另外一种场合，你给你上小学的女儿所在的班级谈你的谋生之道（这也许比员工会议难度更大）。你也许接受了基瓦尼斯俱乐部（Kiwanis Club）的邀请，在它每周的午餐会上发言。每次演讲机会都会提升你的演讲能力，增强你演讲的信心，使你的演讲更加成功。

每次演讲机会，即使不是情愿的，但都是一个展示自己知识和能力的场合，琼·芬尼西（Joan Finnessy）是位于宾夕法尼亚州匹兹堡市的 Fisher Scientific International 公司的现任财务总监，从之前的工作中她认识到了这一点[7]：

> 几年前，我作为部门管理人员为供职的一家公司召开了一个全球管理人员会议。公司的所有管理人员都被要求在会上做演讲。我们公司刚刚并购了另一个组织，但我们没有意识到公司正计划实行重组和管理人员裁员。
>
> 高级财务管理人员当然也都出席了会议，我们都得在"聚光灯"前亮相。一些管理人员的演讲很成功，表现出娴熟的演讲技巧和充实的演讲内容，有的管理人员则做得没那么好。此次演讲的目的是让与会者了解我们各部门的情况并进行信息沟通。
>
> 大约一个月以后，那些表现不太出色的管理人员面临离职金的谈判。
>
> 尽管没有人说过拙劣的演讲与解雇有关，但只有那些演讲差的管理人员被解雇了。

即使没有人明确告诉你在你做演讲时会被评价，你也应清楚一件事：你正在被评价。获得满意评价的两个关键是：掌控局面和为成功做准备。

4.2　如何为成功的演讲做准备

以下列出了为演讲（无论大小，重要与否）做准备的 15 个要点。关注这些方面，每次演讲着重关注其中一点，你再也不会在演讲台上手心出汗。

- 制定演讲策略。
- 了解听众。
- 确定演讲目的。
- 尽可能多地了解与演讲有关的信息。
- 讲听众感兴趣的内容。
- 理解听众所提问题。
- 识别影响成功沟通的常见障碍。
- 用令人信服的证据支持你的观点。
- 组织好你的思想。
- 保持听众的兴趣。
- 选择恰当的演讲方法。
- 提供视觉支持。
- 进行演讲排练。
- 对所提供的信息和你自己充满信心。
- 传递信息。

4.3 制定演讲策略

如果你没有目的，你也许就不该做演讲。那么，公众演讲的策略究竟是什么呢？简单地说，就是指演讲的理由，对你演讲对象的了解，以及对演讲背景的认识。

2 300 多年前，亚里士多德告诉他的学生，准备演讲时，如果他们能够首先考虑三个基本要素：听众、目的和场合，他们成功的希望就会更大。[8]

4.4 了解听众

他们是些什么人？你了解他们多少？他们对你及你要讲的主题了解多少？他们的感受是什么？在你真正开始准备之前，不妨先做个简单的听众分析，其中包括两个步骤：(1) 了解这些听众的有关信息；(2) 了解听众来听你演讲的目的。

你应该了解听众的哪些方面呢？下列范畴在你准备台词时是会有用的。

年龄　他们的年龄有多大？他们是否熟悉演讲中会涉及的概念？他们的词汇量有多大？他们曾经有过怎样的生活经历？记住，如果你面对的是一群 18 岁的大一学生，那么你得清楚当比尔·克林顿上任总统时他们才出生。他们对柏林墙的倒塌或萨达姆·侯赛因侵略科威特没有任何概念，而且对于记载的东西，他们会不屑一顾。他们是喝着瓶装水长大的，他们变成"跛腿"与他们成为哑巴或不会说话有关，而不是与残疾有关。[9]此外，他们还不敢承担责任。因此，你应该确定你所涉及的事件和观点不仅应该是他们知道的，还应该是他们所关注的。同样，年纪稍大些的听众可能经历过一些事情，但当涉及诸如 iTunes, Facebook 或《饮料杯历险记》(Aqua Teen Hunger Force) 里的某个片段等内容时，他们可能就会丈二和尚摸不着头脑了。

教育　通过了解听众的年龄，你多少可以了解到他们受教育的程度，但你可能觉得这还不够。演讲内容，包括主题和措辞都会受到听众受教育水平和类型的影响。

个人信仰　较之听众的年龄及他们受教育的情况，听众的信仰也许是更重要的。道理很简单：你的信仰决定了你的为人。这些人是自由主义的还是保守主义的？他们的政治倾向是什么？他们是否坚信某个宗教或社会观点？针对诸如红肉、抽雪茄烟、拥有枪支或平行泊车等问题，他们是否存在赞成或反对等偏见？

职业　这些人靠什么谋生？他们是学生吗？如果是，那么他们中的许多人并不是为谋生而做事，而是希望很快有一天拥有这份工作。他们是管理人员、专业人员，还是你的同事？了解人们是靠什么谋生有助于了解他们的教育背景和他们的日常生活状况，以及他们的积极性和兴趣。

收入　了解听众赚多少钱有助于你演讲时的措辞。通过了解他们的收入水平，你便知道他们所关注的问题，他们的收入越低，他们就越关心基本问题。马斯洛在其人类需要层次理论中精辟地论述：如果人们连温饱问题还未解决，你很难与他们讨论自我实现的话题。

社会经济地位　这一表述指的是听众所处的社会/经济地位。这一点当然直接与其他一些因素有关，如收入、教育、职业、生活环境、朋友和家庭等。这一点能够表明在社会层面，这些听众的声誉是怎样的。[10]

种族背景　这一信息也许有用，但其价值有限。它的用途也许在于了解哪些问题和观点属于某个特殊群体最为关注的。它的局限性在于你会因此而刻板地推断该群体所有成员的观点。当你在准备演讲时，像关注语言一样关注一下种族原因和问题就足够了。

性/性别　性指的是男性与女性之间的生物学上的差异。性别指的是男性和女性的社会和心理期待、扮演的角色和观点。现在，大量事实证明性/性别也许是你了解听众所需的信息当中最不具利用价值的。为什么呢？因为各种研究表明，职业男性和女性对于大量刺激物的反应并没有明显的、可量化的差异。显然，如果你知道你的听众是清一色的男性或女性或其他，你就会相应地改变你演讲的方式，但如果你为男性和女性准备不同的演讲稿，就不太明智了。把他们均视作高智慧的人，你就会得到你希望的反应。

对主题了解的程度　这部分信息（以及下一个信息）也许是你乐意了解的。全面认识听众对你所讲主题了解的程度有诸多益处。首先，这告诉你应该从何开始。不要从解释他们已经理解的基本问题开讲。同样，也不要以他们难以理解的话题开始。应该以他们觉得恰当的观点开始，然后逐渐展开。

对主题的态度　比让他们了解你的主题更为重要的是他们对主题的感受。当我去聆听有关税收改革的报告时，我所了解的联邦税收规定远不如我对其的感受来得更为重要。当我接触一个主题时，不是你的情感，而是我的情感很重要。你必须清楚听众对你的演讲内容和方式有何情感上的反应，某个特定的主题如果自我介入（或情感反应）的程度越大，接受范围就越窄。换言之，人们对于不感兴趣的话题比他们十分关切的话题来得更加开明。如果你不明白这一点，那你就会遭遇失败。

4.5　确定演讲目的

明确你为何演讲与了解演讲对象几乎同样重要。亚里士多德告诉其学生："人们演讲出于三个基本目的：告知、劝说或激励。"[11]

一些作者认为所有演讲都是劝说性的：你选择这个话题而不是其他；你选择这个证据而非其他所有的证据。我也认可这一点。然而，关键在于你应该了解听众是否希望你就你演讲的主题表明立场。

比如说，你的老板正考虑为办公室购置一套新的彩色复印和打印系统，她让你收集有关设备的销售和租赁信息。她也希望你能够将此信息讲给执行委员会的成员听。你可以轻而易举地找到相关信息，然后加以组织。但是针对购买或租赁哪个系统你是否需要表明态度？如果你的听众（尤其是你的老板）希望该信息能够帮助他或委员会做决策，你的观点可能就不会被采纳。如果你被专门要求提出你的建议，那么你的演讲如果缺了这部分就会不完整。

所有公众演讲都应是告知性的（但不是告诉人们他们已经知道的东西）。同时根据实际情况，也应该是激励性的。此外，管理人员，尤其是年轻的管理人员应该在他们开始演讲前明确听众对其的希望。经常是，年轻管理人员与组织中年长的成员会发生摩擦，因为这些年轻的管理人员所提供的观点往往不是他们所渴望的。

记住，这些听众是有明确目的的：他们希望了解更多的信息。但是，你不能简单地走上讲台，开始把数据倾倒给听众。你应该试着以提问的方式来考虑你的演讲："如果这些人手上有钱要投资，那么他们希望了解这家公司的哪些方面？"或者"如果他们希望在这个行业求职，那么他们希望了解这家公司的哪些方面？"然后，想出该问题的答案。你需要在演讲开始的几分钟内就上述问题进行提问，如果听众不很明白，你可以多花些时间，但如果他们已经理解，那就不必赘述。你的目的是与他们分享你所知道的东西，并且帮助他们以他们自己的视角去理解。[12]

4.6　尽可能多地了解演讲场合

除了了解听众及你演讲的目的外，了解一下你演讲的场合也将大有益处。在许多场合你只需进行礼节性的告知性演讲。然而，在其他场合，你则需要结合当时的情形，进行主题演讲。有些节日可以成为你演讲的格调，如"圣诞节"（全球平安，人人好运）、"感恩节"（我们感谢所拥有的，同时也关注那些不如我们富足的）或者"独立日"（要想获得自由，就必须时刻保持警惕）。

其他场合则要求不同的主题。毕业典礼、开学典礼或各种礼仪场合则要求关注未来和未来应承担的责任以及当前所面临的机遇。作为一名管理人员，你认识到你需要迎接新员工加入组织，也需要依依不舍地与老员工道别。听众会十分专注于你所说的每句话，你说话时的语气，以及你展开话题时所采用的方法。你有责任，并且他们也希望你能说正确的事。你不会总清楚什么是该说的正确事情，但看到听众听到你所说的话的表情时便知道什么是正确的事了。

4.7　了解听众的喜好

咨询师和演讲评论家索尼娅·哈姆林（Sonya Hamlin）说，人们倾听演讲的三个理由是：他们自己的兴趣、演讲者及演讲方式。[13] 如果你了解你的听众，你就知道他们的兴趣爱好。你很难以你的观点来左右他们，至少在你演讲前如此，但你当然不可以在演讲方式上加以控制、施加影响。说到控制，人们倾听演讲的三个理由中有两个完全在你的掌控之中。

积极的演讲风格　有关公众演讲的诸多研究表明，人们对于他们认为积极的演讲风格会做出积极的反应。阅读下列词语，想想是否有公众演讲者的风格在许多方面，或绝大多数方面符合下列风格：

热情洋溢的	诚实可信的
友好的	激励的
有趣的	知识渊博的
有组织的	富有创造性的
自信的	激励的
开放的	清晰的

消极的演讲风格　诚然，对于与上述积极的风格刚好相悖的演讲者风格，听众就会做出消极的反应。阅读下列词语，想想面对带有以下风格的演讲者（当你作为被动听众）时，你会做出怎样的反应？

夸夸其谈的	含糊其词的
无精打采的	复杂的
屈尊俯就的	不确定的
正式的	无关的
填鸭式的	单调乏味的
封闭式的	紧张的

根据上述研究结果，我们给出的忠告很简单：采用积极的演讲风格，涵盖所有上述积极风格的特征，尽可能消除或避免上述消极的演讲风格。[14]

4.8　了解听众所提问题

当听众纷纷在大礼堂或会议室坐下时，他们每个人对于你、你提供的信息、演讲的环境以及此次演讲的结果都会带着疑问。以下是你应该准备回答的七个基本问题，或者在演讲的一开始或者在演讲的过程中。

你知道我需要了解的东西吗？　无论你是谁，如果你知道人们所需了解的东西，他们就会倾听你的演讲。显然，你对他们越了解，你就越要充分准备以回答他们的问题。你能为他们做的越多（无论从自身的角度，还是从事业的角度），他们就越会以专注你的演讲作为回报。

我能相信你吗? 信任并非简单的给予或索取。它是被拥有。你必须通过向听众提供确切的信息、有用的观点及可靠的证据来向你的听众表明你是可信赖的。这对于演讲者而言是最为重要的。

我与你在一起会觉得自在吗? 听众在与自己的同类人或与自己经历相似或价值观和信仰与自己相同的人在一起时,会觉得比较自在。为了提高他们的舒适感,你如何展示自己?

你会如何对我产生影响? 比较成熟的听众会考虑结果。你会怎样影响我的决策、我的职业生涯、我的生活?你能为我做什么?如果你能具体地向他们表明你能为他们做的事情,他们就会洗耳恭听。

我与你接触过吗? 如果你的听众从未与你接触过,他们可能不会信任你。同样,如果他们曾经与你有过不愉快的交往,那么他们不会信任你。你能做的就是让他们放心,让他们确信你的演讲有益于他们。

你是个讲道理的人吗? 有关你会如何影响人们的问题涉及听众的感受。而这个问题则关注理性或逻辑。你演讲的内容是否表明你是个讲道理的人?你的论点是否有意义?尤其对于听众所持的观点你是否会以开放的态度对待?

你代表谁? 这个问题常常比较微妙和难以作答,尤其当你是代表组织或其他人演讲时。如果听众知道你代表某一种事业或观点,恐怕很难让他们认为你是开明的、合理的或不带偏见的。在演讲开始时就阐明你所关注的问题可能是让听众明确你演讲目的的一个方面。但是,认识听众所关注的问题则可能是另一回事。[15]

4.9 认识常见的沟通障碍

每当需要做演讲时,每个管理人员都会遇到这样或那样的沟通障碍。一些障碍相当普通:那晚我有空吗?我能另外安排演讲时间吗?我能收集到我所需的信息来回答听众的问题吗?然而,其他的障碍更严重些,这些障碍可能对演讲者带来更大的困惑。影响沟通成功的障碍可以宽泛地划分为以下五个方面。

刻板 刻板化就是将一些特征或行为归于某个群体或某个阶层中所有的成员。该词由社会学家沃尔特·李普曼(Walter Lippmann)于1921年首次运用,当时他正在撰写有关人们为何总是乐意想象他人的情形,或者即使面对相反的证据时,他们为何还要那样做的文章。[16]

事实上,人们比较认同刻板。刻板有助于我们无须费很大力气就能解释周围的世界,并且便于我们将新经历、新人和新思想进行归类。将每个人都视为不同是很困难的,需要我们做很多的努力。刻板对于我们一开始了解各种群体及其成员或许很有用,但是当我们意识不到群体间的差异,以及所有成员的行为或思维方式各异时,刻板就会颇具破坏性。

为了成为成功的演讲者,你必须把你对听众的成见放到一边,以开放的思维把他们作为不同的个体来对待。如果你既成功又幸运,那么他们也会以同样的方式和态度对待你。

偏见 偏见这个词源于拉丁语，意思是"判断于了解之前"。我们一直在这么做。事实上，这不一定是坏事。怀有一点偏见对我们有好处，如对我们吃的食物、我们逛的商店、我们穿衣的品位。作为管理人员，我们经常被迫在拥有所有的事实之前做出判断。我们只是没有时间或资源来收集更多的信息。我们必须现在就行动。

然而，当我们进行演讲时，应该清醒地认识到我们拥有的数据是不充分的，我们所了解的东西没有我们本该知道的那么多。或许，我们只是没有时间来收集那些可能很容易获得的信息。我们不想让他人过快地对我们下结论。为了让他人做到这一点，最好的方法就是用例子来引导他人进行谨慎的思考，同时时刻承认我们自己的偏见性思维。[17]

情感 时刻检查你的情绪，控制你的愤怒。不要在公共场合对他人及其观点表现出蔑视。这些都是很好的建议，但是说起来容易做起来难。我们与听众的情绪都很容易让我们无法客观地看待事实，使事实数据与我们主观见解之间的重要区别变得模糊。

最好的建议就是，只需认识到我们是有情感的，然后运用这些情感推进我们的事业。然而，我们也必须认识到听众对我们、对我们所讲的主题、对我们所提供的证据都会有这样或那样的感受，那些情感也可能与我们的相左。只有认识到这些，你才能在错综的情感旋涡中游刃有余。[18]

语言 你可能从基础沟通课程中了解到词语本身没有意义，有意义的是人。人们对他们听到的、读到的词赋予意义，并且你应当知道，拥有不同背景、教育水平和人生经历的人对你所说的话会赋予不同的意义。这种情况仅在一次演讲中就会发生。不同的听众在同一时间听到同一人所说的话，但他们会对这些话赋予不同的含义，对演讲内容产生不同的印象。

通过大量例子来阐述你的观点，以此来解决语言内在的问题。通常图、表或直观展示等方式能够比整段文字传递更多的含义。向听众提供理解你的多种途径：重复你所说的话、强调你的意图、讲故事和举例子。[19]

文化 没有两个完全一样的人，不仅是因为个人基因的不同，也因为我们每个人适应文化的方式各异。我们往往认为文化代表了整个国家或文明程度，但事实上文化要比那具体得多。如果文化代表了我们作为一个民族的一切，即我们所拥有、所说、所想或所做的，那么乡村居民与城市居民会在一些重要方面存在差异，州与州之间的人也存在文化上的差异。

随着我们成长、受教育、工作、度过我们的一生，我们积累了其他的经验。一代人的经验与另一代人的有所不同。种族之间在风俗、习惯、食物和音乐偏好方面也存在差异。如果你仔细观察，你会注意到不同的公司和商业组织之间也存在文化差异。有些显示出对非正式的偏好，而其他的则倾向于更结构化。从使用头衔到支配时间的不同习惯等将我们相互之间区分开来。你对他人文化习惯和偏好做出反馈是你尊重他人的标志，也表明你认识到不仅它们是有差异的，而且这些差异是重要的。[20]

沟通障碍会导致消极的反应。当人们感到威胁、胁迫、迷失或迷惑时，一连串的事情就会发生。演讲中，人们可能会停止倾听。他们可能发现他们不知道的太多，这会令他们感到沮丧、愤怒，甚至对演讲者及其观点产生敌对情绪。如果演讲者让听众感到自己是十足的傻瓜，他们就会愤然离场。

由浅入深。从听众知晓的内容开始，并由此引申出符合逻辑的观点或得出结论。不要胁迫或迷惑听众，尽可能让他们觉得他们与你一样聪明。这样做的回报是他们对你的观点的关注和兴趣。

4.10 用可信的证据支持你的观点

即使你的声誉或你将演讲的主题可能会一时吸引听众，也应该通过运用当前的、可信的、易理解的证据来支持你的观点，使其更具说服力。

那么，首先该如何做呢？最好从你的自身经历、知识和兴趣爱好开始。如果你对自己要阐述的观点的确很感兴趣，那么你的听众也会渐渐地接受你的观点并做出相应的反馈，从而你也能了解获得最有趣、最可信的支持的途径。如果你喜欢某个专题，那你就应该知道需要阅读哪些出版物，哪个专家被引用的频率最高，并且深入了解该领域的最新发展。那么当面对听众进行演讲时，你就会充满自信。

其次，要采用新观点、新信息和新技术。你与听众可能都比较了解你要讲的话题，但他们可能不知道最新的信息。这样，你的演讲就能帮到他们，使他们了解该领域的最前沿，并与他们分享最新的创新和发展。

最后，当你在考虑如何支持你的演讲时，你得考虑一下支持性材料的可用性和质量。你可能有一个好的观点但由于在你演讲之前没有找到恰当的信息而得不到论证。

与一些专家交谈。并不是所有的证据都能从图书、期刊、报纸或互联网上获得。一些最有趣、最引人注目的证据直接来自该领域专家的证言。那么在哪里可以找到他们呢？他们就在你的周围。一个在车间工作的冲床操作工看起来不像专家，但如果他从事该工作多年，那他就能了解很多关于机械、材料和工作过程的知识。如果你仔细倾听，你会惊奇地发现你从他那儿受益匪浅。

有效掌控时间。如果你的演讲只是几分钟，那你就不可能囊括大量的细节。由于你必须遵守演讲的时间限制，因此，你必须仔细考虑要包含多少信息和细节。当你排练演讲时，你会知道你需要多少信息。当然，开始时，多一些信息总比少好。然后你可以轻松地对演讲进行编辑。随着演讲日期的临近，再重新做调研就会比较困难。

4.11 组织你的思绪

根据你所听过的一些公众演讲，你知道一个组织完备的演讲便于理解、形式合理、条理清晰。换句话说，就是内容连贯，表述流畅。为了避免演讲流于表面、内容空洞，你应当知道每个演讲都应涵盖引言、主体和结论。好的演讲稿且成功的演讲往往让人觉察不到这些独立部分，但它们每一部分都具有一定的重要作用。

你的引言 一个精心设计的引言有助于吸引听众，让他们进入并专注于你的主题和你的演讲。除非你有充分的理由，否则你应该一开始就阐明你的演讲目的。向听众阐明你的目的有助于建立信任和兴趣。那么什么情况下不宜马上说明自己的真实目的呢？该领域的研究告诉我们，如果那样做会迷惑听众，比如，如果你打算向他们要钱或者你知道听众起初会不同意你的观点，那你完全可以推迟陈述你的意图。

一个好的引言在某种程度上能够吸引听众，拉近你与他们的距离，提及听众熟悉的人或事也是值得尝试的。

如何开始演讲呢？　许多被证明行之有效的方法均可为你所用，你可以考虑运用以下方法：

- 趣闻。讲故事。人们从小就喜欢睡觉之前听故事。作为一名演讲者，罗纳德·里根（Ronald Reagan）的成功部分地由于他摆"龙门阵"的能力。就连那些持不同政见者也承认讲故事在其政治生涯中的重要作用。
- 幽默。人们喜欢笑，但你得小心从事。幽默很有用，除非能避免自讨没趣。拿某个听众或颇受尊敬的人开玩笑是最没趣的。自然的、具有时代气息的玩笑效果最好。避免采用事先精心准备的玩笑和你最近听到的所谓有趣的故事。
- 预测。你能否在你所收集的信息的基础上对演讲是否会吸引、惊吓或感悟听众做出预测呢？你必须确定你能支持自己的观点。同时也应确定你的证据的有效性和便于理解。
- 重大事件预报。这与预测很相似，但本质上其范围更广，通常涉及更广泛和更复杂的事情。
- 引人注目的例子。这只是例证或趣闻的一种形式。如果你能够通过引证来陈述你的观点，那就这样做。只是你必须确定你没有引用一个显著的例外来证明你的观点。
- 把握高潮时刻。具有吸引力的演讲通常将其主要前提建立在一个事件或一个特殊的时刻。听众经常会发现这类例子具有说服力且容易理解。
- 适当的引用。你发现到处都有许多引用。相比在通常的来源中寻找引用（《巴特利特的熟悉引用语》（*Bartlett's Familiar Quotations*）、《牛津引用语辞典》（*The Oxford Dictionary of Quotations*）或其他类似的书籍或网站），为什么不拿起电话与熟悉该领域的人交谈呢？尽力从朋友、家庭成员、与会者或了解你将描述的事件的人那里获得反馈。互联网搜索引擎通过主题和资料来源的方式提供引用语。你也可以根据网址：http：//home. comcast. net/~connect _ 2/quotes. html 搜索到《康纳的陌生引用语》（*Conner's Unfamiliar Quotations*）。[21]
- 提及此次演讲机会。对你为什么很高兴站在这里演讲或为什么在这个特殊场合提供一个简短的解释，这会让听众觉得你很人性化。
- 以提问的方式。如果你无法很确定地预测未来，或许你可以以设问的方式抛出论点。如果你希望从听众那里得到答案，那么切记，你必须对任何反馈做好准备，包括没有反馈。
- 描述。向听众介绍主题的一个有效方法是生动地甚至对一些细节进行渲染性描述。给予听众针对看不见的物质或事件的想象空间，并且在此过程中使用形象的和富有想象力的语言让他们参与其中。

● 观点的陈述。这个方法也许奏效，当然你必须同时提供相关观点的依据，并且该依据不仅为听众所熟悉，也为他们所认可。普通人的观点在支持你的目标方面不会起多大的作用。事实上可能会破坏你的可信度。

● 当前的或最近的事件。听众通常对报纸或互联网上的最新报道反应较好。从特别新闻故事或与备受敬重的人的交谈中获悉的趣闻或细节，会让听众感觉到他们正获得当前的、内部的信息，这些信息是其他人没有也无法获得的。

如何构建你的演讲？ 无论你选择哪种形式进行演讲，研究显示，你最有力或最重要的观点应当放在开始或最后加以强调。不要埋没你的最佳观点。就演讲组织的总体模式而言，可以考虑下列中的一种（或多种）。

● 按时间顺序组织。时间在这里是可控的模式。从开始，直到结束。以某个事件开始，然后，按照时间进度推进。为了保持一致，你应该给听众以时间线索，这样他们才能跟随你的节拍。

● 按主题组织。当每个问题都一样重要时，你可以根据主题进行先后排序。

● 按因果关系组织。如果你希望从某个已知原因中产生某个可能的结果或你希望对已知的事件或影响追究其原因，这种模式很适用。

● 按解决问题组织。这种模式主要考察问题的本质，提出备选方案，然后根据演讲者提供的一系列价值观对这些解决方案进行衡量。使用这种模式的演讲者通常会为听众提供其极为认可的解决方案。

● 按地理位置组织。即根据指南针所指方向，话题从东到西，从北到南，或者其他容易识别的方向。

● 按空间组织。当上述指南不合适时，你可能希望将演讲安排成从前至后、从左到右、由上而下、由内到外、从头至尾或其他非地理性模式。

除结构外还有什么建议呢？ 以下建议非常有用：

● 简单明了。有则故事中是这么说的。在一次很长时间的教堂礼拜之后，美国总统卡尔文·柯立芝（Calvin Coolidge）的妻子问他，教堂的牧师讲了些什么。"罪。"柯立芝答道。"牧师对此是怎么说的？"她想知道。"他反对它。"柯立芝答道。[22]

当你的演讲结束听众离场时，他们只记得一个或两个，而不是 10 个或 15 个观点。如果你不能用一句话表达你的观点，说明你的演讲缺乏重点。如果你不清楚自己要讲什么，那么可以肯定你的听众也不会清楚。

● 简明扼要。美国总统比尔·克林顿的国情咨文是臭名昭著的冗长，其中有些超过 80 分钟。据《华尔街日报》报道，国会在每个小时后都在"祈求慈悲"。"如果你可以则尽量将你的演讲控制在 20 分钟内，这样，你就可以很好地抓住在座听众的注意力，"Communispond 公司的总裁兼首席执行官凯文·R. 戴利（Kevin R. Daley）说道，"60 分钟就是自杀。你应当自杀——否则听众就会自杀。"

多年前在纽约的 Union League 俱乐部，一位著名的钢铁公司老板结束了一场 90 分钟的演讲后，他在 400 名主管和经理的面前大步走下台。直到他离开会场好一会儿，才有人鼓掌。"他们不知道他的演讲已结束，"一位批评家回忆道，"他们没有注意他的演讲，因此也没有意识到结束。"

前纽约州州长马里奥·科莫（Mario Cuomo）给演讲者提供了一些免费的建议："当你能听到听众在咳嗽你就应该停止，离开会场。"在几年前不成功的竞选演讲中，科莫在一个晚会上几乎失去了听众，而在他欣然高歌《碎梦大道》（Boulevard of Broken Dreams）之后却又赢得了听众的关注。[23]此举很聪明，但如果他的演讲简短些，效果会更好。

● 说，不要读。演讲稿，尤其是那些不是演讲者自己写的稿子，几乎从来都是缺乏说服力而令人难以置信的。我曾经给一些《财富》500强的高管写信，向他们索取他们若干年前的演讲稿样本。我的一位百事可乐高管朋友说："我希望你不是打算用这些演讲稿作为教学案例。许多首席执行官是非常糟糕的演讲者，因为他们演讲时离不开稿子。"他说。他们把自己埋在文字堆里，对听众视而不见，却希望做到最好。但事实上，这样的演讲很少能像他们想象的那样奏效。

● 放松。喜剧演员罗伯特·克莱恩（Robert Klein）在谈论自然分娩的拉梅兹呼吸法时，就指出丈夫的主要作用似乎是提醒妻子呼吸。[24]那实际上是个好主意。平稳和自然的呼吸有助于你思路清晰、放松，也有助于你的演讲充满说服力，具有愉悦性和趣味性。如果你呼吸急促，以至于无法完整地说一句话或一段话，那就停顿片刻，做一下深呼吸，再次控制你的呼吸，然后继续。

你应如何结尾？　结尾是公众演讲中最重要的（也是最受欢迎的）部分。它们为什么重要呢？首先，它们再次给你机会，将你最好的证据或最重要的观点再次呈现给听众。它们也是阐明你的观点、强调演讲目的并向听众寻求支持或认可的最后一次机会。

确定你正暗示人们你的演讲已经进入尾声。不要让他们不清楚你的演讲何时结束。通过语言和非语言行为来暗示你将结束演讲。最重要的是，给听众以简洁明了的信息。不要让他们在离开会场时还在琢磨这个演讲是关于什么的。

4.12　保持听众的兴趣

如果你担心听众是否专注于你的演讲，那么你做演讲准备时应考虑以下建议。

提供顺序、结构　如果听众需要很费劲地抓住你演讲的脉络，那么他们会对你的演讲失去兴趣。因此你应该创造条件便于听众紧跟你的思路：你应该向他们提供一个演讲框架，即从一个观点到另一个观点的通俗易懂的架构。

提供实用的东西　即使我们中最仁慈的、最利他主义的人也时不时地表现出自私。我们问自己："这对我有什么用处？"通常，如果我们认为某个演讲或谈话与我们的利益无关，就会转而去做其他事。如果听众看不到你的演讲与他们的利益之间有何联系，那么听众即使出于礼貌端坐在座位上，也可能并不在意你讲些什么。给他们一些有用的东西，一些他们可以一离开会场就可以运用到工作中的想法或信息。

具有逻辑性　并不是每个人都受逻辑影响。事实上，我们中大多数人可以相信一个根本违背逻辑的论点。这个观点只是类型合适，富有感情。然而，对于大多数听众而言，对于逻辑性和合理性的考虑尤为重要。你的论点越是富有逻辑性，听众就越能理解并采纳你的观点。

具有合理性 一些重要的心理学研究显示，通常成年人不会从事他们认为不合理的事情。尽管人与人之间对合理性的理解和看法不尽相同，但绝大多数对合理性的界定都较为一致。如果你了解你的听众，以及他们判断"合理性行为的方式"，就很有可能让他们接受你的观点，只要你的要求不过分。

条理清晰 许多管理人员的演讲之所以失败，原因之一就是听众不知道演讲者想要讲什么。主要观点可能不清楚，支持性证据或许不具说服力，或者结尾令人费解。甚至在一些情况下，模棱两可也可能是一种有意识的沟通目标。让我们看看一位首席执行官的陈述："本公司将采取法律赋予的所有手段来达到我们所制定的目标。"那是什么意思？听者不清楚，演讲者自己也不确定。演讲者之所以有意识地选择这种模棱两可的表述，或许是因为他真的不知道他该做什么。除非这种模棱两可是你沟通策略的一部分，否则你应尽可能将你的信息、你的证据和你的目的清楚地传递给听众。

使用听众能理解的词汇 通俗的语言有利于结识朋友和影响他人。前美国证券交易委员会主席阿瑟·莱维特（Arthur Levitt）最近在对金融信息发布文件撰写者的演讲中说道：

> 通俗语言的益处不可小觑。投资者更可能理解他们在买什么，并对他们是否持有或卖出他们的投资做出有依据的判断。如果经纪人和投资顾问能够快速地读懂这些文件，那么他们就可以向其客户给出更好的建议。
>
> 沟通成功的公司会与投资者建立稳固的关系。这些公司因而可以节省花费在解释法律术语及应对迷惑不解，有时是生气的投资者上的成本。审读通俗语言文件的律师更容易发现错误并更正错误。
>
> 许多公司已经转向运用通俗语言，因为这是一个很好的商业决策。它们看到了直接与投资者沟通的价值，而不是只给他们寄晦涩难懂的文件。而且，随着我们越来越依赖互联网和电子文件，电子化的通俗语言版本比起法律措辞更易懂。[25]

莱维特主席在讲话中特别提到了给予潜在投资者的书面文件中所使用的语言。但是，如果通俗语言在书面财务信息披露方面奏效，加上类似于证券交易委员会这种庞大的政府机构的支持，那么通俗语言对你和你的员工或许也会有效。坦率地说，除非你希望你所写所说无人理解，不然通俗语言是唯一行之有效的方法。

保持演讲节奏 听众的耐心是有限的，不要慢吞吞地演讲或是在一个小点上磨蹭时间，这样等于挑战听众的耐心和好脾气。如果你的演讲节奏轻快，那就可以保持听众的兴趣。

回答听众的提问 每个听众都有问题要问。你的任务是识别有哪些问题，并尽力回答以让听众满意。如果你不愿意回答那些提问，那么听众也不会愿意关注或采纳你的论点。

消除听众恐惧 每位听众都可能对某些事情感到恐惧。你要找出这些恐惧。

一些人可能是怕你让他们去做他们不愿意做的事，另一些则可能是怕不能理解你所提出的请求。如果你不能处理这些恐惧，没有听众会接受你的观点。恐惧是一种强大的情绪，当人们感到惧怕时，他们不愿意冒险或是接受新事物。社会心理学家罗伯特·西奥蒂尼（Robert Cialdini）建议说，说服型演讲者应该通过疏导使恐惧的情绪变为兴奋。他还建议将存在于听众恐惧中的能量重新引导到对演讲者建议的热情关注上来，而不是简单地让听众平静或不再担忧。[26]

尊重听众需要　每位听众都具有特殊的心理需要。他们通过稍微有所差异的方式收集和组织信息，并采用不同的方法做决策。如果你能够理解并尊重他们的需要，他们就会做出回报。一些人可能需要了解细节，那你就展示给他们数据；一些人可能需要从较为客观的层面理解你的观点，那你就展示给他们宏图；一些人可能需要了解该观点被验证的情况，那你就展示给他们名人的相关论述。如果我有一个特别需要，比如说有个很强烈的愿望想知道你信息的来源，而你没有直接满足我的需要，那我就不会采纳你的观点或是照你的要求去做。

4.13　选择演讲方式

以下是四种演讲方式，你可以选择多种方式进行演讲。

背诵式演讲就像撰写演讲稿那样逐字逐句。背诵式演讲的问题是，除非你训练有素，不然你很难使你的演讲具有说服力，因为背诵式演讲听来味同嚼蜡，缺乏真实感。更糟糕的是，你可能忘记自己讲到哪里了只好从头开始。除非你是在表演莎士比亚舞台剧，不然就不要选择背诵式演讲。

照稿式演讲在管理演讲中比较通用。照稿式演讲的问题是，听起来像是在读稿，给听众的印象往往是负面的："我来干嘛呢？他完全可以发邮件给我。"完全照着稿子读有助于确保你包含所有重点而避免临时增加内容。但是，没有电子提词机，你与听众缺少眼神交流，让听众觉得与你有种距离感和陌生感。除非你别无选择，否则不要选择照稿式演讲。如果你必须选择照稿式演讲，那么认真排练，尽量不时抬头与听众保持互动交流。

腹稿式演讲也许是所有演讲方式中最佳的选择。这些演讲是经过精心设计的，结构完善、条理清晰，并且经过充分的排练。演讲时，或者完全脱稿，或者运用视觉辅助以做必要的提示。这种演讲颇具说服力。因为你经常与听众保持眼神交流，你看着他们而不是讲稿，你看上去是在进行发自内心的演讲而不是照着准备好的稿子念。这的确是你期望的效果。

即兴式演讲是没有任何准备的演讲。会议主持者通常会请你当场发表一些看法。对于公众演讲来说，这不是最佳选择，因为你既没有准备证据也没有排练过；你没有值得一听的主题或想法，但好在对于这类演讲的听众，只要你言简意赅且并不令人反感，那么他们都会鼓掌。

当你被邀请做即兴演讲时，你会怎么做呢？出于谦恭，应该少说为妙，但出于礼节，应该言而有实。以下是一些实用的方法：

保持优雅　保持微笑，对有机会发表演讲表示感谢，利用好这一刻。

决定演讲主题和演讲方式 简单地讲一些自己理解的且听众感兴趣的东西。选择讲话的组织模式：过去、现在、未来；优势、劣势；风险、收益；支持某个观点的理由、反对某个观点的理由。一旦你选择了其中某个模式，就要一直坚持，不能在演讲过程中临时改变。

不必道歉 大家都知道你没有准备，畅所欲言就好。

归纳自己的观点和立场 用一两句话强调重点，并重申其重要性或价值所在。

真诚、诚实和直截了当 没有什么能比一个诚实的人更能深刻影响听众了。在演讲中，应向听众传递这样的印象，即你毫无隐瞒且你的演讲没有不可告人的目的。这样他们就会考虑你的观点并为你的演讲鼓掌。

4.14 建立视觉支持

在准备演讲时，管理人员经常会问及是否需要视觉支持。正确的回答是你应该考虑视觉支持能否有助于解释、强调或阐明你的立场或你所提供的证据。如果对此你说不清楚，那么你就需要视觉支持。

图片、表格和照片往往是很有用的，但并不是一直有用，如果你的屏幕上充斥了看不明白和不必要的细节，那会使听众感到困惑。如果你的图表清晰、明了、有序，那么听众就能洞察到一些可能会错过的信息。

有些人是视觉型的，有些人则是听觉型的，应该给每个群体以听见或看见重点的机会，听和看两者应该有效互补。不要展示那些你并未计划要讲的东西。同样，如果你选择视觉支持，那就不要对于那些你无法通过视觉展示或强调的东西滔滔不绝。[27]

有研究显示，30%～40%的人都是视觉型学习者，20%～30%的人是听觉型学习者，而相当一部分人则是通过体力活动进行学习的。这一群体，有时也被称作动觉学习者，在商业演讲中经常被忽视。在这里，根据哈佛大学的尼克·摩根（Nick Morgan）的观点，关键是要让听众行动起来。他说："结合你希望他们掌握的内容，通过角色扮演、游戏、制作模型，甚至创建图表和体力活动，让他们尽早地并频繁地参与进来。"[28]

什么时候视觉辅助手段效果最佳？ 可视信息往往在你提供新数据、复杂信息或技术类信息，或者新内容时最有用。视觉辅助手段可以帮助你展示数字、事实、引用和一览表，并且在比较和强调异同点时也很有用。地理或空间模式的信息也常常受益于一些视觉例证。[29]有效的视觉辅助手段是：

- 简洁明了的；
- 解释关联的；
- 色彩鲜明的；
- 易于建立、展示和转移的；
- 强化口头信息的。

能否不用视觉辅助手段进行演讲呢？ 当然可以。这就是解说员与公众演讲者之间的基本区别。一些演讲情形需要采用视觉辅助手段以确保你为恰当地解释演讲内容所尽的最大努力。还有一些演讲情形不需要视觉辅助手段，或者说没有则更好。我简直不能想象约翰·F. 肯尼迪、马丁·路德·金或温斯顿·丘吉尔采用 PPT 来演讲会是怎样一个情景。当然，他们是政治演说家，而不是商人。

据说，有些公司管理层禁用 PPT 做报告，这看起来虽然让人觉得有点反应过度，但很能理解那种感受。我的一个同事给我看了针对他不久前所讲的主管开发课程的一些书面批评意见，看了令人气馁："雪崩似的投影"，"令人窒息的 PPT"。我给他的建议很简单：减少幻灯片张数，并确定它们只用来强调重点；不要过分拘泥于包括色彩、过渡、字体、动漫或音响效果。这会令听众生厌。

要记住，你可能就是最佳视觉。位于多伦多的专门从事管理人员演讲培训的汉弗莱集团公司（Humphrey Group）的总裁朱迪思·汉弗莱（Judith Humphrey）说道："好的领导者认识到自己就是最佳视觉。"他们本能地觉得，如果听众能够注视他们、听他们讲话而不受干扰，他们的信息就能够最有效传递。她的建议包括走到讲台前，让自己成为演讲的焦点。"如果听众被你吸引了，忠实于你了，那么他们会看着你的脸、你的手势和走路站立的姿势以及你抬头的模样。"[30]

"这就是关键所在，"汉弗莱说，"伟大的演讲实际上在于伟大的思维。人们会因为你对自己的想法的热情而被说服，但前提是只有当他们能够看着你时。"她说，在光线暗淡的屋子里，听众只会把注意力集中在屏幕上而不是你。但是，如果你愿意向前迈并看着听众，并且表现出对自己的观点充满信心，那么听众就会更加相信你。你可以把你的 PPT 通过邮件发给听众，而当你亲自演讲时，你也就成为演讲中的一个重要部分了。"如果这么多信息都已经通过邮件发给听众了，"她补充道，"就更有理由让自己成为演讲过程中的可视焦点了。"[31]

这可能意味着在你的 PPT 中偶然出现一张空白屏幕，从而让你有机会解释自己演讲的重点，或者强调听众按照你所说的去做的重要性；这可能意味着你得走到台前，好让听众看着你。从根上来讲，这意味着利用这样的机会建立你与听众（至少是具有代表性的听众）之间的个人联系。这种联系越个性化和人性化，听众就越能理解你想传递的观点，并以你希望的方式做出反馈。

4.15 演讲排练

需要排练吗？ 当然！没有进行数次的排练，你休想做演讲。为什么需要排练？排练至少能够为你的演讲做好三件事。第一，可以控制时间。在一两遍演讲排练后，你就能知道你演讲的内容是多了、少了，还是刚刚好。第二，排练能够提高演讲过程中过渡时的平稳性。当你在练习演讲时，你会发现讲稿中衔接不够的部分，从而改进从一个重点到另一重点，从一部分到另一部分的过渡。第三，排练能够完善演讲，建立自信。当真正演讲的日子来临时，你就能胸有成竹地走上讲台。一个充分排练过的演讲就能做到有备无患。

需要笔记吗？ 成功的演讲者看似都进行腹稿式或发自内心的演讲。这些演讲并不是逐字逐句背下来的，但却是精心设计、充分排练和有专业支持的。许多腹稿式演讲者都会使用视觉支持（如胶片、35 毫米幻灯片、PPT 或其他电子投影系统）以做必要的提示，就像将巨大的演讲提纲卡片挂在墙上以使他们自己和听众能够一目了然。

如果你确实想用演讲提纲卡片，以下是给出的建议。起码它们应该是：

- 简单的；
- 紧凑的；
- 易懂的；
- 易处理的；
- 编号的；
- 可读性的。

在你以这种方式准备好提纲卡片之后，再考虑一下你需要这些卡片的理由究竟是什么。在美国，许多演讲教练和公众演讲专家几乎并不认同采用小卡片的做法，而是建议使用投影等可视辅助手段来加强记忆。

4.16 对演讲的内容和自己充满信心

首先，你要了解自己的演讲内容。其次，要相信自己能够站在讲台上充满自信地对一群陌生人发表演讲。理解自己演讲的内容，并且认识到自己的演讲是高质量的、结构完善的，对于演讲成功和建立自信来说至关重要。

排练对建立自信也是有帮助的。简单地说，如果你已经不止一次看过全部演讲内容，那么你会比较安心。如果其中的知识点是你自己整理的，并且已经排练过数遍，那么你会更加自信。同时，当你在建立自信时，还要把自己想象成专家。听众请你做某一主题的演讲是因为他们想聆听你的想法。他们对你这位专家的意见和观点很感兴趣。你有理由相信（虽然不能很确定）关于这一主题，你比在座的其他人都了解。你应该充分利用自己的兴趣、专家意见和背景等优势。

你越显得自信，你所做的演讲就越可信。如果你对自己的演讲看起来很不确定，那么听众也就不愿意相信你。你可以把演讲视作你平时所做的任何一项管理工作，相信自己有足够的能力、智慧和自信做好它。你看起来越专业、真诚和有能力，听众就越可能相信你的演讲。

4.17 进行演讲

前期准备　在开始演讲前，要确保已经检查过所有最重要的细节。

- 演讲时间和地点。在哪里做演讲？什么时间做演讲？如果你对演讲地点比较陌生，那么最好提前去那里熟悉一下。
- 会场布置。如果你进入某一会场，而对它的布置一无所知，是一件很不明智的事。你也不能依赖其他人会把它布置得如你所愿。如果你能布置，那么提前到场，让事情一步步按你的意思来做。这是你的演讲，你应该负责会场布置。
- 麦克风和音响。提前试一下音响设备。如果你使用的是无线麦克风，就需要找到使它运行的开关。如果麦克风坏了，或者你在等待其他人来修理，那么你必须决定是否可以不用音响设备进行演讲。

● 可视性辅助。检查一下屏幕、投影仪的位置，以及其他一些你计划用来支持演讲的设备，并且确保屏幕位于中心位置。这样，即使后排的听众也能看得清楚。

● 舞台。花一点时间找找怎么上下舞台，哪里是音响设备盲点，哪里有滑动门、电线，哪里不适合站立。

● 时间限制。再次与主持人确定你演讲的时间限制，并遵守时间。不要因为演讲时间过短而让人失望，也不要因为演讲超时而令人生厌。

● 讲台。找出你演讲的位置，如果可能的话，看看能否走出讲台，在会场的前面走动。

● 注意要点。对于你的演讲，不要依赖他人。你应该自己准备演讲稿或相关细节，并且在演讲前，应该确保自己对演讲内容非常熟练。当然，不要像主持人介绍你那样倾其所有。

● 灯光。确定一下头顶上的灯光是否会影响幻灯片的放映效果。灯光是否足够明亮以使听众能够看得见你和你为他们准备的讲义？同时，灯光是否足够暗以使听众看清视频？

实地试验　试一下麦克风，检查一下投影仪，在舞台上随便走走，到会场后面看看可视辅助设备的效果，看看自己能否在会场的每个角落被听到和看到。在真正开始前，通过了解自己将站立的位置及真切感受来获得信心。

当你演讲时　以下要点有助于保持听众的兴趣：

● 走上讲台，做一下深呼吸，保持微笑和积极思考，然后开始演讲。
● 尽量融入听众（除非你确实无法融入他们）。
● 适当运用幽默（除非你是个缺乏幽默感的人）。
● 与听众分享你的亲身经历、价值观、背景、目的和担忧。
● 聚焦于当地最新事件或听众关注的其他问题。
● 从听众熟悉的内容到他们不熟悉的内容。
● 由浅入深。
● 阐明演讲框架，告知演讲脉络。
● 比喻和例证。
● 运用好过渡。
● 举例。
● 表现出人性化和个性化。
● 通过讲故事，演绎演讲的中心思想。
● 使自己融入听众。

当你面临是否成为一名演讲专业人士（而非职业演说家）的挑战时，请你切记：没有人天生就具有伟大演说家的天赋。语言是一生的习惯，而你自信、真诚的演讲能力决定了你运用语言的意愿。如果你每次演讲都能够有意识地去提高自己的演讲技能，那么受到你感染的听众就会注意到你的努力并对此做出回报。

延伸阅读 //////////////////////

Arredondo, L. *Business Presentations: The McGraw-Hill 36-Hour Course*. New York: McGraw-Hill, 1994.

Booth, D., Shames, D., and Desberg, P. *Own the Room: Business Presentations that Persuade, Engage, and Get Results*. New York: McGraw-Hill, 2009.

Hauer, N. and Martley, E. *The Practical Speech Handbook*. Burr Ridge, IL: Irwin Mirror Press, 1993.

Hindle, T. *Making Presentations*. New York: DK Publications, 1998.

Hofmann, T. M., Womack, D. F., and Shubert, J. *Effective Business Presentations*. Cambridge, MA: Harvard Business School Publications, 1990. HBS Note 9-391-011.

Koegel, T. J. *The Exceptional Presenter: A Proven Formula to Open Up and Own the Room*. Austin, TX: Greenleaf Book Group Press, 2007.

O'Rourke, J. S. *The Truth About Confident Presenting*. Upper Saddle River, NJ: Financial Times Press, 2008.

注 释 //////////////////////

1. Osgood, C. *Osgood on Speaking*. New York: William Morrow and Company, 1989.

2. Suskind, R. and J. S. Lublin. "Critics Are Succinct: Long Speeches Tend to Get Short Interest," *Wall Street Journal*, January 26, 1995, pp. Al, A8. Reprinted by permission of the *Wall Street Journal*, Copyright © 1995 Dow Jones & Company, Inc. All rights reserved worldwide.

3. Osgood, *Osgood on Speaking*.

4. Matson, E. "Now That We Have Your Complete Attention . . .," *Fast Company*, February 1997, pp. 124–126.

5. Ibid.

6. Ibid.

7. Finnessy, J. M. Personal communication with the author. June 16, 2000.

8. Cooper, L. (ed.) *The Rhetoric of Aristotle*. Upper Saddle River, NJ: Prentice Hall, 1960, pp. 141–142.

9. For a selected list of people, concepts, and ideas that have never been part of young people's lives, see the Beloit College Mindset List at http://www.beloit.edu/mindset/ Accessed August 21, 2011 at 3:24 P.M.

10. National Center for Education Statistics, Institute of Education Sciences, U.S. Department of Education. Retrieved from http://nces.ed.gov/programs/coe/glossary/s.asp on Wednesday, July 9, 2008, at 11:15 A.M.

11. Cooper. *The Rhetoric of Aristotle*, pp. 16–17.

12. For a thorough review of preparation for public speaking, see "The Basic Presentation Checklist," *Harvard Management Communication Letter*, October 2000, pp. 4–5.

13. Hamlin, S. *How to Talk So People Will Listen*. New York: Harper and Row, 1989, p. 23.

14. Ibid., pp. 26–29.

15. Ibid., p. 30.

16. Lippmann, W. *Public Opinion*. New York: The Free Press, 1965, pp. 53–68.

17. For an excellent discussion of the emotional foundations of prejudice and prejudicial thinking, see Bem, D. J. *Beliefs, Attitudes, and Human Affairs*. Belmont, CA: Brooks/Cole Publishing, 1970, pp. 40–44.

18. For a thorough review of current research on human emotion and the management of human feelings, see Goleman, D. *Emotional Intelligence: Why It Can Matter More Than IQ*. New York: Bantam Books, 1995.

19. Borden, G. A. *An Introduction to Human Communication Theory*. Dubuque, IA: William C. Brown, 1971, pp. 81–87.

20. Hoecklin, L. Managing Cultural Differences: Strategies for Competitive Advantage. Reading, MA: Addison-Wesley, 1995, pp. 23–49.

21. Bilodeaux, J. "Use the Net to Catch Quotes," *The Toastmaster* 64, no. 5 (May 1998): 15.

22. Osgood. *Osgood on Speaking*.

23. Suskind and Lublin. "Critics Are Succinct."

24. Osgood. *Osgood on Speaking*.

25. Smith, N. (ed.). *A Plain English Handbook: How to Create Clear SEC Disclosure Documents*. Office of Investor Education and Assistance, U.S. Securities and Exchange Commission, August 1998, p. 4.

26. Cialdini, R. B. *Influence: The Psychology of Persuasion*, rev. ed. New York: Quill/William Morrow, 1993.

27. Ingersoll, G. M. *The Effects of Presentation Modalities and Modality Preferences on Learning and Recall*. Doctoral dissertation, Pennsylvania State University. Ann Arbor, MI: University Microfilms, 1970. No. 71-16615.

28. Morgan, N. "Presentations That Appeal to All

Your Listeners," *Harvard Management Communication Letter*, June 2000, pp. 4–5.

29. For a thorough and useful discussion of visual support for business presentations, see Bailey, E. P. *A Practical Guide for Business Speaking.*

New York: Oxford University Press, 1992, pp. 36–78, 111–125.

30. Humphrey, J. Telephone interview with the author, July 29, 2002.

31. Ibid. p. 98.

案例 4–1 ▶▶▶▶▶▶▶

Old Dominion 信托公司最后一分钟的变化

罗布·莱昂纳多（Rob Leonard）说："周五下午3：45 我刚结束营业，想在下班前再整理一些文件。这时，我们部门的副总裁径直朝我走了过来。因为我的桌子在抵押业务部的中心位置，所以即使他离我很远，我也能确定他是来找我的。而且，坦白地讲，我最不想见到的就是他放在我桌上的文件夹。"

Old Dominion 信托公司位于大西洋沿岸地区中部，是一家小型州际银行。26 岁的罗布·莱昂纳多是该银行抵押业务部的助理经纪人。罗布所在的分部负责北弗吉尼亚州和华盛顿特区的住房抵押业务。尽管 4 年前毕业之后就进入了 Old Dominion 信托公司，罗布在他的部门里仍然属于资历较浅者。

"上司径直走到我桌前，问我是否有空。我当然回答有空，谁敢对部门副总裁说没空？"布赖恩·洛里根（Brian Lorigan）是 Old Dominion 信托公司抵押业务部的资深副总裁，也是 Annandale 支行的执行副总裁。他不仅是莱昂纳多的上司，在一些重大项目中，还是他的导师和搭档。

"洛里根先生和我在进行一个新的由联邦政府提供基金的抵押项目，这个项目将允许中下等收入者在第一次买房时以低利率申请贷款。这是一个非常重要的项目，需要对社区进行全面的解释，还要对每一个申请者进行仔细的甄别。"莱昂纳多继续解释，这个项目已经开发了半年多，如果将它投入市场还需要州政府和当地政府的合作。莱昂纳多认为这是个激动人心的尝试，即从银行的角度向那些可能永远没有资格申请住房贷款的人提供抵押贷款。

莱昂纳多说："我以为他要考察我们正在开发的甄别程序，或者可能要讨论我打算用来建立流程的软件。但是他的想法却让我大吃一惊。他说，他的助理迪克·吉德利（Dick Gidley）原定要向国会山街区的代表讲解联邦协助的住房贷款项目。但是，迪克因为返回华盛顿的航班被取消而滞留在费城。"

"洛里根先生问我是否可以代替迪克参加街区代表的会议，并讲解这个新的贷款项目。他说：'会议相关的细节都在这个文件夹里。'我拿到了一个电话号码，一份位于罗得岛大街翻新的消防站的导向图和一个会介绍我的女士的名字。其他的信息来自我为银行和立法审议委员会准备的文件。"对于这个要求，莱昂纳多的反应是相当冷静的。"并不是因为我不愿意取消那晚的原定计划，只是因为我不确定自己是否准备好了当众讲解一个不属于我管辖范围的银行贷款项目。在洛里根握了我的手表示感谢之后，我看了下表，那时候是下午 3：55，而这个于华盛顿召开的会议定于晚上 7：00。"

◆ 讨论题

1. 假如你处于罗布·莱昂纳多的境地，你会怎么做？你会对洛里根先生说你未准备或不愿意做那个演讲吗？

2. 对于那些你不熟悉的听众你应该了解些什么？哪里可以获得有关这方面的信息？

3. 对于你所不熟悉的演讲环境你应该了解些什么？

4. 你是否需要了解你将演讲的消防站里的房间布置情况？

5. 你将如何准备你的此次演讲？

6. 你还需要带其他东西吗？你是否有时间准备视觉辅助资料或图纸？这是个好主意吗？

7. 你的着装应作怎样的考虑？

8. 你向这些听众传递的主要信息是什么？

案例 4-2 ▶▶▶▶▶▶▶▶

为在史泰博公司的演讲做准备

当伊丽莎白·艾伦（Elizabeth Allen）把车停在史泰博公司（Staples）位于马萨诸塞州弗雷明汉的总部停车场时，她知道未来的 3 天将是一个挑战。她心想："这是一个很好的机会。"但同时也充满了风险和陷阱。"另一方面，它也确实很有趣。"艾伦正在思考她为公司主席兼首席执行官准备的演讲稿。就在 72 小时之后，他将在加利福尼亚向全国观众做一个他职业生涯中最重要的讲话。

伊丽莎白·艾伦说："技术和网络无疑是当今公司最强有力的沟通方式，但有些时候，面对面的交流和公司高级官员的讲话也是不可或缺的。"艾伦想象着这样的讲话对于股东和组织而言会颇具说服力和重要性，而且会有无数的人在电视直播或稍晚的全国新闻中看到这个演讲。

伊丽莎白·艾伦是史泰博公司沟通部的副总裁，在她众多的职责中，最主要的是为史泰博公司的高层管理团队准备新闻发布会、演讲和打造公众形象。公司中最高层的 10 位领导人被称为"顶尖团队"（Point Team）。其中包括 3 天后要进行公众演讲的首席执行官。史泰博公司是美国排名第二位的办公用品供应商，市值 135 亿美元，年收益 83 亿美元。公司出售办公用品、办公家具、电脑和复印机等，拥有 1 000 多家分店，主要分布在美国、加拿大，以及德国、英国、挪威和葡萄牙等。公司雇有 21 500 多名员工，通过零售店、邮寄产品目录和网店向中小型企业出售 8 000 多种办公用品。艾伦说："在任何商业活动中，演讲是重要的，但它对于史泰博这样的公司尤其重要，因为其现任首席执行官是公司的创始人。就像西南航空公司的赫布·凯莱赫（Herb Kelleher），微软公司的比尔·盖茨，Netscape 公司的吉姆·巴克斯代尔（Jim Barksdale）一样。公司的创始人对市场具有特殊的预见度。这一点对于我们的股东、员工和其他利益相关者相当重要。"

据艾伦说，演讲风格和演讲准备会多种多样。"顶尖团队的有些成员会要求预先将发言稿逐字逐句地写下来，他们按照手稿练习，如果可以，他们还会要求一个电子提词机。其他人则会要求说'提前 24 小时给我一份提纲，我从中延伸'。"对于她的每一个领导，为他们准备公众演讲对她来说都是不同的挑战。演讲场合和听众越重要，练习演讲和细节的准备就越重要。"如果演讲，甚至片段的录像面对的是广大听众或观众，那么，我们就更要倾注时间和精力做准备工作。"这种情况通常意味着我们要准备完整的手稿，即使多数高管选择打腹稿。

"多数顶尖团队成员往往要求提供一些提纲、支持性细节和结尾构想。"艾伦说，"这些都是非常重要的人物，极度自信，他们是通过在众人面前出色的表现升到现在的位置的。"她的做法是为他们准备一些有关会议的出席对象、演讲的场合和演讲要达到的商业目标等信息。除此之外，演讲风格和演练等由演讲者自己决定。

"尽管如此，完整的手稿仍然是具有价值的，"艾伦说，"我们不仅对特定情况下对特定听众演讲的内容感兴趣，而且，假如我能将讲稿的备份与媒体分享，那么我的雇员就能从此次演讲中获益匪浅。"向记者提供演讲备份可以引导记者出席演讲会，或者鼓励无法参加演讲会的记者在新闻报道中直接引用演讲内容。无论哪种途径，都会让公司高管演讲中的信息引起社会的广泛关注。

那个上午，伊丽莎白·艾伦刚好就有这样一个机会，因为她的首席执行官在西海岸有个重要的演讲。她说："史泰博公司已经达成了一项协议，购买洛杉矶一个篮球场和曲棍球场的冠名权。为此就冠名公司身份揭幕安排了一次新闻发布会。"据艾伦说，这一事件已被整个洛杉矶地区的媒体进行了大肆炒作。"很多人以为冠名公司将是一个本地的加利福尼亚公司。当然我们不会阻止人们对这件事的关注。"这是个完全受保护的机密，史泰博公司为这个特权支付了 1 亿美元——这是为运动场冠名的最高费用。

艾伦说："有关这件事我知道一些信息。首先，我知道这条消息不会被刊登在商业报上，而是在体育报上。从新闻媒体的角度看，这不是一则商业新闻，而是一则体育新闻。"她也知道谁会出席该新闻发布会。"洛杉矶国王队（Los Angeles Kings）的戴夫·泰勒（Dave Taylor）和洛杉矶湖人队（LA Lakers）的杰里·韦斯特（Jerry West），两位总经理将参加。"市政官员、投资人、记者和其他许多人将收听或观看。"汤姆·施滕贝格（Tom Stemberg）这 5 分钟的演讲意义极为重大。"伊丽莎白·艾伦也知道这不仅仅是又一家公司对职业体坛的投资。"这是一家波士顿公司将其名字刻在洛杉矶的地标上。我知道这项工作涉及文化因素、政治因素和商业因素。"对艾伦来说，这次演讲尽管简短但它必须无懈可击，"不可以有任何问题，必须完美"。

◆ 讨论题

1. 为了帮助艾伦做好这件事，哪些是你应该了解的方面？

2. 当起草施滕贝格的演讲稿时，艾伦应特别关注哪些问题？

3. 什么样的参照、话题或者表述是艾伦可能需要让其首席执行官避免的？

4. 演讲前你应向施滕贝格提供怎样的信息使他对演讲有初步的了解？有关这次演讲他所需的细节（如听众及场合）有哪些？

5. 届时当然还有其他人要讲话。艾伦是否有必要了解他们是谁？是否有必要了解他们想说什么？为什么？她将如何获得这些信息？

6. 你能想象施滕贝格此次演讲的商业目的吗？他和艾伦希望通过他对媒体和社区的演讲达到怎样的结果？

7. 施滕贝格演讲时会有哪些影子听众和观众？对此，他应做怎样的准备？

8. 你是否建议施滕贝格事先演练其演讲？如果是的话，那么你会怎么做？就他要在新闻发布会上演讲这件事，你会给他怎样的忠告？

第 5 章

写 作
■ Writing

商务写作并不是从一个办公室到另一个办公室的一种简单的信息传递方式，也不仅仅是商务决策的一种储存机制。不管在什么情况下，商务写作都是组织价值和组织信仰的一种表达方式。观察一些企业的内外部商业文件，你会发现这些文件揭示了大量对组织来说很重要的东西，以及组织中员工看待他们的工作、顾客、委托人以及他们自己的视角和态度。

从第 1 章中我们也可以看到，商务写作是非常重要的。因为商业事务中最重要的项目和决策最后都是以写作来完成的。写作是一种商业思维方式，一种组织方式。它为我们的最佳决策提供分析和判断依据，同时也为一个组织提供文档和规则。

写作也是一种职业筛。大多数情况下管理者自己写作和编辑，只是偶尔依赖于秘书和咨询其他人，如果你的写作水平不高，那么其他具有影响力的人就会注意到，你就不得不另寻他就了。至少，缺乏有效的书面表达能力将会断送你的职业生涯。

为什么大多数的商务写作如此糟糕，是什么导致了这样的结果呢？大多数商务写作还不至于那么糟糕透顶——当然，有些是——但是许多商务写作只是组织得不够好、消极被动、结构不合理、充斥着行话和晦涩的术语。有些商务作者不注重拼写习惯和标点符号。还有一些作者长篇累牍地把他们对某个主题所了解的一切和盘托出，花费大量篇幅。

大多数商务写作之所以写得不好不仅仅是一个原因造成的，而是一系列的原因，其中首要原因就是：作者在写作时没有考虑读者的利益。他们不会为了读者的需要和兴趣起草一份备忘录、建议书、报告或信函。如果他们这样做了，我们就不会看到类似以下共同基金章程中的片段了[1]：

> 成熟的投资组合结构是根据预期的利率周期的改变来调整的。这种调整不是为了抓住市场短期的、瞬间的变化，而是根据长期的利率水平和波动预期（例如超常的或与正常的商业周期不一致的波动）做出的。在利率预期上升的情况下，用来缩短投资组合成熟期和持续期的调整方案主要是为了控制这个时期内的资产流失。相反，延长投资组合成熟期和持续期的调整方案主要依赖于对美国和全球的经济分析，集中于实际的利率水平、货币和财政政策以及周期性指标。

一般人在阅读了这段文字后会认为其语法和结构均无可非议。每个句子都有动词，没有错别字。人们也能够认识大部分的词，但是当把这些词组合在一起时，读起来可能颇觉迷惑。到底是什么意思？作者想要说些什么？

当伯克希尔哈撒韦公司（Berkshire Hathaway）的沃伦·巴菲特（Warren Buffet）

看到这段表述后，他拿出一个黄色的标准拍纸簿和一支圆珠笔，起草了另一个版本[2]：

> 我们试图通过正确地预测未来利率而获利。如果没有具有说服力的建议，我们将购买中期债券。但是当我们预期利率将长期持续上升时，我们将购买短期债券。相反，当我们预期利率将下降时，我们将购买长期债券。我们关注宏大的目标，而不会被短期利益所左右。

第一段出自一位公共基金经理之手，他有很多想法，也许他一直处于不安状态，他想要告诉他的老板和顾客他知道很多重要的词汇和商业术语，或者他试图讨论投资战略中的资金短缺问题。如果说明书不明确，那么当基金经理没有实现战略目标时，如何追究其责任呢？

对于这一段表述，我还有另外的看法：这位基金经理可能模仿了在他职业生涯中见到的数以千计的公共基金说明书文件。他希望通过这种方式，使自己的写作能够像许多其他成功管理者一样好。在没有相反的证据之前，让我们暂且认为他的意图是好的，但导向是错误的。然而，时间在改变，这个基金经理再也不会写出这样缜密、令人费解的文章了。美国前证券交易委员会主席阿瑟·莱维特最近倡导使用通俗语言[3]：

> 无论你是在公司、律师事务所工作还是在美国证券交易委员会工作，向通俗语言转变需要一种新的思维方式和写作方式。我们必须质疑我们擅长写的这些文件能否突出投资人做出明智决策所需的重要信息。过去的法律术语和行话必须让位于日常用语以清晰地沟通复杂的信息。

对此，沃伦·巴菲特说道[4]：

> 莱维特主席强烈支持使用通俗语言……这对我来说是个好消息。我研究上市公司的文件长达 40 年，常常搞不清这些文件到底在说些什么，更糟糕的是，我不得不得出这些文件什么都没说的结论。
>
> 一个非独创但颇有用的建议是：把写作想象为针对某个特定对象。当我在撰写伯克希尔哈撒韦公司的年报时，我就当作是在写给我的姐妹，并且会以便于她们理解的方式进行描述：尽管她们智商都很高，但她们并不是会计和财务方面的专家。她们能够理解通俗语言，但是对一些行话就会感到困惑。我的目标很简单，就是给她们提供如果我在她们的位置希望获得的信息。为了成功，我并不需要成为莎士比亚；但是，我必须怀着真诚的愿望为他们提供信息。如果没有姐妹作为写作的对象怎么办？跟我学：在信函开头用"亲爱的多丽丝或贝蒂"。

职场写作是个"入门技术"

最近一项对美国 120 家公司的雇员的调查显示，有近 800 万名员工认为对于工薪阶层来说写作是雇佣和晋升的一个"入门技术"。调查结果还显示写作是获得商机的敲门砖，而一份写作拙劣的求职信可以被比喻为与死亡的一次亲吻。

　　研究发现，那些不能清晰写作和表达的人不会得到雇用，即使被雇用也只是临时性的、短暂的，更不会被考虑升迁。美国写作委员会（National Commission on Writing）——由大学董事会成立的一个专家小组——公布了美国大部分公司中有2/3的工薪阶层具有一定的写作能力，服务业、金融业、保险业和房地产业有80%或更多的公司将写作能力纳入雇佣计划之中。

　　类似的情况也体现在晋升中，一般的公司在做出升迁决策时会将写作纳入考核的范围。有人认为："没有写作能力就不能被提拔。"

　　一半以上的公司反映："经常"或"几乎总是"要撰写技术报告（59%）、正式报告（62%）、备忘录以及信函等（70%）。通过电子邮件和演示文稿进行交流几乎是工作的常态。一位从事证券交易的管理者说："正因为要使用电子邮件，所以需要更多的员工经常进行写作，而且许多要形成文件。"

　　研究还发现，40%以上的公司会对那些缺乏写作能力的员工提供或要求他们进行培训，这类培训每年花掉美国公司31亿美元。

资料来源："Writing：A Ticket to Work…Or a Ticket Out," Report of The National Commission on Writing, September 2004. Available in PDF form at www. writingcommission. org/report. html.

5.1　优秀的商务写作介绍

　　优秀的商务写作是简单、明了、精练的，是真正意义上的"透明"。撇开商务写作本身来看，优秀的写作是让读者把注意力集中在你试图与他们交流的观点和思想上，而不是在那些观点的措辞和表述上。

　　在商界和其他领域，优秀的写作读起来是一种享受。观点明确，作者的意图不被误解，用来支持观点的证据简单易懂。

　　我所认识的人中，没有人认为写作是件容易的事情。优秀的作品——也就是有实力、有魅力、有尊严和影响力的作品——需要时间、仔细的思考和反复的修改。这种作品通常要经过多年的训练和实践才能完成。当然，我们在写作中所使用的语言也都是经过千锤百炼才得出的。尽管对于我们中的一些人来说写作是件难事，但我确信通过努力他们一定能做好。

　　在这个问题上，没有哪个教写作的老师会要求原创性思维。相反，我们每个人都可以从那些在我们之前就已经写过、教过、观察过组织及商务写作的人士那里吸取好的思想和观点。如果你可以把这些建议运用到你的写作中，那么你就会得到读者的认可。

5.2　15种方法让你成为更加出色的商业作者

　　下面是优秀写作的15项指南——是对你在学校所学的语法、句法和标点符号规则的补充。这些指南是由写作顾问琼·保罗·普罗麦茨（Jean Paul Plumez）精心列出的，这些方法将使你的写作变得简洁明了，使你的观点更具说服力。[5]

● 记住，你的读者不可能花大量时间来阅读。备忘录通常是由那些日理万机的高管阅读的，因此，你的备忘录必须在读第一遍的时候就很清晰。备忘录越短，它被阅读和仔细思考的机会就会越大。

● 在开始写作前你应明确目前自己的方向，把你想要写的重点罗列一个清单，然后形成一个写作大纲。如果你是写备忘录，那么首先应写概述部分。这部分包括写作的目的及内容提要。然后，在详细叙述和补充资料之前撰写最重要的段落。

● 避免拼写和语法错误。当读者发现语法错误或是拼写错误时就会认为作者是个粗心的或没有受过教育的人，这样他们就不会关注作者的观点。

● 对读者的需求做出反应。不要因为遗漏了某些要点而被指责。在写作之前，要知道读者期望什么、想要什么、需要什么。如果你必须偏离这些，那你必须在备忘录中提前说明原因。

● 确保明确、具体。使用简单的、通俗的措辞。避免不必要的言辞和表述。避免使用类似"非常""轻微"这样含糊不清的修饰词。简单的语言和清晰的表述便于理解，从而有利于增强你的观点的可信性和说服力。

● 使用现在时态。小心，不要从现在时转变为过去时，然后又转到现在时。选择一种时态，一直坚持用到最后。尽可能使用现在时以增加你写作的即时性。

● 确保你所写文章是积极的、直截了当的。使用主动句，避免被动态。通过限制使用"不"等表示否定含义的词语，使你的文章更具积极性、更加明确。此外，还应避免冗长的修饰词。

● 使用短句和短段落。发送电报，而不是论文。变换句子的长度以避免整个页面看起来单调乏味。要记住，短句子和短段落更容易吸引读者，也更便于理解。

● 使用人称代词。多用"我""我们""你""你们"，即使是在正式的写作中。制度性的文献资料可能是无趣的、枯燥乏味的，使用人称代词能够使你的文章显得更加热情、有吸引力、更加自然。

● 避免陈词滥调和行话。那些过时的陈词滥调和表达方式会使你的文章看似肤浅。创造你自己的语言并积极地使用它。

● 区分事件与观点。不要让读者对什么是事件、什么是观点感到迷惑。在你开始写作之前，你要确定什么是你了解的，什么是你的观点。要确保备忘录全文中事件和观点的连贯性。

● 限制数字的使用，充斥着数据的文章是难以读懂的，也难以写作。选择少量的有代表性的数据支持你的观点，其他的以图表方式呈现。

● 以谈话的方式进行写作。避免自夸自大、官僚主义及法律措辞和表述。使用非正式的、人性化的语言。以与他人谈话的方式进行写作。大声读出你的备忘录——如果你不会用这种方式谈话，那就改变它。

● 不要满足于最初的努力成果。对于好的文章来说，修改和编辑是至关重要的。多花些时间在写作和编辑上会使你的文章更具客观性，修改你所写的备忘录以达到简洁、清晰和删除多余文字的目的。

● 完善。找出和删除与事实不相符的错误、排版错误、拼写错误、语法错误以及标点错误。请记住，如果你的备忘录中有一处细节被认为是不正确的，那么你的整个思路可能就会被质疑。

5.3　商业备忘录的写作

大部分备忘录属于内部文件，它们被用于在同一个组织中传达信息、观点及建议。它们的优点在于不需要内部地址、称谓、作为寒暄的开场白，也不需要询问与文件主题无关的事件。

优秀的备忘录开门见山、一事一议，用条理清晰的、连贯的、切题的和令人信服的证据支持作者的中心思想。

最好的商业备忘录简单明了、语言通俗、结构合理。商业信函是如此，备忘录更是如此。备忘录很少以八股方式的官样文章的写作方式来表达你的观点，而是以主标题、副标题以及相对应的结构呈现，以便于阅读和理解。

你所具有的撰写简明扼要、明确、有效的备忘录的能力会使你成为对组织有贡献的重要人物——一个值得保留、关注和提拔的人物。一份好的备忘录就可能使你得到提拔吗？那是不可能的。然而，接连几篇不好的备忘录——粗糙的、混乱的、啰唆的——却会断送你的职业生涯。毕竟，写作是一个职业筛。出色的作者会得到升迁，逊色的作者会遭冷落。

5.4　六种沟通策略

在你开始写作和思考之前，首先应该考虑你的读者、你的目标及为实现目标所使用的策略，而文章的内容和形式都将基于此。当你确定你要实现什么样的目标以及希望你的读者从你的写作中得到什么之后，你需要具备一定的沟通策略。

以下是六种基本策略，其中三种是为传递信息而设计的，另外三种则是为促进行动而设计的。[6]

信息策略	行动策略
确认协议	请求援助
提供事实	指明方向
提供观点	寻求一致意见

5.5　撰写概述段落

任何一个备忘录的开头或概述段落都应揭示整个文件的沟通策略。在开始写作时，你需要确定你的写作目的和主要思想。这种方法将在你撰写备忘录、信函或报告的过程中赋予你视角和方向。

你的读者也将受益，因为该概述段落（就像一个结构完善的段落的主题句一样）为读者了解文章的内容及重要的信息提供了视角。

概述段落应简洁清晰地告诉读者：

● 目标：你为什么写这份备忘录？

- 主要思想：你想告诉读者什么？或者你想要读者做什么？
- 观点：你对该问题的看法？

此外，概述还应该首先为你的读者确立文章的基调。作为读者最先看到的第一段以及备忘录中最重要的因素之一，毫无疑问，概述应该涵盖一些重要的基本特点。[7]包括：

- 清晰、简单。记住，读者需要引导，而概述的目的就在于此。保持文字的简洁和句子的短小，多考虑众多读者已了解的事情，并且确保任何一个收到该文件的人都能够理解。
- 简明扼要。概述段落在备忘录中对下文起到概括总结的作用。这种总结并不是将整个备忘录压缩成一个或两个段落，而是突出中心思想。
- 针对要做什么，而非如何做。"做什么"是指在一份建议书或信息型备忘录中针对实施过程所提出的建议。在备忘录一开始，应避免出现如何做或如何实施。只有当读者明白并同意该做什么之后，他们才想知道如何实施。
- 明确表明作者的观点。比事实更重要的是——解释、得出结论和建议。在概述中阐述你的观点之后，应该进一步加以解释，这有助于传达自信心和领导力。
- 反映读者的需求。概述要与读者的知识和技能水平相吻合。这就需要考虑读者需要什么以及想要了解什么。
- 必须全面和完整。概述虽然短小，但它应是独立的一部分。它无须告知读者备忘录中每一件事情，而只需包含一些主要的方面。对一个好的概述的检验是：读者在没有深入阅读的情况下，能否认可你的文章。

5.6 概述的实例

以下是一些概述的段落，它们将有助于读者更好地理解作者希望表达的意思以及作者对读者的要求和期望。请关注这些概述的篇幅和结构，关注它们是多么的简洁和具有说服力。

1. 本备忘录建议在公司总部建立现场锻炼和健康俱乐部设施，用于重新改造现有的闲置设施的 47.5 万美元初始投入将提供大量的健康保险积蓄，从而进一步激发员工的生产率和士气。

2. 本备忘录是有关 Grill Master II 型产品在每个销售区域 2009 财政年度第 1 季度的市场业绩摘要。

3. 本备忘录急切地建议针对 DiceOmatic Plus 产品进行产品设计检查。保修期索赔、实地调查报告以及顾客对产品的抱怨都表明，产品在刀片防护方面可能存在缺陷。如果不及时进行产品设计检查，可能会导致公司因重大责任事故而曝光，并且可能给品牌信誉造成不可挽回的损失。

4. 本备忘录建议第 5 区域的 Pria Classic 顾客降价促销计划延长 30 天，因为在零售层面对于样品促销的初始反应已经超出市场预期的 135%。

5. 本备忘录建议在信息技术部门增设一名三级行政助理。公司新局域网及我们新的无线 PDA 系统已经增加了技术人员的工作负荷并导致顾客求助处理工作 25

天的积压。新增的行政助理将帮助解决这个问题以及其他相关问题。

6. 本备忘录旨在为履行公司新的利益冲突披露政策提供指南和指导，其中包括详细的指导步骤和被频繁问及的问题，以及在你遇到困难时所需的联系方式。

5.7　信息型备忘录

办公室之间的备忘录有两个目的：告知或说服。如果你的目的是归档、记录或告知，那么在你写作时请考虑以下几个方面：

● 向读者阐明你写作的理由。在概述段落里开门见山地阐明你的写作目的。用黑体标示主标题和副标题以描述你要提供的信息。

● 只写一个主题。不要在一份备忘录中出现多于一个的主题，以致使读者感到迷惑。如果你必须写多个主题，那么或者给你的备忘录一个更宽泛、抽象的主题，或者最好是写多份备忘录。

● 从总体到细节。不要简单地给读者罗列数据，并指望他们能够辨明其意思。你应该首先向读者提供总体的信息，然后，以便于读者理解的方式进行文章的组织和阐述。

● 提供尽可能多的你认为读者需要的细节。当然，问题是一些读者需要各类细节，而其他读者则只需要一些结果或要点。无论哪个群体，他们都没有错：这是他们的方式。为了满足尽可能多的读者的需求，你应该提供最重要的信息，并对其做出界定，解释其重要性所在。你可以给那些需要更多细节的读者提供一份与你备忘录相关的书面附录，或者将附件链接到他们可以浏览或下载文件的公司局域网或互联网站。

● 将相似信息归类。通读初稿并寻找在诸多段落中相似的信息，删去重复性的多余句子或段落。

● 为读者提供一个联系方式。如果收到备忘录的人对于你提供的信息存有疑问或表示关注，他们应该与谁联系？有用的信息型备忘录不仅包括一个回复地址，还应包括电话号码、电子邮箱以及（如果你愿意的话）能够提供帮助解决问题的人的名字。

● 避免使用第一人称单数。将读者以第二人称"你"或"你们"或者以第三人称方式称呼。这样，你就可以避免发表自己个人观点的冲动，诸如"我认为……"，"以我之见……"或者"对我而言……"如果你必须以第一人称写作，就用复数形式。必须让读者清楚，我们是站在一起的。

● 尊重事实。分清事实与观点，并且省略那些你不能确定的事情。如果你必须包含假设性内容，请这样写："假设利率在下半年不能上升半个基准点……"最后，问一下自己，怎么知道这些信息是最新的和准确的。你对所有这些的信心的根据在哪里？

5.8　劝说型备忘录

● 写一份劝说型备忘录就像是构想一个吸引人的论点。这类文件必须提供一个完整的、富有逻辑性的且读者无法不同意的论点。它必须预测到所有的问题和读者的反应，并有效地解决它们。宝洁公司副总裁 G. 吉布森·凯里（G. Gibson Carey）就如何通过备忘录劝说他人给出以下建议[8]：

● 针对读者对于该主题的态度、认知和知识来审视你的写作目的。你应该明确你的备忘录应该实现的目的。一开始，你应该对读者的心智模式做一个仔细评估。如何让读者认可你？

● 列提纲，重点关注情境分析和理由阐述。这将帮助你构建一个完整的、具有逻辑性的论点。列提纲还有助于发现遗漏的信息。

● 涵盖一个行动计划。一个深思熟虑的实施部分会使你的想法更具可信性和可操作性。它给忙碌的读者增添了考虑你建议的动力。即使你正在等待制定更详细计划的批示，也应该概括地阐明你观点的可行性所在。

● 不要在情境分析中迷失你的论点。你的建议应该自然地贯穿于情境分析中所涉及的问题或机会。那些不同意备忘录这部分内容的读者是不会采纳你的建议的。在情境分析中避免有争议的问题、观点以及空洞的主张，用事实说话。

● 用直接的方法。在你讨论其他准备考虑或反对的观点之前，阐明你的建议和理由。

● 始终强调优势。以强有力且自信的概述开始你的建议。每个部分以重要的观点开头。在理由部分，始终以重要性顺序阐述你的观点。

● 运用先例以减少你的建议的冒险性。管理者有意识地避免风险和错误。相关的先例是减少对所建议措施的风险的担忧的最有效方法。

● 使你的观点符合读者的决策标准。了解读者的思维方式，问问自己，就读者的兴趣和动机，你的论点是否具有说服力。

5.9　备忘录的标准格式

将你的观点写在纸上，这样可以帮助你对它们进行评估。这就迫使作者不得不认真仔细地思考问题。好的观点通过书面呈现得以强化，而差的观点通过书面呈现使其缺点暴露无遗。

每次写作过程中，牢记备忘录或报告的格式有助于消除阻碍你进行准确思维和有效沟通的常见绊脚石，采用这样的格式组织你的观点可以确保你观点的逻辑性，并且不会忽略任何相关的东西。

标准格式有助于你迅速组织信息和概念。你不必在每次开始写作时为如何组织手头的资料发愁。如果一些东西缺失了，便可马上发现。同样，标准格式对读者也有帮助，每当他们收到你的文件时，他们无须揣摩你的思想。他们很快便可知道答案及其相关性。这样既可以节省时间，又可以促进理解。

文章的组织有各种各样的方法。但始终应记住你的文章应建立在符合逻辑和劝说的基础上。建议使用读者熟悉的格式以增加他们的舒适感。当然，前提是不影响文章的简洁明了和逻辑性。

本书的附录 D 提供了有关基本商业备忘录的格式。无论你的备忘录有多长和多复杂，这个格式都是适用的。许多公司使用该格式，因为在与管理高层进行沟通时，这种格式特别有效。附录 C 是商业信函的样本。此外，本章后面提供了一个沟通策略备忘录的格式。

如果你所在的公司有详细的联系手册，那么你只需遵从其提供的指导。如果你的雇主没有提供这样的指导，你的任务就变得简单了：寻找一个最适合你写作理由的、适合你的读者需求的和适合你所在组织的写作格式。

注意这里所建议的格式是将备忘录的内容分为六个或七个部分，每个部分均不超过一个或两个段落，并且每部分都以醒目的黑体标题标示。

5.10　会议报告

会议报告的目的是记录会议上所做出的决定。针对会议所讨论和提交的内容以及对于论点和褒贬阐述的描述不宜过长。会议报告应采用标准格式，涵盖群体的名称、出席人员及讨论的主题。

简要报道：

- 讨论和提交了什么。
- 做出了什么决定及其理由。

重点报道：

- 要求采取什么行动。
- 由谁负责。
- 时间节点是什么。

5.11　项目列表

许多企业通过采用项目列表的方法来跟踪各项当前和建议的活动。这些列表不过是对组织为实现其目标或为其顾客服务而正在从事的工作的简单描述。制定项目列表通常要花费更多的时间，因此应尽量使项目列表简单明了。简化可以节省时间，事实上同时也使它们更具实用性。

首先将项目分类，然后按照优先顺序或重要性将项目排序。在你列表上的每一个项目应该包含名称和简单的描述、重要性、实施步骤、负责方和截止日期。

如果你的项目列表比较长，应考虑增加附加页，突出需要管理层关注的主要项目。

项目应该及时更新列表。完成或终结的项目应该在下月中显示，并针对该项目在以后的项目列表中不会出现的原因做出简短说明。

5.12　使你的备忘录具有吸引力

一篇好的文章不仅具有吸引力，而且易读或便于用作参考。[9]以下是有关如何写好备忘录的一些建议：

- 首先应吸引眼球。一个强有力的概述段落给读者提供了一个了解文章中心思想的视角，有助于阅读和理解备忘录。不要以不重要的细节或读者已经了解的信息作为备忘录的开头。

- 变换句子和段落的长度，但要保持短小。短句和短段落比较有吸引力，因为它们一目了然，但如果所有的句子或段落都一样长，那么备忘录就会显得单调乏味。
- 利用标题。借助标题，读者会了解到备忘录的构架。标题也是较好的参考性文件。
- 运用着重号和数字进行归类。这种方法有助于你分解较长段落，这也是表明备忘录结构的另一种方法。
- 列表以平行的结构呈现（如你前面所选择的）。将事情、行动、该做的或不该做的事情分门别类地列出。
- 以下划线或黑体字突出主题句、关键词和关键短语。但不要过多地这样做，不然会使文章显得辞藻堆砌、文字凌乱。
- 留足空间。页面一定的留白会使文章更具吸引力。采用图表等形式展示，充满数字的段落不方便阅读，而将相关信息以图或表的形式呈现更加有助于理解和查阅。
- 使用地道和清晰的语言。拟一份高质量的文件。

5.13 编辑备忘录

好文章需要反复提炼来加以完善。编辑的总体目的就是使文章言简意赅。在修改文章之前，先将它搁置一边，有可能的话，放一个晚上。这么做有助于你以读者的眼光来审视备忘录，而且使你变得更加客观。

在修改备忘录之前，快速回顾在概述段落所提供的主题。然后站在读者的角度一遍遍地阅读所写文章。每次都问一下自己下列七个基本问题：

- 是否清楚？——备忘录的逻辑性如何？读者能否理解文章的主题？措辞是否简单和具体？读者能否理解技术类表述？每个语句是否都通俗易懂？
- 是否完整？——读者是否清楚你的写作目的？针对形势分析是否提供了读者所需要的背景信息？备忘录是否包含了所有关键数据？针对所有相关协议是否均做出了详细说明？
- 是否具有说服力？——你的理由部分是否具有说服力？你的论点是否主次分明？你是否预测到潜在反应和问题并考虑到如何解决它们？你是否避免了夸大其词，而是提供了稳健且理性的论点？
- 是否准确？——观点和事实是否明确区分？是否每一个数字都正确？
- 是否简明扼要？——是否观点太多？是否将笔墨浪费在读者已经了解的信息上？你是否运用了多余的字词、短语或句子？
- 是否吸引读者？——大段章节是否应该分成小段来描述？你是否留足了空间？备忘录是否整洁明了？
- 是否完善？——备忘录是否存在会造成曲解你观点的拼写错误、打印错误或语法错误？

5.14　撰写出色的商业信函

商业信函不同于备忘录，它主要是组织外部沟通的文件，尽管管理者偶尔在与上下级的沟通中会运用信函的格式。然而，如同备忘录一样，好的信函是简洁的、口语化的且结构完善的。这样，读者无须费时费力就能读懂并理解信函内容，而不会像读神话故事那样，让人云里雾里。

35 年前，写作顾问鲁道夫·弗莱什（Rudolph Flesch）提出了一整套优秀商业信函写作的基本理念，在今天仍然适用[10]：

● 迅速做出答复。在三个工作日内复函。如果你没有复函，必须在做出回应之前与对方打招呼，或者在需要额外信息时，给读者留言并说明"我会在最近几天做出一个完善的答复，但是现在我正在寻求解决该问题的方案。敬请见谅"。

● 表明你是真正感兴趣。写信给你的人显然认为该话题值得一写。因此，你也应该这样认为。你手头的这件事或问题在你看来也许小事一桩，但在他们眼里却不然。通过你的语言和行动来表明你关注他们以及他们所提及的话题。

● 不要过于简短。虽然我们倡导文章须言简意赅，但不要过于简单。你应该确保读者拥有足够的信息以理解相关主题。确保你所讨论的问题与主题相符，并且将过程、结果或决定向读者解释。如果你收到这样的信函，它是否包含足够的信息以采取必要的行动？作者（及其雇主）认真对待你，你是否会为此感到满意？

● 如果是坏消息，表达你的遗憾之情。当提供坏消息时，你可以运用此类句子："我很遗憾地告诉你……"或者"我很抱歉地告知，由于……我们无法归还你的钱"。通过表达你对结果的遗憾之情或类似的表述，你可以缓解坏消息对读者的打击。如果是坏消息，并且读者认为你的态度显得很无所谓（或者更糟的是，你用了近乎调侃的语调），那你会陷入之后的麻烦之中。

● 如果是好消息，表达你的喜悦之情。当提供好消息时，你可以运用此类句子："我很高兴地告诉你……"或者"你一定会高兴地获悉……"时不时地，通过在信函中运用一些表示祝贺的词句或表述与你的读者分享快乐和好运。

● 相信他人是出于好意。不要想当然地认为给你写信的那个人存心要欺骗你（或你的公司）。在不清楚是否应将错误归咎于你的产品问题还是顾客的错误使用之前，先姑且认为可能他人是对的。大量的事实证明，你这样做是对的。

● 千万不要发送带有怨气的信函。尽管向某人发泄怨气和敌意可能会使人感觉舒服些，但这绝不是写信的好主意。电子邮件真正的危险在于你可能在理智思考之前已经做出了恶意的回复并点击了发送键。在你写信之前冷静下来，如果你无法确保你所要写的内容是否合适，那么等到第二天再读一遍，在发送这封邮件时，你应考虑再三。

● 提防脾气古怪者。偶尔，某个疯子般的傻瓜会骚扰你。我的建议很简单：以礼相待，做你自己的事，他们会随即离开。但如果他们继续纠缠你，那你就做出坚定但职业的回应。在第二封信后，如果对方仍不罢休，对他们的来函你可以不予理睬。如果其语气带有威胁性，就把信函转到安全部门。

● 赏识幽默。如果有人与你开了个玩笑，那你就接过话茬逗大家一乐。表现出你颇具幽默感。涉及种族的、性的或庸俗的幽默都是不恰当的，但是一般自嘲式的或没有针对性的幽默往往能够打破僵局或改善关系。

● 慎用通函。采用统一格式的方法给许多人写信事实上是一件很糟糕的事。你应确保信函的针对性，答复对方可能提出的所有（或几乎所有）的问题，并且针对他们所担忧、质疑及关注的事情做出回应。当你写就一封通函，并且又有时间可以进行编辑，建议你先将文件进行"试销"，即将你所写信函先寄给个别目标读者，请他们提出改进意见。此外，采用一些有助于读者深入了解你所写主题的地图、图表、列表、参考资料及方法。

5. 15　当你需要做出解释时

如果你在信函中需要对一些事情做出解释，以下建议或许有用[11]：

● 没有不释自明的事。这件事对你而言可能是不言而喻的，但那是因为你对该主题的考虑和研究已有一段时间。用简洁通俗的语言对读者想要了解的方面做出解释。不要自以为是。

● 解释技术性名词。使用科学的或技术性名词绝对无可非议，只是你首先得对这些表述进行解释或定义。给许多你不认识的人写信比给你熟知的人写信要复杂得多，那是因为你无法确定读者是否会领会你的措辞。

● 由浅入深。你的解释应保持连续性且由浅入深，不要跳过任何东西，即便有些过程中的步骤在你看来显而易见，也不要有意识地省略任何东西，因为读者可能是第一次接触这个主题。

● 不要过于简短。读者对该主题的了解可能没有你知道的多（这就是你要写信的原因）。确保你向读者提供足够的信息以解答问题、消除恐惧和疑惑。

● 不要过于啰唆。因为如果你这么做了，你可能会使读者深陷于细节之中而不能自拔，这最终会使他们感到迷惑、畏惧、愤怒或厌烦。提供足够的信息来满足他们的好奇心，但不要提供太多信息以致令他们反感。

● 例证。如果对某事难以做出解释，也许你可以借助例证的方式予以呈现。例证包括举例、名人轶事或说明等。除此之外，还可以包括图片、地图、图表或流程图等。

● 解答读者关注的问题。将自己置于读者的位置，即你最想了解什么？读者会提出什么问题？该主题哪些方面最有可能产生困惑、怀疑或误解？

● 避免常见错误。如果存在容易被误解、误读该主题之处，那就有必要对读者做相应的提示，解释那些如果读者不仔细阅读便容易落入的陷阱、诱惑或圈套。

5. 16　当你需要做出道歉时

如果你的工作需要你向某人致歉——很可能是顾客或客户——由于你或你公司做错的事（或者根本就没有做过的事），你可以考虑以下四条基本原则：

● 重视。虽然在你看来眼前的这个问题并不那么重要，但对于投诉者来说却是很重要的。你越是快速地将它视作一桩大买卖来处理，你就越能在第一时间避免由投诉引发的挫败感和敌意。

● 解释事情发生的经过及其原因。投诉者通常似乎缺乏理性，有些的确如此。然而对于绝大多数人而言，如果你简要地解释所发生的事情及其原因，他们还是会冷静下来以一种较为理解的态度看待问题。重要的是，他们会感到他们更了解事态的发展，因此，当你解释所发生的事情时，他们就更有可能接受你对他们做出的答复。

● 不要推卸责任。将所有的事都归罪于其他人并不是个好主意。即使某人真的有过错，读者也不会有兴趣了解。你只需对所发生的事承担起责任，并且提供解决方案。将责任归咎到"计算机系统"或"那些负责装运的人"是令人不能容忍的。

● 要写到做到。对于读者而言，如果你没有设法去解决问题，那么信函中所有安慰和同情的话语就是空洞和毫无意义的。"感谢你的来函"这样的表述是不够的，你应告诉读者，你会将信息与更高层管理者沟通，这是良好的开端，但他们需要你做得更多。大多数花费时间和精力给你写信的人都期望你能采取某种行动，不要让他们失望。[12]

5.17　有关写作风格的问题

作为一名商业作者，你的成功很大程度上取决于你说服他人的能力，即你的文章是否值得他们关注。有关该话题的大量研究表明如果你的文章符合三个基本标准，那就能够受到读者的青睐：写作的完整性、非正式性和结构的严密性。

为什么写作要强调完整性、非正式性和结构的严密性呢？主要出于对三个方面因素的考虑：组织的效率、个体的生产率及你的职业生涯。大型组织的实践一次次地表明，它们的雇员在键盘上花费的时间越少，就有越多的时间去考虑和完成其他（可能是重要的）事情。

如果你花费越少的时间于撰写和阅读那些给你组织中所有员工的文件，那么你就越显得高效，而且那些足以影响你职业生涯的重要人物将会注意到这一点。他们会注意你是擅长起草、编辑和完善书面沟通文件，还是在书面表达上显得特别笨拙。换句话说，他们会知道你是属于问题制造者，还是属于问题解决者。

5.18　提高写作的有效性

你必须找到有效的方法来处理信函、备忘录、报告、建议书、员工研究以及其他商业文件中不断出现的各种不同问题。除了上述讨论的备忘录写作问题外，还有以下几种最常见的问题：

● 大字眼。如果你不怕遭到语言敏感型读者的嘲笑的话，那你就使用浮夸的辞藻。不要可以用"开始"某事时，却用"发动"；不要可以用"结束"某个项目时，却用"终止"。读者知道"利用"是"使用"的意思，"优化"是"最好"的意思，那么为什么要强迫他们进行翻译呢？你是通过写作来推销你自己和你的想法。

一个明智的人知道好的写作从通俗语言开始。

● 含有"在……方面"的词。另一个要杜绝的是：含有"在……方面"的词汇。与其写"在市场方面，公司应该坚持不懈地努力以提升我们对市场运作的认识"，还不如写"我们需要在进行市场运作的同时更多地了解市场"。

● 重复。具有相同或相近意思的词是同义词。选择一个能最贴切表达你意思的词汇。当描写一个项目的重要性时，"重要的"就足够了，为什么要用"重要和意义重大"呢？

● 名词修饰语。当用一个名词足以表达时，一些作者则坚持用一个名词修饰另一个名词。"她现在处在这家公司的重要领导位置上"可改写为"她是这家公司的领导"。通读一下你的信函，你会发现这样的词语搭配比比皆是：管理能力、市场状况、习惯模式。

● 法律术语。避免使用法律味很浓的词汇，如"于此"和"上述的"。这种夸张的语言并不能给作者增加权威性，它只是表明作者的写作风格，或者是他的想法，已经过时。为何要说"随函附上的是报告"？只说"这就是……报告"即可。同样只要说"主管们必须……"而不必说"主管们义不容辞的责任是……"如果你的文章读起来像是有关火灾伤亡政策或是共同基金章程，那你可能就有必要重新思考一下你的写作风格了。

● 令人窒息的动词。使用具体化动词以表达包含动作的观点。差的写作依赖于一般性动词，因此还需要额外的动词来使其意思完整。当你使用一般性动词时，考虑一下能否使用具体化动词替代它们。不要写"做选择"，就写"选择"；不要写"提供指导"，就写"指导"。在以下句子中我使用了令人窒息的动词进行表述："委员会成员举行了会议考虑计划。他们做出决定（决定），给出他们的许可（批准）推出该产品。"明白了吗？使用具体化动词！

● 专业术语。尽量避免与外行说专业术语，并且只有在与行家沟通时使用专业术语。生僻的缩略语、术语、特定的词语、速记会使不熟悉这类词汇的人感到迷惑。技术词汇和专业术语的使用受到禁止吗？当然不是。如果你必须使用某个技术术语，而你确信你的读者中有人会不明白其意思，那你就得进行界定，告诉他们该技术术语的意思及其用法，这样，他们才会对你的文章表示赞赏。

● 啰唆的表述。啰唆的表述并不能让人对文章印象深刻，只会影响读者的理解。因此你应简化这些句子的结构。你写得越长，传递信息的效果就越差。"这是为了……"就是"为了"的意思。"在不久的将来"也就表示"很快"。[13]

5.19　以说话的口气进行写作

摆脱过时的或者过于正式的书写风格，尽可能使你的写作口语化，这并不意味着在你的信函中包含鼻音、咕哝音和含糊不清的意识流似的长篇独白。我们都知道，人们说与写的能力是相关的。然而，基本原则是：因为人们是在"听"你所写的，所以最具可读性的写作听起来像是一个人在与另一个人交谈。在开始写作时想象你的读者就站在你面前，并以此指导你的写作。

● 使用人称代词。当代表公司写信时，使用"我们"和"我们的"。当代表你个人写作时，使用"我"和"我的"。无论哪种方式，尽量多使用"你"和"你们"。避免使用这些自然称谓是过于谦虚的表现。应杜绝"不食人间烟火"的写作。

● 适当向读者提问。以问号结尾来强调要求。在一篇较长的报告中，提问题可以起到很好的调节气氛的作用。以下就是相当口语化的句子。你听说过这种提问方式吗？你可以简单地问"会议仍然安排在 2 月 21 日吗？"而不必说"请问该办公室会议是否仍然安排在 2 月 21 日？"

● 保持句子简短。变换长短句的使用以示文章的多样性。短句不一定能够确保清晰，但却能够避免长句中常有的混乱。可以尝试视觉检验：大概每两行为一句话，或者尝试听觉检验：大声朗读你所写文章，断开你无法一口气读完的那些句子。[14]

5.20　如何将被动语态转为主动语态

在商业备忘录和商业信函中，被动语态是致命的，这主要有以下几个原因：首先，由于被动语态通过省略句子中的主语或行为者，使责任不明。其次，被动句往往比主动句长 1/4 到 1/3。最后，被动语态会耽搁对主题的讨论。因为在被动句或被动语态的段落中，真正的行动总是出现在最后。

最佳建议：尽可能少用被动句。虽然它们不存在语法错误，但绝大多数的商务写作中确实过多地使用了被动语态。以主动语态写作要记住一个简单的原则：将行为者放在动词前面。以行为者开头，就可以自然而然地避免被动句。请比较以下例句：

● 被动句："更多的购买决策应由地方经理制定这一决定已被做出。"

● 主动句："董事会决定由地方经理制定更多的购买决策。"

上述被动句（事实上是双重被动）包含 23 个字。主动句只包含 19 个字。另外，主动句还告知了谁是决策制定者——而这一重要因素却没有包含在被动句中。

你可以根据以下特点识别被动句：

● 行为的接受者出现在动词之前。在上述被动句中，"这一决定"是行为的接受者。

● 如果行为者出现的话，它跟随在动词后面，并且通常与"由"连用（在它前面）。但与主动句不同，被动句没有行为者其结构也是完整的："……被决定了"（由谁？）

被动句在以下三种情况中比较有用：

● 当行为者显而易见时。"巴拉克·奥巴马于 2008 年 11 月被选为美国总统。"你会问为什么会发生那样的事？怎么说呢……说来话长嘛，那就以被动形式吧。

● 当行为者不明确时。"我叔叔在公园里被抢劫了。"谁抢劫他？我们并不知道，那个劫匪并没有留下名片。

● 当行为者不重要时。"那些零部件于 1 月 8 日装运。"我们并不关心是谁装的这些货物，我们只关心这些货物是于 1 月 8 日被装运的。

当你完全可以用主动句进行写作时，你运用了被动句，你的文章就会显得啰唆、拐弯抹角，并且（正如"被"这个词所意味的）有些拖拉。更糟糕的是，由于被动句并不总是告知行为者，因此你可能会忽略重要的叙述。结果可能会导致读者迷惑。

- "所有请求必须被预先批准。"被谁批准？句子中并没有交代，因为这是个被动句。其主动形式是：区域经理必须预先批准所有请求。

- "数据被弄丢了。"谁把它们弄丢了？同样，我们不知道，因为这是个被动句。其主动形式是："我们把数据弄丢了。"

最佳的建议：无论何时，都尽可能使用主动句写作。如果你决定使用被动句，也要在考虑好其主动形式之后再那样做。[15]

5.21 把重要的内容放在开头

在文章开头，开门见山地阐明你的主要观点，即尽可能以一句话来概括。你通常可以以单独段落的形式对该句做进一步的阐述。先写指导后写理由；先写要求后写辩解；先写答案后写解释；先写结论后写细节；先写解决方案后写问题。

结构混乱的信函犹如怪诞故事。一个线索接着一个线索，对所有细节的描述让人不知所云，只有结尾处才令人恍然大悟。尝试报纸上文章的写作方法。它们均以最重要的信息开头，并逐渐转向不重要的信息。比如，为了委婉地叙述坏消息或提醒读者一次很久之前的谈话，你可能会将主要观点推迟在后面叙述，但请不要拖延太久。读者与听众一样，他们对于那些迟迟不讲重点的人缺乏耐心。他们需要在一开始就了解到主要观点，以便于他们关注其他你可能会提到的相关内容。

如果没有一个单独的句子，那么你可能需要创造一个具有概括性的句子，以免偏离主题。偶尔，在类似整套命令或对一连串问题的解答中，你所有的观点均同等重要。在这种具有概括性的句子的情况下，你需要在文章一开头就写"以下是你需要的信息"，以吸引读者的注意力。

大多数信函的结尾都比较简单。但是如果你不是为了例行公事似的写信以告知他人信息，而是为了劝说他人，那么你就可能希望以预测、呼吁或暗示等方式来构建强有力的结尾。

当涉及情感时，你可能希望以表达良好祝愿的优雅方式结尾。如果读者有任何疑问，你可以给予帮助，并鼓励他打电话或回信给你。[16]

以下是三条有助于你更加有效地组织信函内容的建议：

- 使用主标题和副标题。黑体的主标题或斜体的副标题有助于你组织文章。文章以多种形式呈现有助于读者对大致的内容一目了然。你可以通过在日常报告、建议书，甚至是短小的商业信函中使用这样的主标题和副标题，以吸引读者或起到拆分冗长、复杂的段落的作用。

- 保持段落短小精悍。每个段落保持在四五个句子。针对列表和指令，尝试使用短段落。通过增加空白处使阅读更容易。

● 避免在第一段的表述中就给人以堆砌感。第一段是你信函中最重要的段落，不要在这一段中无休止地提及以前的通信、先前的报告、管理性文件或其他文件，从而浪费这一段最主要的空间和影响力。将你写信的原因，即你最重要的观点放在文章开头表达。

5.22 如何鼓励和开发优秀作者

从某种程度上讲，每位管理者都有责任或道德义务提高下属的多种技能。写作技能也不例外。人们常常因为任务说明不清楚以及对写作的评论含糊不清、难以理解而感到沮丧。

有效地与下属共事并非易事，需要知识、经验及耐心。令人惊讶的是，这并不需要花费太多的时间，但却需要自觉自愿地坐下来认真审视你的期望及下属具体的工作绩效。以下是你需要告知下属如何提高其沟通技巧的几点建议：

● 通过举例向下属表明你需要简洁明了的文章。给他们看优秀写作的范例，并对其进行解释，坐下来向新下属提供写作指导。

● 在安排任务前明确你的需求。与下属一起讨论项目，以避免他们迷失方向。讨论要尽可能具体。

● 当项目存在难度或比较复杂时，就把任务拆分成易于管理的几个部分。以概述开始，界定目的和主旨，然后要求作者写出文件的提纲，并且在作者写出初稿前先审阅一下这个提纲。这种方法可以节省时间并能避免面对困难时沮丧的情绪。

● 在讨论备忘录之前先请阅读和审阅。在与作者进行讨论前，先花点时间审阅一下提交给你的备忘录以确保你明确了存在的问题及相应的解决方案。

● 尝试先考虑宏观层面。在审阅备忘录时，首先关注一些大的问题，比如战略、文章的逻辑以及与事实相对应的结论。然后再转向语法和外观等这些小问题。无须重写备忘录，但针对一些具体的方面可以进行修改。记住要以积极的笔触。

● 确定作者理解并同意你的评论。确定作者能够用自己的话复述你想要表达的意思，这样你才能认为你们的想法是一致的。

● 不要强迫作者模仿你的风格和表述。让你的下属自由灵活地开发他们自己的写作风格。[17]

日期：2009 年 8 月 21 日
收件人：管理沟通专业学生
信息：需要了解，但无须承担行动责任的感兴趣者
发件人：J. S. 奥罗克商务沟通活动中心（商学院 234 信箱，电话：631-5255）
主题：沟通策略备忘录：格式与内容

本备忘录格式是针对企业或组织应对具体事件或情形而建议的沟通计划。它简要概括了事件/情形的相关细节；讨论了它们的含义、重要性或可能产生的结果，并且提供了一个建议应采取的行动列表。

背景

备忘录的这一部分，作者应简要但又全面地检查事件的真相，该段落应包括历史数据、公共信息以及与所建议的沟通策略相关的事实。

● 从主要段落中以要点拆分出简明扼要的句子会更加有利于突出事实资料。

● 该段落不包括假设、推断等推测性信息，也不包括以第一人称单数叙述的观点，比如"我认为……""以我个人的观点……""我感觉……"等等。

● 如果该段落中的每条信息均可追溯到具体的来源，作者应考虑将其直接写入句中（例如，"2000 年人口普查数据显示……"），另一种做法是以括号的形式将其放在你提供的信息后面（例如，"位于亚拉巴马州 Mead 公司的史蒂文森说公司的楞纸纸板的年产量达到 40 万吨"（Mead Financial Fact Book，Mead Corp，2005. p. 5））。

讨论

在备忘录的这一部分，作者对上述事实的相关含义进行了扩展。在讨论过程中，作者向读者解释这些事实的含义以及它们的重要性。讨论这一部分往往是后面建议部分的基础。如果讨论扩展得很大或很复杂，作者通常将其分成若干段落，使用副标题和要点的方式来强调各个问题。讨论常常是战略性或决策性备忘录中最长、最复杂的部分。

建议

在这一部分，作者罗列出具体的建议。每条建议可以由动词开头、用空格隔开，通过下划线或粗体字加以强调。如果作者提出多条建议，则可以对其进行编号。例如：

1. **签署所附给顾客的致歉信**。该信函不仅是对我们 7 月 1 日的货物中发现的缺陷进行道歉，同时提供我们货物 2％的折扣，并且对有缺陷部分全部调换。（执行者：主席）

2. **把次品送交质量控制部门做进一步检查**。当质量控制报告完成时，其备份应与销售和市场、客户服务部及高层管理团队成员分享。（执行者：客服服务部）

3. **与销售该设备的零售商联系，检查产品退货/退款等程序**。必须确保每个销售我们产品的零售商非常明确他们应当接受顾客退货并且必要的话全部退款。（执行者：销售部经理）

4. **后续追踪该顾客，以确保她对我们为她采取的措施感到满意**。这一点很重要。虽然每位顾客对于公司都是重要的，但有些顾客却比其他顾客更重要。直接的个人服务能够确保顾客满意度。最后，就该事件处理情况写份报告交公司存档。（执行者：客户服务部）

其他问题

有时，第一段是"所建议的行动"，第二段是"所采取的行动"。在组织中，两者的权威性有所不同。显然，无论在自己采取的某些行动方面，还是在以备忘录的形式向上级或经理反馈执行的情况方面，备忘录作者均具有权威性。他可能向上级或其他部门提出建议并要求读者同意，因此读者有必要了解什么是已完成的任务，什么是要求读者批准的方面。

大多数备忘录不包括签名栏、称谓行（"尊敬的……"）或落款行（"此致"）。

大多数

备忘录会在"发送者"行下面写上作者名字的首字母，而不签上全名。

记住，这两页篇幅的备忘录的第 2 页也要求有标题，包括主题行（与第 1 页相同）、日期行及页码。总之，大多数备忘录在最后一行的下面显示独特的印刷标记。一些作者使用他们姓名的首字母，有些人则使用他们喜欢的其他标记。

延伸阅读 ///////////////////////

Alred, G. J., Brusaw, C. T., and Oliu, W. E. *The Business Writer's Companion*, 6th ed. Boston, MA: Bedford/St. Martin's Press, 2011.

Flintoff, J. P. "Companies Seek Help from a Man of Letters," *The Financial Times*, June 7, 2002, p. 12.

Hall, D. and Birkets, S. *Writing Well*. Boston, MA: Addison-Wesley-Longman, 1997.

Holcombe, M. *Writing for Decision Makers: Memos and Reports with a Competitive Edge*. New York: Lifetime Learning, 1997.

Oliu, W. E., Brusaw, C. T., and Alred, G. J. *Writing That Works: Communicating Effectively on the Job*, 10th ed. Boston, MA: Bedford/St. Martin's Press, 2009.

Roman, K. and Raphaelson, J. *Writing That Works: How to Improve Your Memos, Letters, Reports, Speeches, Resumes, Plans, and Other Business Papers*. New York: HarperCollins, 1995.

Smith, N. *A Plain English Handbook: How to Create Clear SEC Disclosure Documents*. Washington, DC: The U.S. Securities and Exchange Commission, August 1998. You can obtain a copy of this document by calling the Office of Investor Education and Assistance toll-free information service at 1-800-SEC-0330, or download a PDF from www.sec.gov.

Stott, B. *Write to the Point: And Feel Better About Your Writing*. New York: Columbia University Press, 1991.

Strunk, W. and White, E. B. *The Elements of Style*, 3rd ed. New York: Macmillan Publishing Company, Inc., 1979.

Williams, J. *Style: Ten Lessons in Clarity and Grace*, 9th ed. New York: Longman, 2006.

Zinsser, W. *On Writing Well: The Classic Guide to Writing Nonfiction*. New York: HarperCollins, 1998.

注　释 ///////////////////////

1. *USA Today*, October 14, 1994, p. C1. Reprinted with permission.
2. Ibid.
3. Smith, N. *A Plain English Handbook: How to Create Clear SEC Disclosure Documents*. Washington, DC: Government Printing Office, 1998, pp. 5–6.
4. Ibid., p. 4.
5. Plumez, J. P. *Leadership on Paper*, 1996, pp. 1–2. Personal communication with the author, August 8, 2002, from Larchmont, NY. Used by permission.
6. Ibid.
7. Ibid., pp. 4–5.
8. Carey, G. G. Personal communication with the author, August 20, 2002, from Cincinnati, OH. Used by permission.
9. Ruch, W. V. and M. L. Crawford. *Business Reports: Written and Oral*. Boston, MA: PWS-Kent, 1999, p. 203.
10. Flesch, R. *On Business Communication: How to Say What You Mean in Plain English*. New York: Harper & Row, 1974, pp. 100–112.
11. Ibid., pp. 113–126.
12. Ibid., pp. 139–151.
13. Murawski, T., P. Luckett, J. Mace, and J. Shuttleworth. *The United States Air Force Academy Executive Writing Course*. Colorado Springs, CO: HQ USAFA, Department of English, 1983.
14. Ibid.
15. Bailey, E. *The Plain English Approach to Business Writing*. New York: Oxford University Press, 1993, pp. 93–101.
16. Murawski, et al. The United States Air Force Academy Executive Writing Course.
17. Plumez, *Leadership on Paper*, p. 16.

案例 5-1　▶▶▶▶▶▶▶▶

Farberware Products of America 公司

背景信息

大型组织中的中层和一线管理者常常需要解决各种纠纷。其中一些纠纷是一线主管与员工之间的；一些是与供应商或分销商的；其他的如本案例则是组织与顾客之间的。

　　每位顾客对于组织而言，都既是有价值的，也是有价格的。诚然，顾客是企业的生命线和收入来源，但不是所有顾客都是值得保留的。事实上，有些顾客带来的麻烦和花费比其带来的价值更多、更大。与对你公司不满的顾客打交道是需要耐心、机智和适当技巧的。面对愤怒的顾客，管理者可以选择各种应对方式和处理问题的方案。本案例要求提供两个文件以作为回应：一份简短的（1～2页）沟通战略备忘录和一封写给顾客的信。战略备忘录是呈交给 Farberware Products of America 公司总裁的，上面应详细描述你处理该事件的具体步骤及其理由。给顾客的信函应阐释你决定所做的事。假定你是客户服务部的经理，并且通过销售和营销副总裁向总裁汇报。你的备忘录和顾客信函都应是完成的文件，可直接传递的。

[一周前]
缅因州 02175，波特兰市
湾景路 312 号

Farberware Products of America 公司
总裁办公室
11743 邮箱
威斯康星州 55617，曼尼托沃克市

尊敬的先生：
　　你将收到一个由 Farberware 公司生产的室内无烟烤架和旋转式烤炉"烧烤王"。之所以把这个美国技术的宝贝直接寄给你，是因为我发疯至极，不知所措。
　　正如你会注意到，烤炉无法使用，烧烤的零件不知何故有故障，控制按钮过热，由此造成的电流冲击波差点烧毁我的房子。当我试图拔下烤炉插座时，又烧伤了我的左手，所幸不严重。
　　因为我们生活在一个寒冷的环境，我们不可能经常在室外烧烤牛排，我原本认为你们这台新的"烧烤王"可以满足我们的需要，可以在室内烧烤。然而，79.95 美元（含税）又一次白白浪费在一个产品上——一个甚至存在潜在危险的产品上。
　　我将该烤炉拿到波特兰这边的 Penobscott 五金店，但被告知应由厂家负责，而不是他们。他们很同情我，但似乎爱莫能助。我将这个烤炉寄给你，让你知道你们生产的是怎样一些设计糟糕的产品，并且在再次伤害到其他人之前让你清楚地了解一下该产品的设计情况。
　　Farberware 公司，清醒清醒吧！美国不会再满足于这种三流商品了。如果我还想购买一台无烟烤炉，我肯定会考虑找一台贴有欧洲标记的烤炉。

　　真诚的，
　　安格斯·麦克格雷戈（Angus MacGregor）

This case was prepared from public sources by James S. O'Rourke, Teaching Professor of Management, with the assistance of Ellen Jean Pollock of *The Wall Street Journal* as the basis for class discussion rather than to illustrate either effective or ineffective handling of an administrative situation.

案例 5-2　▶▶▶▶▶▶▶▶

嘉年华邮轮公司

一艘邮轮着火被困

在火灾发生后的 10 分钟，我一直与乘客保持沟通，提醒他们待在自己的客舱里，并尽我最大努力来安抚他们。我也告诫全体船员牢记他们接受过的培训，并保持镇定。这些乘客和船员确实是按照我的要求做了，同时我在等待船长的下一步指示。然而，接下来却是烟雾越来越浓，即使带着氧气面罩，救援团队也无法接近火源。[1]

以上是嘉年华邮轮主管约翰·希尔德（John Heald）在回忆发生在 2010 年 11 月 8 日周一凌晨的火灾事件时所说的。"嘉年华辉煌号"是嘉年华邮轮公司经营的最大的一艘邮轮，浓烟如波涛一样从船尾的引擎室滚滚涌出。由于火势太猛，船上的消防队员根本无法在引擎室久留以找出起火的原因。

作为邮轮的主管，希尔德有责任将航行过程中所发生的任何紧急情况告诉邮轮上的乘客，并且要保持镇定，沉着冷静地处理突发事件。于是，根据已掌握的发生在邮轮上的局部火灾情况，希尔德在第一时间向乘客通报浓烟的态势。然而他却浑然不知，这股浓烟挟着大火正吞噬着嘉年华辉煌号，使它在远离加利福尼亚海岸线 200 海里处电力中断。接下来的三天可谓这家邮轮公司历史上最受煎熬的经历。在此期间，约翰·希尔德和企业沟通副总裁提姆·加拉赫（Tim Gallagher）努力尝试控制局面以确保这艘处于困境中的邮轮上所有乘客的生命财产安全。

嘉年华邮轮公司

嘉年华邮轮公司由企业家泰德·阿里森（Ted Arison）于 1972 年创立，他希望将邮轮这种富人专享的奢华体验带给普通人。嘉年华邮轮的载客量超过其他任何邮轮，它已成为世界上最大的邮轮公司。1987 年曾荣获"全球最受欢迎的邮轮公司"的称号。嘉年华每年凭借 22 艘邮轮组成的船队进行 1 400 次航行，乘客人数将近 400 万。[2]

嘉年华邮轮公司拥有 3 800 名码头工人和 33 500 名船员和员工。邮轮的航行时间从 3 天到 16 天不等，目的地涵盖了全球最热门的景点，包括巴哈马、加勒比、墨西哥蔚蓝海岸、阿拉斯加、夏威夷、加拿大、欧洲、巴拿马运河和百慕大。[3] 公司以提供娱乐休闲体验而著称。嘉年华邮轮公司的唯一经营目标就是："确保乘客每次走上舷梯，都会感受到自己跨入了一个全新的娱乐世界。"[4]

嘉年华邮轮公司是其母公司嘉年华有限公司旗下的旗舰品牌。嘉年华有限公司在美国迈阿密、佛罗里达和英国伦敦均设有总部，在纽约和伦敦股票交易所公开上市。嘉年华有限公司是全球唯一——家同时被标普 500 指数和英国富时 100 指数涵盖的公司。[5]

嘉年华有限公司是一家全球性邮轮公司，运营着多个世界著名的邮轮品牌，包括嘉年华邮轮、公主号邮轮、荷美邮轮、世鹏邮轮、冠达邮轮和 P&O 邮轮。作为世界上最大的度假公司，公司的使命是在提供优质度假体验的同时，满足来自不同区域和生活方式的乘客的需求。[6] 公司通过开辟邮轮航线渗透各种市场，在业内保持着领先地位。例如，嘉年华邮轮和公主号邮轮以目标族群、退休人员和其他上中阶层消费者为目标客户，提供具有竞争力的价格优惠套餐；而世鹏邮轮则为其高端游客提供豪华游，前往颇具异国风情的目的地。[7] 嘉年华有限公司拥有不同的运营架构，每个品牌都有自己的总部和运营团队。该公司认为，这种经营模式有助于营造主人翁文化，并认为它是公司业绩的重要驱动力。[8]

公司骄人的业绩基于其一直以来致力于创新型邮轮的开发，公司认为这是强化其品牌领导地位的关键。所有品牌加在一起，嘉年华有限公司共运营98艘邮轮，并计划在2012年和之后的每一年增加两到三艘新邮轮。嘉年华邮轮公司运营着嘉年华有限公司191 464个客舱总客运量的18%，每年接待嘉年华有限公司约850万游客中的400万人。[9]

为了推动未来的增长，并满足不断扩容的邮轮客舱，嘉年华有限公司已经扩大了其国内港口的数量，以使邮轮更靠近游客。除此之外，公司在市场营销上不惜重金，尤其针对那些从未坐过邮轮的消费者。自2009年以来，公司逐渐摒弃印刷媒体而倾力于网络社交媒体，如Facebook、YouTube、Twitter、Flicker和Podcasts。例如，嘉年华邮轮公司通过其网站管理自己的"Funville"博客，旨在就有关航行体验等话题与潜在顾客进行双向沟通。通过这些举措，嘉年华有限公司希望提升其品牌认知度，吸引更多的新顾客，从而继续保持作为全球最大邮轮运营商的霸主地位。[10]

在2010年12月30日结束的财政年度，嘉年华有限公司稀释后的每股收益为2.47美元，总收入接近145亿美元。[11]在嘉年华辉煌号起火后，公司在2010年11月16日发布的一份新闻稿中称，公司估计这次嘉年华辉煌号航行中断的影响和维修费用将导致公司2010年第四季度每股收益降低0.07美元。公司声明2011年第一季度的航行中断，对公司2011年的盈利不会造成实质性影响。[12]

邮轮行业

嘉年华有限公司的2010年年报显示："在过去的十年间，多夜宿邮轮行业发展迅猛，但较之全球度假市场，如世界各地的多种陆地旅游项目，这只是凤毛麟角。例如，截至2010年底，全年全球邮轮行业仅有约215 000个客舱，这一数字远不及北美的两个度假胜地的游客容量：佛罗里达州的奥兰多和内华达州的拉斯维加斯共计有265 000个客房。在更广泛的全球度假市场中，邮轮公司纷纷为赚得度假者的可支配收入而竞争。有关这一点，尼尔森最近的全球信心调查（Global Confidence Survey）发现，除去储蓄和生活开支，全球首要的支出是用于度假。"[13]

由于这些因素及其他邮轮行业的特征优势，嘉年华有限公司相信邮轮行业拥有进一步增长的机会。从2005年到2010年，邮轮行业的顾客每年的复合增长率为5.7%。2010年，全球邮轮行业市场的容量为423 000人，嘉年华有限公司占到45%。邮轮行业拥有独特的价值定位、广泛的吸引力、低市场渗透率、积极的客户人口结构，以及较高的顾客满意度作为积极的增长动力，展示了邮轮行业发展的高潜力。[14]

海上的麻烦

邮轮行业经历了相当多的危机。遭遇过从海盗到病毒爆发再到火灾等各种问题的邮轮行业，必须开发和实践大量的应急措施和演习，以满足国际海事组织（IMO）和美国海岸警卫队的标准。国际邮轮协会（CLIA）表示，这些标准应符合国际规定，并用于监管邮轮的设计、建造和运营。为了确保遵守符合国际和美国的规定，美国海岸警卫队会检查所有的新邮轮，并会在每季度定期检查。如果发现存在任何问题，美国海岸警卫队就会要求邮轮公司进行整改之后方能载客。[15]

尽管出台了许多综合性的预防措施，邮轮上的危机仍然时有发生。最值得一提的一次危机是发生在1991年8月4日的海洋之星邮轮在南非沉没。这场灾难原本是可以避免的，然而，这艘邮轮上出现的隐患，如"松动的船体板材、丢失的阀门和防水舱壁上的破洞"却完全被忽视了。[16]尽管571名乘客和船员都幸免于难，但船长和船员却被公众嘲讽为懦弱的和不负责任的人，因为他们最先弃船而逃。[17]

海洋之星事件是人为疏忽造成的，与此不同的是，许多航行危险却源自邮轮的可控范围之外。邮轮受制于一种被称为"颠簸摇晃"的危险航行，它是一个航海术语，指的是船舶在遇到巨浪和急转弯时的左右摇晃。2010年4月10日，由于邮轮突然急转12度以避免可能会撞击船体的浮标，60名乘坐嘉年华Ecstasy邮轮的游客遭受碰伤。[18]2008年，由嘉年华有限公司运营的P&O邮轮在新西兰海岸遭遇严重风暴，乘客和家具像受到海浪冲击一样被抛至第5层甲板上，共造成42人受伤。[19]最近的一次是在2010年3月3日，当Louis Majesty邮轮航行到地中海的法国马赛港附近时，恰遇滔天巨浪砸向邮轮前端公共休息区域的一扇26英尺高的玻璃窗，造成2人死亡6人受伤。[20]如果船员事先告诫游客在遇到风暴时应该留在自己的船舱里，这一事件原本是可以避免的。[21]

一次邮轮度假也可能被诺如病毒的暴发而破坏，患者通常是在一两天内通过食物感染病毒，并引起腹泻、呕吐、恶心和胃痉挛等。疾病控制和预防中心（CDC）警告，诺如病毒在拥挤和封闭的区域如邮轮上更容易在人与人之间传播。[22]由于既没有诺如病毒的疫苗也没有针对性的治疗方法，所以一旦离开港口，很多邮轮在面对疫情暴发时往往都会束手无策。如果在航行中能够较早地发现诺如病毒，那么船员就可以取消或缩短航行时间，类似事件发生在2009年3月，由嘉年华有限公司运营的荷美邮轮奥斯特丹号（Ms Oosterdam）上。[23]

海盗袭击也可能构成重大的威胁，这取决于邮轮航行的地理区域。2005年11月，嘉年华有限公司的子公司世邦邮轮公司运营的世邦邮轮，就遭到索马里海盗的追赶和偷袭。邮轮并没有开火，而是凭借船上巨大的声波来制造枪炮轰鸣的错觉击退了载有海盗的两艘快艇。151名游客受到惊吓但未受伤，邮轮公司发言人说，他们为邮轮及时采取有效的安全措施感到欣慰。[24]根据国际海事局（IMB）2010年的年报，全球共发生445次海盗袭击事件，集中于非洲周围海域。[25]IMB是国际商会旨在打击海上犯罪和事故的非营利组织，它建议所有的海员在航行到某些特定区域时，需要保持警惕并采取一切必要的预防措施。[26]

最后，对于任何航行在远离陆地数百英里外的人来说，火灾都是一个严重的问题。2006年，嘉年华有限公司旗下的公主星辰号邮轮在驶向牙买加的途中起火。这场火灾后来被证实是由乘客在阳台上留下的烟蒂引起的。在船员扑灭大火之前，共造成1人死亡，11人受伤和150个客舱受损。[27]这次事件后，船上的阳台加装了喷水装置，并减少了指定吸烟区。[28]

嘉年华辉煌号起航

嘉年华辉煌号是一个113 300吨、长度952英尺的庞然大物，也是嘉年华邮轮公司旗下最大的船舶之一。嘉年华辉煌号拥有13层乘客甲板和1 503间客舱，能在一次航行中同时容纳超过3 000名宾客。[29]像嘉年华辉煌号这样的大型船舶，需要六台柴油发动机，其中三台位于船尾的发动机舱，三台位于船头的发动机舱。两个电动配电板通过电缆连接到每台发动机上。[30]

邮轮受国家法律管控，每艘船都需要注册登记。因为嘉年华辉煌号是在巴拿马登记的，所以当它发生任何海上问题时，理应受到巴拿马政府的监管。然而像巴拿马这样的小国家，通常不愿意对海上事故进行深入调查，因为这样会迫使船舶运营商实施价格不菲的升级改造措施，由此会使巴拿马自由贸易的良好口碑受损。[31]

2010 年 11 月 7 日，星期日，嘉年华辉煌号邮轮从加利福尼亚州的长滩出发至墨西哥的里维埃拉，进行为期一周的航行。正常行程是在墨西哥马萨特兰游览胜地的巴亚尔塔港、卡布圣卢卡斯港停留。这次七天六夜的航行原定于 11 月 13 日星期六返回长滩，船上有 3 299 名游客和 1 167 名船员。然而，邮轮出发不久就遭遇了一场危机。[32]

火灾！

2010 年 11 月 8 日，星期一的清晨，嘉年华辉煌号邮轮在加利福尼亚州圣迭戈以南 200 英里的平静海域航行。早上六点，一场火灾从船尾的发动机舱蔓延开来，乘客们闻到了浓烟并目睹了大火从船尾蹿出。在内部灭火系统的帮助下，船员在数小时内扑灭了大火。没有乘客或船员在此次发动机起火事件中受伤。[33]

工程师无法恢复船舶的动力系统，所以不得不使用辅助发电机。尽管这艘邮轮是由著名的意大利造船商设计的，并确保当单个发电机和配电板受到损坏时，不会妨碍船上其余的引擎。然而这场火灾出人意料地使嘉年华辉煌号上所有的发电机组都失灵。火灾带来的持续高温严重损坏了船尾发动机舱天花板上的线路，导致船头的发动机舱也无法使用。火灾造成的破坏是大面积的。[34]尽管这艘邮轮出事之前一直接受美国海岸警卫队和其他海事监管机构的定期检查，并严格遵循法规。[35]

关于火灾起因的最初猜测是船尾发动机舱的一个发动机起火并损坏了附属的配电板。配电板和天花板上线路的损坏阻碍了电力传输至推进、通信和其他操作系统，使船舶在茫茫大海中孤立无援。[36]嘉年华邮轮公司的首席执行官格里·卡希尔（Gerry Cahill）后来证实，这场火灾是由六台柴油发动机其中一台的灾难性故障引发的。卡希尔同时怀疑公司船队中的其余船舶是否也存在风险。[37]

因为这艘邮轮是在巴拿马注册登记的，所以巴拿马政府将负责调查起火的原因。然而由于乘坐嘉年华辉煌号旅行的大部分乘客都是美国公民，巴拿马政府也同意由美国海岸警卫队和国家运输安全委员会（一个独立的美国联邦机构）共同调查确定这起海上航行事故可能的原因，并维护航行安全。在确保乘客和船员安全的前提下，三方将针对火灾起因开展全面的调查。[38]

星期一早上六点半，嘉年华辉煌号邮轮的总监约翰·希尔德通过船上的公共广播系统唤醒了还在睡梦中的乘客。乘客最初被告知留在自己的客舱内，但很快又被撤离到上层甲板。[39]虽然后来乘客可以回到他们的客舱，然而还是有许多人在邮轮的高层度过了这次航行的大部分时间。下午，美国海岸警卫队派出三艘快艇和一架直升机向嘉年华辉煌号提供火灾救援和医疗援助。墨西哥海军也动用了飞机和救生艇参与救援。[40]希尔德持续不断地发布有关火势、采取的措施以及事故处理进展情况的通告，使乘客随时了解事态的发展。

嘉年华邮轮上狼藉一般

在关于该事件的最初公开声明中，首席执行官格里·卡希尔承认了乘客在嘉年华辉煌号上经历的"极度煎熬"的处境。对于乘客在这场火灾中所遭遇的不幸公开表示道歉。乘客所经历的困境包括电力瘫痪、网络中断、冷藏食品匮乏以及为获取食物需要排长队，还有卫生问题和令人心烦的无聊时光等等。由于电力瘫痪，空调和热食供应中断，电梯也无法运转，乘客不得不攀爬高达 13 层楼去用餐。一些乘客投诉说，走道堵塞十分严重，船上到处能闻到类似呕吐物的气味。[41]

卡希尔承认，他从业 35 年来从未遇到过嘉年华辉煌号这样的事件。[42]邮轮公司总监约翰·希尔德试图通过邮轮的广播系统发出实时通报来安抚乘客。希尔德是嘉年华有限公司网站 johnhealdsblog. com 上的热情博主，他于 11 月 10 日星期三发表了一篇博文，告诉其 800 万名读者，称他希望乘客能够从其博文中感受到他所传递的乐观情怀。卡希尔称赞道："乘客非常了不起，他们能够坚强地直面在船上所遭遇的困难和挑战。"[43]

火灾发生后，嘉年华辉煌号在圣迭戈以南海域约 200 英里处孤立无援。原定于从长滩到马萨特兰的七日游，此时的目标是尽快将乘客安全地运送到港口。在火灾发生后的两小时内，加拉赫尔及时启动了嘉年华邮轮公司的危机指挥中心，迅速调配人员，齐心协力帮助辉煌号的船员和乘客。[44]他们的初步计划是将辉煌号停靠在墨西哥的恩塞纳达港。[45]然而，危机团队后来决定将目的地改为圣迭戈港。[46]主要考虑方便船上的乘客，这样他们就无须经过墨西哥海关的烦琐程序。[47]

墨西哥海军派出多艘拖轮来援助嘉年华辉煌号，其中一艘拖轮由于拖力不够被迫返航。拖轮于 2010 年 11 月 9 日星期二中午抵达邮轮附近。幸运的是，美国海军正在该地区定期进行军事演习。[48]应美国海岸警卫队的要求，美国海军给邮轮运送补给，包括 70 000 磅的面包、罐装牛奶、馅饼和午餐肉等。这些补给是从科罗拉多北岛海军基地空运出来，再由罗纳德·里根号航空母舰上的直升机，从附近的演习中调转方向运送给嘉年华辉煌号。[49]海军官员介绍，这是海事惯例、海关和条约所要求的，在附近的船只都应及时对遇难船舶施救。[50]

所有公共浴室和大多数客舱的卫生设施以及自来水在星期一深夜恢复了供应，这让焦躁不安的乘客感到宽慰。[51]由于缺乏热食供应，一名乘客就将这次航行视为"节食航行"。与预期的邮轮大餐相反，乘客只得将就食用沙拉、水果、小三明治和罐头蟹肉。第一次乘坐嘉年华邮轮的乘客佩格·费希尔（Peg Fisher）说："这可能是唯一一艘让人们减肥而不是增重的邮轮。"[52]没有了电，游泳池由于缺乏过滤设施而被迫关闭，赌场也被迫关闭。同时，由于断电，空气不流通，房间漆黑一片且空气污浊。乘客们只能通过音乐、寻宝游戏、知识竞赛和纸牌游戏等来消磨时间。但酒吧是开放的，并提供免费饮料。[53]

在发动机起火后一天内，嘉年华邮轮公司宣布它将为所有乘客全额退款。另外，公司还为抵达圣迭戈的所有乘客安排和支付了酒店和航班。[54]嘉年华辉煌号在遭遇火灾重创超过 62 小时后，预计将于 11 月 11 日星期四上午抵达圣迭戈。然而，至于邮轮修复的时间有多长，以及停运时间有多久，则无人知晓。

新闻和社交媒体的报道

星期一和星期二发生的事件在移动电话服务范围之外。此外，由于没有电，互联网服务也处于中断状态。乘客无法和朋友、家人联络报平安。直到 2010 年 11 月 10 日星期三邮轮靠近海岸，乘客才能向亲友报平安并分享航行的体验。[55]到达圣迭戈后，乘客纷纷向家人打电话、发短信。[56]目击者在推特上发布了邮轮到达的图片和消息。[57]同时，国家新闻媒体开始通过手机采访乘客，这些报道充斥了当天的晚间新闻。

嘉年华邮轮公司使用 Twitter、Facebook 和 Funville 作为提供此次航行最新资讯的平台。[58] 约翰·希尔德的个人博客也向读者更新了 11 月 10 日邮轮的近况。在整个航行期间，乘客一直在拍照和录像。在邮轮停靠港口后。许多视频被上传到了 YouTube。[59] 报道嘉年华辉煌号的社交媒体数量不断增加，信息在互联网上迅速发酵。

在获悉嘉年华辉煌号上供给 Spam 午餐肉时，一些媒体使用"午餐肉航行"作为此次事件的报道标题。嘉年华邮轮公司试图通过 Twitter 来澄清关于向乘客提供 Spam 这一错误观点："与媒体报道相反，嘉年华邮轮公司从未向乘客提供午餐肉"。[60] 然而，新闻和社交媒体就是抓住"午餐肉"不放，网上甚至出现了新的表述"午餐肉度假"（Spamcation）。11 月 11 日星期四，当乘客下船时，他们急切地去购买了价值 20 美元的 T 恤，上面印有"我是 2010 年嘉年华邮轮午餐肉航行中的幸存者"字样。[61]

做决定的时刻

11 月 11 日星期四，早晨八点半，当嘉年华辉煌号抵达圣迭戈港口后，格里·卡希尔和提姆·加拉赫认识到他们的工作才刚刚开始。嘉年华邮轮公司已经宣布所有乘客都将获得旅行费用的赔偿。卡希尔和加拉赫一直处于全天候工作状态，协调邮轮安全抵达，为所有乘客安排交通和酒店。但是，除非加拉赫和他的团队能够迅速解决其他问题，否则嘉年华邮轮公司将面临更大的风险，而不仅仅是损失一周的航行收益。

◆ 讨论题

1. 当邮轮返回港口时，嘉年华邮轮公司是否应该做出不同的沟通努力？

2. 谁是关键的利益相关者？在你看来，谁是最重要的利益相关者？

3. 嘉年华邮轮公司将采用哪些沟通渠道，应该涵盖哪些信息内容？它需要告知哪些听众？

4. 事件发生后，嘉年华邮轮公司是如何竭尽全力维护其品牌声誉的？该事件对公司的名誉造成了什么样的损害？如何减少这种损害的影响？公司应采取怎样的措施来维护其声誉？

5. 嘉年华邮轮公司是否会为将来类似情况做好充分准备呢？嘉年华邮轮公司需要处理哪些绩效问题（如果有的话）？

6. 这次事件将为嘉年华邮轮公司的未来业务和整个邮轮行业带来什么影响？

This case was prepared by Research Assistants Russ Cramer, Sam De Lemos, and Laura Divel under the direction of James S. O'Rourke, Teaching Professor of Management, as the basis for class discussion rather than to illustrate either effective or ineffective handling of an administrative situation. Information was gathered from corporate as well as public sources.

注 释

1. Heald, John. "Smoke on the Water: Part 1," *John Heald's Blog*, 12 Nov. 2010. Accessed 28 Feb. 2011. http://johnhealdsblog.com/2010/11/12/smoke-on-the-water-part-1/.

2. McWhirter, Cameron. "U.S. News: Aided by Tugs, Stranded Cruise Ship Heads to San Diego," *Wall Street Journal*, 11 Nov. 2010: A.7.

3. "Carnival Cruise Lines Fact Sheet," *Carnival Cruise Lines*, 8 July 2009. 12 Feb. 2011. http://carnivalpressroom.wordpress.com/2009/07/08/carnival-cruise-lines-fact-sheet/.

4. "Carnival Fun Ships," *Carnival Cruise Lines*, 26 Feb. 2011. http://www.carnival.com/FunShips.aspx.

5. "Investor Relations," *Carnival Corporation & plc*, 12 Feb. 2011. http://phx.corporate-ir.net/phoenix.zhtml?c=140690&p=irol-irhome.

6. "10-K," *Carnival Corporation & plc*, 31 Jan. 2010, 12 Feb. 2011, Page 4. http://phx.corporate-ir.net/phoenix.zhtml?c=140690&p=irol-sec

7. "Carnival Corporation: Overview," *Hoovers*, delivered via ProQuest, 12 Feb. 2011. http://cobrands.hoovers.com/global/cobrands/proquest/overview,xhtml?ID=11803.

8. "10-K," *Carnival Corporation & plc*, 31 Jan. 2010. 12 Feb. 2011, Page 4. http://phx.corporate-ir.net/phoenix.zhtml?c=140690&p=irol-sec

9. "10-K," *Carnival Corporation & plc*, 31 Jan. 2010. 12 Feb. 2011, Page 3. http://phx.corporate-ir.net/phoenix.zhtml?c=140690&p=irol-sec.

10. "Carnival Corporation: Overview," *Hoovers*, Delivered via ProQuest, 12 Feb. 2011. http://cobrands.hoovers.com/global/cobrands/proquest/overview,xhtml?ID=11803.

11. "10-K," *Carnival Corporation & plc*, 31 Jan. 2010. 12 Feb. 2011, Exhibit 13, page F-1. http://phx.corporate-ir.net/phoenix.zhtml?c=140690&p=irol-sec.

12. "Carnival Corporation & plc Reports Financial Impact of Voyage Disruptions in the 4th Quarter," *Carnival Corporation & plc*, 16 Nov. 2010. 12 Feb. 2011. http://phx.corporate-ir.net/phoenix.zhtml?c=200767&p=irol-newsArticle&ID=1497049&highlight.

13. "10-K," *Carnival Corporation & plc*, 31 Jan. 2010. 12 Feb. 2011, Page 5. http://phx.corporate-ir.net/phoenix.zhtml?c=140690&p=irol-sec.

14. "10-K," *Carnival Corporation & plc*, 31 Jan. 2010. 12 Feb. 2011, Page 6. http://phx.corporate-ir.net/phoenix.zhtml?c=140690&p=irol-sec.

16. Walker, Jim. "Top Five Worst Cruise Ship Disaster Videos," *Cruise Law News*. 23 Jan. 2011. 20 Feb. 2011. http://www.cruiselawnews.com/2011/01/articles/rough-weather-1/top-five-worst-cruise-ship-disaster-videos/.

17. Chua-Eoan, Howard G. "Disaster: Going, Going…," *Time.com*, 24 Jun. 2001. 20 Feb. 2011. http://205.188.238.109/time/magazine/article/0,9171,157677,00.html.

18. Gavazzi, Debbie. "Carnival Ecstasy Cruise Ship Tilts and Injures Passengers," Associated Content from Yahoo!, 23 Apr. 2010. 20 Feb. 2011. http://www.associatedcontent.com/article/2927054/carnival_ecstasy_cruise_ship_tilts.html?cat=16.

19. Pickup, Oliver. "P&O cruise ship horror: CCTV footage captures moment when severe storm sends passengers and furniture flying," Mail Online, 8 Sept. 2010. 20 Feb. 2011. http://www.dailymail.co.uk/travel/article-1310056/P-O-Pacific-Sun-cruise-ship-caught-storm-New-Zealand-coast.html.

20. Garrison, Linda. "Two Killed When Rogue Wave Hits Louis Majesty Cruise Ship in the Mediterranean," *About.com*, 3 Mar. 2010. 20 Feb. 2011. http://cruises.about.com/b/2010/03/03/rogue-wave-mediterranean.htm.

21. Walker, Jim. "Top Five Worst Cruise Ship Disaster Videos," *Cruise Law News*, 23 Jan. 2011. 20 Feb. 2011. http://www.cruiselawnews.com/2011/01/articles/rough-weather-1/top-five-worst-cruise-ship-disaster-videos/.

22. "Prevent the Spread of Norovirus," Centers for Disease Control and Prevention, 20 Feb. 2011. http://www.cdc.gov/Features/Norovirus/.

23. "Virus Hits Cruise Ship on First Day at Sea," *ConsumerAffairs.com*, 2 Mar. 2009. 20 Feb. 2011. http://www.consumeraffairs.com/news04/2009/03/cruise_illness.html.

24. "Cruise ship repels Somali pirates," *BBC News*, 5 Nov. 2005. 20 Feb. 2011. http://news.bbc.co.uk/2/hi/4409662.stm.

25. "Piracy and Armed Robbery Against Ships Annual Report 2010," *ICC International Maritime Bureau*, 20 Feb. 2011, Page 6. http://www.simsl.com/Downloads/Piracy/IMBPiracyReport2010.pdf.

26. "Piracy Prone Areas and Warnings," *ICC International Maritime Bureau*, 20 Feb. 2011. http://www.icc-ccs.org/piracy-reporting-centre/prone-areas-and-warnings

27. Nguyen, Daisy, and John Rogers. "Troubled Cruise Shows Unpredictability of the Sea," Associated Press, *ABC News*. 13 Nov. 2010. 12 Feb. 2011. http://abcnews.go.com/Business/wireStory?id=12135725.

28. Martin, Timothy. "U.S. News: Thousands Stranded on Disabled Cruise Liner --- Navy Delivers Food to 4,500 Passengers, Crew Off Mexican Coast After Fire Cripples Ship; Carnival Offers Refund, Free Trip," *Wall Street Journal*, 10 Nov. 2010: A.6.

29. "Carnival Splendor," *Carnival Cruise Lines*, 5 Feb. 2011. http://www.carnival.com/cms/fun/ships/carnival splendor/default.aspx.

30. Stroller, Gary. "Carnival Splendor stranding baffles marine experts," *USA Today*, 12 Nov. 2010. 12 Feb. 2011. http://www.usatoday.com/

travel/cruises/2010-11-12-cruise-inside_N.htm?loc=interstitialskip.

31. Nguyen, Daisy, and John Rogers. "Troubled Cruise Shows Unpredictability of the Sea," Associated Press, *ABC News*. 13 Nov. 2010. 12 Feb. 2011. http://abcnews.go.com/Business/wireStory?id=12135725.

32. Ruiz, Mary. "Updates Carnival Splendor," *Carnival Cruise Lines*, 8 Nov. 2010. 12 Feb. 2011. http://www.carnival.com/Funville/forums/p/140814/730198.aspx.

33. Vercammen, Paul; Martinez, Michael and Gast, Phil. "Crippled cruise ship expected in San Diego Thursday," *CNN*, 11 Nov. 2010. 12 Feb. 2011. http://edition.cnn.com/2010/TRAVEL/11/10/cruise.ship/?hpt=T2.

34. Telephone interview with Tim Gallagher, Carnival Cruise Lines' Vice President of Corporate Communications, 1 Mar. 2011.

35. Stroller, Gary. "Carnival Splendor stranding baffles marine experts," *USA Today*, 12 Nov. 2010. 12 Feb. 2011. http://www.usatoday.com/travel/cruises/2010-11-12-cruise-inside_N.htm?loc=interstitialskip.

36. Ibid.

37. Spagat, Elliot. "Travelers Disembark 'Nightmare' Cruise Amid Cheers," Associated Press, *ABC News*, 11 Nov. 2010. 12 Feb. 2011. http://abcnews.go.com/Business/wireStory?id=12122689.

38. McWhirter, Cameron. "U.S. News: Aided by Tugs, Stranded Cruise Ship Heads to San Diego," *Wall Street Journal*, 11 Nov. 2010: A.7.

39. La Ganga, Maria L., and Perry, Tony. "Stranded cruise ship offers lesson in huge vessels' vulnerabilities," *Los Angeles Times*, 10 Nov. 2010. 12 Feb. 2011. http://articles.latimes.com/print/2010/nov/10/local/la-me-cruise-ship-20101110.

40. La Ganga, Maria L., and Tony Perry. "Stranded cruise ship offers lesson in huge vessels' vulnerabilities," *Los Angeles Times*, 10 Nov. 2010. 12 Feb. 2011. http://articles.latimes.com/print/2010/nov/10/local/la-me-cruise-ship-20101110.

41. Vercammen, Paul; Martinez, Michael and Gast, Phil. "Crippled cruise ship expected in San Diego Thursday," *CNN*, 11 Nov. 2010. 12 Feb. 2011. http://edition.cnn.com/2010/TRAVEL/11/10/cruise.ship/?hpt=T2.

42. Ibid.

43. Heald, John. "Here I Am," *John Heald's Blog*, 10 Nov. 2010. 12 Feb. 2011. http://johnhealdsblog.com/2010/11/10/here-i-am-2/.

44. Telephone interview with Tim Gallagher, Carnival Cruise Lines' Vice President of Corporate Communications, 1 Mar. 2011.

45. Heald, John. "Update on the Carnival Splendor," *John Heald's Blog*, 8 Nov. 2010. 12 Feb. 2011. http://johnhealdsblog.com/2010/11/08/update-on-the-carnival-splendor/.

46. Heald, John. "Latest Carnival Splendor Update," *John Heald's Blog*, 9 Nov. 2010. 12 Feb. 2011. http://johnhealdsblog.com/2010/11/09/latest-carnival-splendor-update/.

47. Watson, Julie, et al. "Carnival CEO apologized to stranded cruisers," *MSNBC Travel News*, 11 Nov. 2010. 12 Feb. 2011. http://www.msnbc.msn.com/id/40084109/ns/travel-news/.

48. Ibid.

49. Perry, Tony. "Tugboats, Navy copters head for cruise ship damaged by fire off Mexico," *Los Angeles Times*, 9 Nov. 2010. 12 Feb. 2011. http://latimesblogs.latimes.com/lanow/2010/11/tugboats-navy-copters-head-for-cruise-ship-damaged-by-fire-off-mexico.html.

50. McWhirter, Cameron. "Disabled Cruise Ship Reaches San Diego Harbor," *Wall Street Journal* (Online), 11 Nov. 2010. http://online.wsj.com/article/SB10001424052748703848204575608381063993198.html

51. Heald, John. "Latest Carnival Splendor Update," *John Heald's Blog*, 9 Nov. 2010. 12 Feb. 2011. http://johnhealdsblog.com/2010/11/09/latest-carnival-splendor-update/.

52. Spagat, Elliot. "Travelers Disembark 'Nightmare' Cruise Amid Cheers," Associated Press, *ABC News*, 11 Nov. 2010. 12 Feb. 2011. http://abcnews.go.com/Business/wireStory?id=12122689.

53. Watson, Julie, et al. "Carnival CEO apologizes to stranded cruisers," *MSNBC Travel News*, 11 Nov. 2010. 12 Feb. 2011. http://www.msnbc.msn.com/id/40084109/ns/travel-news/.

54. Martin, Timothy. "U.S. News: Thousands Stranded on Disabled Cruise Liner --- Navy Delivers Food to 4,500 Passengers, Crew Off Mexican Coast After Fire Cripples Ship; Carnival Offers Refund, Free Trip," *Wall Street Journal*, 10 Nov. 2010: A.6.

55. Vercammen, Paul, Michael Martinez, and Phil Gast. "Crippled cruise ship expected in San Diego Thursday," *CNN*, 11 Nov. 2010. 12 Feb. 2011. http://edition.cnn.com/2010/TRAVEL/11/10/cruise.ship/?hpt=T2.

56. Sloan, Gene. "Carnival Splendor passengers disembark in San Diego," *USA Today*, 11 Nov. 2010. 12 Feb. 2011. http://www.usatoday.com/travel/cruises/2010-11-11-1Acruise11_CV_N.htm.

57. Benabia, Jeff. "Carnival Splendor cruise ship

being towed back home (from my balcony)," *Twitter*, 11 Nov. 2010. 12 Feb. 2011. http://twitter.com/dermdoc/status/27516846064 31234.

58. Schaal, Dennis. "Carnival Splendor and 1-way social media response from Carnival," *tnooz*, 10 Nov. 2010. 12 Feb. 2011. http://www.tnooz.com/2010/11/10/news/ carnival-splendor-and-1-way-social-media- response-from-carnival/.

59. Hoffer, Steven. "Footage Gives Peek into Cruise Ship Ordeal," *AOL News*, 12 Nov. 2010. 12 Feb. 2011. http://www.aolnews.com/

2010/11/12/passenger-footage-gives-inside- look-at-carnival-splendor-cruise/.

60. Sloan, Gene. "Carnival: No spam was served on Carnival Splendor during crisis," *USA Today*, 11 Nov. 2010. 12 Feb. 2011. http://travel.usatoday.com/cruises/post/2010/11 /carnival-splendor-cruise-ship-fire-spam- /130847/1.

61. Spagat, Elliot. "Travelers Disembark Nightmare' Cruise Amid Cheers," Associated Press, *ABC News*, 11 Nov. 2010. 12 Feb. 2011. http://abcnews.go.com/Business/wireStory?id= 12122689.

案例 5-3　▶▶▶▶▶▶▶▶

天线门：苹果手机的信号消失（A）

幻想破灭

2010 年的 6 月 24 日，史蒂夫·乔布斯（Steve Jobs）本来应该从他最近的成功里得到足够的满足，因为随着 iPhone 4 的火爆销售，苹果公司在智能手机的技术上又前进了一大步。预售数据显示，苹果公司预计在放开销售后的最初几天就能卖出 200 万部手机。如果美林证券 3 月份所做的预测是准确的话，从 iPhone 三年前首次问世到今年年底，苹果公司将在全球售出 iPhone 手机超过 5 500 万部。骄人的销售业绩给苹果公司提供了丰厚的利润，这不仅归功于其硬件，也得益于公司与 AT&T 签订的独家服务合同。此外，iTunes 应用程序商（iTunes App Store）的大量业务使苹果公司获得了高达 30% 的专利权使用费。

即便新的竞争者一直在模仿最初那些使得 iPhone 广受欢迎的创新元素，苹果公司在销售方面的成功还是如期而至。诸如 Motorola Droid 之类的产品也受到了热捧，并且得益于谷歌（Google）的支持，苹果公司还生产出流线型软件，用以优化互联网和手机 App 服务。毫无疑问，在苹果铁粉的支持下，高销售额会一直保持下去。

尽管有了这样的成功，乔布斯却不敢掉以轻心。因为许多 iPhone 使用者已经开始投诉该款手机在配置新天线后存在接收问题，一些专业性博客也开始发布相关的博文。手机用户报告说，采用某种特定的方式拿着，手机就会失去信号。乔布斯意识到这可能会导致严重问题，所以必须采取行动。问题是：怎么行动？

手机有天线吗？

在 2010 年 6 月备受瞩目的 iPhone 4 发布会上，苹果公司的 CEO 史蒂夫·乔布斯津津乐道地预告了这款手机对手机天线做了革命性的设计，并称之为"绝妙工程"。但实际上，天线也就是被植入在手机边缘的不锈钢带里。几个月前，当 iPhone 4 被泄密给技术博客 Gizmodo 的时候，就有用户从手机上撬开不锈钢带，从中挑出一串黑线，以此来证明手机是伪造的。对于苹果手机用户的这些疑惑，史蒂夫·乔布斯在新闻发布会上做出以下解释：

人们会问"这是什么？"一些人甚至说："这不像是苹果公司的风格。"这条漂亮的不锈钢带里的线起什么作用？事实上，手机上安装的不锈钢带不止一条，而是三条，它们是手机总体结构中的一部分。这是我们绝妙工程的一部分，用不锈钢带作为天线系统的一部分。它们用于接收蓝牙、WiFi 和 GPS 以及 UMTS 和 GSM，所以手机的构造里有这些集成天线。这样巧妙的设计以前从没有人做到过。[1]

iPhone 4 上的不锈钢带充当了天线的角色，并且被分成三部分，服务三种不同的天线频率。

几乎是 iPhone 4 在 6 月开始发行的同时，技术博客和苹果呼叫中心就陆续接到报告称手机打电话时存在信号问题。根据投诉，可能是由于一种被称为"死亡握法"的手持方式遮住了之前被史蒂夫·乔布斯引以为傲的天线。苹果接待中心表示，如果用户的手没有遮住天线的话，手机服务就正常。一旦天线被覆盖，信号会立刻消失，正在进行的通话也会就此中断。YouTube 上的许多视频和原始描述都涉及了同样的问题。

信号出现问题对手机来说肯定不是什么新鲜事了。卡迪夫大学的无线网络规划专家理查德·盖伍德（Richard Gaywood）博士解释说，如果遮住了里面的天线，几乎所有的手机都会出现信号消失的问题。但是，就盖伍德对 iPhone 4 的分析来看，他认为苹果公司这款新手机的信号消失问题却要严重得多，尤其当传入的信号较微弱时。[2]

就好像用手握住 AM/FM 收音机的天线会导致音质下降那样，用手握住 iPhone 4 的不锈钢天线就会导致通话质量下降，这是因为人体皮肤的传导性会导致信号干扰。当裸露的皮肤遮盖了手机不锈钢带上的黑色天线间隙的时候，这个问题变得尤其严重，它会导致短路以至于通话质量显著下降。

至于这个问题是怎么逃过苹果公司员工的质检，普遍的解释是苹果员工要把它放在一个塑料盒里进行测试，而不是用手拿着进行现场实验，所以他们不会遇到信号问题。

负面新闻全面爆发

6 月 24 日，苹果官方发布 iPhone 4 之后，针对这款热销商品的投诉如潮水般涌现。有些预售的手机在 6 月 22 日就已经被送出，顾客在官方发布会之前就已经开始使用、分析这款新手机。

6 月 23 日，一家总部位于夏洛特的网站设计公司 Fame Foundry 在 YouTube 上发布了一个视频，展示了触碰天线导致信号消失这个问题。最初的视频比较了手机不被触碰地放在桌子上、手持手机金属天线部位和手持手机外壳面板三个状态下的信号强度。视频很清楚地显示，只要用户手持天线带，信号强度就从五格降到了零格。视频很快被发布到了苹果产品消费资讯博客 MacRumors 上，仅仅一小时吸引了 60 个用户的回复，12 小时内用户回复数量达到了1 000 个之多。

关于信号问题的传言和视频很快像病毒一样，通过 Gizmodo、Engadget 和 AppleInsider 等技术网站散布和扩散开来。6 月 24 日，官方发布会当天，Engadget 针对此次事件给苹果公司发送了邮件，收到以下回复：

> 手持任何一款手机都会导致一定程度的信号减弱，根据天线所在位置的不同，握住一些特定部位信号减弱的情况会变得更糟糕。这对任何无线手机来说都是毋庸置疑的事实。如果你在使用 iPhone 4 时遇到类似情况时，避免抓住其左下角，那样会挡住金属带里黑色线条的两端，或者你可以换一种其他的姿势拿着。[3]

一直以来苹果公司所提供的产品无论是构造还是性能都是无与伦比的，但是这样的回应很快引起消费者的不满。Engadget 上的文章这样评论道："我觉得苹果公司的解释不只是令人不满，而是傲慢自大，自以为是"，"它应该根据用户的需要进行改进"。苹果用户觉得，苹果公司是在把糟糕的设计一味归咎于使用者的错误。[4]

一周之内，诺基亚公司试图夸大 iPhone 4 的天线问题。诺基亚在它的企业博客上创建了一个网页，展示了诺基亚用户可以多种方式手持手机。该网页详细说明了四种常见的拿手机的方式，所有方式都"不仅舒适，而且不会导致任何信号衰减"。根据该网页，"任何诺基亚手机的主要功能是拨打电话的能力……当人们打电话时通常都是拿着手机的。"[5]

6 月 30 日，摩托罗拉借苹果的天线问题，在《纽约时报》以整个版面刊登广告介绍其新款手机 Droid X，该广告在展示 Droid X 手机特性的同时，以这样的陈述结尾："最重要的是，它拥有双天线设计。这种设计允许你以任何你喜欢的方式握手机，在任何地方都可以不受信号影响清晰地拨打电话。"[6]

苹果公司的历史

创立

苹果公司由史蒂夫·沃兹尼亚克（Steve Wozniak）和史蒂夫·乔布斯于 1976 年 4 月 1 日创立，当时以每台 500 美元的价格将 50 台 Apple I 电脑销售给了 Byte 商店。这些电脑的成功销售使这两人得以继续发展，这可能是首个个人电脑成功营销的例子。虽然为普通人设计电脑的概念最初遇到了一些困难，但沃兹尼亚克和乔布斯获得了迈克·马库拉（Mike Markkula）的 25 万美元的贷款担保，继续了他们的电脑开发。[7]

有了这笔资金的注入，沃兹尼亚克和乔布斯继续做出了几项重大的科技突破，这为苹果公司建立了创新的声誉。其中包括第一款图形用户界面（GUI）的开发、软盘驱动器的重大改进及 Macintosh 电脑的引入。1980 年，苹果公司进行了首次公开募股（IPO），这是福特在 1956 年首次公开募股之后的历史上第二大 IPO。1983 年约翰·斯卡利（John Sculley）离开他原来的公司——百事，受雇成为苹果公司的 CEO。在 1993 年任期结束时，公司资产从先前的8 亿美元成长为 80 亿美元。这期间，他特别限制乔布斯在创新方面的支出。1985 年末，史蒂夫·乔布斯试图从斯卡利手中夺回对公司的控制权未果而离开苹果公司。史蒂夫·沃兹尼亚克在几个月前因一场严重的车祸已离开公司。

史蒂夫·乔布斯的回归

1997 年史蒂夫·乔布斯作为顾问重返苹果公司，后来担任临时 CEO。自乔布斯离开后，尽管 CEO 吉尔·阿梅利奥（Gil Amelio）对公司进行了组织重构，恢复了公司部分运营，但公司一直举步维艰。收购 NeXT 后，乔布斯立即开始实施变革。作为主要发言人，乔布斯在 1997年的 MacWorld 大会上首次亮相，并将继续借助这个平台发布所有苹果公司精彩纷呈的产品。更值得一提的是，史蒂夫·乔布斯的回归使创新的激情被再次点燃。[8]

iPhone

iPhone 的理念可以追溯到苹果的 Newton 掌上电脑，它是第一台真正的个人数字助理器（PDA）。尽管最终史蒂夫·乔布斯中止了 Newton 的开发，但它却可以被视为 iPhone 的一个重要雏形。

然而，真正想开发 iPhone 是在 2002 年 iPod 成功发行之后。史蒂夫·乔布斯知道手机会对 iPod 造成威胁，因为消费者更愿意携带一部同时既能拨打电话又可播放音乐的设备。乔布斯与摩托罗拉和摩托罗拉的运营商 Cingular 进行了谈判，以生产出可以将 iTunes 植入摩托罗拉流行的 RAZR 手机中的软件。这笔交易一开始就进行得不顺利。三家公司之间就手机有限的硬件功能与苹果的软件相匹配问题存在争议。结果是 ROKR 在 2005 年发布，与 iPhone 相比，ROKR 在发布之后的很短时间内就黯然失色了，因为 ROKR 外型不吸引人，且功能存在瑕疵。[9]

ROKR 发布的失败以及乔布斯与合伙人在手机功能设计上的意见分歧，让乔布斯坚信苹果公司应该生产自己的手机。在成功与 Cingular 的高管就收购 AT&T 的独家专利进行谈判之后，乔布斯成功地为生产 iPhone 奠定了基础。在短短的一年后，超过 540 万部 iPhone 手机就被售罄。截至 2009 年，超过 3 370 万部 iPhone 手机在世界各地销售一空。

苹果与 AT&T 联姻

从 2007 年第一部 iPhone 发布以来，AT&T 成为 iPhone 无线设备在美国的唯一运营商。然而，这种关系并不是没有问题。iPhone 的数量和 iPhone 用户的数据使用量最初是被低估的。尽管 AT&T 一直努力满足需求，但这个问题仍然存在。许多用户投诉用 iPhone 打电话时经常掉线，尤其在像纽约和旧金山这样拥有更多用户的大城市。

公司面临的其他 iPhone 问题还包括手机激活问题和预订系统故障。之前的几代 iPhone 手机的激活有时需花上数天时间，因为大量手机用户都挤在发布日当天尝试激活手机。此外，6 月 15 日 iPhone 4 预定日时，AT&T 的系统出现崩溃，预订申请得不到处理，激怒了许多苹果的忠实客户。[10]这些问题以及客户要求使用其他服务商的呼声，已经成为苹果是否应该继续与 AT&T 保持独家合作的争论焦点。

苹果与 AT&T 的合同将于 2010 年到期。因此，在 iPhone 的天线问题及其对公司形象造成的任何损害上，对于正在寻求新合作运营商的苹果公司来说，显得格外关键。苹果与 AT&T 的独家合同曾经为公司创造了极大的利润。在与 AT&T 和其他运营商的谈判中，像天线门这样的丑闻会让苹果公司损失数十亿美元，尤其是在面临日益激烈竞争的手机市场。

智能手机市场竞争愈演愈烈

所谓"智能手机"即可以访问互联网的手机，它拥有更大的屏幕，可以运行安装的应用软件。2010 年，智能手机的销售额估计达到新型移动手机销售收入的 2/3，约占单位销售额的 1/3[11]（智能手机的每单位销售价格明显较高）。这些数字主要是由 iPhone 贡献的，它早已占据了智能手机市场的主导地位，至少在打电话和公众认知方面。[12]但最近的趋势显示，竞争性智能手机正在对 iPhone 的皇冠构成真实威胁。

谷歌开源 Android 操作系统的销售额在 2010 年第二季度超过了 iPhone，并有望在年底首次超过 RIM 的黑莓操作系统。这一惊人的增长使 Android 的安装基础从 1.8% 扩大到 17.2%。[13]诺基亚仍然保持世界领先，主要由于它主攻欧洲市场。Android 是 iPhone 最直接的威胁，因为它被视为 iPhone 最具竞争力的竞争对手，主要是触摸屏控制和庞大的用以提高手机使用率的第三方应用程序库，与 iPhone 操作系统不同，Android 适用于任何手机制造商和所有主要运营商。

RIM 的黑莓智能手机，在美国主要运营商那都可获得，也是 iPhone 的一个直接竞争者，但是黑莓的目标市场更直接地集中在商业合同和与公司 IT 基础设施的集成上。RIM 生产自己的智能手机，并没有将操作系统授权给其他手机制造商。但是从 2009 年 3 月起，第三方开发者可以开发与操作系统集成的应用。[14]

智能手机平台的早期开发者，包括 Palm 公司的个人数字助理、诺基亚的 Symbian 操作系统和微软的 Windows Mobile 操作系统，由于在网速缓慢、款式陈旧的手机上提供了不受欢迎的第三方应用程序，它们已在很大程度上失宠。

在天线门事件发生后，对苹果公司的严重关切，可能会加速客户采用苹果竞争对手的智能手机平台。

实际影响

在 iPhone 4 发布一周后，所报道的天线问题在科技博客和苹果爱好者网站上广为流传。但是，至少从实际受影响的消费者人数来看，该事件所造成的负面影响并不大。

◆ 讨论题

1. 苹果公司应该对所报道的手机天线问题做出怎样的反应？

2. 谁是关键的利益相关者？

3. 苹果公司对消费者的亏欠是什么？

4. 苹果公司应通过什么渠道与消费者就其关注的问题进行沟通？

注 释

1. Business Insider, "The Saddest Part Of The Whole iPhone 4 Antenna Fiasco Is How Proud Steve Jobs Was When He Introduced It," *Gizmodo*, July 14, 2010 < http://gizmodo.com/5586855/the-saddest-part-of-the-whole-iphone-4-antenna-fiasco-is-how-proud-steve-jobs-was-when-he-introduced-it>.

2. "I Phone4 Antenna: Letter of Apple Decoded," *Eastern News*, July 3, 2010 http://www.easternews.net/371/iphone-4-antenna-letter-of-apple-decoded/

3. Topolsky, Joshua, "Apple responds to iPhone 4 reception issues: you're holding the phone the wrong way," *Engadget*, Accessed October 7, 2010 http://www.engadget.com/2010/06/24/apple-responds-over-iphone-4-reception-issues-youre-holding-th/

4. Ibid.

5. "How do you hold your Nokia," *Nokia Conversations: The Official Nokia Blog*, Accessed October 7, 2010 <http://conversations.nokia.com/2010/06/28/how-do-you-hold-your-nokia>.

6. Slattery, Brennon, "Verizon's Droid X Ad Takes Aim at iPhone 4," *PCWorld*, Accessed October 7, 2010,http://www.pcworld.com/article/200520/verizons_droid_x_ad_takes_aim_at_iphone_4.html?tk=rel_news

7. "How the Founders of Apple Got Rich," http://www.mac-history.net/the-history-of-the-apple-macintosh/how-the-founders-of-apple-got-rich

8. "Steve Jobs," *Wikipedia*, last modified 6 October, 2010, http://en.wikipedia.org/wiki/Steve_Jobs

9. Vogelstein, Fred, "The Untold Story: How the iPhone Blew Up the Wireless Industry," January 9, 2008,http://www.wired.com/gadgets/wireless/magazine/16-02/ff_iphone?currentPage=all#ixzz0zcF91jfI

10. Alanesius, Chloe, "Apple Apologizes, Nets 600,000 iPhone 4 Pre-Orders," *PCMag.com*, June 16, 2010,http://www.pcmag.com/article2/0,2817,2365167,00.asp

11. Mintel report, "Segment Performance," *Mobile Phones – US – June, 2010*

12. Mintel report, "Social Media Buzz about OS and App Stores," *Mobile Phones–US–June,2010*

13. Sandstrom, Gustav, "Google's Android Gains Ground on Rivals," *The Wall Street Journal*, August 13, 2010 < http://online.wsj.com/article/SB10001424052748704407804575424693954382462.html>

14. Mies, Ginny, "BlackBerry App World open for business," *PC World*, April 1, 2009 <http://www.pcworld.com/article/162349/first_look_blackberry_app_world_open_for_business.html>

This case was prepared by Research Assistants Jonathan Retartha, Brian Riordan, Joseph Tingey and Kevin Vega under the direction of James S. O'Rourke, Teaching Professor of Management, as the basis for class discussion rather than to illustrate either effective or ineffective handling of an administrative situation. Information was gathered from corporate as well as public sources.

第 6 章

■ 劝 说

"为了有效说服人们接受不同的观点，或者参加各种活动，信任是基础。"苏姗·霍夫（Susan Hoff）说，"只有当人们明白了自己在做什么，才能改变其行为"。霍夫女士是总部设在明尼苏达州里奇菲尔德的《财富》500 强零售商，百思买公司的资深副总裁及首席沟通官。"在百思买，"她说，"我们运用各种沟通技巧使人们达到预期的目标。"[1]

在百思买开发并实施的每一项沟通计划都包括一整套的主要信息和要素，这些要素关注于如霍夫所称的"我们试图达到的利益相关者的'大脑、心脏和双手'。"大脑"指的是事实，"我们的行动必须建立在调研的基础上"；"心脏"则要确保公司的信息能够以人性化的方式与听众产生共鸣；而"双手"是指"针对我们要求利益相关者采取具体行动"给出的指导。这个大脑/心脏/双手方法被用于公司的员工沟通活动，同时也用于与组织外部利益相关者的沟通活动。[2]

霍夫说："作为零售商，我们每天都必须说服顾客来光顾我们的门店。作为雇主，我们必须说服潜在员工，告诉他们百思买是非常好的职场，并且下功夫留住他们。作为一个上市实体，我们必须说服股东，百思买是一家成长性公司，需要他们不断地投资。作为社区的新成员，我们必须说服我们的邻居我们将是良好的且考虑周到的企业公民。此外，每一次在与新闻媒体界人士打交道时，我们都必须说服他们耐心倾听我们的观点。"她说，劝说并不是什么兜售或哄骗，而是建立信任的平台，这样人们就会接受新的观点。[3]

事实上，所有组织沟通要素均涵盖了劝说的要素。它可能是人际沟通，就如管理者与员工之间就发展目标或承担新项目任务进行的沟通，也可能是与公司重大活动有关的更大范围、更结构化的沟通。

例如，百思买最近决定将其信息系统功能外包给埃森哲公司（Accenture）。霍夫及其沟通团队所面临的挑战是要说服 600 名百思买员工转雇到埃森哲公司。"这是一次基于信任的重大的文化迁移，"她指出，"也得益于根植于我们公司价值观的经常性的透明沟通。"[4]通过大脑/心脏/双手方法，与员工进行了多种双向沟通，使他们的行为逐渐发生改变，包括从信息交流和部门会议到午餐讨论会、员工圆桌会以及开设特别网站交流平台。这一切努力都旨在确保他们能够有效地回应员工所提出的问题及关注点。

霍夫说："很重要的一点是我们言行一致。基于这样的信任和可信度我们才能成功地说服员工转入埃森哲公司，达到超预期的 98％的留人率。"[5]霍夫及其团队面临的艰巨任务是说服方方面面的人明白他们所在公司的一个主要部门进行变革以及公司重构的必然性，这等于要说服他们相信与她合作是对他们自己最有益的。

6.1　人类的信念系统

从许多重要的方面来看，不同的人拥有不同的信仰，但是我们所相信的，或信以为真的东西未必就是如此，它取决于我们成长的环境、受教育的程度以及年少时的生活。

每个人都是在不同时间和不同地点由不同的人抚养长大。我们受到许多不同的人的教育、辅导以掌握适应所处社会的文化方式。这些人对我们的行为方式或多或少产生了影响。我们的潜力与个性偏好以及生活经历一起塑造了独特的个体。没有任何两个人相信完全相同的事情，也没有任何两个人对生活、对我们周围的世界拥有完全一致的兴趣、态度或感受。我们在许多方面彼此都不相同。

人类的态度系统，即构成我们独特个体的信仰、态度和观点的总和，是一个融教育、经历及创造力为一体的丰富而有趣的混合体。我们的态度系统不断地进行评价和改变。我们每天向这个系统增加新的信息，强化已有的信念，摒弃旧思想和旧观念，还常常挑战新的假设。

6.2　两种思潮

从人们试图影响他人以来，其关注点一直是在人的行为上。"事实胜于雄辩"和"言为廉价行为贵"这两句充满传统智慧的格言数千年来一直在告诉我们，我们常常无法明白人们在想些什么，但我们却完全能够观察他们的行为。因此，这样的智慧告诉我们行为是衡量一个人的真实企图的更为有效的途径。

行为学派　行为学派认为人类的行为最能清晰地揭示一个人的想法，因此如果劝说将行为层面作为切入点将是最有效的。20 世纪上半叶，主导教育心理的学习型理论实质上主要属于行为主义，它代表了一种心理学的方法，即强调可观察的、可衡量的行为，而淡化心理活动的作用和价值。行为主义者把学习者视作被动地适应其环境，所以学习指导的重点也就放在了训练学习者的行为上。因此，学习是通过可观察的事件和可衡量的变化频率来呈现的。这些变化是对暗示和行为的关系进行强化的结果，而这种关系是受结果模式（也许是奖赏或处罚的形式）所驱使的，这一行为的形式通过不断的实践会使这种联系非常紧密，大大缩短了强化暗示和行为之间关系的时间。[6]

约翰·B. 沃森（John B. Watson）在其早期发表的论文中指出心理学应该只关注行为的客观数据。[7]哈佛大学的斯金纳（B. F. Skinner）教授和耶鲁大学的斯坦利·米尔格拉姆（Stanley Milgram）教授之后进一步强调了 20 多年前由著名学者伊万·P. 巴甫洛夫（Ivan P. Pavlov）提出的"行为是由其结果决定的"的观点。如果人类的行为可以被训练成能够对外界的影响做出反应，就会导致态度和信仰的内在变化。

认知学派　产生于 20 世纪 50 年代和 60 年代的认知学派代表了不同的学习观点。许多理论学家并不同意严格强调可观察的行为，认为完全有可能在不改变学习者行为的情况下学习东西。认知学派主要从内部关注在学习过程中学习者的心智活动和变化的情况。在认知理论中，知识被视作学习者头脑中的象征性心智构造，而学习过程则是将这些象征物印入记忆的途径[8]，被观察到的变化只是表明学习者大脑思维的过程。虽然我们的行动可能是受我们信仰所驱使，但认知心理学家还是以不同的方法看待人类的态度系统。他们根据我们的实际思维来看待心理学家霍华德·加德纳（Howard Gardner）所称的"我们思维的内容——概念、理论、事故和技巧——及方式"。[9]

在早期的认知主义者中，密歇根州立大学（Michigan State University）的米尔顿·罗克奇（Milton Rokeach）的著作对于我们理解人类的思维和行为做出了特别重要的贡献。在其里程碑式的名为《信念、态度和价值观：组织与变革之理论》（*Beliefs, Attitudes, and Values: A Theory of Organization and Change*）的著作中，罗克奇对人类态度系统进行了探讨。他还考察了构成我们信念的各要素之间的关系，以及导致态度同化和行为改变的相关因素。他的著作还描述了我们每个人组织和构建我们所了解和相信的东西的基本方法。图6-1是对罗克奇著作的最简单的直观化诠释，它可能有助于我们理解那些作为我们信念基础的各构造之间的关系，并且在诸多方面有助于我们界定自己。尽管也许不是那么重要，也非关键态度，但不管怎么说它指导并让我们了解自己的行为。[10]

根据罗克奇有关人类态度系统的观点，有三个组成部分帮助界定我们的信念、我们组织这些信念的方式以及这些信念对我们日常行为的影响。

图6-1　人类态度系统的概念性观点

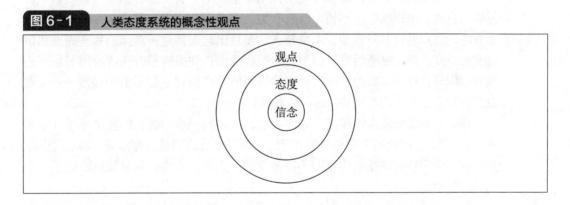

信念　信念是系统的核心并习得于早期生活，信念是我们价值观的最根本的组成部分，是从我们高度信任的人那里获得的，包括我们的父母、亲戚、老师、教练、宗教导师及权威人士。由于儿童一般不具备心理学家所称的较高的心智结构能力，因此他们缺乏成人拥有的思辨能力。[11]他们倾向于对其长辈的情感需求和直接教诲做出反应。我们以一种独特的方式相信世界那样是因为那些抚育我们、教导我们和关心我们的人告诉我们要那样。因此幼童形成了其对周围世界的看法主要是因为他们别无选择。[12]这些基本的信念包括从对上帝的理解，到我们与自然的关系或我们对有关健康与营养的看法。

我们绝大多数的信念相互之间并不是有联系的，也非井然有序。然而，它们总是体现了一定意义上的平衡性和一致性，即使有些信念相互矛盾。比如，有关营养的基本信念是："饮食健康对我有益，但偶尔食用红肉是有好处的。"其他人（尤其是素食者）可能并不认同你的观点或试图说服你不要食用肉类，但现在让我们假设你目前的状况一切良好。

态度 作为信念的结果，我们的态度依赖于信念，并且倾向于与其保持一致。"态度"这个词是一个导航性表述，描述你所处的位置。这样，我们对每个话题的态度不仅会影响我们认识周围世界的方式，而且会影响他人认识我们的方式。一种信念一般来讲会导致10多种态度，每种态度都可能会在我们一生中发挥重要的作用。[13]

比如，你对肉类的观点可能导致你认为偶尔食用牛排或牛肉卷饼会是对你饮食的一个很好的补充。这种观点并没有过于说你为何认为它是好的或要去哪里吃，而只是说你喜欢用餐时偶尔吃些牛排。(顺便解释一下：我是蒙大拿州一个畜牧农场主的孙子，因此就不难理解我对我饮食中牛肉的作用的信念是如何起作用的了。)

观点 位于我们信念系统最边缘的观点属于最不重要的。罗克奇等人认为，事实上观点是我们信念系统中最缺乏主见的结构。它们是各种不同态度的结果（它们本身并没有核心信念对世界观的影响那么大）。我们基本上依赖于偏好，很容易被转移、修改、创造或彻底去除。

如上所述，我有关饮食的看法是基于我基本的信念，即在我的饮食中吃红肉也无妨（即使我所尊敬和羡慕的人并不认同这一点），并且这一态度告诉我偶尔食用牛肉卷饼，也许感觉还不错，而我有关去哪里用餐或镇上哪家店牛肉卷饼做得最好吃的观点也许并不重要，不会持久，而且比起支持这一观点的那些态度和信念更易改变。在一家墨西哥餐馆用餐的糟糕经历也许很容易改变我对用餐场所的偏好。同样，在一家新的餐馆用餐的愉快经历或许会建立起新的忠诚度——所有这些都建立在对牛肉卷饼基本的积极态度上。

信念、态度和观点的作用 如前所述，在人的一生中信念的变化缓慢（如果有变化的话）；态度则更容易因生活经历、教育和当前的事件而形成；观点完全是短暂的，它们随着证据的出现而不断地改变。此外，人的态度系统也取决于一系列其他原则。

● 一个层面的改变也许会揭示一个需要重新考察的较基本的层面，但无须改变该层面。如果我用餐的那家餐馆的鱼不好吃，这可能会让我重新考虑以后是否要在印第安纳州点鱼吃，但它们不会使我改变我饮食中包含水产品的观点。

● 基本层面的改变会要求所有较高态度层面的改变。我一旦决定戒烟，因为吸烟对我（和周围的人）的健康有害，我有关应在何时何地吸烟的态度以及品牌选择的观点便均被抛至九霄云外，我的信念的基本改变（从"吸烟很酷"到"吸烟有害"）会导致基于那个信念的所有态度结构的改变。

● 改变越基本，系统的重构就越深入。切斯特顿（G. K. Chesterton）曾经写道："当一个人停止信仰上帝，他并不是从此没有了信仰，而是开始信仰任何事。"[14]我们的信仰是价值观中最基本也是最主要的部分，对其中任何方面的改变或放弃都会导致我们信念系统的混乱和不稳定。

● 在一个特定的信念或态度群体中，信念的基础越是缺乏理性，态度的改变就越困难。受情感支配的态度特别难以改变，因为它们缺乏理性，因此它们对于试图通过理性或逻辑思维来改变它们的方式尤其抵触。我或许认识到芝加哥白袜队（Chicago White Sox）每年夏天所做的事的益处和价值，但我永远不会着迷，即使你告诉我它在为周围环境及芝加哥做非常有意义的事。我是芝加哥小熊队（Cub）的球迷，而我对小熊队的那份忠诚当然涵盖了足够的感情。这一点在本书接下来的阐述中可见一斑。

● 结构越是接近人的信念系统的中心，这个结构对于一个人的自我概念就越重要。于是，这种信念就变成了自我界定。[15] 如果你是一位坚定的环保主义者，你很有可能把自己确认为环保主义者，即以个人的表述方式描述你的信念、观点和行动。这些信念能够确定你是谁，以及你每天的生活方式。

6.3 劝说的目的

大多数心理学家告诉我们，在试图影响他人观点的过程中，我们大致有三个目的：强化积极的观点，形成新的观点，以及中和敌对的观点。

强化积极的观点 一个特别有用和有效的劝说方法就是强化积极的观点，因为这样有利于演讲者或作者面对这样的听众或读者，即分享其思维方式、相信同样的事物。他们很有可能对他们收到的信息做出积极的、热情的反应。此外，"唱赞歌"的潜在好处是那些已站在你一边，并且与你有同样信念的人会去影响和强化那些可能仍未形成任何观点的人。强化积极观点不仅有助于避免那些认同你的人改变主意，而且有助于影响那些对相关话题不了解或未被说服的人。

形成新的观点 为达到这一目的，适当的指导或大量的解释工作是必需的。要劝说那些对当前主题毫不了解的人或者对话题或与你毫无情感联系的人，往往需要额外地下功夫。就大多数目的而言，你并不需要说服镇上所有的人来接受你的观点，你只需劝说那些关键人物，即那些对事件结果举足轻重的人。但是，往往如果我们忽略了不知情的广大群众，就会冒险让那些不怀好意者乘虚而入，取代我们的位置，而在缺乏有关我们观点的准确信息时，那些不知情者就会有先入为主的可能，接受他们一开始获得的信息或观点。

中和敌对的观点 中和敌对的观点是一项艰巨而持久的任务。那些与你持截然不同观点的人，永远都不可能被你说服——即便认识到你是正确的，或者你对某个问题的看法或观点是对的。关键是你不要试图去转变这些人，那是徒劳的。你与他们往往处于两极。最有效的方法就是你应该阻止他们先于你或你的同盟接近那些不知情者。你的最佳武器便是真理——正确的、理性的论点，与话题相关的情感互动，以及速度。你越早接近那些仍未形成观点者，你就越快抢得先机改变他们的主意。不用费心去转变那些持反对意见者。

6.4 态度形成过程的结果

任何劝说尝试都必须首先考虑劝说者的目的和目标：你为什么与这个特定的

群体或个体进行沟通？你想取得一个什么样的结果？你的目的是提高认识还是影响行为？任何劝说性尝试还应了解听众的目的和目标：他们为什么愿意倾听和阅读并且关注这次沟通？他们想获得信息吗？他们是否希望获得鼓励以支持某项决议？他们希望这次互动产生什么样的结果？

一般来说，劝说或态度形成过程的结果包括以下三种情况：

● 强化现有的态度。如前所述，在劝说中你的首要任务就是强化那些赞同你的人的观点。这种强化不仅有助于防止支持者的倒退，还有助于增加能够帮你劝说不知情者的人。

● 修改或转变现有的态度。要获得这个结果有点难度，但确实是可以实现的。当从可靠的信息提供者处获得新证据后，态度会朝着某个方向转变，但这是一个较漫长的过程。不符合我们参照框架的新证据很可能会被拒绝，但是经过一段时间，足够的基于可靠来源的新证据可能会打破平衡，让我们重新考虑自己的立场。

● 产生新的态度。或许在劝说中最难实现的目标莫过于产生全新的态度体系。这项任务的最好完成方式是，在我们想确立的新立场与听众现有信念之间建立联系。广告商经常试图转移消费者对品牌的喜好，它们会向消费者展示新产品比现有品牌如何经济实惠，如何清洁与环保，或者如何更加安全。尽管为了形成新的态度，你或许需要做大量的指导性工作，但如果做对了，就会达到产生一个有用的、持久的观点的结果。

6.5　劝说的科学性

"只有少数幸运者能够做到，"罗伯特·恰尔蒂尼（Robert Cialdini）说，"我们多数人做不到，只有少数有天赋者大致知道如何吸引听众、动摇犹豫不决者，以及转变反对者的立场。"[16]这些劝说大师是如何使他们的魔力对听众起作用的？有什么技巧或原则是他们运用而别人却没有用到的？其中存在科学道理，还是纯粹因为超乎普通人的技艺？事实上，正如恰尔蒂尼所揭示的，管理者和行政人员可以通过科学的方法来改进他们的劝说能力。

"在过去的 50 年里，行为科学家做了大量的实验，充分说明通过某些互动可以使人让步、应承或者改变。这项研究，"他写道，"表明通过触及人们内心深处的驱动力和需求，劝说才能真正达到目的。换言之，劝说成功与否取决于基本的原则，即是否可被传授、学习和应用。"[17]

以下是恰尔蒂尼提出的六条科学性原则，广大商业作者和演讲者可以将它们运用到日常工作中以赢得让步、降低成本或确保达成共识。

● 喜爱。我们倾向于喜欢那些喜欢我们的人，但同时也倾向于喜欢那些像我们的人。与他人交朋友可能有助于我们影响他们。发现真正的相似之处以及给予由衷的赞美有助于我们说服他人。

● 互惠。日本人称这项原则为"吉里"（giri），即一种共同债务。它的意思就是人们以实物偿还，并希望从中得到回报。假如你想从同伴或同事那里获得他们的时间来帮助你解决问题，那你也应花时间帮助他们。

● 社会证明。人们在被要求做某事时，会听从与他们相似的人的指导。如果你能展示你得到了你想劝说的人所熟悉的邻居、朋友、同事或其他人的支持，那么你成功的概率就很大。来自满意顾客的感言、调查、民意调查等会对个人的决策带来很大的影响，尤其是当支持你的人是你劝说对象所敬重的、能够左右其观点的关键领导时。

● 一致性。一般情况下，人们都喜欢一致性。他们说到做到，并且喜欢待在他们自己的"舒适区"。人们会与他们明确的承诺保持一致，尤其是那些公开的自愿的承诺。别在西服上的竞选小徽章并不是用来驱使我为你的候选人投票，而是防止你为其他人投票。如果你已公开声明要为某位候选人投票，你就不会反悔自己的立场，把选票投给别人。

● 权威性。如果你无法让人们相信你的立场得到了他们的朋友和邻居的支持，那么你可以向他们表明你得到了专家的支持。人们很容易接受专家的建议，你可以通过两种方式利用人们的这种倾向。你可以讲述一下自己的专长（人们通常不会认可或欣赏你的经历），或者你可以找些他们熟悉的人的专长。

● 稀缺性。物以稀为贵。奇怪的是人们喜欢某些事物往往仅仅因它们是稀缺的。在不违背道德原则的基础上，你可以声明某物是稀缺的、不可多得的或供应短缺的，即便事实并非如此。"这桩便宜买卖到5点就结束。"一位推销员说。但事实是，他第二天还会做同样的买卖。为了在讲究道德的前提下应用好这一重要方法，你必须突出所强调事物的独特好处，或者提供从其他地方得不到的独家信息。[18]

6.6 劝说中的成功尝试

大多数成功的劝说尝试均包含四个独立而又相关联的步骤。遵从这四个步骤并不能确保与任何听众的沟通都会成功，但是它们可以为之后的态度同化和行为改变创造条件。

吸引听众的注意力 市场是拥挤的，收件箱是满满的。人们通过媒体、电话、职场大肆宣传以吸引你的注意力，而注意力则具有为人类看门的功能。每天我们暴露于各种刺激——光线、声音、味道、触摸和气味中，如果我们不能对所关注的方面进行选择，我们的感官就会超负荷。心理学家把这项能力叫作选择性知觉。换言之，我们通常潜意识地选择我们要关注、接受、思考并采取行动的事物。同时，我们又选择性地忽略其他事物。[19]

显然，我们选择关注的某个刺激物比被忽视的刺激物更具优势。那些控制我们注意力的事物容易导致行动。我们选择某些事物进行关注并不是偶然的，有两个因素在我们选择时起作用。首先，人们关注那些含有引起注意力因素的刺激物，如明亮的光线、声音、动作和颜色等。其次，人们对于那些与自己的需求和目标相关的刺激物会做出反应。当我们饥饿的时候，餐厅标识会显得那么突出；相反，我们不会过多地去关注招工广告，除非我们在找工作。

为听众提供适当的激励 具有说服力的作者或演讲者能够使观众相信他们的

主张，并鼓励其采取那些与他们的主张相符的行为。这种方法需要提供充分的理由来支持你所坚信的事物。修辞学家卡尔·R. 华莱士（Karl R. Wallace）甚至认为，这些理由不是你自己认为好就可以，而是听众认为好才可以。当然，这就意味着在你写作和演讲前，你必须非常了解你的听众。[20]行为心理学研究提出三种宽泛的、一般性的人类行为激励理论：

● 人类需要的激励。心理学家亚伯拉罕·马斯洛提出了非常著名的需要层次理论，他把人的需要分为五个层次，最基本的需要应该首先被满足，接下来是安全需要、归属需要、爱或尊重需要，最后是自我实现需要。他观察发现，人们有各种需要在满足与未满足之间不断出现、消失和再次出现。比如，我们需要食物和水，当我们吃饱喝足之后，这种需要就消失。马斯洛认为这些需要有一定的顺序性，即它们是相连的，以至于只有当强烈的低层次的需要得到满足或实现以后，才会产生弱的高层次的需要。

图6-2只是个模型，不同层次需要之间的关系并不像模型中的分界线表现的那样绝对。另外，有必要指出的是，并不是高层次的需要就比低层次的需要优越或更重要。只有当我们低层次的需要被满足之后，高层次的需要才会微弱地出现。

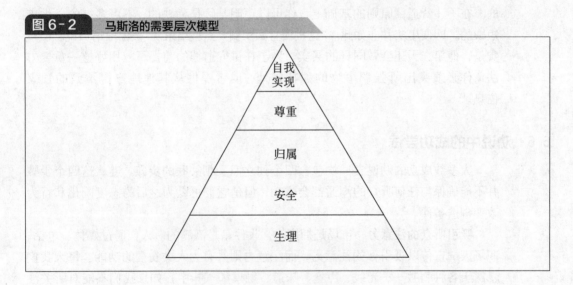

图 6-2　马斯洛的需要层次模型

基本需要包括人们生活中最为基本的生理需要：空气、食物、水、睡眠和消除浪费。我们不能考虑其他更高的需要，除非这些基本的需要得到满足。基本需要是如此强烈，以至于不会为了其他的需要而被人们遗忘。

安全需要处于马斯洛需要层次的第二层，它关系到我们对福祉和信心的感受。我们的不安全感可能来自担心会变成犯罪的受害者，担心我们的工作、我们家庭的福祉和我们的未来。这种需要是相对稳定的，并且即使得到满足，还会经常重新定义其内容，然后在一定程度上呈现在我们的生活中。

归属需要紧随安全需要之后。当我们感觉到安全了我们就会关注第三层的需要。人们有相当强烈的愿望与他人交往和联系。我们属于社会性动物，希望在群体中与他人建立联系和交往。归属、成为群体生活中的一部分、被他人接受对大多数人来说是很有力的激励，即使对于那些说不在乎别人怎么想的人。在内心深处，我们每个人都渴望与他人交流。

爱或尊重需要比归属需要高一层次，处于马斯洛需要层次的第四层。我们每个人都希望感觉到被人爱、被人需要和被人认可，尤其是被那些与我们最亲近的人。人们会经常因为遭遇失败而产生挫败感，那并不是因为他们自身形象受到打击，而是因为他们感觉辜负了亲近的朋友或家庭成员，或者令他们失望的缘故。如果我们发现自己受到家庭的爱戴和被需要，尊重需要就不会消失，这是一个重复出现的需要。我们希望得到他人的认可和接受，包括朋友和同事。这种需要得到满足的程度越大，其强烈程度就变得越弱，但是它不会被完全满足。

自我实现需要处于马斯洛需要层次的最高层，表明每个人都不可能真正地成为他们想成为的那样，除非前四种需要都首先得到了满足。马斯洛说过，只有所有的低层次需要得到了满足，人们才真正开始不辜负他们全部的潜力。马斯洛在其晚年重新思考了他早期的相关著作，修改并完善了自己的思想，认为当人们远没有满足所有前四个层次的需要之前，年轻时就能达到自我实现。他把"最高境界"描述为，人们自力更生，充分展示其能力，并且在生命的各个阶段发挥其潜能。马斯洛的晚期思想并不与他早期的任何著作相冲突，只是对其的修正，并证明在自我实现之前，人们并不需要走完自己的全部人生或被晋升为公司的总裁。[21]

● ERG 激励理论。心理学家克莱顿·奥尔德弗（Clayton Alderfer）发展了另一个以需要为基础的研究途径，叫作 ERG 理论。该理论对马斯洛的分类进行了精简，并且对有关需要与动机之间的关系做出了不同假设。ERG 这个表述是由奥尔德弗将马斯洛五范畴体系精简为三个范畴而得名：生存（existence）、关系（relatedness）、成长（growth）。

生存需要是由一些基本物质需要或条件来满足的，可能包括对食物、住房、报酬和安全的工作环境等的需要。

关系需要是通过与其他人包括朋友、家庭成员及同事进行开放式沟通，以及思想和感受的交流等来得到满足。

成长需要通过非常积极地投入工作、教育及个人发展来得以实现。这方面的需求不仅意味着充分发挥个人的技能，还包括开发新技能。

奥尔德弗以三个宽泛的范畴代替马斯洛的五层次需要理论，他的理论在许多方面与马斯洛理论相似。奥尔德弗认为，一个已经得到满足的需要可以通过替代未被满足的需要而成为一种激励因素。ERG 理论对我们理解人类动机方面的贡献取决于两个基本的前提：首先，随着越多低层次需要得到满足，越多高层次需要就渴望得到满足。其次，越少的高层次需要得到满足，就会有越多的低层次需要渴望得到满足。对于企业沟通者而言，马斯洛理论及 ERG 理论的价值在于，在关于什么可以激励人的问题上提供了指导。了解到目标听众哪些需要得到了满足有助于制定进一步改变行为的要求。[22]图 6-3 揭示了亚伯拉罕·马斯洛与克莱顿·奥尔德弗的理论是如何紧密相连，以及它们对人类动机的相似洞察力。

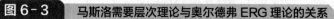

图 6-3 马斯洛需要层次理论与奥尔德弗 ERG 理论的关系

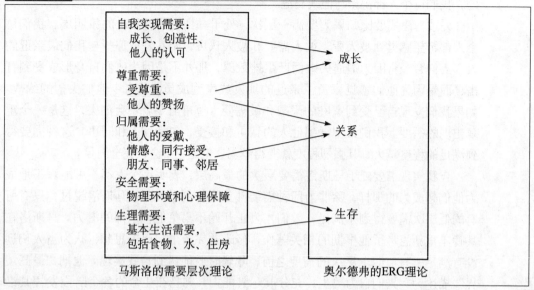

● 八种潜在需要。20 世纪 50 年代后期，作家兼评论家万斯·帕卡德（Vance Packard）在其针对广告商开展的动机研究基础上，整理并出版了《潜在的劝说者》（*The Hidden Persuaders*）一书。根据一系列针对消费者购买动机的复杂心理测试结果，以及借助动机研究方法，帕卡德发现了频繁应用于产品销售中的八种"迫切需要"。之后的 50 多年里，许多广告商仍然应用这些研究结果，尽管是以更加成熟的方法。

情感安全需要。需要确定一切都好，才会感到安全有保障。从疾病到恐怖分子，每一件事都能威胁到我们对福祉的感受。

价值确认需要。无论我们是谁或做什么工作，都需要反复确定我们拥有个人价值，即我们作为个体是有价值的。我们需要知道人们是理解并赞赏我们的。

自我满足需要。我们需要被告知我们不仅是有价值的，而且确确实实是很特别的，或者（在某些方面）在某些事情上比其他人更优秀。赞美、公众认可及奖励可以确定这种价值。

创造机会的需要。我们每个人都有对组装、手工艺、装配或自我创造的需要。当妈妈在她的盒装糕点中加入鸡蛋时，她就在为家人"创造"甜品。糕点中的鸡蛋粉，让家庭主妇无法再加入什么东西，缺少了创造的成就感。

爱他人的需要。除了被爱之外，我们有强烈的需要去爱其他人。每个人（或每件事），从电影明星、皇室和名人到家庭宠物都可以满足我们延伸爱的需要。

权力感需要。对于不同的人权力感来源于不同的渠道。对于年轻人来说，令自己驾驶的摩托车的发动机发出轰鸣声会传达权力感。对于女性而言，权力则预示着完全不同的东西：她们可能寻找控制权或决策权作为其生活中权力满足感的来源。

寻根需要。在一个人们迁移频繁，并且往往迁移到非常远的地方的社会里，对寻根的需要会很强烈。家的提示物、家庭经历、"老式"的产品以及中产阶层的价值观常被用来激励消费者购买从长途电话到快餐汉堡包等产品。

永生需要。我们经常会认为即使自己去世后也还能对他人产生影响。寿险保单、信托基金和其他产品就是针对这种需要的。广告中对年轻人持续的关注就是针对我们害怕变老的心理。对于永生和青春，我们被告知可以从一杯啤酒中买到。[23]

将需要理论与劝说性信息相联系　在肯定性劝说中，作者也许会主张如果读者接受了他的建议，那么当前未被满足的需要将得到满足，或者将被满足的需要会更加完全、高效或快捷地得到满足。比如，你所在公司的人力资源部会主张开设一个现场训练中心，以有助于增进员工身体健康，鼓舞士气，并使企业在招聘新员工时获得优势。

在威胁性或恐吓性劝说中，作者可能会渲染持续满足某种需要所面临的威胁，然后指出如果读者遵循其建议，就会避免这种威胁。比如，一些商业承租人可能会指出建筑业管理层务必增强他们设施的安全性，如果管理层不遵从他们的意见，那么这些承租人会提出在租赁协议结束时搬迁他们的公司。

一些针对恐吓性劝说的研究表明：

● 高度可靠的消息来源会使人们对恐吓性劝说做出很好的反应。如果听众知道并相信该消息来源，那么他们就更可能去遵从劝说者的建议。

● 当一个强恐吓性劝说是针对听众所爱戴的人的利益，而非听众自己时，它显得更加有效。

● 强恐吓性劝说的影响效果可能与听众的个性特征有关，未受过教育或缺乏自尊的人更容易受直接威胁的影响。

● 要唤起的恐惧心理似乎取决于演讲者的能力，即能否说服听众，使其相信恐惧的事物具有成为事实的可能性，并且会带来严重的后果。正如相对于向家庭主人推销小行星碰撞保险来说，向其推销家庭火灾保险或汽车事故保险要容易得多。但是，即使是司空见惯的事（如晨起会有口气），作者仍要让读者相信事故的后果是很严重的。[24]

合理性和一致性动机　人们除了受满足需要驱动外，还受社会传统下其行为合理性的驱动。我们经常被要求应理性、行为一致。因此，一贯性理论假设人们会尽量去避免不一致的信念、态度和行为。

这些理论均指出，我们内部心理状态越不和谐或不平衡，希望解决它的动力就越强烈。不和谐仅仅是内心紧张，而内心紧张是因为我们接触到与自己已经熟悉和确信的不一致的信息。由于我们因为紧张而感到不舒服，因此迫切要解决问题来缓解紧张状态。例如，假设你与某个供应商有多年的商业往来，并建立了良好的合作关系，但最近你发现他与一桩丑闻有牵连。他的商业行为涉及非法回扣和贿赂。你会对这则消息做出何种反应？最有可能的是，你会认为这则消息不真实或者是供应商竞争对手所为。然而，如果你从可靠的消息提供者那里证明丑闻是真实的，那么很可能你会寻找其他供应商购买材料来消除这种不和谐。[25]

当你试图应用这些理论时，你必须首先向听众表明你的立场以及由此产生的行动和行为是与他们现有的信念相符的，或者你必须要向听众表明，你的竞争对手或反对者所提倡的其他立场是与他们现有信念不一致的。

社会从众性动机　一些社会力量把我们每个人塑造得更加人性化，这些社会力量包括：

● 受崇拜的个体。包括父母、老师、艺人、政治家、职业运动员、朋友、亲戚、教练、宗教领袖以及许多其他人。

● 同龄群体。在年轻的时候，人们最愿意与那些与自己同龄、同种族、同文化、同社会地位和有相同兴趣的人交往。为了与这样的群体保持一致而产生的压力是非常大的。

● 社会规范。与他人之间的群居生活和社会性互动把行为标准强加给我们，即使我们没有意识到与他们有群体从属关系。这些规范受到全社会的广泛认同，并且成为无形的行为准则，这些准则涵盖了从语言到穿着、食物，再到个人习惯的所有事情。[26]

作为管理者，对于那些想与其交流的人，我们必须寻找能够激励我们沟通对象的有效方法。人的需要、理性和一致性行为及社会从众性都可以作为有力的工具来劝说他人按照我们所期望的那样去思考和行事。无论他们是顾客、供应商、股东、员工、主管还是与我们共事的人，每个人都会以不同的方式对我们激励他们的努力做出反应。关键是要了解你的听众。

将听众的动机转化为行动　一旦听众开始关注你的信息，并且已在适当和强有力的激励下相信了你的信息，你就必须为他们提供一个实施行动的渠道或平台，这种激励涵盖两种基本形式：

● 推荐一个具体的主张或建议。一个具体的建议使得听众愿意遵循，以便获得你所承诺的满足。换句话说，就是具体地告诉他们你期望他们做什么，同时还应具体地告知应该什么时候去做，如何去做。例如："在主接待台或一楼餐厅为本周从周一到周五搭乘公交车的人登记，并接受之后12个月内的短程停车。"

● 表明得到满足的高概率。听众需要获得某个保证，以确保如果按你说的去做，你会兑现你之前的承诺。例如："如果未能完全满足你的要求，我们可以在购买后30天内的任一时候，把钱返还给你。"

听众反说服中的持续诱导　信息很快会过时，而听众在应对你那具有说服力的信息时所持的态度和立场，同样也会过时。特别是情感性劝说，是短暂的或暂时的。如果你已经基于情感性劝说说服某些人为你的事业捐钱，那么，在他们短暂的热情消失之前，你必须尽快想办法收集捐款。很多冲动性购买行为都取决于购买者的动机改变之前所采取的行为。

为了帮助确保那些已被你信息说服的人的坚定信念，你必须设法避免他们对你进行反说服和反驳。以下是几种有效的方法：

● 阐述相反论点并驳倒它们。如果你知道听众将听到你的竞争对手的相反论点，那么你至少可以向听众陈述一部分这样的论点，进而对其错误之处进行驳斥或者指出它的破绽所在。

● 鼓励听众以有形的或可见的方式做出承诺。正如我们前面所解释的那样，要想在我们已经向公众公开表明要支持的立场或观点上后退是非常困难的。老乔治·布什（George Bush）因为讲了"绝对不征新税"这句话而感到后悔不已。因为就在他公开讲这句话的 18 个月之后，受反对党的压力他不得不加税，并因此而遭到普遍抨击。

● 警告听众有人企图改变主意。如果你知道听众会接触到竞争对手的信息的话，你可以警告听众后者是出于要他们的钱、选票或承担责任。一些广为人知的广告警告听众防止冒牌货："不要接受替代品，当你下订单时，要求提供真货。"

6.7 应该使用单面论证还是双面论证

人们通常想知道是否应该提及一个论点的另一个方面（或多个方面），还是最好就别去管它。对另一个方面的讨论是否会使得对手更容易影响听众，或者你是否最好提及并反驳那个方面？什么时候提供双面论证最为有效？什么时候最好不理会那些反对者的观点？针对这些问题，行为学家做了大量的实验，以下是他们研究的结果。

单面论证在以下情况下最有效：

● 听众一开始就同意你的观点，你的目的很简单，即强化这种认同。如果听众已经站在你这边了，复杂、多层面的论证就没必要了。你只需告诉他们什么是你所坚信的，为什么你认为它是重要的，并且提高他们对你观点的信心。

● 听众没有受过良好教育或者相对低自尊。在一些例子中，人们可能没有相应的教育或背景来充分理解某个问题。儿童、老年人以及其他人可能会对单面论证的劝说性演讲做出最佳的反应。

● 听众不会在以后接触到任何形式的反说服。如果你知道听众只会接触该论点的单方面，你就相当于在做一次性的买卖，那么单面论证则最有效。

双面论证在以下情况下最有效：

● 听众最初不同意你的建议。例如，如果你试图解释为什么雇员把食物带到公司计算机实验室是不明智的——大部分听众已经同意了你这个观点——一个针对因素和原因的简单、片面的介绍就足够了。如果你主张办公楼里不能带进任何食物或茶点——大部分听众会不同意你这个观点——这时展示问题的两个方面：带食物进职场的原因和禁止职场带食物的理由，就会更有效。

● 你知道听众随后会接触到反说服或反宣传。无论听众最初的态度如何，当你确定听众会听到反面的观点时，双面论证通常是最有效的。如果你正在向顾客推销产品或服务，而这些顾客可能也会接到竞争对手的销售电话，这时在说明为什么你的产品或服务是最佳的之前，向顾客提供所有的事实根据，包括那些竞争对手会提到的。这么做是很有效的。

● 听众缺乏对话题的了解或个人参与程度较低。如果预期的听众对当前的主题了解甚少，或者你的观点与他们的观点大相径庭，双面论证通常最有效。最近邻居按响我们家的门铃，请求阻止在住宅小区开设一家 24 小时便利店。因为大部分他交流过的人没有参与过这类事或缺乏这方面信息，于是我们的邻居就准备了简单而精心考虑的双面论证，即同意或反对这个新商店的建立，最后提供了为何不能建在我们小区的结论。

● 你希望产生更持久的结果。较之单面论证，双面论证似乎可以确保更持久的态度改变。如果你想要得到听众的长期承诺，那么他们就应该了解并支持你观点的基本论点和理由。在进行劝说前，给出论点的两个方面。[27]

记住，当你提供双面论证时，应考虑伦理道德的因素。如果听众与你意见一致，但却受教育程度较低，他们不可能了解到反对意见，但却可能从那些反对意见中获益，那你就应该考虑在强调你观点价值的同时揭示论点的所有方面。

最后，记住你有责任对听众诚实。如果你误传事实或没有说出真相，你最终将被发现——可能不是马上，但是最终一定会。你的信誉会受到损害。符合逻辑地、认真仔细地组织你的材料，使用一致的、可信的、最新的证据。

6.8　不是我们所记得的所有事情都是真实的

那些我们信以为真的东西往往是错的。在伊拉克战争前期，许多报纸披露了相互矛盾的信息，其中一些后来被证明是错的，随后被各种新闻机构撤回。然而，最新的研究表明，即使在对相关报道进行了公开修正，最初的读者可能还会继续相信现在已经信誉不佳的报道。发表于美国心理学会（American Psychological Society）杂志《心理科学》（*Psychological Science*）上的一项研究指出，一旦你看了一则新闻报道，即使之后的信息表明它是错的你可能还会继续相信它。[28]

西澳大利亚大学（University of Western Australia）的心理学教授史蒂芬·柳安多斯基（Stephan Lewandowsky）主持了这项研究，他解释道："人们在收到一项撤回时，最初的错误信息已经成为其心智模式或世界观不可或缺的一部分，而如果漠视它，就会给世界观造成混乱。"他总结道："人们继续依赖错误信息，即使他们明确地记得、理解其随后的撤回。"[29]

这项研究结果对于记忆研究者来说一点也不意外。实验室研究一再表明，人们拥有一种令人惊讶的记忆倾向，即回忆起那些从来没有发生过的事情。如果你看了一连串的单词，如枕头、床和睡衣，然后问你那些单词中是否有"睡觉"一词时，有相当多的人回忆说有这个单词。[30]

在这样的情形下，改变想法的任务可谓非常艰巨。针对人们对于不真实的事物信以为真的情形施加影响是一件艰巨但又可控的任务。这就要求向人们表明为什么改变既是可能的也是值得期待的，然后对于那些做出改变（首先是态度的改变继而是行为的改变）的人给予激励。

6.9　管理好心智以改变行为习惯

商业组织中的管理变革从来都不易。很多人嘴上说渴望变革，但是他们心里并不真的希望变革。他们只是尽量让自己看起来具有合作精神，像对组织有所帮助的团队成员。绝大多数人都希望按部就班：按照之前一贯的经营方式来得更容易、更简单、更熟悉以及更少压力，他们都希望维持现状。

然而，正如一名商学院系主任曾经说的："维持现状就是没有现状。"[31] 商业变革压力巨大，而且势不可当，主要是因为竞争的改变以及市场的改变。大多数管理战略家都认为根本不存在持久的战略优势。如果真是这样，那么几乎所有的商业优势都是暂时的，而且随时都会变化。所以当你周围的一切都在发生改变时，你该如何去竞争？答案当然在于变化本身。为了给那些对组织成功负责者的态度和行为改变搭建平台，必须满足以下三个条件：

● 你必须建立一种用以解释信息和消息的新的参照标准。我们通常通过故事、叙述和观点，而非事实、数字或数据，来帮助我们认识和理解我们所生活的世界。这些参照标准是我们获得信息或劝说性消息的关键。当新员工开始在生产 Gore-Tex 纤维的戈尔公司（W. L. Gore & Associate）工作时，他们通常不相信公司没有职称和上司这样的等级制度。这简直与他们的参照标准不一致。新员工往往要花费数月时间来了解戈尔公司对工作环境的重新定义：依赖自我导向的员工对加入平等的小型团队做出自主选择。[32]

● 你必须管理听众的情感和期望。要说服他人赞同你的观点，你必须适当地唤醒他们自身及对你的情感。正如作家及心理学家丹尼尔·格尔曼（Daniel Goleman）在《情绪智力》（*Emotional Intelligence*）一书中指出的，"目标是平衡，而不是情绪压抑：每一种情感都有价值和意义。人生没有了激情就会成为一块暗淡无光的荒地，隔绝、孤立于生活本身的丰富多彩。但是，正如亚里士多德所观察到的，需要的情绪就是适应环境的适当的情绪和情感。"[33]

● 你必须通过不断强化防止倒退。驱使行为的观点是短暂的、稍纵即逝的和瞬息变化的。即使态度可能稍微持久些，但是它们也可能在充分的证据和刺激下转换、改变和消失。为了防止听众的这些损失，持续强化你所倡导的观点通常是必要的。哈佛商学院的两名教授戴维·加文（David Garvin）和迈克尔·罗伯托（Michael Roberto）这样描述这个问题："毫无疑问，变革中领导者面临的最严峻的挑战莫过于要避免倒退到不良惯例中——由熟悉的环境或刺激自动并无意识地触发的个体或集体的消极行为的习惯模式。在我们对成功变革的研究中，我们发现有效的领导者不断明确强化组织的价值观，并且通过行动支持他们的言论。他们的目标是改变行为，而不仅仅是改变思维方式。"[34]

6.10 具有说服力

最终，你说服他人的能力（即让他人相信你的观点是正确的、有意义的、最佳的、合理的或者仅仅是更可取的）可以归结为以下简单的涉及他人是如何感知、思考、回应你和你的观点的几个方面。

● 了解听众。亚里士多德是对的：一切都在于他们。你对他们了解得越多，你成功的概率就越大。你必须做好功课，了解听众对于你将试图劝说他们的主题的了解及感受程度。

● 了解你的需要和他们的需要。了解听众的部分理由是为了理解他们。假如你不能给予他们所需要的或可以使用的，你就很难说服他们改变行为。

● 精心选择具有说服力的依据。并不是所有的证据都具有相同的说服力，也并不是所有的听众都通过相同的渠道获得相同的论点。确保你了解听众所认可的信息来源和他们用来理解你所说的话的参照标准。逻辑和理性可能会有一定作用，但是情感或信息的可靠性相对于其他方面更具吸引力。

● 保持论点简洁。你的论点越复杂，其被认同、理解、内化和化为行动的可能性就越小。简单明了的陈述（通过具有说服力、简短的陈述来强调你的观点）获得成功的概率更大。

● 先听后说。假如你不善倾听，你就很难了解听众在想什么、需要什么或是担心什么。你必须仔细倾听他们所说的内容、流露的情感和他们的意图。如果在你演讲之前能够调整自己并与他们的想法保持一致，然后让他们相信你已经做到了，你成功的机会就会更大。

● 管理好你和听众的情绪。保持你的情绪在可控状态，你就有可能管理好听众的情绪。如果你让他们的期望和担忧随着讨论失去控制，"情绪劫持"就会使你试图说服听众接受你观点的努力毁于一旦。

● 从个人层面与听众沟通。最后，虽然听众大体上会关心你所提供的证据的本质和论点的组织，但他们更关心这些对他们的影响有多大。因此，请回答他们的基本问题："我能信任你吗？""我对你了解多少？""你知道我需要了解什么吗？""你能够帮助我吗？"你会从中获得回报：你得到他们的关注，你的观点得到他们的认同。

注 释 //////////////////////

1. Hoff, S., Senior Vice President and Chief Communications Officer, Best Buy Company, Richfield, MN. Personal interview, May 27, 2005.
2. Ibid.
3. Ibid.
4. Ibid.
5. Ibid.
6. Buell, C. *Behaviorism*. Available online: web.cocc.edu/cbuell/theories/behaviorism. Retrieved July 4, 2005.
7. Watson, J. B. *Psychology as the Behaviorist Views It*. Available online from York University of Canada: psychclassics.yorku.ca/Watson/views.htm. Accessed July 10, 2008 at 2:20 P.M.
8. For an extensive description of cognitivism, see Wikipedia's online discussion at: en.wikipedia.org/wiki/Cognitivism_(psychology).
9. Gardner, H. *Changing Minds: The Art and Science of Changing Our Own and Other People's Minds*. Boston, MA: Harvard Business School Press, 2004, p. 42.
10. Rokeach, M. *Beliefs, Attitudes, and Values: A Theory of Organization and Change*. San Francisco, CA: Jossey-Bass, 1968. See also Rokeach, M. *The Open and Closed Mind: Investigations into the Nature of Belief Systems and Personality Systems*. New York: Basic Books, 1960, pp. 3–27.
11. Travers, R. M. W. "Piaget's Approach to Learning and the Development of the Intellect." In *Essentials of Learning*, 4th ed. New York: Macmillan Publishing, 1977, pp. 147–203.
12. Bem, D. "The Cognitive Foundations of Beliefs." In *Beliefs, Attitudes, and Human Affairs*. Belmont, CA: Brooks/Cole Publishing, 1970, pp. 4–13.
13. Ibid, pp. 14–23.
14. Chesterton, G. K. *The American Chesterton Society*. An extended discussion of the origins of this quote is available online:

http://www.firstthings.com/onthesquare/2005/1 2/rjn-123005-one-more-word.

15. Bem, D. "Our most fundamental primitive beliefs are so taken for granted that we are not apt to notice that we hold them at all; we remain unaware of them until they are called to our attention or are brought into question by some bizarre circumstance in which they appear to be violated. For example, we believe that an object continues to exist even when we are not looking at it; we believe that objects remain the same size and shape as we move away from them even though their visual images change; and, more generally, we believe that our perceptual and conceptual worlds have a degree of orderliness and stability over time. These are among the first beliefs that a child learns as he interacts with his environment, and in a psychological sense, they are continuously validated by experience. As a result, we are usually unaware of the fact that alternatives to these beliefs *could* exist, and it is precisely for this reason that we remain unaware of the beliefs themselves. We shall call primitive beliefs of this fundamental kind 'zero-order' beliefs. They are the 'nonconscious' axioms upon which our other beliefs are built." *Beliefs, Attitudes, and Human Affairs*, pp. 5–6.

16. Reprinted by permission of *Harvard Business Review* from Cialdini, R. B. "Harnessing the Science of Persuasion," *Harvard Business Review*, October 2001, pp. 72–79. Copyright © 2001 by the Harvard Business School Publishing Corporation; all rights reserved.

17. Ibid, p. 74.

18. Cialdini, R. B. *Influence: Science and Practice*, 4th ed. Boston, MA: Allyn & Bacon, 2000.

19. Ross, R. S. *Understanding Persuasion*, 3rd ed. Englewood Cliffs, NJ: Prentice Hall, 1990, pp. 79–80.

20. Wallace, K. R. "The Substance of Rhetoric: Good Reasons." In R. Johannesen (ed.), *Contemporary Theories of Rhetoric: Selected Readings*. New York: Harper and Row, 1971, pp. 357–370.

21. Larson, C. U. *Persuasion: Reception and Responsibility*, 6th ed. Belmont, CA: Wadsworth, 1992, pp. 159–163.

22. Johns, G. *Organizational Behavior*, 2nd ed. Glenview, IL: Scott, Foresman, 1988, pp. 158–159. See also Alderfer, C. P. "An Intergroup Perspective on Group Dynamics." In J. W. Lorch (ed.), *Handbook of Organizational Behavior*. Englewood Cliffs, NJ: Prentice Hall, 1987, p. 211.

23. Packard, V. *The Hidden Persuaders*. New York: Pocket Books, 1964.

24. Cho, H. and White, K. "A Review of Fear-Appeal Effects." In J. S. Seiter and R. H. Gass (eds.), *Perspectives on Persuasion, Social Influence, and Compliance Gaining*. Boston, MA: Allyn & Bacon, 2004, pp. 223–235.

25. Larson. *Persuasion*, pp. 71–73.

26. Ibid, pp. 71–73.

27. Minnick, W. C. *The Art of Persuasion*, 2nd ed. Boston, MA: Houghton Mifflin, 1968, pp. 263–264.

28. Lewandowsky, S., W. G. K. Stritzke, K. Oberauer, and M. Morales. "Memory for Fact, Fiction, and Misinformation," *Psychological Science* 16, no. 3 (2005): 190–195.

29. "People Believe a 'Fact' That Fits Their Views Even If It's Clearly False," *Wall Street Journal*, February 4, 2005, p. B-1. Reprinted by permission of Dow Jones & Company, Inc. Copyright © 2005 Dow Jones & Company, Inc. All rights reserved worldwide. License number 1280830699090.

30. Roediger, H. L., III, and K. B. McDermott. "Creating False Memories: Remembering Words Not Presented in Lists," *Journal of Experimental Psychology: Learning, Memory, and Cognition*, 21 (1995), pp. 803–814. See also Roediger, H. L., III. "Memory Illusions," *Journal of Memory and Language* 35 (1996): 76–100.

31. Keane, J. G., former dean, Mendoza College of Business, University of Notre Dame. Personal interview, June 21, 2005.

32. Deutschman, A. "Making Change," *Fast Company*, May 2005, pp. 54–62.

33. Goleman, D. *Emotional Intelligence*. New York: Bantam Books, 1995, p. 56.

34. Garvin, D. A. and M. A. Roberto. "Change Through Persuasion," *Harvard Business Review*, February 2005, p. 111.

案例 6 - 1 ▶▶▶▶▶▶▶▶

美国奥委会：说服企业界加入奥林匹克运动

"我们不接受政府资金，" 林恩·克里巴里 (Lynne Cribari) 说，"因此企业赞助和私人捐款是我们的主要资金来源。而且，在寻求企业赞助时，我们一方面要激发企业参与奥林匹克的热情，而另一方面也要防止过度商业化。"

林恩·克里巴里是美国奥委会（USOC）企业参与计划的一位经理，她在科罗拉多的美国奥委会总部工作。当她在科罗拉多大学（Colorado College）获得了政治学学位后，在当地的电视台和媒体关系部门开始了一个简单的职业生涯，随后她作为一名播报总监助理加入了美国奥委会。如今，她的任务是协助美国奥委会的营销总监和总经理确保有足够的企业赞助美国的运动员进行训练，并参加奥运会。

"要求企业赞助是一项困难的任务，"她说，"因为我们坚持每个产品类别都设立独家赞助权，所以必须单独地就使用我们的标识的权利与每家企业谈判。"她解释道："独家赞助权意味着在某个行业只允许一家赞助商使用美国奥委会的标识，包括常见的奥运五环标识。目前的赞助商中包括一些大型企业，诸如 IBM，Bausch & Lomb，伊士曼柯达（Eastman Kodak），VISA 卡国际以及安海斯－布希（Anheuser-Busch）等公司。"

"我们的任务是创造一个可以使标识得到正确使用的环境，"克里巴里说，"那意味着我们实行的是'因果营销'模式。例如，如果你使用你的 VISA 卡购物，VISA 公司就会向美国奥委会支付一定的费用。"

克里巴里说，她在工作中面临的挑战是建立一种伙伴关系，使得奥林匹克运动和企业赞助商都可以获利。"在目前的 4 年计划中，我们拥有 6 亿美元的预算，因此你可以想象，运动员训练以及准备即将来临的比赛的花费是多么巨大。但值得自豪的是，我们所接受赞助资金的 85% 会直接用于我们的主要目的：运动员的训练。"

"我们通常要求赞助商支付现金，"她解释道，"但是也有一些提供给我们'实物'。"例如，向科罗拉多春季训练中心的运动员提供的食物中，97% 来自食品行业的赞助商。这些赞助商都是非常慷慨的。她说："我们平均从每位赞助商那里获得 6 000 万美元。正如你所看到的，这代表着这些企业的一笔巨大投资，因为为了在广告和促销中使用我们的商标或标识，它们很有可能要花费两倍于此的资金。"

美国奥委会是如何接触潜在的赞助商并获得如此之多的资金的？克里巴里说："我们从提升价值的角度看待这些伙伴关系，利他主义并没有实际的意义。从某种意义上说，我们必须向潜在赞助商证明，它们对奥运会运动员的赞助会以更高的销售额和企业收入得到补偿。"

"我们通常在谈判一开始就引用一些奥林匹克运动的历史资料，"她解释说，"然后说明其他企业与奥林匹克运动的结合是如何有助于提升销售额的。一旦潜在赞助商理解了这样的结合是如何起作用的，我们就会帮助它们制定营销计划，从而最有效地使用我们的商标。"

克里巴里将卡夫通用食品公司作为例子。"我们帮助它制定了一个全方位的整合推广计划，"她说，"卡夫公司希望改变公众对于加工奶酪的认识。原先公众对其产品的印象是不符合健康饮食标准的，因此其开始使用这样的广告语，'卡夫出现在美国奥运会运动员的餐桌上'。我们和卡夫一起制定计划，因为我们坚持广告的真实性和准确性，我们在它的商业活动中使用真名实姓的运动员。这对于双方来说都是成功的伙伴关系。"她补充道。

这些计划不仅仅包括奥运五环标识的使用，"一项典型的企业赞助商计划包括广告、促销、产品包装，以及一些免费样品等"。对于卡夫公司来说，美国奥委会帮助制定了许多包含卡夫产品的奥运会运动员食谱、一本消费者可以通过电子邮件收到的烹调食谱，以及大量用于促销的门店里奥运会运动员的形象。

"正如我们在说服企业时所做的承诺,"克里巴里说,"我们必须对公众、赞助商以及美国国会负责。因此,我们坚持真实性和准确性,并且非常努力地建立并维持与信誉佳、可靠的赞助商的长期关系。"例如,可口可乐公司成为奥运会的合作伙伴已经长达75年。

"在与企业赞助商签订协议之后,我们的工作并没有结束,"克里巴里说道,"在我们确定了一项对奥林匹克运动的赞助可以帮助企业销售产品后,我们必须进一步确定它们能够正确地使用这些标识和商标,使其不违背奥林匹克运动的精神。我们与每家赞助商的关系都是独一无二的,并且这些关系对于我们来说是持续的、不断发展的。"

那么对于美国奥委会来说最大的挑战是什么呢?"毫无疑问,"克里巴里回答道,"我们在市场中与 NFL, NHL(国家冰球联盟),NBA 和 MLB(职棒大联盟)竞争以得到企业的赞助。我们必须使用有限的资金来展示赞助奥林匹克运动对于企业来说是有效的、值得的。如果我们成功了,对于所有人,包括赞助商、美国奥委会和奥林匹克运动,以及在奥运会上争取获得金牌的美国运动员来说,都是全赢的结果。"

◆ 讨论题

1. 克里巴里女士及其美国奥委会的同事们是否遵循了劝说的基本原理?他们是否根据本章中一开始所讨论的步骤展开了工作,请加以阐述。

2. 克里巴里运用了怎样的吸引注意力的技巧?

3. 企业赞助商支付如此大笔资金以获得奥林匹克名字和标识使用权的主要动机是什么?

4. 你是否注意到他们工作中存在的阻力?

5. 谁是克里巴里的主要竞争对手?

6. 你认为给每个产品类别设立独家赞助权的理由是什么?

7. 你能否想象一些美国奥委会不会感兴趣寻找赞助商的产品类别吗?

This case was prepared from personal interviews by James S. O'Rourke, Concurrent Professor of Management, as the basis for class discussion rather than to illustrate either effective or ineffective handling of an administrative situation.

案例 6-2 ▶▶▶▶▶▶▶▶

邀您前往惠而浦公司进行体验

"我们都知道员工的健康对于企业医疗保险金的使用情况有直接的影响。企业在健康员工身上的花费较少。同时,由于健康员工可以获得更出色的业绩,他们自己也会从中受益。当然,他们越健康,生活也就越快乐。"

达娜·冬莉(Dana Donnley)是惠而浦公司(Whirlpool Corporation)的员工沟通总监,惠而浦是全球121亿件家电的制造商和经销商,资产总额位居《财富》世界500强企业的第161位,其总部位于密歇根州的本顿港,公司在美国和海外30多个国家拥有超过3.9万名员工。

"每年在每位员工生日的那个月里,"冬莉说,"我们为其提供公司总部的一次免费体检。我们公司的健康护士会在每位员工生日的前一个月末向其寄出邀请函。"

● 这封邀请函的措辞是劝说性的，还是命令性的？"当然是劝说性的，"冬莉回答道，"这个项目完全是自愿参加的，公司会承担所有费用并鼓励每位员工参与，但不会强迫任何人。我们劝说他们每年至少进行一次体检，这对于他们的健康是极为有利的。"

冬莉说："最大的阻力通常涉及隐私保密问题。人们有时会关心并质疑他们的信息会如何被使用。我们在这方面尽最大的努力做到最好，使员工确信体检的结果会被严格保密。公司的医生会看到这些结果并将其寄给每位员工。我们不会保留任何记录，员工拿到的都是没有经过任何复制的原件。"

● 体检中包括哪些内容？"体检的内容相当全面。护士会记录每位员工的身高、体重、血压和其他指标。同时也会进行一些常规检查，检测员工的各种身体机能，最终向其提供一份相对完整的报告。"

● 这位医生正在看的是什么？"这是一项扫描检查，可以让我们的员工了解他们的大致健康状况。许多疾病的发生是没有显著的外部表现的。当然，在疾病变得严重之前及时发现对于员工来说非常重要，"她补充道，"这时我们会建议员工联系他们的家庭医生，以寻求适当的治疗。"

● 惠而浦在鼓励员工参与体检方面会不会遇到什么困难？冬莉说："实际上并没有什么困难。大多数人都渴望参加。但也有少数人不愿意参与，我们会努力说服他们，告诉他们参加体检不仅对公司有利，对他们自己也是非常重要的。今年我们甚至将体检项目的参与范围扩大到了员工的配偶。"根据冬莉的说法，说服配偶来参加体检是一个两步的过程。"首先，我们劝说每位员工来参与。然后他们回到家中，说服他们的配偶也来参与。"

● 配偶参加体检对于惠而浦来说有什么意义？她回答道："拥有健康配偶的员工更可能得到健康的饮食，养成锻炼的习惯。他们肯定会更清楚地认识到体检项目的重要性，并且这对于员工和公司都是有好处的。"

◆ 讨论题

1. 你认为惠而浦公司的员工为什么在这些体检中会比较关注保密问题？

2. 冬莉该如何让惠而浦的员工确信体检结果会得到保密？

3. 假如你想说服惠而浦的员工在体检单上签字，你会亲自对他说些信函上不会说的话吗？

4. 在给员工的信上你会对员工首先说什么？信件应该写多长？

5. 公司向员工提供免费体检的价值何在？该项目对于公司的价值何在？

6. 除了写信，冬莉是否采用了其他的劝说途径？你还会选择其他什么方法？

案例 6-3 ▶▶▶▶▶▶▶▶

卡夫食品公司：儿童腰围广告的代价

当得克萨斯大学奥斯汀分校的传播学院院长艾伦·沃特拉（Ellen Wartella）博士向卡夫高

管发表了关于卡夫及其儿童广告的观点时，屋内一片寂静。沃特拉把卡夫的在线营销描述为"不可原谅的"行为，并指责卡夫称自己并没有向 6 岁以下的儿童做广告是"虚伪的"，是"彻头彻尾的谎言"。[1] 在座的高管们显然对他的评论感到震惊。

2003 年末，卡夫组建了包括沃特拉在内的由 10 名营养师和媒体专家组成的全球健康顾问委员会，旨在调查有关对卡夫故意宣传不健康食品的指控，同时帮助解决健康问题中的肥胖问题。[2] 卡夫食品公司对其广告政策的评估受到了来自国会小组、家长团体和其他相关人士的批评，他们认为卡夫和麦当劳等食品企业在广告宣传活动中故意针对 12 岁以下的儿童。公众对于儿童肥胖的担忧源于以下统计数据：自 20 世纪 80 年代以来，儿童肥胖人数增加了 200%。20 世纪 60 年代到 80 年代之间，超重儿童的比例徘徊在 6% 左右，但在过去 20 年里，这个比例跃升到 16%。[3] 尽管如此，卡夫还是决定对 12 岁以下的儿童进行市场营销。一位卡夫高管表示："我们不想放弃针对儿童营销的巨大效益。"[4]

然而，正是这个"巨大效益"给公司的声誉蒙上了阴影。目前，卡夫还是一个值得信赖的品牌，但这种声誉已经开始下滑。根据 Harris 互动研究公司于 2005 年进行的声誉商（Reputation Quotient）研究，卡夫排在第 50 名。[5] 尽管这对于卡夫 2004 年第 48 名来说是小幅下跌，但与竞争对手通用磨坊（General Mills）所占据的第 8 名相比，这却是一个悬殊的距离。这项调查是基于消费者对各种因素的感知，包括对公司的产品和服务质量、社会责任、愿景和领导能力等。卡夫公司在以后的声誉研究中的排名有可能会上升，也可能进一步下滑，这取决于卡夫食品公司在食品营销方向上的选择。

卡夫食品公司是一家重视产品质量和安全性的公司。卡夫的关键战略之一是"通过优质的产品、创新的包装、持续的高质量、广泛的可用性、有益的服务和强大的品牌形象"来打造"卓越的消费品牌价值"。[6] 超过 99% 的美国家庭都拥有卡夫的产品，卡夫无疑赢得了消费者的信任。[7] 然而，随着全球健康顾问委员会最近的负面反馈以及公众对源于不良诱导式的食品营销导致儿童肥胖的担忧，卡夫必须在失去消费者对其产品的忠诚和信任之前采取补救行动。

卡夫食品公司

卡夫食品公司是北美最大的食品和饮料公司，它从 1903 年就开始发展壮大。当年，J. L. 卡夫怀揣 65 美元，用一辆租来的马车和一匹名叫 Paddy 的马，通过从批发市场采购奶酪，并将其转售给当地商家，就这样开创了自己的公司。这些奶酪是用卡夫的名字命名的。[8] 10 年后，卡夫通过对产品进行加工，提高了奶酪的质量并延长了其保质期。经过加工的奶酪非常成功，1916 年卡夫的灭菌奶酪工艺及由此工艺改良的产品获得了专利。[9] 多年来，该公司继续生产其他奶酪新产品，其中包括 Velveeta 和 CheezWhiz 在内的众多家用产品。除了奶酪之外，公司还推出了沙拉酱、袋装晚餐、烧烤酱和其他产品。

1985 年，烟草巨头菲利普·莫里斯公司（Philip Morris）收购了通用食品公司，并于 3 年后以 129 亿美元收购了卡夫食品公司。[10] 通过收购这两家主要食品公司，菲利普·莫里斯公司成立了卡夫通用食品公司，该公司把诸如 Velveeta，Pastcereals，Oscar Mayer 及 Jell-O 布丁等产品归入同一食品部门。随后，卡夫通用食品公司又于 2000 年收购了包括奥利奥饼干、Ritz 饼干和 Planters 坚果在内的知名品牌。2001 年，菲利普·莫里斯公司首次公开发行了卡夫的股票（纽交所股票代码：KFT）。次年，菲利普·莫里斯公司将公司更名为 Altria 集团。2003 年 1 月 27 日，Altria 集团成为卡夫食品公司的母公司。

卡夫在广告方面的麻烦

对于卡夫广告业务的诸多批评并非空穴来风，卡夫应该予以重视。作为食品行业的领头羊，卡夫食品公司不仅规模庞大，而且非常引人注目，多年来一直饱受争议和批评。最近的一些问题包括：

● 卡夫在《美国国家地理儿童版》（*National Geographic Kids*）杂志上刊登的有关 Posto-kens 麦片的广告中，没有把重点放在食物本身，而是强调该麦片如何优惠。这违反了儿童广告审查组关于儿童广告自律指南的有关规定。[11]

● 卡夫此前曾宣布打算减少部分食物的份量，后来又放弃了这一承诺，并声称，这得由消费者自己选择所需的食物份量。[12]

● 卡夫推出了一则针对青少年的奥利奥商业广告，宣传了一种"懒惰"的生活方式，后因意识到这样的广告会损害公司形象，改为推广"更积极的生活方式"。[13]

法庭上的肥胖问题：麦当劳诉讼案

2002 年，人们已对食品行业的过度营销会导致儿童肥胖深感担忧。当时，麦当劳公司正面临一场官司，麦当劳公司被指控其过度营销导致儿童和青少年肥胖增多。尽管法官驳回了针对麦当劳的集体诉讼，但他明确表示支持原告的立场。法官鼓励他们重新起草并提交更有力的证据，并且为应该寻找什么样的证据给出建议。法官的建议之一是揭示麦当劳是如何通过宣传其食品为"每日"饮食的广告活动来鼓励过度消费的。[14]

麦当劳公司在针对儿童营销方面并未履行其承诺，违背了其设定的相关标准。麦当劳负责营销的高级副总裁大卫·格林（David Green）声称，尽管麦当劳有 20% 的广告是针对儿童的，但该公司遵循了一套严格的指导方针。根据公司发言人的说法，"麦当劳的《金色拱门准则》（Golden Arches Code）符合主要的网络广播标准和美国经营改善协会国家广告事业部有关儿童广告的指导方针，我们还建立了仅适用于麦当劳广告的附加标准。"[15]格林表示，《金色拱门准则》指出："在我们的广告中，我们永远不会向孩子们推销他们一次吃不完的食品，也不会怂恿孩子们自己独自来麦当劳，因为他们必须由一个成年人陪同。"

在麦当劳诉讼案的一个月之前，为超重儿童和青少年提起诉讼的山姆·赫希（Sam Hirsch）律师，已经对麦当劳和其他知名快餐连锁店提起了另一项集体诉讼。[16]这一诉讼不仅针对麦当劳公司，还包括汉堡王、肯德基和温迪公司。观察人士猜测，这两起诉讼背后的推动力可能是一笔巨大财富。然而，赫希仍然坚持他的客户导向，他说："我们并不想从中获得财富。我们只是呼吁设立一项基金，教育孩子们了解麦当劳食品的成分及其营养。"[17]这些诉讼加剧了人们对食品行业未来的担忧，即如同烟草行业一样，针对餐馆和食品制造商的诉讼会接连不断。[18]

2005 年 1 月，美国第二巡回上诉法庭恢复了有关对麦当劳虚假宣传夸大其快餐的健康益处的指控，称麦当劳的行为违反了《纽约消费者保护法》（New York Consumer Protection）。[19]毫无疑问，类似的事件引起了全球快餐经营者和食品制造商的高度关注。

研究显示

广告少了

2005 年 7 月，美国联邦贸易委员会（FTC）公布了调查结果，现在孩子们观看的食品广告比 30 年前少了。现在的儿童每天观看电视上的 13 个食品广告，比 1977 年的 18 个电视广告大幅减少。[20]FTC 还报告说，如今在麦片、糖果和玩具上的广告较少，但更多的是餐馆和快餐连锁店的广告以及其他电视节目、电影、视频游戏和 DVD 的广告。美国广告联盟（American Advertising Federation）主席沃利·斯奈德（Wally Snyder）认为，这项研究证明了食品营销对于儿童肥胖的增加是没有责任的，他将其归咎于"缺乏锻炼和不节制饮食"。

广告更多

早在 2004 年，Kaiser 家庭基金会曾发布了一份相反的研究报告，声称"自 20 世纪 70 年代以来，儿童电视广告的数量已经从 2 万增至 4 万，而且大多数针对孩子的广告产品都是糖果、谷物和快餐"。[21]研究表明，食品广告的增多与 6～11 岁肥胖儿童人数的增加有关。从 1963 年到 1970 年，只有 4.2% 的儿童被列为超重，而 1999—2000 年这个数值上升到 15.3%。

平局决胜

或许是因为发现了上述研究结果存在矛盾，也或许是因为人们对食品市场带给儿童的不良影响的担忧日益加剧，美国国会要求美国国家科学院进行一项研究，该科学院的创办旨在向联邦政府提供科学咨询。[22]2005 年 12 月，美国国家科学院的一个私营的非政府部门——美国医学研究所（IOM），公布了其基于"针对儿童和青少年的食品营销：威胁还是机会？"课题的最新研究结果，得出以下结论：

● 与许多其他交叉因素一起，食品和饮料营销影响着儿童和青少年的饮食结构和健康前景。

● 面向儿童和青少年的食品和饮料营销实践与健康的饮食不平衡，并使他们的健康处于危险的境地。

● 食品和饮料公司、餐馆和营销人员没有充分利用创造力和资源去开发和推广有助于儿童和青少年的健康饮食的食品、饮料和膳食。

● 为儿童和青少年提供健康饮食需要多部门持续和协同努力，包括行业引导与规范。

现有的公共政策和激励措施还没有很好地对传统市场及新兴市场中许多影响儿童和青少年饮食的营销行为加以规范。[23]

该研究还强调，有"充分的证据"表明，食品营销会影响 2～11 岁的儿童的偏好、购买需求和短期消费。这一信息揭示了一个事实，即"大量针对儿童和青少年的食品和饮料的电视广告会促进销售高热量低营养的产品。因此，我们认为，电视广告影响儿童对于高热量低营养食物和饮料的偏好"。[24]沃特拉不仅在卡夫的顾问委员会工作，也是提供美国医学研究所研究结果的该委员会的一名成员。他说："我们不要再争论食品广告是否对儿童的饮食产生影响。因为，它的确有影响。"[25]

美国医学研究所对食品行业的建议，包括促进和支持更健康的产品，并且与政府、公共卫生部门和消费品企业合作，共同"建立和执行向儿童推销食品和饮料产品的最高标准"。[26]总的来说，许多食品企业都已开始实施健康产品计划，但对于营销标准的建立却严重滞后。美国医学研究所认为，特许的企业形象应该"只适用于那些生产有助于促进儿童和青少年健康饮食的食品和饮料的企业"。[27]包括卡夫在内的大多数公司都不愿意放弃已被广泛认可的企业形象，因为这些形象已深深地印在了孩子们的脑海里。一家公司怎么可以全然不顾顾客对其的信任而为所欲为呢？它能为企业自身的不端行为支付高昂的代价吗？难道它永远不会陷入现实生活中的麻烦吗？

公告

2005年1月，卡夫宣布将停止向12岁以下儿童做某些产品的营销广告。这些产品包括普通的Kool-Aid饮料、奥利奥和Chips Ahoy饼干、几款儿童麦片和一些品种的午餐套餐。[28]这些最受欢迎的产品仍将在商店中出售，但卡夫表示，它将不再通过电视、广播和印刷广告针对儿童宣传这些产品。执行这项新方针的初始成本包括大约7 500万美元的利润损失，这个数字还会进一步变化。[29]尽管该估计看起来有些高，但卡夫公司的一名肥胖策略团队成员迈克尔·马德（Michael Mudd）说："如果烟草行业能回到20或30年前，进行营销改革，以牺牲数亿美元利润的代价来消除批评，那么，现在的烟草行业就不至于耗费更为惊人的巨资去应对无数的香烟诉讼案了。"[30]卡夫吸取了菲利普·莫里斯公司的教训，渴望达成这样的交易。

然而，在卡夫宣布上述消息后不久，该公司又与竞争对手通用磨坊和家乐氏（Kellogg）联合成立了一个游说团体，以阻止政府监管针对儿童的食品营销。该组织宣称，"营销广告与儿童肥胖症之间并无关联"。[31]通用磨坊一直都在坚持这一观点。事实上，通用磨坊非但没有停止针对儿童的广告，该公司的副总裁汤姆·福赛斯（Tom Forsythe）还宣布，公司将开展一项"大力倡导谷物食品"的宣传活动，以强调其健康的益处。[32]通用磨坊公司还决定提倡"适度的饮食节制和锻炼"，并坚信这种生活方式的选择不仅有益于健康食物的选择，而且有益于减少肥胖。[33]因此，通用磨坊参与这一团体是情理之中的事，但对于卡夫而言，加入这个团体似乎是一个虚伪的举动。卡夫北美首席执行官大卫·S. 约翰逊（David S. Johnson）为这一行动进行了辩解，称"我们认为，我们能够有效地进行食品营销的自我监管，我们正在与该行业其他企业合作，携手并肩，努力作为"。[34]

结论

自宣布上述新方针以来，卡夫还在为儿童广告和肥胖问题挣扎。公共利益科学中心的营养主任马高·乌坦（Margo G. Wootan）称，卡夫的新营销计划是"一个非常好的进步"。[35]但问题是，总有一些批评人士会要求卡夫做出更多努力。例如，尽管卡夫在最小化电视、广播和印刷广告方面取得了巨大的进步，但该公司尚未就沃特勒对其在线广告的批评采取整改措施。

卡夫已经花费了大量时间来回应批评人士和政府监管的潜在压力。在这个节骨眼上卡夫真正需要做的就是再把焦点放在客户身上，并与他们进行沟通。当然，关键在于卡夫如何在兑现其不让市场充斥其广告的承诺的情况下做到这一点。

◆ 讨论题

1. 该案例所揭示的关键问题是什么？公司的利益相关者有哪些（主要的、次要的和间接的）？

2. 为了挽回消费者对公司的信任，卡夫该做些什么？

3. 公众是否会相信卡夫将控制针对儿童营销的承诺？

4. 可供卡夫选择的营销策略有哪些？

5. 卡夫应通过什么渠道与其顾客沟通？

6. 谁应该成为卡夫的主要受众：批评人士、机构、家长、儿童、非父母的成年人或其他？公司是否甚至应针对某一类受众？

注 释

1. Ellison, Sarah. "Why Kraft Banned Some Food Ads," *Wall Street Journal*, November 1, 2005.
2. http://164.109.46. 215/newsroom/09032003. html.
3. http://www.childstats.gov/americaschidren/ index.asp.
4. Ellison. "Why Kraft Banned Some Food Ads."
5. http://www.foodprocessing.com/ industry news/2006/018.html.
6. http://kraft.com/profile/comany_ strategies.html. "Grow, Oreo Tries a New Twist," *Chicago Tribune*, August 22, 2005.
7. http://www.altria.com/about_altria/ 01_00_01_kraftfoods.asp.
8. http://kraft.com/profile/factsheet.html.
9. http://kraft.com/100/founders/JLKraft.html.
10. http://www.altria.com/about_altria? 1_2_5_1_altriastory.asp.
11. http://www.caru.org/news/2004/kraft.asp.
12. Callahan, Patricia and Alexan, Delroy. "As Fat Fears."
13. Ibid.
14. Weiser, Benjamin. "Your Honor, We Call Our Next Witness: McFrankenstein," *New York Times*, January 26, 2003.
15. "McLibel" Case—Green, David B., Witness Statement, http://www.mcspotlight.org/people/ witnesses/advertising/green.html.
16. Summons, http://news.findlaw.com/cnn/docs/ mcdonalds/barbermcds72302cmp.pdf.
17. Wald, J. "McDonald's Obesity Suit Tossed," CNNmoney.com, February 17, 2003 onathan, http://money.cnn.com/2003/01/22 news/companies/mcdonalds/.
18. Reuters article: http://onenews.nzoom.com/ onenews detail/0,1227,218579-1-6.00.html.
19. http://www.law.com/jsp?id=1106573726371.
20. Mayer, Caroline E. "TV Feeds Kids Fewer Food Ads, FTC Staff Study Finds," *Washington Post*, July 15, 2005.
21. "Ads Rapped in Child Obesity Fight," http://www.cbsnews.com/stories/2004/02/24/he alth/main601894.shtml.
22. http://www.iom.edu/?id=5774.
23. Institute of Medicine. "Food Marketing to Children and Youth: Threat or Opportunity?" 2006, Box 7-1, p. 317.
24. Institute of Medicine, p. 322.
25. Ellison, Sarah and Adamy, Janet. "Panel Faults Food Packaging for Kid Obesity," *Wall Street Journal*, December 7, 2005.
26. Institute of Medicine. "Food Marketing to Children and Youth," pp. 325–326.
27. Ibid., p. 326.
28. "Kraft to Curb Some Snack Food Advertising," Associated Press, January 12, 2005, http://msnbc.msn.com/id/6817344/.
29. Ellison, Sarah. "Why Kraft Decided to Ban Some Food Ads to Children," *Wall Street Journal*, November 1, 2005.
30. Ibid.
31. Callahan and Alexan. "As Fat Fears Grow, Oreo Tries a New Twist."
32. Ellison and Adamy. "Panel Faults Food Packaging for Kid Obesity."
33. Ellison, Sarah. "Divided, Companies Fight For Right to Plug Kids' Food," *Wall Street Journal*, January 26, 2005.
34. Callahan and Alexan. "As Fat Fears Grow, Oreo Tries a New Twist."
35. Mayer, Caroline E. "Kraft to Curb Snack -Food Advertising," *The Washington Post*, January 12, 2005.

This case was prepared by Research Assistants Pauline Hwa and Timothy Housman under the direction of James S. O'Rourke, Concurrent Professor of Management, as the basis for class discussion rather than to illustrate either effective or ineffective handling of an administrative situation. Information was gathered from corporate as well as public sources.

第 7 章

■技　术
■ Technology

　　仅仅按了一下电子邮件工具栏上的"发送"键，看起来并没有什么不妥。但这却使 19 位 Edward Jones & Co. 经纪公司的员工丢掉了工作。在这家具有创新性的公司，管理层要求每一位员工上报他们是否通过公司的电子邮件系统传送不恰当的文件或低级笑话，如果员工对此撒谎，将被毫不犹豫地解雇。另外还有 41 名类似员工由于情节较轻，只受到处分而没有被解雇。[1]

　　这不是个案。在纽约时报、摩根士丹利等很多公司，都有雇员因为滥用公司的通信系统而惨遭解雇的情况。[2]

　　显然，"发送"键并不是唯一的祸端。几年前，一位处理顾客内部邮件名单的保险公司经理，需要对一份办公邮件做出回复，其内容主要是关于推销某个特殊险种的公司策略。然而，他没有把这份邮件回复给特定的某个人，而是回复给名单上所有的人。他按了"回复所有人"，而这份名单上还有他们所有顾客的地址。这位经理粗俗不堪的语言和自负的口气直接呈现给了客户，毫无疑问，他的生意砸了。

　　如此完美的技术怎么就成为一连串失败的罪魁祸首呢？诸如电子邮件、语音邮件、视频会议、台式机、即时通信、文本通信、移动电话，还有手持无线装置等信息技术（IT）难道不是为了使我们的生活更轻松吗？我们不都应该更有效率吗？即使这些技术的发明者及生产商吹嘘它们怎样的完美，我们生活的这个崭新世界也还是存在其阴暗面的。凡事有利有弊，通信技术也不例外。

7.1　数码时代的生活

　　1995 年，麻省理工学院的尼古拉斯·内格罗蓬特（Nicholas Negroponte）教授说，数码时代不仅仅是通信方式的改变，也是一种全新生活方式的开始。那时只有少数的激进分子、IT 狂人和发烧友心潮澎湃。现在 20 多年过去了，几乎每个人都意识到他是对的。传送电子（如电子邮件附件的发送）明显比传送原子和分子（如联邦快递公司的短途包裹）来得更快、更便宜。尽管一些东西仍需要物质传送，但更多的东西可以通过电子传送。[3]

　　我们可以随时随地建立文档，将它们在线存储，我们可以从 iPad 或黑莓手机进入这些文档，插入图片和超链接，然后把它们传给其他人；或者，通过共享软件和共享平台（如 eProject，CommuniSpace），众多作者可以在不同的地方编辑、讨论和修改同一篇文档，一切都在他们的掌控之中。

　　我们工作和生活的方式已经改变。我们可以快速找到信息，在网上查到孩子日托的信息、管理投资项目、控制现金流以及即时跟踪股票市场。我们可以在几秒钟之内通过移动电话或个人电脑联系到某人。个人电脑诞生只短短 25 年，其全球销量却已超过 13 亿台。[4] 根据加特纳集团（Gartner Group）的统计，2009 年个人电脑行业的销量达 3 亿台，比 2008 年增长了 5％，而价格却稳步下降至每台低于 1 000 美元。[5]

至 2011 年，超过 80％的美国家庭拥有至少一台电脑，66％的家庭安装了宽带。[6]可能还需要一些时间使得每个人都能进入网络世界使用电子科技、电子邮件、社交媒体和互联网，但这一时刻指日可待。正如内格罗蓬特教授于 20 世纪中叶所言，我们的生活方式正在改变。

7.2 数码通信

卡罗琳·博格（Carolyn Boulger）教授在其《电子技术和第四经济》（*e-Technology and the Fourth Economy*）一书中阐明了我们人类是如何从狩猎和采集向以农业随后以工业生产为基础的经济转变而走向文明的。然而第四经济是一种建立在交流观点基础上的知识经济，它可以使梦想成真。我们不再成群结队，或是靠天吃饭，或是靠拥有大量的生产资料来谋生。产品只存在于我们的脑海中和我们手中，当然还有桌上的电脑里。[7]

伴随着这项新技术给我们的工作和生活等带来的一系列好处，它也给我们的家庭、企业及个人的生活和职业生涯带来了麻烦。超过 2 000 万美国家庭不使用互联网，更令人惊奇的是，有近 1/3 的美国家庭从未用电脑起草文件[8]，而那些使用互联网的人告诉我们他们的境况并不好。"我的一个朋友说，我看到那些人在飞机上、大厅里和酒店里忙着应付他们的便携式电脑，或向黑莓里输入数据，或用手机联系客户，很显然他们的工作与家庭已经分不开了。"一些人则说得更直接，他们认为如果他们拿着笔记本电脑在路上，就会觉得像被什么电子狗链给拴住了一样。

技术似乎是把双刃剑，一方面使我们更富效率，另一方面却侵蚀了我们的时间。根据分析电脑使用习惯的 Rescue Time 公司的调查，一个典型的信息处理员整天坐在电脑前，查看电子邮件程序超过 50 次，即时交流信息 77 次。通过针对 4 万名其计算机装有跟踪软件的用户的统计来看，该公司还发现，平均每天每个信息处理员还得浏览 40 个网站，而注意力稍不集中就会造成经济损失。在美国，每年超过 6 500 亿美元的损失来自员工受到干扰和注意力分散。[9]Vault.com 公司的统计报告显示，高达 37％的员工承认他们在工作时间由于个人原因而不断上网搜索。[10]提供互联网运作监控服务的 Sex Tracker 公司的研究显示，大多数色情网站，其 70％的浏览高峰发生在工作时间。[11]

英国最近的一项调查显示，近 1/3 的英国工人使用电子邮件来离间竞争对手和与同事调情。[12]电子邮件已经为英国国内外企业制造了诸多方面的问题，其中包括道德责任、泄密、信用丧失、生产率降低、网络拥堵、停工以及法院传票，要求提交电子邮件记录。[13]

任何头脑清醒的人都会告诉你技术带来的远不止这些问题。管理者现在必须依赖越来越多的非语言和视觉信息来做出判断。他们跨越时区并与分布在各地的群体和团队一起工作。通常，他们需要与那些从未见过面也不真正了解的人开展电子化工作，人们常常抱怨他们有些时候被埋在电子邮件堆里。有位同事说："如果你每天会收到 35 份邮件，那么这意味着在你放完 3 天假回来，将有超过 100 份邮件需要处理。"对一些人来说，那些语音邮件让他们发疯，对于另一些人来说，他们失去了对私人生活的控制和感觉。

本章考察了有关电子技术、职场行为和指导这些行为的政策，以及包括职场隐私和雇主监控等问题。同时，我们也探讨了公司应如何运用远程通信技术和虚拟工作群体来提高生产率。你会发现一些新的游戏规则、社交媒体的运用以及针对这些问题会如何对你产生影响的三个案例研究。

7.3 电子邮件

30 年前属于美国国防部及大学研究人员分享科技信息的方法当今已成为人们生活的一部分。大多数人所熟悉的电子邮件（E-mail）已经成为全球公认的保持联系、传递数据和图片、管理那些为了生意而不断交流的实时信息的方法。同时，这也开启了潘多拉盒子：不稳定的速度、大量的广告、低俗艺术、暴力、色情图片、病毒、黑客和盗贼。电子邮件是进入你电脑的敞开之门，也是进入你个人生活和职业生涯的私密之门。

然而，如果得到正确的管理，电子邮件可以成为一个提高生产率的有效工具，即一个各地市场的连接，一个管理从员工沟通到客户关系等各项事务的潜在工具。但是，它需要深谋远虑、纪律严明和详尽计划。让我们首先从一些个人问题入手，然后再讨论你必须考虑的政策和程序以使电子邮件有效地为你工作。

对于越来越多的人而言，仅围着电子邮件忙忙碌碌似乎是一场不可能打赢的战役。请看下列数据：

- 全球每年发送 6 万亿份电子邮件。
- 办公室人员平均每天处理电子邮件的时间是 49 分钟。
- 高级管理人员每天花 4 个小时处理电子邮件。
- 每年发送的电子邮件中，"垃圾邮件"占 80%——都是一些不请自来的广告，其中许多是虚假的或非法的。
- 工业化国家 62% 的工人在家中或度假时查看商务电子邮件。
- 受电子邮件干扰的工作人员其智商下降 10%（超出吸食大麻研究结果的两倍）。
- 20% 的工人感到有压力。[14]

另一项加特纳集团的研究表明，近一半的美国用户在度假期间也查看电子邮件。近 1/4 的用户在每个周末查看信息。[15] 位于旧金山的霍恩集团（Horn Group）的首席执行官萨布丽娜·霍恩（Sabrina Horn）说："我对电子邮件上瘾。"她说："我为那个有新消息来时发出的'叮'一下的响声而生活，我会不由自主地使用邮件来试图找到自己在组织中的最佳关注点。"结果，"我有一种在办公室无所事事的感觉，每天回家免不了有一种挫败感。我知道应该怎样去做工作，但我实际上什么也没做"。[16]

为了有效处理电子邮件在你生活中带来的越来越多的问题，以下是列出的一些建议。

承认问题的存在 马克·埃尔伍德（Mark Elwood）是《别让电子邮件暴食》(*Cut the Glut of E-mail*) 一书的作者，根据他的统计，白领每个星期平均花费 3 小时用于清理垃圾邮件。如果你花费了更多的时间，说明你有问题了。[17]

少发少收 如果你少发邮件，你就会减少收件箱回复邮件的总量。仔细考虑你是否真的需要起草一份或回复你所收到的邮件。位于内华达州雷诺市的 KPS3 广告公司的米斯提·杨（Misty Young）说："除非我收到错发的邮件，一般我都会到此为止。我不需要有人给我发送诸如'感谢您一直与我保持联系''还有什么我能为您效劳？''祝一天好心情'等的邮件。"[18]

避开没完没了的回复链 不回复邮件被视为不礼貌。"就像这个人还在和你说话，你就走开了"一样，在 overcomeemailoverload. com 网站撰文的凯特琳·舍伍德（Kaitlin Sherwood）说。她建议在邮件最后写上"不需要回复"，或再加一句"先谢谢啦"。如果针对要求做出答复时，你可以在最后加上一句"希望对你有帮助"。即使这样写有助于预测可能会提出的问题，你还是得避免那些你不想答复的问题。[19]

在按"发送"键之前检查"接收"栏 确保你把信息发送到正确的地址。再次确认你没有点击"全部回复"或发送给你不想发送的人或地址。

不要随意抄送 想清楚你的抄送名单，如果它们全部做出回应，你的邮箱会积压成什么样子？邮件名单不仅会给你带来麻烦，也会对所有家庭成员、学校好友和商业伙伴造成麻烦。当你使用邮件名单回复信息时，确保你只回复给发送者，而不是整个名单。我的一个同事发送一份有关召开全系教师会议的邮件，几分钟过后，另一个同事回给了邮件名单上所有的人，但她以为只是回复给了发送者：感谢提醒，顺便说一下，你今天早晨离开时把钥匙落在厨房了，我会在下午把它放在你的办公室。哈哈！谁知道他们是什么关系？可是现在全校都知道了！

选择主题，任何主题都行 一些人总喜欢让主题栏空着，这令我很为难，因为我不仅仅是出于好奇心去打开陌生人的邮件。选择一个与内容相关的主题可以促使人们打开邮件并做出快速回应。在第一资本金融公司（Capital One），员工平均每天处理 40~50 份电子邮件，公司通过培训他们撰写有效邮件信息使公司现有的系统更高效运作。"事实上，有效的主题栏能够更好地使收件人理解邮件的内容。"而且如果收件人保存邮件，也便于他们日后查阅。较之"这是你想要的"，"这是 2009 年的员工配置计划"的主题栏来得更有效。此外，使用粗体、下划线或斜体更能引人注目。[20]

回复前考虑清楚 如果你即时回复邮件，会让读者留下你会快速做出答复的印象，从而他们每次都会这样期望。关于回复的古老法则很简单：当天回复电话；三天内回复邮寄信件。如果人们期望快速得到回应，而你却拖拖拉拉，那么他们就会很不高兴，所以如果事情紧急，那就打电话告诉他们。

回复前请三思　如果你对于刚收到的邮件内容感到非常难过、生气或愤怒，那么等一天或至少几个小时后再进行回复。这样可能避免你说出令你后悔的话。这一点适用于愚蠢的笑话、来自领导或同事的批评、不友好的言语或任何自作聪明而你一时接受不了的回应。

谨慎应对批评　即使电子邮件中会出现那些聪明的表情或笑脸，它还是不能完全表达我们所熟悉的那种用来体会和判断发送者意图的非语言暗示。如果你发送的内容含有批评性质，那么电子邮件看起来就更冷酷和不近人情。如果妈妈把胳膊搭在你肩上，笑着对你说"感恩节的火鸡有点干"，可能并不伤害感情。但是如果妈妈发邮件对你说"火鸡火候过了，很糟糕"，这可能会导致家庭不和直到下一年。[21]

对每封邮件进行处理　如果邮件不重要或不相关，那么删除它；如果你需要对有些邮件做出回复，那么应决定是当即回复还是等你有时间和获得相关信息之后再回复。如果你能养成建立邮件夹的习惯，你就能把每一封邮件放入邮件夹以及时清空你的收件箱。

不要随时查看邮件　养成习惯定时查看邮件，比如，早晨的第一件事，午饭后查看一次，在回家前再查看一次。如果你的邮件系统一直开着，至少把来件提示音关闭。

重视写作规范　虽然电子邮件比起信函更像是聊天，但是不要在写给别人的邮件中犯低级错误，如别字、漏掉标点符号或是不规范的拼写，同样的告诫也适用于句子和段落。邮件越具条理性、意思越清晰，读者就越清楚你的意图。

避免使用缩写和电脑术语　个人电脑用户拥有一套速写语言以减少打字量，如 IMHO（以我的愚见）或 TTYL（待会再聊）等。然而，许多商业从业人员发现这些缩写晦涩难懂。*PCWorld* 杂志的劳里安娜·麦克拉夫林（Laurianne McLaughlin）说："你不能认为所有的人都对首字母缩拼词很熟悉。因此，WIDL-TO：有疑问的话，就把它们删了。"[22]

简洁是聪慧的灵魂　如果邮件超过两段或三段，你可能更需要的是电话或是面对面的交谈。如果这一点不现实，就考虑分解你所叙述的重点，分别用一句话加以概括，并且以读者的偏好或需要的形式（如微软 Word 文档或是 Coreal 公司 Word Perfect 形式）发送邮件。如果你的回复只是一句话，那就在合适的情况下采用主题栏。这样，读者就无须打开邮件了。例如：今天收到了你的包裹，一切都好，谢谢！

利用好 URL　当你需要向他人提供某个网站，那就把这个网站的完整地址单独放在一行。例如：

在我们公司的网站上你会获得更多信息：

www. nd. edu/~fanning

不要在 URL（全球资源网址）前后加上任何标点符号。这样，邮件接收者就可以很方便地点击 URL，在浏览器上打开该网页。

添加附件须谨慎　发送不请自来的附件可能会使你的邮件不被接收。在你并不确定接收者的真实需求之前，不要往邮件里附加任何文档、图片或是电子数据表。商业记者斯科特·科尔斯纳（Scott Kirsner）建议，把这类文件发送到一个容易进入的局域网网站，然后发送邮件告知该网站地址，这对于读者来说会更方便。[23]如果你需要发送三个或三个以上的附件，而且需要每一份邮件单独发送附件，就通过主题栏告知接收者有关附件的内容。如果你需要发送很大的附件，就可以考虑运用压缩文档或另一个文档压缩程序。

包含一个签名文档 你的邮件应该自动包含一个签名文档。所有的邮件软件中都有这项功能，它显示你的姓名和你的联系方式。很多人喜欢在签名文档上加上鼓励性或幽默性表述，千万不要那么做。否则，你就不会有朋友。

检查你的时间标签 确定你的电话或公司的邮件服务器的时间和日期正确，如果时间有错，那么邮件会出现在接收者收件夹中的错误地方，邮件就可能被归错档或被忽视。

必要时寻求帮助 作为高层管理者的你应允许行政助理查看你的收件箱。在你回复之前，助手可以打开、阅读和组织电子邮件信息。你也可以在离开办公室或度假期间使用邮件自动回复来应对那些发送邮件者。这样，他们在你回来之前，就不用期盼你的回复了。

尽管电子邮件是改变我们沟通方式的新技术，但是一些老规则仍然适用。Alpha 发展集团的鲍勃·罗扎基斯（Bob Rozakis）认为，商务沟通是商业的一部分，因此遵循一定的礼节是必需的。正是因为电子邮件更加快捷和个性化，因此它不能过于随便，商务性电子邮件也必须具有商业气息。你的文笔、拼写以及语法都会影响对你个人的判断，任何形式的商务沟通，只要与你相关，就会对你的今后产生影响。发送一份带有拼写错误的电子邮件就像穿了一件带有猫爪痕迹的衬衫；语意不清的草率邮件就像作者语无伦次的表述。[24]

7.4 隐私及职场的监控

如果在工作中你用自己的电脑给朋友发了份邮件，这是你的个人权利，不是吗？你在办公室浏览过哪些网站？只要你是在午饭时间浏览的，就没什么问题，对吗？还有，那些在办公室司空见惯的你与朋友和同事之间传递的信息，它们也属于隐私，不是吗？

"隐私已经不复存在了。"太阳微系统公司（SunMicro Systems）的首席执行官斯科特·麦克尼里（Scott McNealy）说。"解决它。"[25]即使你的邮件账号设有密码，也并不私密。如果你的账号是你的雇主提供的，那么那个账号根本就不属于你。正如许多人已经注意到，电子邮件和其他各种电子沟通是很容易被侵入和窥视的。虽然这么做显然是非法的，但却完全属于那些查看你收件箱和发送件的人的权力范围。

《纽约时报》的别斯多弗（J. D. Biersdorfer）说："说到电子邮件的隐私问题，遵循古老的经验法则或许对你有所裨益：永远不要把你不会写在明信片上的内容写到电子邮件中。"[26]在你点击发送键和邮件到达接收人的收件箱短短的时间内，邮件信息已经过了数十个邮件服务器、中转站或其他电脑。黑客们不经常攻击邮件服务器，但这并不保证没有人会打开阅读和保存你的邮件。

事实上，查看你邮件的那个人很有可能正是你的老板。美国管理协会（American Management Association）和电子政策研究所（e-Policy Institute）最近的一项调查显示，大约55％的公司会保留和检查电子邮件，比四年前的47％有所上升，其中有1/4的员工因滥用电子邮件而被解雇。[27]

根据电子邮件安全公司Proofpoint的调查，现在超过1/3的员工在1 000人或以上的公司会专门雇人阅读或分析外发电子邮件。他们主要关注的是商业泄密问题。以下是关于大型公司中电子邮件决策的一些调查结果：

● 大公司首先关心的是财产信息和知识产权的泄露。

● 大约1/4的外发邮件中包含法律、财务或监管风险问题。

● 在过去的12个月内，超过1/4的公司解雇了违反电子邮件管理条例的员工。

● 在同一时间段里，超过1/3的公司调查了泄露机密或财产信息的可疑邮件。

● 去年超过10％的公司接到法院或监管机构的传票，要求提供一年的雇员电子邮件。

● 70％的公司认为它们关心或非常关心基于网络的电子邮件，因为它可以作为机密信息泄露的一个途径。[28]

几乎所有的职场沟通专家都一致认为：在公司系统里不存在所谓的私人邮件。"从法律上讲，公司没有必要告诉你它在监控你的邮件，"电子前沿基金公司（Electronic Frontier Foundation）的萨瑞·斯蒂尔（Shari Steele）说，"你工作所用的设备属于雇主，因此，老板可以对设备做他想做的任何事情。"[29]

公司可以安装软件，通过关键词扫描来确定发送者和相关不良邮件，它们也可以选出与病毒、垃圾邮件等相关的一系列关键词。政策一旦被制定，你的雇主就可以决定下一步该干什么：保存邮件以便检查、转移邮件或把邮件放进垃圾箱。

雇主为什么要监控？   对从电子邮件到互联网的使用的任何情况进行跟踪，往往基于以下四种理由：

● 安全性。每个企业，无论是什么行业或是什么市场定位，都有一些保密信息。正式披露前的信息、调研结果和发展计划、专利或版权项目、投标或报价数据，或者契约谈判进程等，都是公司想保密的部分。

● 生产率。员工把大量的工作时间用于网上冲浪，发电子邮件给亲戚朋友，或是滥用工作台上的高科技会引起生产率和利润的下降。超过1/3的生产率下降是员工在工作中滥用互联网所致。[30]

● 保护。大量面临高昂诉讼的公司通过实行对电子邮件、语音邮件、Twitter以及其他通信系统实施监控，发现或处罚那些在职场对其他人进行骚扰、诋毁、恐吓或威逼他人等的员工。最近一项针对大公司进行的调查显示，几乎10％的公司因员工邮件事件收到法院的传票。"当今几乎每个职场诉讼案，特别是性骚扰案件，都与电子邮件有关。"电子政策研究所的总经理南希·弗林（Nancy Flynn）如是说。一些记录可能会被一直存档。[31]

● 行规。政府或联邦监管机构颁布了大量政策，要求各类企业要像保留其书面通信往来一样保留它们所有的电子邮件。例如美国证券交易委员会全面严格要求金融服务业保存电子邮件，经纪公司和贸易公司因没有保存经纪人与客户以及经纪人与公司交易代表之间的电子交易信息而受到过严厉处罚。

员工应享有隐私权吗? 这个问题的答案是肯定的，但是可能不是你想象或期望的那样，在考察职场的隐私问题时，必须考虑以下几个重要方面。首先，联邦法律没有涵盖员工在工作中的隐私的所有方面。相反，联邦政府的大杂烩式法律却规定了从电子监控到摄像头监控、毒品检测和储物柜搜查等每一件事。

雇员在雇主提供的系统中进行电子邮件通信的确没有隐私权，除非雇主能够适当顾及员工的隐私需求。

雇主对员工隐私需求的考虑可能是有意或无意的。比如，当雇主意识到公司的电子邮件系统会被员工用来作为个人的通信工具并允许这种做法时，雇主就会有这样的考虑。

1986 年美国对《电子通信隐私法案》(Electronic Communication Privacy Act)进行了修订，以防止电子邮件信息被第三方中途获取或泄露。电子存储的通信记录也同样受到保护，然而法律并未禁止雇主对于电子邮件系统的活动和信息内容的监控行为。你的老板能够打开、阅读和存储你的信息，并利用这些信息做出是否雇用你的决策。只不过她不能将这些信息发送给其他人，除非在法庭的要求下才能那样做。[32]

美国国会非常明确地想要为国内外个人提供广泛的隐私保护，而不明确的是国会在多大程度上，甚至是否打算保护作为雇员的个人免受来自其雇主的隐私侵犯。当雇主借助除了系统维护、企业安全或怀疑不法行为以外的其他理由接近所存储信息，他们将因侵犯他人隐私而遭起诉，并且通过法律允许的如系统维护或防止盗窃等方式所获取的信息不能被用来达到其目的。[33]

虽然雇员在职场拥有有限的隐私权——主要涉及中性的和非业务性问题——但很显然，雇主在这场斗争中处于绝对优势地位。雇主拥有使用公司自有系统的权利和期望。以下是一些基本的方面：

雇主的权利。雇主有权：

● 截取或查看从公司自有或租用的电子系统上产生、传播、存储和接收的电子邮件信息。

● 实施电子邮件审查以确定系统被使用的情况，即何时、在何种情况下、以什么目的、被何人使用。

● 透露某些电子邮件内容给第三方，如果有关当局（邮政局长或系统管理员）怀疑或发觉非法或未经授权的使用。

● 要求雇员参加电子邮件系统使用的培训。

● 要求员工确认培训并理解电子邮件系统的指导政策、约束和局限。[34]

雇主的期望。雇主可以理所当然地期望：

● 公司自有的电子邮件系统将主要或只能用于官方商业目的。

● 雇员将不会使用公司自有的电子邮件系统来获利、谋取个人收益或进行个人业务。

● 雇员将不会使用公司自有的电子邮件系统来达成非法目的。

● 雇员将不会在使用公司自有的电子邮件系统时未经授权泄露有关数据或机密信息。

● 雇员将不会使用公司自有的电子邮件系统来发送不适当的信息，包括粗鲁或失礼的信息、性骚扰信息或种族主义言论、亵渎的言论、淫秽的言论或图像，或者与未经许可的地址进行通信。[35]

以下是大多数员工普遍问及的有关职场监控及他们隐私权方面的一些问题：

● 我的雇主会在工作中监听我打电话吗？在大多数情况下，可以。例如，雇主可能以培训为目的监听员工与客户或顾客的电话来确保质量控制。然而，管制与境外人士电话通信的联邦法律不允许未经通报监听涉及与商业有关的电话。

私人电话通信例外。联邦法律规定，当雇主意识到是私人电话时，他们必须立刻停止监听。然而，当雇员被告知不能使用专用的商业电话进行私人电话通信时，他如果进行私人电话通信，就有被监听的风险。[36]

● 我的雇主会获得我的电话通信记录吗？这类监控是很容易做到的。从电话分机上打来的电话号码可以被一种称为记录器的装置记录下来，这使得雇主能够查看到你的电话分机上拨打的电话号码列表以及每个电话的通话时长。现今移动技术供应商每月收取很少的费用例行提供通话记录资料。

一个被称为"在线认知"的程序设计可以确认个人电脑、移动电话、无线装置是否开启或正在使用。现在，新系统允许诸如全球定位系统（GPS）等跟踪技术侦测移动电话或个人掌上电脑使用者的所在位置。家长认为这项技术非常有价值，而想要参加棒球运动的孩子或公司雇员可能就不会那么认同了。[37]

● 当我工作时我的雇主会查看我的计算机终端吗？总体而言，可以。因为你的雇主拥有计算机网络和终端的所有权，他们可以免费使用这些系统来监控雇员。在某些情形下，大多数员工可以获得免于电子监控的保护。例如，联合契约可能会限制雇主的监控权。如果雇主在书面文件中声明他们不会监控其雇员，他们将会受到协议的制约，仅有有限的例外。[38]

● 雇主可以监控什么样的事情？各式各样的事情。廉价的软件系统和易操作的硬件系统使几乎任何雇主都有可能获悉谁拥有公司提供的网络访问权、谁正在联机、他们正在关注什么、多长时间关注一次以及关注多长时间。大多数企业记录着其员工最频繁登录的前十大流行排行榜网站，新的软件系统能够帮助雇主立刻获悉在其雇员电脑屏幕上发送的一切信息。当你需要技术支持时这是一项有用的技术：一位 IT 专家能够很容易地出现在你的电脑屏幕上，控制你的鼠标移动，处理你遇到的问题。这一软件使得雇主能够追踪你所做的每一件事（比如你所按的每一个键），并把它记录下来，即使你未进行保存或发送至任何地方。许多雇主认为软件系统的这一性能具有极高的安全价值，而许多雇员则认为令人忍无可忍。

● 我怎么知道自己是否受监控？你无法知道。大多数计算机监控设备允许雇主在雇员不知情的情况下对其进行监控。然而，有些雇主却是将监控行为告知其员工。这类信息可能包含在备忘录、员工手册、联合契约，出现在你计算机启动时的用户信息中，或是计算机的粘贴便条上。即使雇主的这种行为不在法律要求范围内，但他们仍会告知其是否在监督你的工作。理由是什么？如果你知道他们正在监控，你就更有可能注意自己的行为。

● 我的语音邮件是私密的吗？不是。语音邮件和电子邮件在法律上（在你雇主的眼里）几乎是一样的。存储语音邮件的电话、转换系统以及计算机硬件驱动器是属于雇用你的公司的财产，并且公司可以获取、存储和听取任何人的语音邮件。

位于俄亥俄州辛辛那提的一家报社几年前卷入了一个大麻烦之中，该报社的一名记者入侵了香蕉进口商 Chiquita Brands 公司的语音邮件系统。许多人对于一个外人能如此轻易地听到其他人具有密码保护的语音邮件感到惊讶。

● 有什么办法能让我对我的电子邮件和其他工作保留一点隐私？方法是有的，但是你的雇主可能不喜欢那样。事实上，他可能禁止这么做。你可以在发送个人电子邮件之前对其进行加密保护。大多数加密程序会把你的信息翻译成文理不通的语句，需要在另一端用相同的程序和密码破译。你可以购买商业加密软件用于电子邮件程序，或者从 www.pgp.com 的网站链接上下载 PGP 加密程序的免费版。[39] 其他公司，包括 ziplip.com，也提供类似的程序。[40] 位于旧金山的 Liquid Machines 公司开发了一种相当于电子邮件粉碎器的系统，它能够在 30 分钟或 30 日内自动销毁电子邮件，一旦到了破坏时间，加入信息的加密密钥将会失效，致使电子邮件所有复本永久性无法阅读，其中包括要发送的复本。[41]

● 那么即时信息的情况又如何呢？雇主应该没有办法监控这些信息，对吗？到目前为止，你应该断定你的雇主能够监控几乎所有的事情，而且这也包括美国在线服务公司 AOL 的即时信息。Sonalysts 是位于康涅狄格州沃特福德的一家软件与咨询公司。在公司的年会上，系统分析专家兰迪·迪克森（Randy Dickson）使人们认识到即使一些言辞在即时信息中很快掠过，它们仍可能被公司的计算机监控系统捕获。他演示了一份文件，该文件显示了两名雇员（他们的名字被涂掩）之间的对话。寥寥几行字，但谈话的要旨却清晰可见。迪克森揭示了这两名雇员使用了在他看来"还不够专业"的言辞谈论另一名同事时的话语。他说道："即时信息的结构非常松散且具有闲聊性，就像进行交谈。"这两名雇员之间的交谈表明人们往往会泄露比他们理应透露的更多的信息——而在缺乏持续监控的情况下，公司可能会面临风险。保密项目可能被泄露，攻击性语言可能会在办公室内外散布。[42]

即时通信（IM）正在渗透和改变我们的职场。20 世纪 90 年代后期，雇员们开始偷偷地将即时信息带入办公室，而现在公司已认可了这种行为。相比电子邮件，速度更快且更具随意性的即时通信能够促进雇员之间更为广泛的合作，甚至使得工作和生活的界线愈加模糊。大约 1/3 的美国雇员在工作中使用即时通信。加特纳技术咨询公司预计，5 年之内即时通信将成为大公司中 95％ 雇员通过音频、视频和文本聊天的工具。[43]

然而，正如任何即时通信的企业用户会告诫人们的那样，即时通信也是有利有弊的。如果其他人知道你在办公室或在家工作而且你登录了系统，那么保留隐私和避免干扰就会变得愈发困难。在许多工作场合，没有快速回应即时通信被认为是失礼的行为，所以当员工离开办公室时他们会主动退出，或者，当他们知道一时半会儿无法做出回应时，他们就会显示"忙碌"状态。

对于大多数系统而言，必须征得他人同意方能将他人显示在你的好友名单上。微软公司产品经理克里斯·尼豪斯（Chris Niehaus）说："对在线状态必须进行管理。"然而在一些公司，使用即时通信的任何人都会被列入好友名单。例如 IBM 公司，全球大约 22 万名员工注册了即时通信，他们可以搜寻涉及诸如数据库整合或网页广告设计方面的内部专家，并了解其中哪些专家能够通过即时通信对有关问题提供快速的回应。[44]

即时通信的另一个副产品开始出现在美国的中小学里，你认识以下一系列的表述吗：u，r，ur，b4，wuz，cuz，2? 这些即时通信的快捷用词蔓延到了学生的论文里，至少可以说，教师还未充分意识到这一问题。"孩子们会知道它们的区别的，"位于伊利诺伊州格尔尼的维京中学（Viking Middle School）八年级的英语老师杰奎琳·哈丁（Jacqueline Harding）说，"他们知道如何区分正式写作和会话式写作。"[45]即时通信的规范是学生们进行沟通的重要组成部分——在这种情境下——几乎每个人都不认为这是错的，而这只不过是即时通信的一种形式而已。学生们和其他经常使用即时通信的人必须认识到的一个重要问题是读者的期望决定了风格的使用。对于办公室之间的纸质备忘录而言，非正式的风格比较合适，但读者仍然希望使用规范的标点符号、拼写和段落组织。对于发送到组织外部的商务信函而言，其标准甚至会更高，因为商业关系的建立与否取决于读者从他们收到的文件中所得到的印象。

7.5 互联网和在线行为

安迪·佩雷斯（Andy Perez）到位于休斯敦的莱斯大学（Rice University）的图书馆不是为了看书，而是为了有个安静的环境，他在通过互联网做研究。埃德尔·菲尔德勒（Edell Fiedler）从位于曼凯托的明尼苏达州立大学（Minnesota State University）链接到互联网以注册班级查询成绩，这省下了她去学校的 60 英里车程。而雷克斯·帕特尔（Rakesh Patel）则经常通过电子邮件来询问芝加哥的德宝大学（Depaul University）的教授有关作业的问题。[46]

随着与个人电脑同步成长的一代如今在大学校园内频频上网，并且几乎在大学生活的每个方面都依赖于互联网，上述故事变得越发普遍。美国互联网调查机构 Pew Internet & American Life Project 所做的大规模调查的结果证实了许多人曾经怀疑的问题：互联网已经成为大学生活的一个完整部分，而不仅仅是学习的一个部分。针对全美大学的一项调查显示，94％的大学生使用互联网，与之相比，美国总人口中仅有 66％使用互联网。[47]

"当今的大学生出生于大约第一代个人电脑问世的年代，而且这些技术伴随着他们的成长，"位于芝加哥的伊利诺伊大学传播系主任兼首席研究学者斯蒂夫·琼斯（Steve Jones）教授说，"对于大学生来说，互联网和电子邮件如同电话和电视那样普通，而且是同样的必不可少。"[48]

90％的受访大学生表示他们使用互联网不仅仅是为了查询研究资料，如果这一现象属实，且如果 86％的大学生每天查看电子邮件，那么难道你不认为那些行为将延续到他们毕业以后吗？2/3 的大学生表示，他们认为互联网改善了他们与同学之间的关系，且一半以上的大学生认为电子邮件也改善了他们与教授之间的关系。很明显，一旦学生进入工作场合并开始在专业背景下与他人进行沟通，这些行为习惯仍将延续。

互联网成为大学生学习生活的主要方式：开展与课程相关的研究，与教授、朋友及家人进行沟通，更新社交网站，收集包括从体育到股票市场和天气等各个方面的各种信息，以及进行重要的短时间内礼物、衣物和机票的购买。这种趋势已经非常明显：当大学生进入职场时，在线寻找或存储信息并与重要的人物进行频繁沟通早已成为日常和终生的习惯。21 世纪的职场将进行调整以适应那些行为习惯，而且在很多方面，变得更有成效和更有趣味。然而，这里不全是好消息，因为技术和社交行为通常与商业目标不一致。

7.6　发送短信

对于那些质疑短信革命是否会发生在我们身上的人，应该考虑一下这一点：根据尼尔森媒体研究公司的数据，13～17 岁的人平均每月发送和接收 3 339 条短信，平均每天超过 100 条。不过，成年人正在迎头赶上。2010 年，年龄在 45～54 岁之间的人每月发送和接收 323 条短信，比一年前增加了 75％[49]。

在短信爆发式增长的背后，是我们对移动设备认识上的根本性转变。尼尔森公司最近分析了 6 万名手机用户的电话账单，发现在 2010 年，成年人平均每月打出和接听 188 次移动电话，相比三年前下降了 25％。与 2009 年相比，平均“通话时长”减少了 5％；而在 18～24 岁的年轻人中，减少了 17％。[50]

短信（又称短信息服务）比起打电话，不仅占用更少的带宽，而且成本更低。然而，根据《华尔街日报》作家凯瑟琳·罗兹曼（Katherin Rossman）的观点，短信的内容太过于浓缩，以至于它在表达原作者的语气和情感上通常会失真，这个情况甚至比电子邮件还要严重。而且，我们的短信越长，就越有可能产生误解。

最近的一项调查通过对 2 000 名大学生询问他们对电话和短信的态度，发现学生们的主要目标是在尽可能短的时间内用尽可能少的语言传递信息。主持这项调查的美国华盛顿大学的语言学教授诺姆·拜伦（Naom Baron）说：“对于移动设备，学生们最喜欢的一点是，他们可以因此接触到其他人，而他们最不喜欢的一点是，其他人也因此接触到他们。”[51]

促使成年人热衷于发短信的部分原因是社交媒体的流行。当人们发布不超过 140 个字符的信息时，像 Twitter 这样的社交媒体网站，正在培养和强化人们通过微信息进行沟通的习惯，而且这些网站雨后春笋般越来越多。许多 Twitter 和 Facebook 用户设置了消息提醒功能，每次有新消息都会收到提醒。[52]

社会科学家说，短信的兴起正在改变我们的互动方式。我们通过短信来传递较难处理的信息。当我们想要避免目光接触时，我们会盯着手机看。我们不再提前做计划，而是，正如丹麦哥本哈根 IT 大学教授瑞奇·林（Rich Ling）所说的，热衷于"微协调"——"我 10 分钟内短信告知你去哪家餐馆。"

当然，电话交谈永远不会完全过时。商人及其他专业人士仍然会每天花大量的时间打电话。研究人员发现，人们通常会在项目的初期使用基于短信的沟通方式，而进入需要考虑许多选择和最终决策时，电话交谈就发挥作用了。[53]

7.7　社交媒体

社交媒体是一个被广泛使用的术语，它包括许多以互联网为基础的用来将个人和社会群体联系起来的平台。一些作者把这种媒体称为"Web 2.0"，意思是一个不仅提供信息，而且还与用户交互的在线资源。

以下是几个值得注意的社交媒体类别：

● 社交书签（Delicious，Blinklist，Simpy）。这类平台通过标记和搜索网站来进行互动。

● 社交新闻（Digg，Propeller，Reddit）。这类平台通过选出阅读量最多、网络上转发量最大和评论最多的文章来实现互动。

● 社交网络（Facebook，MySpace，Linkedin，HI5，Lastfm）。这类平台通过添加朋友、评论、个人资料、加入群组和进行讨论来互动。

● 社交照片和视频分享（YouTube，Flickr）。这类平台通过分享照片或视频，并评论用户动态来实现互动。

● WiKis（Wikipedia，Wikia）。这类平台通过添加文章和允许用户在线编辑已有文章来进行交互。[54]

Facebook 目前在全球拥有超过 5 亿用户。Twitter 每月有近 2 亿访问者，每天产生 6 500 万条推文。[55]许多平台正在社交媒体市场上争夺着你的时间和注意力。它们提供信息服务、与你认识的人（可能想要认识的人）相联系、分享照片、音乐下载、购物及一些快速发展出来的服务，让你忍不住要花大量时间上网。

企业开始考虑如何使用社交媒体，主要在营销领域，同时也用于企业的声誉管理和企业沟通。事实上，公共关系顾问已经准备好并迫不及待地为企业提供有关通过使用社交媒体实现最大化盈利的建议。

在你的私人时段，社交媒体有助于你结交朋友，从而推进你的职业生涯发展。但要注意你在上班时登录社交媒体的在线时间，因为一些办公室的电脑可以追踪你在不同网站上花费的时间，甚至是你在网上输入的内容。所以最好是在私人电脑或智能手机（iPhone，黑莓）上登录。如果你非要使用你的办公室电脑，那就在休息时间登录。

请记住，当你在 Facebook 等公共网站上发布文章时，仍然存在风险。不要在社交媒体上吐槽你的老板或同事、抱怨工作或在你的个人资料上张贴关于自己所做的一些违法、可耻的照片，要确保只有你认可的朋友才能看到照片或更多的私人信息。别忘记调整隐私设置，这样你的老板或任何不是你朋友的人就无法仅仅通过点击你的个人主页来了解你的周末安排了。[56]

7.8 礼节与办公室电子化

家和办公室的区别实际上已消失，而许多控制我们工作、放松和社交行为的本能事实上也已消失。沟通行为不知何故似乎成了最主要的问题，这些问题迷惑、激怒，并且（确实是这样）严重地困扰着从我们家庭成员到同事和客户的每一个人。以下是一些如何管理新技术的建议以及我们周围的人的期望。

移动电话 它是一项令人惊骇的发明，但也是一项有能力激怒我们和给我们带来压力的发明。移动电话最基本的问题是这么多人拥有移动电话，并且许多人感到自己被迫随处使用移动电话。根据行业分析师的研究，与个人电脑相比，更多人拥有移动电话，目前全球有超过 50 亿人使用移动电话。[57] 截至 2011 年，在美国有超过 2.6 亿人进行过手机认购。[58] 目前大约 85％的美国人拥有移动电话并且每天平均进行一小时手机通话。[59] 如何指导人们适当使用移动电话呢？除一些重要的例外，以下规则适用：

● 除特殊情况外，当你在开车时应该关闭你的移动电话。否则这不仅仅是让你分心的问题，而且是极其危险的。

● 除非你是医生或随时待命的雇员，当你在餐馆、剧院、音乐会、宗教仪式或其他人们期望不被干扰和保持安静的地方时应该关闭你的移动电话。如果必须保持开机，将你的移动电话调至振动状态，并在你回应或回复电话之前离开现场。

● 不要以为在你 500 米范围内的每个人都会对你悄声的谈话感兴趣。放低你的嗓音并且尊重其他人对于平和与安静的需要。

● 不要以为因为你的雇员拥有了移动电话，他们就一周 7 天、一天 24 小时都有空（或热衷于）谈生意。他们有办公室以外的生活而且想要在不受你谈话干扰的情况下生活。

一项由无线网络零售商 Lets Talk 公司委托进行的科学的民意测验发现，在过去的 5 年里，愿意在包括电影院、餐馆和公共交通等公共场所使用移动电话的美国人数比例显著下降。由 Wirthlin Worldwide 公司开展的另一项研究也发现，不到半数的美国人能够接受在开车时使用移动电话，而只有 10％的美国人认为在学校使用移动电话是合适的。令人惊讶的是，28％的人表示在餐馆用餐时打电话是可以接受的。[60]

"尽管总体上移动电话使用人数在上升，"LetsTalk 公司的主席兼首席执行官德利·塔莫（Delly Tamer）说，"但是，美国人似乎对使用移动电话的礼节问题有越来越高的认知。有一点发现是非常重要的，即美国人开始自我监督其无线联络方面的礼节，尤其正当领导们对支持或反对禁止公共场所使用移动电话做出评价时。"[61]

语音信箱 如果你没有行政助理或其他什么人可以在你外出时为你接听电话，那么语音信箱可是难得的好帮手。当你学会如何恰当地使用它时，你就会真正体会到这一点。

● 尽量使你的接听留言简洁："我是吉姆·奥罗克（Jim O'Rourke），现在

Fanning 中心，有事情请留言，我将尽快给你回电。"注意"尽快"这一模糊表述的使用，如果人们被迫听到超过 10～15 秒的问候，或者听到超过 3 次以上的"请拨 1"选项，那么他们将会变得不耐烦，并且可能就此挂断电话。

● 与过长的问候相关的是每天重新问候的方式："今天是 9 月 9 日星期一。我今天将在办公室，但 9 点半、11 点 15 分及下午 3 点我都有会议。谢谢您的来电，但很抱歉此时无法接听您的电话。但是，假如您能留下姓名、号码及留言，我会尽快给您回电。"与其说这四句话，还不如就说："有事请留言，我回来后会尽快与您联系。"一句外出留言即可，除非你打算外出一周。

● 告诉人们如何跳过外出留言。每一个语音信箱系统都有让来电者跳过留言的指令，如果你的外出留言有许多选项，就说："你可以通过按'♯'键跳过这段留言。"或者给出你系统中其他任何可以实现此目的的指令。

● 如果你要留言于语音信箱，你必须表明自己的身份，给出回电的号码，并且简明扼要地介绍你为何打电话。如果你的留言可以控制在 30 秒钟，就不要用 5 分钟。在你挂断电话之前，再一次给对方留下你的电话号码。

● 除非你能关上办公室的门，否则在接听语音信箱留言时，不要让电话里的声音影响到他人。你可以拿起接听电话，下载你的消息，使办公室的其他人得以专心工作。

电子邮件   我们已经长篇累牍地讨论过使用电子邮件的风险与责任，以下是使系统更加合理的建议：

● 不要发送会令人生气的命令性电子邮件，"我必须在下午 2 点之前得到回复，再次重申，下午 2 点之前"。你不知道信息接收者的生活中发生着什么，也只能猜测他将如何对你的要求做出反应，如果你提出这些要求时能够语气委婉或者以条件句的方式写会更合适："除非我们在明天之前能够收到你的信息，否则我们可能无法准时运货。如果方便，可否让我知道你的选择？"

● 不要让那些发送到包括我的邮箱在内的数以百计的邮箱地址的最新的"笑话"浪费我们的时间。事实上，如果那些都是你发送的，那么请重新考虑电子邮件地址的价值。

● 不要命令人们来访问你的网页，而应礼貌地发出邀请，那么读者可能会考虑你的请求，告诉他们在你的网页上那些有趣而又有用的信息，他们才能认识到你的请求理由。

● 不要以全部小写字母的形式写信，也不要用全部大写字母写信，请正确运用标点符号、拼写规范、合理分段和文件结构，其中包括主标题、副标题、圆点标出的项目或编序的列表，以使你的信息简洁明了，吸引眼球。

● 千万不要在你的电子邮件信息中含有污蔑、诽谤、骚扰及贬低读者的言语。不要传播谣言或者说些你无法确证的事情，你不会知道谁将保留下你的信息并在之后对你不利。

● 请包含称谓和结尾处的问候语。在第一段或第二段表明目的，告诉读者你给他们写信的理由，语气应传递出礼貌和尊敬。[62]

7.9　虚拟工作

"我无法想象没有虚拟团队时，今天的人们如何做生意。"说这句话的是伊丽莎白·艾伦（Elizabeth Allen），戴尔电脑公司（Dell Computer）的企业沟通副总裁。艾伦在每个工作日都要从位于得克萨斯州朗德罗克的公司总部通过电话会议与她的全球沟通团队交谈，在其他时间，他们会安排视频会议。她的电子邮件经常开着，以便与雇员、客户、记者、同事及公司其他管理者保持联系。[63]

我们每个人都使用电子邮件和电话，我们中的许多人偶尔参加视频会议，那么什么使得戴尔公司与众不同呢？首先，公司积极倡导无纸化办公。艾伦说："我有一间令我愉悦的办公室，在那里没有文件筐，两侧没有文档柜，也没有多少可以放置纸张的地方。我们在这儿几乎都是电子化办公，而且拥有足够的存储空间——网络和磁盘。她还提及在戴尔每周一次会邮寄邮件，如果你期待着什么邮件，你必须得下楼去收发室取。在我们这里使用电子邮件和电子化存储受到极大鼓励。"[64]

由于显而易见的原因，许多公司正在以不同的方式开展工作。Tenneco 公司的董事局前主席兼首席执行官达纳·米德（Dana Meade）说："所谓的虚拟组织实际是指我们在组织资本、技术、信息、人员以及资产等方面采用了完全不同的方式。"[65]桑德拉·柯林斯（Sandra Collins）教授在其《虚拟组织中的沟通》（*Communication in a Virtual Organization*）一书中记录下了这种趋势，并且指出，组织、群体及团队正从实体环境向虚拟环境过渡以节省经费、提高效率、提高生产率，并将组织的边界扩展到全球的各个国家。[66]

利用虚拟工具进行管理工作日益受到青睐。2001 年大约有 2 360 万美国人进行远程办公。而 1990 年只有 400 万人，到了 2011 年攀升到了 4 400 万人。[67]在全球范围，加特纳集团估计约有 1 亿人实现了远程办公。[68]一些人就在隔壁的小房间与世界各地的虚拟团队成员联系；一些人则在家里登录公司服务器进行工作；还有一些人为避免浪费长时间车程去大城市而驾车到附近的远程办公中心工作。[69]

优点　虚拟工作的优点可以归纳为三个方面：降低成本、提高生产率和便于访问。

● 降低成本。节约办公室及雇员支持的费用是虚拟办公的最大成本优势。杰克·希科克（Jack Heacock）是国际远程办公协会和理事会（International Telework Association and Council）的成员。"在任何一天的上午 10 点 45 分，40%～60%的雇员在办公室以外的地方。你可以到处走走看看，"他说道，"然后问问你自己为什么要投资这个不必要的办公室呢？"[70]

● 提高生产率。当人们有幸在家里办公，在旅行时能够联系到办公室，或者在任何时间、任何地点办公，那效率和生产率能够轻易得到提升。柯林斯教授记录道：远程办公降低了旷工率，减少了员工流动率。[71]美林公司 20 年前开始实行远程办公，目前有 3 500 名员工一周四天在家工作。美林公司的管理者报告说，在远程办公计划实施的第一年，平均每年请病假人数减少 3.5%，人员流动降低 6%。[72]美林公司由于实行了远程办公还提高了 10%～50% 的生产率，而包括 IBM、AT&T 及美国运通（American Express）等公司都报道了同样的效益。[73]

● 便于访问。在众多对于公司的好处中还包括便于访问，这不仅对于在非同寻常的时间地点工作的公司员工如此，同时对于其他人也如此。将工作委派给那些能够协助项目管理或者在最后期限前完成任务的兼职员工或自由代理商，意味着普通员工能够腾出时间专注于那些需要与同事面对面讨论的问题。《商业周刊》杂志的约翰·伯恩（John Byrne）说：虚拟劳动力的出现意味着"许多机构依赖于自由代理商以及外部承包商来实现比以往更快的产品开发"。[74]

缺点　既然远程办公对基于网络的组织以及虚拟团队来说有那么多显而易见的优势，那么为什么没有更多的人或公司投入其中呢？对此的回答涉及方方面面，但大致包括以下几点：成本、技术、文化及人员。

● 成本。购置初始设备的费用会非常庞大。给每个员工配备笔记本电脑、打印机、电话线及软件可能会超过数千美元。[75]柯林斯教授说："当每个人都在中心地区工作，那么大家可以共享所有昂贵的设备。但对于在边远地区工作的员工，就无法做到这一点。"[76]

● 技术。管理者关心的是给远程工作的员工提供技术支持，正如你很可能已经知道，利用电话机一个 IT 专业人员只能给你解决非常有限的问题。当打印机卡纸了，你要么自己修理，要么去干别的事。

● 文化。在许多组织，远程办公备受推崇和认可，但在其他一些组织则未必。"眼不见，心不想"可能意味着远程办公者无法获得同样的培训或晋升机会。在另外一些组织中，管理者可能不情愿（甚至不被允许）让员工将敏感的保密性数据往外带，客户记录、政府研究或开发中的产品可能要求管理者及相关人员必须留在办公室工作。

● 人员。最后，我们很容易发现为什么有些人就是不想在家里工作，因为许多人可以从他们的职场获得某种自我价值感，他们因他们的办公室而感到自豪，享受社交及与其工作伙伴和同事进行交流的乐趣，并且认为感受职场氛围会令人精力充沛和富有灵感，而穿着睡衣坐在家里想着你能够做的所有家务活（或者其他事），可能就无法激发灵感或提高效率。有关从员工之间的沟通频率到建立信任等诸多问题可能取决于是否让员工在同一个场所共事。[77]

7.10　视频会议

视频会议或使用电话的基本功能以及电视技术与遥远地方的人们召开会议，已经存在许多年了。1960 年教育工作者就已经开始使用低成本照相机以及多媒体数字信号编制解码器系统帮助人们通过中心区域所提供的课程进行学习，那些拥有地域上分散的办公室和生产设备的公司利用视频会议系统跨时区和跨大洋地分享从营销计划到高新技术的任何信息。

然而，长期以来视频会议一直存在两大问题：高成本和低质量。模糊不清的、不断变化的影像在令人局促不安且价格高昂的双向远程通信系统的屏幕上快速闪烁，演讲者的声音犹如人们堕入大木桶时发出的声音，而那些视觉辅助设备如活动挂图、35 毫米幻灯片及投影胶片即使是以最乐观的看法，也是得不偿失的。在 1980—1990 年经济繁荣的火红年代，人们往返飞行似乎不是很贵也不是很困难，但是 2001 年之后，许多公司开始重新审视视频会议的价值。

最近，相对高质量的可视化影像的价格从 5 万美元降至 5 000 美元，远程通信供应商开始着眼于改进技术和营销手段，使视频会议更方便、更便宜。借助桌面电脑和互联网，许多公司发现它们可以将影像从中心区域移动到公司的服务器上，这样地球上任何角落的员工都能访问。廉价的桌面影像设备和操作简易的软件使得每位管理者平均几分钟内就可以召开一个视频会议。3M 公司的迈克尔·比奇曼（Michael Begeman）说："几年前能够开得起视频会议的只有那些真正的大公司。"贝格曼管理着 3M 公司的会议网络，他认为不断降低的成本已经"使小公司骤然间也能承受得起视频会议的成本"。[78]

然而，这项技术并非操作简便。要使你所希望的每个人在同一界面和同一时间内都出现在一次会议中仍然存在困难，在会议过程中你很有可能会与一个或多个地区的联系中断。视频会议的设备及软件也不如手机那么便宜或操作简单，但是它们正变得愈发成熟也越来越受到青睐。我们使用桌面进行电脑拨号，简单地双击视频会议图标的日子不会太遥远了（试想你 iPhone 上的视频通话）。

为了使在今后若干年里你定会参加的视频会议、面试和培训课程尽可能富有成效，请考虑以下建议：

首先，周密计划。正如本书第 12 章所述，商务会议往往非常耗时，计划和实施都比较复杂，并且要比你想象的昂贵得多，其中也包括视频会议。会议最基本的规则很简单：如果你能采用其他方式达到你的沟通目标，就不要安排会议；如果电子邮件或纸质文件更有效，那就采用这些方式；如果语音信箱能够更便宜更有效地传达你的想法，那就不要去花费人家一小时坐下来听你的长篇大论。

尽管如此，在一些情况下会议仍是不可或缺的。如果视频会议有助于你达到目标，那么请在你做出安排之前考虑下列意见：

● 明确你召开视频会议的目的。向人们解释他们将做些什么以及为什么那么做。明确要求他们参加会议的目的。

● 明确会议主持人。一个群龙无首的视频会议通常会以混乱和狼藉收场。确定一名会议主持人，负责会议的开始、过程和结束。这个人应该为所有或大多数与会者所熟悉，并且能够控制会议进程。

● 计划会议议程。当组织者决定加快速度或者只是聚集与会者了解所发生的事情时，会议常常会偏离轨道。因此，一个具体的议程是必不可少的，应将容易完成的内容列在议程一开始，只要会议主持人能够保持大家聚焦在议程所列问题上就会收到较好的效果。

● 分发议程。通过事先告诉与会者所要商讨的内容，有助于他们为会议做准备。他们可能希望在会议前收集一些信息，或者与他人分享一些重要文件。

● 确定视频会议时间。选择所有（或大多数）与会者能够出席视频会议的时间和日期，同时确认所有这些重要的与会者都知道会议时间并同意出席。

● 同与会者确定视频会议。这类会议的计划往往要提前数日或数周。与会者很容易忘记会议的时间、地点及进入密码。随着会议临近，你需要多次提醒与会者。

● 和与会者分享重要资料。在会议开始前向与会者寄送议程拷贝及你认为重要的资料。不要因人们需要阅读重要的文件或第一次了解到有关数据及其含义而浪费视频会议的开播时间。将这些信息置于公司局域网上，并通过互联网链接到你的提示电子邮件会是不错的方法。

计划视频会议与实际召开会议完全是两码事。即便你准备得万无一失，也没人敢保证你的与会者都能出席会议、会翻阅你所寄送的资料，或者会认可议程，乃至会对你所计划讨论的主题感兴趣。为了确保你的视频会议成功，请考虑下列建议。

● 尽早登录你的会议网站。如果你将主持视频会议，你就应该确保有机会检查会议设备，并与提供技术支持的人员会面（如果你们网站有这么一个人），并且了解你对设备应负的责任。一旦你步入为视频会议所准备的房间，避免闲谈或者不小心的评论。假定有人正在观察和倾听。

● 注意你的着装。避免太多的白色、红色和黑色。白色反光太厉害，会使你的脸显得比较黑。黑色服装造成你的脸看似曝光过度，红色则显得模糊不清。考虑穿淡蓝色衬衫代替白色衬衫，并且选择单色以取代复杂式样，3M公司的比奇曼建议人们不要穿带有小点、细条纹和格子的花衣服。肥大或宽松的衣服会使你在屏幕上看似很臃肿，深色眼镜使你像画了熊猫眼，而闪烁摇晃的珠宝则容易使人分神。[79]

● 时刻牢记你在众目睽睽之下。一些在面对面的会议中不易察觉的怪癖举止在视频会议中会让人一览无遗，并且还会分散大家的注意力。避免拨弄头发、眼镜、铅笔或你的鼻子。坐在椅子上前后摇晃也会让人走神。如果你表现得就像在舞台上那样，那么你就能展现出非常专业的形象，这才是你真正希望人们看到的。

● 准时开始。对与会者遵守时间的承诺。如果你每次都准时开始，那你就等于在催促他人，开会时准时到场。以重要和有用信息作为对那些准时到会者的奖励，而对于那些迟到者则告知他们可以通过登录局域网或下载电子邮件附件（你会在会后发送电子邮件以弥补他们错过的部分）。

● 控制会议。控制会议不是说让你在全过程滔滔不绝，而是指在适当的时段给他人以机会分享他们所拥有的信息、提问或发表评论。你的目的就是要让你所邀请的与会者都能积极广泛地参与到会议中来。

● 当你开始会议时，首先让每个与会者作自我介绍。让每个与会者介绍自己是做什么工作的，在哪里就职。当你这么做时，你应确保每个与会者都在镜头中出现。如果与会者知道你的老板正在（在无法看到的房间背后）观察他们，他们会特别注意自己的言行举止。此外，他们的简短介绍或许对在其他地方收看视频会议的人会是有用的信息。

● 记下与会者的姓名和地址。当你打电话邀请他们参加会议时，了解到参加视频会议者的姓名、职务和头衔及地址是非常有用的。

● 在与会者第一次发言时要求他们表明身份。即使运用高识别视频相机，每个人也不可能都能认出和知道其他人。一个简单的介绍（例如，"我是来自华盛顿的约翰・坎普（John Kamp）"）将使每个人知道讲话的那个人是谁。

● 放慢语速以便于每个人理解。视频会议系统并不像电视直播室的设备那么精密，而且人们都喜欢同时发言。当你逐渐有了自信，并知道人们在注意你时，你可以采用交谈式语速。

● 避免窃窃私语。两三个人在一边讲话会对整个会场产生干扰。首先，并不是所有与会者都意识到每个人都能听到他说什么（或者看到他在做什么）；其次，如果你必须私下与人说话可以按一下消声键。

● 如果系统出现稍微滞后的情况，你应该保持耐心。一些视频会议系统在声音和影像的传输上会稍有滞后。在会议开始前检查系统，如果发现确实存在此类情况，就在会议开始时向与会者做出解释。应该为相互重叠的对话和较长的停顿做好思想准备。语速放慢一些，当你结束讲话时让人们知道，以使他们能够接着往下讲，尽量不要打断他人讲话。

● 尽量对着镜头讲话。在你讲话时，你至少应该有一半时间是对着镜头的。如果你正在回应一个困难或敏感的问题，那么如果你坦然面对镜头将无疑会大大增强你的可信度。如果你看上去在直接与他们讲话，那么在其他地区的与会者就会感到格外舒服。

●不要照稿宣读。除非涉及机密或只在特殊情况下才能公开的信息，否则这类陈述你应该在事先同与会者分享。

● 在会议过程中不断归纳要点。在会议过程中对所讨论内容进行概括可以起到推进会议进程的作用。根据议程的进度适时地作时间提示。

● 确定下次会议。告知你希望出席下一个视频会议的与会者。如果你已经做了安排，就要求他们记录下会议时间和地点。对本次会议讨论的话题进行概括并提醒大家实施他们认同的行动计划。

● 准时结束会议。如果规定会议为一小时，就不要拖至75分钟，遵守承诺，就如同你做到准时开会那样，显然时间是你同事所拥有的最宝贵的财富，请珍惜时间。

● 准备并分发视频会议记录。要求或指定某人（你自己也行）做好笔记，并且针对会议进展情况和与会者一致的意见撰写会议纪要。在会议结束后——几天之内，同与会者分享会议记录和会议纪要，但愿通过这项视频会议有助于促进你希望达到的商业目标。

延伸阅读

Argenti, P. and Barnes, C. M. *Digital Strategies for Powerful Corporate Communications*. New York, NY: McGraw-Hill, 2009.

Belson, K. "Four Score and . . . Mind If I Take This?" *The New York Times*, Sunday, September 30, 2007, p. WK-5.

Byron, K. "Carrying Too Heavy a Load? The Communication and Miscommunication of Emotion by E-mail," *Academy of Management Review*, January 2008.

"Facebook, Instant Messaging and Twitter Are Most Popular Social Media Tools," *PR Newswire*. August 4, 2010.

Lohr, S. "Slow Down, Multitaskers; Don't Read in Traffic," *The New York Times*, March 25, 2007. Retrieved from http://www.nytimes.com on March 25, 2007 at 10:25 P.M.

Mamberto, C. "Instant Messaging Invades the Office," *The Wall Street Journal*, July 24, 2007, pp. B1–B2.

Mindlin, A. "You've Got Someone Reading Your E-Mail," *The New York Times*, June 12, 2006. Retrieved from http://www.nytimes.com on June 12, 2006 at 8:35 P.M.

Richtel, M. "Digital Devices Deprive Brain of Needed Downtime," *The New York Times*, August 25, 2010, p. B1.

Robinson, J. "Blunt the E-Mail Interruption Assault," Entrepreneur.com, March 12, 2010. Retrieved from http://www.msnbc.msn.com/id/35689822

Sharma, A. and Vascellaro, J. E. "Those IMs Aren't as Private as You Think," *The Wall Street Journal*, October 4, 2006, p. D1.

Shellenbarger, S. "A Day Without Email Is Like . . .," *The Wall Street Journal*, October 11, 2007, pp. D1–D2.

Shipley, D. and Schwalbe, W. *Send: The Essential Guide to Email for Office and Home*. New York: Alfred A. Knopf, 2007.

Villano, M. "E-Mail in Haste, Panic at Leisure," *The New York Times*, September 3, 2006, p. BU-10.

Weber, Larry. *Sticks & Stones: How Digital Business Reputations Are Created Over Time and Lost in a Click*. Hoboken, NJ: John Wiley & Sons, 2009.

Wortham, J. "Everyone Is Using Cellphones, but not so Many Are Talking," *The New York Times*, May 14, 2010, pp. A1, B4.

注　释 ///////////////////////

1. Farrow, C. "E-mail Abuse Leads to Firings," *South Bend Tribune*, May 9, 1999, p. B1.
2. Carrns, A. "Those Bawdy E-mails Were Good for a Laugh—Until the Ax Fell," *Wall Street Journal*, February.
3. Negroponte, N. *Being Digital*. New York: Alfred A. Knopf, 1995.
4. Mattocks, Julian. "Number of PCs Worldwide to Double by 2010," *NewsFox Press Distribution*. http://www.newsfox.com/pte.mc?pte=041216011. Accessed January 3, 2011 at 1:09 P.M.
5. Number of Computers Sold Worldwide in 2009 Rose—Gartner. Retrieved from http://www.fortune500global.com/news/number-of-computers-sold-worldwide-in-2009-rose-gartner/. on January 3, 2011 at 1:05 P.M.
6. *Home Broadband 2010*. Pew Internet and American Life Project. Full report available online at http://pewinternet.org/Reports/2010/Home-Broadband-2010.aspx?r=1
7. Boulger, C. A. *e-Technology and the Fourth Economy*. Cincinnati, OH: Thomson South-Western, 2003.
8. "Digital Chasm: 18% of U.S. households are netless; 30% have never used PC to create a document," WRAL.com. Retrieved from http://localtechwire.com on July 10, 2008 at 4:29 P.M.
9. Richtel, M. "Lost in E-Mail, Tech Firms Face Self-Made Beast," *The New York Times*, June 14, 2008, pp. A1, A14.
10. Ibid, p. 29.
11. Ibid, pp. 6, 8.
12. "New Study Says E-Mail May Cost British Companies Worktime," Reuters News Service. Online at: www.msnbc.com/news/614783.asp. Retrieved August 20, 2001.
13. "E-mail Policy: Why Your Company Needs One," Email-policy.com. Online at: www.email-policy.com. Retrieved August 29, 2002.
14. Campbell, Denis. "Email Stress—The New Office Workers' Plague," *Guardian.co.uk/The Observer*. Retrieved from http://www.guardian.co.uk/technology/2007/aug/12/news/print on Monday, January 3, 2011 at 1:54 P.M.
15. Taylor, C. "12 Steps for E-Mail Addicts," Time.com. Online at: www.time.com/time/columnist/printout/0,8816,257188,00.html. Retrieved June 3, 2002.
16. Canabou, C. "A Message About Managing E-Mail," *Fast Company*, 49 (August 2001), p. 38.
17. Taylor. "12 Steps for E-Mail Addicts," p. 2.
18. Cohen, J. "An E-Mail Affliction: The Long Goodbye," *New York Times*, May 9, 2002, p. C5. Copyright © 2002 by The New York Times Company. Reprinted with permission.
19. Ibid.
20. Brown, Paul B. "After E-Mail," *The New York Times*, August 18, 2007, p. B5.
21. McLaughlin, L. "Essentials of E-Mail Etiquette," PCWorld.com. Online at: http://www.pcworld.com/article/80624/essentials_of_email_etiquette.html. Retrieved August 11, 2002.
22. Ibid., p. 2.
23. Kirsner, S. "The Elements of E-Mail Style," www.darwinmag.com, October 2001, p. 22.
24. Rozakis, B., L. Rozakis, and R. Maniscalco. *The Complete Idiot's Guide to Office Politics*. New York: Pearson/MacMillan Distribution, 1998.
25. Meeks, B. "Is Privacy Possible in the Digital Age?" MSNBC.com. Online at: www.msnbc.com/news/498514.asp. Retrieved January 22, 2002.
26. Biersdorfer, J. D. "Privacy Can Be Elusive in the World of E-Mail," *New York Times*, July

27, 2000, p. D4. Copyright © 2000 by The New York Times Company. Reprinted with permission.

27. "2005 Electronic Monitoring and Surveillance Survey," American Management Association and the e-Policy Institute. Online at: www.amanet.org/research/index.htm.

28. "Outbound e-Mail Security and Content Compliance in Today's Enterprise, 2005," Results from a survey by Proofpoint, Inc., fielded by Forrester Consulting on outbound e-mail content issues, May 2005. Reprinted by permission. Online at: www.proofpoint.com/outbound. Retrieved on August 4–5, 2005. See also: "Many Firms Snooping on Work-Related E-mail," MSNBC. June 2, 2006. Retrieved from http://www.msnbc.msn.com on July 6, 2006 at 3:35 P.M.

29. Hattori, J. "Workplace E-Mail Is not Your Own," CNN.com. Online at: www.cnn.com/2002/TECH/internet/06/03/e.mail.monitoring/index.html. Retrieved June 3, 2002. Retrieved August 4–5, 2005.

30. Conlin, M. "Workers, Surf at Your Own Risk," *BusinessWeek*, June 12, 2000, p. 105.

31. Hawkins, D. "Lawsuits Spur Rise in Employee Monitoring," *U.S. News & World Report*, August 13, 2001, p. 53.

32. Hartman, D. B. and K. S. Nantz. *The 3 Rs of E-Mail: Rights, Risks, and Responsibilities*. Beverly Hills, CA: Crisp Publications, 1996, pp. 68–79.

33. Ibid.

34. For a more thorough discussion of employer rights and corporate-owned electronic mail systems, see Hartman and Nantz, *The 3 Rs of E-Mail*, pp. 51–79.

35. Ibid.

36. "How Much Snooping Can the Boss Really Do?" MSNBC.com. Online at: www.msnbc.com/news/498495.asp. Retrieved January 22, 2002. Used by permission. See also the Privacy Rights Clearinghouse at www.privacyrights.org.

37. Guernsey, L. "You Can Surf, but You Can't Hide," *New York Times*, February 7, 20 p. D1. Copyright © 2002 by The New Y‹ Times Company. Reprinted with permission.

38. Ibid.

39. Biersdorfer. "Privacy Can Be Elusive in World of E-Mail," p. D4.

40. Guernsey, L. "Free Service Is a Way to Keep Prying Eyes Off Your E-Mail," *New York Times*, July 15, 1999, p. D3. Copyright © 1999 by The New York Times Company. Reprinted with permission.

41. Byron, E. "Omniva Lets E-Mail Disappear Without a Trace," *Wall Street Journal*, September 6, 2001, p. B7. Reprinted by permission of *The Wall Street Journal*, Copyright © 2001 Dow Jones & Company, Inc. All rights reserved worldwide.

42. Guernsey, L. "Keeping Watch Over Instant Messages," *New York Times*, April 15, 2002, p. C4. Copyright © 2002 by The New York Times Company. Reprinted with permission.

43. Mamberto, C. "Instant Messaging Invades the Office," *Wall Street Journal*, July 24, 2007, pp. B1, B2. Reprinted by permission of *The Wall Street Journal*, Copyright © 2007 Dow Jones & Company, Inc. All rights reserved worldwide.

44. Bulkeley, W. M. "Instant Message Goes Corporate: 'You Can't Hide.'" *Wall Street Journal*, September 4, 2002, pp. B1, B4. Reprinted by permission of *The Wall Street Journal*, Copyright © 2002 Dow Jones & Company, Inc. All rights reserved worldwide.

45. Lee, J. S. "I Think, Therefore IM. Text Shortcuts Invade Schoolwork, and Teachers Are not Amused," *New York Times*, September 19, 2002, pp. E1, E4. Copyright © 2002 by The New York Times Company. Reprinted with permission.

46. Associated Press, "Pew Survey: College Net Use at 86%." Online at: from www.msnbc.com/news/8708450.asp. Retrieved September 15, 2002.

47. Kvavik, R. B. "Convenience, Communications, and Control: How Students Use Technology." EDUCAUSE Center for Applied Research and University of Minnesota, Twin Cities. Available online at http://www.educause.edu/Resources/EducatingtheNetGeneration/Convenience CommunicationsandCo/6070 Accessed Saturday, August 27, 2011 at 2:17 P.M. (est).

48. Ibid.

49. Rossman, Katherine. "YU Luv Texts, H8 Calls," *Wall Street Journal*, October 14, 2010, p. D1-D2.

50. Ibid.

51. Ibid.

52. Ibid.

53. Ibid. See also: Wortham, Jenna. "Everyone Is Using Cellphones but not so Many Are Talking," New York Times, May 14, 2010, pp. A1, B4.

54. Nations, Daniel. "What Is Social Media?" About.com. Retrieved from http://webtrends.about.com/od/web20/a/social-media.htm on January 3, 2011 at 3:40 P.M.

55. Schonfeld, Erik. "Costolo: Twitter Now Has 190 Million Users Tweeting 65 Million Times a Day," TechCrunch.com. Retrieved from http://techcrunch.com/2010/06/08/twitter-190-

million-users/# on January 3, 2011 at 3:46 P.M

56. "Social Media and Internet." Retrieved from http://www.onlineuniversities.com/career-counselor/office-etiquette/social-media-and-internet on January 3, 2011 at 3:59 P.M.

57. "Number of Cell Phones Worldwide Hits 4.6 B," Associated Press. Retrieved from http://www.cbsnews.com/stories/2010/02/15/business/main6209772.shtml on January 4, 2011 at 12:29 P.M.

58. Hernandez, Fabiola, "Top 5 Countries with Most Cell Phone Subscribers," Associated Content from Yahoo!. Retrieved from http://www.associatedcontent.com/article/1764228/top_5_countries_with_most_cell_phone.html on January 4, 2011 at 12:37 P.M.

59. Ibid. See also: "Cell Phones," Center on Media and Health, Children's Hospital Boston. Retrieved from http://www.cmch.tv on Friday, July 11, 2008 at 4:00 P.M.

60. "Research Updates Americans' View on Cell Phone Etiquette," press release, September 3, 2002. Online at: www.letstalk.com/company/release_090302.htm. Retrieved October 3, 2002. Quotation used by permission.

61. Ibid. See also Leland, J. "Just a Minute Boss. My Cellphone Is Ringing: The Workplace Is the Last Frontier for Cell Etiquette. Expect Hang-Ups," *New York Times*, July 7, 2005, pp. El, E2. Copyright © 2005 by The New York Times Company. Reprinted by permission.

62. Baldrige, L. "E-Etiquette," *New York Times*, December 6, 1999, p. A29. Copyright © 1999 by The New York Times Company. Reprinted by permission.

63. Allen, E., personal communication by telephone with Professor Sandra D. Collins, June 24, 2002.

64. Allen, E., personal communication with the author, Armonk, New York, May 6, 2002.

65. Mead, D. G. "Retooling for the Cyber Age," *CEO Series 42*, September 2000. Online at: csab.wustl.edu/csab/. August 4, 2005.

66. Collins, S. D. *Communication in a Virtual Organization*. Cincinnati, OH: South-Western College Publishing, 2003.

67. Lister, K. "How Many People Telecommute?" Telework Research Network. Retrieved from http://www.teleworkresearchnetwork.com/research/people-telecommute Accessed Saturday, August 27, 2011 at 2:56 P.M. (est).

68. Van Horn, C. E. and D. Storen. "Telework: Coming of Age? Evaluating the Potential Benefits of Telework," *Telework and the New Workplace of the 21st Century*. Online at: www.dol.gov/asp/telework/p1_1.html. See also: Rhoads, C. and Silver, S. "Working at Home Gets Easier," *Wall Street Journal*. December 29, 2005. Available from http://www.online.wsj.com. Retrieved on July 14, 2008 at 11:43 A.M.

69. Hafner, K. "Working at Home Today?" *New York Times*, November 2, 2001, p. D1. Copyright © 2001 by The New York Times Company. Reprinted by permission.

70. Verespej, M. A. "The Compelling Case for Telework," *Industry Week*, September 2001, p. 23.

71. Collins. *Communication in a Virtual Organization*, pp. 9–11.

72. Wells, S. J. "Making Telecommuting Work," *HR Magazine*, 46 (2001), pp. 34–46.

73. Lovelace, G. "The Nuts and Bolts of Telework: Growth in Telework," *Telework and the New Workplace of the 21st Century*. 2000. Online at: www.dol.gov/asp/telework/p1_2.html. August 5, 2005.

74. Byrne, J. A. "Management by Web," *BusinessWeek*, August 28, 2000, p. 92.

75. Cascio, W. "Managing a Virtual Workplace," *Academy of Management Executive*, March 2000, pp. 81–90.

76. Collins. *Communication in a Virtual Organization*, p. 12.

77. Jarvenpaa, S. and D. Leidner. "Communication and Trust in Global Virtual Teams," *Organization Science: A Journal of the Institute of Management Sciences*, 10 (1999), pp. 791–846.

78. Lawlor, J. "Videoconferencing: From Stage Fright to Stage Presence," *New York Times*, August 27, 1998, p. D6. Copyright © 1998 by The New York Times Company. Reprinted by permission.

79. Ibid.

案例 7-1 ▶▶▶▶▶▶▶

Cerner 公司：一份带刺的办公备忘录招致的麻烦

我们位于堪萨斯城的公司员工每周工作时间不足 40 小时。公司的停车场从早上 8 点到下午 5 点大多闲置。作为管理者——你要么不知道你的员工在做什么，要么根本就是视而不见。

　　我会追究你们的责任。是你们的失职导致了目前的状态。给你们两周时间，好好整改吧……

Cerner 公司首席执行官尼尔·L. 帕特森（Neal L. Patterson）

　　这份办公备忘录用词极尽尖酸刻薄：或训斥员工不关心公司；或放出狠话，如"恶心"和"不再"；或威胁要裁员、停止招聘，甚至要关闭员工健身房等。

　　这份备忘录是 3 月 13 日由总部位于密苏里州堪萨斯城的医疗保健软件开发公司 Cerner 公司的首席执行官通过电子邮件发送的。该公司在全球拥有 3 100 名员工。最初帕特森只是想把这封邮件发给公司 400 多名管理人员，却没想到它很快就不胫而走。

　　这封电子邮件被泄露并贴在了雅虎网站上。这封充满尖酸刻薄语言的邮件让成千上万的读者感到意外，包括许多分析师和投资者也都十分诧异。在 3 月 20 日的股票市场上，Cerner 公司市值为 15 亿美元，三天内暴跌 22%。现在，尼尔·L. 帕特森，这位 51 岁的首席执行官，一个被人形容为"坦率"、"热情"但又"十分傲慢"的人，说他懊恼不已。真希望自己从来没有点击过电脑键盘上的"发送"键。

　　他说："我点燃一根火柴，试着生火，却引发了一场火灾。"

　　在互联网时代，发生这类事件实属司空见惯，因为网络上的各种信息很容易激起人们的反应和市场的动荡。例如，2000 年秋天，一位年轻的加州投资人对自己的犯罪指控供认不讳，他通过发布一份假新闻赚得 24 万美元，从而导致了一家通信设备制造商 Emulex 的股票大幅下跌。

　　在帕特森的案例中，全世界的人都能看到："我们位于堪萨斯城的公司员工每周工作时间不足 40 小时。公司的停车场从早上 8 点到下午 5 点大多闲置。作为管理者——你要么不知道你的员工在做什么，要么根本就是视而不见。是你们制定的工作目标，然而，你们却让这种事情发生在 Cerner 内部，你们营造了一个非常不健康的环境。无论哪种情况，你们都有问题，现在必须解决它，否则你们就走人。在我的管理生涯中，从未允许过为我工作的团队每周工作时间会少于 40 小时，而你们却营造了一种容忍这种行为的文化。到此为止吧！"

　　帕特森接着列出了六个潜在的惩罚措施，包括在堪萨斯城的公司裁员 5%。他扬言"要停止发放更多的员工福利"。他说，停车场将是检验新规是否成功的标志，平时上午 7 点半到下午 6 点半停车场必须"满员"，周六和周日必须半满。

　　"给你们两周时间，好好整改吧……"对于 Cerner 公司而言，这封邮件显然在市场上激起了千层浪。3 月 22 日，也就是备忘录被张贴在雅虎的 Cerner 公司留言板上的第二天，在 Cerner 的股票交易中，该股票交易量通常每天约 65 万股，一下子飙升至 120 万股。翌日，成交量猛增至 400 万股。三天内，股价从近 44 美元跌至 34 美元。该股票于 2001 年 4 月 4 日报收于 30.94 美元。

　　高盛分析师斯蒂芬·D. 萨瓦斯（Stephen D. Savas）对该公司股票的市场表现评级相对较低，他认为，虽然这份备忘录引发华尔街的阵阵嘲讽纯属意料之中，但似乎有些小题大做。不过，他表示"这件事确实也为投资者提出了两个问题：第一，备忘录中看似粗暴的反应是否预示着 Cerner 内部的潜在变化？第二，投资者是否愿意与这样的首席执行官打交道？"

　　帕特森说，这份备忘录被断章取义了，他相信 Cerner 的大多数员工都明白他是在运用夸张的手法强调其观点。他说他不会执行他列出的任何惩罚措施。相反，他说他想以此来促进讨论。显然他成功了，因为他收到了 300 多封来自员工的电子邮件。

　　Cerner 公司的首席运营官格伦·托宾（Glenn Tobin）说，他看过几封来自员工的电子邮件。他说："有些人说，'备忘录的语气太严厉了，你真的把这事情弄得一团糟。'""而另一些人说，我同意你的观点。"

　　帕特森从俄克拉何马州立大学获得 MBA 学位后，在安达信担任过顾问。1979 年开始与两名合伙人创立了 Cerner 公司。他把自己的管理风格归因于他从小生长在俄克拉何马州北部一个占地 4 000 英亩的家庭小麦农场。他说，他每天都在广阔无垠的田野里开着拖拉机，满脑子想的全是公司的事。他得出的结论是，生活就是首先在你的大脑里构建东西，然后迈开步子，进而采取行动。"你可以把这个男孩从农场带走，"他说，"但你无法把农场从这男孩脑海中拿走。"

　　因此，他与下属之间那种直截了当的关系并非完全是一种管理责任使然。Cerner 是一家成长迅速的公司，在 2000 年的收入为 4.045 亿美元，并在 2001 年的前三个季度就实现了盈利预期。该公司于 1998 年和 2000 年两次荣登《财富》"美国 100 家最佳公司"排行榜。

发送备忘录的当天

　　3 月 13 日如同往常一样。帕特森说，他在凌晨 5 点醒来，在家干了些活。然后，驱车 30 英里来到 Cerner 公司园区，那里建有 7 幢玻璃幕墙大楼，四周环绕着堪萨斯城北部的小山丘，山顶上是有 1 900 个车位的公司停车场。在电梯里，帕特森与一位在公司工作了 18 年的女接待员交谈。她说公司里的职业道德不断在下滑，他说她的话更强化了他的担忧。

　　上午 7 点 45 分，他走进六楼的办公室，打印了一份备忘录草稿。他在楼下会见了一位客户，然后让两位经理和他的助手阅读了这份备忘录。上午 11 点 48 分，他把备忘录通过电子邮件发送出去。一个星期后，备忘录在雅虎留言板上出现。分析师们便开始不断接到投资者的电话。随即，他们打电话给 Cerner 公司核实备忘录的真实性，然后又通过若干电话和电子邮件做进一步沟通，试图搞清帕特森备忘录的弦外之音。"大家一致认为，当务之急他们必须尽快搞清楚该备忘录的用意何在，"Fahnestock 公司的分析师斯泰西·吉布森（Stacey Gibson）说。她对该公司的股票评级是"买入"，也是第一个在 Thomson Financial/First Call 中就该备忘录发出警告的人。"我不知道这是真还是假，"她说，"这就是在华尔街闹得满城风雨的备忘录事件。"

　　一些分析师认为，其他因素也可能导致股价下跌。整体市场摇摇欲坠，有投资者想把这只股票卖空，押它准会下跌。一位分析师对公司尤其看淡。但即便是帕特森也承认，他的备忘录使得已经风光不再的公司"雪上加霜"。

　　周末，随着公司股票的下跌，帕特森向其下属发送了另一封电子邮件。与第一份备忘录不同的是，它不再是"管理指令"，而是"尼尔的笔记"，它是这样开头的："请对这份备忘录的内容保密，仅供内部传播，不要复制或发送邮件给其他人。"

◆ 讨论题

1. 该案例主要反映出什么商业问题？
2. 从公司的角度，处理该事件最理想的结果是怎样的？
3. 该案例中主要的利益相关者有哪些？
4. 如果帕特森先生就此事征求你的意见，你会给出怎样的建议？

5. 你会鼓励帕特森先生先采取哪些行动？你会用什么方法来成功解决问题 1 中的商业问题？

6. 当帕特森选择电子邮件作为沟通媒介时，他给自己带来了怎样的麻烦？

7. 如何进行此类话题的讨论？

案例 7-2 ▶▶▶▶▶▶▶▶▶

强生公司的美林药品广告策略

社交媒体成长的烦恼

用婴儿背带带着您的宝宝似乎是一种时尚……使您看上去更像一位称职妈妈。然而，如果您看起来很疲惫，且疼痛难忍，人们定会明白这是为什么，而美林则会帮助您解除痛苦。

这是一个由总部设在加拿大安大略省多伦多的出租车广告公司设计和制作的在线广告，发布在美林（Motrin）药品的网站上，专门针对用婴儿背带带婴儿出门导致疼痛的母亲们。2008 年 11 月 14 日，也就是这则广告发布后的 45 天，一位有影响力的妈妈博主在 Twitter 上注意到这则广告，并开始发布推文，她对妈妈们用婴儿背带带婴儿出门作为时尚的说法表示反对。[1] 其他有影响力的妈妈博主也纷纷就该话题发表推文。从周五到周六，美林药品广告成为 Twitter 上热议的话题之一，甚至在 2008 年备受瞩目的奥巴马总统选举期间还是如此。[2]

周六和周日，Twitter 上出现了持续的负面反应。这段话一开始是由 Twitter 跟踪的，它使用了"美林妈妈"（motrinmoms）这个新词，以便于对此话题感兴趣的团体给予关注。[3] 这条消息进入了博客圈，有几位博主呼吁抵制美林，严厉的批评淹没了留言板。一些愤怒的消费者甚至在 YouTube 上发布了对抗性广告。[4] 推文上的抗议更是强烈，并指出美林广告"对女性所承受的疼痛表现出一种轻视，对母亲带婴儿的方式也显现出嘲讽意味"。[5] 随着美林广告事件在各种社交媒体持续发酵，事态逐渐从强生公司的"耻辱"演变成为强生公司的"回应在哪里？"[6]

社交媒体的机遇

在广告和营销方面，全球的品牌都一直在增加其社交媒体的活跃度，因为它们认识到社交媒体不仅成本效益凸显，而且还能吸引消费者的深度参与。它们还认识到，客户乃是最佳的营销渠道，因为人们倾向于相信其他人提及最多的品牌。对于品牌而言，最困难的挑战莫过于拥有合适的和有影响力的客户，通过充分利用他们的说服力和影响力来进行营销。然而，这种营销模式通过传统媒体是无法实现的。社交媒体却为品牌营销提供了一个绝佳的平台，即公司可以通过这个平台了解客户对其产品和服务的反应，并且还可以与客户针对产品和服务的改良进行交流互动。社交媒体还提供相关论坛，如聊天室等，使客户群体不断壮大。[7]

社交媒体的推广也为公司提供了更多了解客户的机会。随着消费者越来越多地参与到多个社交媒体渠道中，客户自愿提供的信息进一步充实了公司有关其消费者的信息档案。有了更完整的信息，营销人员就能够有的放矢地为目标客户群体传递消息和进行产品定位。社交媒体为公司提供了一个更好、更有效地吸引客户的机会。[8]

强生公司的历史

强生公司于 1885 年由两兄弟詹姆斯·强生和爱德华·强生（James, Edward Johnson）创立，当时是一家位于新泽西州新布伦斯威克的医疗用品公司。一年后，他们的兄弟罗伯特·强生（Robert Johonson）加入公司，生产了他发明的防腐手术绷带。1921 年，强生公司推出了两款至今仍受欢迎的经典产品——创可贴和强生婴儿霜。[9]

1959 年，强生收购了 McNeil 实验室，并于 1960 年推出了泰诺作为一种非处方药。20 世纪 70 年代，公司执着地专注于这种非处方药的产销，泰诺便成了畅销的止痛药。1982 年，泰诺胶囊中因掺加了氰化物，造成 8 人死亡。该公司立即召回了 3 100 万瓶药并重新设计了包装以防止仿冒。那场危机使公司损失了 2.4 亿美元，但最终还是挽救了泰诺品牌。强生公司有效处理危机的成功案例在业内家喻户晓，它已成为有效控制负面事态蔓延、成功化解公共危机事件的最佳实践典范。20 世纪 90 年代，强生继续其收购扩张和多样化经营战略，并于 1994 年收购了高效护肤品品牌露得清（Neutrogena），以进一步扩大其生产规模。1997 年，该公司从 Pharmacia 即现在的辉瑞制药（Pfizer）手中收购了非处方药美林的专利。2006 年，该公司以 166 亿美元收购了辉瑞的消费品业务，并将大约 40 个品牌纳入强生的投资组合。该公司于 2007 年宣布了一项重大重组计划以削减成本，主要在制药领域进行裁员，在其他领域进行再投资。[10]

强生公司目前在大约 60 个国家的 250 多家运营公司中主要经营三个领域：药品、设备与诊断及消费品。强生的药品部门生产各种各样的药物，包括治疗免疫性疾病、神经系统疾病、血液疾病的药物及止痛药物；它的医疗设备和诊断部门提供监测设备、外科设备、骨科产品、隐形眼镜和各种其他产品；它的消费品部门为皮肤、婴儿、口腔护理、急救和妇女健康生产非处方药和各种其他产品。2009 年，强生公司在《财富》500 强公司中排名第 33 位，销售额接近 620 亿美元，员工 115 500 人。[11]

强生公司以其分而治之的运营模式而闻名，管理团队在决策过程中有着广泛的自由度。强生公司拥有一个强大的药物研发渠道，以应对专利到期的竞争挑战。随着该公司的一些主要产品最近失去了专利保护，这个研发渠道显得越来越重要。尽管该公司的制药和医疗设备各占公司销售额的 35% 以上，但面对这些领域越来越激烈的竞争，公司不得不在最近进行了重组。此外，强生的消费品领域一直在通过收购来实现增长，其中包括露得清、泰诺、李施德林（Listerine）、Benadryl、Lubriderm Rolaids、Sudafed 和 Splenda 等品牌。[12]

强生公司在社交媒体上的短暂历史

强生公司一向在为企业界的沟通设定标准，所以它拥有一个能够广泛吸引客户的社交媒体网络也就不足为奇。即便在新型社交媒体平台不断冲击下，公司在所有界面上仍能保持高速度运作。

2003 年，雷·乔丹（Ray Jordan）加入强生公司担任公共事务和企业沟通副总裁，负责公司的企业沟通和公共事务。除此之外，乔丹还监管强生整个运营公司的一切活动。[13]乔丹认识到，社交媒体上有一些新的团体正在影响在线对话，强生公司需要与这些团体建立关系。乔丹创建了一个网络环境，在这个环境中，企业沟通团队可以了解和关注各种社交媒体的舆论动向。[14]

基尔默之家

强生第一次尝试进入社交媒体领域，是通过创建"基尔默之家"（Kilmer House）。2006 年由公司企业沟通团队成员玛格丽特·古洛维茨（Margaret Gurowitz）创建，"基尔默之家"是强生在博客上的第一次尝试。"基尔默之家"是以公司的第一位科学主管弗雷德里克·基尔默（Fredrick Kilmer）博士命名的，它是强生公司历史上的第一个博客。[15]这是一种安全而保守进入博客圈的方式，不会引起任何争议。

古洛维茨仍然以公司历史学家的身份运作着这个博客，她努力与那些对强生公司历史感兴趣并且想更好了解它的团体进行联系。经过该博客四年的运作，古洛维茨总结道："理解强生公司的最好方法之一就是了解公司的历史，了解公司的独特之处。"[16]古洛维茨的博文涵盖了广泛的话题，其中包括：强生公司的创始人、公司一些独特的产品、早期的科学技术、强生社区、周年纪念、广告、标志性产品、创新和其他轶事。在每一篇博文下方都预留了读者留言处，读者可以通过留言与公司互动，对此强生会做出一一回应，针对读者可能提出的问题做出解释。

"基尔默之家"是基于公司自己的监管部门和内部规定所建立起来的一个令人满意的网络社交平台，以处理博客领域可能出现的新问题。[17]通过开发管理公司博文及其读者留言的方法，使"基尔默之家"成为强生公司与公众之间的联系纽带和交流平台。

JNJ BTW

"基尔默之家"使得强生通过公司博文与客户进行双向对话的同时，也尝试在网上通过语音进行交流。2007 年初，在"基尔默之家"建立大约 6 个月后，社交媒体企业沟通部的主管马克·蒙梭（Marc Monseau）创建了一个新博客，名为"强生公司的那些事"（Johnson & Johnson By The Way），简称 JNJ BTW。该博客阐述了其目的：

> 每个人都在谈论我们的公司，为什么我们不能也聊一聊公司呢？有超过 120 000 人在强生公司工作。我是其中的一分子，我想通过 JNJ BTW 寻找一种在正式沟通中常常缺失的声音。
>
> 作为一家公司，这是我们迈出的一大步。任何在大公司工作的人都会意识到，我们所说的和我们说话的方式在公司内部都是有许多限制的。
>
> 尽管我浏览博客才几个月，但我已清楚地认识到我们不能仅仅浏览，我们还应积极参与到博客的讨论之中。这就要求我们摒弃一些旧习惯和传统的沟通方式——我必须发出自己的心声。
>
> 在 JNJ BTW 上，发布了有关强生公司的介绍——我们正在做什么、怎么做以及为什么那么做；还发布了有关针对我们公司和行业的新闻的评论——偶尔会纠正一些错误或提供更多的背景信息。我希望也期待我的同事能加入我的博客。[18]

　　强生公司需要通过某种方式来吸引这些博主，并以自己的亲身经历回应他们。JNJ BTW 的初衷就是让强生公司以一种轻松的非正式的方式来讨论公司内部事务：与企业有关的话题、公司的战略、新出现的问题以及公司内涌现出的各种好人好事。[19]

　　这里举个例子，乔丹在 JNJ BTW 上发布了关于强生公司起诉美国红十字会的决定。当乔丹意识到这件事如果处理不当的话，只会适得其反，从而给公司的声誉带来损害的时候，他就把 JNT BTW 作为一个讨论强生公司为什么会做出这个决定的平台。乔丹解释说，在寻求法律行动前，公司几乎尝试了其他所有补救措施。他发布的博文不仅缓和了博客领域的愤怒气氛，同时还赢得了一些在 JNJ BTW 上做出积极反应的支持者，他们还纷纷在其博客上转发了乔丹的评论。乔丹的博文改变了在线讨论的舆论风向，而这正是强生公司所期待的。[20]

强生公司的 YouTube 健康平台

　　在蒙梭创建了 JNJ BTW 博客的几个月后，视频沟通总监罗伯·哈尔珀（Rob Halper）在 YouTube 上创建了强生公司的健康平台。基于"视频将促进人们更好地理解健康"这样一个理念[21]，强生公司借助健康平台发布了有关健康问题和健康话题的背景信息视频。这些视频不是关于某个特定的强生公司产品或品牌，而是涉及常见健康问题的普通信息，比如肥胖的长期影响、如何与糖尿病共存、双向情感障碍家庭支持以及阿尔兹海默症等。

Facebook 和 Twitter

　　在快速创建了上述两个博客和 YouTube 健康平台之后，强生公司于 2008 年在 Facebook 上开设了一个账号。这个 Facebook 账号为强生公司提供了又一条与利益相关者沟通的渠道。2009 年，强生公司又开设了一个 Twitter 账号以向消费者提供最新的产品和服务信息，同时从消费者那里收集相关的反馈信息。强生公司现在名下有三个 Twitter 企业账号。蒙梭负责为强生公司企业沟通部的 Twitter 账号发布信息。蒙梭会发布他觉得感兴趣的东西和正在强生公司其他社交平台上热议的话题。[22]

强生公司使用社交媒体

　　2008 的美林事件促使强生公司思考如何更好地利用 Twitter 这一平台。公司注意到，由于消费者的购买力及其影响，大量的 Twitter 用户对公司很感兴趣，强生公司想通过 Twitter 这个媒介来吸引其在线利益相关者，并从他们那里获取信息、与他们分享想法、与他们以非正式的方式来讨论公司事务。蒙梭琢磨着该开设怎样的 Twitter 账号，于是他把 Twitter 账号分成五个不同类型：

　　客户服务：公司认为捷蓝航空公司（JetBlue）的 Twitter 账号是一个客户服务账号的完美范例。捷蓝航空公司通过 Twitter 向顾客提供有关最新的航班延误和取消信息，协助乘客对丢失的行李进行投诉。

　　专家资源：这个账号是由一位官方人员负责提供有关专业信息和观点，这位官方人员对于公司内务和公共事务都很在行。

　　新闻采集者：这个账号能够提供有关企业及其所处行业的信息，可以将所收集的信息作为一种新闻资源提供给顾客。

建议箱：这个账号能够征求来自 Twitter 关注者的建议和想法，这些信息可以被再次发送给所有感兴趣者。

特别优惠：这个账号可以成为一个发放优惠券、提供特殊优惠服务的平台。

蒙梭和强生公司的社交媒体团队想把 Twitter 作为上述专家资源和新闻采集者两种类型来提供信息。[23]

强生公司试图通过 Twitter 来提高其在倾听、做出回应及吸引顾客方面的能力。为了有效地做到这一点，蒙梭和他的团队必须确保有一个完善的系统，使公司各专业领域的相关人员能够与顾客进行交流。为了使这些主题式专家做出快速反应，强生公司必须给予他们一定的灵活性和信任来及时回答顾客提出的问题。同时，公司也明白，这些专家对于公司的愿景和目标了然于心，知道什么该发布和什么不该发布的限定。蒙梭喜欢把这些被认同的限定称为"护栏"：

> 我们设置了特定的护栏，在这些护栏内，我们能够自由自在地驰骋、议事和各抒己见。如果某个话题超越了这些护栏，我们必须得到批准，必须走审批流程，获得签字认可。我们每个人都必须牢记并且认识到所限定的范围，那些护栏所适合的情景，以及如果我们超越了这些护栏，我们必须确定不会违背公司的总体方向。[24]

如果没有这种灵活性和信任，强生公司就不可能那么迅速地发布信息来满足消费者的需要，顾客也因此会从其他任何地方得到他们所需要的信息，强生公司也不再是他们的信息提供者。

强生公司的回应

2008 年 11 月 16 日，星期日，强生公司意识到美林在线广告在网上引发了人们的义愤。公司还注意到大量的博主妈妈在广告和媒体行业工作过，因此一场媒体风暴看来势不可当。[25]蒙梭和强生公司的社交媒体团队清楚地认识到公司必须立刻做出回应。

然而，在做出回应前，蒙梭和他的团队需要对以下诸多方面做出评估：一是评估公众对强生公司做出回应的预期；二是评估强生公司社交媒体的推广计划；三是评估公司未来的机遇以及公司的社交媒体策略如何与其整体的商业目标保持一致；四是评估随着社交媒体应用不断推广及消费者的参与，公司社交媒体团队的规模和组成是否要做进一步充实。

◆ 讨论题：强生公司对美林事件的回应

1. 强生公司对于这场危机该做出怎样的回应？

2. 公司应面对哪些受众？

3. 谁应代表公司与这些受众沟通？

4. 公司对那些广告冒犯者应提供什么服务？

5. 一贯成功做出反应的强生公司对于此次事件该如何做？

◆ 讨论题：强生公司对社交媒体策略进行评估

1. 强生公司的社交媒体策略应如何向前推进？

2. 强生公司应利用哪些其他的社交媒体平台？

3. 公司的社交媒体团队规模如何？是否需要壮大队伍？

4. 社交媒体团队应利用什么指标来衡量其社交媒体推广的成功与否？

5. 强生公司应如何将社交媒体目标与其整体的商业目标相联系？

注　释

1. Wheaton, K. (2008, December), "Middle road in Motrin-gate was right choice for J&J. Advertising Age," 79(44), 12, Retrieved September 20, 2010, from ABI/INFORM Global (Document ID: 1611223211).

2. Telephone conference with Marc Monseau, Johnson & Johnson, New Brunswick, New Jersey, 21 September 2010.

3. Anonymous, "All companies simply must get up to speed on Twitter," (2008, November). PRweek, 11(46), 6, Retrieved September 20, 2010, from ABI/INFORM Trade & Industry (Document ID: 1665581141).

4. Zerillo, N., (2008, November), "J&J reaches out to mothers to apologize for its Motrin ad," PRweek, 11(46), 1, Retrieved September 20, 2010, from ABI/INFORM Trade & Industry (Document ID: 1665581021).

5. Shirley S. Wang, (2008, November 18), "J&J Pulls Online Motrin Ad After Social-Media Backlash," *Wall Street Journal* (Eastern Edition), p. B.4, Retrieved September 20, 2010, from ABI/INFORM Global (Document ID: 1596949231).

6. Telephone conference with Marc Monseau, Johnson & Johnson, New Brunswick, New Jersey, 21 September 2010.

7. Plimsoll, S., & Thorpe, A., (2010, July), "Find and target customers in the social media maze," Marketing: Road to recovery, 10-11, Retrieved from ABI/INFORM Global (Document ID: 2109794771).

8. Ibid.

9. Johnson & Johnson Medical Ltd., (15 September), Hoover's Company Records, 135526, Retrieved September 26, 2010, from Hoover's Company Records. (Document ID: 769857951).

10. Ibid.

11. Ibid.

12. Ibid.

13. JNJ BTW blog, "Contributing Authors," http://jnjbtw.com/jnj-btw-authors/.

14. Telephone conference with Marc Monseau, Johnson & Johnson, New Brunswick, New Jersey, 21 September 2010.

15. Kilmer House blog, "About Kilmer House." http://www.kilmerhouse.com/about/.

16. Ibid.

17. Telephone conference with Marc Monseau, Johnson & Johnson, New Brunswick, New Jersey, 21 September 2010.

18. JNJ BTW Our People and Perspectives blog, "About JNJ BTW," http://jnjbtw.com/about-jnj-btw/.

19. Telephone conference with Marc Monseau, Johnson & Johnson, New Brunswick, New Jersey, 21 September 2010.

20. Ibid.

21. Johnson & Johnson Health Channel http://www.youtube.com/user/jnjhealth.

22. Telephone conference with Marc Monseau, Johnson & Johnson, New Brunswick, New Jersey, 21 September 2010.

23. e-Patient Connections Conference, "How J&J Joined the Twittersphere," Presentation by Marc Monseau, October 27, 2009.

24. Telephone conference with Marc Monseau, Johnson & Johnson, New Brunswick, New Jersey, 21 September 2010.

25. Wheaton, K., (2008, December), "Middle road in Motrin-gate was right choice for J&J," Advertising Age, 79(44), 12, Retrieved September 20, 2010, from ABI/INFORM Global. (Document ID: 1611223211).

案例 7-3　▷▷▷▷▷▷▷▷

Facebook 信息站：时髦特色还是侵犯隐私

我昨天为妻子买了一份圣诞礼物……当她登录 Facebook 网站之后，在她的好友动态里面有一条信息，说我在 overstock. com 给她买了一枚戒指。上面还有关于这枚戒指及所有东西的链接。这个圣诞节就这样被毁了！[1]

肖恩·雷恩（Sean Lane）如此抱怨道。就在他发出这些抱怨前不久，他为妻子在 overstock. com 上购买了一枚 14K 白金 0.02 克拉的花形永恒钻戒就已经成为其 Facebook 网络社区上众人皆知的事情了。雷恩原本想给妻子一个圣诞节惊喜，但如今，他购买戒指的消息不仅出现在他妻子的好友动态里，也出现在他同学、同事和熟人的好友动态里。[2]

2007 年 11 月 6 日，Facebook 的创立者兼首席执行官马克·扎克伯格（Mark Zuckerberg）宣布了一种新的做广告方法，即通过一种叫作信息站（Beacon）的途径。[3]最初，信息站为 Facebook 创造了 44 个广告合作伙伴[4]，同时它也从根本上将其使用者通过在动态栏里展示购买的物品变成了做广告的人。11 月 19 日，政治和市民行动组织 MoveOn 发起了一项公共宣传活动来反对信息站这一栏目，包括呈上请愿书要求将信息站变为选择性加入的栏目。然而，MoveOn 并不是反对信息站的唯一形式[5]，数千名使用者也加入了"Facebook 组织"，如"请愿：Facebook，停止侵犯我的隐私！"[6]

顺便提一句，信息站所带来的骚乱并非 Facebook 第一次面对涉及隐私的栏目所带来的指责。2006 年 9 月 15 日，Facebook 推出了一个名为好友动态（News Feed）的栏目。[7]该栏目革命性地改变了 Facebook 的工作方式，它将使用者的近期活动集中到一起，这样一来，朋友之间就可以更好地了解彼此的活动。虽然通过充分的搜索可以找到好友动态栏里的所有信息，但使用者强烈反对这一栏目。与好友动态一样，信息站使得 Facebook 再次陷入侵犯他人隐私的漩涡。

Facebook 的历史

Facebook 于 2004 年 2 月 4 日在马克·扎克伯格的宿舍起步。[8]在开始的短短几周内，该网上社区立刻成为哈佛大学的热点。[9]扎克伯格随即开始将 Facebook 推广到其他学校，并受到了广泛欢迎。最初，Facebook 仅着眼于国内的大学校园，旨在为学生提供一个网络社区以通过个人档案来相互交流和分享信息。从某种意义上说，这是一个成人的、无父母监管的、只限于朋友间交流的世界。[10]Facebook 与其他竞争者（如 MySpace 或 Friendfinder）的主要区别在于它是一个封闭的社区。[11]例如，圣母大学（Notre Dame）的学生可以看到同校的学生资料，但是无法看到哈佛大学学生的资料，除非他们彼此建立了朋友关系。到 2004 年 5 月，Facebook 已经发展到了常春藤盟校的其他学校以及盟校外的一些学校。[12]对 Facebook 来说，这些仅是冰山一角。

2004 年夏天，扎克伯格将他的理念和团队带到了加利福尼亚的帕罗奥多。[13]在那里他们获得了来自 PayPal 创始人之一的彼得·蒂尔（Peter Thiel）价值 50 万美元的财政支持。[14]之后，风险投资公司很快将数百万美元投入 Facebook，而这一网络社区也迅速扩展到了几乎全美的大学。[15]2005 年 9 月 5 日，Facebook 开始允许高中生进入该网络社区。[16]就像 Facebook 在大学受到的欢迎和成功一样，该社区平台在美国高中生中开始流行。一年以后，也就是 2006 年 9 月 11 日，Facebook 再次扩展了其用户人群，允许任何有真实邮件地址的年满 13 岁的人进入该网站。[17]用户现在可以成为任何群体中的一员，可以是大学生群体、高中生群体、职员群体，或是基于地域范围的群体。到 2006 年 9 月，由于其 900 万用户每天平均在该网站花费 18 分钟，该公司被认为身价超过 1 亿美元。[18]自 2006 年以来，Facebook 拒绝了多次收购计划，并一直坚持以私人公司的形式存在。2007 年 10 月，微软公司购买了该价值 2.4 亿美元公司的 1.6% 的股份。事实上，拥有超过 5 000 万用户的 Facebook，其价值达到了 150 亿美元。现在，用户每天平均登录该网站的时间超过 20 分钟。[19]曾经风靡哈佛大学的网上同学录现今已成为全美共享的东西。

Facebook 的用途和特点

Facebook 最初被称为 thefacebook. com，起源于一个十分简单的网络社区，这一社区给个人提供了开发并维护个人档案的机会。[20]不久，Facebook 的开发者开始拓展该网站的功能。例如，用户可以自己创建项目、信息和群体。[21]Facebook 开始快速开发其他附加功能。每种功能都吸引新的用户加入这一网站。与此同时，Facebook 的现有用户可以利用这些功能优化自己的网页和朋友间的相互联络。2008 年 2 月，Facebook 这一平台已有超过 1.5 万种功能，而且每天大约增加 140 种新功能。[22]一些较有名的功能包括相册、留言板、好友动态和个人动态。

留言板

在留言板未被引入之前，朋友间在 Facebook 上的交流是有限的。2004 年 9 月，留言板被引入，每个用户都在自己的页面上获得一个空间，用来展示他人的评论。例如，用户可以进入任何一位朋友的留言板并留言。同样，用户可以收到任何一位朋友给自己的留言。另外，通过相应设置用户可以删除留言板上的留言，屏蔽一些人看到自己的留言板，甚至可以关掉整个留言板。

相册

曾经有段时间，Facebook 的用户只能上传自己档案里的照片。2005 年 10 月，Facebook 开发了相册功能，用户可以上传无限量的照片。[23]为了帮助管理这些照片，用户可以按类别创建相册。用户也可以为特定目的给照片中的人加注标签，或者提醒其他某个特定用户照片已被上传。

最后，每个相册的个人设置能够让用户决定哪些网络和朋友可以浏览他们的照片。[24]这些特点的结合使得大量照片被上传。到 2008 年春，每天有超过 1 400 万张照片上传到该网站。[25]这样一来，Facebook 不仅成为第一大分享照片的网站，而且吸引了更多的商机，其交易额是紧随其后的三家网站总交易额的两倍之多。[26]

好友动态和个人动态

2006 年 9 月初，Facebook 新增了另外两个功能：好友动态（News Feed）和个人动态 (Mini-Feed)。[27]然而，用户对它们的反应却一反常态。Facebook 信息站的产品经理鲁奇·桑格维（Ruchi Sanghvi）于 9 月 5 日凌晨 4 点 3 分在该网站的博客中描述了这两个新功能。她为这两个新功能感到激动，因为它们突出了近期人们在生活中所进行的活动。好友动态关注用户好友群中的每个人，而个人动态则在用户的主页上展示其近期的活动。这两者展示的信息都可通过 Facebook 获得。[28]好友动态和个人动态这两者所做的就是将每个人的近期活动集中起来并更容易被大家所看到。

Facebook 的用户在看到自己网页上的这一变化后产生了强烈反应。具有讽刺意味的是，用户们都表达了自己的愤怒以及对该网站设计团队的不满。"学生反对 Facebook 的好友动态（对 Facebook 的正式请愿）"（Students Against Facebook News Feed（Official Petition to Face-book）），是最早成立的几个反对 Facebook 的组织中的一个，在最初 24 小时之内，该组织就已集结了 20 多万名支持者，最终扩展到 70 多万人。[29] 大家的一致意见是 Facebook 用户的隐私权遭到侵犯。

9 月 6 日凌晨 1 点 45 分，马克·扎克伯格在该网站博客上留下一封邮件，题为"冷静。深呼吸。我们听到了你们的呼声"。在邮件中，马克·扎克伯格表示已了解用户的极大担忧。他解释道，好友动态和个人动态的开设是为了让大家及时了解朋友圈中发生的事情。就用户的看法"潜在跟踪不是件很光彩的事情"[30]，Facebook 表示认同。最后的信息似乎显示该网站并没有打算撤销好友动态和个人动态这两个功能。当然，Facebook 愿意根据用户的建议和反馈改进此功能。

两天后，扎克伯格又在博客上留下了另一封邮件。邮件的第一句话简单地说道："我们确实把这件事弄糟了。"他还承认 Facebook 没有很好地解释这些新功能的作用，并且更糟的是，让用户来控制这些功能。作为补救，Facebook 很快又建立了一个更好的隐私控制设置。它还创建了一个叫作"网上信息自由交流"的群体。在这个群体中，用户和 Facebook 的网站工作人员可以讨论好友动态和个人动态这两个功能遇到的意外事件。[31]

社交媒体和竞争对手

随着互联网的出现和开放平台对沟通的促进，社交网络开始起步。比较流行的社交网络包括 MySpace，YouTube，Flickr 和 Match.com，但并非仅限于这几个。每个网站都吸引着特定用户。例如，虽然 MySpace 和 Facebook 非常相似，但它们各自带给用户一种不同的感觉，并能够营造一种相当复杂的氛围。YouTube 因其强大的视频分享功能而闻名。Flickr 因其用户间图片共享功能而得到认可。最后，Match.com 和许多类似网站则集中为用户提供数据且可能与用户保持长期的关系。每一种社交网站都为用户提供一种服务，这种服务都有可能侵犯用户的隐私。当前由于管理的缺失，许多用户的隐私是得不到保护的。唯一可以期望的是，个体、群体和企业可以继续对社交网络进行测试以找出其不足。随着 Facebook 的成熟，像谷歌、雅虎这样的网站开始成为其直接竞争对手。有些人甚至认为通常在谷歌或雅虎上完成的任务在 Facebook 上会更快、更有效地完成。例如，一个想购买特定物品的用户可以通过来自 Facebook 上朋友对该物品的直接评论和估价来获得购买该物品的信息，而不是通过公司广告和其他渠道的消息。

隐私顾虑

好友动态和个人动态的开设凸显了类似 Facebook 这类社会网站附带的隐私问题。从其用户的反应来看，Facebook 的员工在调整这两个有争议的功能和重获用户的好感方面做了大量的工作。当然，这不会是 Facebook 需要处理的最后一次隐私问题。仅一年多以后，Facebook 又开设了称为信息站的新功能，这一功能最终再次将 Facebook 及其用户带回了隐私问题的争议中。

信息站

2007 年 11 月 6 日，Facebook 开设了一种叫作信息站的新功能，该功能使得用户可以在 Facebook 以外的地方与朋友分享他们的网上活动。[32]最初，这些活动包括网上购物与调查。通过与 44 家公司的广告合作，Facebook 开始收集并发布有关其用户在其他网站上的活动信息。[33]例如，如果一位用户登录了 Facebook，同时通过 Facebook 的广告合作商之一进行网上购物，那么其购物的详细信息会很快发送到 Facebook。[34]Facebook 随后会通过好友动态和个人动态将该信息显示在该用户的主页和资料中。[35]旨在通知用户其购物信息将被或已经被上传到 Facebook 的消息却似乎还不够充分。

虽然信息站是 Facebook 从广告合作伙伴中获利的一种方法，但 Facebook 认为其用意是为了帮助人们更好地与他人分享信息。相反，用户则因个人信息很快成为众所周知的事而感到忧虑。因此，在信息站侵犯了隐私权的前提下，Facebook 的用户快速地给予了否定。MoveOn. org 和 anti-Beacon 群体的请愿书仅仅是用户表达其观点的两个途径。[36]

Facebook 的未来

社交网站绝非一种容易管理的行业。Facebook 最先发现了这一点。这一案例突出了 Facebook 在推出信息站这一功能之后所经历的来自用户的巨大冲击，其与用户的关系必定受到影响。Facebook 甚至在看到用户的反应后丢失了广告合作伙伴。鉴于这两件事，马克·扎克伯格必须寻找重获用户和广告合作伙伴的信任与信心的途径。Facebook 曾经从意外事件中重生，但这一次却是致命的。现在 Facebook 需要的就是在过去 4 年的繁荣之后经历一次严峻的挫折。

◆ 讨论题

1. 本案例的关键问题是什么？谁是利益相关者？

2. Facebook 需要发送信息吗？如果回答是肯定的，那么信息应包含怎样的内容、发送给谁、信息发送的渠道是什么？

3. 是否应该对信息站进行改进？如果是的话，应该做怎样的改变以及如何改变？

4. Facebook 是否应该注意避免今后类似事件的发生？如果是的话，他们如何能够避免类似事件的发生？

5. Facebook 是否需要建立一个沟通部门或设置一个沟通管理职位？

6. 扎克伯格是否应该关注来自其公司合作伙伴及潜在投资人的反应？

注 释

1. "Does Facebook Hate Christmas?" *Valleywag: Silicon Valley's Tech Gossip Rag*. February 8, 2008. http://valleywag.com/tech/your-privacy-is-an-illusion/does-facebook-hate-christmas-327664.php.

2. Nakashima, Ellen. "Feeling Betrayed, Facebook Users Force Site to Honor Their Privacy." *Washington Post Online*. November 30, 2007. http://www.washing-tonpost.com/wp-dyn/content/article/2007/11/29/AR2007112902503.html?hpid=topnews.

3. "Press Room: Press Release & Announcements." *Facebook.com*. February 9, 2008. http://www.facebook.com/press/releases.php?p=9166.

4. Mattocks, Julian. "Number of PCs Worldwide to Double by 2010," NewsFox Press Distribution. http://www.newsfox.com/pte.mc?pte=041216011.

4. Ibid.

5. Catone, Josh. "Is Facebook Really Ruining Christmas?" *Read Write Web*. November 21,
2007. http://www.readwriteweb.com/archives/facebook_moveon_beacon_privacy. php.

6. Adam G., Daniel, Marika, Eli, Wes, Karin, and the MoveOn.org Civic Action Team. "Join Our Facebook Group." November 20, 2007. http://civ.moveon.org/facebookprivacy/071120email.html.

7. "The Facebook Blog: Facebook Gets a Facelift." *Facebook.com*. February 14, 2008. http://blog.facebook.com/blog.php?blog_id=company&m=9&y=2006.

8. "Facebook." *Wikipedia: The Free Encyclopedia*. February 14, 2008. http://en.wikipedia.org/wiki/Facebook.

9. Ibid.

10. Graham-Felsen, Sam. "The Facebook Rebellion: New 'Feature' Has Users Upset." *CBSNews.com*. September 7, 2006. http://ww.cbsnews.com/stories/2006/09/07/opinion/main1982347.shtml.

11. Ibid.

12. "Facebook." *Wikipedia: The Free Encyclopedia*. February 14, 2008.

http://en.wikipedia.org/wiki/Facebook.
13. Ibid. org/wiki/Facebook.
14. Ibid.
15. Ibid.
16. Ibid.
17. Ibid.
18. Graham-Felsen. "The Facebook Rebellion."
19. "Press Room: Statistics." *Facebook.com*. February 12, 2008. http://www.facebook.com/press-/info.php?statistics.
20. "The Facebook Blog." *Facebook.com*. February 9, 2008. http://blog.facebook. com/blog.php?blog_id=company&m=8&y=2006.
21. Ibid.
22. "Press Room: Statistics." *Facebook.com*.
23. "Press Room: Company Timeline." *Facebook.com*. February 14, 2008. http://www.facebook.com/press/info.php?timeline.
24. "Press Room: Product Review." *Facebook.com*. February 14, 2008. http://www.facebook.com/press/product.php.
25. "Press Room: Statistics." *Facebook.com*.
26. Ibid.
27. "Press Room: Company Timeline."*Facebook.com*.
28. "The Facebook Blog: Welcome to Facebook Everyone." *Facebook.com*. February 11, 2008. http://blog.facebook.com/blog.php?blog_id=company&m=9&y=2006.
29. Aslani, Layla. "Users Rebel against Facebook Feature." *The Michigan Daily*. February 11, 2008. http://blog.facebook.com/blog.php?blog_id=company&m=9&y=2006.
30. "The Facebook Blog: Facebook Gets a Facelift." *Facebook.com*. February 14, 2008. http://blog.facebook.com/blog.php?blog_id=company&m=9&y=2006.
31. Ibid.
32. "Facebook Beacon." *Wikipedia: The Free Encyclopedia*. February 14, 2008. http://en.wikipedia.
33. Ibid.
34. Palmer, Shelly. "Facebook's Beacon of Despair." February 14, 2008. http://forum.ecoustics.com/bbs/messages/34579/410909.html.
35. Ibid.
36. Adam G., Daniel, Marika, Eli, Wes, Karin, and the MoveOn.org Civic Action Team. "Join Our Facebook Group." November 20, 2007. http://civ.moveon.org/facebookprivacy/071120email.html.

This case was prepared by Research Assistants William R. Borchers and Brett W. Lilley, under the direction of James S. O'Rourke, Concurrent Professor of Management, as the basis for class discussion rather than to illustrate either effective or ineffective handling of an administrative situation. Information was gathered from corporate as well as public sources.

第 8 章
倾听和反馈
Listening and Feedback

两名颇有才华的律师坐在位于纽约的 Sparks 牛排店的酒吧里。一个叫汤姆（Tom），另一个是他的搭档凯文（Kevin）。他们悠闲地啜着酒，等待他们的客人。Sparks 是一家标志性的牛排店，是纽约那些达官贵人晚上时常惠顾的地方。在今天这个特别的夜晚，戴维·博伊斯（David Boies）这样的超级明星律师也来到了这里，他为美国政府在反对微软垄断案中做过辩护律师。他径直进入酒吧与凯文打招呼，他们是在之前的几个案子中认识的，然后他与汤姆和凯文一起边喝酒边聊了起来。几分钟后，凯文起身出去打电话。

博伊斯在酒吧与汤姆交谈了约30分钟。汤姆说："我以前从未见过博伊斯，他根本不必待在酒吧与我继续交谈。然而我必须告诉你，我并不是被他的智慧、他那尖锐的问题或是有关他的轶事所折服，令我印象深刻的是，当他询问问题时，他会耐心地等待答案。他不仅仅是倾听，他还让我觉得好像这屋子只有我一个人。"[1]

在表现出兴趣、询问问题及耐心倾听答案方面，博伊斯只是一直在操练使他成为大家公认的沟通高手的技能。商业记者马歇尔·戈德史密斯（Marshall Goldsmith）说："我们与超级成功人士之间的唯一区别在于伟人一直在做这些事，而且是自然而然的。对他人表示关怀、同情心及尊重他人已成为他们的习惯行为。"[2]

8.1　一项重要的技能

我们越来越认识到有价值的沟通对于任何企业而言都是至关重要的。很少有人会怀疑沟通技能对于个人的价值。我们每天交友、建立关系网、交流思想，以及为了生计完成工作。然而，奇怪的是，决定我们成功关键的（个人的和职业的）沟通技巧却是我们最少正式研究的。

明尼苏达大学的教授尼科尔斯（Nichols）和史蒂文斯（Stevens）研究发现，平均每个人每天花费约70％的时间参与各种形式的沟通活动。更具体地说，研究人员发现，我们每天花费在沟通上的时间，其中45％用来倾听，30％用来说，16％用来阅读，只有9％用来写作。[3]

更多最近的研究显示，成人在其每天的沟通中一半以上的时间用于倾听他人讲话。尽管倾听显然是一种关键的技巧，但是根据詹姆斯·弗洛伊德（James Floyd）教授的研究发现，鲜有人知道如何做更有效。[4]然而，尼科尔斯告诫道："倾听是一项艰难的工作，它会引起人体心跳加速，血流加快，体温略微升高。"这句话的含义很简单：假如在改善倾听能力方面没有受到激励，就很难得到提高。[5]

有关倾听技能的研究不断显示，北美成年人的倾听有效性平均只有25％。你的妈妈是对的：对于我们大多数人而言，我们所听到的东西往往是一只耳朵进，一只耳朵出，而我们保留并理解的只是那些留存下来的很小部分。[6]

听与倾听之间的区别是非常大的。听，只是一种对于环境做出被动的物理反应的行为；而倾听，则是包括听、接受、理解、评价以及应答的信息接收过程。它是一种复杂的沟通技能，是只有通过大量的实践才能被真正掌握的技能。然而，从公平的角度而言，尽管提高一个人的倾听技能是困难的、费力的、具有挑战性的，但其回报却是相当惊人的。[7]

为什么我们大多数人对于认真倾听都会比较抵触呢？阿沃诺学院（Alverno College）的凯西·汤姆森（Kathy Thompson）说："那是因为我们正处于一个快节奏的世界，我们总是忙忙碌碌。心理上，我们一直在说'讲重点'。我们没有时间去听完整的故事。我们跑着从住所去工作地、去商店、去教堂。良好的倾听是需要花时间的。"[8]

Wick Chambers 公司认为，这是部分原因，"此外，人们认为倾听很无聊，不如讲话更有趣"。Wick Chambers 公司是一家位于亚特兰大的沟通培训公司。有些人批评电视和广播，让人们把倾听与那么多的其他活动混在一起。例如，听音乐似乎是浪费时间。[9]

位于田纳西州孟菲斯的沟通顾问希拉·本特利（Sheila Bentley）说："当你看电视的时候，你以一种无须记忆任何东西的方式'倾听'，假如你离开房间，也不会招致反对。另外，由于电视节目常常插播商业广告，你也不必培养自己专注的技能。人们一天花费 6 小时做那样的'倾听'，难怪人们担心我们正在变成一个不善倾听的国家。"[10]

8.2　为什么倾听

不善倾听可能会导致灾难。1977 年加纳利群岛的特内里费机场的跑道相撞事件，由于错误理解指令造成 583 人遇难。但更普遍的是，不善倾听导致每天上百万小时的时间浪费——送错咖啡、信用卡收费错误或拨错电话号码等。本特利花费数小时给医务管理者提供咨询，因为不善倾听会导致医生和医院支付大量的责任赔偿金。她说："人们开始认识到许多错误实际上都源于倾听问题。"[11]

在星巴克咖啡公司（Starbucks Coffee Company）门店，顾客会点一份"低咖啡因、加冰、半脱脂香草卡布基诺"。5 年前公司开展了一项员工培训计划。公司将一些诸如尺寸、调味、牛奶、咖啡因等描绘饮料的词编入系统并由系统自动默认，然后，再通过系统的大声提示来训练员工的倾听和反馈技能。星巴克发言人艾伦·古利克（Alan Gulick）说："我们期望我们的员工善于倾听，它是顾客服务的重要组成部分。"[12]

倾听乃是建立和保持人际关系的重要技能。无论是哪种类型的关系——职业的、个人的、邻里的、情人的——倾听都是建立和保持关系不断发展的技巧。哈佛大学心理学家丹尼尔·戈尔曼（Daniel Goleman）说，"倾听是保持夫妻和睦的技巧"，即使在激烈争吵中，双方情绪激动，互不相让。有时，双方可以尽量冷静下来倾听对方，不再生气，并且对对方的弥补性举动做出回应。[13]

8.3   良好倾听的好处

詹姆斯·弗洛伊德在这个领域执教和写作已有多年，他提出了成为一个良好倾听者的四大好处：增长知识、工作成功、人际关系改善和自我保护。[14]

研究人类行为的学者们表示，在过去的 50 年中，美国呈现出一种趋势，即人们对学习技术和休闲活动越来越持被动的态度。作为一个社会，我们花费更多的时间看电视、看电影以及看录像，而用更少的时间来阅读。同样，我们也花费更多的时间听 CD、磁带、广播和 MP3。

由 UNISYS 公司进行的一项调查研究表明，学生在课堂上倾听的时间占比一般为 60%～70%。[15]尼科尔斯教授和史蒂文斯教授在对明尼苏达大学的研究中发现，接受了倾听能力训练的每组学生其听课效率至少提高 25%。有些小组提高到了 40%。[16]然而，如果没有接受倾听训练，大多数人的听课效率实际上从上小学开始就在下降。[17]

在提高你的倾听能力方面，还有许多其他很好的理由：

● 倾听可以表明接受。倾听他人这个行为表明你尊重他，并且关心他所说的话。如果你表现出对他人说话漠不关心，他们就不愿与你交谈。这在短期内也许是好的，但从长远来看，却是对你非常不利的。

● 倾听可以提升解决问题的能力。出色的管理者常常需要做一些调酒师、出租车司机和辅导员多年来所做的事：花时间专注听某人滔滔不绝地讲问题。大多数成功管理者往往不是急于给出解决问题的建议或方案，而是鼓励员工自己解决问题。通过认真和仔细地倾听，主管可以就解决方案给予下属一定的指导，从而增加其获得成功的机会，并且大大提高员工解决问题的信心和能力。

● 倾听可以增加听众对演讲者思想和观点的接受度。最好的想法不总是出自你自己或你的直接下属以及你的同事。通常，你会在你意想不到的地方获得锦囊妙计。它们可能来自你的顾客、你的员工、你的供应商和商业伙伴，有趣的是，还可能来自那些拒绝与你合作的人。如果你真能愿意花时间倾听你竞争对手的顾客是怎么谈论你的，你就可能会感到十分意外。

● 倾听可以增加他人的自尊感。虽然你无须关注组织中每个人的自尊，但是你想一想，如果你自我感觉良好，那么是不是更容易进入工作状态、专注于手头任务并成功地参与竞争？多年来，销售经理直觉地认识到，自尊对于一名销售代表获得成功的能力来说是至关重要的。他们如此频繁地遭受拒绝，以至于他们已经接受了失败，并认识到那是他们工作的一部分。有一个乐意并不加指责地倾听他们意见的经理对他们而言是莫大的帮助。

● 倾听可以帮助你克服自我意识和以自我为中心。给予那些健谈者及自我意识较强者一定的积极倾听方面的指导和实践，有助于阻止他们滔滔不绝。培养兼听兼说的能力对于那些好发表意见的年轻管理者来说尤其有益。

● 倾听可以帮助避免正面的情感碰撞。如果你专注于自己的需要而排斥其他人的需要和利益，那么你会发现，其他人也会以同样的方式对待你：他们将只聚焦于自己的利益而不是你的。为了避免这种对组织具有破坏性的情感冲撞，关键在于要把他人的需要放在自己的需要前面。通过仔细的倾听来了解他们首先关注的事物及利益，这样你才可能更早地得到你想要的东西，并且大大减少你的烦恼。

通过积极的和反思性的倾听以确保沟通成功，可以使你的沟通活动包括个人生活和职业生涯获得更大成功。你可以学到更多的知识，改善你与周围人的关系，以及增加成功的机会。当然，仔细倾听不能保证你一定能够成功，但它却是一个良好的开端。

8.4 无效的倾听习惯的影响

尼科尔斯以及在其之后的许多研究人员，早就发现我们许多人都养成了无效的倾听习惯，而这些倾听习惯可能会影响到我们的学习能力。问题不是我们"无法"倾听或"不去"听，而是我们习惯于随意倾听，而这种方式恰恰是毫无成效的。

无论在职场还是在我们的个人生活中，成为有效倾听者的第一步就是要识别那些我们一生中所养成的不善倾听的习惯，然后用有效的、有益的习惯取而代之。

8.5 不善倾听的习惯表现

以下是阻碍我们有效倾听的习惯。

只顾讲，不顾倾听 最成功的首席执行官、董事会主席、军事将领、大学校长——这些少数极具天赋的成功人士管理着大型且复杂的组织——无一例外地都对倾听他人的发言比他们自己讲话更感兴趣。当他们讲话时，他们总会问问题——以收集信息、寻求观点、了解组织的运营情况。当他们讲话时，措辞往往简明扼要。他们成功地从他人那里获得信息，同时选择性地与他人分享其拥有的信息。

称有关主题枯燥乏味 我们每个人都做过这样的事情。你可能还记得在代数课上这样做过，或者，也许在听讲座时你这样做过，因为你对有关主题毫无兴趣。许多人由于对从成本核算到微观经济只是"不是特别感兴趣"的宣称，而为这个错误付出了高昂的代价。如果你声称某个主题味同嚼蜡，那么实际上你什么都不会学到。一些主题可能的确比其他一些主题乏味些，但是为了学习一些东西，你不得不理性地告诫自己："这可能不够吸引人，但是这里有一些东西对我来说是很重要的，应该去了解。"对主题感兴趣是关键的第一步。

让偏见或成见歪曲所听到的信息 我们都会有这样或那样的偏见。这是我们生活中重要的也是不可避免的一部分。然而，我们通过这些偏见、陈规或成见对所接收到的信息进行过滤，从而扭曲了对方的意图。我们只听到那些我们的偏见让我们听到的信息，而不是对方所说的事情。最佳的建议是：不要放弃你的偏好，而是了解这些偏好是什么。不要让你对某个特定主题或某个特定的发言人的看法干扰你所接收的信息。

对答案或解释过于简单化　盲目听取的行为是基于这样一种愿望，即一切都太容易理解了。这种愿望就是将复杂的事情简单化，忽略细节，只关注重要的论点。仔细听讲，考察那些原本不被重视的解释或答案，从中寻找最有价值和最有用的信息。

屈从于外部干扰　我们都很容易分心。如果你在图书馆的隔间而不是私人的办公室工作，你可能会立即受到6次甚至更多次的谈话干扰。《华尔街日报》的卡罗尔·希莫威茨（Carol Hymowitz）说："在这个开放空间的时代，以等级制度的扁平化以及强调团队合作为目标，管理者必须适应这种新环境，拥有较少的隐私和更多地与组织成员联系，并且不断增加他们做决策和谈生意的透明度。"学会关注手头的任务，无论是电话交谈还是与雇员的面对面会晤，都是作为一名倾听者取得成功的关键。[18]

屈从于内部的干扰　内部干扰可能来自任何地方，甚至当你试图独处以集中思想时。将你个人所关心的事物先搁置一边——从你的汽车贷款到你的下一次约会——花几分钟的时间投入手上的倾听任务，你生活中的问题就会大大减少。花几分钟的时间于专心倾听，你就会获得巨大的额外收获。

避免困难或晦涩难懂的材料　这个问题与我们早期讨论的一个问题类似——说一个问题是困难的与说它是枯燥乏味的一样糟糕。仅仅停留在你所了解或者是你十分赞同的主题或材料上，你会限制智力增长的能力。任何一个辩论教练都会告诉你，倾听是一种技巧，就像打高尔夫球或篮球罚球一样，如果你不愿意努力做到这些，那么你就不会再取得进步。

对不善倾听作自我辩解　我们可以列举许多这么做的人和事，他们将自己不善倾听的习惯归咎于"没有人教我怎么做"，"这个办公室太嘈杂了"，"我从未认为倾听是需要技巧的"。不要放弃，不要认为你连达到25%的效率都做不到。有效的、积极的倾听很重要，你是可以提高倾听能力的。

批评演讲者的说话方式　与其着眼于发言人的口音、语速或者措辞，还不如专注于他们所带来的信息。你可以寻求认知及情感方面的内容，但请给演讲者停顿的机会。大多数人没有接受过在公众面前演讲的正式训练，并且在随意交谈的过程中，跑题和表述不够流畅者均属常见。因此，请专注于所说内容，而不是其方式。

过早下结论　过早做出反应可能会打断演讲者的思路，可能会使谈话偏离预定的方向，或者显示出你不明白演讲者所言。与其预测谈话的方向或结果，还不如给对方以切入正题的机会。放轻松，让他多讲一会儿。

过于激动　如果你更关心自己的反应，而不是关注你所听到的内容，那么你就很有可能会错过大部分你本该听到的信息。沟通顾问威克·钱伯斯（Wicke Chambers）说："有个很古老的笑话，即说话的对立面不是倾听，而是等待说话。许多人都这么做，他们等待说话。"我们的建议是：要理解你所有听到的，并且在做出回应时，三思而后行，一步一步来。

错误理解词义　这种习惯可以说司空见惯，在家里、在工作中或在学校。一些词或表述均具有特殊的含义，事实上，在字典上你都可以查到。（"Enormity"

有"过度邪恶"的意思，还有"超越一切道德界限"的意思，而不是"巨大或极大"的意思。）还有一些则需要深入理解。（"顾客说他马上就需要这个。"这是意味着从现在开始的 20 分钟内呢？还是在店铺打烊之前？或者是这个星期的某个时间？你最好问清楚。）

仅仅倾听事实 从表面上看，这似乎并不是什么坏习惯。（"我希望他少说废话"。）然而，问题是如果我们只关注事实，那么我们获得的也只不过是孤零零的事实，而至于为什么这个问题是重要的，它是如何与其他问题联系在一起的，或者有什么影响，或者结果可能会怎么样，我们都不得而知。在倾听过程中，你必须倾听上下文、谈话内容之间的关联性，以及那些将事实与人类经验联系在一起的修辞手法。

试图概括所听到的内容 由于我们第一天所听到的内容与第二天的内容之间很少是按系统的方法加以组织的，因此硬要将这些内容加以概括并不是一个好主意。即兴演讲和即兴谈话很少是基于任何类型的提纲来组织的，因此不要强制性地将你听到的内容套用到人为的模式。你只需在倾听过程中，关注对方所讲的内容，进行思考整理，尽量理解演讲者所讲内容的真正含义。

对演讲者伴装专心 这种在全国高中和大学教室里学到的技巧，后来发展为世界各地商务会议上的一种高级艺术形式。你不想看上去缺乏礼貌，所以你微笑和点头。演讲者就认为你不仅理解他的观点，而且还赞同他的观点！事实上，你根本没有听进去一个词。但你却给演讲者留下印象——你都听懂了，这种行为的直接结果就是：演讲者不会重复任何信息、提供额外的例子或例证，或者寻求那些看似困惑或好奇的听众的提问。

陷入富有感情色彩的辞藻而不能自拔 大多数睿智型演讲者都能恰到好处地避免带有种族、性别歧视或亵渎性的语言，因为这些语言会得罪许多人。但是，在演讲者并不知情的情况下，如何处理那些对你有着情感联系的措辞或表述呢？有时，这种联系是个人的（如某个日期或某个歌名），而在更多的情况下，某个话题或某个主题（如税收），会让你浮想联翩。说比做容易，你应坚定地控制自己的情感，提高自己的注意力，直到演讲者发言结束。

忍不住要插话 演讲者与倾听者之间不平衡状态下的一个副产物就是打断对方说话，即三四个人都在说话而没有一个人倾听。凯西·汤普森教授说："我们的国家已经成为一个爱插话者的国度。在企业与在家里没什么两样，一些人可能是想引起老板的关注而争先恐后发言，全然不顾其竞争对手在说些什么。"美国罗切斯特大学（University of Rochester）的主辩萨姆·尼尔森（Sam Nelson）说："人们都想抢功劳，如果你是第一个胜出的人，那么功劳就归你，所以当你参加会议时你就在想'这对我很重要，那我就得先下手为强'。"这也解释了现在人们讲话时为何不再有停顿。然而，许多专家认识到了停顿的价值，他们认为停顿是自信的标志。如果你对你的观点、立场抱有坚定的信心，那你就耐心等待自己说话的机会。避免打断他人，这样做会有回报的。

没有认识到我们的讲话速度和思维速度之间的区别 即使上述这一切不算太糟糕，生物学特性也会影响我们积极倾听。大多数人的语速是每分钟 120～150 个单词，但是人类大脑每分钟可以处理 500 个以上的单词，余下大量的时间，如辛西娅·克罗森（Cynthia Crossen）所称的"就坐立不安了"。她还说："如果演讲者恰好语速缓慢、言辞单调并且啰唆，就需要巨大的努力来耐心听完，而不是简单地佯装在听了。"[19]

8.6　养成良好的倾听习惯

UNISYS 公司的研究人员确定了一些方法，根据这些方法你可以检查出自己存在哪些无效的习惯、哪些习惯你应该改进，并且采取更有效的策略来倾听、学习和记忆。事实上，他们描述了十多种良好倾听的习惯，均可以作为你沟通技巧的一部分。

停止谈论　这种方法没有太多的人使用，但它很有效。

每次只进行一次谈话　你不可能同时又打电话又与屋里的某个人交谈。选择你最希望的交谈，并且告诉另外一个人等你几分钟。

对演讲者要有同理心　换位思考一下，尽最大可能从对方的角度看问题。

提问　如果你感到困惑、迷失方向或者需要获得信息，你可以要求阐明。类似了解数据、立场或意图等简单的问题都会特别有用。

不要打断　提问很有用，但一开始最好是让对方多说一点。如果会话涵盖实质性内容，那么到那个时候再提问也为时不晚。

表现出兴趣　当他人说话时应表现出很大的兴趣。与演讲者保持目光接触，通过你的面部表情告诉对方你对他很感兴趣，并保持一个开放的、不具威胁性的姿势，表示你很关注。

全身心的关注　如果可以，请关上门，关闭电话，对演讲者给予全部的关注。只要不涉及隐私，至少你应停下手头的工作、阅读或所做的事。如果你们的会话涉及隐私，而你的办公室又不具备这样的会话环境，你可以考虑以散步的方式进行会话，较低的声调和平稳的语速可以显示出你讲话时的自信。

对事实和证据做出评价　以思辨的态度倾听。问一下自己（也可以询问一下与你会话的对方），如何确定这些信息的真实性。你相信数据来源的依据是什么？问一下这些证据是否是近期的、可靠的、准确的，是否与主题相关。

对观点而不是演讲者做出反应　很难区分信息与信息发送者，但还是要试一试。我们对信息的认可度往往取决于信息的发送者。无论如何，你都应该着眼于演讲中的观点而非演讲者本人。

一厢情愿不管用　你想听到的并不意味着就是演讲者所说的。莎士比亚说过："愿望是思想之父"，简单地说，就是我们不认真倾听是因为我们常常沉浸在大量的痴心妄想中。

倾听弦外之音　如果未能听到你想听到的信息，那你就该问问自己为什么。把实际听到的内容与你对演讲者的期待进行对照，然后仔细思考有什么没有提及的。

倾听以仔细品味　之前我们说过不要批评演讲者的演讲方式，这仍然是一个有用的规则。然而，你应该通过倾听来了解那些带有感情色彩、冷嘲热讽或愤世嫉俗意味的内容。演讲者经常会通过简单地调整其语气对批评轻描淡写、使重点看似微不足道。你应揣摩演讲者的情绪和意图，同时倾听其讲话内容。

共同承担沟通的责任　演讲者对于确保你理解其所言不应承担全部的责任，你有义务去寻找对你有用或重要的信息。集中注意力，提问，关注演讲全过程。[20]

8.7　积极倾听的五大技巧

要成为一个有效的、具有同理心的、懂技巧的倾听者，你必须参与到对话之中，这个过程比你在听讲座、报告或参加会议时使用的方法来得更积极。这个对话过程让你与其他一两个人进行直接会话。为了增加你成功的概率，以下是你必须不断实践并掌握的五个技巧。

复述演讲者所言　在会谈过程中，不断地对演讲者所讲内容进行概述是很有益的。你最好用自己的话进行复述。但是为了使他们相信你的确在倾听，你的复述应令他们满意。这样的概述通常以类似于这样的语句开始："如果我理解正确，你所说的意思是……"或者"换句话说，你是在告诉我……"

表明感受　一些管理者会非常关注所说句子的含义，而不关心赋予该句话的情感。你应该尽你所能去领悟演讲者的情感意图。反映感受的概述可以像这样："你对这件事不是很自信，对吗？"或者"你看上去下了决心要解决这件事"。

表明意思　对于管理者而言，关注讨论的认知性和逻辑性是非常有益的——手头拥有哪些事实，它们是如何组织的，以及它们与正在讨论的主题之间关系如何。为表明你对会谈意思的理解，你可以这样说："你说为完成这个项目你需要帮助，我是否可正确理解为你需要额外的支持性人员，特别是在初始阶段？"

表明结论　讨论往往会演变成漫无边际，并且还会包含大量与所讨论内容不直接相关的信息。回顾一下你所同意或归纳过的事情，特别是在会话临近结束时是非常有用的。反映会话结论的概述可以这样说："因此，考虑到增加的成本和我们其他的需要，我是否可正确理解为你不同意这桩买卖？"

有始有终　倾听固然重要，有始有终更为重要。亚利桑那大学（University of Arizona）社会学教授卡尔文·莫里尔（Calvin Morrill）告诫道："一旦你要求反馈，除非你采取措施向你的员工表明你已经仔细听取了他们的意见并且计划采取行动，否则他们将永远不再发言。"他说："如果管理者做不到，那他还不如不要求反馈。"[21]

8.8　改善倾听习惯的系统

你准备进行季度或半年绩效考核的时间可能也是你审视自己大体上的沟通习惯，尤其是倾听习惯的最佳时机。如果你的确渴望改进自己的倾听能力，请考虑下列四步骤方法。

1. 检查你的倾听列表。记录你日常沟通中的习惯和行为，特别是考虑那些你最常用的、最有效的或最无效的倾听习惯和行为。

2. 识别不受欢迎的倾听习惯。如果在上述倾听列表中，偶尔显示出你的有些习惯和行为是不受欢迎的，那就将这些习惯或行为标示出来：有哪些、发生频率如何以及在何种情况下（例如，与雇员一对一的交谈，在与同事和合作者举行会议期间，等等）。

3. 决不容忍不受欢迎的习惯。即使你所标出的不受欢迎的习惯很少发生，并且看似并不特别严重，你也不能把它们作为你沟通技能列表的一部分，决不能容忍它们。给它们贴上删除的标签，加以剔除。

4. 用有效的习惯代替不受欢迎的习惯。对于每一个无效的、不受欢迎的或者消极的倾听习惯，你应该以积极的习惯或技能代替它。你不仅要告诫自己在听讲座时不要做白日梦，而且还要井井有条地安排并有效利用你的业余时间。[22]

要成为一名良好的倾听者并不容易，因为健谈者会依附于你就像依附于船体的小甲壳生物一样，并且分开它们并不容易。良好的倾听者经常会在电话的另一端倾听他人诉说，即使对他们的问题也许束手无策。但是开发这种技能能够得到丰厚的回报，不仅对于你个人，而且对于雇用你的组织。请记住：把他人的需要放在你自己的需要之前看似违背常理，但是如此做将有助于你和其他人又快又有效，而且在更少压力下完成你们的目标。关注你自己的倾听表现将使你获益匪浅。

在哈佛医学院教授精神病学和医学人文学的儿童心理学家罗伯特·科尔斯（Robert Coles）告诫说，倾听不仅仅是一整套认知技能——它是一种涉及一个人对待生活和他人的方法。他说："我认为真正的倾听涉及整个自我，你必须透过字面去倾听人们的心声。你必须找出那些比较紧要的信息，然后针对细节问题进一步提问。"他指出："多年来我已经了解到，真正的专心倾听要求做出会话式回应。你必须尽可能以你自己的观点、感受和期望做出回应的方式去倾听，这样你就能够向演讲者表明你的的确确在专心地倾听。"[23]

8.9　给予和接收反馈

当埃德·科克（Ed Koch）担任纽约市市长的时候，他经常走街串巷，询问他的选民"我做得怎么样?"这个问题不是简单的设问句，也不是对其忠诚的支持者的礼节性招呼。他向他的朋友和对手问同样的问题。他关注他接收到的这些回应，因为市长的履职能力依赖于反馈——直接的、诚实的、当前的、未经过过滤的反馈。如果他做得不好，纽约的市民会让他知道；当他的表现令他们满意时，他们会告诉他。作为一名公众性官员，诚实的反馈几乎与竞选筹款一样重要，这对于一家私营企业的管理者也同样重要。

肯特·西里（Kent Thiry）便是一个有关管理者的最佳例子。他竭力避免涉及公司领导层的一个最为常见且危险的陷阱：管理者的职位越高，他就越不容易了解到问题所在。公司高层官员经常被过滤坏消息的人所包围，于是，他们不得不相信他们所制定的策略正有效运作，即使事实上并非如此。

西里是位于加利福尼亚的 DaVita 公司（一家大型透析治疗设备经营商）的首

席执行官。当他听到的全都是好消息时，他便开始担忧他是否疏远了与同事的接触。他最近与雇员在每年的员工聚会上进行交流，了解关于 Gambro Healthcare 公司的收购情况。当一些人告诉他，他们认为那是个"有趣的过程"时，他便意识到人们只是告诉他他想听到的，而非事实。于是，他努力创建一种为管理者提供诚实反馈的讲真话的文化。他的努力开始获得回报：人员流动减少了 50%，收入增加 50 亿美元。那么高级管理层如何知道他们获得的是正确的反馈呢？一些反馈来自工人的问卷调查，但大多数的反馈是从市政厅会议上收集的。

这样的会议西里每年都要召开 20 次，并且他还吩咐每一位副总裁，只要他们与至少 7 名"团队成员"或雇员聚集在一起就召开一次会议。西里说："最重要的是那些寻求坦率的反馈的管理者应该坦诚地对待自己的缺点。"[24]

获得有效反馈并非轻而易举，它涉及精心设计、深思熟虑的沟通策略，以及良好的人际沟通技能。如果你能够认识到反馈在人际沟通和职业沟通中的作用，那么你就能大大地提高沟通成功的可能性。[25]

8.10 建设性反馈的指导方针

既然你已经改善了你的倾听技能，那么也该关注如何及何时向他人提供反馈了，以下是一些建议。

承认反馈的必要性　作为沟通者，首先我们必须认识到给予和接收反馈的价值，无论是正面的还是负面的。反馈对于任何想提升自己的组织都是至关重要的，因为这是经理和管理者了解需要改进的方面的唯一途径。给予和接收反馈应该不仅仅是雇员行为的一部分，它也应该是整个组织文化的一部分。

你需要高水平的反馈技能来改善你的组织会议，或者，更笼统地说，改善雇员之间的沟通效果。同时，这些技能也将有助于使你与顾客和供应商之间的沟通更加有效。事实上，在你的工作环境中，你会发现有很多应用这些技能的机会。

给予正面的和负面的反馈　许多人认为人们做好工作是理所当然的，因此只有当他们遇到问题时才会给予反馈。这种做法会起到反作用，即当人们在接收到你的批评或抱怨的同时也接收到你的恭维的话，他们会更关注前者。因此，请记住，当人们做得好时，应及时表扬他们，这是很重要的。

了解背景　反馈最重要的特点就是它总涵盖某个背景：在哪里发生，为什么会发生，是什么导致了事件的发生。你绝不可能简单地走向某个人，向他提供反馈，然后离开。在你给出反馈之前，检查一下导致这件事的行动和决策。每一个沟通事件都是在一定背景下产生的，而如果你没有理解相关事件的背景，那么你的评论对其他人不可能产生积极的效果。

提供界定　不要自以为你的反馈对象会理解你的措辞或表述，你应该确定你所使用的语言能被对方接受，并且与当时的情形相适应。更确切地说，你应对自己使用的词语的含义非常清楚和认同。举一个简单的例子，《美国传统英语词典》（*The American Heritage Dictionary of the English Language*）列出了"get"这个单词的 93 个具体的不同意思。当你在谈话当中使用到这个单词时，你一定要搞清楚你想表达的是什么意思。现在有学者说，500 个最常用英语单词拥有超过 14 000 个词典定义。事实上，一个单词所包含的意思越多，它的意思就越狭小。你应该向人们提供定义、例子和图示以确保他们理解你，你甚至可能需要说明例外和局限。当你给他们提供反馈的时候，确定他们能够理解你所使用的语言。[26]

使用通俗语言　不要使用让你的会谈对象误解或曲解的语言，而应使用符合对方接受度的措辞、表述和想法。如果你确信他能够理解某个缩写字母或公司术语，那你就使用它。但是，如果与你打交道的人并不拥有与你相同的参照标准，那么你就应该避免使用可能会引起困惑的语言。

不要假设　假设注定会使你陷入麻烦。在人际沟通中，自以为他人与自己拥有相同的想法或感觉是很危险的。沟通顾问托尼·亚历山德拉（Tony Alessandra）说："对方的参照标准可能与你的完全不同，她会根据其了解的和相信的事物来感知事物并做出反应，并且这些都可能有别于你自己的反应、认知和信念。"为了避免这些由假设所引发的问题，你需要寻求直接的反馈、核查事实、考察潜在的假设，并且在你说"我完全知道你的意思"之前，适度地带着怀疑的态度审视一下自己将说的话。

关注行为而非其人　当人们接收到反馈时，特别是当反馈来自上司或长者的时候，他们往往会表现出防御性和恐惧性，并且极可能把你所说的一切视作个人攻击。因此，你应该平息敌意，将恐惧减到最少，并使会谈尽可能非个性化。"这些旅行报告还需要额外的信息"这句话要比"你为什么不能够正确地填写旅行报告呢"缓和得多。

了解何时给予反馈　在决定提供反馈之前，你必须确定有关时间的选择是否合适。你不能仅仅从自己的需求出发来给予反馈。建设性反馈只有在仔细倾听和关心他人的情形下才会产生。如果时机选择不对，或者不合时宜，你可以推迟片刻再提供自己的看法，当然，推迟的时间不宜太久，否则你的反馈就失去了意义，所以你要明智地选择时机。

黛博拉·雷克（Deborah Lake）是 SC Johnson 公司的一名经理，她去年从公司的商业营销总部的传统办公室搬到一个小隔间。她很快就意识到，她无法采纳有关如何在商务交谈中进行具有说服力的谈话的忠告。事实上，在这么一个开放式场所，周围的每个人都不得不降低声音以保护他们的隐私，避免干扰隔壁的人。然而，当她给予正面的反馈时，她毫不犹豫地会大声说话。她说："如果我告知他人他们工作出色时，我想让其他人都听到，因为我想让大家都认识这个人。"但是，如果那是负面的反馈，她则会悄悄地说话。[27]

了解如何给予反馈　提供建设性的、有益的反馈不仅仅是对对方所言做出反应，有效反馈还涉及理解语言、人们说话（或不作声）时的意图、沟通发生的背景，以及你作为一位管理者的目标，等等。

8.11　了解何时不宜提供反馈

当以下情况发生时，你不应该给予反馈：

- 当你对行为发生的背景了解不多时。
- 当你并不关注那个人，或者你不会长时间地去跟踪你提供反馈后的结果时。打一枪换一个地方式的反馈有失公平。
- 当正面的或负面的反馈涉及无力改变的事实时。
- 当对方缺乏自尊时。
- 当你自己缺乏自尊时。
- 当你的目的不是为了某人有所改进，而是让他听你叙说或表明你是多么的聪明、多么的可靠时。
- 当时间、地点或环境均不适合反馈时（如顾客或其他雇员在场的情况下）。

8.12　了解如何给予有效的反馈

我们大多数人都宁愿去看牙医，也不愿与一个绩效未达公司标准的雇员进行绩效考核面谈。但颇具讽刺意味的是，尽管许多管理者竭力避免与雇员面对面的反馈，但他们却热衷于将此事在同事或同仁那里抱怨。

员工绩效解决方案公司（Employee Performance Solutions）创始人兼主席杰米·瑞斯科（Jamie Resker）说："我们经常避开具有挑战性的雇员反馈会议是因为我们不知道说些什么。""无论如何该雇员还有两年就退休了……我担心雇员的反应……如果我将事情弄砸了该怎么办？"她说。瑞斯科提出了减少对反馈防御性反应的三步策略：第一步，确定绩效问题。"显然，管理者避免给予反馈的关键原因不是他们不了解问题所在，而是因为他们不知道该如何措辞使其更'说得出口'和'听得进去'。"

第二步，明确让对方做出改变的具体要求。你对要求的描述越具体明确，雇员理解你的意图和按照你的要求改善行为的可能性就越大。最后，瑞斯科建议，管理者应该对做出改变所带来的好处具体化，即向雇员揭示你要求他们做出改变的价值，解释他们的生活以及公司的绩效将因此得到改善。[28]

下列建议有助于你向他人提供有效反馈。

描述性　尽可能客观地叙述你看见他人所做的或你听到他人所说的。给出具体的例子，时间越近越好。时间久远的例子很有可能会导致与事实不符。

客观性　做到客观也许不大可能，但无论如何都值得一试。在你向他人提供反馈时，尽量避免主观性，至少在讨论的一开始应这样。当需要提供个人观点和主观意见的时候，确认它们并说明"这只是我个人的观点"。在任何可能的情况下，尊重事实，关注你所确定的事情。

不要使用标签性表述　反馈要清楚、具体和明确。像"不成熟""不专业""不负责""怀有偏见"等词语是我们赋予一系列行为的标签。描述行为，去掉标签。例如，"你错过了我们一致约定的最后期限"要比"你很不负责任，我想知道你将如何处理这件事"来得合适。

不要夸大其词　表达应准确。"你总是午休后上班迟到"的说法可能就不正确，因此也就不公平，这会令接收者计较夸大的事实而不是正视问题。

不要武断　或者至少不要使用武断性措辞。像"好""比较好""差""最差"

"应该"之类的词语会将你置于父母式的角色。这种方法令接收者会像个孩子似的做出反应。如果是那样，大多数情况下是不会产生建设性反馈的。

代表自己说话　不要提及不在场的人或无名氏。不要为你的主管或比你级别高很多的人说话。避免类似的话"当你……在座许多人都不喜欢你这样"。不要使自己成为其他人抱怨的渠道。相反，鼓励他人代表其自己说话。你必须为自己的工作负责，不要试图以他人的名义说话。

先谈论你自己，而非对方　使用"我"或"我们"作为主语进行陈述，而不是"你"或"你们"。这一点很重要，也很令人惊奇。请看以下有关迟到的例子：

1. "你开会经常迟到。"
2. "你开会不是很准时。"
3. "我对于你开会迟到感到很恼火。"
4. "我们很感激你能准时来开会。"

前两个陈述以第二人称开始。如果批评以"你"或"你们"开始的话，人们会变得具有防御性。当反馈是以直接的批评方式进行，那人们不可能听得进你说什么。后面两个陈述以第一人称开始，这有助于营造成人/伙伴的关系。当批评显得不那么直接针对他们的时候，人们更可能对你的信息保持倾听，即使你的地位比反馈接收者要高，也要努力与对方建立成人/伙伴的关系。尝试使用第一人称陈述（"我"或"我们"），这样，你评论的有效性才不会因为对对方一味的谴责而丧失。

使用陈述的方式而不是提问的方式来阐释问题　比较"你何时才能开会不再迟到？"和"如果你迟到，我们就无法准时开会"。提问的方式带有控制性和操纵性，因为它意味着"你，回应者，被期望调整自己的行为来适应我，发问者"。面对以这种方式进行的对话，大多数人都会变得具有防御性和不愉快。"我"或"我们"的陈述方式意味着"我认为我们有一个需要我们共同解决的问题"。以"我"开始的陈述方式使得接收者认识到该行为对你的影响。

鼓励人们做出改变　反馈必须聚焦于接收者能够做出改变的方面。大多数人无法改变这样一些基本的个性特点，如害羞或对开放的偏好，但他们可以改变影响工作环境的行为结果。让一整套敏感性文件散放在台式电脑周围，是管理者可以关注的结果而无论个性偏好如何。注重那些有助于改进行为的、对方完全有能力做出改变的问题。

把你的反馈限制在你确定的事情上　不要将你的观点与事实混淆。只说那些你所看到的、听到的，以及你感觉到的或想到的。在你不确定或不是很确定的情况下，先不要做出评论。建立在推测或二手信息基础上的反馈可能比你想象的还要有害。确定你所知道的，然后再依此行动。

建立信任　尽管人们偶尔会从从未相处过的人身上学到有价值的经验，但是如果来源可靠，反馈则更容易被接受。对信任的心理研究显示，来自可信任方的劝说性信息总能产生较大的影响和更持久的结果。讲究技巧的管理者会利用每一次反馈的机会来建立有益的工作关系和长期的信任。

当给出正面反馈时，帮助人们听见和接受你的称赞　许多人在受到表扬时会感到尴尬，并会有意识地避开赞美（"哦，那没什么。我只是帮另一名管理者整合了一份建议书而已"），有时他们会岔开话题。你有必要强化正面的反馈，并帮助那人听见它、承认它和接受它。[29]

8.13 了解如何接收反馈

有时你会从不了解反馈原则的人那里接收到反馈。在这些情况下，你应该帮助你的批评家改进其批评方式，以使他的批评符合建设性反馈的规则（"请告诉我为了提高你们部门的工作条件，我们能够做些什么"）。当对反馈做出反应时：

呼吸 我们的身体会对压力环境做出犹如面对人身攻击时的条件反射，我们的肌肉会紧张，我们开始呼吸急促。我们需要遵循一些简单的建议：做深呼吸以强迫我们的身体放松，并让我们的头脑保持更加清醒。

仔细倾听 不要打断他人，鼓励反馈者说话。你若不认真倾听反馈，你就无法从中获益。

询问 你有权获得清晰的反馈。要求对方给出具体的例子。（"你能否描述一下我的言行在哪些方面让你觉得我对你有敌意？"）如果你不清楚术语或参照标准，就要求对方给予解释。

做出反馈 用你自己的语言进行复述，以让对方了解你听到并理解了他刚才所说的话。不要只是静静地坐在那里。通过语言或非语言的方式表明你听到并理解了他所说的话。记住，要做到这一点，无论对你还是对对方都不是件易事。

对有效观点做出反应 认同真实性和可能性。对他人的观点做出反应（"我理解你是怎样得到这种印象的"），并试着理解他们的反应。认同真实性和可能性并不表示你同意改变你的行为。比如，你可以同意说你有时会急于下结论，但不能说你会放慢决策过程。另外，认同真实性和可能性并不表示同意任何对你的价值评判。你可以同意说你最近的工作进度比较慢，但并不同意说你不负责任。

不要带有防御性 我们大多数人都不善于接受直接批评。我们经常利用部分谈话时间来琢磨我们如何回应（或防御），而不是仔细倾听对方所言。不要被动地听，要善于提问，以探究你不理解或不清楚的问题，但要避免拔剑反击的冲动。大多数上级给你的反馈都是事先经过仔细思考的，也是为了有利于你改进和提高的，它们值得你认真对待：这是一个改善你的绩效和获得成功的机会。

试着理解对方的目的 无论你是在听你下属还是上司说话，你都不可能完全理解他们所说的话，除非你将你自己的目的搁置一边，而只注重他们的目的。试着从他们的视角看世界，赏识能够激励他们的意见。

抽时间整理你所听到的信息 在对反馈做出反应之前，你需要时间来整理或与他人进行确认。要求反馈者给你时间思考其所说的话及其感受，这是合理的，与反馈者约定好具体的会面时间以继续有关话题。但不要利用这个时间作为逃避该问题的借口。[30]

沟通显然是双向的过程。管理者必须担当起这样的责任：提供并寻求有利于纠正和改进组织流程的信息。最重要的是要认识到反馈是沟通的有效部分。在工作中，随着你将有效的倾听技能应用于你与他人的交流中，你成功的可能性将大大增加。

延伸阅读 ////////////////////

Adler, R. and Towne, N. *Looking Out, Looking In.* Fort Worth, TX: Harcourt Brace, 1999.

Barker, L. L. and Watson, K. "The Role of Listening in Managing Interpersonal and Group Conflict." In D. Borisoff and M. Purdy (eds.), *Listening in Everyday Life*, pp. 139–162. New York: University Press of America, 1991.

Collins, S. and O'Rourke, J. S. (ed.). *Interpersonal Communication: Listening and Responding*, 2nd ed. Mason, OH: Cengage South-Western, 2008.

Crossen, C. "Blah, Blah, Blah," *Wall Street Journal*, July 10, 1997, pp. A1, A6.

Fuhrmans, V. "Bedside Manner: An Insurer Tries a New Strategy: Listen to Patients," *Wall Street Journal*, April 11, 2006, p. A1.

Jackman, J. M. and Strober, M. H. "Fear of Feedback," *Harvard Business Review*, April 2003, pp. 101–107.

Morse, G. "Feedback Backlash," *Harvard Business Review*, October 2004, p. 28.

Nichols, M. P. *The Lost Art of Listening: How Learning to Listen Can Improve Relationships.* New York: The Guilford Press, 2009.

Prospero. M. "Leading Listener," *Fast Company*, October 2005, p. 53.

Wilson, G. L. *Let's Talk It Over*, 5th ed. Needham Heights, MA: Pearson, 2000.

Wolvin, A. and Coakley, C. (eds.). *Perspectives on Listening.* Norwood, NJ: Ablex, 1993.

注　释 ////////////////////

1. Goldsmith, M. "The One Skill That Separates," *Fast Company*, July 2005, p. 86. Reprinted by permission.
2. Ibid.
3. Nichols, R. G. and L. Stevens. *Are You Listening?* New York: McGraw-Hill, 1957.
4. Floyd, J. J. *Listening: A Practical Approach.* Glenview, IL: Scott, Foresman, 1985, pp. 2–3.
5. Nichols, R. G. "Listening Is a 10-Part Skill," in Huseman R. C., et al. (eds.), *Readings in Interpersonal and Organizational Communication.* Boston, MA: Holbrook Press, 1969, pp. 472–479.
6. Crossen, C. "The Crucial Question for These Noisy Times May Just Be: 'Huh?' " *Wall Street Journal*, July 10, 1997, p. A1. Reprinted by permission of *The Wall Street Journal.* Copyright © 1997 Dow Jones & Company, Inc. All rights reserved worldwide.
7. Wolvin, A. D. and C. G. Coakley. *Listening.* Dubuque, IA: Wm. C. Brown, 1982.
8. Crossen. "The Crucial Question," p. A1.
9. Ibid.
10. Ibid.
11. Ibid.
12. Ibid.
13. Goleman, D. *Emotional Intelligence.* New York: Bantam Books, 1995, p. 145.
14. Floyd. *Listening: A Practical Approach*, pp. 2–8.
15. Sperry Corporation. *Your Personal Listening Profile*, 1981.
16. Nichols and Stevens. *Are You Listening?* p. 15.
17. Landry, D. L. "The Neglect of Listening," *Elementary English* 46 (1969), pp. 599–605.
18. Hymowitz, C. "If the Walls Had Ears, You Wouldn't Have Any Less Privacy," *Wall Street Journal*, May 19, 1998, p. B-1. Reprinted by permission of *The Wall Street Journal.* Copyright © 1998 Dow Jones & Company, Inc. All rights reserved worldwide.
19. This collection of ineffective listening habits was assembled from ideas presented in Nichols and Stevens, *Are You Listening?* "Listening is a 10-Part Skill," pp. 472–479; and Floyd, *Listening: A Practical Approach*, pp. 2–3. See also Alessandra, A. and P. Hunsaker. *Communicating at Work.* New York: Simon & Schuster, 1993, pp. 54–68.
20. This collection of effective listening habits was assembled from ideas presented in Sperry Corporation, *Your Personal Listening Profile.* See also Floyd, *Listening: A Practical Approach*; and Alessandra and Hunsaker, *Communicating at Work*, pp. 54–68.
21. Carvell, T. "By the Way . . . Your Staff Hates You," *Fortune*, September 28, 1998, pp. 200–212.
22. Floyd. *Listening: A Practical Approach*, pp. 34–43.
23. Reprinted by permission of *Harvard Business Review* from "Different Voice: The Inner Life of Executive Kids," *Harvard Business Review*, November 2001, pp. 63–68. Copyright © 2001 by the Harvard Business School Publishing Corporation; all rights reserved.
24. Hymowitz, C. "Executives Who Build Truth-

Telling Cultures Learn Fast What Works," *Wall Street Journal*, June 12, 2006, p. B1.

25. For a discussion of the role feedback plays in theoretical communication models, consult Rogers, Everett M. *A History of Communication Study*. New York: The Free Press, 1997, pp. 396–399.

26. Claiborne, R. *Our Marvelous Native Tongue: The Life and Times of the English Language*. New York: Times Books, 1983, pp. 3–24.

27. Hymowitz. "If the Walls Had Ears," p. B1.

28. Resker, J. "3 Keys to Reducing Defensive Reactions to Feedback," HR.com, July 4, 2008. Retrieved from http://www.hr.com on July 15, 2008 at 1:31 P.M.

29. For an extended discussion of feedback technique and applications, see Wolvin and Coakley, *Listening*, pp. 97–99, 214–219, and 223–238.

30. For a discussion of feedback applications in the workplace, see Alessandra and Hunsaker, *Communicating at Work*, pp. 79–90.

案例 8-1（A）　▶▶▶▶▶▶▶▶

Earl's 家庭餐馆：区域销售经理的角色

较难掌握但又不那么显而易见的人际沟通技能莫过于倾听。对于大多数管理者而言，倾听似乎并不是日常需要，而是偶尔为之的一种奢侈品。由于时间紧迫，完成工作目标的压力重，沟通呈现出一种单向的特征：我的工作是说，你的工作是听。

随着管理者在组织中的职位由中级晋升到高级，他们逐渐发现他们要花越来越多的时间于人际沟通，与下属、同僚、上司之间进行面对面的交流。他们更多地成为过程导向，而非任务导向。收集信息比弄清楚这些信息的含义要简单得多。

许多管理问题的关键常常在于他人的观点。弄清楚他人是怎样想某个问题的，他们是怎样看待眼前的问题的，这些对于管理者来说是非常有用的。但风险在于，此类谈话会浪费时间和精力。学着让倾听变成更具结构性、更富成效的活动，对于具备才能和有成功意愿的管理者越来越重要。

倾听与听不是一回事。令人惊奇的是，大多数北美成年人的倾听效率不会高出 25%。我们做决策、感知环境以及解决面临的问题时，所需的信息均是通过倾听来实现的。

要成为一名积极的倾听者，成为一名善于思考、拥有技巧的沟通者并非易事，但对于一般的管理者而言，这也是可以达到的。认识到不良的倾听习惯便是通过富有成效的、有用的倾听技巧来系统地取代这种不良习惯过程的开始，在此过程中人们可以提升其倾听技能。倾听乃是管理者在其职业生涯早期就应该关注的主要才能之一。

Earl's 家庭餐馆这个案例涉及两个角色，每个角色都从不同的视角进行饰演。一个是一家位于美国中西部的食品公司的区域销售经理；另一个是位于美国中西部的一家中型餐饮连锁的主要采购员。

对于两名参与者来说，案例事实是一样的。但是，通常两个人会从稍微不同的视角看待这个事实。每个人会从其所处的位置来看待这个问题，每个人也都会有一系列的工作目的和目标。当你读案例的相关资料，扮演你的角色时，记住你的上司是根据你完成工作目标的程度来对你做出评价的。同样也要记住，沟通或许是你实现目标的工具之一。

你的任务

请阅读并熟悉该案例的相关信息。你被选定参加一个角色扮演练习，该练习旨在证明在实际的日常人际交往中沟通技能的重要性。你在该练习中只需扮演好 Exceptional 食品公司的区域销售经理这一角色。

为了扮演好你的角色，你可以尽可能地发挥你的想象力，但你塑造的人物一定得令人信服。这个练习的另一名参与者也同样了解该案例事实，但可能对这些事实持不同的观点。请你尽力做到与他进行有效沟通。

案例事实

你是芝加哥 Exceptional 食品公司的区域销售经理。你手下有 7 名地区销售代表，覆盖美国中西部 5 个州的区域。你负责的区域包括伊利诺伊州、威斯康星州、艾奥瓦州、密歇根州和印第安纳州。你的 7 人团队掌握着超过 200 个客户；你自己也保留一些特殊的客户，并且由你亲自掌控这些客户。

在你比较重要的客户（无论是收益还是服务年限）中，Earl's 家庭餐馆就是其中之一。你的爷爷创立了 Exceptional 食品公司，他是印第安纳波利斯的厄尔·托利弗（Earl Tolliver）先生的私交。厄尔是 Earl's 家庭餐馆的创始人。你们两家在一起做生意已有多年。

大约 6 个星期以前，由于销售量的不断增加，你把你的这个客户委托给了你非常信任的最成功的地区销售代表，虽然这个人对餐馆食品销售相对比较陌生，但他看起来聪明、精力充沛并渴望成功。他很高兴地接手客户，至少在那一刻，他看起来会认真对待。

Exceptional 食品公司给全美的餐馆、俱乐部、学校、机构和军队提供系列包装食品。你负责的区域对于整个公司很重要，偶尔，你的团队会创下全美第一的销售量。你的团队经常在开拓市场方面走在前列。然而，最近几个月，问题还是出现了。客户向送货人抱怨，向你的区域销售代表抱怨，直到最近向你抱怨。

以往机构投诉相对于餐馆的投诉来说没有那么频繁，但它们有所增加。在更多的日常抱怨中，客户声称他们得不到订货。有时，送货人在没有通知或获得许可的情况下会留下一种或两种替代品。也有一些客户抱怨最近货物递送不守时。你的老板告诉你，运输环节存在卡车司机的工作行为（以合法的方式怠工）以及一些维护问题拖延了工作的进程。他说这些都应该加以改进。

你最近几个月丢失了一些客户，他们转向了市场新进入者。他们看起来明显具有顾客导向，并致力于抢走你们的生意。Exceptional 食品公司的一位财务高管告诉你，你最厉害的竞争对手现在是一家大公司（Cub 食品公司）的子公司，正推行一项深思熟虑的策略——削价竞争。它不打算在短期内盈利，就是为了把你们从几个盈利较好的市场排挤出去。坦率地说，这是一个令人担忧的竞争策略。

Earl's 家庭餐馆的主要采购员打电话要求与你见面。他特别关注最近发生的一系列事情，并且在电话里说："听着，如果你们这些伙计不能像过去 6 个星期那样把事情做好，那我们只能另找供应商了。"

你与 Earl's 的采购员会面的目的是为 Exceptional 食品公司保留这个客户，如果可能的话，说服他相信不久你们就能在价格和服务上打败竞争对手。无论如何也不能失去这个客户——它占将近 15% 的地区销售份额。

在你看来，本案例中的主要问题（尽管不是全部问题）在于成本。你面对削减成本的压力，却仍要配送最具价格竞争力的产品给利润空间小、竞争激烈的餐馆。

案例 8-1（B）　▷▷▷▷▷▷▷▷

Earl's 家庭餐馆：主要采购员的角色

较难掌握但又不那么显而易见的人际沟通技能莫过于倾听。对于大多数管理者而言，倾听似乎并不是日常需要，而是偶尔为之的一种奢侈品。由于时间紧迫，完成工作目标的压力重，沟通呈现出一种单向的特征：我的工作是说，你的工作是听。

随着管理者在组织中的职位由中级晋升到高级，他们逐渐发现他们要花越来越多的时间于人际沟通，与下属、同僚、上司之间进行面对面的交流。他们更多地成为过程导向，而非任务导向。收集信息比弄清楚这些信息的含义要简单得多。

许多管理问题的关键常常在于他人的观点。弄清楚他人是怎样想某个问题的，他们是怎样看待眼前的问题的，这些对于管理者来说是非常有用的。但风险在于，此类谈话会浪费时间和精力。学着让倾听变成更具结构性、更富成效的活动，对于具备才能和有成功意愿的管理者越来越重要。

倾听与听不是一回事。令人惊奇的是，大多数北美成年人的倾听效率不会高出 25%。我们做决策、感知环境以及解决面临的问题时，所需要的信息均是通过倾听来实现的。

要成为一名积极的倾听者，成为一名善于思考、拥有技巧的沟通者并非易事，但对于一般的管理者而言，这也是可以达到的。认识到不良的倾听习惯便是通过富有成效的、有用的倾听技巧来系统地取代这种不良习惯过程的开始，在此过程中人们可以提升其倾听技能。倾听乃是管理者在其职业生涯早期就应该关注的主要才能之一。

Earl's 家庭餐馆这个案例涉及两个角色，每个角色都从不同的视角进行饰演。一个是一家位于美国中西部的食品公司的区域销售经理；另一个是位于美国中西部的一家中型餐饮连锁的主要采购员。

对于两名参与者来说，案例事实是一样的。但是，通常两个人会从稍微不同的视角看待这个事实。每个人会从其所处的位置来看待这个问题，每个人也都会有一系列的工作目的和目标。当你读着案例的相关资料，扮演你的角色时，记住你的上司是根据你完成工作目标的程度来对你做出评价的。同样也要记住，沟通或许是你实现目标的工具之一。

你的任务

请阅读并熟悉该案例的相关信息。你被选定参加一个角色扮演练习，该练习旨在证明在实际的日常人际交往中沟通技能的重要性。你在该练习中只需扮演好 Earl's 家庭餐馆的主要采购员这一角色。

为了扮演好你的角色，你可以尽可能地发挥你的想象力，但你塑造的人物一定得令人信服。这个练习的另一名参与者也同样了解该案例事实，但可能对这些事实持不同的观点。请你尽力做到与他进行有效沟通。

案例事实

你是印第安纳波利斯的 Earl's 家庭餐馆的主要采购员。你的 54 家餐馆连锁遍布美国的中西部地区，你的机构大多集中在伊利诺伊州、印第安纳州、密歇根州和威斯康星州。你在肯塔基州和俄亥俄州也有一些餐馆分店。你的公司是一家上市公司，最大的股东是厄尔·托利弗三世（Earl Tolliver，Ⅲ），餐馆连锁创始人的孙子。你与该家族私交甚密，自商学院毕业后你就一直供职于该公司。芝加哥的 Exceptional 食品公司是你们包装食品的主要供应商之一。你们公司的大部分调味品、桌上用品、罐装和包装餐厅用品都是从它那儿采购的。多年来你们一直合作得很好。但是，最近，你们与 Exceptional 食品公司之间出现了一些问题。

首先，你公司在 6 周前被 Exceptional 食品公司的区域销售经理委托给了一名地区销售代表。这个人夸夸其谈、令人不悦、行踪不定，似乎也不太熟悉业务。这名销售代表对该领域并不熟悉，他进入食品行业只有 3 年。

如果只是个性问题影响到你们之间建立融洽的工作关系，你还能容忍这位新手。毕竟，他与你的顾客之间没有互动，唯一的联系就是与你及你们主要的采购办公室。但是最近，其他较为严重的问题出现了——装运缓慢。通常 Exceptional 食品公司的食品会在周五的晚些时候被送到在印第安纳州北部和密歇根州西南部的餐馆，及时为周末补货。周五晚上、周六和周日早餐时间，无论是用餐人数还是现金流，都是你们最繁忙的时段。

有几次，南本德、本顿港、大瀑布城和韦恩堡这些地方的餐馆配送从周五被推迟到周一。上周末，你们位于本顿港的餐馆的一些关键调味品用完了，不得不打电话给南本德的餐馆，让他们开车送过来应急。

最近，Exceptional 食品公司又在你面前上演聪明的一幕：留下了你并没有预订的替代品。当你的餐馆经理质问送货人时，他却简单地说："瞧，这些都是发货单上的东西，我不能控制发货单上写的东西，也不能控制他们往我卡车上装什么。我只是到这里送他们要我送的东西。"

在你的餐馆经理明确要求品牌产品的情况下却又被非品牌或无商标的产品欺骗了。更糟糕的是，你是按照品牌入账的。你觉得真是祸不单行：低劣品却是品牌产品的价。

你对地区销售代表的做法很不满意。你确实想再次与区域销售经理合作，但很难见上面。你已经打电话给 Exceptional 食品公司，要求与芝加哥的区域销售经理会面。

你的目的是让这些人知道，显然他们的行为已经到了你们难以接受的程度。你们花费了大量的时间和金钱与他们建立关系，你希望他们知道 Exceptional 食品公司正在给你们的餐馆经理带来越来越多的麻烦。

在你看来，问题全部在于供应商与你们公司的关系以及服务的不到位。

你认为，Exceptional 食品公司的任务是让你的餐馆经理们轻松点，而不是更加犯愁。如果事情没有改善的话，你将考虑更换供应商。你与 Exceptional 食品公司的合作比任何公司都久，但你或托利弗都得面对现实。生意就是生意。

最后一条：不要让销售经理离开，直到他们公司对他们的行为向你们道歉。你希望他们的服务（及他们的价格）会有所改进，但你希望他们能够认识到他们对你们的生意所造成的影响，他们必须道歉。

案例 8-1（C） ▶▶▶▶▶▶▶▶

Earl's 家庭餐馆：观察员的角色

较难掌握但又不那么显而易见的人际沟通技能莫过于倾听。对于大多数管理者而言，倾听似乎并不是日常需要，而是偶尔为之的一种奢侈品。由于时间紧迫，完成工作目标的压力重，沟通呈现出一种单向的特征：我的工作是说，你的工作是听。

随着管理者在组织中的职位由中级向高级晋升，他们逐渐发现他们要花越来越多的时间于人际沟通，与下属、同僚、上司之间进行面对面的交流。他们更多地成为过程导向，而非任务导向。收集信息比弄清楚这些信息的含义要简单得多。

许多管理问题的关键常常在于他人的观点。弄清楚他人是怎样想某个问题的，他们是怎样看待眼前的问题的，这些对于管理者来说是非常有用的。但风险在于，此类谈话会浪费时间和精力。学着让倾听变成更具结构性、更富成效的活动，对于具备才能和有成功意愿的管理者越来越重要。

倾听与听不是一回事。令人惊奇的是，大多数北美成年人的倾听效率不会高出 25%。我们做决策、感知环境以及解决面临的问题时，所需的信息均是通过倾听来实现的。

要成为一名积极的倾听者，成为一名善于思考、拥有技巧的沟通者并非易事，但对于一般的管理者而言，这也是可以达到的。认识到不良的倾听习惯便是通过富有成效的、有用的倾听技巧来系统地取代这种不良习惯过程的开始，在此过程中人们可以提升其倾听技能。倾听乃是管理者在其职业生涯早期就应该关注的主要才能之一。

案例描述

Earl's 家庭餐馆这个案例涉及两个角色，每个角色都从不同的视角进行扮演。一个是一家位于美国中西部的食品公司的区域销售经理；另一个是位于美国中西部的一家中型餐馆连锁的主要采购员。

对于两名参与者来说，案例事实是一样的。但是，通常两个人会从稍微不同的视角看待这个事实。每个人都会从其所处的位置来看待这个问题，每个人也都会有一系列的工作目的和目标。当你读着案例的相关资料，扮演你的角色时，记住你的上司是根据你完成工作目标的程度来对你做出评价的。同样也要记住，沟通或许是你实现目标的工具之一。

你的任务

请阅读并熟悉该案例的相关信息。你被选定参加一个角色扮演练习，该练习旨在证明在实际的日常人际交往中沟通技能的重要性。你的任务是观察 Earl's 家庭餐馆的主要采购员和 Exceptional 食品公司的区域销售经理之间的谈话。

在他们的交流过程中，尽量观察、做笔记。尤其要关注有关语言和非语言的沟通问题。记录双方交流的主题和语速。谁在谈话中占主导地位？谁做出反馈？双方交流时的语气如何？谈话是在友好的气氛中进行的吗？他们是一家成功企业中的同事还是商业合作伙伴？他们两者之间是怎样的关系？双方之间的谈话是否富有成效，实现了事先设定的目标？此次交流是否涉及赢家或输家？或者双方能够满足彼此的需求以达到满意的妥协？

区域销售经理的视角

Exceptional 食品公司的区域销售经理管理美国中西部跨 5 个州的 7 名销售代表。这 7 人团队掌握着 200 多个客户，在比较重要的客户（无论是收益还是服务年限）中，Earl's 家庭餐馆就是其中之一。

大约 6 个星期以前，由于销售量的不断增加，区域销售经理把这个客户委托给了他非常信任的、最成功的地区销售代表，虽然这个人对餐馆食品销售相对比较陌生，但他看起来聪明、精力充沛并渴望成功。他很高兴地接手客户，至少在那一刻，他看起来会认真对待。

Exceptional 食品公司给全美的餐馆、俱乐部、学校、机构和军队提供系列包装食品。区域销售经理负责的区域对于整个公司很重要，偶尔，他的团队会创下全美第一的销售量。他的团队经常在开拓市场方面走在前列。然而，最近几个月，问题还是出现了。客户向送货人抱怨，向区域销售代表抱怨，直到最近向区域销售经理抱怨。

以往机构投诉相对于餐馆的投诉来说没有那么频繁，但它们有所增加。在更多的日常抱怨中，客户声称他们得不到订货。有时，送货人在没有通知或获得许可的情况下会留下一两种替代品。也有一些客户抱怨最近货物递送不守时。区域销售经理的老板告诉他运输环节存在卡车司机的工作行为（以合法的方式怠工）以及一些维护问题拖慢了工作。他说这些情况应该加以改进。

最近几个月来 Exceptional 食品公司的一些客户转向了市场新进入者，它们明显地是以顾客为导向的，并致力于抢走 Exceptional 食品公司的生意。Exceptional 食品公司目前最强大的竞争对手是一家大公司（Cub 食品公司）的子公司，它正实施一项深思熟虑的策略——削价竞争。它不打算在短期内盈利，就为了把 Exceptional 食品公司从几个盈利较好的市场排挤出去。坦率地说，这是一个令人担忧的竞争策略。

Earl's 家庭餐馆的主要采购员打电话给区域销售经理要求与他见面。他特别关注最近发生的一系列事情，他在电话里说："听着，如果你们这些伙计不能像过去 6 个星期那样把事情做好，那我们只能另找供应商了。"

区域销售经理与 Earl's 的采购员会面的目的是为 Exceptional 食品公司保留这个客户，如果可能的话，说服他相信不久 Exceptional 食品公司就能在价格和服务上打败竞争对手。

在区域销售经理看来，本案例中的主要问题（尽管不是全部问题）在于成本。他面对削减成本的压力，却仍要配送最具价格竞争力的产品给利润空间小、竞争激烈的餐馆。

主要采购员的视角

Earl's 家庭餐馆的主要采购员居住在印第安纳波利斯，管理着分布于美国中西部的 54 家连锁餐馆的采购。这是一家上市公司，其主要股东是厄尔·托利弗三世，公司创始人的孙子。还有，这位主要采购员与托利弗家族的一个成员结婚，因此他从大学毕业后就一直在该公司工作。

Exceptional 食品公司在芝加哥是包装食品的主要供应商。公司从它那里购买了大部分的调味品、桌上用品、罐装和包装的餐厅用品。多年来它们一直合作得很好。但是，最近它们与 Exceptional 食品公司出现了点问题。

一个争论的焦点是 Exceptional 食品公司的区域销售经理将 Earl's 家庭餐馆委托给了一名新销售代表。而在过去的很多年，Earl's 家庭餐馆一直是由区域销售经理直接监管的。这位新销售代表夸夸其谈、令人不悦、行踪不定，看起来对餐饮行业也不太熟悉。事实上，这位销售代表从事这个行业才 3 年。

最近，更严重的问题出现了——装运缓慢。通常，Exceptional 食品公司的食品在周五的晚些时候被送到 Earl's 家庭餐馆，及时为周末补货。周五晚上、周六和周日的早上通常是业务最繁忙的时候。而有时候，配送会被推迟到周一。

另外一个颇具争议的问题是顾客明确要求提供美国品牌产品，但他们收到的却是非品牌、无商标的产品。更糟糕的是，Earl's 家庭餐馆是按照品牌入账的。主要采购员简直受够了，他要求亲自与 Exceptional 食品公司的区域销售经理会面。

　　在主要采购员看来，问题全部在于供应商与餐馆连锁的关系上，以及服务的不到位。

This case was prepared from public sources by James S. O'Rourke, Concurrent Professor of Management, as the basis for class discussion rather than to illustrate either effective or ineffective handling of an administrative situation. Personal and corporate identities have been disguised.

第 9 章

非语言沟通
Nonverbal Communication

　　过去，管理人员罗恩·德姆恰克（Ron Demczak）认为上班该穿什么服装对自己来说是一桩小事。渐渐地，公司的员工开始每天着便装上班。看着衣橱里除了30 套西服之外别无其他衣服，德姆恰克不得不花数千美元新购了许多休闲装。他学会了事先打电话给客户以确保在与客户见面时不会出现客户穿西服而他却穿休闲装的情况。同时，他也开始害怕每个早晨的到来。

　　"我之所以讨厌早晨，是因为我不得不让妻子每天早晨都帮我重新搭配一身衣服，以便自己穿着它们上班。"德姆恰克说，他现在是 Warner Lambert 制药公司美国客户的联络员。他补充道："现在对于着装这方面我已经慢慢适应了。"[1]

　　德姆恰克并非唯一一个为工作着装而感到烦恼的人。罗伯特·帕克（Robert Park）是位于加利福尼亚州北部的安永有限责任（合伙）公司（Ernst & Young, LLP）的一名管理者。对于他的公司而言，要求员工全天穿便装是为了能够融入这一地区。在这一地区，会计师事务所的客户大多来自硅谷。在那儿，软件工程师和其他年轻技术人员尤其推崇随意的办公室着装。"过去，我们常常是唯一穿西装打领带的人，这使得我们非常惹人注目，"他说，"每个人都知道我们是会计师或银行职员。"

　　然而，帕克仍然保留了一些正装，以供他会见一些喜欢穿正装的客户时穿。一些管理者甚至会在他们的车里备有数套西服，如此一来，他们就不会因突发状况而措手不及了。"有时候事情会变得很复杂，即我是应该按我的风格穿着还是应该按照客户的习惯穿着？"WSL 战略零售公司总裁温迪·利布曼（Wendy Liebmann）如是说。[2]那些习惯于穿较正式的职业装的管理者也许会感到欣慰，因为最近的研究显示，人们开始回归到穿西服、系领带的时代了。[3]但是，许多人还是在为每天的着装犯愁。

　　为什么管理者穿着便装会感到不舒服呢？为什么当你与客户穿得不一样时，事情就会变得复杂或困难呢？这些问题的答案，以及成千上万的那些有关人们之间如何相互影响的问题的答案，都与我们如何相互沟通有着直接关系。对于利布曼小姐、帕克先生，以及每位上班族而言，他们所提出的问题与语言没有任何关系，但却与非语言沟通有着很大联系。

　　如果在谈话的时候我直视你的眼睛，这是尊重还是蔑视的表现呢？当你的新员工吃饭的时候你盯着她看，这意味着喜欢还是骚扰？当你和朋友交谈时你们之间应该保持多大距离？当你的老板问你问题时你又该与他保持多大距离？如果老板拍拍你的肩膀，你能否接受并回拍他的肩膀呢？

　　某些职场，如商品交易所，允许人们大声讲话，而其他一些场所则要求人们保持安静。有些办公室为员工提供带门的私人空间，而其他的办公室则是在一个庞大的、开放的空间内将桌子拼在一起办公。在许多情况下，能否弄清楚同事所说的话的含义取决于你能否弄清楚他们说话时的口吻是严肃的、讽刺的还是幽默的。

在不使用语言的情况下，这么多的信息是如何传达的呢？也许更重要的是，一个人怎么能够了解所有的规则呢？一样东西在这儿是这个意思，但到了另一个地方也许就另有所指了。另外，在一家公司认为无害的东西在另一家公司就可能被严格禁止。显然，理解非语言沟通对管理者而言不仅仅是有用的，而且是不可或缺的。

9.1 一些基本概念

沟通专家已经证明了一个事实，即人们交谈时所传递的信息中仅有不到 1/3 的信息是通过语言传递的，大部分信息是通过非语言沟通获得的，其中包括肢体动作、目光接触、手势、姿势，以及语气、音调、语速和措辞。还有一些信息则来自我们的穿着，谈话所用的时间和许多其他的非语言范畴。学会读懂这些无言的信息并非易事，但这对你了解从客户、上级到配偶等各种各样的人却是十分必要的。

从广义上讲，非语言沟通被认为是不通过语言符号而进行的信息传递。也就是说，从字面上看，非语言就是指那些语言之外，在与人直接沟通或促进彼此沟通时所依赖的行为、物体和语境。[4] 研究人际沟通的专家和普通的观察者都想验证语言和非语言行为的作用，但要将两者的作用区分开来并非易事，这在很大程度上是因为这两者时而相互促进时而相互抵触，而在某些情况下又相互包含对方。

另外，还需指出的是，除了一些情绪表现和面部表情之外，事实上，所有的非语言沟通都是建立在一定的文化背景基础之上的。也就是说，我们学会通过某些方式和行为进行彼此间的沟通，并了解这些行为的含义，这是因为我们是在这一文化背景下成长起来的。下一章将论及的文化适应性指的是充分了解他人所熟知的价值观、信仰、职位、行为和思维方式。事实上，也是作为我们这个社会的成员，我们应该做到的。因此，在某种文化中所严令禁止的东西——成年女性在公共场所将面部暴露在外——也许在另一种文化中就变得十分平常。作为地球村的成员，我们不仅要了解和遵守自己所处社会的规则，也应了解和领会其他社会的规则。

9.2 非语言范畴

在一系列早期的非语言沟通的研究中[5]，研究人员归纳出了非语言的三个基本范畴。

手语 如搭便车者伸出其拇指一样的简单手势，或者如聋哑人使用的整套复杂的手语一样的复杂手势均属于手语范畴。

行为语言 一些非专门用于沟通的行为也是行为语言的一部分。例如，走路的基本功能是使我们从一个地方到达另一个地方，但是当我们决定起身离开会场的时候，走路也可以传递信息。

物体语言 所有的物体、材料、人造饰物以及东西——从珠宝、服装和化妆品到汽车、家具和艺术品——凡是我们日常生活中使用到的都可以被认作物体语言。不管有意还是无意，这些东西，包括我们自己的身体，都可以传递信息。

9.3 非语言沟通的过程

非语言沟通涉及三个过程：暗示、预期和推论。

暗示 我们首先寻找某个非语言暗示——某个动作，或者某个物体。你早上到公司上班，发现一位同事看上去闷闷不乐、绷着脸、沉默寡言的样子。你向他打招呼，说"早上好"，他却没有反应。

预期 然后，我们将这一暗示与自己预期的情况联系起来，根据以往的经验来判断这种状况的原因或实际发生的事情。如果你的这位同事平日十分开朗、健谈和外向，那么你的预期就与你所观察到的暗示发生了矛盾。

推论 获得暗示并将其重要性和含义与我们预期的情况相比较之后，就可以进行推断了，因为我们无法直接看出他人的态度或意图，所以我们必须基于非语言暗示和自己预期的情况进行推断。鉴于该同事所给出的暗示和我们的预期，我们认为他目前不开心、感到苦恼，或因某事而感到沮丧。值得注意的是，这个推论仅仅是依靠观察而得出的，不存在两个人的语言交流。如果我们平常仔细一点、善于观察一点，那么不需要通过语言交流，我们就可以获得大量信息。但是，我们也应该小心，因为当我们真要从他人的非语言暗示中获得信息时，我们常常会过于相信自己的能力。

9.4 解读和误解非语言暗示

旧金山加利福尼亚大学的心理学家保罗·埃克曼（Paul Ekman）博士指出："我们中的大部分人很容易被误导，在解读他人的非语言暗示方面有很大困难，大部分人甚至不知道该依赖哪些暗示进行推断。"诚然，研究表明人们通常可以通过面部表情来得知他人的情绪。迈尔斯·帕特森（Miles Patterson）博士是《非语言行为杂志》（*Journal of Nonverbal Behavior*）的编辑，也是位于圣路易斯的密苏里大学的心理学家，他说："我们大部分人能够很好地利用非语言暗示来做出粗略推断。"[6]

然而，最新的研究重心移向了另一个领域，即有关人们在解读非语言暗示时，由于过度自信而影响了解读的准确性问题。最近，罗伯特·吉福德（Robert Gifford）博士称发现了具有以下特征的具体的非语言暗示：冷淡、合群和屈服。他的报告发表在《个性与社会心理学杂志》（*Journal of Personality and Social Psychology*）上。在该报告中吉福德博士指出，即使存在有关性格方面的可靠的非语言暗示，"人们也会去解读那些几乎不存在的非语言暗示，而忽略很多实际存在的可靠的非语言暗示"。[7]

有时，人们对于性格的解读是对的，尤其是那些比较明显的特点，如合群，但在吉福德博士看来，问题在于他们过于自信，自以为能够同样熟练地解读性格中的微妙之处，但事实上他们已经做出了错误的推断。例如，在最近的一项有关求职人员的研究中，吉福德博士得到了求职者面试时的录像带，这些求职人员由18位富有经验的面试官进行评估，他们中的大多数都是人事官员。

进行面试之前，每位求职者都经过了社会技能和求职动机的测试。例如，关于求职动机的测试会涉及以下类似问题，例如，如有必要，他们会在多大程度上接受加班。比起求职者的求职动机，面试官们更能准确了解他们不证自明的社会技能，因而求职动机是一个在做出录用决定时十分重要却更为微妙的特征。

帮助面试官判断出一位求职者是否有很高求职动机的非语言暗示包括微笑、手势以及是否比其他求职者更善于交谈。但是，事实上，这些非语言形式都不能真正推断出求职者的动机，由此产生的误解所带来的结果就是公司错误地判断了求职者的个性特征而录用了很多不符合职位需求的人。"社会技能比动机更显而易见，但在面试中表现优异并不能保证关系到日常工作绩效的其他特征也是优异的，"吉福德博士说，"人们会因某些错误的原因而被录用。"一个聪明的求职者也许会在面试中重视微笑、手势，并积极表达自己的观点，但是一个机智的面试官会对这种过分表现出来的外向谨慎处之。[8]

9.5 非语言沟通的作用

非语言沟通在我们的生活中起着许多重要作用，研究人员确定了以下六种主要作用。

强调 非语言沟通常常突出或强调语言信息的某个部分。眉毛上扬可能表示惊奇，而摆动手指则可能强调不赞成。

补充 非语言沟通也可以强化我们语言沟通的基调或态度，情绪低落的表情或萎靡的姿势会伴随着气馁或沮丧的话语；端庄的姿势、微笑，以及充满活力的动作会是对有关最近获得升迁的口头叙述的补充。

矛盾 非语言沟通会有意无意地与我们口头传达的信息相矛盾。当我们告诉朋友和家人我们一切都好时，我们眼中的泪水和颤抖的声音会不自觉地流露真相。一个眼色和点下头可能故意告诉对方我们的话不是真的。事实上，当语言信息和非语言信息相矛盾时，有很多理由会促使我们相信非语言信息。最新的研究分析表明，说谎比控制一系列的非语言反应要简单得多，这些非语言反应包括：我们的面部表情、瞳孔放大、声带的紧张程度、脉搏跳动的频率、出汗、肌肉的紧张程度，以及许多其他非语言行为，对于大多数人而言，这些东西远远超出了我们的可控范围。

调节 一些非语言行为和手势被用来调节语言沟通的过程、节奏和反复程度。当我想让你与我交谈时，我会面对你、睁大双眼、张开双臂，伸出双手且两手掌朝上摊开，并以期望的目光注视着你的双眼。当我希望你停止说话以便自己说话或思考自己要说的话时，我会稍稍转过身、双臂合抱、伸出一只手，手掌向前，并且闭上眼睛或将视线从你那边转移开去。

重复　非语言信息也能够重复语言信息。拿上车钥匙、穿上外套、戴上帽子，走向门口的同时说："我要走了。"你也可以竖起三个手指，问："这是你做得最好的吗？我再买三个。"

替代　非语言沟通也可以替代语言信息，特别是当语言信息十分简单或是为单音节词时。当一个孩子在运动比赛中朝赛道外的家长看去时，家长快速竖起大拇指可以替代表扬或鼓励的话语，因为在这种相隔一定距离或人声嘈杂的情况下，说话是很难被听到的。[9]

9.6　非语言沟通的原则

经过 50 年的调查和人类历经 5 000 年的非语言沟通，我们总结出以下六条广为认同的原则。

1. 非语言沟通产生于一定背景之下。如同背景对语言信息是重要的那样，背景对于我们理解非语言沟通也同样重要。双臂交叉以及向后靠的姿势在某个场合可能意味着没有兴趣或者厌烦，但在另一个场合可能就意味着沉思。亨特学院 (Hunter College) 的约瑟夫·德维托 (Joseph DeVito) 教授说，事实上，"离开背景，就不可能解读特定的非语言行为。因此，为了能够理解和分析非语言沟通，有必要对背景进行充分认知"。[10]

2. 非语言行为往往扎堆出现。根据大多数研究人员的观点，非语言行为往往扎堆出现，在此情况下，各种语言信息与非语言信息或多或少会同时发生。形体姿势、目光接触、手臂和脚的移动、面部表情、语调和语言在表达时的语速及措辞、肌肉的变化和无数非语言沟通的其他要素都会同时发生。

3. 非语言行为总是在沟通。所有行为都会沟通，因为我们不可能不以某种行为来表现，所以我们总在沟通，即使我们不在与其他人讲话或倾听他人讲话。甚至你行为中最不重要的，诸如你的姿势、你的口型，或者你卷起（或者没有卷起）衬衫的方式都会向你周围的人传递有关你是否专业的信息。其他人可能不会以同样的方式或你可能希望的方式解读那些行为，但是无论你喜欢与否，你一直在沟通，即使你坐在那里无所事事，事实上，无所事事恰恰传递了你对某事的态度。

4. 非语言行为受到规则的制约。语言学领域致力于研究和解释语言的规则。正如口头语和书面语遵循具体的规则一样，非语言沟通也是如此。一些非语言行为的形式，诸如传达失望、喜悦、赞同、震惊或悲伤的面部表情是很普遍的。也就是说，无论你在哪里出生、成长、接受教育或文化熏陶，基本上，面部表情全人类相同。然而，我们大多数的非语言行为都是习得的，也是我们成长环境的文化产物。一个动作或一个手势可能在我的文化中代表这个意思，在你的文化中却可能代表另一个意思。用食指和拇指形成一个圈圈在北美通常意味着万事顺利，而在拉丁美洲，相同的手势被用来指肛门附近的括约肌，从而被引申为最大的侮辱。

5. 非语言行为是高度可信的。研究人员发现我们每个人都清楚的事实：我们容易相信非语言行为，即使当它们与语言信息相矛盾时。当一个雇员在考虑回答其主管的问题时，眼睛飞快地游离不停或盯着地板，我们中的大部分人都会怀疑该雇员是否在讲实话。尽管我们会试图伪装，但事实上有很多非语言行为我们是无法假装的。我们可能会写出或说出具有说服力的假话，但很难用非语言行为去表现这类错误的话或假话。

6. 非语言行为属于元信息沟通（meta communicational）。"meta" 这个词源自希腊语，意思是"同……一起，关于，或在……中间"。因此，元信息沟通就是有关沟通的沟通。当我们沟通时，所表现出的行为就是我们所要沟通的内容本身，而非语言沟通则表现为沟通过程。你的面部表情揭示你对刚才的用餐是否满意；你的握手、声调及目光接触告诉我们你对刚被介绍给的那人的看法。[11]

9.7　非语言标记的维度

当我们讨论非语言沟通时，其实是在讨论我们用来编码信息的标记，以及包含这些信息的信号。我们在语言沟通中使用的标记就是语言，并且通过数千年的人类交流，我们已经建立了指导我们的规则，并且构建了我们发送和接收信息时使用及用来解读信息的语言的架构。然而，非语言沟通的标记既不清楚又不精确，这主要是因为我们信息中的意思必须在没有反馈的情形下进行推测。

非语言标记本身被分成 10 多个维度，其中每一个维度都可以自己编码并在人与人之间传递信息。每一个标记具有不同的特点：有些就只有一种意思，而有些则代表好多种意思；有些表达的意思有限，而其他则可以揭示人类意图微妙性的许多方面；有些属于沟通事件的环境方面——物理层面和心理层面，而其他则属于沟通事件的参与者。

9.8　沟通环境

沟通环境涉及那些通常影响人们交流的非人为因素。人们常常为了实现其沟通目的而去改变环境：选择一家大酒店召开商务会议或者选择一家旅游胜地的宾馆召开会议。人们常常简单地说："让我们找个比较安静的地方说说话。"这个范畴涉及那些影响人际关系，但用马克·纳普（Mark Knapp）教授的话说"又不直接影响人际关系的因素"，其中包括诸如家具、建筑风格、内部装潢、光照条件、颜色、温度、背景声音或音乐等。这可能小到你打算放在桌子上的烟灰缸或碟子，大到你们开会的城市。[12]

9.9　肢体动作

对于沟通中人类动作的研究（经常指的是人体动作学或者运动机能学）主要关注动作和姿势。我们走路、坐着、站着，活动手臂、头、腿以及脚的方式都会向他人传递有关我们的一些情况。这一维度还包括诸如面部表情、目光接触及姿势等有趣的领域。人类动作的五个基本范畴包括：

1. 象征性动作。这类非语言行为拥有直接的语言解释或词典定义，有时候是一两个词或一个短语。竖起大拇指、竖起中指及竖起搭便车手势的拇指是为大家熟知的三个例子。

2. 说明性动作。这类手势经常可以作为我们语言信号的辅助，帮助阐释所讲内容。我们可以用手指数数，或者用两手测量距离。

3. 情感流露性动作。这类行为表现了我们所感觉到的各种情感的类型和强度。面部表情及手臂运动常被用来传递内心的情感状态。

4. 调节性动作。这类肢体运动帮助控制沟通过程。例如，手的动作、手臂姿势以及目光接触都能轻易地保持调节人际交流中的你来我往的特点。

5. 适应性动作。这类动作或行为涉及个人的习惯和自我表现。它们是我们适应我们所生活的世界的方法。我们总是私下里做这些动作，但有时在压力之下，当我们认为没有人看着时，我们也会常常摆弄头发、搔痒、调整我们的眼镜，或者也许抠鼻子。

从职场角度而言，不文明的姿势日益引起强烈反对，尤其是针对那些不受欢迎或者粗鲁的非语言行为。在芝加哥法院激烈的对话中，西南航空公司首席执行官赫布·凯莱赫慢慢伸出弯曲的中指朝向飞行员的联合律师。“这是个玩笑。”他事后解释。但其他公司正在打压粗鲁的非语言行为。位于克利夫兰的美国贺卡公司（American Greeting Corporation）已经禁止粗鲁语言和手势。俄亥俄州亚克朗市的负责机场托运服务的官员说，卡车司机被要求学会克制。[13]

9.10　目光接触

这种人类行为也属于人体动作学范畴，但由于它在人际交流中的重要性，经常受到特别的关注。凝视的方向、持久性及强度往往可以揭示兴趣、注意力或两人之间的参与程度。然而，请记住，非语言举止是基于文化的，而目光接触只是区分不同社会的人类行为之一。

例如，在日本，直视主管被视作一种蔑视甚至反抗的表现。在美国和加拿大，主管期望得到作为尊重信号的直接而频繁的目光接触。一位在大型组织中的高级领导者曾经这样评述：“我不会雇用一个不敢看着我的人。”为什么他会这样想？大抵是因为在这类文化中，我们从目光接触来推断一个人是否诚实和正直。当我们对他人说话时，如果他们低着头或者看别的地方，我们往往认为他们是害羞或在撒谎。当然，诚实与目光接触两者是不相关的，但是在我们的社会中，人们会把它们联系在一起判断。[14]

9.11　一个沟通者的外表

这个领域并不如人体动作学那样涉及动作，但却涉及在人际交流过程中保持相对不变的身体和外表方面，其中包括诸如身体类型（瘦弱型、普通型或矮胖型）、身高、体重、头发以及肤色或语气。一些研究者也关注身体吸引力和人们对外表的反应。事实上，研究显示，人们更乐意认为那些具有吸引力的人拥有更多的智慧、才智、魅力以及社交能力。[15]

另一项最新研究发现，漂亮的人拥有大量优势。得州大学（University of Texas）的经济学家丹尼尔·哈默梅什（Daniel Hamermesh）和密歇根州立大学的杰夫·比德尔（Jeff Biddle）发现，当教育、经验和其他特点方面均平等时，那些拥有漂亮脸蛋者比那些长相平平者平均多挣 10%。[16]超重也会对你的收入造成不利的影响，尤其当你是一位高学历的女性时。2004 年在芬兰进行的一项调查显示，拥有高学历的极度肥胖女性比正常体重甚至丰满的女性少挣 30%。如果女性是低学历、手工劳动者或个体经营者，那么极度肥胖对收入就没什么影响，而肥胖对男性的收入没有显著影响。[17]

《美丽神话》（*The Beauty Myth*）的作者，娜奥米·沃尔夫（Naomi Wolf）同意哈默梅什和比德尔的结论，但是认为在相貌问题上女性遭到更大歧视。最近有一项研究是有关 MBA 学员在他们毕业后第一个 10 年的收入。基于学校照片上的漂亮等级与男性的起薪和随后的薪水成正相关。尽管在女性的起薪与她们的美丽之间没有证据表明存在关联，但有魅力的女性其薪水增长会加快。哈默梅什博士认为漂亮者可能具有高自尊——多年来获得的称赞——并且高自尊会转化为工作上更好的绩效。[18]

除此之外，传统智慧告诉我们：他人往往根据我们的外貌——包括从发型到体重、衣着再到肤色，对我们做出判断。你在工作中如何表现可能是你在职场表现行为的最重要方面，但是如果不能给人留下美好的第一印象，你可能无法获得展示你自己才干的机会。从另一方面讲，通过外貌判断一个同事或者有前途的雇员似乎是本能的，也是很有用的，但也有可能是不准确的。即使你能够根据某书的封面对其内容做出一些判断，但你也可能需要在获得更多信息之后再做出判断。

9.12 人造饰物

人造饰物是人类制作或修改的物品。我们可以称之为人造饰物的物品有很多，从衣服、珠宝和眼镜到我们拥有的和装潢办公室的东西。当然，穿着的方式表明了我们对场合或者我们周围的人的感受。例如，每个家庭都至少有一个表亲会穿着灯芯绒运动装出现在婚礼上。这不是他买不起晚宴礼服或者正式晚礼服，只是他蔑视他家庭的其余人。

在商场，人们对他们所打交道的人物，常常以他们看到其办公室和沟通环境中所使用的人造饰物作为判断依据。一个朋友曾经问我一个每天驾驶 97 款丰田车的股票经纪人是否值得信任。言下之意就是，一个成功的经纪人应该拥有足够的钱购买并驾驶豪华轿车。即使投资成功与对车的品位之间并不存在必然的联系，但是在市场上大多数成年人都以这样的常规逻辑做出判断。

9.13 触　摸

被广泛讨论的，同时，也许最不被理解的人类行为就是触摸。大量研究表明身体触摸对人类生存至关重要。成年人需要触摸来实现社会和心理的平衡；儿童则需要它来获得激励、安全感和安慰。

　　事实上，许多婴儿如果没有经常性地获得人们的触摸从而得到温暖和安慰，那么他们将无法茁壮成长。毫无疑问，我们每个人的触摸都有不同的层次并且出于不同的理由，而每种触摸有其自身的含义，即功能性的、职业性的、社交性的或是性暗示的。较之其他任何非语言暗示维度，"触摸"也许是更文化导向性的且更深奥的行为。两个正在相互触摸的人之间的关系和他们所生活的社会标准——或者他们适应的文化——决定了他们触摸行为的时间长度、场所、强度、频率、可接受性以及公开性。

　　最近刊登在《个性与社会心理学杂志》上的一份研究报告揭示出：你个性中的许多重要方面可能会轻而易举并准确地在一次握手中被察觉。握手的特征诸如力度、活力、握手的完整性和伴随着的目光接触能够决定一个人能否给他人留下良好的第一印象。更令人惊讶的是，评价者还能够推测出许多其他诸如自信、害羞或者神经质等关键特征。研究人员威廉·查普林（William Chaplin）认为，女性不应该担心显得太过侵略性，手握得越坚定，她们就越具亲和力；男性则应该尽量避免由于握手较为柔和及缺乏目光接触而给人留下坏印象。[19]

　　关于北美职场中触摸的规则已经在近年从自由变得日趋保守，即从频繁的触摸到很少甚至没有触摸。过分亲密、紧紧握手以及从充满情义的友情到孩童般嬉闹等其他形式的行为，在许多商业场合已经被广泛禁止，这大部分是出于避免官司诉讼的考虑。一位同事在休完产假后回来上班，尽管她受到了办公室内朋友们和同事们的热烈欢迎，但没有人触摸她。直到她说，"如果能给我一个拥抱，我会感激不尽的"，大家才上前与她拥抱。

　　关于触摸最好的建议便是，如果人们伸出他们的手时，那么握手很可能是合适的。除非你获得特别的允许，否则触摸他人身体的其他部位往往被认为是不合适的。这主要是因为职场骚扰行为的结果，而这种骚扰行为大部分是针对女性的。然而，令人担忧的是，神经科学学会（Society for Neuroscience）收到的大量最新研究结果表明，触摸或人与人之间的直接接触行为能够对荷尔蒙生成产生积极的影响，而荷尔蒙可以决定人体应对压力的反应。事实上正常水平以下的荷尔蒙已经被认为与涵盖学习和记忆功能的一部分大脑的变化有联系。[20] 人类触摸的价值是毋庸置疑的，但对于管理者而言，问题的关键在于，当触摸他人时，应表现出善意和风度。

9.14　辅助语言

　　简而言之，"辅助语言"这一表述是指不在于说什么而在于怎么说。它涉及在讲话时非语言声音暗示的整个范围，其中包括音质、声音特征、语音修饰和讲话停顿，有时也指语音学。[21]

　　当我们在听某人讲话时，想要把握他的真正意图，往往仅有的确切暗示是在辅助语言中发现的。如果有一天你的主管在你正要去用午餐时走近你并对你说："丽莎（Lisa），我们需要讨论一下有关拉萨尔（LaSalle）的账目"，你对主管那些用词的反应可能取决于一些因素，包括沟通环境和背景，也包括你的期望。但是你的紧迫感——你是否会马上提议召开一个会议，你是否会推迟吃饭时间来讨论这个账目——在很大程度上可能取决于你的主管所说的那些话。你所能获得的暗示常常取决于你对主管说话时的语速、措辞、语调、音高及强度的解读，而非语句本身。

语音修饰涵盖在每个人的讲话之中，也是每句话的完整组成部分。事实上，它们是我们识别和解读挖苦和嘲笑的主要暗示。在一次会议上，你询问你的一个同事对于新成本控制方法可行性的看法时，他这样答道，"噢，是的，可以打赌那个计划没有任何问题"，对此，你会感到迷惑。你的同事刚才是在讽刺，还是确实相信计划会成功呢？你对他所说的话的反应完全取决于你如何解读他声音的语气。

辅助语言不仅能够帮助听者识别说话人的情感状态，而且它在转换说话角度中也扮演了重要角色。人们常常会在交谈过程中给出信息提示——该轮到他人讲话了，或者他们自己想发表意见，或者还未轮到他们说话呢。许多提示是通过非语言的语音学范畴来实现的：音频、语速、音高、语气以及其他语音暗示。[22]

9.15　空　间

有关人类利用空间的研究，包括我们工作、生活、社交以及安排生活的领域，常常在研究文献中被称为空间关系学。我们直觉地认识到在商业世界，空间以多种方式进行沟通。尤其在涉及办公室空间这个话题时，约瑟夫·德维托教授说："例如，我们知道在大型组织中，地位决定了一个人所拥有的办公室的大小、办公室是否有窗户、办公室位于大楼的哪一层以及距离公司领导的办公室有多远。"[23]

大型组织中的工人面临两个有趣的有时又有点令人扫兴的关于办公室空间的配置的趋势：正在缩水的小隔间以及正在消失的个人空间。随着办公室空间日益昂贵，负责办公室设施的管理者不断探索创新的方式处理工作空间以及私密性的要求。过去 25 年来的趋势是告别拥有许多桌子和没有私密性的巨大办公室空间，用可移动的墙体隔板形成的小隔间作为工作空间。这种安排提供了最低程度的私密性，或者在一些情况下，私密性只是一种幻想。[24]

每隔两三周，位于加利福尼亚州圣克拉拉市的互联网服务公司的 33 岁商业分析师迈克尔·麦凯（Michael McKay）就会发现，当坐在他工作位置附近的同事登录上同一个电话会议——所有人都在扬声器上，他的注意力完全无法集中。他说："你会听到一个人实况声音的立体声效果，同时你又能听到从两三个小隔间其他扬声器传出的立体声。"要解决无穷尽的电话铃响、非常私人的谈话以及不断增加的噪声，显见方法似乎就是私人的办公室。"别指望它！"一位曼哈顿的办公室建筑家简·史密斯（Jane Smith）说："开放式办公的计划是绝不会改变的。"[25]

朱莉·妮梅茨（Julie Nemetz）是一位颇受欢迎的青少年杂志作者，她最近在办公桌下筹办着自己的婚礼。她说："在那底下可安静得多。"大约 3/4 的美国和加拿大工人在开放式或如牛棚般的办公室空间中工作。人均办公室空间自 20 世纪 90 年代末以来持续缩小，根据国际设施管理协会（International Facility Management

Association）的统计，已经缩小了约 13%。工人们是否有权利要求其雇主为他们提供私人空间呢？法律上行不通，因为这属于附加性福利，《隐私杂志》（*Privacy Journal*）的出版商罗伯特·埃利斯·史密斯（Robert Ellis Smith）这样说。但是，他补充道，鉴于越来越多的员工每周工作超过 60 小时，"为雇员提供私人空间到头来是对雇主有利的"。[26]

近年来出现了第二种趋势，这种趋势被称为"旅店式办公"，即给那些不经常需要私人或半私人空间的员工按其需要提供办公场所。格雷格·贝德纳（Greg Bedner）是位于芝加哥的安永公司的审计合伙人。贝德纳说："我们在几年前就开始'旅店式办公'了，然后这种趋势迅猛发展。"根据贝德纳的说法，整个安永公司在芝加哥的办公室，包括西尔斯大厦 11～17 楼的 3 000 名员工及 50 万平方英尺的办公场所，都受到了这种趋势的影响。[27]

起初，这似乎是一个非常棒的主意，贝德纳说，"因为我们能够省下这么多钱。我们从减少使用 10 万平方英尺办公场所方面获得了直接的经济收益。我们也需要一个更具技术涵养的职场。员工们必须进入工作系统和我们的客户之中。此外，我们希望建立一种更具灵活性的职场"。安永公司获得了巨大的、临时的办公场所租金方面的节约，但也导致了一种使员工感到其合法权利被剥夺的工作氛围。[28]

每天早晨，安永公司的员工在外面门廊上的门房处的桌子上登记报到。一旦登记被有效识别，他们便能进入一个被称为"四人集群"的小隔间，之所以称为"四人集群"，是因为四名员工共同占用一个大约 20 平方英尺的职场。他们每人有一套桌椅，一部电话，以及为他们的笔记本电脑所安排的网络连接，而这些小隔间不提供任何过夜的存放空间，没有放置照片或其他私人物品的书架。事实上，没有任何个人隐私。[29]

贝德纳说："这已成为一个道德问题，我们通过租用较少的办公场所而获得了经济收益，但是我们失去了团队、辅导以及社会互动。我们没有办公室里的闲聊，也几乎没有相互的信息交流。坦率地说，在某些特定的时间没有人知道其他人在哪里。"韦恩·艾伯斯伯格（Wayne Ebersberger）同样也是安永公司芝加哥办公室的一名审计合伙人，他说："个人空间的损失是一个重要的问题，而不再只是一个职场或生产力的问题了。我们正在丢失我们文化的一些基础。"[30]

空间对于沟通的影响　不久前，麻省理工学院的汤姆·爱伦（Tom Allen）教授开展了一项测定沟通与职场距离之间关系的研究。经过 6 个月的研究，他对 7 个组织内的 512 名员工进行了沟通模式的测试。他发现当距离为 30 英尺或更短时，沟通质量比当距离为 100 英尺时要高出 5 倍。爱伦的研究还发现当超过 100 英尺时，距离的影响会消失，因为此时的沟通完全是无效的。换句话说。沟通容易与否在很大程度上取决于物理位置。[31]

个人空间的范畴　文化人类学家爱德华·T. 霍尔（Edward T. Hall）观察并把空间距离划分为四类，其中每一类均有助于对沟通者之间的关系做出界定。

● 亲密型。这种类型的距离范围从实际接触到大约 18 英寸。保持这种距离时，双方个体都能感觉到对方的声音、气味甚至呼吸。当你被允许能够贴近一个人时，这意味着一种包括极大信任感在内的个人关系。尽管我们通常被动地站在或坐在某人附近，或许在没有真正想要接触他们的情况下真实地接触到了他们——比如在电梯中、在地铁车厢里，或者在飞机座位上。对于大多数北美人而言，当他们并不真正认识其他人时，如此近的距离会使他们感到一定程度的不适。在这种距离情况下，人们会尽量避免目光接触，或者通过关注更远或邻近的其他事物加以代替。[32]尽管大多数人对在这种近距离下与陌生人或偶然结识的人相处会感到不适，但其中大部分人还是愿意短暂地忍受这种近距离以得到他们所需要的东西——比如乘电梯到顶楼的过程，乘坐地铁到下一个车站，或者在拥挤的咖啡馆用午餐。

● 个人型。根据霍尔博士所述，我们每个人都携带有一个界定我们个人空间距离的保护气泡，它允许我们待在受保护和不被他人接触的范围里。个人型距离较近的状态大约在18～30英寸之间，我们仍然能够相互把握或抓紧对方，但只能通过伸出我们的手臂。在距离较远的状态（大约30英寸至4英尺），两个人只有在都伸长手臂的情况下才能互相接触。据德维托教授所述，这种较远距离的状态就是"在生理上使我们双手能够触及事物的程度。因此，在某种意义上，这表示了我们身体上能够控制他人的极限"。[33]商界通常所谓的一臂之远的关系就是源于对这种距离的定义，意味着与顾客、供应商或商业伙伴之间的适当关系可能是这样一种状态，在这种状态下我们并不是足够地靠近以至于被对方控制或受到不适当的影响。

● 社会型。在大约4～12英尺的距离状态，尽管我们失去了能够在个人型空间距离下看到的细节，但是我们能够清楚地意识到另一个人的存在，并且能够比较容易地进行目光接触。然而，为了与对方握手，你或许不得不向前迈一步。注意，在大多数商务推介中，人们就是这么做的：向前迈步、进行目光接触、握手，然后向后移步。在社交型距离中，较近的状态（4～7英尺）是多数商务会谈和交流的距离范围。在相对较远的状态（7～12英尺），商业交易将会具有更正式的气氛，并且声音也会稍有提高。许多办公室家具设施的安排为高级管理人员和行政人员确保了这样的空间距离，同时也提供较近距离接触的机会，如果参与双方认为有必要这么做的话。[34]

● 公共型。在公共型空间距离中相对邻近的状态下（大约在12～15英尺之间），我们会感到更多地受到空间的保护，同时我们仍然能够看见其他人，观察他们的言行举止，但是我们失去了许多能够在更近距离观察到的细节。我们可以迅速地离开以避开某些人，并且能够避免在被动的情况下与不相识的人进行目光接触。在相对较远的状态，即超出25英尺时，我们所看到的其他人已不是独立的个体，而是作为室内的一个情景或场景的一部分。在这种距离状态，如果在没有呼喊或夸张的肢体动作的情况下，沟通很有可能是困难的。[35]

我们对于空间的利用是千差万别的，这取决于我们所生活和成长的环境。然而由于文化与文化之间的差异，这种差别会变得越来越大，并且它时常给迁移到另一种文化中的人们尤其是成年人带来困惑。在讨论有关国际和跨文化沟通的下一章，会涵盖更多有关美国企业的管理者是如何适应如空间关系学这些重要的非语言行为方面的变化的。

9.16　时　间

　　我们对于时间的利用及如何看待时间对于我们个人和职业生涯的作用，对于我们认识自己以及我们如何看待他人具有重要的意义。这一概念在很大程度上也取决于文化的影响，因为对于时间的利用涉及我们与社会中的其他人进行的广泛交流。

　　在北美，人们相当重视准时性和迅捷性，任何人都会听到"时间就是金钱"。在美国、加拿大以及程度相对较弱的欧洲，这些社会把时间看作可以节约、浪费、支出或进行明智投资的一种商品。另一方面，在地中海、拉丁美洲以及波利尼西亚文化中，则以一种毫无瑕疵的时尚方式来看待时间，无情地任由时间溜走。在南美国家，迟到不仅是可以接受的，通常更被认为是一种时尚——这种观念经常使第一次经历这类情形的北美商人遭受心理打击。[36]

　　人类学家已经证实了来自世界各个地区的人们是如何以不同的方式看待时间的。爱德华·T. 霍尔详细地用文字描述了以共时性方式看待世界的人们，即每个人都拥有一种共同的时间，而其他人则以历时性方式看世界，即有许多种使用时间的方式。美国人和加拿大人，以及那些生活在德国、瑞士及 G8 工业化国家的人，更倾向于以准时、负责并强调"节约时间"及"准时"赴约和开会的方式开展工作。

　　工作生活在地中海沿岸、拉丁美洲、中东，以及更为传统的发展中经济体的人们，通常从多方位或历时性的角度看待时间。尽管在拉美地区，准时参加商务会议或许被认为是重要的，但是同一个生病或有些时日未见的朋友进行交谈似乎更重要。此外，在这类社会里，生活及商业节奏会有相当大的不同，但较之西欧或北美，他们的节奏慢多了。[37]

9.17　颜　色

　　如同微妙而有效的信息发送者一样，颜色、明暗、色调处理已具有很长且丰富多彩的历史。我们用以表达我们的意图（"这个项目已经开了绿灯"），揭示我们的反应（"那项动议使整个组织到处挂起红旗"*），强调我们的心情（"我今天感到有点沮丧（blue）"），以及表露我们的情感（"她气得脸都发青了"）。我们协调并仔细选择（在极大程度上）我们在办公室、家庭、汽车、服饰甚至头发上所使用的颜色。我们甚至使用颜色来对其他人进行刻板印象和归类（"她是来自市场部的金发碧眼美女"），以及（"他是这家公司灰胡子创始人**之一"）。

　　最新的市场营销研究证明了我们曾经怀疑的：颜色在我们对食品包装的观念及食品购买决策方面起着重要的影响作用。芝加哥 Cooper 营销集团的研究显示，具有健康意识的消费者很可能认为任何食品，从曲奇到奶酪，只要它们以绿色

---

　*　此处的"挂起红旗"表示一种警示。——译者
　**　灰胡子创始人指年事已高、知识丰富，但仍然思维敏捷的创始人。——译者

包装出现就可能对他们是有益的。到你当地超市的无脂食品货架前走走，你就会发现：那些顶尖品牌，从 Snackwell 曲奇到 Healthy Choice 的健康食品，都使用了绿色包装。好时食品公司（Hershey Foods）发言人纳塔莉·贝利（Natalie Bailey）说："绿色已被视为一种代表低脂的颜色。"来自知觉研究服务公司（Perception Research Services）的埃利奥特·扬（Elliot Young）补充道："不使用绿色是一种冒险，因为使用绿色有助于购物者辨别出低脂食品。"[38]

"颜色可以被当作一种暗示。"精神病专家罗素·费斯坦迪格（Russell Ferstandig）博士如是说。费斯坦迪格博士的竞争优势咨询公司（Competitive Advantage Consulting）为市场营销人员提供有关消费者心理方面的建议。"颜色是一条浓缩了的信息，它包含各种各样的含义。"一些颜色只不过是一时的狂热时尚，诸如 Crystal 百事可乐或库尔斯酿酒公司（Coors）的 Zima 这样的清汁饮料，而其他的往往更经久不衰，包括从吉欧（Jeff-O）的树莓果冻粉到传统的学校代表色等任何东西。[39]

食品公司通常会意识到颜色所传递的信息，所以它们倾向于依赖某些颜色，直到环境需要改变时。颜色研究人员发现，颜色本身并没有好坏之分，而是情境影响到它们的含义。比如，白色被视为一种好的颜色，但在面包中不再是这样，在面包中棕色变得更受欢迎，因为棕色具有更健康和自然的内涵。在包装方面，最受欢迎的颜色往往是红色和黄色。纽约的李斯特·巴特勒设计公司（Lister Butler）的合伙人约翰·李斯特（John Lister）说："人们倾向于被这些颜色的暖色调所吸引，它们显得喜庆和友好。"[40]

9.18　气　味

作为一种原始的知觉能力，嗅觉是一种贯穿整个人类情感和经历范围的强有力沟通工具。尽管相比大多数的其他维度的非语言暗示，气味来得更难以理解且更加微妙，但对于气味的感知对我们的沟通能力起着重要的作用。根据美国嗅觉研究院（Sense of Smell Institute）的研究，人类平均能够识别大约 10 000 种不同的气味。此外，人们能在一年后以 65％ 的准确率回想起当时的气味，然而人们对于照片的视觉回忆仅仅在 3 个月之后就会下降至约 50％。[41]

我们喷洒香水、古龙水及美容水来向他人表明我们刚经过擦洗且令人合意。我们使用除臭剂和止汗露来掩饰自然的身体气味。我们通过嚼薄荷糖来掩盖我们口腔里生长的细菌气味，并且使用室内空气清新剂来掩饰每天我们家里、汽车里或办公室的生活气味。嗅觉是非常敏感的且高度情绪化的，部分原因是它们与我们最为原始和最少开化的感知器官相联系。每件事物，从厨房内妈妈炖肉或做苹果派的香味到崭新的梅赛德斯车里的皮革座椅的气味都能对我们每个人产生情感效应。[42]

从市场营销的视角来看，人们对于气味的反应是因人而异且高度情绪化的。布朗大学（Brown University）的特里格·恩金（Trygg Engen）教授称："对于香味的认知与当时的瞬间存在一定的联系，并且与那一瞬间的心情也有不可分割的联系。"[43]研究人员发现一阵烘焙面包的香味足以使许多人回到理想化的童年时代；而其他人会由于柠檬的气味而精神振奋或由于茉莉的气味而平静下来；还有一些人则会对气味产生过敏反应。

在最近的一个周末，在纽约售卖数码电子产品处徘徊的购物者无意中进入了一项与嗅觉有关的研究项目。乘坐电梯上升至 Columbus Circle 商场三楼，他们闻到一种类似于年轻男女为市镇的夜生活预先准备的气味——一种男女皆宜的、时尚的类似 Calvin Klein 品牌产品的香水味。

然而这种气味不是从众多逛商场的游客中间散发出来的，也不是出自附近的 Aveda 店铺的促销活动，而是消费电子产品上的诱人气味。韩国的电子产品巨头三星公司正在其"三星体验"概念店开展一项有关其最新的签名香味的试验。研究人员走向正要离开的购物者，询问他们是否认为这种香味是"时髦的"、"创新的"、"酷的"、"充满激情的"或"冷淡的"，并且——更重要的是——这种气味是否使他们愿意在商场多逗留些时间。根据艾伦·R. 赫什（Alan R. Hirsh）博士（他是位于芝加哥的嗅觉和味觉治疗和研究基金会（Smell & Taste Treatment and Research Foundation）的创立者兼神经科主任）的观点，"如果一家公司能够把心情与气味联系在一起，它将能够把愉快的感觉传递到产品中去"。他告诫道，那些不重视建立这种联系的公司将承受被市场抛弃的风险。[44]

通过气味来调控心情已成为生产率咨询师们愈发感兴趣的领域，其范围已超越妈妈的香料罐以及浪漫的香味蜡烛。Shimizu 技术公司的一位资深副总裁纯一八木（Junichi Yagi）说："如果你的办公环境具有高压力性，那么你就是想让自己处于警觉状态。在宾馆里，你可能希望营造一种放松的心情。"为了使人们振作起来，八木进行了一项实验，该实验使用中央空气循环系统来改变或改善包括从办公室员工到购物中心顾客的每个人的心情。薄荷、柠檬、迷迭香、桉树及松树等气味显示出具有增强警觉性的作用，而薰衣草、丁香、花香以及森林气息等气味则营造一种令人放松的效果。该项实验的参与者描述了在轻微的柑橘混合气息下感到精神振奋。[45]

从职场的角度来看，如果个人气味不超过亲密距离，大多数人认为是可以接受的。雇员、顾客及其他人会因闻到各种气味，包括食品味、香水味、烟草的烟雾味，进行投诉——且一些案件在法庭上获得胜诉。许多商业组织为了避免昂贵的法律诉讼问题，制定了各种政策要求雇员对与其共同享用职场的其他人表示尊重，把古龙水、香水以及其他个人气味控制在最低限度。

9.19　味　道

与我们对气味的知觉紧密相关的是我们品尝味道的能力。这种能力仅限于我们感官的一小部分，这些部分包括咸味、甜味、苦味以及其他存在于舌头上皮组织的一系列微小、瓶颈状味觉器里的味道。味觉是一种涉及我们视觉和嗅觉的复杂反应系统，并且非常类似于颜色和触摸，它具有高度的主观性。对某个人来说苦味的东西可能对其他人而言是丰富和浓郁的味道。另外，对于一些人而言，诸如浓咖啡、烤熟的芦笋以及苏格兰威士忌等东西具有他们"已习惯的味道"。我们对各种食品和饮料味道的偏好取决于我们的年龄及文化适应性,并且如同我们对空间的利用一样,当我们从一种文化转到另一种文化时可能会发生问题。

随着社会人口结构的变化,我们对食品的味觉也随之改变,这一点是非常值得我们关注的。皮卡特酱(Picante sauce)如今卖得比番茄酱好,半成品食品包括从精美正餐到外卖食品等,涉及多种口味,从墨西哥口味到意大利口味,从希腊口味到法国口味,以及从泰国口味到中国四川口味。[46]

9.20 声 音

声响学及其对沟通的影响作用现已成为非语言研究的一个重要部分。公众演讲者特别会意识到他的声音是否能被房间里的每个人听到,并且那些使用扩音器及公共广播系统的演讲者常常会为了达到较好的听觉效果——音频系统回声声响振动以及麦克风、扩音器和扬声器等的其他特别效果做出不懈的努力。

声音也以其他形式出现,包括有旋律的人类声音,这些声音是由大自然以及人类和我们的机器制造出来的(例如,喷气式飞机、汽车、手提钻以及立体声音箱),当然还有音乐。文化,以及更通常情况下,亚文化能够决定我们对音乐创作和表演的反应。一个大型乐队或交响乐团的旋律或许对一些人具有吸引力,但是对其孙辈而言却是愚钝而无趣的,他们对音乐的品位可能倾向于莎莎舞、瑞格舞或者街舞。

9.21 无 声

没有语音或声音可以像任何语言代码一样用来进行有力和直接的沟通。一些研究者把无声与声响学相联系,就如同将面部表情与人体动作学相联系那样,无声既可以被积极使用也可以被消极使用以达到影响、披露、判断或激发活力等目的,尤其在亚洲文化中,在商业会议与契约谈判过程中无声会被广泛使用。

人际沟通方面的研究揭示无声具有诸多重要功能。

● 提供思考的时间。无声能够为你提供机会,对自己的思想进行梳理,对其他人所说的话进行评价,或者权衡你说话的影响力。美国大使麦克·曼斯菲尔德(Mike Mansfield)曾经说,他这么多年随身携带他的烟斗和烟草,是因为当房间里变得安静的时候,它们能让他有事可做。"我在措辞方面从来不会不知所措,"他说,"我只是不愿说那些最先出现在我脑海中的少数内容而已。"[47]由于某种原因,相比无声,来宾或同事们更愿意忍受烟草的烟雾。

● 施加伤害。一些人运用无声作为伤害他人的武器。用无声来对待某人可能会特别有效,尤其当他们期望能够听到你的声音并与你说话时。在许多商业组织里,沟通的不断缺失可能预示着麻烦。通常,受到无声对待者可能在决策制定过程中被悄悄地排挤出去,甚至被公司打发掉。

● 使自己与他人保持距离。有时无声被用来作为对个人焦虑、羞怯或威胁的回应。如果你对自己或你在组织中的角色感到焦虑不安或不确定时，尤其当你初来乍到或相对于群体中其他人你的级别较低时，无声可以是一种惯用的回应方式。然而，最终即便是最低级别或最为内向的管理者也会被要求对重大问题发表意见。关键在于要知道什么时候该说，什么时候不该说。

● 阻止沟通。无声可以被用来阻止一些信息的语言沟通。管理者可能向雇员实行"禁声令"以阻止他们与组织内部或外部的其他人讨论敏感话题。在其他场合，无声可以使谈判小组或集体谈判群体成员有时间"冷静下来"。如果话语具有激励、抚慰、挑衅或激怒的威力，那么无声则可以阻止这些影响的产生。

● 传达情绪。如同眼睛、面部表情或双手那样，无声也能够被用来表达情绪。根据德维托教授的观点，无声有时能够传达一种不合作或反抗的决心。"通过拒绝参与语言沟通"，他说，"我们公然藐视他人地位的权威性与合法性。"在比较愉悦的场合，无声可以被用来表达关爱或认同。[48]

● 什么也不传达。尽管"你无法不沟通"仍然是不争的事实，但有时你所希望表达的却是你无话可说。切记在沟通过程中，接收者会如同他们理解语言、动作及其他沟通形式那样照他们自己的方式理解无声。他们，而不是你，会对你所没有说的信息、你对谁没有说以及在什么场合下你什么都没说等赋予含义。从经理的角度看，打电话给某人并告知"我现在还没有答案给你，但我会在本周结束前找到答案并与你联系"，这或许是个好主意。那种表述可能比根本不联系要来得好，如果你不那么说的话，顾客可能认为你不在乎他们；供应商或许认为你对做这些生意失去了兴趣；投资分析师也许会认为你有事情相瞒。

非语言沟通的影响　以下是管理人员必须了解的六个重要方面。

● 非语言暗示通常是难以解读的。20 世纪 70 年代，许多畅销书把公众引向了非语言沟通。《肢体语言》（*Body Language*）一书描述了一些研究者所做的非语言方面的研究。[49]紧接着其他一些有关该领域研究的简化版和普及版书籍纷纷问世，然而，为了促销、测谎、吸引异性成员等目的，其中许多书将某些研究发现背后的行为科学过于简单化了。

根据马克·纳普教授的观点，"尽管这种书籍唤起了公众对于非语言沟通的兴趣……但却给读者留下这样的印象，即在任何人际交往中解读非语言暗示是成功的关键，其中一些书甚至认为单个的暗示代表了单独的意义。重要的是我们不仅要关注非语言行为集群，而且必须认识到非语言含义，如同语言含义一样，很少局限于单个外延含义"。[50]

● 非语言暗示通常是难以理解的。一个事物在不同的情境、文化或场合其含义会截然不同。纳普教授接着说道："一些普及版的书籍中并没有告知我们，要理解某个特定行为的含义，我们通常需要了解行为发生的背景。比如，注视某人的双眼可能在一种情形下表示爱，而在另一种情形下却意味着挑衅。"[51]解读情境的重要性，正如我们解读语言表述的那样，是尤其关键的。毕竟，所有沟通的含义是由情境驱动的。

● 非语言行为通常是相矛盾的。我们的姿势和声调也许在表达某件事，但我们的眼神却可能在表达另外一件事。尽管我们试图站直并摆出支配性和自信的架势，但双手急促不安地摆弄着笔可能表明完全不同的情形。非语言行为的确"组合式"地出现，因此，当我们开始全面地审视面前的人时，必须经常性地考察多种行为。但问题是这样的非语言集群或组合不是始终保持其一致性或互补性的。那么我们该相信哪一种呢？

● 一些非语言暗示比其他暗示更重要。当我们对多种行为集群——语速、语调、音高，体态姿势，瞳孔放大，手臂和双手动作进行考察时，对于仔细的观察者来说，显然一些暗示比其他的暗示更为重要。某个特定暗示的相对重要性在很大程度上取决于说话者的习惯及其寻常的行为。换言之，我正观察到的行为对这个人来说是寻常的还是不寻常的？如果是不寻常的，那么它们是否与信息中的语言部分相矛盾？最后，有必要认识到我们身体的一些部位相比其他部位更容易控制：即使一个紧张的人也能平静地就座，如果他下决心努力这么做的话。然而我们当中几乎没有人能够控制自己的瞳孔放大。许多人能够控制面部表情，但几乎没有人能够决定何时会流泪或何时嗓音会随着感情变化而哽咽。

● 我们通常会曲解一些并不存在的暗示并且无法解读一些清晰存在的暗示。我们通常会寻找那些对我们个人而言似乎最重要的暗示：在我们说话时对方会不会直接看着我们的眼睛，或者他们的腿朝着哪个方向交叉。这种暗示可能毫无意义。如果缺乏足够的信息来做出判断，那么我们也可能会曲解非语言暗示。当企业领导被发现在重大会议中打盹，会议主办方可能会认为他们对会议漠不关心；事实上，也许他们正在倒时差。

● 我们并不如自己所认为的那样擅长解读非语言暗示。小心谨慎是处理非语言沟通的至理名言。即使我们从人际交往中所学到的大部分实质性内容（所有内容的 2/3～3/4）都来自非语言暗示，我们还是不如自己希望的那样擅长于此，误解、曲解某人是常有的事。同样，我们也经常会武断地下结论。给任何管理者的最佳忠告是：尽可能不要急于下结论；尽可能多地收集语言和非语言信息；然后尽可能对自己认为所了解的东西不断地进行确认。商业交易的风险非常高，几乎与解读非语言暗示中的错误概率一样高。

延伸阅读 //////////////////

Archer, D. and Akert, R. "Words and Everything Else: Verbal and Nonverbal Cues in Social Interaction." *Journal of Personality and Social Psychology* 35 (1978), pp. 443–449.

Argyle, M. *Bodily Communication*, 2nd ed. London, UK: Methuen, 1998.

Buck, R. "A Test of Nonverbal Receiving Ability: Preliminary Studies." *Human Communication Research* 2 (1976), pp. 162–171.

Christensen, D., A. Farina, and Boudreau, L. "Sensitivity to Nonverbal Cues as a Function of Social Competence." *Journal of Nonverbal Behavior* 4 (1980), pp. 146–156.

McConnon, A. "You Are Where You Sit: How to Decode the Psychology of the Morning Meeting," *BusinessWeek*, July 23, 2007, pp. 66–67.

Leathers, D. G. *Successful Nonverbal Communication: Principals & Applications*. Boston, MA: Allyn & Bacon, 1996.

Morris, D. *Bodytalk: The Meaning of Human Gestures*. New York: Random House, Inc., 1994.

Morris, D. *The Naked Ape: A Zoologist's Study of the Human Animal*. New York: Delta Publishing, 1999.

Rogers, E. M. (ed.). *A History of Communication Study: A Biographical Approach*. New York: The Free Press, 1994.

注 释 /////////////////////

1. Jackson, M. "Some Workers Uncomfortable with Trend Toward Casual Clothes," *South Bend Tribune*, January 8, 1998, p. C7. See also Lee, L. "Some Employees Just Aren't Suited for Dressing Down," *Wall Street Journal*, February 3, 1995, pp. A1, A6.

2. Jackson, "Some Workers Uncomfortable," p. C7. See also Berger, Joseph. "Black Jeans Invade Big Blue: First Day of a Relaxed IBM," *Wall Street Journal*, February 7, 1995, pp. A1, B4; and Bounds, W. and J. Lublin. "Will the Client Wear a Tie or a T-Shirt?" *Wall Street Journal*, July 24, 1998, pp. B1, B8. Reprinted by permission of *The Wall Street Journal*, Copyright © 1998 Dow Jones & Company, Inc. All rights reserved worldwide.

3. Critchell, S. "Men Move Toward More Dressy Clothes," *South Bend Tribune*, Sunday, April 28, 2002, p. F4. See also Jenkins, H. "Uptight Is Back in Style," *Wall Street Journal*, Wednesday, November 21, 2001, p. A15; Kaufman, L. "Return of the Suit Tentatively: Some Men Are Dressing Up Again, but Casual Still Lives," *New York Times*, Tuesday, April 2, 2002, pp. B1, B11; and Kaufman, L. "Casual Dress on the Way Out?" *Office Professional*, July 2002, p. 6.

4. Knapp, M. and J. Hall. *Nonverbal Communication in Human Interaction*, 3rd ed. Fort Worth, TX: Holt Rinehart and Winston, 1992, pp. 5–6.

5. Ruesch, J. and W. Kees. *Nonverbal Communication: Notes on the Visual Perception of Human Relations.* Los Angeles, CA: University of California Press, 1956.

6. Goleman, D. "Non-Verbal Cues Are Easy to Misinterpret," *New York Times*, September 17, 1991, p. B5. Copyright © 1991 by The New York Times Company. Reprinted with permission.

7. Ibid.

8. Ibid., pp. B5–6. See also, "Dated Suit, Dirty Nails Can Tip the Balance if You're Job Hunting," *Wall Street Journal*, Tuesday, June 1, 2004, p. B1. Reprinted by permission of *the Wall Street Journal*, Copyright © 2004 Dow Jones & Company, Inc. All rights reserved worldwide.

9. Eckman, P. "Communication Through Nonverbal Behavior: A Source of Information About an Interpersonal Relationship." In Tomkins, S. S. and C. E. Izard (eds.), *Affect, Cognition and Personality.* New York: Springer and Co., Publishers, 1965.

10. DeVito, J. *The Interpersonal Communication Book*, 12th ed. Boston, MA: Allyn & Bacon, 2009, p. 215.

11. Ibid., pp. 214–226.

12. Knapp and Hall. *Nonverbal Communication*, pp. 13–16.

13. "Be Civil: There Is a Clampdown on Obscene Gestures in the Office and on the Field," *Wall Street Journal*, July 5, 1994, p. A1. Reprinted by permission of *The Wall Street Journal*, Copyright © 1994 Dow Jones & Company, Inc. All rights reserved worldwide.

14. Rubinkam, M. " 'Voice Stress' May Betray Suspects' Lies," *South Bend Tribune*, February 11, 2002, p. B7.

15. Varian, H. R. "A Beautiful Mind Is Not Enough When It Comes to Evaluating Teachers," *New York Times*, Thursday, August 28, 2003, p. C2. Copyright © 2003 by The New York Times Company. Reprinted with permission.

16. Harper, L. "Good Looks Can Mean a Pretty Penny on the Job, and 'Ugly' Men Are Affected More Than Women," *Wall Street Journal*, November 23, 1993, p. B1. See also Brody, J. "Ideals of Beauty Are Seen as Innate: The Ideal Face Transcends Culture, Study Says," *New York Times*, March 21, 1994, p. A6; Schoenberger, C. "Study Says the Handsome Turn Handsome Profits for Their Firms," *Wall Street Journal*, Thursday, August 12, 1997, p. B1; and Coy, P. "Thinner Paychecks for Obese Women?" *BusinessWeek*, October 30, 2000, p. 16.

17. "Fat Can Hit Women in the Wallet," *CBS News.* Online at: www.cbsnews.com/stories/2004/03/03/health/main603825.shtml. Retrieved July 28, 2008.

18. Ibid., p. B1. See also Newin, T. "Workplace Bias Ties to Obesity Is Ruled Illegal. Federal Judges Back a 320-Pound Woman." *New York Times*, November 24, 1993, p. A10. Copyright © 1993 by The New York Times Company. Reprinted with permission.

19. Brown, A. "Get a Grip—A Firm One: Handshakes Tell All," *U.S. News & World Report*, July 17, 2000, p. 48.

20. Rubin, R. "The Biochemistry of Touch," *U.S. News & World Report*, November 10, 1997, p. 62.

21. Knapp and Hall. *Nonverbal Communication*, p. 16.

22. DeVito. *Interpersonal Communication*, p. 265.
23. Ibid., p. 247.
24. Hymowitz, C. "If the Walls Had Ears, You Wouldn't Have Any Less Privacy," *Wall Street Journal*, May 19, 1998, p. B1. Reprinted by permission of *The Wall Street Journal*, Copyright © 1998 Dow Jones & Company, Inc. All rights reserved worldwide.
25. Rich, M. "Shut Up So We Can Do Our Jobs! Fed-Up Workers Try to Muffle Chitchat, Conference Calls and Other Open-Office Din," *Wall Street Journal*, Wednesday, August 29, 2001, pp. B1, B8. Reprinted by permission of *The Wall Street Journal*, Copyright © 2001 Dow Jones & Company, Inc. All rights reserved worldwide.
26. Bounds, G. "I Can't Really Talk, I'm Here in the Office. But Did You Know . . .?" *Wall Street Journal*, Wednesday, July 10, 2002, p. B1. Reprinted by permission of *The Wall Street Journal*, Copyright © 2002 Dow Jones & Company, Inc. All rights reserved worldwide.
27. Bednar, G., partner, Ernst & Young, LLP, Chicago, in a telephone interview with the author, August 17, 1998.
28. Ibid.
29. Ibid.
30. Ebersberger, W., partner, Ernst & Young, LLP, Chicago, in a telephone interview with the author, August 17, 1998. See also Pristin, T. "A New Office Can Mean Making Do with Less," *New York Times*, Wednesday, May 26, 2004, pp. C1, C6.
31. Allen, T. J. *Managing the Flow of Technology*. Cambridge MA: The MIT Press, 1977, pp. 234–265.
32. For an excellent extended discussion of the role of space in social interaction, see Hall, E. T. *The Hidden Dimension*. New York: Doubleday, 1982.
33. DeVito. *Interpersonal Communication*, p. 248.
34. Ibid., p. 249.
35. Ibid., pp. 249–250.
36. Ferraro, G. *The Cultural Dimension of International Business*, 3rd ed. Upper Saddle River, NJ: Prentice-Hall, 1998, pp. 93–95.
37. For an excellent discussion of the role of time in human affairs, see Hall, E. T. *The Dance of Life*. New York: Doubleday, 1989.
38. Reiss, T. "Hey, It's Green—It Must Be Healthy," *BusinessWeek*, July 13, 1998, p. 6.
39. Hall, T. "The Quest for Colors That Make Lips Smack," *New York Times*, November 4, 1992, p. A13. See also Fountain, H. "Proof Positive that People See Colors with the Tongue," *New York Times*, March 30, 1999, p. D5.
40. Ibid., p. A19.
41. Tischler, L. "Smells Like Brand Spirit," *Fast Company*, August 2005, pp. 52–59. See also Laurent, G. "Olfaction: A Window into the Brain," *Engineering & Science*, California Institute of Technology, 68, no. 1–2 (2005).
42. Hall. *The Hidden Dimension*, pp. 45–50.
43. Tischler. "Smells Like Brand Spirit," p. 52.
44. Engen, T. *Odor Sensation and Memory*. New York: Praeger, 1991.
45. O'Neill, M. "Taming the Frontier of the Senses: Using Aroma to Manipulate Moods," *New York Times*, April 4, 1993, pp. B2, B6. Copyright © 1993 by The New York Times Company. Reprinted with permission.
46. Willoughby, J. "The Tip of Your Tongue Knows the Bitter Truth: Flavor Can Be Painful," *New York Times*, April 27, 1994, pp. B1, B5. Copyright © 1994 by The New York Times Company. Reprinted with permission.
47. Mansfield, M. United States Ambassador to Japan, in a personal interview with the author in the U.S. Embassy in Tokyo, May 1983.
48. DeVito. *Interpersonal Communication*, pp. 258–261.
49. Fast, J. *Body Language*. New York: M. Evans, 1970.
50. Knapp and Hall. *Nonverbal Communication*, p. 27.
51. Ibid.

案例 9-1 ▶▶▶▶▶▶▶▶

Olive Garden 餐馆分部

通用磨坊公司

大型组织中的中层和一线管理者常常需要解决各种纠纷。其中一些纠纷是一线主管与员工之间的；一些是与供应商或分销商的；其他的如本案例则是组织与顾客之间的。

每位顾客对于组织而言，既是有价值的，也是有价格的。诚然，顾客是企业的生命线和收入来源，但不是所有顾客都是值得保留的。事实上，有些顾客的麻烦和花费比从其得到的价值更多更大。与对你公司不满的顾客打交道是需要耐心、机智和适当技巧的。面对愤怒的顾客，管理者可以选择各种应对方式和处理问题的方案。

本案例要求提供两个文件以作为回应：一份一页纸篇幅的沟通战略备忘录和一封写给顾客的信。战略备忘录是呈交给 Olive Garden 餐馆分部总裁的，上面应详细描述你处理该事件的具体步骤及其理由。给顾客的信函应阐释你决定做的事。假定你是客户服务部的经理，并且是通过销售和营销副总裁向总裁汇报的。你的备忘录和顾客信函都应该是终稿而不是草稿，是可以直接传递的。

[三天前]

印第安纳州 46617，南本德市

River Forest 路 51588 号

罗纳德·N. 麦格鲁德（Ronald N. Magruder）先生

通用磨坊公司 Olive Garden 分公司总裁

佛罗里达州 33809，奥兰多市

Lake Ellenor 路 5900 号

尊敬的麦格鲁德先生：

上周，我和我的家人去了一家 Olive Garden 餐馆用餐，我们感到非常不愉快。我的第一感觉是别把它当回事，只当是又一个顾客服务质量差的例子而把它忘了。但事实上，这件事我无法忘记。这件事太糟糕了，我想您有必要了解一下。

上周二晚上，我选择了位于印第安纳州米沙瓦卡市的葡萄路 6410 号的 Olive Garden 餐馆与我的父亲和两个女儿共进晚餐。我们之前在 Olive Garden 餐馆其他连锁店享用过美味佳肴及优质的服务。事实上，我们认为你们各方面的设施均不错。

我们大约在晚上 8：15 到达餐馆，让我们感到惊讶的是那里用餐的顾客寥寥无几。没有人站在门口迎接我们——其他的 Olive Garden 餐馆都这么做。等了 10 多分钟仍旧没有人来，我就走到服务台询问是否有人能够给我们安排座位。一位女主人显然对额外顾客的到来感到不快，把我们安排在我父亲没法走动的位置。他是截了肢的，挂着拐杖走路极不方便。经过长时间的解释我们为何无法坐在那个位置后，该女主人把我们带到另一张餐桌（未清理），撂下菜单就走。我们拿起菜单一看，那是午餐菜单，上面没有儿童菜单。

接下来的挑战便是找一位服务员。我们又等待了 10～12 分钟后，一个年轻人走了过来，问我们是否有人给点菜。他表明我们这张桌子不属于他管，但他还是帮我们点了菜。我们点了饭菜，还要了杯红酒。20 分钟（我们到之后的将近 45 分钟）后，我们的饭菜来了，全都是凉的，而且被告知没有红酒。在我们的两次要求下，才拿来刀、叉和餐巾纸。

我们尝了一下饭菜，发现全都凉了，于是我要求见经理。经理长得人高马大、不修边幅，他对于顾客在这个时间光顾同样也感到不快。饭菜的确是我们所点的，做得也不错，但是服务员忘记及时端上来。我的奶油粗通心粉是凉的——我无话可说。我父亲的饭菜也一样，但他不让我抱怨。我那两个女儿也把饭菜（同样是凉的）吃了，不想与经理费口舌。请您记住在过去的 30 年，我从未让人换过饭菜。我并不是一个爱投诉的人。

服务员给我端来了第二盘奶油粗通心粉，然后走了——显然下班了。我们再也没见到他。我们用完了饭菜，继续等待，将近晚上10点，餐厅里只坐着另外一对顾客。咖啡和甜点看来是没有指望了，我只想买单，并且有可能的话，就刚才用餐的事与经理简单地聊聊。

于是，我再次走到服务台找到了一名员工，等了5～7分钟结了账。当我把刚才对您说的话与他提及时，他绝对是不可理喻。他说："你要我怎么做呢？""请告诉你的员工我是一名顾客，而非在晚上来搅扰他们的令人讨厌的家伙。"我回答道。接着，他令人难以置信地问道："你是想免费用餐吗？"我感到非常吃惊。

我在美国运通信用卡付款单上签了字，便转身离开。您的经理咕噜地说："哼，不给小费了？"正好被我听到，我回过头对他说道："朋友，我有小费给你。你不配在食品行业。"

这件事过去快一周了，但我还是很生气，部分原因是那位经理的行为以及让我父亲和女儿经历这样的事，部分原因则是我真心喜欢 Olive Garden 餐馆。但说实话，我必须告诉您，我现在无法想象我还会去那家餐馆。

谢谢您倾听我的故事。我知道倾听顾客讲述有关"服务质量低劣"的故事并非易事，但把这件事告诉您后，我现在感觉好多了。

真诚的，
马丁·A. 华莱士（Martin A. Wallace），医学博士

案例 9-2 ▶▶▶▶▶▶▶▶

瓦凯根材料公司

管理者经常需要对其组织中的员工和其他人的成绩和成就进行表扬。对于出色的工作、重大事件和人们生活中的特殊事件给予公开的表扬，不仅对于受表扬的员工来说很重要，对于那些认真观察组织是如何对待其他员工的人来说也同样重要。

那些在大型的综合性组织中工作的人往往承认很难对个体的成就进行监控和适当的观察。那是因为许多财务、销售、生产以及利润目标均是基于群体的活动实现的，而个体往往是作为群体成员来分享集体荣誉的。

对于感谢信的较为有价值的观察显示：如果是作为个体不值得写的内容，那么也不值得接受。一般性的、群发性的信函往往令员工不屑一顾。总体而言，感谢信应该简短、热情且具体，也许不超过两三段，不应该过度渲染，而应强调对方取得的成绩或成就方面。

瓦凯根材料公司（Waukegan Materials, Inc.）是一个建材行业的区域配送商，经营批发和零售业务，是一家不设工会的公司。你可以假设自己是 Lakefront 分部的总经理。本案例要求起草两份文件：一份是一页篇幅的备忘录，另一份是一封给某员工的感谢信，备忘录是给

公司总裁的，它应该针对案例中总裁所关注的问题做出反馈。两份文件皆应是终稿，可直接传递。

伊利诺伊州 60620，瓦凯根市

Sheridan 路 3400 号

瓦凯根材料公司

日期：[当天的日期]
收件人：Lakefront 分部总经理
发件人：瓦凯根材料公司总裁，保罗·马杰斯（Paul Magers）
主题：季度优秀员工奖

　　你有关制定一项员工认可计划的建议非常好。你知道，我们第一批季度优秀员工奖提名已超过 24 名员工，但要从中挑选出一名最应该获得该荣誉者，的确很困难。经过长时间、多环节的努力，颁奖委员会最终确定了第一位获奖者。

　　瓦凯根材料公司的"季度优秀员工奖"获得者是来自我们屋面材料供应分公司的戴尔伯特·R. 芬奇（Delbert R. Finch）先生。芬奇是一名非常优秀的员工，他一如既往的工作非常出色。事实上，他在瓦凯根工作的 9 年中从未旷过工。在屋面材料供应分公司，芬奇负责跟踪订货情况、为零售商和建筑承包商安排货运、监管库存情况以及 Lakefront 仓库的大小事情。

　　请帮我和颁奖委员会拟定一封描写芬奇先进事迹的信函，我想在下月主管季度午餐会上把这封信及一份表达谢意的礼物或纪念品赠送给他本人。我不想在这一计划上花费太多，但我确实希望这份礼物既合适又得体，当然，这封表扬信也应该是写得非常棒的。我想这封信应能够突出他的事迹，同时我也在考虑把这封信寄给当地的报社。

　　请告诉我，我们应该给他什么样的礼物，成本如何，以及你认为每年该计划的预算是多少，请于今天草拟一封表扬他突出成就的感谢信，希望下班前我能看到这些材料。谢谢你的帮助。

21 世纪，我们居住的世界与我们孩提时代所认识的 20 世纪已变得大不相同。世界上工业化国家正经历着史无前例的变化，美国正在逐渐地且不可避免地变为不同于我们父辈和祖辈曾经居住和工作的国度。

接下来什么将会变得不同呢？几乎所有的东西，从我们吃的食物到我们工作中运用的技术。就连雇用你的组织也在变革、重组和转型，而这些组织所提供的产品和服务也在发生改变。随着生产技术的改变，你所生活的社区将会由于周边的人们在改变而改变。

生活在这个国度的人们，事实上，会比之前历史上的任何时候的改变都来得更为深刻和迅速，而随之带来的文化上的颠覆，将重新定义作为一个美国人的含义，以及工作、商业乃至家庭的含义。总之，21 世纪的生活将会变得格外的"不寻常"。

我们首先探讨一下我们所了解的近几年将会发生显著变化的一些领域，然后再考察文化和多样性的定义。当你在一个高度竞争的全球经济环境下从事企业管理，如果你熟知你将面临的情形，那么，你获得成功的概率就会更大。较之其他任何东西，如技术、科学、法律、环境或政府制度，社会准则和新的社会游戏规则才是最为重要的，它们决定了你作为一名管理者将会遇到怎样的挑战，以及你的企业将如何营运。

10.1 来自国内的跨文化挑战

种族 根据美国人口普查局（U. S. Census Bureau）的报告，在接下来的几十年中所发生的深刻变化将导致美国空前的老龄化和种族多样性的态势。到 21 世纪中叶，美国不再会有一个"占多数"的人种，取而代之的是多种族群体。非西班牙裔白人将占总人口的一半，而西班牙裔人口将占总人口的 1/4，非洲裔美国人的比例将超过 13%，亚洲裔美国人将占 8%。[1]

人口增长 现在的 3.12 亿美国人口到 2020 年将增长到 3.25 亿，而到 21 世纪中叶将增长到 4 亿。这些增长听起来很巨大，但在 2025 年以后将维持一个低增长率。简单地说，出生在 1946—1964 年的 7 600 万"婴儿潮"时期的人的死亡率将高于美国新生儿的出生率，从而降低了人口的净增长。[2]

移民 弥补上述人口下降趋势的是大量的移民潮，这致使美国的外国居民的数量达到历史最高峰。最新的统计表明，外国居民及其子女的数量从 20 世纪 70 年代的 3 400 万人上升到了目前的 5 600 万人。一份针对人口统计数据的综合研究显示，外国居民比土生土长的美国人更倾向于居住在大城市或大城市周围。该研究还表明很难对移民及其在美国的经历做出概述。例如，只有 1/3 的出生于墨西哥、年龄超过 25 岁的外国居民完成了高中学业，而超过 95% 的出生于非洲的外国居民完成了高中学业。另外，来自拉丁美洲的移民平均家庭年收入远低于 29 000 美元，而来自亚洲的移民的平均家庭年收入却超过 51 000 美元，远远超过了美国当地人。[3]

美国人口普查局的数据显示，移民人口变得年轻化，变得更宽容和更容易融入。数据还表明，移民趋向于形成一种新的独特的年龄段的划分：超过 40 岁的移民大多数是白人，而低于 40 岁的移民越来越多地来自西班牙裔、亚洲裔和其他少数族裔群体。到 2020 年，一半的西班牙裔美国人的年龄低于 27 岁，20% 的年龄小于 18 岁的美国儿童是西班牙裔美国人。值得一提的是，21 世纪以来，西班牙裔美国人占到了美国总人口增长率的一半。[4]

年龄　在接下来的 10 年里，年龄超过 50 岁的美国人会增加一半。1983 年 7 月，65 岁以上的人口数量超过了青少年的人口数量。由于生活方式和医疗技术的不断改善，到 2050 年，年龄超过 65 岁的人口将达到 8 670 万，占总人口的 1/5～1/4。从 2010 年一直到 2030 年，差不多 7 800 万"婴儿潮"时期出生的人将以每天 7 000 人的速度到达 65 岁。[5]事实上，如今有 65 000 名美国人年龄超过 100 岁。到 21 世纪中叶，百岁老人的数量将超过 800 000 人。[6]

在平均年龄和劳动力增长的同时，进入劳动力市场的年轻人的数量却在缩水。1987 年，劳动力的平均年龄为 36 岁。到 2010 年，劳动力的平均年龄将达到 41 岁。年龄在 16～24 岁的劳动力数量将减少数百万人，占总人口的 8%。

家庭　在过去的 30 年里，家庭的结构、大小，甚至定义均发生了很大的变化。1970 年以来，家庭规模变得越来越小，许多家庭是单亲家庭，很多家庭中的母亲在外工作。根据美国人口普查局肯·布赖森（Ken Bryson）的研究，"在 20 世纪的 70—80 年代，我们的家庭结构发生了巨大变化，从夫妻双方带着孩子转向单亲家庭和独居的人"。[7]他最近主持的一项研究发现，夫妻双方带着不满 18 周岁孩子的家庭数量从 40% 降至 25%。离婚率节节攀升，单亲家庭数量从 17% 上升至 25%。[8]

劳动力群体中的女性　第二次世界大战结束后，越来越多的女性加入劳动力群体。1998 年以来，新增劳动力群体中有 2/3 是女性。到 2010 年，将近有 2/3 的适龄劳动女性将被雇用。如今，美国的劳动力群体中有 46% 是女性。相比之下，日本和墨西哥女性参与工作的比例较低，而瑞典和丹麦女性参与工作的比例较高。美国劳工部（U. S. Labor Department）的研究报告显示，女性承担了 43% 的行政和管理类工作。相比之下，瑞典女性只拥有 17% 的管理职位，日本女性拥有不到 10% 的管理职位。[9]

值得注意的是，虽然美国的工作女性在职业机会和升迁上比其他国家同行做得要好，但是她们的收入只是同一岗位男性收入的 75%。此外，女性相对于男性而言，需要承担更多照顾子女和做家务的活动。事实上，大约有 42% 的工作母亲其孩子的年龄都小于 7 岁。[10]

10.2　外来的文化挑战

新的世界秩序　20 世纪最重大的事件是 1988 年柏林墙的倒塌。在这几十年里，伴随着苏联的解体，我们见证了欧元货币制度的建立，以及放宽对资金、劳动力、成品商品流通的限制。世界经济实现了无缝化对接和资金的全球化市场运作。工作流向那些要价低廉而工作能力强的劳动力，而资金则流向能够平衡风险和回报的机会投资者。"美国制造"的定义取决于产品或过程的某些部分，而非全部。在 21 世纪初的几十年中，市场一直处于激烈的竞争状态。管理者如果将计划只局限于国内市场，那么接下来的发展空间会变得越来越小。

跨国经营乃是当今世界所势在必行的。为了成功，无论是作为跨国企业的管理者，还是作为希望把产品和服务销往国外的小公司的企业家，你都需要完全了解你的公司、行业及全球市场的人们。了解他们的关键在于了解他们的文化。

外来的习惯和风俗　在匈牙利，男性习惯于走在女性或地位较高者（如老板）的左边；向来自中东的男性询问其妻子或家中女眷被视作失礼；在意大利，女性倒酒被视作不恭。为什么？正如你将发现的，不同的文化促成了不同的思维方式和行为。在国内你所习以为常的事到了国外可能就不被接受。当然，那些对于其他国家的人（即便是专业的商业人士）来说再自然不过的事，在美国却会被认为是奇怪的或令人厌恶的。

有些错误远比令人尴尬来得严重。人类学家玛格丽特·尼德尔（Margaret Nydell）讲述了这样一个故事：在沙特阿拉伯，一位美国女士钻进小轿车，坐在副驾驶座位上，并在驾驶员的脸颊上友好地亲了一下。在沙特，在公开场合表露情感是不被认可的。这位女士的举动被沙特国民卫队（Saudi National Guard）的队长注意到了，于是他要求知道这位女士与这位驾驶员是否已婚。他们是已婚，但不是夫妻。结果，这位美国女士被驱逐出境，而这位与沙特国民卫队理论的驾驶员被送进了监狱。[11]

根据美国商业顾问伊丽莎白·乌尔里奇（Elizabeth Ulrich）的观点，非语言沟通与语言一样会引起误解。她说："经典的例子是一个'OK'的手势在美国表示积极的含义，但在世界的其他多数国家却被视作带有猥亵的含义。"同样的手势在法国表示一文不值。在日本用手指着他人被视作失礼，而在英国，叉开手指，做出"胜利"的手势也是不礼貌的。在尼日利亚，"竖起大拇指"被视作冒犯，而在大多数阿拉伯国家用左手吃饭被视作冒犯。[12]

撰写国际礼仪系列图书的作者玛丽·默里·鲍斯洛克（Mary Murray Bosrock）说，在南美准时出席宴会是一场灾难——每个受邀者都被希望迟到半个小时以上或一个小时。她说如果你按照请帖上的时间到的话，很有可能发现主人或者女主人还在穿衣打扮呢。[13]

在许多亚洲文化中，尤其是在日本的文化中，说"不"被视为非常失礼。事实上，特别是在商务谈判中，这是不寻常的，也是罕见的。根据国际商务顾问菲利普·R. 哈里斯（Philip R. Harris）和国际管理教授罗伯特·T. 莫兰（Robert

T. Moran）的观点，较之直接而明确的参照物，间接而模糊的方法更容易被接受。"话到嘴边留半句，这样其他人就可以根据自己的理解得出结论。交谈通常可以围绕含糊定义及模糊上下文来进行，而无须十分明确，以允许个人理解。"[14]

日本商人非常不情愿对一个直接问题说不，即便该答案事实上是否定的。相反，你会听到"这些事情需要花很多时间"，"这类问题，正如你所了解的，有时是困难的"，或者"我们很抱歉事情会这样发展"。通常，日本商人会简单地转变话题或直接向你提出一个毫不相关的问题。在最极端的情况下，如果你想要得到一个肯定或否定的回答，你只会得到沉默，通常伴随着点头、抿紧的嘴巴和眼神回避。一位资深日本贸易谈判专家这样说道："的确，我们日本人竭力避免任何场合下的正面冲突，无论是在个人生活中，还是在商业和政治事务中。"[15]

具有文化敏感性乃是成功的关键。例如，在日本，递名片要怀着敬意，恰似邀请跳一支舞。名片代表着这个人对公司的重要程度及其个人身份，因此递名片时应用双手持名片，同时还应鞠躬。商人之间交换名片时应面对面，双手拿着自己名片上方的两个角，以便对方收下名片。对方拿到名片后应仔细完整地阅读，然后再小心翼翼地、颇带尊敬地将名片放入名片夹。在商务会议中，名片一般是放在桌面，交谈过程中用来表示尊敬对方。[16]

派克笔公司（Parker Pen Co.）前营销副总裁罗杰·E. 阿克斯泰尔（Roger E. Axtell）说："在美国，我们只是把名片塞在口袋里，甚至在上面写字。"有一次去日本出差，阿克斯泰尔看到一位美国商人用名片当牙签用。"我想，嗨，我不就是这样子的嘛！"[17]

此外，有关名片还有一点应该注意：带足名片，以确保每人一张。你会发现不仅仅是会议中的主要人物需要你的名片，而且会议中的每个人都需要你的名片。美国商人去亚洲出差，每周需要发出 200 张名片。如果在名片的背面印有当地的文字，那会对你很有益。为了确保翻译的精准和正确，你可以向美国商会联系，要求在你前往该地区或国家前，准备好背面印有当地文字的名片。

相信你一定听说过或者读到过有关日本人送礼的详细礼节，日本是一个在每个商业场合都要求交换礼物的国家。你知道有些数字在中国是不吉利的，有些颜色的礼物和花色在中东则是不合适的。规则如此繁多，因此，如果你要去世界的某个新地方赚钱，或者只是去旅行，建议你最好了解一下当地的文化和风俗习惯。

10.3　商业与文化

无论你是从事营销、管理、财务还是从事有关公司资产和商业活动的具体会计事务，公司在境外的成败取决于你的员工在一个全新环境下施展其技能的有效程度。这种能力取决于他们与工作有关的专业技能以及其个人对新的文化环境的敏感度和反应能力。根据北卡罗来纳大学（University of North Carolina）加里·P. 费拉罗（Gary P. Ferraro）教授的观点，导致国际商业派遣任务失败的最常见原因之一就是"错误地认为一个人在国内做得成功，那么他在不同的文化环境下会同样成功地运用其专业技能"。[18]

研究显示，海外商业业务的失败通常是由于无法理解和适应外国的思维和行为方式，而不是缺乏技术和专业能力。在美国，美国商人对于员工、顾客、商业伙伴了如指掌；市场调研提供了有关美国消费者的价值观、态度和购买偏好的详细信息；中高层管理者对于他们复杂的组织文化极为精通；劳资谈判者对什么能够激励他们的员工具有敏锐的洞察力。然而，当北美人开始在国外做生意时，却通常不得不与他们了解甚少的顾客、员工、供应商和其他人打交道。[19]

在过去的几年里，由于中国经济增长速度加快，失业率下降，越来越多的 20 多岁到 30 多岁的美国人涌向中国求职。他们的中国同事通常都是同龄人。然而，他们却是两种不同环境下成长起来的年轻人。蓝橡资本（Blue Oak Capital）驻北京的高级助理 28 岁的赵能说："美国的年轻人是在商业环境中长大的。他们更多接触的是自由市场的原则，而我们的环境却与他们的不同。所以，这样的职场对于我这一代年轻人来说是一个独特的学习过程。"[20]

Sibson 咨询公司的高级副总裁迈克尔·诺姆尔（Michael Normal）认为，在中国工作的美国人必须做出调整。"在西方，快速完成工作是非常重要的，但是当你来到中国工作时，你需要努力倾听，需要更加耐心，需要理解当地的经营方式。"现在职场上的中国年轻人可能更倾向于服从和循规蹈矩，而他们的美国同事则可能更敢于质疑权威，表明自己的观点。无疑，这些差异会影响到职场环境的沟通。[21]

根据位于格林斯巴勒的北方大学（University of North）的瓦斯·塔拉斯（Vas Taras）教授的分析，沟通方式差异可能会导致工作中的矛盾。"美国人往往认为中国人优柔寡断，自信心不足，不够强硬，中国人则认为美国人粗鲁无礼或不近情理。"[22]

10.4 文化的定义

那么什么是文化的确切定义呢？它是如何影响我们做生意的方式的呢？文化是人们作为社会成员所拥有的、所想的以及所做的一切事情。文化是我们的社会、经济和雇用我们的组织的重要组成部分，同时也影响着我们的社会、经济和组织。因此，文化是由物质、思想、价值观和态度，以及预期的行为模式所组成的。

物质 从你驾驶的汽车到你所穿的衣服，你所拥有的、租赁的、借的或使用的所有东西均被定义为文化的一部分。我们每天都在对我们遇到的人和事做出判断，通常在不知不觉中我们就这么做了。即使不是大部分，也是很多时候，我们根据他人的穿着对其做出评价：他的鞋是否擦得光亮，他的办公室是如何装饰的，他的手表是什么款式的，他的公文包是什么样的，等等。同样，他人也根据我们使用的和周围的物质或物品来评价我们。

思想、价值观和态度 我们也倾向于用人的思维方式、信奉的观念和判断事物正确与否的基本价值观对其进行分类。有时候很容易对这些分类进行描述，如自由的或保守的。但是其他思想，如宗教信仰和对家庭、社会和自我的根本概念是很难分类的。

预期的行为模式　每个社会都有一些规范行为的文化准则。在美国，在法律面前女性期望受到平等的对待，但是在许多中东国家，如沙特阿拉伯，女性没有选举权，也被禁止开车。那些地方的文化准则是与伊斯兰教的教条紧密联系在一起的，大范围地规定了被期望的行为，从什么样的穿着是被允许的到女性在什么时间与谁出门都是有规可循的。

在许多方面，文化界定了我们对生活的总体看法，指导我们对诸如种族、种族划分、身体素质、年龄、社会阶层、教育及其他许多方面做出反应。文化也形成了我们对我们自己和他人品质的看法。[23]从宽泛的社会层面来说，文化告诉我们自己是谁（我们属于哪个群体），告诉我们自己该如何做，并且"告诉我们该用怎样的态度来对待与我们不同的人。文化告诉我们什么是重要的，以及在各种情境下该怎么做"。[24]

文化把我们团团围住，并且在我们生命的早期就对我们产生影响，以至于我们往往意识不到处理世间各种事物的其他方法，意识不到他人可能有不同的生活观、不同的逻辑思维方式，或者不同的待人处世方式。[25]

10.5　文化的原则

以下是有关跨越时间、国度和文化界线而四海皆真的观点。

文化能习得　1861年，朱塞佩·加里波第（Giuseppe Garibaldi）在打破封建割据制度，建立一个现代化的意大利中起了关键作用。当意大利南部的百姓欢呼着让加里波第成为他们的统治者时，他告诉欢呼雀跃的人群，"既然我们建立了意大利，我们所有人都应学着做意大利人"。[26]我们很少有人会考虑如何去做美国人、意大利人、墨西哥人或者其他文化的人。当你出生在一种文化中时，从你开始看、听、呼吸的时候你就开始学习这种文化。我们所接触到的第一种文化是如此紧密地与我们每个人联系在一起，以至于我们都不知道我们拥有这种文化。然而，学习第二种文化显然不那么容易，当我们的年龄越大，学习第二种文化的可能性就越小。

文化是人类社会普遍存在的　无论在哪里出生、成长、受教育和教化，每个人都有自己的文化。对我们中的有些人来说，特定的某种文化并不像它看起来那么简单。我大学的室友是在纽约州的锡拉丘兹出生和长大的，他的妻子玛丽（Mary）是在北加利福尼亚出生和成长的。20世纪70年代他们结婚以后，就移居国外，在菲律宾、肯尼亚、希腊、意大利和英国生活过。

然而，无论他们移居到哪里，无论接触到多少种不同的文化，他们永远是彻头彻尾的美国人。他们的词汇和对食物的偏好有些小小的改变，但是他们基本的文化没有变。不过对于他们的两个儿子吉姆（Jim）和约翰（John）来说，文化却是另外一回事。尽管他们持有美国护照，拥有美国籍父母，他们生活的环境与他们父母成长的环境却截然不同。他们在英国的学校受教育，实际上，就文化而言他们已成为地道的英国人，而就经历而言，他们已成为"世界公民"。

所有社会都热衷于将自己的文化价值观和规范传承给其后代。这正好与共同创造和定义某种文化的价值观和规范相一致。因此，无论你到哪里，你会发现人们有着自己有趣的、多样的、丰富的文化，但是不同于你所熟悉的文化。

文化在不断发生变化 没有一种文化是静止不变的，这是基本的真理。人们的穿着、使用的交通工具、阅读的书籍、谈论的话题、享用的食物、欣赏和伴舞的音乐等，都在不断地变化。比较一下你祖辈的生活与你自己的生活，你就会了解你的孙辈们会如何看待你。每一种文化都在不断地变化。有人会坚持认为文化中出现的任何新内容（你小弟弟所听的是什么音乐类型）都不如原先的。无论正确与否（然而，这往往是关系到是否将改变看作改善的问题），塑造我们每个人的元素将继续不断地变化。

文化因其内因而发生变化，比如发现、发明和创新。文化也会因其外因而发生变化，比如跨越时空的创新传播，以及从另外一种文化中借鉴其特征、习惯和习俗。

有些文化比其他文化改变得快些 有些社会由于地理原因而被隔离，例如因广阔的海洋和高高的山脉；而有些文化则由于偏好原因而被隔离。一个社会越是对其他文化的利益和偏好表现出浓厚的兴趣，变化就越快。如果每个春季巴黎或米兰的时装时尚快速变化，在制造复制品方面纽约和洛杉矶会远远落后吗？在美国，中西部和南部生活的改变较为缓慢，部分是由于地理的原因，部分是因为偏好的问题。有些人喜欢事物保持其原样以维持他们所熟悉的生活；而有些人则喜欢改变，他们会移居到各个城市或其他国家以寻求那种变化。

加利福尼亚的洛杉矶离纽约大概有 3 000 英里，但是在文化上这两个城市并没有很大的区别。居民会说纽约的生活节奏较快，而洛杉矶的生活方式比较懒散。但它们都是大都市的商业、政治、媒体、出版、时尚、美食及许多方面的中心。加利福尼亚的尼德尔斯距离洛杉矶仅仅 400 英里，但是在文化上却存在光年般的距离。生活的节奏、当地餐馆的食物、人们的衣着，以及从娱乐到商业的所有方面都迥然不同。尼德尔斯的人自豪地说：50 多年来，他们的小镇没有什么大的变化，他们喜欢这样的方式，而洛杉矶的生活可能顷刻间就会发生显著变化。

五大因素会影响文化变化的速度和种类。这些因素包括：

● 相对优势。所带来的变化是否优于现有的文化？如果变化没有比现有的习惯更优，则这种变化很难实现（试想：3D 电视）。

● 兼容性。变化是否与现有文化模式相一致？有些变化比现有的文化更优，但是它们可能与现有文化模式不相一致。如果新事物不能与大多数人的思想和行为一致的话，变化可能会缓慢发生。

● 复杂性。变化是否容易理解？台式电脑在交流和文档数据处理方面表现出明显的优越性，但是由于其普遍的复杂性，导致其在我们社会的普及落后了十多年。

● 可试用性。是否可以对变化进行测试？我们能否通过试验来测试变化呢？染发剂和文身之间的区别是：一个是临时的，另一个则是永久的。如果人们在还未做出不可逆的决定时就能进行小小的试验，文化的变化就得以加快。

● 可观察性。变化带来的益处是否清晰可见？如果看不到其价值，你可能就不愿去尝试。[27]

文化不是价值中立的 这个国家的各种运动虽然对美国的商业和高等教育带

来益处和积极的变化，但却始终传递着一种不断被重复的微妙的悖论，即："我们必须尊重所有其他的文化，因为我们的文化确实不比他们的好。我们的文化只是不同而已。"

每种文化当然有不同于其他文化之处，而且不是都同样地讲道德、讲公平或讲人性。有机构每年公布按照腐败程度排序的国家名单。其中，美国位于腐败程度较低的国家之列，但是与腐败程度最低的国家相比，还存在一定的差距。[28]

将人权和腐败行为作为基本考虑，我们也必须认识到从古时候的传统到宗教信仰等许多因素都可能导致被你我视作冒犯或蛮横的人类行为。21 世纪初，在许多国家妇女仍没有选举权和财产权，而在其他一些国家，妇女要么因被当作祭品而致残，要么被卖作奴隶。这样的做法在那些社会被接受，同时令我们惊愕的事实证明我们的价值观与他们的完全不同。我们的文化相互之间可以是完全不同的，但它们既不平等也不可相互交换。事实上，文化不是价值中立的。

不是所有的文化都同样复杂　由于人口规模、地理环境和与大都市的距离，以及其他因素，一些文化在组织模式、行为模式和信仰模式上比其他文化要来得简单。撒哈拉以南非洲的大部分地区、南太平洋上的波利尼西亚群岛、南美的丛林和雨林内陆以及北极的冰冻苔原区的文化都很古老且历史悠久，但却并不复杂。那里的许多人仍旧依赖交换货物来谋生，由小型的长老会来裁定法律问题。现代的 G8 国家拥有复杂的法律体系和税法，以至于没有律师或会计师能够宣称他们掌握了其中所有的专业知识。

事实上所有的文化都允许亚文化的发展　在每一种文化中，人们不可避免地会形成独立的、具有特殊兴趣爱好的各种小群体：远足爱好者、自行车爱好者、棒球爱好者、美食厨师、圣经拜读者、鸟类爱好者以及消防志愿者。这样的群体不胜枚举，如人们聚集在同一房间、电话机旁或互联网上以追求他们的共同兴趣。然而，有些社会对于这种亚文化的容忍度是有限的。高镇压型文化不允许与其主流文化存在任何偏离。例如，古巴从 1959—1998 年禁止庆祝圣诞，美国官方也禁止怀恨群体的一些活动，即便美国宪法保护这些人的生存权利。文化越复杂，亚文化的发展就越蓬勃，它们的数量就越大。

文化会影响生物，生物也会影响文化　尽管这个概念乍看起来并不清晰易懂，但是文化确实会对人类生物产生巨大影响。最为引人注目的例子莫过于日本人在 20 世纪的过去 50 年里其平均身高和体重上的戏剧性的增长。30 岁的日本男性其体重平均比他们的祖父们重得多，身高也高出数英寸。女性的面容也增色许多。

其他的例子比比皆是。从非洲西部人们脸上的疤痕和身上的装饰品到美国的隆胸和整容手术，甚至诸如我们饮食中的脂肪含量等问题都会影响我们的成长和健康。为了抗衡 20 世纪 50—60 年代逐渐形成的讨厌锻炼的这一文化，美国积极宣传锻炼和健康的必要性和价值。结果，不仅使人们普遍改善了体质，而且催生了一些新兴产业，如提供运动服饰、健身器械、高科技鞋子及高能量饮食等的产业。

10.6　文化的作用

文化通过开发系统处理人类的问题和挑战。大多数成功的文化发展了经济系统、婚姻和家庭系统、教育系统和超自然信仰系统。有些文化的这些系统比其他文化的更为复杂，但从绝大部分文化来看，人们共同建立经济价值和贸易规则，建立责任分担系统，组建和维护家庭系统、教育子女系统以及信仰上帝或来世的系统。个人信仰会有所不同，但文化本身才是决定一个社会中大多数人的思维、信仰和行为模式的关键。[29]

10.7　种族优越感

所有的文化都或多或少地显示出种族优越感，或者显示出这样一种趋势：用自己的文化标准衡量外国人的行为，并且相信自己的文化比其他任何文化都要优秀。我们想当然地看待我们自己的文化，因为我们生来就在这个文化中，日复一日，年复一年，我们伴随着文化的这些规则和假设成长。我们一直确信我们生活的方式"本该如此"。

结果，我们视自己的行为是正确的，而别人的是错误的。记住，我们曾说过"文化不是价值中立的"。我们完全有理由相信我们的行为方式，但那并不意味着其他人是"错的"。

所有的文化都是种族优越的，一些文化表现得比其他文化更明显。事实上，种族优越感可以在一个社会里提高群体凝聚力，它也可以成为腐败国家或种族领导人巩固其权力、排斥外人的手段。显然，种族优越感会导致偏见、蔑视、刻板印象和冲突。[30]

10.8　跨文化的沟通技巧

在全球经济中，成功的技巧莫过于跨文化沟通的能力。根据大量该领域的作者的观点，这一整套技巧涉及多方面的个人能力：

● 认识到自己知识和观点的相对性的能力。我们每个人都趋向于根据我们自己的教育、背景和信仰来评判他人、事件和观点。只需认识到自己的这些方面肯定不同于其他文化会是一个良好的开端。

● 不做判断的能力。你可以做出自己的判断，但不要把自己的判断告知他人。

● 容忍模糊的能力。承认这样的事实，即你不可能全面理解另一种文化，但同时你又能在那样的文化中游刃有余。

这一整套技巧涉及在无须采纳和内化的情况下尊重他人的行为方式、其国家以及其价值观的能力。这些技巧还包括如下能力和素质：展示同理心、灵活性（尤其在高度模糊或不确定的情况下），懂得忍让和谦卑。

显然，理解你希望与之做生意的人们的需求乃是你成功的关键。在你的工作中，技术上的能力固然重要，然而无论是在国内还是在国外，理解他人的文化、习俗、社会准则及信仰也同样重要。有趣的是，正当我们发现世界经济越来越趋于全球化和相互依存时，我们同样发现自己的国家也在发生同样的变化，似乎在未来若干年中唯一不变的将是变化本身。

延伸阅读 //////////////////////

Beamer, L. and Varner, I. *Intercultural Communication in the Global Workplace*, 4th ed. Boston, MA: McGraw Hill Irwin, 2007.

Binns, C. "American Can't Step Into Shoes of Others; Individualism Stops People from Seeing Others' Viewpoints, Study Suggests," MSNBC.com. Updated: 1:48 P.M. ET July 18, 2007. Retrieved from http://www.msnbc.msn.com/id/19832287/from/ET/.

Brinkley, C. "Where Yellow's a Faux Pas and White Is Death," *Wall Street Journal*, December 6, 2007, pp. D1, D8.

Ely, R. J., Meyerson, D. E., and Davidson, M. N. "Rethinking Political Correctness," *Harvard Business Review*, September 2006, pp. 79–87.

Ferraro, G. P. *Global Brains: Knowledge and Competencies for the 21st Century.* Charlotte, NC: Intercultural Associates, Inc., 2001.

Harrison, L. E. and Huntington, S. P. *Culture Matters: How Values Shape Human Progress.* New York: Basic Books, 2000.

Jandt, F. E. *An Introduction to Intercultural Communication: Identities in a Global Community.* Thousand Oaks, CA: Sage, 2003.

Javidan, M. "Forward-Thinking Cultures," *Harvard Business Review*, July–August 2007, p. 20.

Kenton, S. and Valentine, D. *CrossTalk: Communicating in a Multicultural Workplace.* Upper Saddle River, NJ: Prentice Hall, 1997.

Nagourney, E. "East and West Part Ways in Test of Facial Expressions," *New York Times*, March 18, 2008, p. D5.

Tierney, J. "As Barriers Disappear, Some Gender Gaps Widen," *New York Times*, Tuesday, September 9, 2008, pp. D1, D4.

Tuleja, E. A. *Intercultural Communication for Business*, 2nd ed. Mason, OH: Cengage South-Western, 2008.

Urich, E. *Speaking Globally: Effective Presentations Across International and Cultural Boundaries.* Exeter, NH: Kogan Page, 1998.

Walker, D. M., Walker, T., and Schmitz, J. *Doing Business Internationally: The Guide to Cross-Cultural Success*, 2nd ed. New York: McGraw Hill Trade, 2002.

注 释 //////////////////////

1. Friedman, D. and K. Pollack. "Ahead: A Very Different Nation," *U.S. News & World Report*, March 25, 1996, p. 8.

2. U.S. Census Bureau, "National Population Projection (Summary Files)," available online at http://www.census.gov/population/www/projections/natsum-T1.html. Retrieved on July 16, 2008 at 1:43 P.M. See update: http://2010.census.gov/2010census/data/index.php retrieved on January 6, 2011 at 12:03 P.M.

3. Scott, J. "Foreign Born in U.S. at Record High: Census Puts Number at 56 Million, with Mexico Chief Supplier," *New York Times*, February 7, 2002, p. A18. See also Swarns, R. L. "Hispanics Resist Racial Grouping by Census," *New York Times*, October 24, 2005, pp. 1, 18.

4. Files, J. "Report Describes Immigrants as Younger and More Diverse," *New York Times*, June 10, 2005, p. A11. Copyright 2005 © by The New York Times Company. Reprinted with permission.

5. Marshall, Barbara. "With Boomers Turning 65, Retirements Turns from Slo-Mo to Go-Go," *The Austin Statesman*, December 31, 2010. Retrieved from http://www.statesman.com/news/nation/with-boomers-turning-65-retirement-turns-from-slow-1156635.html. on January 6, 2011 at 12:15 P.M.

6. The Los Angeles Gerontology Research Group. "Official Tables," updated July 15, 2008. Available online at http://www.grg.org/calment.html. For additional current figures and trends, see http://www.census.gov.

7. Kilborn, P. T. "Shifts in Families Reach a Plateau, Study Says," *New York Times*, November 27, 1996, p. B1. Copyright 1996 © by The New York Times Company. Reprinted with permission.

8. Ibid.

9. Thomas, P., V. Reitman, D. Solis, and D. Milbank. "Women in Business: A Global Report Card," *Wall Street Journal*, July 26, 1995, p. B1. Reprinted by permission of *The Wall Street Journal*. Copyright © 1995 Dow Jones & Company, Inc. All rights reserved

worldwide.

10. Ibid.

11. Maxa, R. "How to Avoid Cultural Blunders: For Business Travelers, a Few Rules Can Go a Long Way," MSNBC. Available online at: www.msnbc.com/news/224480/asp. Retrieved on December, 23, 1998.

12. Adams, D. "Don't Get Upset If Foreign Executive Holds Your Hand," *South Bend Tribune*, December 20, 1998, p. B5.

13. Bosrock, M. M. *Put Your Best Foot Forward*. Minneapolis, MN: International Educational Systems, 1995.

14. Harris, P. R. and R. T. Moran. "Doing Business with Asians—Japan, China, Pacific Basin, and India," in *Managing Cultural Differences: High Performance Strategies for a New World of Business*, 6th ed. Houston, TX: Gulf Publishing Company, 2004, pp. 393–406.

15. Barnlund, D. *Communicative Styles of Japanese and Americans: Images and Realities*. Belmont, CA: Wadsworth Publishing Company, 1989, pp. 156–157.

16. Adams. "Don't Get Upset," p. B5.

17. Ibid.

18. Ferraro, G. P. *The Cultural Dimension of International Business*, 5th ed. Upper Saddle River, NJ: Prentice-Hall, Inc., 2005, p. 7.

19. Seligson, H. "For American Workers in China, a Culture Clash," *New York Times*, Thursday,

December 24, 2009, pp. B1, B2.

20. Ibid, p. B2.

21. Ibid, p. B2.

22. McCartney, S. "Teaching Americans How to Behave Abroad," *Wall Street Journal*, April 11, 2006, p. D1.

23. Harvey, C. and M. J. Allard. *Understanding Diversity: Readings, Cases, and Exercises*. New York: HarperCollins, 1995, p. 7.

24. Simons, G. *Working Together: How to Become More Effective in a Multicultural Organization*. Los Altos, CA: Crisp Publications, 1989, p. 5.

25. Harvey and Allard. *Understanding Diversity*, p. 7.

26. See Harris, W. H. and J. S. Levey. *The New Columbia Encyclopedia*. New York: Columbia University Press, 1975, p. 1046. See also Trevelyan, G. M. *Garibaldi and the Making of Modern Italy*, 1911, reprinted 1948.

27. Ferraro. *The Cultural Dimension*, pp. 25–30.

28. Transparency International, "Corruption Perceptions Index 2010." Available online at http://www.transparency.org/policy_research/surveys_indices/cpi/2010. Retrieved on January 6, 2011 at 1:30 P.M.

29. Ferraro. *The Cultural Dimension*, pp. 22–25.

30. Lustig, M. and J. Koester. *Intercultural Competence: Interpersonal Communication Across Cultures*, 4th ed. New York: Addison Wesley Longman, 2002, pp. 146–149.

案例 10-1 ▶▶▶▶▶▶▶▶

Oak Brook 医疗系统公司

杰奎琳·哈里斯（Jacqueline Harris）在 Oak Brook 医疗系统公司任职已有 12 年。在过去的 18 个月里，她是医院供应商部的战略规划主管。医院供应商部是 Oak Brook 医疗系统公司的一个部分，在过去的 3 年里，以接近 35% 的惊人速度增长。

该部门是相对较新的一个部门，是由于保健市场的发展而于 7 年前创建的。该部门的增长依托的是高品质的产品、顾客服务和高质量品位的顾客。医院供应商部的人，大多是创业型的，对工作兢兢业业，颇具献身精神。杰奎琳所领导的部门成员和公司领导层都为自己对顾客所做的一切感到自豪。

杰奎琳对她的部门来说很重要，由她制定的战略为公司带来了价值 4 000 万美元的业务，她因此受到广泛的赞许。她也被认为是一名精干的、成果颇丰的结果导向型管理者。此外，杰奎琳也非常直截了当，在一些情况下，她与同事之间的交流会存在问题。在朋友和同事看来，她对同事和下属的态度比较倨傲无礼。

杰奎琳的同事和合作伙伴

部门中的其他成员觉得她是防御性的，有时，又有些压倒性的。他们说当她陈述想法时，她会用数据来压倒其他人。有人这样描述道："当我和她交谈时，她总给人以一种盛气凌人的感觉。"这些感觉的结果是，一些人认为杰奎琳是不可亲近的、不好合作的。在过去的几年里，在讨论她在该部门的未来时，她与同事沟通上的困难成为较大担忧。然而，迄今为止，还没有人将此事直接告诉她以引起其重视。

杰奎琳经历过与同事沟通上的困难，但她将此简单地认为是完成工作的一部分。事实上，她认为自己的行事方式可与那些成功人士相媲美。然而，杰奎琳越来越感到挫败，因为缺少来自管理高层的关注。

尽管她在战略规划上有高绩效，但似乎没有人向她提晋升的事，她也不明白为什么自己被忽视。她越来越认为是她的上司（部门副总裁）和部门总裁不愿意提升她，因为她是非洲裔美国人。她不会声张此事，但她开始怀疑微妙的种族主义阻碍了她的前进。

这种挫败感愈演愈烈（至少在她看来），因为她一直只知道成功。她以工程类专业前10%的成绩毕业于知名的中西部大学。她以MBA班前5%的成绩毕业于麻省理工学院的斯隆管理学院。杰奎琳一直对自己的工作引以为豪，无论接手什么工作，她都追求卓越。事实上，她之所以选择Oak Brook医疗系统公司的这个部门，是因为这个部门节奏快、结果导向且市场份额也因为其产品和服务正快速增长。杰奎琳认为，这既是一家公司，也是一个产业，可以为工作出色和创造结果的人提供机会。

然而，这个部门的管理层中女性和有色人种很少。起初，杰奎琳认为这会对她有利，可以为她更快的晋升创造机会。现在，她开始怀疑高层中之所以少有女性和有色人种是因为高层不喜欢这些人。

杰奎琳和其他管理高层都意识到他们在顾客群人口统计上的变化，并积极地认为在本部门应该有人可以代表这类顾客，从而给公司的业务带来不同的视角。考虑到这一点，她决定继续留在这个部门。然而不久，周围的人意识到她并不开心。

有必要采取行动

作为杰奎琳的经理，你将如何就她与其他同事的沟通问题与她进行交谈？你将如何帮助她在该部门的专业发展和职业生涯发展？为了帮助她，你不妨考虑以下问题：

1. 同事和经理们是如何看待杰奎琳的？

2. 你认为杰奎琳拥有怎样的有助于她处理好员工沟通问题的发展机会？

3. 你认为影响杰奎琳在医院供应商部的成长和发展的障碍有哪些？

4. 作为杰奎琳的经理，你将如何提供帮助，并就这些帮助与她进行沟通？你将如何坦诚地说出你对她的看法？你将如何倾听杰奎琳谈及她对部门中其他人的看法？

5. 如果你觉得有效，你可以将那些涉及杰奎琳工作和她与部门其他人交流的事例反馈给她。

案例 10 - 2　▷▷▷▷▷▷▷▷

拉霍亚软件公司

托德·贝蒂（Todd Batey）在用完午餐返回办公室的路上对卓有成效的下午满怀希望。他刚刚完成两个大项目，因此这会儿他可以处理那一堆他简直顾不上的未读邮件、推迟的备忘录、文件夹、期刊和杂志了。

在过去的几个月里，贝蒂投入的这几个重大项目是企业软件部门推出的新产品。同时，他一直在与拉霍亚软件公司（LaJolla Software，Inc.）的高层团队一起工作，探讨高度机密和潜在盈利性战略联盟事宜：拉霍亚软件公司的高管正瞄准几家日本公司与其合资，以使公司在日本，甚至亚洲的大部分地区分销其著名的"S-4"供应链管理软件。

公司背景

拉霍亚软件公司是一家小型但成长迅速的公司，坐落在加利福尼亚州拉霍亚市的硅谷地区。这家 800 万美元资本起步的小公司 5 年前还毫无收益，发展到今天已成为价值 1.5 亿美元的上市公司。拉霍亚软件公司专业开发系统整合和供应链管理方面的企业软件、定制化应用程序和创新思维。查德·卢卡斯（Chad Lucas）和他的大学室友约书亚·弗林（Joshua Flynn）在他们的很多同学还未还清大学贷款之前，就已经将对管理信息系统的兴趣转成了一项成功的商业。

然而，他们完全依靠自己的努力。卢卡斯和弗林雇用了 6 个南加州最聪明的年轻编程家和系统工程师，并且开始开发一个产品系列。或许他们最聪明的举措在于雇用了托德·贝蒂，刚毕业于圣克拉拉（Santa Clara）大学市场营销专业的大学生。逐渐地，卢卡斯和弗林这个团队发展成为一个非常具有实力的企业。目前，该企业正突飞猛进。如果他们打算利用远东这个已经向他们招手的机会，那他们远不止需要聪明的编程家和年轻的营销主管。他们需要一个了解这块土地的商务合作者。

机会降临

当贝蒂将软饮料杯扔进可回收垃圾桶时，一个实习生将头伸进了他的小隔间。"卢卡斯和约书亚要见你。"

"什么事？"他问。

"不知道。"实习生回答道。"我只知道发生了一些事情，然后你就被提上了议程。"

贝蒂抓起他的掌上电脑往走廊另一头走去。由于只有 75 个雇员，拉霍亚软件公司的空间不大：一座坐落在多利松路 I-5 号的现代办公楼上的两个楼层。天晴时，透过贝蒂小隔间的窗户能够看到太平洋海滩。没有太多的隐私，但却有很好的风景。

贝蒂没有敲门便径直走进卢卡斯的办公室。拉霍亚软件公司的礼节就像领结一样简单。"你要见我？"他问。

"嘿，贝蒂，"卢卡斯回应道，"请坐！"

"我们刚收到一份来自正弘札场（Masahiro Fudaba）的传真，"卢卡斯说，"我们对东京的无数次访问终于有了回报。"传真来自正弘札场，日本 Ichi Ban 实业公司的高级副总裁。"真的吗？"贝蒂问。

弗林说："最终，我们将与 Ichi Ban 合作成立一家合资公司。Ichi Ban 的股东、商业伙伴、银行家、企业系列的主管最终与我们达成了协议。"他停顿一下接着说："看来拉霍亚软件公司要向日本进军了。"

"首先，我们将迎来一些日本人的造访，"卢卡斯说，"正弘的意思是由一司八仓（Kazushi Yakura）和 8 个日本经理组成的团队将于下周来这里开始组建我们新的、共同拥有的公司。显然，八仓先生来这里只待几天，而过渡团队将留下来直到一切准备就绪。"

"我能做些什么？"贝蒂问。

弗林说："我们是工程师，而你是营销师。为了确保这些来访者感到受欢迎，我们琢磨着你是最合适的人选。"

卢卡斯说："更重要的是，我们需要帮助 Ichi Ban 公司的过渡团队更多地了解我们。他们了解我们的企业、我们的市场、我们的行业，但我不确定这些伙计有多了解美国、了解加州、了解与美国人做生意。""据正弘说，"他补充道，"只有八仓先生来过美国。其他大多数人都没有出过日本。"

"有意思，"贝蒂说，"我们还了解他们些什么？"

"这是他们确定造访的名单，"卢卡斯说，"我们知道他们的年龄、职位头衔以及一些有关教育和之前工作经历的背景，再没有其他的了。"

"你想让他们了解什么？"贝蒂问。

"我认为有一点比较明确的是我们必须减少他们的顾虑、消除他们的恐惧，并且提高我们相互之间的信任度，"弗林说，"我知道你了解有关跨文化沟通方面的问题，所以我们将这些细节的事情留给你。"他顿了一下，然后说："让我们把这件事情做得不只是参观游览而已。"

"没问题，"贝蒂说，"明天下班之前，我将拟订一个初步的计划给你。"

卢卡斯和弗林很感谢这位年轻的营销经理，并对他的能力表现出完全的信心，相信他定能使这次日本经理团队的造访圆满成功。贝蒂离开卢卡斯的办公室，往走廊另一头走去，心想："没问题？或许有问题。我们将对这些造访者做些什么？"

◆ 讨论题

1. 假定你的小隔间在托德·贝蒂的隔壁，他就这个话题想征求你的意见。你会对他说些什么？

2. 贝蒂让这些日本来访者了解美国文化想达到怎样的目的或可控的结果？

3. 你能完全确定这些经理所认识并理解的美国概念有哪些？你认为哪些概念他们必须理解以确保合资企业的成功？

4. 你将如何向他们介绍美国？你会带他们去哪里？你会向他们展示什么？

5. 你如何确定你的造访者在回国前会了解些什么？

6. 为实施该计划，你需要做怎样的预算？

7. 你认为拉霍亚软件公司的其他员工对日本和日本文化了解多少？他们是否也应参与到向公司的新亚洲商业伙伴介绍美国的工作中来？

第 11 章

冲突管理
Managing Conflict

21 世纪的职场充满了紧张和冲突。最近一份盖洛普民意调查显示，40％的美国员工声称他们从不在工作中发怒，这一比例比 20 世纪 90 年代中期的 51％要低。[1]冲突产生于诸如赶工期、超负荷的工作、对失业的担忧以及对高生产率的无止境需求。在如此压力之下，职场的暴力事件频频发生，即使在平和的气氛中，例行的商业谈判也经常会闹得不愉快。[2]

一些组织似乎爱折腾。20 世纪 90 年代晚期，通用汽车公司（GM）在试图从与全美汽车工人联合会（United Auto Workers，UAW）的劳资纠纷中取胜而损失了 22 亿美元。根据一位行业分析员所说："GM 与 UAW 之间水火不相容，它们就是不能和平相处。"威胁、恐吓、罢工以及缺乏弹性的职位成为它们近几年来的关系表征。"GM 应该从这次罢工中认识到，它是不可能获胜的，"汽车分析员玛丽安娜·凯勒（Maryann Keller）说，"自 1990 年以来，有 24 次罢工，但 GM 没有解决任何问题。"[3]GM 公司 2010 年的倒闭和 2011—2012 年的重组足以证明冲突及缺乏合作是要付出巨大代价的。相比之下，福特汽车公司基于良好的合作和精于管理，很少出现罢工，并且没有像通用汽车和克莱斯勒公司那样，需要获取政府的紧急救助。

另外一些组织则认识到冲突会带来更大的成本。普林斯顿大学（Princeton University）的艾伦·克鲁格（Alan Krueger）和亚历山大·玛丝（Alexandre Mas）考察了劳资关系对产品质量的影响，并得出结论：当劳动者与管理层发生冲突时，位于伊利诺伊州迪凯特的凡士通公司的轮胎次品率超出了正常范围。他们认为，劳资冲突似乎是那些不合格轮胎的主要原因，这些不合格轮胎导致 100 多人死亡和 500 多人受伤，工会声称，这不是因为公司雇用的这些罢工者的能力所致。研究人员称："在我们看来，这更像是在替代岗位的工人与召回返厂复工的罢工工人之间的某种默契……导致了生产不合格轮胎的情况。"[4]

冲突产生自各种因素，但许多专家认为主要由诸多职场变量的因变量所致，如个性、个人关系和工作关系、文化差异、工作环境以及市场需求，当然还少不了竞争。"如今的工人不断为进度表和项目而竞争，为金钱和培训而竞争。"位于伊利诺伊州的威尔米特的一位职业生涯培训师玛丽莲·莫茨·肯尼迪（Marilyn Moats Kennedy）如是说。[5]另外，通过日益团队化运作，组织以团队的形式来完成具体的目标。然而，团队成员之间的差异会导致冲突。

位于坦帕的南佛罗里达大学（University of South Florida）的产业与组织心理学教授保罗·斯佩克特（Paul Spector）说："许多人在职场遭遇辱骂和胁迫，使情感受到伤害，这会带来不良后果。"明尼苏达州圣保罗的心理学家安娜·马拉维拉斯（Anna Maravelas）说："对人刻薄、耍无赖已是见怪不怪的社会现象。"在她所咨询的职场，愤怒、敌意、粗暴及缺乏人性随处可见。例如一位公司的副总裁曾告诉她："我给员工的报酬已经很好了，我没有必要再对他们更好。"一位银行员工说："在工作中对人友善会被视作软弱的表现。"[6]斯佩克特说，他的研究显示，2%～3%的受访者承认在工作中推搡过他人、打过他人耳光或揍过他人。他说，美国的劳动力大约有 1 亿人，这意味着有多达 300 万人有过上述行为。[7]

位于内华达州拉斯维加斯的关键绩效国际咨询公司（Key Performance International）的总裁珍妮·古尔布兰森（Jeanne Gulbranson）说："冲突往往产生于两人或更多人之间。"随着项目的深入，一些不同的看法和方法会随着工作任务的加重以及员工所花在项目上的时间的增长而表现出来。根据古尔布兰森的观点，这些冲突的产生可能是由于人们对变革的天然抗拒、项目进度的压力、项目中遇到的困难或是任务进展得不顺利。[8]

不是所有组织中的冲突都是有害的，但是组织中人与人之间的冲突如果不妥善处理，就会迅速导致生产率降低、人心涣散，从而对组织造成破坏。在一些最著名的高科技公司中，冲突作为创造力的催化剂而受到鼓励。在公司的内部网上人们可以随意地发表自己的观点，然后其他员工仔细阅读以找出不足之处。最理想的结果是，将大家创造性及思辨性的思维融合在一起，一个好的想法就会变成一个伟大的想法。即便是最差的结果，这种冲突也能激励着电子丛林的掠夺者们通过电子邮件来"助燃"人们去思考，为产生最佳想法而争先恐后。[9]

在大部分情况下，由压力带来的冲突对组织及其员工而言会导致不安，甚至危险。饱受长时间工作、大量邮件、不现实的限期以及苛刻的主管折磨的办公室里的员工们的体会最深。总部设在纽约的 Integra 资产评估公司最近的系列调查发现，越来越多的人亲眼看到过职场的暴力、辱骂及情绪崩溃等。这些研究把这种现象称为"桌面愤怒"，并且列出了一系列导致这种行为的缘由，包括办公室布局以及管理层对问题麻木不仁等（见表 11-1）。

根据另一项由南加利福尼亚大学管理学教授克里斯汀·波拉特（Christine Porath）最近所做的研究，职场的冲突会消耗组织的时间、精力和人才。被调查的近 3 000 名员工中，90%声称他们经历过工作中的不文明行为。在这些人中，又有 50%声称他们因为担心有事情发生而浪费了工作时间，50%的人考虑过换工作以避免事端，25%的员工丧失了工作积极性。1/8 的人说他们曾因粗暴事件而辞职。[10]

表 11-1   职场的"桌面愤怒"

目睹大喊大叫或其他形式的语言攻击	42%
对同事吼叫	29%
因为工作上的问题而号啕大哭	23%
看到过有人蓄意毁坏机器或办公家具	14%
看到过工作中的人身暴力	10%
殴打同事	2%

资料来源：Integra Realty Resources，2000/2001 survey of 1,305 adults 18 and older. Online at：www.irr.com.

11.1　冲突的定义

　　毫无疑问，就有关冲突的定义学术界一直存在分歧。[11]然而，大多数专家认为，尽管对立、不和谐以及交互作用是冲突的重要组成部分，但关键是对冲突的感知。换言之，如果没有人感觉到冲突，那么冲突就不存在。[12]

　　由此，我们可以把冲突定义为，当一个人感知到另外一个人对其所关心的事物产生了或将带来负面影响时的一个过程。位于北卡罗来纳州格林斯巴勒的 HR Alliance 咨询公司的埃里克·范·斯莱克（Erik Van Slyke）认为："实际上，冲突是任何时候都会阻碍我们前进的意见分歧。"他认为那些未加制止的微不足道的小事会迅速从工作中的冲突演变为个性冲突。[13]从这个意义上讲，从生产率、工作关系到股票价格的每一件事情都可能会产生冲突。

11.2　组织中的冲突

　　传统的观点　这种观点假设所有的冲突都是不利的，组织中的冲突被认为是消极的，并经常被等同于诸如暴力、破坏及非理性等贬义词，从而强化了冲突的负面形象。冲突被认为是不善沟通、管理层与员工之间缺乏透明度和信任，以及管理者未能对员工的需求做出反应的结果。[14]自然，好的管理者会尽其所能避免冲突。一个没有冲突的职场被认为是充满快乐且高效的。

　　人际关系观点　流行于 20 世纪 40—70 年代的这种观点认为冲突是所有群体和组织中自然而然的现象。因为冲突是不可避免的，所以产业及劳动心理学者认为冲突是可以接受的。他们合理阐明了冲突的存在，冲突不能被消除，它甚至可能是有益的。我们应该接受冲突，因为它是任何组织的天然组成部分。

　　交互观点　这种观点最初出现在 20 世纪 80—90 年代的社会科学文献中，其视角比之前的观点更为激进。这种交互观点实际上鼓励冲突，并且认为和谐的、和平的、平静的且合作的群体会变得僵化、冷漠，以及对组织的变革和创新无动于衷。他们强调认为没有一定程度的冲突，组织就无法进行变革，无法适应瞬息万变的市场，并且难以在严峻的市场环境中生存下来。[15]

　　理论上，不断的适当的冲突有利于激发创造力的观点听上去不错，但实际上是这样的吗？只是为了获得一些新的创举以赢得市场份额而让人们相互反目是个好主意吗？商业记者迈克尔·沃绍（Michael Warshaw）说道："千万不要低估一个好主意的力量，大多数公司的大多数人都想做正确的事情，只要给他们机会，他们就会做出积极的贡献。"《快公司》杂志的作者沃绍还认为员工为了在其从事项目或供职的组织留下他们的印记，会非常努力地工作。但是，他认为"大多数新思想拥有者并没有权力命令人们参与其项目"。[16]往往由于资源稀缺、价值观分歧以及同事对公司透明化的要求，最终导致了冲突。然而，只要适当控制，冲突对企业是有利的。关键的问题在于为什么会产生冲突以及如何管理冲突过程。

11.3　组织中冲突的来源

　　冲突可能起源于任何问题或因素，总体上可以从社会心理学文献中归纳出以下五个方面。

　　有限的资源　无论组织大小，人们经常会遇到资源稀缺或减少等问题。其中可能涉及诸如管理层的责任、对其他员工的监管、办公室或仓库的大小、预算、工具和设备、培训，以及约见上司的机会等。当一个人感知到另外一个人拥有某种优势，无论公平与否，冲突就有可能因此而产生。问题可以简单到仅仅是某人的复印机预算较高，或者复杂到谁会负责公司的新产品开发。

　　价值观、目标和优先权　冲突经常产生于特长、培训及信仰的差异。宾夕法尼亚大学沃顿商学院的卡伦·A. 耶恩（Karen A. Jehn）在一篇实证文章中阐述，如果人们拥有共同的基本价值观，他们之间就不大会发生冲突，无论任务或工作条件情况如何。[17]

　　责任的界定不清　冲突可能产生于正式的职位描述与非正式的工作期望之间的差异。工作条例上说的是一回事，而实际工作中要求的又是另一回事。很多时候，工作设计问题源于对从工作进度、薪酬福利到绩效考核体系等所有方面错误的界定、模棱两可或不准确的描述。

　　变化　在组织生命中保持不变的是变化本身。包括年度预算、组织优先顺序、权力等级、责任限制、重组、合并、资产剥离及解聘等方方面面都会导致企业中的焦虑、不确定性以及冲突。

　　对成功的人为驱动　冲突也可能是目标导向型组织中的副产品。实际上，任何组织，包括非营利组织，都会通过雇用许多为微薄的报酬而竞争的人以在组织中营造一种竞争的氛围。竞争者报酬之间的差距越大，冲突产生的可能性就越大。在一家房地产企业中，如果销售绩效与工资挂钩，那么拉客户的行为会产生明显的冲突。在一个军事组织中，工资是由军衔和职位决定的，那么竞争会随着越高级别位置越少而越来越激烈。

11.4　感知冲突

　　社会心理学家可以轻而易举地发觉企业中的冲突。冲突具有多种形式并且以各种方式表现出来——绝大多数显而易见，其他的则不然。每一个管理者都必须承担起识别工作环境中的冲突的责任，包括潜在的和实际存在的，并且运用恰当的手段管理或解决不利于组织健康发展的分歧。

　　正如我们所了解到的，冲突对于企业而言，是一把潜在的双刃剑。社会心理学家将冲突区分为功能型冲突和功能失调型冲突。针对何时实施、投入多寡、招聘何类人员以及实施路径等的健康性意见分歧，对组织的生存至关重要。而功能失调型冲突是指阻碍或妨碍其员工实现组织目标的冲突。以下是感知职场日常冲突的一些途径。

　　想象　尝试设想和想象自己或他人的行为是如何可能导致或正在导致冲突的。要像记者采访新闻故事那样问自己类似的问题：何人？何事？何时？如何？为何？

有时这些自我提问可以"假如"开始，如"假如我更改生产进度表以有利于产品的装运，那么我的同事会如何反应？"你不可能都有答案，但至少知道该问些什么样的问题，从而避免严重的冲突事件发生。

提供反馈　为员工提供充足、准确且及时的信息有助于你理解他们的看法。首先，以平和的方式与他人分享你的想法和感受，往往会鼓励他人告知其真实想法。你的员工或许并不能做到完全融入其中，但在了解了整个事情的来龙去脉后，起码能够多一些理解。

获得反馈　花时间了解你的下属在想些什么及感受些什么。不要等到最后一刻才发觉你自己做错了事情而无法挽回。通过提问来挖掘更多的信息：怎么会变成这样？在哪些方面？为什么？你能再告诉我一些吗？你获取的反馈的质量，尤其是从下属和一些不归你管的人员那里获得的反馈的质量，会直接影响到你与他们建立相互信任的程度。哈佛大学教授琳达·希尔（Linda Hill）认为平衡说教与询问之间的关系至关重要。"管理者就是倡导者，"她说，"管理者的职责就是解决问题——确定需要做的事、制订行动计划，并且影响他人来实施计划。相对而言，询问技巧，即提问能力未能得到很好的开发和认可。然而，随着管理者在组织中的地位越来越高，他们所面对的状况会越来越复杂并超出个人经验控制的范围，询问技巧就越发重要，管理者需要接受和采纳他人的经验和看法。他们需要平衡说教和询问之间的关系以促进共同学习。"[18]

明确期望　通过定期与下属交流来确定第二天或下周要优先做的事。任何你的期望与他人的期望之间的分歧都可能导致冲突。管理者经常会发觉，当他们向员工明确地表达了自己的期望时，他们就会获得有关团队成员和下属期望方面的信息。这种交流可能会出现在一些主管与下属的碰头会上，相互之间针对职场及手头的任务交流主客观观点和意见。

定期考核绩效　主管与员工开诚布公地就相互之间在工作上的合作情况进行沟通，有利于减少严重冲突事件发生的概率，同时也巩固了工作关系。大多数企业要求对管理人员每年进行绩效考核，对计时工作制的员工进行半年度或季度绩效考核。有关专家指出当组织全体成员认识到这种考核的公平性、客观性及专业性时，员工的士气和职场的满意度就会相当高。

11.5　处理冲突的意义

直接处理冲突，对个体和组织都是大有益处的，就个人而言，我觉得它意义重大。

● 增强人际关系。通过开诚布公地表达自己的想法，你可以收获更紧密的人际关系。

● 增加自我尊重感。你会变得自我感觉良好且不再为区区小事斤斤计较。衡量专业人员的一个关键因素就是他能否接受反馈以及能否以专业的方式而非个人的方式处理批评意见。批评不是针对你的，而是针对组织、针对手头的任务及针对你下属的工作。

● 个人发展。当个人偏见不再是障碍，并且你能够从容不迫地处理偏见时，你就能不断地学到新东西并得到他人的支持。而且，一旦组织中的其他人逐渐认识到他们可以信赖你时，团队成员之间就会更加团结，成功就在眼前。

专业地处理冲突不但对个人有利，对组织也大有好处。以下是详细说明。

● 提升效率和效果。把员工的努力集中在他们更易出成绩的领域，他们就能更加有成效地完成工作，从而达到更高的效率和生产率。与其浪费时间纠结于职场的冲突，还不如让他们做正事。

● 创造性思维。通过鼓励员工从错误中分享和学习经验，组织可以收获由创造性思维及空前的学习氛围所带来的益处。通过对冲突的早发现、早处理，管理者能够有效降低职场的不和谐及恐惧。对于任何有跳槽念头的员工而言，他们考虑的一个主要方面是他们的工作从长期来看能否受到管理层的赏识和认可。让员工了解到贵公司并不是"抓住错误不放"的，这样会减轻员工对于犯错误的恐惧感，并使员工更有信心尝试新想法和新的思维方式。

● 团队精神。通过互相帮助，管理者及其下属能够精诚为顾客和客户服务。在美国，我们经常会听到"顾客至上"的说法。而在许多亚洲国家，管理者开始意识到"员工至上"。通过关心员工，发扬员工的团队精神和培养员工的组织忠诚度，员工就会以服务好顾客来回报组织。而这些你花了很大努力所争取到的顾客就会很好地维护股东利益。

11.6　冲突管理的风格

人们对于冲突的处理方式见仁见智。有些人积极乐观地看待争吵，也有些人则不遗余力地避免正面冲突。对待冲突的不同风格恰恰反映了人们对冲突、对组织文化以及对个性的不同看法。图11-1揭示了肯尼思·托马斯（Kenneth Thomas）关于冲突管理的观点，他通过两个维度对冲突进行了区分：合作性和武断性。托马斯把合作性定义为个体尝试满足他人需求的程度，把武断性定义为个体尝试满足其自身需求的程度。

将合作性沿着横轴由低到高排列，将武断性沿着纵轴由低到高排列，以此作为矩阵的两个维度可以绘制出管理者应对冲突的风格。托马斯所称的"冲突处理倾向"包括竞争、协作、回避、迎合和折中。[19]

图 11-1　　冲突管理的五种风格

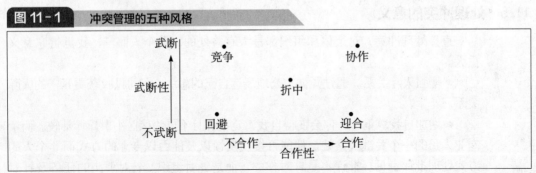

资料来源：Adapted from Thomas, K. "Conflict and Negotiation Processes in Organizations," in M. D. Dunnette and L. M. Hough(eds.), *Handbook of Industrial and Organizational Psychology*, 2nd ed., Vol. 3. Palo Alto, CA: Consulting Psychologists Press, 1994.

竞争 持这种冲突管理风格者既武断又不合作。那些为满足自己的利益而牺牲他人利益者被认为具有竞争性。这在与同行争夺市场份额时是很有效的策略，但在组织内部就会被视为起反作用，内部竞争经常会产生非常大的效果，但是它当然不会促进团队合作或每个团队成员必须具备的合作行为。显然，这种方式会导致赢家和输家。

协作 持这种风格者虽武断但合作。如果处于潜在冲突情形却竭力满足他人需求，那就表明他们是合作的并追求互惠互利的结果。在协作风格中，通过阐明差异而非迎合各种不同观点旨在更好地解决问题。这种方式从所有的观点中寻找双赢的解决办法。

回避 持这种冲突管理风格者既不武断也不合作。当一名管理者选择从有冲突的情形或讨论中退出意味着他想避免与不同意见的人产生对抗。

迎合 持这种风格者既不武断又很合作。试图安抚对手或员工的管理者通常会为了保持良好的同事关系而愿意将其他人的利益置于自身利益之上。尽管存在个人的疑虑，但具有迎合风格的人仍愿意为促进他人实现目标或群体和谐而做出"屈服"和"随大流"。对他人需求和利益一贯的迎合有时被视为另一种形式的回避冲突。

折中 持这种风格者处于武断和合作之间。当冲突各方都表现出愿意为促进问题解决而做出一些让步时折中就发生了。这时，没有明显的赢家或输家，而是双方均有"控制冲突目标并接受双方都不能得到最大化满足的方案的愿望"。[20]

11.7 那么，你该做什么

在处理组织中以冲突形式出现的挑战时，单一的方法显然不会奏效，为了成功，也就是为了达到许多不同的目标及平衡各种对立的价值观，你可能需要拥有我们上述讨论过的五种冲突管理方式中的每一种。在一些情况下，你可能需要采用迎合的方式以留住某个有价值的员工。而在其他情况下，你可能希望在对你不是特别重要的问题上采用折中的方式以获得想要的东西，或者在另一些情况中，你可能面对很多竞争者而很少报酬，为了不被淘汰，你可能选择竞争的方式。而在另外一些情形中，你可能决定打道回府回避争执。

然而，为了使你更有效地收集信息及评估形势，谈判和冲突处理专家提出了以下额外需要考虑和关注的方面。

倾听，倾听，再倾听 借助这个方法，洛杉矶律师艾伦·莱克（Alan Liker）帮助其委托人在从福特汽车公司收购 Budget 汽车租赁公司的敏感性谈判中获得了成功。他说，在这样的交易中，你必须发现人们对什么比较敏感，而且你只有通过仔细倾听才能做到这一点。然后你就有可能调整谈判的条款"以达到双赢"。

根据北卡罗来纳州教堂山的管理咨询师威廉·P. 邓克（William P. Dunk）的观点，要成为一名好的倾听者需要遵循许多原则。他说，"你会被诱惑着去讲话和打断他人"，非常不明智地把问题揽到自己身上。"假如讲得太多，即使你并没有提出任何解决办法，你也遏制了实现员工的自我意识"。[21]

区分人与事　在阐明了成功谈判双方的共同利益之后，具有实质性意义的就是关注眼前的问题——解决问题。如果谈判双方客观地进行讨论，谈判获得成功的可能性就大。如果在谈判过程中能摒弃高人一等的作风和报复心理，你则更有可能达到预期的目的。如何才能做到呢？你首先应把对方视为某个观点的支持者而非反对者或对手。与其说"我不同意你"，不如说"我不能同意这个方案"。[22]

着重于利益，而不是立场　谈判者所提出的要求也表明了其立场，要求是受利益所驱动的。经验表明，谈判双方较容易在利益问题上达成一致，只要这些利益是宽泛的、多方面的。你还应该认识到谈判立场更多是受情感驱动而非逻辑驱动的。建议这样来询问："能否告诉我你为何这么认为？"或许一个简单的陈述性表述可以帮助你得到想要的回应："请告诉我你为何持这一立场。"[23]

认识并容忍个体的情感　纵然许多参与者不愿承认，但事实上，在争论过程中非理性情感时有产生，每个人都认为自己是在客观地看问题。认识并容忍类似恐惧、嫉妒、愤怒或焦虑等情感可能会有助于参与者接受他们自己真实的感受。高效的管理者不会采用批评的态度说"你没有权利感到愤怒"，而是会从容对待那些情感，并且努力以换位思考的方式与这些人进行沟通。[24]

保持你自己的情绪中立　当约翰·戴（John Day）带领过渡小组把零部件卖给四家不同的公司，将位于纽约的 Sterling Winthrop 制药厂关闭时，他面对的是来自失去工作的员工的愤怒。"你必须保持冷静让自己忙个不停并且尽量关注积极的方面，"他说，"在他们表达了他们的观点以后，我会说'我与你们的情形一样，这也就是为什么我正努力去解决问题'。"冲突各方都应把重点放在接下去做什么以解决困境上，现任 Ingersoll Rand 公司管理者的戴说："这种做法可以缓解紧张局面。"[25]

寻找冲突原因　冲突可能会由管理者的个性或风格引起，也可能会由外部原因引起。威廉·邓克说："也许一名员工住在佐治亚州的父母生病了，或者他坐了两个小时的车赶来上班，一名有效的管理者无论职位高低，都必须认识到生产力的消耗和大量的冲突来自外部因素。"然后他说，在处理这些问题上你可以给员工一些帮助。[26]

持续而坦诚地进行沟通　在 Sterling Winthrop 公司的谈判过程中，过渡小组尽可能地多与员工进行沟通。约翰·戴说："我们持续地召开会议和发布时事通讯，即便没有太多值得告诉他们的内容。"这种沟通使员工感觉到自己参与其中，从而帮助缓解了公司在最后一段日子里的压力。戴所带领的团队也颇为残忍地告知员工并购方不会雇用他们。这种诚实为他们带来了信誉，但同时也导致了其他的冲突。戴说："现在反思一下那可是件大事啊。"[27]

引导人们关注　当分歧突然发生时，应首先集中谈判各方就大家同意的三或四个小措施展开一些讨论。有专家说，如果人们至少在一些事上达成共识，那么大的事情就不会有太大的困难。而且，如果你建立起一个和谐的谈判氛围，那么一个小小的善意就可能减少在大事上对话的难度。[28]

为共赢创造机会　这种方法要求作为管理者的你具有创造力。通过让大家对共同认可的方案集思广益，相互间的交流可以动态地从竞争性转变为合作性。这种努力可以向他人表明你是善意的，并不在意谁胜谁负。另外，你提供的选择、备选方案和组合方案越多，找到一种使每个人都满意的解决方案的可能性就越大。[29]

以获利而非失利来界定成功　如果一名管理者希望其工资有 10% 的增长，但却只得到了 6%，这个结果既可以被看作现有收入的 60% 的增长，也可以看作期望收入的 40% 的损失。第一种理解着重于获利方面，而第二种理解则着重于失利方面（没有实现所期望的）。结果是一样的，但是管理者的满意度却有本质上的区别。认识到我们评判结果的标准会影响我们对结果的满意度，这一点非常重要。一名理性的管理者会问：“它对当前的情况是否有很大的改善？”[30]

为确保成功做好后续工作　与每位参与者回顾所有的重大问题、定义、讨论、数据和细节。确定你们对实施方案及实施步骤已达成一致的意见。建立一些跟踪机制以确保方案实施的有效性。如果可能，对结果进行量化。如果你们的方案似乎并不奏效，那就约个具体时间重新对相关问题展开讨论。

明确何时应减少损失　有些时候冲突会离题太远，以至于你必须决定何时在哪里必须结束。管理咨询师威廉·邓克说：“不是所有的冲突都能得到解决，也并不是所有人都值得挽留。”[31]

11.8　如果你就是问题的关键该怎么办

临床心理学家、情绪管理专家亨德里·韦新格（Hendrie Weisinger）说：“事实上，每个人每天都会生气 10～14 次，而生气更是工作中的流行病。如果你有工作，你就注定会生气。”[32] 最糟糕的情形是，职场的生气可能会爆发成上新闻头条的暴力事件。但是根据处理这类事件的专业人士说，生气很少会发展到这种极端的情况。大多数人会冷静地甚至不带成见地处理人生中的失望。商业记者珍妮·布罗迪（Jane Brody）写道：“切记，即使你的生气是完全有道理的，但是发火仍然会对你造成损失；你可能会丢掉工作、配偶，或者健康。”[33]

根据北卡罗来纳州罗利的临床医学家费尔·德阿戈斯蒂诺（Phil D'Agostino）的观点，生气已逐渐被广泛地认为是当今世界文化的一部分。他引用一个颇受观众喜爱的电视节目展示生气的巨大优势。他回忆道：“在某个办公室中，一位男员工把一位女同事称作‘甜心’，另外一位女同事就对她说‘你有权利生气’。”“没有人有权利生气，”德阿戈斯蒂诺说，“因为生气会降低生产率。如果你没有获得提升，你可以做三件事：接受它、遗忘它，或者改变它。”[34] 遇到同事的冒犯时，这也许是代沟的问题而非对你缺乏尊重。位于波士顿的 Vantage Partners 咨询公司的谈判与关系管理专家马克·戈登（Mark Gordon）解释说：“通常，当我们感觉到被他人伤害时，我们混淆了意图和影响。换句话说，我们归咎为他们有伤害我们的意图，只是因为我们感觉受伤。实际上，即使他们表现出百分百的善意，我们也会受到负面的影响。”[35]

德阿戈斯蒂诺教授及其他情绪管理专家，如芝加哥情绪研究院（Chicago's

Anger Institute）的米歇尔·梅瑟（Mitchell Messer）、洛杉矶加利福尼亚大学的心理学家阿尔伯特·梅拉比恩（Albert Mehrabian）提供了大量控制情绪方面的指导。以下建议经常会在情绪管理类文献中出现：

● 承认你在生气。如果不加管理，怨恨就会郁积。不要抱着它会自行消失而不予理睬，也不要因为它看似不合情理而假装它不存在。

● 不要认为被轻视。你在走廊碰到的同事看似对你冷淡，但实际上他可能只是急着去洗手间。

● 了解什么激怒了你。如果你因为你的配偶或卡纸的复印机而不愉快，别对你的同事发泄。

● 不要受同事抱怨的感染。他们不愉快不等于你也得跟着不愉快。

● 检查你自己的怨恨信号。怨恨经常通过身体和情绪反应表现出来：心跳加快、呼吸急促。在怨恨暴发前学会解读这些信号。

● 深呼吸。在怨恨消耗你的精力和时间之前，想办法让自己冷静下来。尝试深呼吸、轻松地散步，甚至忙于工作。

● 写信。如果有人激怒了你，就给他写一封信，坦率而直接地倾诉你的感受。只是不要邮寄出去。你还是会感觉好受些。

● 向朋友吐露。如果直接向惹你生气的人发泄不够明智，那么你可以向你相信的人提及此事。[36]

看了这些建议之后，有两件事必须记住：首先，即使不是大多数，许多冲突可以在演变成办公场所两难困境之前被解决。只要认识到其最大化利益是与组织利益联系在一起的，大多数善良的人都会为了组织的利益愿意与他人共事。其次，管理者是被雇用来倾听员工的意见、收集有用的信息、解决争端和做出重要决策的。你做得越多，就会获得越多。

如果这些办法都无济于事，那么你可以考虑加拿大禅宗大师阿尔伯特·洛（Albert Low）的建议。"禅宗教导我们，根本的冲突存在于我们每个人，努力调解这些冲突便是所有痛苦的根源和生活的全部，"洛解释道，"商业活动中的冲突也无处不在，在部门之间的权力之争中，以及在股东、员工、顾客和社区的竞争性需求中。通过折中解决冲突的传统方法实际上扼杀了成长的唯一源泉。"蒙特利尔禅宗中心主任及《禅宗和创造性管理》（*Zen and Creative Management*）的作者说："管理者总是在两个或更多个需要的方案中做选择，但这些方案相互之间都是相冲突的。真正的管理者会利用反对势力的能量。当然，这需要一种具有创造力的行为。做出回应只是尽力赶上，而采取行动才能前途无量。"[37]

延伸阅读 ////////////////////

Borisoff, D. and D. A. Victor. *Conflict Management: A Communication Skills Approach*, 2nd ed. Boston: Allyn & Bacon, 1997.

Collins, S. D. *Managing Conflict and Workplace Relationships*, 2nd ed. Mason, OH: Cengage South-Western, 2008.

De Dreu, C. K. W. "Productive Conflict: The Importance of Conflict Management and Conflict Issue," in De Dreu, C. K. W. and E. Van de Vliert, *Using Conflict in Organizations*. London: Sage Publications, 1997.

Drory, A. and I. Ritov. "Effects of Work Experience and Opponent's Power on Conflict Management Styles," *International Journal of Conflict Management* 8, no. 2 (April 1997), pp. 148–161.

Gordon, J. *The Pfeiffer Book of Successful Conflict Management Tools*. Hoboken, NJ: Pfeiffer Publishing, Inc., 2007.

Janssen, O. and E. Van de Vliert. "Concern for the Other's Goals: Key to (De)escalation of Conflict," *International Journal of Conflict Management* 7, no. 2 (April 1996), pp. 99–120.

Parker-Pope, T. "When the Bully Sits in the Next Cubicle," *New York Times*, March 25, 2008, p. D5.

Rahim, M. A. and R. T. Golembiewski (eds). Styles of Managing Organizational Conflict: A Critical Review and Synthesis of Theory and Research. Greenwich, CT: JAI Press, 1997.

Ritov, I. and A. Drory. "Ambiguity and Conflict Management Strategy," *International Journal of Conflict Management* 7, no. 2 (April 1996), pp. 139–155.

Withers, B. *The Conflict Management Skills Workshop: A Trainer's Guide*. New York: American Management Association, 2002.

"Workplace Anger Viewed Differently by Gender: Antagonistic Men Admired, While Women Seen 'Out of Control.'" Reuters/MSNBC.com. Updated: 11:53 A.M. ET, August 3, 2007. Available online at http://www.msnbc.mns.com/20108425.

注 释 //////////////////////

1. Felton, B. "When Rage Is All the Rage: The Art of Anger Management," *New York Times*, March 15, 1998, p. 12. Copyright © 1998 by The New York Times Company. Reprinted with permission.

2. Lancaster, H. "Solving Conflicts in the Workplace Without Making Losers," *Wall Street Journal*, May 27, 1997, p. B1. Reprinted by permission of *The Wall Street Journal.* Copyright © 1997 Dow Jones & Company, Inc. All rights reserved worldwide.

3. Bernstein, A., P. Galuszka, and R. Barker. "What Price Peace? GM Lost a Lot to the UAW, and Labor Relations Are Still Bad," *BusinessWeek*, August 10, 1998, pp. 24–25.

4. Krueger, A. B. and A. Max. *Strikes, Scabs, and Tread Separations: Labor Strife and the Production of Defective Bridgestone/ Firestone Tires.* A working paper of the Industrial Relations Section, Firestone Library, Princeton University, Princeton, NJ. Online at: www.irs.princeton.edu/wpframe.html. Retrieved November 22, 2002. See also Wessel, D. "The Hidden Cost of Labor Strife," *Wall Street Journal*, January 10, 2002, p. A1.

5. Warshaw, M. "The Good Guy's (and Gal's) Guide to Office Politics," *Fast Company*, April 1998, p. 156.

6. Stenson, J. "Desk Rage: Workers Gone Wild," MSNBC.com. Updated: 6:54 A.M. ET, November 27, 2006. Available online at http:// www.manbc.msn.com.

7. Wulfhorst, E. "Get Out of the Way, Road Rage. Here Comes Desk Rage," Reuters, Thursday, July 10, 2008. Retrieved from http://www.reuters.com/article/idUSN0947145320080710 on January 6, 2011 at 2:38 p.m.

8. Gulbranson. J. E. "The Ground Rules of Conflict Resolution," *Industrial Management* 30, no. 3 (May–June 1998), p. 4.

9. Lancaster. "Solving Conflicts."

10. Chao, L. "Not-So-Nice Costs: As Work Street Mounts, Rise in Office Rudeness Weighs on Productivity, Retention," *Wall Street Journal*, January 17, 2006, p. B4.

11. See, for instance, Fink, C. F. "Some Conceptual Difficulties in the Theory of Social Conflict," *Journal of Conflict Resolution*, December 1968, pp. 412–460.

12. Robbins, S. P. *Organizational Behavior: Concepts, Controversies, and Applications*, 11th ed. Upper Saddle River, NJ: Prentice Hall, 2004, p. 445.

13. Thomas, K. W. "Conflict and Negotiation Processes in Organizations," in Dunnette, M. D. and L. M. Hough (eds), *Handbook of Industrial and Organizational Psychology*, 2nd ed., Vol. 3. Palo Alto, CA: Consulting Psychologists Press, 1994.

14. Robbins. *Organizational Behavior: Concepts, Controversies, and Applications*, p. 445.

15. Ibid., pp. 446–447.

16. Warshaw. "The Good Guy's (and Gal's) Guide to Office Politics," p. 156.

17. Jehn, Karen A. "Enhancing Effectiveness: An Investigation of Advantages and Disadvantages of Value-Based Intragroup Conflict," *International Journal of Conflict Management* 5, no. 3 (July 1994), pp. 223–238.

18. Ibid., p. 4.

19. Thomas. *Handbook of Industrial and Organizational Psychology.*

20. Robbins. *Organizational Behavior: Concepts, Controversies, and Applications*, pp. 451–453.

21. Lancaster. "Solving Conflicts," p. B1.

22. Whetten, D. A. and K. S. Cameron. *Developing*

Management Skills: Managing Conflict. New York: HarperCollins, 1993, p. 35.

23. Ibid.
24. Schmidt, W. H. and R. Tannenbaum. "Management of Differences," in *Harvard Business Review on Negotiation and Conflict Resolution.* Boston: Harvard Business School Press, 2000, pp. 18–19. Copyright © 2000 by the Harvard Business School Publishing Corporation; all rights reserved.
25. Lancaster, "Solving Conflicts," p. B1. See also, Brody, J. E. "Why Angry People Can't Control the Short Fuse," *New York Times*, May 28, 2002, p. D7. Copyright © 2002 by The New York Times Company. Reprinted with permission.
26. Ibid.
27. Ibid.
28. Ibid.
29. Whetten and Cameron. *Developing Management Skills*, p. 35.
30. Ibid., p. 36.
31. Lancaster. "Solving Conflicts," p. B1.
32. Felton. "When Rage Is All the Rage," p. 12.
33. Brody. "Why Angry People Can't Control the Short Fuse."
34. Felton. "When Rage Is All the Rage," p. 12.
35. Gordon, M. Telephone interview, Vantage Partners/Boston, November 25, 2002.
36. Felton. "When Rage Is All the Rage," p. 12.
37. Green, W. "Zen and the Art of Managerial Maintenance," *Fast Company*, June 1996, p. 50.

案例 11-1 ▶▶▶▶▶▶▶▶

Hayward 保健系统公司

鲍勃·杰克逊（Bob Jackson）是 Hayward 保健系统公司配送中心的新任运营经理。Hayward 保健系统公司是一家位于加利福尼亚州的中型非工会公司，其配送中心每年的营业额为 8 000 万美元，员工人数为 50 人，其中少数族裔 15 人，女性 18 人。

鲍勃是从公司另一个运营部门调入该部门的，这是因为配送中心严重的绩效问题阻碍了所有有关绩效改进的尝试。在过去的一段时间里，配送中心的次品率（4 000 个/月）节节攀升，给客户医院的订单发货错误率高得让人难以接受。杰克逊很清楚高层将他调入该中心就是希望他能够在短时间内改善其业绩。

至少在刚开始的几周里，杰克逊的工作初见成效。他发现由他前任推选的 5 名主管在员工中缺乏信誉，他们之所以被推选为主管都是因为凭借资历或与前任经理私交不错。

配送中心的工人分为三类：拣货员，他们负责根据编号对仓储的供货进行确认，把包装好的货物从货架上移开，然后分类放入篮子中；驾驶员，负责操作叉式升降机和电瓶卡车，将货物篮和货物箱运送到配送中心的不同地方；装卸工，负责叉式升降机和电瓶卡车上的货物的装卸。

杰克逊先生遇到的情形

杰克逊发现他的员工不仅士气低落，而且对于管理层和其他员工均比较敌对。很快他了解到，问题的部分原因在于对于员工进入公司前的有关背景信息的审核比较马虎，一些员工曾因严重的暴力犯罪而服刑。前任经理对于招聘决策自己一人说了算，根本不核对申请人的材料或者背景信息。

杰克逊很快发现员工要么通过拳头解决相互之间的争端，要么用脏话诋毁冒犯过他们的人。杰克逊的前任经理总是待在自己的办公室，对于此类事件不闻不问，这也就无意间纵容了这种无法无天的行为和混乱局面。他放任其缺乏信誉的主管解决各自的纪律问题。于是，中心的员工感觉到他们可以为所欲为地处理自己的事情而不会受到管理层的任何干扰。

装卸码头事件

正当杰克逊坐在其办公桌前，制订一系列有关改进配送中心效率的新计划时，他手下的一名主管进来向他报告，有两名装卸工激烈地争吵起来，装卸码头的情况颇为紧张。

争执突发于爱德·威廉斯（Ed Williams）（一名非洲裔美国人）和巴迪·琼斯（Buddy Jones）（一名白人）之间，他们争论的焦点是哪家无线电广播站负责装卸码头的音响系统，威廉斯是装卸码头唯一一名黑人员工。公司政策允许员工工作期间听音乐，近年来，许多工人都认为听音乐有助于他们改善工作环境。威廉斯坚持认为他不能忍受那些乡村音乐，而这恰恰是琼斯喜欢听的。琼斯声称威廉斯选择的打击乐冒犯他并影响了他的工作环境。围绕音乐的选择问题，两个失去理智的男人展开了一场情绪激动的争吵，并且相互进行种族谩骂。公司或分公司均没有制定职场选择音乐的相关政策，谁先上班谁就可以选择当天的音乐。

琼斯和威廉斯均属于出了名的难缠者，并且在 Hayward 医院供应部都有过违纪行为。琼斯在被公司雇用前，曾服刑 18 个月。杰克逊清楚，他应该立即采取措施解决这一问题，以免冲突进一步升级。主管告诉他，以前，前任经理会冲着冲突双方怒斥一通，然后走人完事。

杰克逊希望能够通过对这一冲突的处理，建立起自己对职场的掌控力，他知道这意味着他必须打破配送中心的"常规"，在员工中树立威信，并且抵制任何有违职业规范的行为。

解决问题

在制定针对杰克逊的这两名员工之间争端的解决方案中，你应该考虑以下问题：

1. 冲突的原因大概是什么？
2. 案例中，配送中心员工采用的是怎样的冲突处理风格？
3. 以往 Hayward 保健系统公司的管理者采用的是怎样的冲突处理风格？
4. 杰克逊应该做些什么以解决该冲突？该冲突一方或双方是否应该受到惩罚？
5. 从长远看，杰克逊应该如何做才能确保此类事件不再发生？
6. 为了培养一批能够提供支持并且能够指导配送公司员工工作的主管，杰克逊应该做些什么？
7. 本案例中沟通的重要性是如何体现的？杰克逊应该如何做以提升配送中心的沟通质量？

案例 11-2 ▶▶▶▶▶▶▶▶

该是接触和弥补的时候了

当好时食品公司的首席执行官理查德·伦尼（Richard Lenny）的顾问起草了一份新闻稿以公布好时食品公司的销售情况时，伦尼正在费城的办公室里审查交易的最终细节。就在这个时候他接到了来自罗伯特·沃勒（Robert Vowler）的电话。好时信托公司（Hershey Trust Company）

的董事会一致决定将拒绝所有的投标，并且告知伦尼，好时食品公司不再被出售。顿时，伦尼脸色苍白，他说："我们有一个交易，你曾经告诉过我，如果我能够给你们一个可以接受的交易条款，我们将会获得成功。"[1]

好时食品公司简介

好时食品公司，是米尔顿·S. 好时（Milton S. Hershey）于 1905 年创立的，1927 年公司成功上市。该公司股票在纽约证券交易所的代码为 HSY。去年，该公司的销售额达到了 46 亿美元，占美国国内巧克力市场 43% 的份额。公司总部设在宾夕法尼亚州的好时镇，雇用了当地 1.3 万名居民中的 6 200 人。[2]

好时食品公司分为三大产品系列：巧克力和糖果产品、餐馆运营以及其他食品和服务。该公司的巧克力和糖果广受消费者的青睐，其畅销的品牌包括 Hershey's Kisses 巧克力、Reese's 花生饮品、Twizzlers 甘草糖、Super Bubble 口香糖和 Kit Kat 巧克力等。

米尔顿·好时于 1857 年出生在宾夕法尼亚州中部的一个农场家庭。他年轻时曾居住在丹佛、新奥尔良和纽约，但又于 1886 年回到了宾夕法亚尼州，并且创建了 Lancaster 焦糖公司。1893 年他开始生产巧克力，并于 1894 年组建了好时巧克力公司（Lancaster 焦糖公司的一个分公司）。1900 年，米尔顿·好时以 100 万美元的价格出售 Lancaster 焦糖公司。携带着销售带来的收益，他回到了宾夕法尼亚州的德里镇，开始创建其巧克力生产厂。[3]

1905 年，随着工厂正式开工，米尔顿·好时开始朝着他两个最雄心勃勃的目标努力：成为大规模生产巧克力的先锋和创造一个乌托邦式的社区。他是一个富有雄心的商人，但他希望将自己所挣的钱用于做善事上。他在办公室的墙上挂了一条标语："商业就是一种人类服务。"[4]

米尔顿·好时不仅生产巧克力，还建造房屋和公共建筑，经营城市管理服务和有轨电车。此外，他还创建了好时信托公司作为社区银行。在经济大萧条期间，尽管其公司的销售额下降了 50%，但米尔顿·好时却做到了不裁掉任何一位工人。他雇用他们去做其他的项目，如建造好时宾馆。

在许多支持者的眼中，米尔顿·好时创建了"地球上最温馨的场所"，并且这个社区的关键元素就是他和他的妻子于 1909 年为弱势儿童建造的米尔顿·好时学校。他的使命在以下的陈述中得以概括：

> 我希望把我所有的钱都用到我的员工及好时人的身上，用到德里镇的孩子和我员工的孩子的教育上。[5]

米尔顿·好时于 1945 年去世，但是他的美德仍然深深地印在宾夕法尼亚州好时人的心中。每年的 9 月 13 日，当地居民都会在巧克力镇广场上庆祝他的生日，全镇挂满了他的照片。

理查德·伦尼：好时食品公司的首席执行官

虽然好时镇居民对米尔顿·好时的美德赞不绝口，但是好时食品公司现任首席执行官理查德·伦尼对于公司该如何运营却有着不同的观点。伦尼于 2001 年初成为该公司的首席执行官，他是掌管这家公司运营的第一个外来者。他在加入好时食品公司之前，曾担任卡夫食品公司的团队副总裁。好时食品公司是一家获利颇丰的公司，在过去的 30 年，均排在绩优股的第 28 位，每年的回报达 17.4%。但是，最近几年，它的利润率相对于业界而言在持续下滑。[6]

在 2002 年的 1—3 月，与上一年同期相比，伦尼为公司增加了 10% 的利润。然而这一利润的增加并没有使他在当地民中备受欢迎，因为这个利润的增加大部分是因为他关闭了工厂，并且把可可粉的生产进行了外包而节约出来的。

他的这些降低成本的努力招致公司内部的反对，并且导致了员工以有关卫生保健变革建议为由于 2002 年 4 月进行了为期 6 周的罢工。这 44 天的罢工是该公司历史上最长的一次。理查德·伦尼不愿意与工人进行谈判，并且坚定不移地要履行他的使命："我在这儿就是要做好股东们希望我做的事，即增加股东价值。"[7]

工人们对于首席执行官的不满已经到了忍无可忍的地步。好时工会分部的领导，布鲁斯·胡梅尔（Bruce Hummel）概括了伦尼的态度："他是一个十足的公司贪婪者。"[8]

好时信托公司

在其巧克力工厂开始运营的当年，米尔顿·好时创建了好时信托公司以帮助创造他所预想的产业社区模式。好时信托公司于 1905 年 6 月作为社区的第一银行开张营业。多年以后，好时信托公司被指定为新建的好时工业学校（现更名为米尔顿·S. 好时学校）的托管方。1918 年，当米尔顿·好时把他在好时巧克力工厂价值 6 000 万美元的全部股权捐赠给这所学校的时候，作为托管方的好时信托公司承担起了这所学校绝大部分的责任。1935 年，为了反映他对德里镇青年人未来的关注，米尔顿·好时设立了米尔顿·好时基金，并且再次指定好时信托公司作为托管方。该基金的主要目的是为德里镇的居民提供教育和文化学习的机会。

今天，由总裁兼首席执行官罗伯特领导的 17 人董事会掌管着价值 54 亿美元的米尔顿·S. 好时学校信托基金。大约 58% 的信托资产都购买了好时食品公司的股票。好时信托公司股权的 31% 属于好时食品公司已发行的股票，77% 属于有表决权的股票。[9]由于好时食品公司在 1986—1993 年期间执行了一系列股票回购措施，回购了价值 13 亿美元的股份，从而使 B 级表决权股票给信托公司提供了控股权益。股票回购旨在减少信托公司对好时食品公司的持股比例，以及多元化其投资组合。在过去的 5 年中，信托公司的回报率是相当可观的：与标普 500 指数每年 0.44% 的回报率相比，信托公司平均每年的总收益回报率达到了 4.3%。[10]

米尔顿·S. 好时学校

1909 年 11 月 15 日，米尔顿和凯瑟琳·好时（Catherine Hershey），急切地希望把他们的财富用于做善事上，于是创办了好时工业学校，接收失去双亲的男孩子。对学校进行托管的举措进一步明确了办学宗旨，即把年轻人教育和训练成能够胜任贸易类行业的工作，使他们能够自食其力。[11]好时先生在其妻子去世后的股权捐赠确保了这所学校的未来，也使好时信托公司成为好时巧克力公司的大股东。这些渐渐被大家称为"家庭男孩"的学生，通过上好时工业学校，生活都发生了变化。结果，这些人对米尔顿·好时以及学校表现出了高度的忠诚。许多人继续成为米尔顿·好时家族的成员，有的当上了好时食品公司与好时娱乐和休闲公司(Herco) 的员工、经理，有些人甚至当上了首席执行官。

这所学校后来更名为米尔顿·S. 好时学校，招生政策也做了修改：取消只招失去双亲的男孩的限制，新政策规定可以招收女孩、少数族裔和来自破裂家庭的贫穷的年轻人。这所学校占地 1 万平方英尺，校园风景秀丽。不仅提供教育，还为 1 200 个贫穷的孩子提供住宿、医疗和牙科保健、服装、社会工作支持、便携式电脑和大学资助等。在 2001—2002 学年，好时信托公司拿出其收益中大约 1.11 亿美元用于米尔顿·S. 好时学校运营，粗略地估算，在每个学生身上花费了 9.65 万美元。[12] 目前，他们正计划将学校的招生人数增至 1 500 名。

分歧的开始

当米尔顿·好时还健在时，当他还担任每个董事会的主席时，好时巧克力公司、好时信托公司、米尔顿·S. 好时学校和德里镇社区都相安无事。然而，1945 年，米尔顿·好时去世后，这个既舒适又脆弱的联盟体开始出现裂痕。1963 年，城镇的居民反对好时信托公司向宾夕法尼亚州立大学捐赠 5 000 万美元用于建造医学院及其附属医院。在接下来的几十年里，创建于 1938 年的向居民和员工免费的好时中级专科学校被关闭，社区游泳池被填平，好时公司经营的市政服务和公共设施也被卖掉，休闲广场也开始收取入场费。

20 世纪 70 年代初期，由于价格-工资控制，好时公司的股价和红利大幅度下滑。学校托管方不得不卖掉一些不动产以履行其义务，招生人数几年来一直都受到负面的影响。好时巧克力公司失去了其市场份额占有率的领先地位，屈居 Mars 公司之下，并且遭遇到财政困难。为了追求多元化的扩张战略，好时巧克力公司完成了许多非巧克力行业的收购，并且把公司更名为好时食品公司。1988 年，重组和运营变革非常成功，好时公司重新获得了其在市场占有率上的领导地位。[13] 这时，好时巧克力公司的领导层从必要的关注结果开始走向关注家长式的、保护性的，由米尔顿·好时遗留下的文化上。

1993 年，一个局外人（不是好时的校友），威廉·莱普利（William Lepley）受雇经营米尔顿·S. 好时学校[14]，同时被任命为学校信托董事会成员。不过，该校的校友会与莱普利以及学校托管公司之间就学校的变革问题发生了分歧。围绕管理不当和行为不端的指控，双方争执不断。由于董事会的多元化和有关管理理念的分歧，好时食品公司和好时娱乐和休闲公司的首席执行官不再担任好时信托公司的董事会职务。

巧克力镇的动荡时期

2001 年 12 月，为了回应校友指控学校存在管理不当，宾夕法尼亚州副总检察长马克·派思拉（Mark Pacella）向好时信托公司董事会提交了一份基于 18 个月调查的报告，报告中包括一份建议书：好时信托公司应该对其拥有的财产进行多样化运作，并且较正确地定位以更好地对学校和其他依赖性组织履行其受托事务的责任。2002 年春，在其季度董事会会议上，好时信托公司以 15∶2 的票数达成一项协议，即通过为好时食品公司寻找一个买家来多元化其投资组合。

董事会成员的一个代表团会见了首席执行官理查德·伦尼，并且告知他好时信托公司的意图。伦尼反对好时信托公司的计划，拒绝出售公司，并且要求给他时间以提出一个实现好时信托公司多元化目标的其他方案。然而，为了应对因健康保健成本缩减所引起的工会罢工，直到 5 月初伦尼才把他的计划递交给信托公司。伦尼没有获准向整个董事会阐释其计划，于是，他就向好时信托公司的投资委员会递交了一份股票回购计划。这份计划建议好时食品公司以 10% 的溢价购买好时信托公司 50% 的股票，并且帮助好时信托公司在接下来的 3～5 年时间内，在公开市场清算其剩余的股份。

2002 年 5 月 14 日，好时信托公司的首席执行官罗伯特在一封回信中断然拒绝了这个提议。好时信托公司董事会的成员威胁说如果公司不进行招标的话，就解雇伦尼，并且替换好时董事会成员。引用一名董事会成员的话说："不管有没有你，我们都要卖掉公司。"[15]无奈之下，伦尼同意出售公司，但有个前提，即他和他的顾问应被允许主导这个售卖过程。

2002 年 7 月 25 日，好时信托公司公开宣布：鉴于对米尔顿·S. 好时学校的信托责任，公司决定出售好时食品公司。在给好时员工的一份备忘录中，伦尼对于这起出售是这样描述的："我非常失望地告知大家我们可能没有能力再看到好时作为一家独立的公司而存在。我来到这儿是为了打造我们的品牌和培养人才，而不是为了管理一家可能被出售以及随后进行整合的公司。虽然我只当了一年你们的首席执行官，但是我希望能够与你们今后一起工作很长时间。"[16]

证券市场和公众的反应是迅捷的。市场投机客把好时食品公司的股票价格拉升了 20%，收盘在 79.49 美元。好时信托公司公开宣布的几天内，股东纷纷提起诉讼，要求好时信托公司确保从其控股股份中可以得到最大化的价值。《谨慎的证券》（Prudential Securities）杂志的分析师约翰·M. 麦克米林（John M. McMillin）说："米尔顿·好时一定在其墓穴里翻来覆去。他对好时社区充满信心，他相信他们能够保护它。我完全赞成食品行业的合并，但是这件事情令我十分惊讶。"[17]

来自基层的反对

在此公开宣布过了半个星期后，反对的人已纷纷组织起来。社区的领导、学校的校友、员工和政府官员表达了他们反对好时信托公司董事会的决定。宾夕法尼亚州检察长迈克·费希尔（Mike Fisher）的办公室对于管辖公益信托拥有司法权，他也表示反对，并且郑重声明法律上不支持这起公司出售案。布鲁斯·麦金尼（Bruce Mckinney）是米尔顿·S. 好时学校的毕业生，前好时娱乐和休闲公司的首席执行官和信托的托管方，他公然抨击出售公司，表明在其任期的早些时候，该想法曾当场遭到反对。麦金尼是这起公司出售案中杰出的抵抗力量领袖。前好时食品公司的首席执行官肯·沃尔夫（Ken Wolfe）很生气地质疑好时信托公司所声称的，即出售公司对于保护米尔顿·S. 好时学校的长期健康发展是必要的。他预测道，出售公司将导致当地工人失业，并且说道："我无法相信他们会摧毁这家公司，然后把这种痛苦强加到所有人的身上。"[18]蒙蒂·斯托弗（Monty Stover），一名与米尔顿·好时有私交的 102 岁的前高管，作为社区蔑视出售计划的代表，说道："好时先生怎么也不会考虑这个提议。他会说，'先生们，你们在浪费你们的时间和我的时间，再见'。"[19]里克·佛得（Ric Foaud），米尔顿·S. 好时学校校友会的会长，他概括了社区居民的反应："我们不是来这儿忧伤的，我们是来这儿加入抵抗组织的。"[20]

2002 年 8 月 2 日上午 11：30，500 多名普通市民、学校校友、员工和政要冒着酷暑聚集在巧克力镇的广场。位于巧克力和可可大道拐角处的好时镇中心的社区公园集聚了在那里站立长达一小时的人们，他们抗议出售好时食品公司。这场群情激昂的抗议队伍一直走到一个能够俯视好时工厂的高处，最后又到位于米尔顿·好时故居的好时信托公司的办公室。

基层社区的抗议将扩大到包含一个主要在 www.friendsofhershey.org 网站上的在线请愿，要求驱逐好时信托公司董事会成员，开展一次"干扰出售计划"的标语活动和组建一支进入附近哈里斯堡首府由工会组织的抗议队伍。任何想参加草坪标语活动的人都可以到林登路 712 号的约翰·唐恩（John Dunn）的住宅集合，在敞开的车库里有事先打印的标语等。附近放了一个罐子，大家可以往里投钱以支持必要的花费。汽车上的招贴可以从好时朋友（Friends of Hershey）网站上下载。在好时镇，秋季的时尚便是穿着印有米尔顿·好时照片的 T 恤，写着"挽救梦想"。[21]

政府官员的回应

8 月的第 1 周，宾夕法尼亚州的立法者们对于市民强烈抗议的直接回应是，立法应规定在公司出售被执行之前，首先应考虑到社区影响。第二天，检察长和共和党候选人费希尔公开宣布他将通过合法的途径阻止好时食品公司的出售。2002 年 8 月 12 日，费希尔向多芬县孤儿法庭（Dauphin County Orphan's Court）提交了一份请愿书，要求由法庭裁定公司的出售问题，因为法庭拥有管辖公益信托的司法权。当月的晚些时候，法庭安排了一次听证会。

2002 年 9 月 3 日，第一副检察长杰里·派珀特（Jerry Pappert）当着孤儿法庭裁判长沃伦·摩根（Warren Morgan）的面对费希尔所代表的利益提出质疑。而前好时食品公司首席执行官理查德·齐默曼（Richard Zimmerman）被证明可以作为证人向检察长的办公室提供证词。他说买家极有可能会削减在好时的工作岗位以弥补收购公司所付出的成本。检察长办公室后来以对当地社区潜在的不可挽回的伤害为由要求实行暂时性禁令，阻止出售好时食品公司。

2002 年 9 月 4 日，摩根法官批准了那条禁令，并且在他的裁决中对好时信托公司进行了严厉的斥责。摩根说道："出售看来是过分的和不必要的"，好时信托公司所称的出售公司乃属无奈之举是"对智慧的侮辱"。[22]好时信托公司对上述裁决不满，同一天又进行了上诉，声称由于好时公司的注册地在美国特拉华州，多芬县孤儿法庭没有司法管辖权。

竞标开始

2002 年 8 月 17 日，未来的求购者纷纷到好时镇工厂查看。直到 2002 年 9 月 14 日的最后截止期限，好时面临两个选择：一个是出价 105 亿美元的吉百利食品公司。这家由雀巢和吉百利新结盟的国际财团仅仅是为了竞标，并且那两个公司正在商量一旦实现收购，它们将如何瓜分好时品牌。箭牌公司（Wm. Wrigley Jr.）的出价高于雀巢和吉百利，并且同意做出重大让步。箭牌公司的 125 亿美元的投标额中还包括新公司 Wrigley Hershey 的现金和股票。

拍卖结束

在好时食品公司与箭牌公司之间紧张的谈判之后，达成了一项购买协议：箭牌公司承诺保留在宾夕法尼亚州好时镇的那几家工厂和劳动力。箭牌公司答应要让宾夕法尼亚州好时镇成为"世界巧克力之都"。[23]但是，2002 年 9 月 17 日，在一个长达 10 小时情绪激动的会面之后，好时信托公司的董事会突然良心发现，拒绝了所有的竞标。在一个简短的公开声明中，好时信托公司解释说没有一个出价方能够达到它的目标，雀巢和吉百利的出价太低，而箭牌公司的出价将会使好时信托公司只拥有好时食品公司 36% 的股票。第二天，好时信托公司的总裁兼首席执行官罗伯特·沃勒针对社区居民的担忧声称，是强烈的公众抗议才促使董事会放弃其拍卖计划。

现在怎么样呢

股市对好时食品公司拍卖计划作废的消息的反应糟糕透了，致使好时公司的股票价格跌至近 15 年来的新低。数以千计的工人和好时镇的居民庆祝拍卖被取消，但是他们不确信问题是否就此结束。

在过去的几个月，我们的公司、员工及我们生活和工作的社区发生了极大的混乱。但是，好时食品公司仍然是引人注目的、颇具竞争优势的市场领头羊。同样，我们还拥有杰出的员工，他们一贯目标明确，而且当面临作为一家独立的公司其前途遭受重大的不确定时，他们表现出了极大的勇气。我们的使命，我们永远的使命，就是要竭尽全力塑造我们的品牌，并且发挥我们为潜在收购者所了解的巨大的优势。[24]

理查德·伦尼

◆ 讨论题

1. 如果拍卖被执行，好时食品公司和好时学校的财政状况会得到改善吗？好时信托公司放弃出售公司的决定是否增强了好时的稳定性？

2. 在确定好时食品公司的未来发展方向时，理查德·伦尼面临了怎样的关键问题？他应该与哪些社区居民沟通？他应该如何与他们沟通？

3. 伦尼将如何处理与投资人的紧张关系？他应该说些什么？

4. 好时社区是否能够在 21 世纪仍然成为如米尔顿·好时所设想的工业花园？好时食品公司对社区负有怎样的责任？

5. 如果好时信托公司预料到公众的反应，拍卖过程的结果是否会有所不同？如果它能够预料的话，那么它应该采用怎样的方法、发布怎样的信息？

注　释

1. Frank, Robert and Sarah Ellison. "Controlling Trust Calls Off Sale of Hershey to Wrigley," *Wall Street Journal*, September 19, 2002.
2. Gadsden, Christopher H. "The Hershey Power Play,"*Charitable Giving*, November 11, 2002.
3. www.hersheys.com/discover/milton/milton/asp.
4. Helyar, John. "Sweet Surrender," *Fortune*, October 14, 2002.
5. Hostetter, Dr. Herman H. *The Body, Mind and Soul of Milton Snavely Hershey*.
6. money.cnn.com/pf/features/superstocks/.
7. Associated Press. "Bitterness Coats Sweet Hershey," *Seattle Times*, May 30, 2002.
8. news.bbc.co.uk/2/hi/business/1973405.stm.
9. "Hershey Trust Decides Not to Sell Candy-maker," CNN.com, September 18, 2002. Online at: www.cnn.com/2002/US/Northeast/09/18/hershey.no.sale/.
10. Barrett, Amy. "Graduate with a Cause," *BusinessWeek*, September 2, 2002.
11. www.hersheyarchives.org/part1/milton/milton.html.
12. Strauss, Gary and Thor Valdmanis. "City of Hershey Tastes Fear," *USA Today*, September 3, 2002.
13. Heylar, John. "Sweet Surrender," *Fortune*, October 14, 2002.
14. Ibid.
15. Frank, Robert and Sarah Ellison. "Meltdown in Chocolatetown," *Wall Street Journal*, September 19, 2002, pp. B1, B5.
16. Sulon, Bill. "Hershey Foods Chief Spells Out Sale Discussion," *The Patriot-News*, July 31, 2002.
17. Winter, Greg. "Chocolate Maker's Dream Melts Away," July 27, 2002. Online at: www.theage.com.au/articles/2002/07/26/1027497411375.html.
18. Marcy, Brett and Peter Decoursey. "Hershey Sale Off," *The Patriot-News*, September 18, 2002.
19. www.pennlive.com/news/hershey/.
20. Heylar. "Sweet Surrender."
21. Ibid.
22. Marcy and Decoursey. "Hershey Sale Off."
23. Frank and Sarah. "Meltdown in Chocolatetown."
24. PR Newswire. "Hershey Foods Reaffirms Its Strength," September 18, 2002.

第 12 章

■ 有效的商务会议
■ Business Meetings That Work

对你的同事们说，开会，我们开个会吧。建议你所在的小组安排一次会议，告诉他们你认为可以通过召开一次会议来解决正在讨论的问题。接着你可以观察一下大家的非语言反应：有的人眼球乱转、鼻子紧缩，有的人长吁短叹，还有些人则神情呆滞。

你知道其中的原因：没有人喜欢开会。"太多太多的会议只是浪费时间，"玛吉·鲍伯斯密特（Marge Boberschmidt）说，"很多人离开会场，只是因为觉得太无聊。"鲍伯斯密特曾是 AT&T 公司前公关部经理，现在自己经营一家咨询公司——从事会议策划。"我最担心的是人们在那些我倾注了时间、金钱、精力并以机会成本为代价而策划的会议上离席，然后把这个会议说得简直一文不值。"[1]

鲍伯斯密特这种反应在把人员和生产率视作重中之重的管理者中颇为常见。"员工是我最重要的资产，"中西部连锁餐馆 Studebagels 的创始人比尔·蒙特福特（Bill Mountford）说，"我清楚这一点，即使我有信息与他们分享并且他们也有信息与我交流，但我确定开会是一种最没有成效的事情。"[2]

会议是商业活动中最普遍，也是普遍不被认可的部分。然而，一个糟糕的会议却远不止毁掉原本愉快的一天。位于加利福尼亚州米尔谷的美国咨询与培训公司（American Consulting & Training）的资深顾问威廉·R. 丹尼尔斯（William R. Daniels）坚持认为：糟糕的会议有损公司的形象。"之所以说会议重要是因为会议使公司文化得以传承，"他说，"会议是组织用来界定'你是怎样一个成员'的方式。所以如果每天我们都去参加挤满了令人乏味的人的令人厌倦的会议的话，那么我们只会认为这是一家无聊的公司。糟糕的会议是有关公司和我们自身的负面信息来源。"[3]

糟糕的会议不仅浪费时间和金钱，还对雇员的健康造成伤害。美国和英国的教授最近一项对 676 名雇员进行的调查表明，其中每个人一周平均要花费 5.6 小时用于开会，而他们认为大部分开会的时间是无效的。主要研究人员史蒂文·罗尔伯格（Steven Rogelberg）表示，他们在无效会议的时间待得越多，他们就越发对其工作感到郁闷和焦虑。[4]

不应该是这样的，在当今这么一个比以往节奏更快、环境更加恶劣、资源更加稀缺，并且裁员规模更大的商业世界，你可能会认为面对激烈的市场竞争（更不用说来自电子邮件和群组软件的影响）会让我们减少对会议的偏好。但事实上，根据埃里克·马特森（Eric Matson）所说，实际情况可能恰好相反。随着越来越多的工作通过团队运作，会议的数量不减反增。[5]

明尼苏达州圣保罗麦卡莱斯特学院（Macalester College）的沟通教授罗

格·莫斯维克（Roger Mosvick）说，会议的数量有激增的势头。根据有关针对商业专业人员为期 15 年的跟踪调查发现，一周会议的平均数由 7 次跃增到 10 次。莫斯维克指出一些人甚至不知道自己为什么参加会议。"这是一个值得注意的统计数字，"他说，"许多会议枯燥无味得令人窒息。"[6]

Quest 软件公司的首席运营官特拉萨·泰勒（Terasa Taylor）在每次会议正式开始前都会这样问，"大家都知道我们今天参会的目的吗？"当被问及她是否真的这么做时，她说："是，因为很多人都会回答'我不知道，我是被邀请来参加会议的'。""这种情况往往涉及较大型的会议——并不是我的直接下属团队。"她这么做是为了让大家明确参会的目的。"我被邀请参加过很多会议，有向我介绍情况的，也有让我加快处理事情的。所以在开会前，我会问'大家都知道我们今天参会的目的吗？你们会在会议结束时向我提出什么要求吗？'我希望与会者马上作答。令人惊奇的是，与会的 8 个人都给出了各自的答案。"[7]

会议也非常耗时。3M Meeting Network 公司（一家会议问题在线研究公司）的调查显示，商业专业人员花费一半的时间用于各种会议。其中"50% 的时间是低效的，高达 25% 的会议时间是在谈论不相干的事情"，"一开会人们就开始闲聊"。位于田纳西州沃思堡市的 Dalcom System 软件公司的雇主 J. 道格·巴彻勒（J. Doug Batchelor）说："花在会议上的时间实在太多了。"开会给人们带来压力。美国管理协会的研究显示，当让员工列出工作中影响情绪的因素时，浪费不必要的时间的会议高居首位。马萨诸塞州尼德姆的咨询师和培训专家贝瑞·勒布（Bery Loeb）认为："通常情况下，人们针对某个问题进行讨论，尔后他们不得不再次开会。"[8]

由位于加利福尼亚州门洛帕克的临时工招聘机构 Office Team 于 2004 年 4 月针对 613 名员工所做的调研的结果表明了人们对这个问题的看法。在"职场浪费时间之最"一栏，有 27% 的人认为会议时间持续太久位居榜首。根据身为变革管理咨询师和作者的帕蒂·哈沙威（Patti Hathaway）的描述："人们再也不能忍受心甘情愿坐在毫无效率的会场浪费时间了。但现实却是，大多数公司的会议是对时间的极大浪费。"[9]

12.1 什么是开会的动机

为什么人们要开会？大多数管理专家告诉我们大致有这么三种理由：第一，因为会议是事先安排好的，是必须出席的；第二，与会者别有用心或怀有与会议无关的动机（这些会议通常被安排在远离公司总部的高级酒店中举行）；第三，人们没有其他更好的方法去实现他们的目标。

此外，还有一个理由便是，会议为人们相互之间的接触提供了潜在的机会。"社交联络"是一种很强的驱动力。芝加哥大学商学院研究生部的行为科学副教授尼古拉斯·埃普利（Nicholas Epley）认为，坐在小小的工作隔间会让人变得愚笨，感到孤独，这只会强化人们对社交的需求。[10]

在一些行业中，产品生产和营销项目主要依赖于部门间的团队协作，这时会议是不可避免的。南加利福尼亚大学安纳堡传播学院（Annenberg School of Communications）和明尼苏达大学培训与开发研究中心（Training and Development Research Center）的调查结果证实了 3M Meeting Network 公司研究人员的发现，即管理人员平均花费 40%～50% 的工作时间在会议上。设施咨询师乔恩·瑞伯格（Jon Ryburg）进一步证实了会议的普遍性问题，他说他经常建议公司客户提供比 20 年前多一倍的会议场所。[11]

MCI 最近的一项调查显示，管理人员平均每个月参加 60 次会议，其中 1/3 以上的会议在他们看来属于困难或效率低下。[12] 在一些专业领域，这一比率甚至更高。"我必须将我工作时间的 3/4 花在开会上，"南希·霍博（Nancy Hobor）说道，"我必须定期与首席财务官见面。我每天都要与员工、投资分析师、共同基金经理，以及许多不同的人见面。"霍博是伊利诺伊州森林湖的 W. W. Grainger 公司中负责传媒和投资者关系的副总裁。"时间对我来说是一种奢侈品，因此我必须精打细算。我也必须合理地安排我的会议时间，以及其他人安排的会议时间。"[13]

12.2　那么，为什么要开会

一条被广泛默认的商务会议规则是：永远不要主动召开会议——特别是如果这个会议会兴师动众，耗费大量时间、精力和财力，除非你别无选择。一次正式的会议是当你没法通过其他途径完成你的目标或任务时的沟通备选方法。换句话说，会议就是在你充分考虑并摒弃了其他形式的信息交流方式后的最后一种沟通工具。

专业的会议咨询师提出了人们花费时间、金钱以及精力来筹备会议的六个方面的理由：

- 为了激励。例如，一支销售队伍需要在一个高度竞争的销售季节来临之前通过会议的形式获得激励或聆听有关成功销售的经验和方法。
- 为了教育。一位投资关系经理可能会与分析师或基金经理会晤以介绍新的增长点、公司战略规划的更新，抑或提出一个新产品系列。
- 为了消遣。团队拓展训练经常被安排在某个酒店或会议中心，或者是户外环境中以建立信心和加强团结。
- 为了倡导。在新产品上市或品牌延伸之前，将员工召集在一起可能会有助于解释产品特点以及管理者对产品的市场定位。
- 为了联络。专业社团和贸易协会的成员经常聚在一起举办研讨会来相互交流、增进共识、获取信息。
- 为了奖励。管理层可以通过向员工提供差旅的机会来表达对他们的真诚关怀，这些差旅机会通常都会有家人陪伴，并且会在一个令人向往的会议地点（冬天到温暖的地方，夏天到凉爽的地方）。可以将会议地点选在度假胜地的酒店或主题公园，这样可以将会议的专业目的和社交目的融为一体，只要成本预算合理，可以将娱乐目的也纳入会议议程中。[14]

12.3　什么是商务会议

商务会议是具有共同兴趣、目的或问题的两人或多人之间进行有目的的交流互动的集会。当然，许多会议最后的结果既没有目的性也缺乏有效性。然而，尽管如此，其中一些会议还是有助于解决问题、达成一致意见、提供培训机会、集思广益以及推动组织进步。实际上，许多会议不仅高效，还十分有趣。

12.4　何时应召开会议

如前所述，人们会为了各种各样的理由举行会议。一般情况下，他们聚集在一起是为了小组的工作，通常称为"任务导向"。为了达到这个目标，与会者通常在会议期间做两件事：一是向其他人提供情报或信息；二是彼此之间通力合作。也就是说，他们共同回顾、评估、讨论和解决问题，并且对下一步的工作做出决策。如果这些方面对你的企业至关重要，那你就应该考虑召开一次会议。

前面还提到，人们还会出于社交原因而举行会议。大量的研究显示，人们聚集在一起是出于他们寻求归属感的需要，为了自我实现的需要或为了做出某种改变的需要，或者是对沟通、构建关系或分享共同所追求的目标的渴望。[15]

我们考虑召开会议还有别的原因吗？以下列出了表明会议是最佳沟通方式的另外 10 个理由。

探讨目标	提振士气
听取汇报	达成共识
培训人员	发现或解决问题
解释计划和项目	集思广益
明确任务及完成任务的方式	保持事物的连续性

12.5　何时不应该召开会议

当电话、备忘录或电子邮件信息能够发挥同样的作用时，你就应该考虑其他的沟通渠道。管理者们经常认为他们必须与一些人会面（通常是他们的员工和同事），只是为了传递信息而已。如果信息是单向传递的，那么你肯定应该考虑采用其他的替代方法。除非这些信息是高度敏感或属于个人隐私，例如某个同事去世了或者公司将要出售，否则就没有必要召开面对面的会议。

在以下情况下，你也不应该计划召开会议：

● 某个关键人物不方便参加。很多时候，当某个同事不能与会就可能会找其他人替代。但是有些时候，如果某个特别的人不能到场，会议便显得毫无意义。

● 与会者没有时间做必要的准备。如果需要某些数据或信息来引导小组会议的讨论，那么要确保你有足够的时间收集并分发这些资料。如果必须首先进行预先阅读或小组讨论，就不要因为要举行会议而使这些活动不能顺利进行。

● 个性冲突或者高层管理的计划可能会使会议变成一个浪费时间的活动。如果你所计划要讨论的问题在你的组织中变得高度极端化，那么把持反对意见的人召集起来开会可能会激发冲突而非讨论。有必要进行预先的、一对一的会议来为接下来的大范围讨论奠定基础。当然，如果你了解（或者你认为你了解）组织的高层管理者另有计划，那么召开一次会议来讨论这个问题就显得毫无价值。召开会议可能是为了进行反驳或做出反应，但是如果企业高层已将问题解决，那你就省省力气吧，取消会议。

12.6 计划召开会议应考虑哪些方面

无论会议的规模、会期和目的如何，成功的会议都取决于三个方面，即会议目标、会议议程及与会者。

会议目标 你首先要考虑的就是将大家召集在一起的目的。会议的目标是什么？为什么如此重要？如果与会者对你召开会议的目标不明了，他们就会按照自己的想法虚构一个。此时，很容易导致会议失控，你只能傻呆呆地看着你的与会者偏离会议方向。

你如何使会议的目标清晰明了呢？克里斯多夫·埃弗里 (Christopher Avery) 是一位沟通咨询师，他在得克萨斯的奥斯汀经营 Partnerwerks 咨询公司。他认为以下几个步骤可能会有所帮助。

首先，思考为什么要让人们来开会。问问你自己通过面对面的方式（或者通过电话会议）可以达到什么目的，而这些目的通过别的方式是不可能达到的。你召开会议是为了分享信息、建立关系、做出决策、规划事情，还是为了解决某个问题？当你确定了会议目标之后，想想你希望获得什么样的结果，并记录下至少两项：这次会议"最理想"的结果是什么？你"能够接受的最低限度"的结果是什么？

其次，尽最大努力以确保会议目标和结果的顺利实现。你能恰当地期望该小组在规定时间内产生你所期望的结果吗？他们能够实现什么？他们需要做些什么准备？邀请那些你认为在这个过程中能够帮助你阐明目标的人参与进来。

最后，在会议开始时阐述会议的目标和预期结果，确保所有的与会者都理解会议目标，并且愿意为之努力。[16]

会议议程 制定一份有效的会议议程。它无外乎就是议题提纲和每项议题的时间预算。为了制定一份高效会议议程，你得问自己三个问题：为了实现会议目标，我们需要在会上做些什么？什么样的交流对与会者来说是重要的？会议一开始我们需要什么样的信息？

有两件事情必须重点考虑：首先，应将议程按优先顺序排列以避免将大部分时间花在那些虽然很紧迫但相对次要的议题上。将最关键或者最紧要的议题放在最后会冒因时间不够而根本来不及讨论的风险。其次，为每个议题分配合理的时间。当一个议题的预定时间用尽时，会议主持者必须委婉地提醒大家："对此还有其他的想法吗？我们该进行下一项议题了。"

会议议程的最大作用是什么？传统的智慧告诉我们，会议议程应该提前制定和发放。对于正式会议和要求准备的会议来说，这种方法具有重要的意义。然而，对于非正式会议或者那些处于变化之中的会议来说，你就能够比较容易地制定会议议程——只需列出与会者将要讨论的议题，确定优先顺序，分配一下时间。[17]

对于制定会议议程来说，最重要的就是一旦制定好，会议议程就不要轻易变动。在许多会议中，太多的与会者偏离了议题，他们花费了太多的时间来讨论一些不相关的议题。迈克尔·施拉格（Michael Schrage）是一位技术协作领域的咨询专家，他指出大多数公司的大多数会议都是没有会议议程的。他说："在现实世界，会议议程极为罕见。即便的确有会议议程的话，它们也很难发挥作用。谁没有参加过这样的会议：有人千方百计要证明议程是如何的不合适？"[18]

然而，我们应该重视会议议程。英特尔公司（Intel Corporation）——一家位于硅谷的半导体制造商对此就十分热衷。公司设计了一个会议议程模板以便公司中每个人都可使用。一份典型的英特尔公司的会议议程在会议召开前数天就分发给与会者，让他们做出反馈和相应的修改。这些会议议程上列出了会议的关键信息，包括谁将主持会议，讨论哪些内容，这些内容将分别持续多长时间，以及期望得到什么结果等。

当然，即使是最好的会议议程也不能保证会议能取得圆满成功。根据位于芝加哥的美国信息技术公司（Ameritech）小企业服务部传媒总监金佰利·托马斯（Kimberly Thomas）所说，比较棘手的问题在于如何确保会议正常进行，即既不会遏制创造性思维，又不得罪那些迷失方向者。"当某些评论与正在讨论的话题无关时，"她说道，"我们就将它们记录在标以'停车场'的活动挂图上。我们对这样的问题及其有关人员进行跟踪。"她补充说："我们在全公司都推行这种技巧。"[19]

与会者　与会者名单上所列出的人员应该只是那些与实现这次会议目标直接相关的人。如果关键的决策人物或具有影响力者没有到场，就会导致会议受挫和失败。如果与会者仅仅是那些很有趣的人，或者只是为了凑够人数，就是在浪费你与大家的时间。所以，你需要仔细斟酌该邀请什么样的人参加会议。邀请满足以下条件的人参加会议：

- 将成为决策的实施者。
- 有价值信息或好想法的拥有者。
- 有助于产生预期结果的与会者。
- 代表小组将讨论的观点向上层领导汇报的与会者。
- 不同观点或非传统观点的代表。
- 对成功决策不可或缺者。

一旦知道了谁的意见是必需的以及谁的意见具有补充作用，那么你就可以落实会议所需的设施，发出邀请函了。

12.7　如何为会议成功做准备

之前，我们提及了计划会议应关注的三个方面——会议目标、会议议程和与会者。除此之外，还有更多的方面应予以重视：

安排会议时间、日期和地点　根据与会者出席会议的方便程度来确定会议的时间和日期。如果会议安排得不够便利，人们怎么可能到会呢？虽然不能满足每个人的实际情况，但是应尽可能确保大多数人能够出席会议。用餐时间通常是能够让大家聚在一起的好机会，大多数人每天至少得吃点早晨和午餐，如果你能主动买单的话，他们还是会比较乐意出席的。

　　切记，不要将会议安排在非工作时间。有时你可能没有选择，但是《哈佛管理沟通来信》（*Harvard Management Communication Letter*）的编辑建议说最好将这种安排留到紧急情况时。"那些将会议安排在晚上或周末的人往往都暗示他们没有自己的个人生活，并且他们期望别人也放弃他们自己的个人生活。这样的人不应该被委以经营管理重任，尤其在一些现代化公司中更是如此，因为他们缺少做好工作所需的最基本的人性。"[20]

　　选择会议地点与制定会议目标和确定与会者一样重要。会议顾问玛吉·鲍伯斯密特认为："如果人们是为了某种娱乐性的目的或者参加公司的嘉奖会，那么就要仔细斟酌会议地点。另外，一家国际级酒店，甚至一个高档的公司会议中心往往能够弥补演讲者平淡无奇的发言或是不够周全的会议议程所造成的负面影响。"[21]

　　注意会议现场的细节　"一些小小的细节经常会给你造成麻烦，"鲍伯斯密特说道，"一定要注意房间的大小、座位的质量和舒适程度、会议桌、投影设备、灯光、温度控制、通风性以及任何会对与会者产生影响的其他方面。"[22]她说，每一件小事——不论是停车安排，还是记录用的铅笔和纸，都会直接影响与会者的感受。因此，所有这些都值得仔细考虑。

　　同时，还要考虑诸如交通、地理位置和成本等问题，要十分确定每位与会者都能找到会议地点。与会者通常会询问一些问题，那么需要向与会者提供一个电话号码以便他们在最后一刻或遇到始料未及的问题时询问。对于忙碌的商业管理者来说，在重要的商业会议开始之前能够得到及时的帮助会让他们感到非常欣慰。

　　如果你负责策划组织一次会议，你就需要与那些负责将你计划付诸实践的相关人员进行充分的沟通或面谈，包括音响技术人员、招待人员、前台管理人员、正式宴会和会议管理人员等，以确保他们无论什么时间都能及时找到你。明确他们该做的事。当然，对他们友好一点。记住他们可能会超负荷地工作且收入并不高，而整个会议的成败却完全掌握在他们的手中。你不妨在恰当的时候多给他们点小费。

　　公布会议议程　除非出于保密性考虑，否则要想会议取得成功最好能提前公布会议议程以便于每个人在会前进行阅读和思考。向大家阐明会议目标及你期望获得的结果。确保在会议通知中涵盖所有相关具体信息，包括会议主题、议题、发言者、时间、日期、地点以及与会者的具体责任等。如果你通过电子邮件发送会议议程的话，最好要求他们能够发送回执以确保每个人收到并看到这些文件。如果你担心名单上的每个人是否均能收到你的电子邮件，你可以随后发送纸质通知，或者如果事情比较重要，打个电话确认。

　　分配角色　会议计划过程中的一个重要环节还包括分配角色。任何一个成功举办的会议都涉及至少四个方面的角色。

- 主持人。
- 记录员。
- 引导者。
- 与会者。

　　一些会议策划者还会加上第五个角色——计时员，这样每个议程项目都能得到同样的重视，并且讨论紧扣主题。不同的人可以扮演其中某个角色，或者同一个人扮演上述所有的角色，无论如何，他们都必须确保会议的顺利进行，并且能够达到预期的结果。在筹备工作伊始就将角色进行合理的分配会让每个人各司其职，发挥自己的作用，确保每个与会者都能做出预期的贡献。[23]

沃尔玛公司的每周例会成为一种竞争优势

这件事的初衷很简单，我们认为在办公室里不会发生任何具有建设性的事情，因此我们让每个人都到地方分公司——西尔斯、凯马特，每个人——我们决定派每个人从本顿维尔的总部到各个大卖场去，从周一到周四，在周四晚上他们再返回总部。

周五上午，我们会召开商品会议。周六上午，我们会召开有关一周的销售会议。我们从外派人员那里获得其他所有想要的信息。他们告诉我们竞争者在干什么，我们也从整周都在巡访的人那里获得了有价值的报告。这样我们再决定该做出哪些调整。周六上午，区域经理要与地区经理进行电话联系，以指导他们下一步要做什么或者做哪些改变。

周六中午，我们会做好所有该做的调整，而我们的竞争者，大部分都是在周一得到有关上一周的销售业绩报告。这样他们就落后于我们整整 10 天，而我们则早已做出了相应的调整或改进。

戴维·格拉斯（David Glass）

沃尔玛公司 CEO

1988—2000 年

资料来源：Gilman, H. "The Most Underrated CEO Ever," *Fortune*, April 5, 2004, pp. 244 - 266.

12.8　什么风格的会议最高效

每个组织都会形成一套自己独特的会议风格。这种风格常常基于领导者和与会者的个性及相应的组织文化，你所选择的风格必须迎合与会者的偏好，同时也要符合组织的商业需求。以下是适用于小型商业会议的三种风格或类型。

全体会议　如果你的职务或级别明显高于其他人，那么这种类似于军事化的会议往往非常高效。在这种情况下，每个团队成员均向你汇报其项目进展情况，回答你所提出的问题，以及提供参考意见。然后，你一对一地与他们讨论相应的对策。此时，通常其他团队的成员都不参与进来。美国全国广播公司（NBC）的电视剧《西翼》（The West Wing）所讲述的白宫形势分析室内举行的会议就是全体大会的一个很好的例子。

这种类型的会议让所有人都了解每个团队成员正从事的事情，迫使所有团队成员做好充分的准备，并当着其同事的面进行汇报，由你控制会议流程。这种会议类型的缺点包括缺乏观点交流的机会，易形成专制型管理风格，以及如果与会者的职务相当，可能会造成冲突等。

"议会"制会议　如果你正主持某个协会的会议，即所有与会者都处于同一级别，那么你在会议中的作用更多的是会议的主持人而不是一个高级管理者。在这种情况下，"议会"制会议形式将是最佳的选择。在这种类型的会议中，人们不能随意发言：他们必须先举手示意，就像在学校里那样，同时当每个人都陈述了其观点之后，他们再进行投票表决。

如果与会者中有喜欢争论的人，或者所讨论的议题容易引起争论，那么这种机制就会发挥作用。作为"议会"制会议的主席，你必须保持中立。如果你想获得某种结果，你就必须确保其他成员在你不提供太多帮助的情况下通过这项决议。你不能让与会者感到你是在强制性地推行你自己的会议议程。

这种会议风格允许每个人各抒己见；它鼓励人们在发言之前进行仔细的思考；每个人遵循达成共识的规则，使会议过程井然有序。为了防止中途被打断或跑题，会议主持人只需说："杰夫，请先保留你的想法，卡洛琳正在发言。"这种会议类型的一个比较明显的缺点就是会议主持人的权力非常有限，这将在一定程度上导致会前的权力操纵行为。

"下议院"制会议　在英国的下议院中，首相是政府的最高领导，但是议院中的议员和其他的任何人都一样；首相并不担当会议的主持人。如果你是出席这次会议中级别最高的且你又想尽可能使会议体现民主，那么你就指定（或选出）另一个人担任会议主持人。并且事先提醒他要一视同仁，要像对待其他人一样对待自己。

这种方法的一个比较明显的优点是你只需花费很少的时间来策划会议。同时它也可以为其他人提供获取领导经验的机会，鼓励员工开诚布公地发言。但是，如果所选择的（或指定的）会议主持人不够尽职，那么这种方法可能会让人有群龙无首的感觉。[24]

12.9　如何让会议按部就班地进行

事实上，会议本身不会自己跑题，而是人会。通常至少有两人转移话题时，会议就会偏离方向。有时，某个另有所图的与会者可能会利用召开会议的机会来达到自己的目的。但是最为常见的威胁还是来自以下三个方面：

话题偏移　几乎任何一次会议都会吸引那些不按游戏规则行事的与会者，他们不遵循会议所指定的方向而对事物妄加评论。有时，针对非议程上的话题稍作讨论可能有助于调动大家的情绪，实际上可能对调动某些人开口说话起到一定的作用，但是你不能允许这种情况持续太长的时间。当出现话题偏移时，会议主持人通常有以下几种选择：让大家回到主题上："行，让我们还是把注意力转回到我们需要解决的问题上吧……"或者，会议主持人可以询问大家是否考虑另外安排时间来讨论该新话题："这次讨论好像偏离了我们的议题。我们是把这个问题暂时搁置一边，还是将它们加到会议议程中呢？"[25]

打破会议时间协议　如果会议没有按照会议议程上注明的时间开始或结束，或者既定的议题没有在预定的时间内完成，就打破了会议的时间协议。这种情况可能会演变成很严重的问题，即影响会议既定目标的实现。处理议程上的时间预算通常比较简单：会议主持人可以或者继续讨论并另外安排时间讨论其他议题，或者限制该话题的讨论时间，转向下一个议题。

如果人们没有按时到会，或者提前离开，甚至根本就没有出席会议，该怎么做？要改善会议的这种"脆弱性"就必须让与会者重视会议。经常有人在会议结束时说："会议终于结束了，大家都回去工作吧。"在英特尔公司，人们认为开会就是工作，会议乃是工作的一部分，每个与会者都必须重视。另外一些公司则会对迟到的人进行必要的处罚，或者在会议记录中对迟到者或缺席者进行批评。

小群体的关注点　有时，议程上的项目会引发小群体中成员之间的讨论，这些人往往会有很重要的观点和想法要与其他人分享。然而当其他参与者对这些讨论没有兴趣时，他们就成了旁观者。会议主持人该如何处理这样的讨论？建议采用以下两个选择：第一，让小群体中的与会者重新回归到主要讨论的议题；第二，如果第一种方法不奏效，就询问那些参与到自发非议程议题讨论的成员，他们正在探讨的问题是否为整个小组成员感兴趣的问题。无论哪种方法，会议主持人都应加以控制，否则就会使会议迷失方向，违背更大群体的承诺。[26]

12.10　我应该听谁的

有些人很固执，坚持认为自己是正确的，无法忍受任何相反的证据。他们长时间地工作，就是为了证明别人是错的，并且批评任何持不同观点者。就是这些人使得会议难以正常进行，因为对于他们来说，会议就是决定输赢的战场以及揭示他人错误的机会。如果他们不能围绕证据讨论，那么他们就围绕过程讨论。如果那也不行，他们就会攻击或威胁在场的其他人。他们会虚张声势、炫耀、滥用职权，如果所有这些都行不通，他们就会离开会场。

如何让人们倾听？诚然，这不是一个很好回答的问题。问题的关键在于要让这些人明白，同他人合作才能给他们自己带来最大的好处。至少你可以为大家做个榜样，试着提升你自己的会议倾听能力。

● 将你自己的知识、看法和想法视作你独特视角的依据，同时也将每个人的知识、看法和想法视作其独特视角的依据。每个人都有权表达自己的观点，尽管他们无法提供相关的事实证据。

● 关注你自己的观点，尤其当你的观点与他人的观点相关时。这种深思熟虑的思考有助于你识别自己的信仰和价值观，并以更加宽容的心态对待他人的观点。

● 记住，从不同的角度思考问题可以让团队变得更加精明能干。要珍惜与持有不同观点者见面的机会。

● 不断操练协作咨询师克里斯多弗·埃弗里（Christopher Avery）所讲的"回放式倾听"。仔细倾听，这样你就能够准确无误地记住他们所说的一切。这种强而有效的练习有助于你培养自己倾听他人观点的能力。

● 有目的地倾听他人的观点，以便尽可能地将自己的观点与其他不同观点整合。为了达到这个目标，你必须愿意倾听，并且坚持重视所有其他的观点，而不只是关注那些你赞同的观点。

● 尽量摒弃对或错的思维方式，而应着眼于什么是有效的，什么是无效的。应考虑有利于整个群体的结果及实现群体目标，而不要仅仅想着为了实现自己的目标而做努力。[27]

12.11　我应该关注什么

你参加过这样的会议吗？即使领导说了她要更多人参与，但她只是站在桌子的一端，不停地跟其他人"交谈"，而这些人只是默默地坐在桌子的两侧，丝毫不讲话？其实这种情况很普遍。无论领导怎么说他们希望大家参与，但如果他们只是说说而已，根本没有做计划的话，是不可能让大家参与的。站在长桌的一端等于发出一个强烈的非语言信号：不准说话，只需听。这是一个表明不鼓励参与的姿势。

正如第9章所述，事实不仅胜于雄辩，而且常常会用语言所不能实现的方式起作用。考虑一下这是什么意思：环顾一下会议室，看看人们都坐在哪些位置上。阿尔伯特·梅拉比恩在著作《沉默的信息》（Silent Messages）中，告诉我们语言中包含的信息只占我们所沟通信息的7％，语音、语调占38％，而在人际沟通中我们所接收到的信息其中一半以上（55％）是来自肢体语言，包括眼神的交流、姿势、手势、手的移动以及在房间中所处的位置。[28]

有意识地传递非语言信息并不都是那么困难的。当你是会议的领导者，并且需要掌握对会议的控制权时，你就需要靠自己的力量来操纵整个会议，同时向与会者表明你的权威性和控制权。比如，当其他人都坐着时你站起来，以表明你拥有发言权。再比如，你坐在桌子的主座则表明你的领导地位。

另一方面，如果你希望会议有更多的人参与或合作，就让一位团队成员来主持会议，以表示分享这种控制权。当其他人坐着时，你也坐着，这表示你们的观点同样重要。考虑坐在会议桌的两侧，这表明你是他们中的一分子，而不是来管住他们的。[29]

你甚至可以通过更换室内的家具来减缓矛盾或冲突。一个有着沙发、布面椅、低矮的咖啡桌的起居室式宽松的环境，更能鼓励人们参与到讨论之中。会议桌清晰地表明谁是权威，谁比谁的级别高。

若想减少参与度或插话，你可以：

● 对于一个小型会议，准备一张细长的桌子，让领导在桌子一端就座。

● 选择一种以减少与会者眼神交流的座位模式（如教室的座位安排），这样只有发言者可以面向观众。

● 要求所有发言者走到台前。

若想增加参与度与合作，你可以：

● 选择圆桌或方桌，让领导同其他人一起就座。

● 如果会议较长，将座椅摆放成U形，而非教室的那种摆放方式，这样与会者可以面对面。

● 对于大型会议，将座椅摆放成宴会型，尽可能多用圆桌，每个桌子安排5～8人。[30]

12.12　我应该记录什么

每次会议中，应该安排专人做会议记录。至少，与会者的姓名和头衔、所讨论的议程项目、与会者的评论、会上产生的想法等都应该记录在案。如果群体的领导需要对会上讨论的决定、新的想法或机会进行进一步跟踪，首先关注的问题就是如何以简化、高效的方法记录每次会议并分享会议记录。

科技在会议记录中起到越来越重要的作用。3M 公司开发了一种数字化白板，这种白板就像传统的白板一样可擦写。区别是什么呢？这种白板可以全部记录下会议中所有产生的内容并准备编辑、打印、发送及剪贴。

在许多组织中，经过讨论的观点均被写在活动挂图上、黑板上和白板上，但不知怎的，没有了下文，决策没有付诸行动。协作技术咨询师迈克尔·施拉格认为，要避免上述情况，最佳的做法是，将会议转变为行动，即将共享的会议记录付诸行动。在大多数电脑支持型会议上，科技最重要的作用就是简化：记录会议内容、提炼核心思想、形成书面计划书，提交给整个群体，以及印刷这些文件，这样人们就可以保留真实的会议记录。

"你不只是在开会，"施拉格说，"你还在创设文件。这一点极为重要，这是普通会议与电脑支持型会议的根本区别。所有评论、质疑、批评、分析都应该提升会议记录的质量，这应该成为群体的使命。"[31]

12.13　如何使会议更加有效

技术可以是一个答案。戈登·曼吉奥尼（Gordon Mangione）是微软交易集团（Microsoft Exchange Group）产品部的经理，他利用视频技术来提升其在华盛顿雷德蒙地区团队的经验。"每天的例会是确保项目顺利进展的重要工具，"他说，"但是随着团队人数不断增加（我们团队中有 60 人担任了重要的管理职位），我们面临两难困境：如何确保我们能够进行实时的交流以保持信息沟通顺畅？如何保持凝聚力，而无须把整个团队捆绑在一起？"

在微软，团队会议至关重要。"团队成员聚到一起，回顾每天的工作，从过去 24 小时的工作中寻找并改进存在的问题。我们找不到一个比面对面交谈更有效、更可行的方法，"他说道，"但是如果在挤满人的会议室里开会，那绝对不是个好主意。"

曼吉奥尼的答案是采用一种混合式的会议，即部分现实，部分虚拟。"我们依然在会议室里召开每天的例会，但是现在只有 20 个人坐在会议室里。另外的 40 人则在他们各自的办公室'出席'会议。"三名技术员负责确保会议的顺利进行。会议室和每个人电脑屏幕上的视频摄像头和麦克风使得虚拟的和现实中的与会者可以彼此进行交谈。一台大屏幕电视显示每个演讲者，同时这些演讲内容会转播到台式电脑上，人们通过即时通信技术将会议记录相互传递，通过高科技提升会议质量。[32]其实，并非只有微软公司才能使用这些新技术，位于加利福尼亚州圣何塞的美国网讯（WebEX）现在提供能够嵌入浏览器的软件，使得人们无论在哪里，都能阅读同一份文件，讨论正在发生的变化。

他们可以通过电话交谈，即使电话是通过网络传输的。[33]当然，科技不仅可以使在不同地理位置的人们"聚集在一起"，还可以提高生产率，也就是说使人们每分钟产生更多的想法、更多的决策。会议软件的最大好处在于它允许与会者打破在其他情形下良好行为的第一条规则：等轮到你了再发言。通过 Ventana 公司的 GroupSystems V（目前最有效的会议软件），与会者把他们各自的评论和想法上传到服务器，再由服务器对这些意见加以组织，随后提交到一个监控器上，这样整个团队就都能够看到。几乎所有研究或参加过电脑会议的人一致认为这种电脑的同步性能力在广泛而又快捷地集思广益方面发挥了巨大的作用。[34]

其他公司也尝试了各种不同的方法以使会议更有效、更有趣。美国最大的住宅建筑商之一，Kaufman & Broad Home（KBH）公司意识到每天繁重的工作压力，使得小组会议都难以召开。它是如何解决的呢？答案就是五点后（After Five）会议。杰夫·查尼（Jeff Charney）是 KBH 公司负责营销和传媒的资深副总裁，他首先召集其团队成员在 5 点下班后进行漫谈式的头脑风暴。"没有了每天会议的压力，"查尼说，"团队成员就可以展开其想象的翅膀，想得更深更远。"

记住，在本章前几页我们明确警告过不要在 5 点下班后开会。但是 KBH 公司认为它的组织文化适合这么做。不久前，在一次 5 点后会议过程中，该团队设计出了一项大型的促销活动：全面复制玛吉和霍默·辛普森（Marge and Homer Simpson）的家，这一精心策划的活动吸引了全球媒体的关注。"9 点上班 5 点下班，"查尼说，"我们一切都是按部就班。然而，通过在每天工作结束时召开会议，我们可以关闭设备，把电话和呼机搁置一边，这些东西只会扼杀创造力。"[35]

还有其他的公司则更新了传统军队里 7 点 30 分待命的做法。密苏里大学（University of Missouri）的研究人员想要验证这样的观点：一种使会议短而有效的方法是会场不放椅子。结果，果然如此。通过对 111 场会议情况的比较，研究人员发现，那些让与会者坐着开会的会议平均比让与会者站着开会的会议延长 34% 的时间。更重要的是，研究人员发现在两种形式的会议上所做的决策其质量相当。伊利诺伊大学组织行为学教授玛丽·沃勒（Mary Waller）博士补充道："我认为这是项重大发现。如果有组织向我咨询，我很可能会建议他们结合使用站着开会和坐着开会。"[36]

丽思卡尔顿连锁酒店（Ritz-Carlton），是一家唯一获得美国马尔科姆·鲍德里奇国家质量奖的酒店公司，它采用了同样的方法召开会议而取了巨大成功。每天早上 9 点整，公司大约 80 名高管聚在一起，站在总裁兼首席运营官（COO）霍斯特·舒尔策（Horst Schulze）办公室门外的走廊里，召开一个 10 分钟的会议。同样，在 24 小时内，从波士顿到巴厘岛，所有公司的 16 000 名员工都在其每天的例会上遵循丽思卡尔顿的这一信条。"我们每个月都准备一系列的主题，"资深人力资源副总裁莱昂纳多·因吉莱里（Leonardo Inghilleri）说，"从在迪拜开设新酒店到召开会议策划者会议，每个星期都会将这些信息以电子邮件的方式传递给每个酒店。每天关键的时刻，便是整个组织在同一件事上达成共识。"[37]

12. 14　商务会议能得以改进吗？

位于加利福尼亚州帕罗奥多的高效会议研究院（Institute of Better Meetings）

的创始人伯纳德·德科文（Bernard DeKoven）认为会议是可以改进的。"之所以人们没能成功地召开会议是因为他们不知道成功的会议该是怎样的。成功的会议不仅仅是谈论工作，它们还应该是充满乐趣以保持人们充沛的精力；成功的会议也不仅仅是人们之间的协作，它们还应该是'共同解放'以激发人们更具创造力的思维。"[38]

延伸阅读 ///////////////////////

Crockett, R. "The 21st Century Meeting: The Latest Gear May Finally Deliver on the Promise of Videoconferencing," *BusinessWeek*, February 26, 2007, pp. 72–79.

Dvorak, P. "Corporate Meetings Go Through a Makeover," *Wall Street Journal*, March 6, 2006, p. B3.

Farivar, C. "How to Run an Effective Meeting," Bnet.com. Retrieved from http://www.bnet.com on April 10, 2007 at 11:28 A.M.

Fricks, H. "The Five W's: Tips for Planning Your Company Meeting," *Indiana Business Magazine*, July 1998, pp. 34–37.

Goldberg, M. "The Meeting I Never Miss," *Fast Company*, February 1997, pp. 28–30.

Kopytoff, V. G. "The Necessary Art of the Impromptu Meeting," *New York Times*, August 24, 1997, p. A11.

Korkki, P. "Another Meeting? Say It Isn't So," *New York Times*, July 20, 2008, p. BU-8.

Lohr, S. "Face Time That Relies on Screens," *New York Times*, July 22, 2008, pp. C1, C8.

McAdams, S. "Engage Employees in Nine Minutes? Yes, It's Possible," Ragan.com. Retrieved from http://www.ragan.com on February 4, 2008, at 1:44 P.M.

McGarvey, R. "Making Meetings Work: The Benchmark Hospitality Formula for Successful Conferences," *Harvard Business Review*, March 2003, pp. 51–58.

Mosvick, R. K. and Nelson, R. B. *We've Got to Start Meeting Like This: A Guide to Successful Meeting Management*. Indianapolis, IN: Jist Works, 1996.

Yeaney, J. "The Top Ten Meeting Personalities," *Fast Company*, November 18, 2009. Retrieved from http://www.fastcompany.com/node/1460895.

Zimmerman, E. "Staying Professional in Virtual Meetings," *New York Times*, September 29, 2010. Retrieved from http://www.nytimes.com/2010/09/26/jobs/26career.html.

注 释 ///////////////////////

1. Boberschmidt, M. Personal communication, July 25–26, 2005.

2. Mountford, W. Personal communication, September 19, 1999.

3. Matson, E. "The Seven Sins of Deadly Meetings," *Fast Company*, April 1996, pp. 122–128.

4. Dvorak, P. "Corporate Meetings Go Through a Makeover: Better Productivity Is Goal as Methods Differ to Boost Effectiveness of Employees," *Wall Street Journal*, March 6, 2006, p. B3.

5. Ibid.

6. Armour, S. "Business' Black Hole: Spiraling Number of Meetings Consume Time and Productivity," *USA Today*, December 8, 1997, pp. A1, A2.

7. Bryant, A. "Everything on One Calendar, Please." *New York Times*, Sunday, December 27, 2009, p. D7.

8. Ibid.

9. Ligos, M. "Cutting Meetings Down to Size," *New York Times*, January 11, 2004, p. 10. Copyright © 2004 by The New York Times Company. Reprinted with permission.

10. Sandberg, J. "Another Meeting? Good. Another Chance to Hear Myself Talk," *Wall Street Journal*, March 11, 2008, p. B1.

11. "Making Meetings Work," *The 3M Meeting Guides*. Online at: www.3M.com/meetings/. Accessed August 2, 2005.

12. "Men and Women Fall Back into Kids' Roles at Corporate Meetings," *Wall Street Journal*, December 15, 1998, p. B1. Reprinted by permission of *The Wall Street Journal*. Copyright © 1998 Dow Jones & Company, Inc. All rights reserved worldwide.

13. Hobor, N. Personal communication, January 7, 2000.

14. Boberschmidt. Personal communication.

15. "Anatomy of Great Meetings," *The 3M Meeting Guides*. Online at: www.3M.com/meetings/. Accessed August 2, 2005.

16. Avery, C. M. "Clear Objectives Make Powerful Meetings," *The 3M Meeting Guides*. Online at: www.3M.com/meetings/. Accessed August 2, 2005.

17. "Building Great Agendas," *The 3M Meeting Guides*. Online at: www.3M.com/meetings/. Accessed August 2, 2005.

18. Matson. "The Seven Sins of Deadly Meetings."

19. Ibid.

20. *Harvard Management Communication Letter*, 2, no. 11 (November 1999), pp. 1–3.

21. Boberschmidt. Personal communication.

22. Ibid.

23. "Anatomy of Great Meetings," *The 3M Meeting Guides*.

24. "Chairing a Meeting: To Keep Order, Be True to Form," *New York Times*, September 22, 1999, p. C25. Copyright © 1999 by The New York Times Company. Reprinted with permission.

25. Mann, Merlin. "9 Tips for Running More Productive Meetings," Retrieved from http://www.43folders.com/2006/02/21/meetings on July 21, 2008 at 11:41 A.M.

26. "Keeping a Meeting on Track," *The 3M Meeting Guides*. Online at: www.3M.com/meetings/. Accessed August 2, 2005.

27. Avery, C. M. "Listening to Others in Meetings," *The 3M Meeting Guides*. Online at: www.3M.com/meetings/. Accessed August 2, 2005.

28. Mehrabian, A. *Silent Messages: Implicit Communication of Emotions and Attitudes*. Belmont, CA: Wadsworth Publishing, 1981.

29. "Nonverbal Messages in Meetings," *The 3M Meeting Guides*. Online at: www.3M.com/meetings/. Accessed August 2, 2005.

30. Ibid.

31. Matson. "The Seven Sins of Deadly Meetings."

32. Olofson, C. "So Many Meetings, So Little Time," *Fast Company*, January–February 2000, p. 48.

33. Mardesich, J. "Putting the Drag in WebEx's Ad Campaign," *Fortune*, January 10, 2000, p. 174.

34. Matson. "The Seven Sins of Deadly Meetings."

35. Olofson, C. "Open Minds After Closing Time: Meetings I Never Miss," *Fast Company*, June 1999, p. 72.

36. Berger, A. "The All-Rise Method for Faster Meetings," *New York Times*, June 22, 1999, p. D7. See also, Germer, E. "Meeting I Never Miss: Huddle Up!" *Fast Company*, December 2000, p. 86.

37. Olofson, C. "The Ritz Puts on Stand-Up Meetings." *Fast Company*, September 1998, p. 62. See also: Farivar, C. "Shake It Up: Alternative Meeting Strategies," Retrieved from http://www.bnet.com on April 10, 2007, at 11:29 A.M. See also: Farivar, C. "Shake It Up: Alternative Meeting Strategies," BNET, April 9, 2007. Retrieved from: http://www.bnet.com/article/shake-it-up-alternative-meeting-strategies/61204 on January 7, 2011 at 1:00 P.M.

38. Matson. "The Seven Sins of Deadly Meetings."

案例 12-1　▷▷▷▷▷▷▷▷

Spartan 实业公司

背　景

管理者经常需要对其组织中的员工和其他人的成绩和成就进行表扬。对于出色的工作、重大事件和人们生活中的特殊事件给予公开的表扬，不仅对于受表扬的员工来说很重要，对于那些认真观察组织是如何对待其他员工的人来说也同样重要。

那些在大型的综合性组织工作的人往往承认很难对个体的成就进行监控和适当的观察。那是因为许多财务、销售、生产以及利润目标均是基于群体的活动来实现的，而个体往往是作为群体成员来分享集体荣誉的。

晋升乃是激励出色员工的一种方法，但晋升往往基于两大理由：其一，填补职位空缺。公司物色表现出色、具有潜质的个人来担任该职位。其二，企业中的晋升一般在正式公布之前都属于保密，这通常是因为一名员工的晋升意味着其他候选人的落选。

晋升信函必须传递以下相关信息：告知晋升的事实，即新的职位、头衔以及生效日期。此外，这类信函通常还传递对获晋升者的祝贺，以及对其以往成就赞赏的恰当表述。

Spartan 实业公司是一家中型的特殊金属产品制造商，其大部分产品均用于汽车行业。它根据国内外汽车和汽车设备制造商的合同要求生产由车床加工和冲压的金属产品。

Spartan 实业公司是一家非工会公司。假设你是位于密歇根的 Jackson 厂特殊金属材料冲压部的一名经理助理。

Spartan 公司在密歇根州底特律市开设一家小公司，负责解决与劳动法相关的所有法律事务。

除了每月由人力资源部提供的电子版简讯外，Spartan 实业公司没有其他任何形式的内部沟通活动。你可以采用任何合理的结构或案例中所假设的顺序。

根据本案例撰写三个文件：

● 一份沟通策略备忘录（一页半至两页的篇幅）。该备忘录应呈交给公司的总经理，同时以适当的副本抄送给其他的官员/部门。该备忘录应对案例中所提出的问题做出反馈。

● 一封给被晋升员工的信。

● 一份给所有落选者的信函样本。

这三个文件均应是终稿，并可以即时发送。

美国密歇根州 48138 杰克逊市

Spring Arbor 路 2200 号

Spartan 实业公司

日期：［当天的日期］

收件人：特殊金属材料冲压部经理助理

发件人：Jackson 厂总经理威廉·A. 比赛尔（William A. Bissell）

主题：员工晋升公告

我很高兴地告知你，我们将在 Jackson 厂晋升一批员工，其中一人是你们部门的。

罗伯特·S. 约翰逊（Robert S. Johnson）目前是冲压部的冲床主要操作员，从下个月的第一天起，他将担任冲床领班。

约翰逊进公司已有 7 年，他工作出色。你可能还记得去年在一系列的事故发生后，他参与了安全委员会的工作。他是公司不可多得的人才，我认为我们不仅要留住优秀人才，而且还应该把优秀人才安排到管理岗位上去。在我看来，基于你的推荐以及罗伯特的工作绩效记录，约翰逊是领班这个职位的最佳人选。

员工晋升公告

［当天的日期］

第二页

现在，正如你所知道的，就该职位的人选，我们还考虑并面谈过一些其他的在职员工。我希望他们了解：我们非常感谢他们的工作，但由于名额有限，目前只有一个职位空缺，因此我们最终把这个机会给了约翰逊。我想请你帮我处理一些与这次晋升相关的事情：

第一，起草一封给约翰逊的信函，告知其晋升之事。以我的名义向他表示祝贺并说明他对公司的价值，以及其他你认为有必要或重要的方面。

第二，就如何通知那些落选的员工，请你给出建议。对于那些我们考虑过但未选中的员工，我们应该说些什么，以及如何传递这一信息？请拟一封给这些员工的信函。我想知道对此你有何建议。

第三，我们何时告知约翰逊这件事情，是在我们告知其他人之前还是之后？请你在时间的把握上给我一些建议，以及如何将这件事向全厂通告？

第四，我想宣传一下 Jackson 厂，我认为当地新闻媒体对我们这类晋升会感兴趣的，请你就这方面提供具体的建议。出现在当地报纸上的这则新闻故事应涵盖什么内容？我觉得我们应该马上行动，否则通知拖延的话，就失去实际意义了。我希望最迟明天上午我要见到你的建议和想法。你的帮助一直对我很重要，非常感谢你出色的工作。

案例 12 - 2　▶▶▶▶▶▶▶▶

美国橡胶制品公司

1993 年 3 月 4 日，星期四

当杰夫·伯奈尔（Jeff Bernel）书房中的时钟刚刚敲过晚上 10 点的时候，他站了起来，伸了伸懒腰，随后走到窗前。雪花飘洒在密歇根湖面上反射出光芒，草坪上的积雪越来越厚。道路肯定也又湿又滑。"今晚待在家里会比较舒服，"他想，"即便再让我花一个半小时阅读金融学书籍。"

杰夫·伯奈尔是总部设在印第安纳州西北部的美国橡胶制品公司（American Rubber Products Company）的主席、总裁兼首席执行官，他也是东 40 英里开外的圣母大学的 EMBA 学员。熬夜、团队讨论会、电话会议和群体项目构成了一个 EMBA 二年级学员的生活。

当他回到座位上继续阅读金融学书籍时，电话铃响了。那是马克·迪利（Mark Dilley）打来的。他是公司的执行副总裁兼首席运营官。"杰夫，"他说，"工厂那边似乎发生了事故，好像是爆炸什么的。我们得马上赶到现场。"片刻停顿之后，伯奈尔回应道："到那儿见。"伯奈尔大步流星地下了楼，抓起外衣，给他妻子留了张字条。当他把车子从车道退出来时，他立刻知道这 2 英里的路程要比平时多花费一些时间。

杰夫·伯奈尔领导的公司

美国橡胶制品公司是一家中型制造企业，年收益超过 3 500 万美元。公司在印第安纳州、密歇根州、肯塔基州和纽约州的四个生产基地有 600 名雇员。公司创建于 1933 年，它是北美原始设备制造商和一级汽车市场海豹皮制品和密封垫的供应商。

拉波特工厂的场景

当伯奈尔到达美国橡胶制品公司总部的印第安纳州拉波特工厂时，被眼前的一切惊呆了：消防车、急救车、抢修车、警车——一片混乱。由于正门被消防车堵住了，于是他调转车头准备从位于提普顿街的侧门进去。这时，一张熟悉的面孔与他打招呼。

那是当地副治安官格雷格·贝尔（Greg Bell），一位教会的朋友，他敲了敲伯奈尔的车窗，"伯奈尔先生，你们厂的一个锅炉爆炸了，死了两个人。"这一消息令人震惊。在 20 年的商业经历和 6 年的海军潜水艇服役中，杰夫从未遇到过这样的事情。

他把车停到停车场，从储物箱中抓了一个手电筒，穿过正门来到冲压 C 车间，直接找到艾达·艾伦（Ida Allen），她是冲压车间的主管，也是公司 10 多年的忠诚员工。"请告诉我最新情况。"伯奈尔对她说。艾伦提供了所有当班工人的情况，并报告说："我们第二班次就快结束了。大楼里大约有 40 人。"

他心里寻思着："假如是第一班次的话，会有 60～70 人在里面，另外加上附近区域的 40 人，情况可能会更糟。"

显然也感到震惊和心烦意乱的艾伦继续向伯奈尔讲述着事故的情况。其中包括工人们当时工作的场所、伤者被安置的地方、她如何拨打 911 电话以及照顾严重受伤者直至救援到达等。尽管她惊恐万分，但她能够叫得出 5 名伤者的全名，并且详细描述事故的来龙去脉。5 名伤者中，两人情况极其严重，两人情况比较严重，另一人据医护人员说"情况还可以"。

"两名遇难员工当事故发生时在锅炉房附近的冲压车间。他们是压床操作员，"伯奈尔后来回忆道，"他们负责把未加工的预制橡胶原料放入一个连接蒸汽压力的模具中。压床会在一定的时间长度里关闭液压从而将橡胶塑形并硫化成汽车的密封垫。"

美国橡胶制品公司的压床在每个硫化循环结束后会被定时打开。压床操作员会取出硫化好的密封垫，把它放到传送带上传到一个后处理裁剪区。操作员然后会用刷子和空气枪清理模具。这个过程每小时要重复 3～5 次。每个人负责大致 10 个压床。根据产品的大小和重量，这些压床每小时生产出 100～300 个密封垫。

"他们是半熟练工，"伯奈尔后来说道，"从负责新员工的高级模具/压床操作员那里接受过在职培训。此外，我们还向每个人提供解决问题和统计过程控制方面的培训。"1993 年 3 月 4 日星期四的那天晚上，冲压 C 车间配备了 6 名员工。晚上 10：30，他们中有两人不幸遇难：一个是有两个孩子的 32 岁母亲，另一个是这周刚雇用的 18 岁的临时女工。

锅炉房的设备

紧连着冲压 C 车间的锅炉房里主要是一个直径为 10～12 英尺、长度为 30 英尺的筒管。根据行业专家的说法，属于"船用锅炉"，它使用通过管道一端通进去的天然气，以及一个电控气体燃烧器点燃在一个 20 英寸大小的"莫里森管"（Morrison Tube）下面的可燃气体。

当这些可燃气体进行水平移动时，它们就被吹到莫里森管里，然后通过数百个直径为 1.5 英寸的小管子转动 180 度，引导气体返回到燃烧器，这些小管子周围是凉水。不锈钢管中的气体将重达 2 万多磅的水加热以产生蒸汽。然后，气体在燃烧器那一端又被翻转 180 度，通过另一组管道，最后从 100 多英尺高的排气烟囱中排出。

由密苏里州圣路易斯市的 York Shipley 公司制造的锅炉配备有两个巨大的专用舱：一个是低压舱，另一个是高压舱。在低压舱内，在鼓风机的辅助下，大气压总共达到大约 10ppsi（磅/

平方英寸）。在高压舱内，水被加热到 125ppsi，水压越高，蒸汽温度就越高。

锅炉的历史

船用锅炉如果保养得当，其连续使用寿命可长达 30 年。由于其操作过程对人类生命具有威胁，船用锅炉的使用必须得到所有 50 个州的职业安全和健康管理当局的许可。另外，由于锅炉操作过程涉及活动部分的数量、高蒸汽压以及极度的高温，州许可检查部门被授权定期进行跟踪。检查的频率是根据州的法规、锅炉类型及操作使用的种类而定的。

美国橡胶制品公司的锅炉到事故发生那天已使用了将近 15 年。事故发生前的 5 年间，印第安纳州韦恩堡发电厂服务站安装了一台新的、效率更高的气体燃烧器。由印第安纳州政府授权 Hartford 蒸汽锅炉保险公司于夏季对其进行每年及半年一次的安全检查。在检查期间，锅炉被完全拆分，两端被打开，所有内部的零部件都被一一细查。州政府规定的一系列检查参数均由发电厂服务站进行测验，同时若有必要，发电厂服务站还负责维修工作。

就杰夫·伯奈尔所了解的情况而言，那个锅炉状况良好，符合印第安纳州的操作规范，并且直到几分钟前它一直没有对他的员工造成任何威胁或伤害。尽管伯奈尔是名懂得锅炉内在运转规律的工程师，但他仍然让由州政府授权的来自发电厂服务站和 Hartford 蒸汽锅炉保险公司的专家对其工厂的设备进行检查和论证。

每个高管的噩梦

伯奈尔回忆道："当我从南面的入口处离开那幢大楼时，那里人山人海。"非常巧合的是，LaPorte 医院刚刚进行了一场灾难应急演习，救死扶伤小组已经到了现场。据急诊医生证实，救护车从接到命令到到达现场只用了 9 分钟。20 分钟内，所有伤者都被送往医院接受救治。

伯奈尔到那幢黑暗的、断电的大楼粗略看了一下，最后又从员工、消防队和警官那里了解了一下情况。有能力的专业人士都纷纷各司其职，那么，伯奈尔能否做他该做的呢？

当伯奈尔回到自己的车上，他注意到来自南本德和芝加哥的记者和摄影人员都已到了现场。停车场挤满了围观的群众和媒体等，他必须做点什么，得马上。他快速坐到驾驶座位上，砰地关上了车门，突然他有个念头："我必须求助。"

想到这一点，他马上拿出手机给大卫·海思特（David Haist）打电话。他是 Barnes & Thornburg 律师事务所的首席律师。海思特接电话时，已是晚上 11：30 了。

海思特不假思索地回答道："杰夫，我无法帮助你，但多格·戴特利（Doug Dieterly）可以。他是我们这儿最棒的产品责任律师，你必须今晚就找他谈。"得到电话号码之后，伯奈尔拨通了戴特利的电话，并且尽可能地向他解释情况。这时，车里越来越冷。

"你认为这件事是你们的过失吗？"戴特利问。

"不，"伯奈尔回答道："的确不是我们的错。我们做了所有我们应该做的事情。我们不折不扣地遵照州安全规定办事。那台锅炉每半年被拆分接受检查，经印第安纳州锅炉检查专家认定它是安全的。"

"如果你们没有错，"戴特利建议，"你就指派一名发言人，敞开大门，告诉他们所有你知道的事情。"停顿了一下，他补充道："假如是你们的错，或者认为可能是你们的错的话，那就关闭大门，召集所有管理层成员并要求他们对外封锁消息。"戴特利最后强调说："不要抱侥幸心理。"

戴特利告诉伯奈尔，根据印第安纳州的法律，工人赔偿保险规定除非公司被证明存在严重过失，否则它就不应承担法律责任。如果是公司有重大过失而加以隐瞒的话，诉讼方会揭穿公司的面纱，并且要求没收股东和公司高管的财产。

伯奈尔用自己的手套擦去车窗上的积雪，意识到与媒体见面是他需要面对的诸多问题中的头等大事。LaPorte 工厂的模具是他客户的财产，这些客户包括三大（美国）国内汽车制造商和一部分海外重要客户。假如他不能在 10 天之内用蒸汽硫化橡胶的话，他的这些客户就会跟他要回那些模具，美国橡胶制品公司就会面临破产。

比与媒体交谈更重要的是，伯奈尔面临的两大基本问题：一是处理人；二是处理生意。人的问题更为迫切、紧急。"我如何保持我们团队的团结？"他想，"我该如何关心受伤工人和死者的家属？我究竟该如何说服员工相信工厂是安全的，并要求他们回到工作岗位？"

另外一个问题是他的生意。如果他不能马上恢复生产，他就会失去这家企业。这时已经来不及起草一份危机处理计划了。他看了一下手表，凌晨 12：05，明天已经来临。

This case was prepared from personal interviews and public sources by James S. O'Rourke, Concurrent Professor of Management, as the basis for class discussion rather than to illustrate either effective or ineffective handling of an administrative situation.

第 13 章
■ 应对新闻媒体
■ Dealing with the News Media

有些人比其他人更善于表达思想及给人以真诚感。当几年前一个联邦高级别陪审团指控克莱斯勒公司篡改汽车里程表时，该公司主席李·艾柯卡清楚地认识到只有一个方法可以打消公众的顾虑：积极面对且防患于未然。他随即召开了一个新闻发布会，对"违背常理"表示歉意，并保证将迅速纠正错误。

艾柯卡告诉记者克莱斯勒没有做任何违法的事情。但是他以令人熟悉的直言不讳风格，指责自己公司"愚蠢"的做法。他承认："是我们把事情弄得一团糟吗？毫无疑问，就是我们。"他概述了克莱斯勒将如何对客户说明此事，并且保证将不会再有类似事情发生。

显然他的话非常奏效。公司遭指控 4 天之后，一项民意调查中有 55％的美国成年人认为克莱斯勒面临了严重的问题。而在新闻发布会 4 天之后，67％的受访者认为克莱斯勒已采取了积极的措施处理该问题。另外，克莱斯勒官员补充说，这些对汽车的销售和股票的价格没有任何影响。[1]

另一方面，在墨西哥湾发生大规模石油泄漏事件后，英国石油公司（BP）首席执行官托尼·海沃德（Tony Hayward）曾轻描淡写地说："我认为这场灾难对环境造成的影响极为有限。"就在同一天，当被问及是否因为漏油事件会影响其晚上睡眠时，他脱口而出地回答："当然不会。"然而，仅仅两周后，在路易斯安那州的一次电视采访中，在向墨西哥湾地区的人们发表讲话时，他却说："漏油事件给他们的生活造成了巨大的破坏，对此我们深表歉意。没有人比我更希望尽快结束此事。我希望尽快恢复我的正常生活。"他的这一席话一遍又一遍地在晚间新闻节目中播放，也时刻萦绕在海沃德自己的耳畔，直到数周后他被 BP 董事长解除了职务。[2]

13.1 引 言

与那些报道你行业以及你公司的新闻媒体保持一个积极的、诚实的和坦诚的关系绝非易事，但却非常重要。无论在顺境还是逆境中几乎很少有管理人员，事实上，没有任何管理人员会无须应对媒体而获得成功的职业生涯。

30 多年前，哥伦比亚广播公司新闻网（CBS News）的管理顾问及前主席切斯特·伯格（Chester Burger）说过：

> 选择一名公司总裁并不是基于其阐述公司问题的突出能力，而是由董事会根据其管理技巧，或者其金融专业知识，或是其精通法律等能力，或者当公司面临即时问题时所需要的任何应对能力来推选的。在发挥自己的技能方面，他通常能够做得非常好。

但是管理技能不同于那些应对新闻媒体所需的技能。记者,无论他们是受雇于电视台(当今大部分人仍然通过电视了解大部分新闻)、报社、杂志社、广播电台,还是互联网博客网站,都被训练为具有与他人交谈及挖掘具有新闻价值的故事的能力,这些故事会激发观众和读者的兴趣和好奇心。这种能力就是他们被选定的原因:这是他们超出别人的能力;这正是决定面对他们提问的公司管理者们所身心疲惫的原因。[3]大多数媒体关系与企业沟通专家会发现,记者不仅在其专业领域训练有素,而且大多数都相当擅长在提问过程中循循善诱以寻求具有新闻价值的故事。然而,鲜为人知的是,经理和管理人员往往还面临其他的人——其中许多人掌握更多的信息,并且为提出那些棘手的问题做了充分的准备——那些他们尊重但并不惧怕的人。

Jordan 实业公司的总裁兼首席执行官汤姆·奎因(Tom Quinn)说道:"在这个世界上,没有比债券路演更棘手的了。那些观众有钱进行投资,他们会就你如何使用他们所投资的钱提出一大堆棘手的问题。"在很多方面,债券市场上的投资者比股票投资者更为犀利。"那些管理共同基金、退休计划或保险公司的人有许多棘手的问题要问,当你坐在凳子上或站在他们面前,他们就对你了如指掌,在这种情形下,你只能靠你的智慧和魅力来捍卫自己了。"[4]

事实上,管理者的职责就是每天回答那些由知道事实、了解业务、熟悉相关产品和服务的人所提出的问题。从忧虑或愤怒的股东到好奇的政府监管者都会提出问题。管理者必须做出回答——其中许多人都必须当场作答,没有可参照的文件、数据库,也不能与组织中其他人商量。

媒体与企业之间的关系基本上是对抗性的,这仅仅是一个民主社会商业中的一部分。美国 NBC 的记者,后来的 ABC 新闻评论员戴维·布林克利(David Brinkley)曾经说:"当一名记者提问时,他并不是为那些被提问的人工作的(无论被提问者是商人、政治家,还是官僚),而是为读者和听众工作的。"[5]他还说:"新闻就是指你不愿告诉我的事情。其他所有的一切都属于公共关系。"

你能做到这一点吗?你能从容应对记者的挑战并坦诚地回答有关你企业的问题吗?相信你能做到,尽管这并非易事,但你确实有能力和动力去胜任这项工作。关键在于你需要做好充分的准备。

本章主要探讨了与采访你的记者和编辑保持合作的最佳益处,同时就如何为采访做准备提出了一些方法。具体来说,我们考察了任何接受有关好消息或坏消息新闻采访的管理者所要面对的六大问题。

- 访谈的重要性。
- 你应该还是不应该?
- 纵览新闻媒体。
- 做好准备。
- 开始采访。
- 后续工作。

13.2 访谈的重要性

它们是一个接触广大听众的机会 记者采访是接触广大听众的绝佳机会。你根本无法参加足够多的基瓦尼斯俱乐部的早餐或 Rotary 俱乐部的午餐会来直接讲述你的故事，而这样的时候都是极好的机会。你必须充分利用每一次受邀演讲的机会，这是一个交友、会见社区领导，以及通过直接和未经过滤的方式传递你的信息的机会。其缺点是在这样的场合，听众极为有限。

如果你必须在很短时间内让数以百万计的人获得你想要表达的信息，你几乎没有太多选择。一种是采取报纸和杂志广告的做法（电视广告对于大多数的企业宣传活动来说通常既昂贵又不合适）。人们通常把这种广告宣传活动视作片面的和带有偏见的，并不太关注信息的内容。如果你需要向城市层面、全州层面或全国层面的观众讲话，那么大众传媒是或应该是你的首选。安排晚餐或午餐演讲会以及将信息发布在你公司的网站上都是不错的主意，但几乎没有什么方法能够替代直接面对报社和电视台记者讲话。它们涉及的范围是全球性的；它们的速度几乎是瞬时的；而且它们比较客观的声誉能够确保公众（那些阅读报纸和观看全国电视新闻的人）将看到、听到或读到你提供的信息。这也许不是什么愉快的事，但你没有什么选择的余地。

它们是你讲述故事的机会　无论是好是坏，大多数你的目标观众都真的不太了解你。如果你的公司比较典型，那么许多人就会认出你公司的名称；一些人会了解你公司的产品或服务；少数人会了解有关所有权、组织或你参与竞争的行业等问题；而似乎没有人会去了解太多有关令你担忧的问题。无论喜欢与否，大多数人对于你的员工、你的使命以及作为一个组织的你的目标基本上都是一概不知。

这全是坏事吗？未必。匿名有时会是有益的。校园附近的一家小书店老板曾经说："每当有关图书出版、图书检查或不适宜的出版物等事情闹得沸沸扬扬时，这个镇上的记者通常去采访巴诺（Barnes & Noble）书店的经理。""太好了！"她说，"我才不愿回答那些问题呢。"然而，要自己匿名往往意味着当有必要让公众了解你时，你必须抗争，不让自己直面公众。

它们是你传递信息的机会　作为一名管理者，与记者交谈是确立自己是某些方面的专家的机会，或者至少是了解有关市场、产品类别或行业方面的专家。与那些正在寻找信息用来支持新闻故事的人保持友好关系可以为你赢得一些好名声。当你遇到更大困难时，并且新闻故事涉及你自己而非他人时，你的这些好名声会让你化险为夷。

如果你经常为新闻媒体提供有关你公司和行业的信息，就很有可能：那些新闻媒体的读者和观众会将你的名字、你的公司以及你的产品或服务与包括质量、通用性、价值及可取性等在内的重要特征相联系。当媒体为针对你公司的故事进行评论来采集信息时，你可不能轻易回避，即使故事不直接涉及你。

它们是你回应公众所关注的问题的机会　广大公众对许多事情都感到担忧，包括环境、经济、工作机会、工作条件、安全以及产品安全等。你公司属于上述公众关注的哪些方面？你是否知道全国的老百姓或你所在社区的人们最关注哪些事情？如果不知道，你就应该加以了解，因为那些问题很可能成为记者最愿意触及的问题。

你必须在人们还未关注到的情况下做好准备，以针对你公司是如何对待环境等问题做出回答。你们是否生产危险废弃物或非生物降解性副产品？你们是如何处理这些废弃物的？贵公司是如何对待工人的？为你公司制造产品和提供服务的那些人的薪资、就业条件及福利怎样？如果镇上或这个国家其他地方的某家公司生产了不安全的产品，而恰好又在该行业中参与竞争，你会以诚实和可信的方式来回答详细、直接的问题吗？

当人们观看电视新闻采访——尤其是发生危机或突发性新闻事件时，当他们观察商人回答记者提问时，他们往往会问自己这样一个问题："有人会负责妥善处理这些事情吗？"如果答案是肯定的，那么他们将继续他们自己的事情而不会考虑你的事情。他们相信一定会有某个精明人来处理好电视上播出的杂乱无章的事情。如果答案是否定的，那么观众会对所涉及的公司不屑一顾，并且可能再也不允许这家公司在其社区经营业务。

记住，不要以为你拥有做生意的许可证——去营建一些东西，将原材料制成成品，或者是储存或加工各种材料——你就永远可以做生意。真正可以使你的业务具有可持续性的许可证直接取决于那些在你的社区生活、在你的公司工作以及购买你产品和服务的人的善意和许可。如果他们对你失去信心，你就完了。这完全取决于你是否让他们确信有人会负责妥善处理好这些事情。AT&T 公司副总裁阿瑟·W. 佩奇（Arthur W. Page）在其文章中说得非常好："民主国家的所有企业都始于公众的许可，存于公众的赞同。"他说："大公司及公营企业的真正成功在于其始终为公众谋利益，这样公众才会给予企业充分的自由来进行有效的服务。"[6]

它们是你澄清事情的机会　尽管许多人不太了解你的公司及其业务（一些人则根本不了解），但是人们所了解的许多方面与实际不符。美国幽默大师威尔·罗杰斯（Will Rogers）曾经说："困扰我的不是那些他们不知道的事情，而是那些他们自以为了解而事实却并非如此的事情。"

的确，如果你同与你企业或行业相关的许多人进行直接交谈，你会感到惊讶。大部分他们"信以为真的事情"其实是那些误解、成见、扭曲的事实，甚至往往是一些谣传等。新闻媒体采访是一个澄清事实的机会，你可以发表自己的观点，驳斥那些不真实的指控或传闻。

它们是你致歉的机会　在最近的商业丑闻中，投资者亏损了数万亿美元；公众对企业高管的愤怒达到了自大萧条以来的最高水平；而且国外的一些盟友都开始质疑美国资本主义的生存力。那些负责处理这些不当的、混乱的和不良判断的高管应如何做出反应呢？杰弗里·K. 斯基林（Jeffrey K. Skilling）说，他对于他在安然公司所做的事情感到"非常自豪"。摩根大通银行（J. P. Morgan Chase）的副主席马克·夏皮罗（Marc Shapiro）坚持认为他们与休斯敦能源公司的交易是"完全适当的"。首席执行官詹姆斯·唐奈尔（James Donnell）说："杜克能源公司的电力轧平交易完全遵循了'市场的游戏规则'。"然而，玛莎·斯图尔特（Martha Stewart）则认为内部交易是"荒谬的"。

一些公司高管的第一反应就是要在公众面前保持沉默、否认一切、聘请资深且身价颇高的律师来打官司，并且试图等待所有的烂摊子全部被解决，希望有关他们的头条、公众的敌意、不良的感觉最终会过去。然而，解决这些问题的更有效做法可能是一个真诚的、令人理解的、发自内心的道歉。最新的学术研究表明，这些致歉所表现出的善意的作用不只是弥补所涉及的诉讼费。同时，国家立法机关正悄悄地通过立法鼓励致歉式忏悔。[7]

乔治敦大学麦克多诺管理学院（Georgetown University's McDonough School of Management）的拉玛·赖因施（Lamar Reinsch）教授一直从事有关公开道歉的效果及其对承担法律责任影响的研究。在回顾了数百个最近的案例之后，他总结道[8]：

> 诉讼的风险之一，就是如何平衡公众的指责以及丢失消费群体的风险。最终，法官和陪审团会达成共识，根据联邦和州的法律，公开的道歉和忏悔并不能成为划定义务和责任的根据，当原告手持"公开道歉"，却别无其他佐证，法庭很容易就会意识到，这对于充实法律元素，裁定施行责任是没有意义的。

> 信赖并不能因为公开道歉的行为油然而生，只有当公司竭尽所能，切实解决顾客所面临的实际问题时才能建立其良好的信誉。合时宜的道歉以及对查明损害原因的承诺，往往能够化解一场潜在的危机，至少可以减少其危害程度。

> 总而言之，公司必须仔细评估各种特定环境下的各种因素，当施行公开道歉时，要看此行为是否能真正减轻公众的指责，以及道歉行为是否能作为法律上的从轻处理的情节。换句话说，公司管理人员应该双管齐下，不仅要向公共关系专家，同时也要向熟悉公开道歉的法律工作者征求意见和建议。

根据商业记者麦克·弗朗斯（Mike France）的观点，企业可能高估道歉的成本，却低估其带来的好处。他写道："首先，当陪审团对惩罚性损害赔偿进行评估时，陪审团会考虑公司是否正视了其自身的问题。更重要的是，道歉可以化解受害者的愤怒。"一些证据表明，人们也许会像对待金钱一样对道歉感兴趣。最近对英国医疗事故患者的一项研究表明，37%的人说如果医生向他们做出解释并道歉的话，他们就不会提起诉讼。[9]

尽管具体情况有所不同，但是法律一般会防止在事故发生以后将同情的表述作为犯错误的证据。然而，道歉不适用于犯罪的表述。因此，以"对不起，您的儿子是在车祸中丧生的"这样的声明作为犯罪的证据是不会被接受的。而"对不起，您儿子的死亡是由于我们制造的汽车发生刹车故障"可能可以作为犯罪证据。

当道歉表述恰到好处，它们可以产生惊人的威力。例如，不久前美国西部航空公司（American West Airlines）负责顾客服务的副总裁乔特·施密特（Joette Schmidt）在 NBC 的《今日秀》中寻求雪里尔·科尔（Sheryl Cole）的原谅，雪里尔·科尔是该公司的一名乘客，由于针对公司最近一次飞行员酒后驾驶一事开玩笑而被拒绝搭乘该航班。施密特没有采纳采访者马特·劳尔（Matt Lauer）为其航空公司的行为辩护的意见，却明确表示"我到这儿来主要是为了向科尔女士道歉的，是我们太过激了"。一分钟前受害者科尔女士还在指责美国西部航空公司，但是，当她看到这一新闻片段后，她就原谅了该公司。科尔回应道："我对公司的道歉表示感谢，我现在非常同情西部航空公司，我知道它正在经历一个艰难的时期。"[10]

它们是你强化可信度的机会　当公众不再相信你时，你就完了。作为一名管理者，你的一项重要任务就是强化公众对你的信任，包括你们做什么、你们生产什么或提供什么以及你们是怎样的一个组织。那么你应该怎么做呢？管理者为其对新闻界的发言找到可信度的一个简单方法就是引用公司高层管理团队的演讲、公告或公开声明。你将在哪儿找到这样的陈述呢？在你公司的广告宣传册中、在你公司的网站上、在你公司的年报中，或者在你公司交给美国证券交易委员会的报告中。你无须花费大量的时间来编造一些讨巧的东西来发表对贵组织的看法，人们早已帮你完成了这些工作，包括公共关系和广告公司、企业沟通工作人员以及该公司的高层团队。查阅这些文件；寻找在你与记者的交谈中很有可能涉及的看法、表述和概念。记住，你说得越多，记者就会描述报道得越多。

13.3　你应该还是不应该

在决定是回应记者的采访要求还是召开一个新闻发布会去吸引大家对你所提供信息的注意力方面，以下是一些基本的建议。

遵循少数适用的通用规则　一个很重要的规则就是"不要与陌生人交谈"。如果在你孩提时，你的母亲教你不要与陌生人交谈，说明你有良好的教养。的确，你的母亲非常智慧。应付陌生人是一件高风险的事情，特别是应对新闻媒体。

如果一名记者找到你并要求你回答一系列问题，包括有关你公司、你们的产品或服务，或者你公司所处的行业等，那你首先应该尽量收集一些基本的信息，如记者是什么人？他服务于哪个组织？该记者的发稿截止日期是何时？然后要求给予一定的时间以收集信息、征求他人意见，并制定接受采访的决策方案。

公共关系专家维克·戈尔德（Vic Gold）曾经说过："在这个商业世界除了'如果迈克·华莱士（Mike Wallace）来电话，就挂断'这一规则，没有其他的通用规则。"[11]CBS备受尊敬的记者做了什么招惹了戈尔德先生吗？或许没有，但是无论如何这个建议是非常有用的。他的观点非常简单：《60分钟》（60 Minutes），由华莱士先生担任多年记者的这档节目不是新闻节目。这档节目是CBS的新闻部所拥有并经营的。该节目组聘用了多名前记者——莱斯利·斯塔尔（Leslie Stahl）、莫利·塞弗（Morley Safer）、史蒂夫·克罗夫特（Steve Kroft）及其他人来报道你的所见所闻。执行制片人杰夫·费格（Jeff Fager）和他的员工在电视新闻方面很有经验。那么为什么《60分钟》不是一个新闻节目呢？它有什么与众不同的呢？

《60分钟》仅仅是一种电视节目类型中经营时间最长、最成功的。这种类型的节目包括NBC的《日界线》（Dateline）、ABC的《20/20黄金生活》（20/20 Prime Time Live），以及一些虽然同样盈利，但却名气一般的节目，比如《硬拷贝》（Hard Copy）、《内参》（Inside Edition）、《美国期刊，电子！》（American Journal, E!）、《进入好莱坞》（Access Hollywood）及其他许多节目。显然，这些节目不是新闻节目，它们都是娱乐性节目。通常，这些节目被包装得像新闻节目：节目组聘请知名新闻记者对着镜头接受采访；运用新闻编辑技术增加其故事的动态性和紧张感。此外，演播室还运用了现场报道技术给人以新闻节目的印象。这些节目的内容纯属虚构。

客观标准和寻求真相是合法新闻的特征，这对于这些节目及其制作人来说无疑是陌生的。对于这些节目中故事的选择往往更多地取决于它们的情感价值或它们对观众的吸引力，而不是故事本身的新闻价值。众所周知，制作人接受所分派的任务或开始报道故事，往往出于先入为主或以意识形态为驱动的观点。

关于《60 分钟》及其他一些类似的节目的事实就是它们都极具娱乐性。当你在微笑或点头时，斯科特·佩里（Scott Pelley）会在镜头里分解出一些可怜的人，你不禁会想："这会是我吗？"几乎没有人拥有这样的技巧或能力，即他所表达的观点无法为制片人进行随心所欲的编辑。即便是那些经验丰富、在与媒体长期打交道方面拥有娴熟技巧的政治家，也都难逃被采访者和这些"杂志式"节目制片人生吞活剥的命运。

一些商人已经同意接受《60 分钟》节目组的采访并讲述自己的故事。其他人则表现得非常成功："他们向广大观众讲述自己的故事，并受到公平的对待，而有关事实是以一种平和且专业的方式被呈现在观众面前"。正当劳资纠纷连绵不断时，库尔斯酿酒公司的约瑟夫（Joseph）和威廉·库尔斯（William Coors）决定主动接受《60 分钟》节目组的采访，看上去他们像是具有良心、爱心和责任心的商人。但请记住，他们是一个例外。同样我们在这里讨论的问题也适用于那些面向公众的印刷出版物。这些出版物如《国民询问者》（*The National Enquirer*）、《午夜时报》（*Midnight*）、《世界新闻周刊》（*Weekly World News*）和一些超市的小报。即便是它们最忠实的读者也都承认他们不会为了解官方的新闻而去购买那些出版物，他们非常了解那些出版物只是娱乐而已。一些人关注名人和名声，另一些人关注奇闻逸事，还有一些人则关注具有一定可信度的事情。的确，很难断定上了上述出版物的新闻究竟会给你和你的公司带来怎样的益处。

向公司的公共事务办事处或沟通部门寻求帮助　除非你在一家小公司工作，一般大一点的公司都雇有擅长公共关系技巧者，那样你就可以求助于他们。毫无疑问，你的组织会让经验丰富的专业人士，就如何参加采访做决策方面给你建议。

你会问："为什么不是公共事务办事处的人员接受访谈呢？"理由非常简单：一个有自尊心的记者不会愿意与一个公共事务专家进行交谈。他们清楚地知道公司公共事务办事处和媒体沟通专家都是有备而来的。记者了解经验丰富的公共事务和公共关系人员只会说那些他们希望记者听到和报道的内容。

你应该持谨慎态度吗？当然应该，主要是因为记者会觉得与你相处更加轻松，并且指望你更坦率和公开的陈述。在记者看来，你更具可信度，因为你更了解组织的运作；你参与制定商业决策和了解企业日常经营实际。然而，当你需要信息、了解故事的最新动态以及收集那些有助于决定是否参加访谈的详细资料时，你的公共事务或公司沟通部门还会是你的得力助手。寻求他们的帮助，他们不会拒绝。

答应接受采访前先获取一些背景资料　在你同意接受新闻采访之前你想了解的许多事情中还应包括：该新闻故事是否主要关于你或你的企业，或者是否只是让你对行业趋势做出评论。

在你同意参加采访前了解一些新闻故事的背景是非常有用的。你只需询问记者演播室的背景布置是怎样的，该新闻故事会如何报道。你还应该询问还有谁将参加本次采访，记者找了哪些信息提供者。如果你知道你的竞争对手将与这位记者交谈，那就对你是否接受采访的决定产生影响。如果你知道新闻故事中引用了某位著名行业批评家的话或某个媒体唠叨者的话，这些也同样会影响你的决定。

关注发自内心的感受　如果这个故事全然属于负面的，或者你认为你正面对的新闻机构不会给你一个让你准确、公平、全面讲述你的故事的机会，那么你就可以决定不参加这个采访。如果某记者就其身份、工作单位以及意图欺骗了你，那你就可能不想与他合作。如果记者所在的新闻组织臭名昭著，那也会影响你的感受。

你必须相信你的直觉。你的直觉一直伴随着你的生活，并且给了你许多有益的帮助。它们帮你完成学业、找到工作，并且帮你进入商学院。如果你向它们寻求帮助，它们通常不会让你失望。如果存在以下情况，就不要接受采访：

● 你不相信记者。
● 你不清楚这个新闻故事的发展方向或意图。
● 记者试图通过高压或讹诈等手段强迫你与其合作。
● 新闻故事存在很大的负面性，而你不希望你或你公司的名字与有关该故事的报道牵扯在一起。

记住，如果你不参加采访，你就失去用你的视角阐述故事的机会，或者失去为你公司澄清事实的机会。如果你真切地认为你不会受到记者或新闻机构的公平对待，那么你完全可以以一个公民或雇员的权利不接受采访。这样做的优点在于可以避免你的言论会被错误引用或断章取义，避免自己成为该不适宜的故事的一部分。而缺点就是他人可能设置这个故事的基调和走向，而你也将可能被媒体所纠缠。

13.4　纵览新闻媒体

为了对你将接触到的新闻媒体有所了解，我们必须考察一些新闻媒体的基本方面。

它是一种商业　首先，新闻是一种商业，它不是一种慈善事业。报刊、电视台和网络以及广播不是通过出售新闻赚钱，而是通过将广播时间和空间出售给商业广告商。它是一种以听众换金钱的直接交换，商业广告的观众越多，出版商或广播商索取的时间和空间费用就越高。

这种交易的一个有趣方面是许多商人与广播商签订合同时，并不确切知道他们应支付多少广告费。他们知道每千户的收视率是多少，但是在收视率估算出来之前他们并不知道他们将为享有播出其商业广告的特权而花费多少钱。同样，观众越多，价格就越高。

如果广播商想从他们出售的广播时间获得更大的收益，最容易的办法就是增加观众人数。就新闻广播而言，它可能涉及从新闻主播的新发型到喜剧性的场景设计等诸多事情。它也可能涉及颇具争议的新闻故事——设计的故事能激发观众的兴趣，增加收视率。报纸和新闻网站往往使用戏剧性的标题（"在美国肯尼迪国际机场母亲把小孩锁进了行李箱"），更多的故事则是关于名人轶事（"琳德赛·罗汉（Lindsay Lohan）又入住 Rehab 酒店！"）、体坛人物（辛普森（O. J. Simpson）、贝瑞·邦兹（Barry Bonds）、马夫·阿尔伯特（Marv Albert））以及其他任何经巧妙设计的张三或李四。

记者兼新闻编辑皮特·哈米尔（Pete Hamill）最近写道[12]：

> 真正的成就取决于认知因素。我们很少将注意力放在科学家、诗人、教育者或考古学家身上。工作、爱自己的配偶和孩子、纳税、从事慈善事业、遵纪守法的公民绝不会出现在报纸上，除非他们死于某个令人毛骨悚然的谋杀案中。即便是一心为民、不谋私利、远离丑闻的真正的政治家也会被忽略。大多数媒体所关注的（几乎排斥所有其他主题）是那些响亮的名字。

这是否意味着你非得出名才能上新闻呢？不，尽管出名有助于你吸引注意力。克莱斯勒公司的吉姆·托利（Jim Tolley）说："艾柯卡的威望和个性使得我们处于一种非同寻常的令人羡慕的境地。其他的专业人员花费他们的职业生涯为其企业或顾客做宣传。而在克莱斯勒，我们被要求保持低调。"[13]

新闻机构也渴望通过搜寻坏家伙、错误的事件和其产品带给人们悲痛的企业来提高收视率。当然，那是好事。因为这样，媒体就扮演公众的守护者，时刻维护我们的利益。但是，如果它们将故事颠倒黑白怎么办？如果有人提供给记者一些关于贵公司或产品的细节，但根本不是那回事怎么办？为了避免成为某个新闻节目或当地报纸的高收视率焦点，出于对社区及读者的考虑，你应该主动出击，通过帮助记者了解贵公司的未来发展来展示一个具有良好意愿的公民形象。

市场和成熟度　在大多数市场环境下，广播商和报纸出版商并不情愿虐待商人，并且还有很充分的理由。那些商人是它们广告节目的命脉。一旦听说当地报纸错误引用、歪曲或者不当处理某家企业或其管理层，出版商会非常重视，随即，编辑和记者也会非常重视。

收集新闻和广告宣传应该是相互分开的，但却很少分开。这并不意味着仅仅是因为广告商的参与，记者才弃置合法调查或新闻故事不用。也不意味着某个商人以健康的广告账户的方式出钱以避免自己出现在报纸的头版，成为爆料。它却意味着在一个 5 万～7 万人口的中小市场，在大多数情况下你都可以受到礼貌的、公平的和专业的对待。在 100 万人以上的大城市，情况则有所不同。你很难通过新闻媒体来宣传你的公司或你的产品。在一个大的市场环境下，发布好消息并非易事，因为对于拥有好消息者而非报道好消息者来说，这可是要花大价钱的。在大的市场环境下简直有太多的新闻，包括好消息和坏消息。大市场环境中的记者对于广告与收益之间的关系也会表现得比较敏感。当他们听闻某条有价值的新闻故事，就会马上出击，紧追不舍。大城市也有相当数量的"打一枪换一个地方"的记者，他们为了得到故事的细节或照片，不惜做任何事。包括翻越栅栏闯入私人领地、贿赂门卫或者与你的雇员发生争执，直到他们发现有人表现出非常不满而找他谈话。一旦故事编完，他们就不再需要你，你对他们已毫无意义。如果你身处大都市，并且与一起爆炸性新闻有牵连，你应该马上向你公司的沟通部门或专业的公共关系公司寻求帮助。即使是几小时的延误也可能是灾难性的。

市场规模和成熟度的另一个方面是，小地方的媒体市场很难培养出具有真正专业水准的记者。在纽约，财经记者通常比受访者更了解市场和有关问题。在底特律，许多记者聚焦在汽车产业，他们在撰写有关汽车和汽车制造的文章方面积累了毕生的职业经验。在旧金山，实际上，数以百计的记者精于信息技术产业，他们中许多人都拥有高学历，他们所写的文章独到深刻。

你应该清楚地认识到，如果你生活和工作在大城市，你所接触的记者对于你企业的情况必定了如指掌。你必须小心谨慎：他们了解你企业所在行业的问题，他们精通行业术语，并且他们知道如何提问。真正的风险不是你会被错误地引用，而是你会说一些蠢话，他们会当真。更糟糕的是，广播记者会保存录像带。

在一些较小市场如纽约州的锡拉丘兹、亚拉巴马州的蒙哥马利或印第安纳州的南本德，管理者同样会面临大的风险，但却是不同类型的风险。在中小市场中，普通记者对你的企业或行业了解不多，甚至完全不了解。因此，如果在当晚六点的新闻中或第二天的报纸上他提供的信息有误，那可能就是你的失误了。

在这样的情况下，你面对的是一名聪明、好奇、有能力但却可能是工作过度或收入不高的记者，他最终得在当天晚些时候写一篇有关一起车祸或猫展什么的报道。你的故事只是这个过程中的一个停靠站。能否以简单的、便于听众理解的方式讲述故事则完全取决于你，你必须使复杂问题简单化，使晦涩难懂的表述清晰明了，使令人迷惑的故事变得容易理解。通过以下方法，你可以做到这些，即在采访中尽早提供并反复强调公司的愿景，并且运用以下表述来引领采访进程："莫林，这里的关键问题是……"或者"马克，我认为便于观众理解的关键就是……"

新闻媒体确实会犯错误 日报每天刊登成千上万条事实和数十种观点。偶尔记者会因为复制了错误的事实、颠倒了数字，或者更糟的是，与不明事理者进行交谈而出错。

这类事情常有发生，甚至相当成熟的新闻运作大市场也不例外。犯这类错误的记者很少是因为对信息提供者怀有怨恨或恶意，绝大多数情况是，这类错误均由于无知或迫于截止日期的压力所致。偶尔记者也会有一种对故事进行渲染的欲望。[14]

如果事情发生在你身上，即假如你被错误地引用或者你被断章取义，或者，假如新闻中有关于你公司的事实被歪曲或存在显而易见的错误时，你就应该做出回应，但必须小心谨慎。

首先与记者沟通。通过电话或当面交流，询问他是否误解你或者你没有清晰地回答他所提出的问题。试着用以下表述开始你们的谈话："我想你不希望你的读者被误导，所以……"并且通过以下措辞完整地表述你的意思："我想对你说，在你今天上午新闻故事的第三页的内容不准确。"

要求撤回 在任何情况下，你都不能要求撤回某篇新闻报道或威胁记者。首先，那是徒劳的。其次，你将因此而承担起对那名记者的法律义务。在这场为撤回不准确的故事的买卖中，你现在"欠他一次"。另外，记者成天受到威胁，他们已习惯于来自新闻提供者的威胁。最好的筹码是唤起记者的正直感和可信度。离开了可信度，记者一文不值。一些捏造假新闻的记者终究逃脱不了被报社和电视台解雇的下场。一旦你受到记者的十分关注，你应向他提供你希望传达给大众的细节或者公司的发展愿景，并且在结束谈话时，使用这样的表述："谢谢！我相信你会做正确的事。"

假如直接与撰写或播报你的故事的记者沟通并不奏效，那你的下一步是与新闻编辑（电视台）或者责任编辑（报社）进行沟通。其方法如上所述："我想你不希望你的观众（读者）被误导，所以……"编辑和新闻制作人是经验丰富的专业人士，他们清楚该做什么不该做什么，并且努力确保其新闻提供者及新闻故事中所涉及的人受到公平的对待。

你的最后一招便是与出版商和电视台经理进行沟通，但很难说他们有多大的帮助。这些高管情愿相信由他们的新闻部经理提供的事实而不愿支持其他途径获得的事实根据。仅仅在极少的玩忽职守的情况下，出版商或经理才会道歉或撤回新闻。如果这些方法都无效，你可以威胁你将通过法律途径来解决问题。但那耗时费钱且结果往往令人失望。仅在异乎寻常的情况下出版商和电视台会败诉。

事实与观点　假如这个失误事实上是个严重错误，那么编辑和新闻制作人会很快纠正它，通常他们还会真诚地向被误传的个人或组织直接道歉。但是，如果这个错误只是观点和视角不同而已——如果不是完全不可能——出版商或电视台会纠正或做出回应。编辑和新闻制作人强烈地感觉到他们有权报道观点，即便那是少数人的观点。在这点上他们无须向被激怒的读者或观众致歉。哥伦比亚广播公司的比尔·莫耶斯（Bill Moyers）曾说："我们的工作就是要确保新闻的真实性。"[15]尽管事实容易产生且容易修正，真实性却可以是高度主观的。仁者见仁，智者见智。

几乎没有一名记者是决策制定者　虽然你想直接与那些报道你们企业和行业的记者打交道并试图与他交朋友，但是你有必要认识到记者几乎都不具有足够的影响力，以对他们所报道的新闻内容做出关键的决策。布莱恩·威廉斯（Brian Williams）可以决定某个新闻故事是否具有足够的轰动效应而需要其亲自做决策，但是安·汤普森（Ann Thompson）就不可以。记者，即便是那些大名鼎鼎的记者，都要对其总编和新闻制作人的决策做出反应。一些新闻故事颇具影响力，撰稿署名行上普通记者的名字会被名记者所替代。在其他情况下，记者们知道由于他们被分配采写的故事不重要或属于陈年往事，他们因此会受到其上司的冷落。

企业高管发现培养与记者之间的友谊很有用，事实上除非涉及突发性新闻或类似危机等，大多数新闻故事在刚播出时很少会引起任何关注。公司沟通专业人士会告诉你在《财富》、《巴隆氏》（Barron's）或《商业周刊》上发表文章得等上 6 个月或一年。但你知道记者很少就是否广泛报道、是否对摄影或研究人才进行投资，或者就新闻的播放时间或印刷的空间等做决策。这些决策均由新闻管理专业人员做出，因此无论你做什么工作，你都必须把了解他们作为你工作的一部分。

了解当地的管理层　假如你在一个大都市市场环境下工作，你公司沟通部门的专业人士会帮助你及组织中的其他人通过媒体讲述你们的故事。照他们所说的去做。假如你在一个小市场环境下工作，你可能需要主动出击，与那些新闻专业人士见面和交谈。你必须在你公司沟通部门人士的协助下有计划、有步骤地约见电台和电视新闻节目制作人、报社总编，以及杂志社（如果你所在社区有《商业周刊》类的杂志）的编辑。与他们会晤也许只需 20 分钟左右的时间，你可能也就是递上你的名片、概述一下公司的情况及其产品和服务，以及如果涉及有关公司的新闻报道你乐意提供帮助。在会谈结束时，你可以希望能有机会对任何新闻故事（无论与你公司直接有关或无关）做出评论。你应该这样说："请打电话给我，给我一个有助于你们准确、公平和全面报道新闻的机会。"

如果你能够与当地的编辑和新闻制作人保持定期的、经常性的对话以及开放式沟通，那你就不会受坏消息的惊扰，你也不会就新闻内容与他们发生严重的分歧。做你应该做的事。当被要求对某条新闻做出评论时，你每次都应该做出积极的回应，提前完成任务，遵循他们的游戏规则。你不会去编辑你自己的评论，你也不会在新闻故事见报前再去审读。但是，如果你把他们视作聪慧的专业人士并且尊重他们的工作，你就当然可以使该新闻机构养成习惯，让你审核所引用的话或增加一些必要的细节。

13.5 做好准备

与记者见面或接受采访之前，你需要做好"功课"。第一项准备就是你的战略。假如你没有任何战略，就意味着你不清楚什么是你的目的；假如你没有具体的目的，你就不应该接受采访。

开发战略 你的上司及你公司的公共事务办公室都应该了解你与当地报社经理结识并与他们合作的兴趣所在，你必须与他们形成一种基于战略层面的友好工作关系，这个战略应涵盖以下具体方面：

- 通过与当地新闻专业人士一起工作，你希望达到的目的。
- 会谈的大致内容。
- 会谈的预期对象。
- 你希望提供的视觉或图片信息。
- 你的新闻故事中所涉及事件的时间和顺序。
- 这条新闻的独到之处。
- 这则故事的新闻价值。
- 你计划与之合作并讲述你故事的媒体。

一旦你有故事要诉说，你的战略就应该形成文字被记录下来。记住，书面战略并不是一成不变的，它应该是一个动态的、不断变化的文件，当你发现新的诉说故事的方式、完善信息的新想法，以及利用媒体提高你的优势的新机会，你就可以根据需要不断地审读它、修改它。

研究记者 对于将采访你的记者，你一定得进行了解，尽可能找出他的一些特征：写作和报道风格、新闻类型、经验、在社区中的普遍声誉。第一步，你最好先与你公司沟通办公室的媒体关系工作人员进行沟通，他们会知道几乎每个对你公司感兴趣的记者的一些情况，并且能够帮助你做好相关准备。

假如有时间，你可以浏览一下该记者之前所写的新闻，或者从公司的档案中阅读一些剪辑的文章以了解该记者的写作风格。他经常使用直接引用的手法吗？其写作风格是友好的、专业的还是咄咄逼人的？你是否应该准备有关公司及其产品或服务的背景信息以备访谈时用？该记者是否愿意去你的公司参观？

对于电视台记者也是如此。假如时间许可，收集一些有关该记者工作的录像剪辑。假如你被邀请参加一个定期的当地访谈节目，那你一定要事先观看一段由该访谈者主持的节目以了解其采访嘉宾的风格。

练习写作和完善信息 即使是最有经验的专业人员也能从实践中获益。首席执行官、董事会主席、高管通常会草拟在采访中将要表达的信息稿，认真仔细地进行编辑，检查修改并进行演练。最重要的是，他们会精心设计具有感染力的表述，并且希望这些 10～12 秒钟令人难忘的措辞在电视和报刊上反复出现。

你应该明白你要讲的中心主题——你真正希望记者记录下来的真实情况。你应该一开始就切入主题并使用例子、例证和名人轶事支持你的观点。你必须确保你所使用的所有佐证是准确的、最新的及便于理解的。

谈论公众而非公司所感兴趣的事情。不要谈论公司的需求，而要谈及公司将如何惠及社区、消费者、你的顾客，也包括你的员工。以你个人的身份表明你和你的同事是如何致力于提供更优质的产品、更好的服务以及建立更加和谐的社区的。

演练你计划在新闻采访中使用的语言或措辞。不要以为你可以在压力下发挥自如，这是不可能的。你会依赖你所了解的、你所演练过的以及你最得心应手的内容进行交谈。对你所要讲的内容进行反复操练，直到你能够顺利结束午夜时分的访谈。

然而，当上述努力均告失败时，你就谈论公司的使命陈述。你必须确定了解自己企业的使命，因为当你的确想不出其他合适的话题时，你随时都可以谈论公司的使命陈述，然后表明当前所论及的话题与公司的基本目标的相关性。这将为你赢得思考的时间以及将你公司的基本愿景、价值观和信仰与访谈主题相结合的机会。

确认细节和基本规则 复核采访的时间、日期及地点，假如是在演播室进行访谈，而且你是第一次去那里，那么你可能需要在正式采访前驱车去那附近熟悉一下环境。你能否找到你将接受采访的那个演播室或办公室？你是否知道开车去那里需要多长时间？你们约定的那个时间的交通状况如何？

假如你安排了电话采访，那么你应事先确定地告诉记者你可以接受采访的时间。确保你知道该采访是否会被录音。在面对面采访中，录音是一个不错的主意，这样你既可以录下被询问的问题，也可以录下你对于问题的回答。录音可以使记者以诚实的态度进行采访。当记者了解到你拥有谈话的备份，他就不会擅自对直接引用、事实或数据或新闻故事的重要方面进行篡改或断章取义。如果你们将进行电话访谈，并且希望录音，那么双方都应知道并达成共识。否则，你就可能涉及违反一项或多项窃听法律。当你复核这些规则时，询问是否可以在你讲话时停止或纠正所引用的话，几乎所有的记者都会允许这么做，也可以再次询问记者所感兴趣的方面，他特别喜欢谈论的话题是什么。

浏览当天的新闻 即使你的采访定于早上，你也应该查看一下早报，浏览一下有线电视新闻网的标题，并收听一下当地的新闻广播。假如你有时间并能上网，那么你可以查看互联网，看看网上是否有关于你公司或行业的任何新闻。你不希望到时候措手不及。

如果有记者给你看你从未听说过的故事或标题，你没有义务做出回应。你无法确定该报道的准确性和完整性。有时，记者会让你对他人的引言做出反馈。如果你之前没有听说过，那么你可以这样说："不好意思，我还没有见过这则报道，待我完整地阅读了该新闻再做答复。"对于之前没有见过和未来得及思考的引用或报道不要急于做出反馈。

记住，你是专家 通常当你焦虑不安地为采访做准备时，却忘记你比记者更了解有关主题。就算一些财经新闻记者了解许多有关该主题的信息，但是他们对于你公司、产品、服务、战略、有关未来的计划以及你本人的了解的相当有限。你必须充满自信，精心准备，以确保访谈顺利进行。

13.6 开始采访

以下是采访的时刻来临时应考虑的一览表。

随身带张卡片 许多高管都会随身携带一种 3 英寸×5 英寸大小的索引卡以记录一些重要信息。密歇根的一家设备生产公司的经理经常在其上衣口袋里放一张小卡片，上面记录了厂区的占地面积、车间的面积、每个班次的员工数量、每个部门的小时工作量、每周的生产目标以及其他重要的量化信息。

什么是你工作中最重要的方面？你能否记录一些在以后的日子不会改变的事情并把它们放在手头呢？针对与你此次受访理由直接相关的问题，你可以写下你希望令记者印象深刻的一个或两个要点。尽可能多提供支持性信息、数字和例证。你可以考虑记录多个可供你谈论的要点以备访谈时间延长时用。假如时间允许，你想谈论什么样的含有好消息的主题呢？

早到一会儿，检查环境 假如你将在演播室、报社或杂志社的某个办公室，或者其他约定的地点接受采访，你得早到一会儿。即使那天你的安排很满，你也要挤出一些时间这么做。这样，当记者开始对你采访时，你会因熟悉周围环境而显得镇定自如。

外表和化妆很重要 电视是一种视觉媒介，它适合拍摄特写镜头。假如制片助理要给你化妆，照她说的去做。男士要放下骄傲的架子让化妆师提升你的形象。淡妆有助于减少由演播室灯光照射在汗水上所引起的闪耀。更重要的是，它可以遮盖你的黑眼圈。对于女士而言，假如你一直化妆，就不要为了电视形象而刻意化妆。假如你平时不化妆，那么遵循与男士同样的做法。

谨记，访谈结束后去洗手间卸妆。假如你带着妆去上班，同事可能会不理解。

尽早阐述自己的观点 大多数访谈，尤其是直播式访谈的进程很快，因此，你应首先阐述要点，并在后面的谈话中加以重复。然后快到一分钟时，再次提及关键问题或主要关注点。不要以为记者会主动问你想讲些什么。他绝不会主动询问那些你最想讲的主题。尽早地、不时地提及你所关注的要点。

采用岳母测试法　这个小测验是，询问你的岳母是否会理解你所做的解释，即你对某个问题的回答或你事先准备好的新闻陈述中是否包含了缩略语、技术术语和行业术语？是否充斥着行话？

切记，那些观看你访谈或是阅读关于你与新闻记者对话报道的人是很聪明的，但是他们很可能并不了解你的企业。运用日常用语、简洁明了的解释和直接的陈述句。通过描绘图像、讲故事或趣闻进行交谈。为了他们，你尽可能使主题真实有趣。如果你没有岳母，那就借我的。她叫埃德娜（Edna），是个可爱的女人，她会很乐意告诉你她是否听懂了你刚才所说的话。

做你自己　你最好做你自己，除非你是令人毛骨悚然者。不要伪装，不要故作姿态，也不要装模作样。这个国家的广大善良的普通百姓待人处事给人以真诚感。只要你真实真诚、实事求是，观众就会无比信任你。

13.7　始终控制访谈

最糟糕的事莫过于你对访谈失去控制。这如同管理一个项目或组织一次商业活动一样。如果失去控制，你将无法把握结果，其他人将取而代之。

保持控制的重要性　锁定你访谈的目的并对直接影响目的的事情做出反应。牢记你的目标，尽早阐述你的核心观点，并尽可能多地重复它们。不要让记者将访谈引向消极、偏离目的和主题的方向。

说你想说的。如果他们不采用你提供的内容，那你就白白浪费了你为做采访所付出的时间和精力。如果你对一个你没准备过的问题或你不想回答的问题进行回答，那你就是在自找麻烦。如果记者问一个你不想回答的问题，你就回答一个你希望他问的问题。如果记者问一个你无法回答的问题，你就说明为什么你无法回答（"该信息属于保密的"，"我们仍不清楚导致该事故的原因"，或者"这些细节受隐私法保护"）。

尽量避免简单地回答是或不是，即使问题是被那样设定的。抓住时机控制访谈并表达你的核心观点。

你没有必要接受记者为你设定的前提　如果记者以"……是否是真的"这样的句子发问，一定要提防。往往紧接着的是不真实的事情，并且是有意为你设下的陷阱。即使记者看似相当见多识广，也不要将他的话当成真理。坚持你了解的信息并重复你最重要的论点。如果记者用了你不愿意用的措辞或表述，不要重复它们，即使在否认指控时。

告知真相　完全的真实性对有些管理者来说是新鲜事，但这是唯一奏效的。如果你真的做了受指控的事情，除非你的律师建议你否认，不然你就承认自己的过错，但接下来你应该解释你会如何纠正错误或改正问题。不要编造、修饰、延伸或夸大事实。记者极其擅长从绝大多数故事中找到事实。他们在调查研究方面受过专业训练。一旦让他们嗅到你在说谎，他们就会像一群疯狗跟在你后面。当然，你无须向他们披露所有事情，但是你所说的一切一定要诚实、准确和真实。

避免争论 不要挑起战争。记者掌握了良好的主持充满火药味的访谈的专业技术，因此你不可能赢他们。如果你很生气并责骂某个记者，他很可能会保持沉默，让你看起来很傻。你应遇事冷静、自控和专业，从而赢得记者和观众的尊重。

你一直在被录音 观看电视记者秀的人总认为他们可以向主持人透露一些秘密而希望这不会被作为新闻故事播出。那些以不供引用的方式告诉记者事情的人通常有个隐秘的动机："你可以任意使用这些信息，只要别附上我的名字。"记者被怀疑是传播那些不供引用的信息的罪魁祸首。

鲍伯·弗兰肯（Bob Franken）是《亚利桑那共和报》（*Arizona Republic*）的总编助理，他曾经说："如果你不想出现在报纸上，你就不要与记者说任何事。"[16]他的意思很简单，即任何对记者所说的话总有一天会不知不觉地出现在报纸上、广播中或公共场合。如果你要对某事保密，就别说。你不能因记者采用了你所说的事情而找他的茬，即使你有言在先"不供引用"。每个成功的管理者都能很好地避免告知不供引用的评论。

运用例子、图解和趣闻 人们会对故事，尤其是那些涉及他们所熟悉的情形的故事做出回应。通过讲故事的方式阐释你的观点或作新闻陈述能够吸引听众或读者的注意力，增强他们的想象力。与其提及你们清扫了公司内由上周的暴风雪所致的多少吨雪，还不如谈论有关你公司某个员工的故事，讲讲他工作了多长时间以及他有哪些经验。例子和故事比干巴巴的事实、数字和统计报表更有效。

如果你不能就问题发表看法，那就针对主题来谈 个别问题的表述也许增加了回答问题的难度。更重要的是，你对该特定问题的回答可能对帮助观众理解整个事件意义不大。那么，你可能需要稍微转移一下话题："这个问题很有趣，但是，杰伊，现在更重要的是……"或者你可能只需要重新聚焦那个问题："本次召回中单位的数量远没有产品安全问题来得重要……"

许多专家都喜欢提及纽约市长鲁道夫·W. 朱利安尼（Rudolph W. Giuliani）及他于 2001 秋天面对镜头时的出色表现。

他为处理炭疽热而召开的日常新闻发布会被称为是有效处理危机的典范。据许多观察者说，通过呼吁人们保持理智，市长坚持做正确的事情。当数百万人害怕他们可能会遭遇可怕且不可预知的微生物细菌的侵袭时，朱利安尼提供了自己对这件事的看法，并提醒他们只有一个人死了。位于耶路撒冷哈达萨大学医院（Hadassah University Hospital）的阿里·沙莱夫（Arieh Shalev）博士告诫高级官员们在处理坏消息时要理智地选择不同的方法。他说："任何时候，信息都应该是准确无误、真实可靠的，而非为了达到蛊惑人心之目的而被随意歪曲或篡改。"[17]

最重要的是要保持可爱性 如果观众不喜欢你，你就死定了。那些努力工作、遵循游戏规则和如实回答问题的人会赢得观众的善意和理解。如果观众认为比起你，他们更喜欢记者，那么你就不可能为你的公司和自己的事业赢得任何朋友。运用幽默，保持谦虚。如果不这么做，你必定会失去很多。

13.8　后续工作

　　采访结束以后，你不应该将这次经历抛置脑后。每一次新闻访谈都是你学习、成长和提升能力的机会。下一个事件、下一次产品展示或下一次小危机可能就会接踵而至。

　　核查文章或录音带　阅读有关你的文章，观看录像带，并仔细关注故事被整合的方式。记者有否出错？新闻故事中是否涵盖了关键事实？如果大部分是对的，并且如果对你公司的描述总体是有益的话，你应该感到满足，因为这是你能得到的最佳待遇。很少有记者能确保每个细节都准确无误，更没有记者会根据你提供故事的方式进行新闻报道。

　　告知命令链　毫无疑问，你应将你接受的每次采访告知你老板，将采访过程告知公司沟通部门的同事。他们可能希望将这次采访的相关信息传递给公司其他准备接受采访的人。没有人期望每次与媒体的接触都达到完美，但没有高层管理者愿意在报纸上毫无防备地受到员工引言或陈述的攻击。

　　提供反馈　拿起电话给采访你的记者打个电话并不是个坏主意。他会乐意接听你的电话，特别是如果对你的访谈令他满意。如果他们没有按你的计划或希望行事，那就与记者交谈一下，看是哪里出了错。如果他们按你所期望的做了，那就考虑还会有下一次机会。也许该记者对你公司的另一则故事产生了兴趣，或者又有一次展示你们公司的机会。

　　为你的接班人保留记录　不要在与新闻媒体接触之后就走人完事，并又投入日常的工作中。花几分钟时间，起草一份备忘录，记录以下内容：解释采访的要求是如何提出的，有哪些关键问题，由谁参加，采访是在哪里进行的，你的印象如何。此外，还应保留包括报纸或杂志的剪报或录像带的拷贝。你的接班人可以利用的信息越多，如果同一个记者或电视台再次进行采访，他成功的机会就越大。

延伸阅读 ////////////////////////

Bland, M., Theaker, A., and D. Wragg. *Effective Media Relations: How to Get Results*. Sterling, VA: Kogan Page, 2005.

Cutlip, S. M., Center, A. H., and Broom, G. M. *Effective Public Relations*, 9th ed. Upper Saddle River, NJ: Prentice Hall, 2005.

Evans, F. J. *Managing the Media: Proactive Strategies for Better Business-Press Relations*. Westport, CT: Quorum Books, 1997.

Harmon, J. F. *Feeding Frenzy: Crisis Management in the Spotlight*. New York: AEG Publishing Group, 2009.

Henderson, D. *Making News: A Straight-Shooting Guide to Media Relations*. Lincoln, NE: iUniverse, 2006.

Howard, C. M. and Matthews, W. K. *On Deadline: Managing Media Relations*, 3rd ed. Prospect Heights, IL: Waveland Press, 2000.

Hoover, J. D. *Corporate Advocacy: Rhetoric in the Information Age*. Westport, CT: Greenwood Publishing Group, 1997.

Johnson, J. *Media Relations: Issues and Strategies*. Crows Nest NSW, Australia: Allen & Unwin, 2007.

Matthews, W. *How to Create a Media Relations Program*. International Association of Business Communicators, 1997.

Mathis, M. E. *Feeding the Media Beast: An Easy Recipe for Great Publicity*. West Lafayette, IN: Purdue University Press, 2002.

Mayhew, L. H. *The New Public: Professional Communication and the Means of Social Influence*. Cambridge, UK: Cambridge University Press, 1997.

Moore, S. *An Invitation to Public Relations*. London, UK. Cassell, 1996.

Overholt, A. "Are You Ready for Your Close-Up?" *Fast Company*, November 2002, p. 53.

Stewart, S. *Media Training 101: A Guide to Meeting the Press*. New York: Wiley & Sons, 2003.

Wilcox, D. L., Ault, P. H., Cameron, G. T., and Agee, W. K. *Public Relations: Strategies and Tactics*, 7th ed. Boston, MA: Allyn & Bacon, 2002.

Yale, D. R. *Publicity and Media Relations Checklists*. New York: NTC Business Books, 1995.

注 释 ///////////////////////

1. Tolley, J. L. "Iacocca Still Charms the Media," *ABC Communication World*, September 1987, p. 22.

2. : Durando, J. "BP's Tony Hayward: 'I'd Like My Life Back.' " *USA Today*, June 1, 2010. Retrieved from http://content.usatoday.com/communities/greenhouse/post/2010/06/bp-tony-hayward-apology/1.

3. Reprinted by permission of *Harvard Business Review* from Burger, C. "How to Meet the Press," *Harvard Business Review*, July–August 1975, p. 63. Copyright © 1975 by the Harvard Business School Publishing Corporation; all rights reserved.

4. Quinn, T. President and Chief Operating Officer, Jordan Industries, Inc., Chicago, Illinois, in a personal interview, November 20, 1997, Notre Dame, Indiana.

5. Burger. "How to Meet the Press," p. 62.

6. The Arthur W. Page Society: Background and History, The Page Philosophy. Retrieved from http://www.awpagesociety.com/site/about/page_philosophy/ on July 21, 2008 at 3:00 P.M.

7. France, M. "The Mea Culpa Defense," *BusinessWeek Online*, p. 2. Online at: www.businessweek.com/magazine/content/02_34/b3796604.htm. Retrieved November 21, 2002.

8. Patel, A., and Reinsch, L. "Companies Can Apologize: Corporate Apologies and Legal Liability," *Business Communication Quarterly*, 66, no. 1 (2003), pp. 9–25. See also Cooper, D. A. "CEO Must Weigh Legal and Public Relations Approaches," *Public Relations Journal*, January 1992, pp. 39–40; and Fitzpatrick, K. R. and M. S. Rubin. "Public Relations vs. Legal Strategies in Organizational Crisis Decisions," *Public Relations Review*, 21 (1995), pp. 21–33.

9. France. "The Mea Culpa Defense," pp. 2–3.

10. Ibid., p. 3.

11. Gold, V. "If Mike Wallace Calls, Hang Up: Ten Rules for Dealing with Today's Journalists," *The Washingtonian*, September 1984, pp. 87–89.

12. Hamill, P. *News Is a Verb: Journalism at the End of the Twentieth Century*. New York: The Ballantine Publishing Group, 1998, p. 80.

13. Tolley. "Iacocca," p. 21.

14. Hamill. *News Is a Verb*, pp. 79–94.

15. Lichter, S. R., S. Rothman, and L. S. Lichter. *The Media Elite: America's New Powerbrokers*. Bethesda, MD: Adler & Adler, 1986, p. 132.

16. Franken, R. Personal interview, May 19, 2005. Notre Dame, Indiana.

17. Goode, E. "Anthrax Offers Lessons in How to Handle Bad News," *New York Times*, October 23, 2001, pp. D1, D6. Copyright © 2001 by The New York Times Company. Reprinted with permission.

案例 13-1 ▷▷▷▷▷▷▷▷

欧莱雅（美国）公司：在化妆品行业外表真的很重要吗？

1997 年秋天，当欧莱雅区域销售经理艾丽莎·亚诺维茨（Elysa Yanowitz）和她的上司、欧莱雅香味设计部的总经理约翰（杰克）·卫斯沃（John（Jack）Wiswall）像往常一样来到位于圣何塞市梅西百货（Macy's）的化妆品和香水销售楼层时，购物者络绎不绝，但当两人经过已授权给欧莱雅销售的 Polo Ralph Lauren 柜台时，卫斯沃注意到一位中东裔的女性正在向顾客销售香水，于是，他就要求亚诺维茨"为（他）找一名比较性感的员工"，并且立即解雇这位中东裔员工。这时正好路过一位年轻漂亮的金发女郎，卫斯沃把亚诺维茨拉到一边说："找一个像她这样的。"

几周后，卫斯沃又一次来到了这家门店，当他发现亚诺维茨并没有照他的意思解雇这位女销售员时非常生气，亚诺维茨不按他的命令办事显然让他有种挫败感，他随即（离开门店时）责问亚诺维茨："难道我没告诉你要解雇她吗？"[1]尽管后来卫斯沃多次询问此事，但亚诺维茨坚决不解雇这名销售员。她后来强调说他不能在没有真凭实据的情况下解雇这位女性，并且，这名员工还是该区域销售能手之一。

卫斯沃气急败坏，他在亚诺维茨的直接上司、芳香剂配方部副总裁理查德·罗德里克（Richard Roderick）的帮助下，开始收集亚诺维茨的下属对其的投诉，他还要求提供有关亚诺维茨的负面反馈。之后他们声称，由于亚诺维茨推行了一整套家长制领导风格，因此遭到其下属的反对。卫斯沃和罗德里克还对亚诺维茨的开支报表进行了审计，并且准备了有关她的绩效问题的备忘录。他们告诉亚诺维茨，她是公司的累赘，并且错误连连。然而，颇具讽刺意味的是，就在一年前，亚诺维茨还获得了"欧莱雅公司年度最佳区域销售经理奖"。[2]

作为一名优秀经理的亚诺维茨感到万分沮丧而不能自拔，以至于影响到了工作绩效，她的销售额急速下滑，并于 1998 年 7 月不得不休病假离开了公司。后来，她说工作压力是她离开的原因。[3]3 个月后，欧莱雅重新任命了一名经理接替她的位置。

艾丽莎·亚诺维茨

1981 年，艾丽莎·亚诺维茨开始在欧莱雅做销售代表，当时公司名字叫作 Cosmair。1986 年，亚诺维茨被提升到销售经理的位置，负责管理欧莱雅的销售队伍，并处理部门及欧莱雅香水专卖店的日常事务。亚诺维茨的绩效一直被誉为是"超凡的"或"卓越的"。在她的职业生涯中，她获得过无数奖项，均奖励她出色的销售业绩。[4]1997 年，欧莱雅进行了重组并将其欧洲芳香剂配方部（即亚诺维茨供职的部门）与其 Polo Ralph Lauren 香水部进行了合并，亚诺维茨被任命同时负责该区域 Polo Ralph Lauren 香水的营销业务。

欧莱雅

巴黎欧莱雅 S. A. 是一家世界顶级的化妆品公司，它主要从事护发、染发、护肤、适合不同肤色的化妆品和芳香剂的开发和生产。

欧莱雅的历史可以追溯到 1907 年，当时有一位叫欧仁·舒莱尔（Eugene Schueller）的法国年轻化学家开发了一种创新的染发剂配方，并把它出售给巴黎的理发店。舒莱尔创立了一家小公司（后来发展为当今的欧莱雅），并且制定了公司的指导性原则：为美丽而进行研究和创新。到了 1912 年，舒莱尔已经将其染发产品出口到荷兰、奥地利和意大利。几年后，他又将产品远销，开始扩张其运营，包括其他洁面产品和美容产品。今天，欧莱雅已经发展成世界最大的化妆品公司，它在美容行业的所有领域营销 500 个品牌及 2 000 多种产品。2002 年，欧莱雅的固定销售额超过了 140 亿欧元。[5]

欧莱雅（美国）公司是巴黎欧莱雅 S. A. 全资的分公司，它创建于 1953 年，由 Cosmair 公司独立经营。自其创立以来，公司已开发了一系列著名的消费产品品牌，其中包括 Maybellin,

Carnier 和 Softsheen Carson。此外，公司还有一些美容院产品系列，包括 Redken, Matrix, Kérastase 和 Mizani，以及香水品牌：Ralph Lauren 和 Giorgio Armani。欧莱雅（美国）的高档化妆品和护肤品系列（包括 Lancôme, Shu Uemura 和 Biotherm）在全美各地的百货商店均有出售。凭借一个包括美容院、大众市场、专卖店及百货商店在内的庞大的配送网络，欧莱雅（美国）是美国最具综合性的美容消费品公司。

Polo Ralph Lauren 品牌

1967 年，拉尔夫·劳伦（Ralph Lauren）以 26 条领带开创了 Polo Ralph Lauren 公司。他希望通过使用其领带来促进生活方式的改变。为此，拉尔夫·劳伦将其产品系列命名为 Polo（马球），即一项以温文尔雅和古典风格著称的体育运动。35 年后的今天，公司已经成为资产达到 100 亿美元的全球性企业，它经营男装、女装、童装、家庭收藏品、女性饰品和香水。

Polo Ralph Lauren 的品牌及其独特的形象已被不断开发出更多产品和品牌并扩展到整个国际市场。以美国风格为基调，加之一流的品位、质量和品质信誉，Polo Ralph Lauren 已成为时尚行业的领头羊。公司的产品通过高档的百货商场如梅西、Nordstrom's 和 Neiman Marcus 进行销售。[6]

Polo Ralph Lauren 的品牌，包括 Polo, Polo by Ralph Lauren, Ralph Lauren Purple Label, Polo Sport, Ralph Lauren, RALPH, Lauren, Polo Jeans Co., RL, Chaps, 以及 Club Monaco 等，构成了世界公认的消费品牌家族，通过与 Polo Ralph Lauren 建立单独的伙伴关系，欧莱雅（美国）公司营销并经营 Polo Ralph Lauren 香水产品系列。然而，不是公司所有的品牌都由欧莱雅经销，只是香水系列。1997 年，欧莱雅的欧洲芳香剂配方部与 Polo Ralph Lauren 香水部进行了合并。

化妆品行业

化妆品大致分为五大类：香水和芳香剂、修饰类化妆品、护肤品、护发品和梳妆用品。对于这些产品的营销是建立化妆品品牌的一个重要部分。化妆品行业的产品营销尤其注重创造性的包装和独特的配方，而化妆品行业的员工必须具备监控和理解国内外时尚及消费趋势以提供有关产品创新和包装技术的最新信息的能力。他们还必须在具体的细分市场创造产品和开发营销策略，并且在不断挖掘销售潜力的同时与客户紧密合作。[7]

化妆品行业比较幸运的是，不会像其他行业那样受经济周期的影响。[8]当经济处于困难时期，推迟购买耐用消费品的顾客会继续购买化妆品，因为它们给人以福祉感且价格合理。然而，欧莱雅公司主席兼首席执行官林赛·欧文-琼斯（Lindsey Owen-Jones）最近告诫投资人，当今的化妆品市场是"近几年来我们所见到的最糟糕的"。[9]

化妆品市场的目标消费者主要来自受过高等教育的职业女性，年龄在 20 岁以上，并且拥有积极的生活方式。然而，随着青少年希望表现出他们独特的个性和特点，他们正逐渐形成一个细分市场。另一个消费倾向则体现在男士身上，他们也开始青睐护肤产品和化妆品。尽管男士化妆品市场仍然处于起步阶段，但它却构建了化妆品行业另一个存在很大发展潜力的机会。

基于外表的歧视：人力资源/法律含义

在时尚和化妆品行业，外表非常重要，因为美容产品直接与品牌的形象有关。这些行业的公司都依赖于销售员，要求他们成为"品牌形象大使"，将品牌的特点传递给顾客。在当今充满竞争的环境下，尤其在时尚和美容行业，能否向目标顾客提供一种亲身体验的机会，对于美容产品公司而言是至关重要的。例如，在一些 Abercrombie 门店，应聘者还需要递交一寸的证件照以确保他们的仪表符合 Abercrombie 的风格。[10]这种雇用外表好看者的趋势在其他行业也存在。宾馆、酒吧和其他企业也开始只招聘最漂亮英俊的员工以招揽顾客和抬高价格。

雇用外表好看者这件事本身并不违法。然而，近几年来，已有多起围绕雇主是否只能将其雇用决策基于外表的案子发生。在 1981 年的 Wilson 公司诉西南航空公司的案子中[11]，西南航空公司为其当时的政策辩护，即只聘用外表漂亮的女士作为其飞机乘务员和票务代理。西南航空公司辩称，女性魅力才是其真正的职业资格（BFOQ），因为航空公司希望展示"一个性感的形象以兑现其对公众的承诺，即用爱把乘客带入天空"。[12]但是，由于西南航空公司不属于提供"间接的性娱乐"行业，因此地区法院驳回了其辩护意见。

那么如何判定歧视或不歧视呢？雇主可能会解雇他的最好的员工；他们也可能会解雇一位妇女、一个具有某种宗教信仰的人、一位孕妇、一名残障者、一名同性恋者或一个外国人。但是，他们不能因为他们是妇女、宗教信仰者、孕妇、残障者、同性恋者，或来自外国而解聘他们。在法律诉讼案中，当一名员工恰好属于受保护范畴的话，解聘动机是唯一的关键因素。[13]

根据美国《人权法案》，涉及性别、种族、宗教、肤色或国籍等方面的歧视，员工是受到法律保护的，但不包括涉及诸如高度、体重和外表等方面的歧视。[14]这部分原因是对于漂亮的评价存在很大的主观性，仁者见仁，智者见智。为了保护其自身利益，一些公司制定政策，明确员工必须服饰整洁和得体大方，但如果这些公司在有关性别和种族问题上处理不当的话，它们就会有麻烦。[15]

法院裁定欧莱雅案属于性别歧视：一名男性高管不能因为一名女性下属的外表不吸引他而坚持要求解雇她（而他对于男性员工没有同样的要求）。正如雇主不能基于外表或性取向给女性员工制定不同的规则一样，他也不能基于这些因素来歧视员工。

欧莱雅的案子同时也引出了错误的解聘的问题。加利福尼亚州实行的是一种"任意"雇佣模式。这意味着员工完全听任雇主的摆布（除了歧视和契约），雇主可以毫无理由或在没有预先告知的情况下解聘员工。在年龄、种族、性别、国籍以及其他方面雇主不能歧视员工，雇主也不能在契约期内解雇员工。

在欧莱雅工作

欧莱雅的销售团队成员拥有不同的教育背景和工作经历。对于有些岗位，公司要求销售人员拥有美容业资格证书、工作经验和专门的知识。欧莱雅特别感兴趣于那些对于时尚和美容非常热衷，拥有顾客服务能力和分析能力，掌握很好的谈判技能，愿意出差或听从工作调配，以及计算机操作熟练的员工。[16]

欧莱雅描述自己是一家快节奏的、充满活力的公司，而它的员工是头脑敏捷的、目标明确的和热爱工作的。公司标榜自己是一家"乐于进取的公司"。事实上，欧莱雅声称其员工的多元化程度"将令你感到惊讶，同时也会激励着你"。既然公司致力于多元化，那么解聘一名销售员只是因为其外表和背景的做法是否有失偏颇呢？

亚诺维茨与欧莱雅

1999 年，艾丽莎·亚诺维茨以性别歧视为由起诉欧莱雅公司。在长达 4 年的法庭上的唇枪舌剑中，亚诺维茨坚持认为当卫斯沃竭力想解雇那名女销售员时，他触犯了加利福尼亚州公平的解雇法中有关禁止性别歧视的条例规定。她进一步辩论道，由于她没有执行她认为有违法律的命令而遭欧莱雅公司的报复，欧莱雅公司的这种行为也属违法。欧莱雅的法律代表反驳道，卫斯沃及其他公司官员没有做错，他们只是对亚诺维茨的错误和玩忽职守给予惩戒。[17]

2003 年 3 月 7 日，根据位于旧金山的第一地区法院的裁定，由上诉法院三名法官组成的小组重新审理亚诺维茨有关欧莱雅报复行为的指控（在之前的法庭审理中申诉被驳回）。该小组的法官写道："明确命令要求解雇一名女员工只是因为她不符合男性高管对于性取向的个人标准属于性别歧视。"该小组还指出："一名下层管理者拒绝执行那道命令属于受法律保护的行为，雇主不应因此而对她进行报复。"2003 年 6 月 11 日，加利福尼亚最高法院以 6 比 1 表决通过同意复审下级法院的裁定。[18]

丽贝卡·卡鲁索

2003 年 8 月 4 日，欧莱雅（美国）任命丽贝卡·卡鲁索（Rebecca Caruso）为公司沟通部执行副总裁。她接替了约翰·温特（John Wendt），他是公司公共事务部的执行副总裁，他已在欧莱雅（美国）公司工作了 23 年，将于 12 月退休。在加入欧莱雅（美国）公司之前，卡鲁索曾在玩具反斗城、麦当劳及美国克莱斯勒等公司的沟通和公关部供职。

卡鲁索必须为其部门确定最佳的沟通方案以对亚诺维茨的诉讼案做出反应。因为她于 2003 年 8 月才加入欧莱雅团队，她面临的一个颇有意思的挑战是在所有重大事件发生之后由她来处理这个案子。就其新的工作岗位而言，她负责欧莱雅（美国）公司所有内部和外部的沟通事宜以及各种活动的安排。她必须与欧莱雅（美国）公司的总裁兼首席执行官让-保罗·阿冈（Jean-Paul Agon）齐心协力，一起处理这起法律诉讼案，避免它演变为公共关系灾难。随着法院审判日期的日益临近以及媒体对该案子铺天盖地的报道，她必须决定如何保全负有盛名的欧莱雅品牌和声誉不受影响。

◆ 讨论题

1. 欧莱雅应如何处理围绕法律诉讼案的负面报道？
2. 委托外部的咨询公司有用吗？如何做？
3. 谁应该负责与公众、利益相关者和媒体的沟通？
4. 沟通的信息应涵盖什么内容以及如何进行沟通？
5. 欧莱雅应该采取怎样的措施以防止今后类似事件的发生？
6. 什么是关键问题以及在该案中谁是主要的利益相关者？
7. 就该法律诉讼案，欧莱雅有哪些选择以及是否与亚诺维茨对簿公堂就是最佳选择？

注　释

1. "Refusal to Fire Unattractive saleswomen Led to Dismissal, Suit Contends." *The New York Times*, April 11, 2003, p. A10.
2. Ibid.
3. Leff, Lisa. "Women Who Wouldn't Fire Cosmetics Clerk Over Looks Can Sue," *Associated Press*, April 12, 2003.
4. Ofgang, Kenneth. "Firing Woman for Lack of Attractiveness Violates Anti-Bias Law," *Metropolitan New-Enterprise*, March 10, 2003.
5. L'Oreal at www.loreal.com.
6. Ralph Lauren at www.polo.com.
7. Cosmetic, Toiletry, and Perfumery Association at www.ctpa.org.uk.
8. Ibid.
9. L'Oreal Finance at www.loreal-finance.com.
10. Houston, David. "Abercrombie & Fitch Ads Offend Critics, Who Say Company Shuns Minority Workers," *Daily Journal*, June 23, 2003.
11. *Wilson v. Southwest Airlines Co.* N.D. Texas (1981) 517 F.Supp. 292 (Wilson).
12. Ibid.
13. www.discriminationattorney.com.
14. Kranke, Bell, Iyer & Hoffman, University of Northern Colorado. "Appearance Discrimination and Small Business." Online at: www.eeoc.gov/laws/vii.html. Retrieved December 16, 2003.
15. Ibid.
16. L'Oreal at www.loreal.com.
17. Associated Press. "US Judge Lets L'Oreal Sex Discrimination Suit Proceed," *Morning Star*, April 11, 2003.
18. *Yanowitz v. L'Oreal USA, Inc.* Legal Brief, California Court of Appeal, March 7, 2003.

案例 13 - 2　▶▶▶▶▶▶▶▶

塔可钟餐馆：我们如何知道吃的食物是安全的？

我当时一直在呕吐、腹泻，相当痛苦，我想我就要死了。[1]

这是一位名叫斯蒂芬·明尼斯（Stephen Minnis）的顾客说的，他来自宾夕法尼亚州的利默里克，27 岁。2006 年 11 月 25 日，就在他从美国空军退役后没几周，他在吉尔伯特斯维尔附近的塔可钟餐馆用餐，可是他根本没想到自己狼吞虎咽吃下的鸡肉差点要了他的命。

11 月 30 日，塔可钟的官员获知一些顾客在新泽西州一家连锁店用餐后，因一种致命的大肠杆菌而患病。随后的几天，又有新的与塔可钟有关的大肠杆菌致病的案例在新泽西州东北部、纽约州、宾夕法尼亚州和特拉华州等地出现。其中一些受害者是素食者，这就导致当局把注意力放到了蔬菜上而非肉类。虽然一开始怀疑嫩洋葱是元凶，但是对于塔可钟的食材进行大量检测后仍未找到真正的源头。暴发食物中毒的消息很快传到媒体，更多的病例被发现，拨打 1-800-TACO-BELL 的电话接连不断。塔可钟的食物还能安全食用吗？大肠杆菌的来源是什么？塔可钟正在做什么以消除该问题的影响？

当听到这一消息时，塔可钟公关部主管劳瑞·甘农可能在问自己，她的公司已经遭遇过多少次危机了。1999 年 11 月，位于旧金山湾的一家塔可钟餐馆就出现过大肠杆菌感染事件，有 10 人致病；2000 年 9 月，该公司在食品店出售的一种转基因食品——脆皮玉米饼，被查出含有一种不适合人类食用的玉米成分；同年 12 月，塔可钟餐馆因为嫩洋葱又卷入一起肝炎暴发事件，该事件在佛罗里达州、肯塔基州、内华达州都有发生。现在，一些塔可钟的顾客又因大肠杆菌而感染，苏里·甘农觉得自己陷入一种既艰难又不熟悉的境地。

事件的发生

11 月 17 日，就在感恩节前六天，媒体首次报道了发生在新泽西州米德尔塞克斯县的有关潜在致命性 O157:H7 型大肠杆菌的感染病例。在 11 月份的最后两周里又报道了更多类似的病例，导致当地卫生官员不得不重新审视这些数据以期发现其内在的联系。受到感染的病人被问及最近是否在外就餐，如果有的话在哪里用餐，官员们发现所有的信息都指向一家位于新泽西州南普雷恩菲尔德县的塔可钟餐馆，因为报道的 11 位受害者中有 9 人曾经在那里用餐。11 月 30 日，加盟店的老板同意关门歇业，处理掉所有现有的供给，餐馆实行全面专业的清理，官员们在餐馆内没有发现任何被污染的食品，于是他们怀疑有可能是某个塔可钟员工所为，然而，当附近四家塔可钟餐馆也卷入类似事件，卫生官员意识到他们正在处理的问题要比想象中的大得多。[2]

12 月 4 日，塔可钟公司食物的大肠杆菌感染的事态继续在东北部蔓延，尤其是在新泽西州、纽约州、宾夕法尼亚州和特拉华州。在南加利福尼亚州，又出现了一位在宾夕法尼亚州的塔可钟用餐的病人。随着事态的不断扩大，联邦食品和药品管理局（FDA）以及疾病控制中心（CDC）都参与到对事件的深入调查中来，并开始对塔可钟的器材设施和食物原材料进行检测。[3]

作为回应，塔可钟聘请了纽约一家独立的科学试验室——具有资质的 Plainview 实验室对塔可钟所有原料的 300 份样品进行检测。在纽约州萨福克县，一个塔可钟公司的安全小组被派往一家鹿苑（Deer Park）餐馆收集几乎所有种类的玉米饼、番茄和墨西哥调料的样品。由来自各个州的塔可钟代表所收集的同样的样品都被送往这家实验室进行检测。快速检测结果表明三种嫩洋葱的样本中含有大肠杆菌。尽管随后联邦政府对这些样品的检测中其大肠杆菌呈阴性，但是，12 月 6 日，公司还是宣布在全国范围内停止使用嫩洋葱。[4]塔可钟总裁格雷格·克里德（Greg Creed）说道："为了安全起见，在我们得到有关嫩洋葱是否是这起事件的罪魁祸首之前，我们决定在所有餐馆中停止使用嫩洋葱。"[5]

2006 年 12 月 9 日，塔可钟公司坚称餐馆已经安全，并称在 Plainview 实验室的进一步大量检测以后，除了被怀疑的嫩洋葱以外，所有的食物原材料都未检出 O157:H7 型大肠杆菌。然而，12 月 11 日，塔可钟公司发表声明：曾被检出大肠杆菌阳性的嫩洋葱，经过公司和 FDA 的再次检测呈阴性。原因是来自一个装有嫩洋葱的敞口储藏箱的大肠杆菌检测呈阳性，不过这是一种完全不同的细菌，这种细菌没有致病性。[6]

直到 2006 年 12 月 13 日，塔可钟公司才确定由加利福尼亚一家供应商所提供的生菜很有可能是这次大肠杆菌感染事件的源头。

FDA 和 CDC 通过对公司的食品原料进行进一步的数据分析证实了这点。根据 CDC 的报告，塔可钟公司的菜单上 70% 的菜品里都含有生菜，这就增加了生菜就是此次感染源头的可能性。

最后，2006 年 12 月 14 日，CDC 正式告知塔可钟公司，这起大肠杆菌感染事件终告结束。CDC 还指出在配送到餐馆之前，"生菜可能已经受污染了"。[7]至此，所有 90 家主动停业的餐馆又重新恢复营业。然而，此次事件中，确诊和疑似的与塔可钟公司有关的大肠杆菌感染病例超过了 400 例。[8]

塔可钟公司

塔可钟公司是墨西哥风味快餐业的领头羊。1962 年 3 月 21 日，格兰·贝尔（Glen Bell）在加利福尼亚州唐尼市创立了该公司，并于 1969 年上市。1978 年，格兰·贝尔把旗下所有 868 家餐馆全部卖给了百事公司，成为百事公司的主要股东之一。1997 年 10 月，百事公司通过让产易股派生出肯德基、必胜客和塔可钟，从而形成 Tricon 集团——世界最大的餐饮公司，年收入超过 220 亿美元。[9]

2002 年 5 月，Tricon 在并购了 Long John Silver's 和 A&M（All-American Food）两家公司后，更名为百盛，集团总部设在肯塔基州的路易斯维尔市。该集团成为在 100 多个国家拥有 3 400 多家分公司的全球最大餐饮公司。[10]2005 年，百盛实现总收入 90 亿美元。该公司在多品牌方面也是佼佼者，旗下拥有肯德基、塔可钟两个收益最好的品牌。[11]

1964 年，塔可钟开始进行特许经营，其全美 5 800 家分店中几乎 75% 是独立特许经营的，其他由公司自身运作。[12]2005 年，塔可钟实现收入超过 60 亿美元，其中 44 亿美元来自特许经营的销售，18 亿美元来自公司直营店。[13]

塔可钟每年的顾客超过 20 亿，平均每周超过 3 500 万人。根据公司总裁格雷格·克里德的介绍，将近一半的美国成年人每周至少一次在一家塔可钟餐馆用餐。[14]在美国，该公司有 5 800 家分店，美国以外有 278 家分店，塔可钟公司"中心偏左"的营销理念和对市场的负责态度帮助公司将顾客定位在 18~24 岁的人群。[15]

公司还致力于前瞻性思维，根据需要不断更新市场营销活动。第一个备受全国称赞的营销活动是 1997 年的名为"塔可钟，我是如此爱你！"（YoQuiero）的奇瓦瓦小狗，使公司获得了美国营销协会最佳广告奖。塔可钟还采用了其他许多颇具创意的营销工具，其中一个就是——如果俄罗斯空间站 MIR 于 2001 年 3 月降落在太平洋的一个塔可钟目标上，公司将为每个美国人提供免费的墨西哥玉米卷。公司还与 MTV，X Games，Viacom，微软和福克斯建立合作，并在各种不同的项目上展示公司的品牌。目前，塔可钟还在继续它的营销创意，当前的口号是"让思维跳出小面包圈"。

与健康相关的担忧和问题

塔可钟已经从问题之秋的危机中走了出来。1999 年 11 月，10 名顾客在旧金山的塔可钟餐馆用餐后，感染了大肠杆菌。尽管对食物原料的检测呈阴性，但牛肉被怀疑是大肠杆菌的来源。[16]2000 年 9 月，公司因在食品店出售转基因脆皮玉米饼而遭起诉。这种脆皮饼里含有一种不准用于人类消费的蛋白质分子（Cry9c）。[17]同年 12 月，佛罗里达、肯塔基和内华达等州的多个县均爆发了肝炎，塔可钟餐馆也卷入其中。分析人士指出病毒来源很可能是餐馆的嫩洋葱，但是这些嫩洋葱在配送餐馆前就已被感染了。[18]公司还遭到针对其食物和原材料总体质量的批评，尤其是使用的牛肉。然而，在这些健康问题上并不是就塔可钟一家有关联。

2006 年末，大约与塔可钟大肠杆菌危机差不多的时间段，将近 40 人在艾奥瓦州塞达福尔斯市的 Taco John's 餐馆用餐后，出现大肠杆菌感染的症状。一些人在明尼苏达州艾伯特利的 Taco John's 餐馆用餐后也感到不适。黑鹰县的卫生部门于 2006 年 11 月 28 日报道了第一起感染病例。[19]艾奥瓦州卫生部的凯文·提尔（Kevin Teale）说："据报道，大约有 40 人感染了大肠杆菌，其中 14 人住进医院。"[20]尽管此次事件的暴发与塔可钟没有任何关系，但来自加利福尼亚的一个农场提供的生菜与此脱不了干系。[21]

大肠杆菌

大肠杆菌是埃希氏菌大肠菌噬菌体细菌的简称，通常存在于人或其他动物的肠道中。大部分的大肠杆菌感染是因为食用了接触过动物粪便等残渣的未烧熟的肉而导致的，但是该细菌也会存在于多叶蔬菜中，如菠菜和生菜。总的来说，大肠杆菌是无害的，但是除了一些特定的种类，尤其是 O157:H7 型大肠杆菌，它能导致患者腹部抽搐、发烧、肾功能失调、失明、瘫痪，甚至死亡。

该细菌是在哪里发现的

大肠杆菌主要存在于牛的大肠中，并且它一直存在于牛群中。正因为如此，它最有可能存在于绞碎的牛肉或是蔬菜中，尤其是那些靠近动物生长的或是用动物粪便进行施肥灌溉的蔬菜中。[22] 被污染的饮用水、湖水或游泳池、未经消毒的牛奶以及生长在受污染的水域或用污水洗过的农产品都有可能含有这种大肠杆菌。

影　响

在许多情况下，大肠杆菌不被注意，因为它既不容易被发现，又不可能医治或根除。每年美国大约有 73 000 起这样的病例，其中死亡 60 例。然而，幸运的是，由于 FDA，CDC 以及美国农业部（USDA）给出了一系列政策和规定，这个数字在过去的十年中不断减少。[23] 据估计，这 73 000 起病例中有 2 100 人住进了医院。由于这种病例的症状不具典型性，因此往往被误诊，并且医院在治疗上也花费了大量的资源。[24]

虽然成千上万种大肠杆菌是无害的，但是仅有一种就足以导致感染的暴发。塔可钟这起感染的发生就是 O157:H7 型大肠杆菌所致，并且这种细菌还与 2006 年 9 月和 10 月加利福尼亚爆发的菠菜中毒事件有关。这种特殊种类的大肠杆菌会产生一种很强的毒素，吸附在肠道细胞上。只要 10 个 O157:H7 型大肠杆菌细胞就足以使人感染，而成千上万个沙门氏菌或是霍乱杆菌才会使人感染。[25]

症　状

大肠杆菌会导致许多症状，如低烧、腹泻、便血或者脱水。通常在感染的两至三天内会出现这些症状，但一天或是一周以后才出现症状也是有可能的。所幸的是，大部分健康的成年人在一周内就能彻底康复。感染此类细菌的另外一个结果就是可能会导致溶血性尿毒症综合征（HUS），这会导致尿量减少、肾功能衰竭、贫血、水肿、高血压、凝血、突发性心脏病，甚至是死亡。HUS 虽然能通过分辨样本及时被检查出来，但每年还是有大约 61 人死于 HUS。[26]

塔可钟的供应商

根据塔可钟总裁格雷格·克里德所说，大量的检测表明整个暴发事件的源头是"原材料的问题"，而"不是我们餐馆的卫生问题"。[27] 因此，大肠杆菌感染这起事件就使大家关注到塔可钟的农产品供应商上。

大多数农产品在收获以后，都会被送到加工厂进行清洗、分类、冷藏以备运输到全国各地的超市或分销中心，在分销过程的每个不同阶段分销商会都遵守有关规定。农产品营销协会主席布莱恩·席伯尔曼（Bryan Silbermann）证实，在过去的十年中，所有主要餐馆和连锁超市都强调由外部审核人员对供应商进行监督。[28]农产品营销协会是一个代表农产品供应链中餐馆、农医和其他公司的贸易团体。

塔可钟的农产品供应商主要从多个农场收购生菜和洋葱，这些农场大多位于加利福尼亚州。供应商会清洗、漂净、切碎生菜，然后存放在封闭的容器中，再由塔可钟的分销商运送到公司的各个门店。[29]

对于洋葱的处理过程更为复杂：首先是用含氯溶剂进行清洗，杀死所含污染物，再用清水漂净、修剪，再一次消毒，清水漂净，脱干水，存放于 8 盎司的透气包装袋中。整个处理过程不允许接触到人的皮肤，而且这些包装袋都有编码以便跟踪。然后由纽约的 MCLane 运输公司将这些包装袋打包并运送到塔可钟各家餐馆。洋葱的库存流动量可达每 2～3 周 10 多次。[30]

尽管有这么多的程序，但是污染也有可能发生在装运环节。来自名叫消费者联合会的消费者倡导团体的资深科学家迈克尔·汉森（Michael Hansen）说："由于我们现在依赖越来越多的集约型产业化系统，因此我们就更需要对农产品进行跟踪。人们还会遇到这类食品污染的中毒问题，直到人们开始关注整个食品链以找出事件的根源。"[31]

特许经营者

塔可钟公司在全国拥有 5 800 家餐馆，它在电视广告和市场营销活动上的花费高达上千万美元，为树立一个庞大的公司形象不惜进行大手笔运作。然而，公司的实质却是依赖基于个体特许经营的业务集合体。大肠杆菌感染事件之后，尽管大多数人都关注母公司，但事实上那些特许经营门店业主的处境更糟。来自达特茅斯学院 Tuck 商学院的企业传播学教授保罗·阿根提（Paul Argenti）认为："特许经营者注定损失最大。很不幸，他们之所以遭罪是因为公司层面出了问题。"[32]

感染事件暴发区域餐馆的销售额受到了严重影响，全国各地的特许经营门店也都受到了非常大的打击。有关估计数字表明特许经营门店的销量减少最多的达到 20%。[33] 1993 年，当美国西北部的居民从 Jack in Box 餐馆那里食用了被感染的汉堡包时，在得克萨斯州厄尔巴索的一家远离事件发生地的特许经营门店的销售额每周锐减 1 万美元。该门店经理说，数年后门店才得以彻底恢复。[34]

塔可钟食物感染事件后，有 90 家门店被迫暂停营业，其中 86 家是特许经营门店。这场危机后，成为加盟商既好又不好。加盟商在依靠塔可钟公司在市场和财务支持的同时，也在很大程度上依赖其母公司的公共关系及吸引顾客重新光临的广告宣传。[35]

这些特许经营者的另一个劣势就在于，比起母公司，一些塔可钟的特许经营门店在由受感染者提起的诉讼中被提及，法院认为提供食物者应对食用者患病负法律责任，但是特许经营者常常尽量把责任推到母公司、供应商、分销商或农民身上。特许经营者认为他们按照母公司的协议经营门店，并且使用公司选定的食品供应商，所以不应该承担法律责任。[36]

政府的角色和反应

大肠杆菌感染事件在美国东北部发生以后，纽约的立法者就呼吁 FDA，CDC 和 USDA 成立一支联合特遣队，对事件的原因进行调查，并对相关的法律法规提出必要的修改意见，以更好地控制食品污染问题。[37]2007 年 4 月，USDA 就公布了产品行业新的指导方针，从前期种植一直到消费者的餐桌，在整个食品供应链环节防止污染。值得一提的是，由食物污染导致的疾病在过去的 10 年中呈下降趋势。为了保持这种趋势，该行业正呼吁一种自愿改变而不是更多的政府调控。[38]FDA，CDC 和 USDA 也正与政府以及当地卫生部门共同合作，以快速发现病症、识别感染源并为治疗和防止 O157:H7 型大肠杆菌提供信息。根据来自国家医疗卫生服务机构的肯·奥古斯特（Ken August）的介绍："USDA 正在检查塔可钟公司的分销中心，并试图追回相关产品；FDA 正在检查农产品；CDC 则在继续关注感染者的病情。"[39]

疾病控制及预防中心

疾病控制及预防中心（CDC）是美国联邦政府负责疾病监管和暴发原因调查的主要机构。[40]它成立于 1946 年，最初是为了控制疟疾的蔓延，现在负责对疾病发生程度的监管，包括正在流行的疾病以及不再流行的疾病。

CDC 采用的是基于标准流行病学方法的案例控制法来对事件进行调查，通过比较患者与健康者消费的食物，以揭示与某个特定食品原料相关联的统计数据。这种方法更多关注的是患者所消费的食物。PulseNet 系统将患者与大肠杆菌感染暴发中的患者进行病情比对，并迅速比较出 O157:H7 型大肠杆菌的"DNA 指纹"。

CDC 的一项主要任务就是向公众及时沟通健康卫生信息。它是卫生与人类服务部(DHHS) 13 项主要职责之一，其主要目的在于"保护所有美国公民的健康和安全，并且提供基本的人员服务，尤其对于那些无法自理者"。[41]

联邦食品和药品管理局

联邦食品和药品管理局（FDA）的主要任务是对美国人所摄入的食物进行管理监控，但其中的肉类、家禽以及加工的蛋类制品的监管由 USDA 负责。

近几年来，随着农产品消费，尤其是方便即食食品消费的增加，FDA 的作用越来越大。

由于加利福尼亚州萨利纳斯山谷的菠菜污染事件，FDA 于 2006 年 8 月发起了生菜类食品安全运动。这项运动旨在评估现有的产业方法，提醒消费者一旦发生食品类安全问题，要尽早并尽快做出适当回应，获取用于制造相关指导方针的信息，以期将来能够使这类问题的影响降到最小，以及考虑必要的监管措施。[42]

美国农业部

美国农业部（USDA）主要负责制定和执行有关耕作、农业、食品的政策法规，旨在满足农民和牧民的需要，促进农产品贸易和生产，以及保障食品安全。USDA 还负责在国内外农作物市场价格方面为农民提供必要的帮助。目前，USDA 负责检查为塔可钟公司加工碎牛肉然后运输到各家餐馆的生产厂家。[43]

财政影响

这起大肠杆菌感染事件导致全美塔可钟餐馆第 4 季度的销量下滑了两个百分点，运营收益减少了 2 000 万美元，其中将近一半的资金损失都是源于销量的下降，另一半与市场营销、消费调研、法律诉讼以及其他开支有关。[44]在 12 月中旬营业状况最低迷的时候，销量一度下降了 5 个百分点。虽然从那以后销量有所复苏，但是塔可钟始终没能完全赢回其原有的消费群。百盛主席兼首席执行官大卫·诺瓦克（David Novak）说："核心顾客的忠诚度虽然很高，但关键的问题是如何把那些临时用餐者再度吸引到塔可钟的餐馆来。"[45]

虽然暴发于美国东北部的这起大肠杆菌感染事件产生了很大的负面影响，但整个百盛因其国际销量的利好，当年第 4 季度的收益还是增长了 3 个百分点。然而，截止到 12 月 30 日的 3 个月间塔可钟相同门店的销量比上一年下降了 5 个百分点（其上一年的销量增长了 7 个百分点）。[46]

当前及即将发生的诉讼

截止到 2007 年 3 月，因为 2006 年的大肠杆菌感染事件，针对百盛及其名下的塔可钟子公司的诉讼案已达 11 起，其中至少有 5 起是针对其下属公司拥有的特许经营门店的，而且百盛餐饮集团在其 2006 年的年报中指出，集团对这些特许经营门店的损失一概不承担法律责任，但百盛会向这些特许经营门店提供估算的诉讼成本。[47]

在第一批诉讼案中，有一起的原告方为贾里德·凯勒（Jared Keller），他于 11 月 25 日在纽约尤蒂卡的一家塔可钟餐馆用餐后因大肠杆菌感染而生病并住院两天。他起诉该餐饮连锁店和加利福尼亚农场忽视以及违背有关提供健康食物的法律法规。凯勒的律师认为，企业有义务"准备、提供以及出售适合人类消费的食物"，但是，该公司没有履行此项义务，违反了联邦政府、州政府以及当地的食品安全管理条例。[48]该案将百盛餐饮集团、加利福尼亚牛津城的 Boskovich 农业公司以及艾维戴尔的 Ready Pac 生产公司作为被告一并告上法庭，凯勒要求对方做出赔偿，虽然赔偿金额尚未确定，但相关医疗费用已累计上千美元。[49]

对于这起官司，塔可钟至今未发表任何言论，但连锁餐馆发言人罗伯·伯奇（Rob Poetsch）指出："我们所有的努力都旨在帮助当局弄清事件的真相，但是我目前能说的就是，我们正密切关注所有患者的状况。"[50]

其他连锁餐馆都做了些什么

作为对最近这起大肠杆菌感染事件的回应，塔可钟做了大量的努力来重新获取顾客的忠诚，满足顾客的口味。公司高层在事件暴发后立刻就飞往始发地——明尼苏达州和艾奥瓦州，并且承诺将承担患者的所有医疗费。公司还做了大量的广告，为其改善食品安全的行为做宣传，确保不会再次发生类似的感染事件。为了提升其积极的公众形象，塔可钟的首席执行官保罗·费希尔凯勒（Paul Fisherkeller）在发生食品污染丑闻的餐馆吃了一些鸡肉和牛肉卷饼。对于特许经营店的店主，连锁店也是很开明的，不断地更新信息以保持他们的"自信和活力"。[51]塔可钟甚至还给三家特许经营店提供经济上的帮助，并且给予额外的市场和顾客支持。

塔可钟接下来该怎么做

当大肠杆菌感染事件结束时，对于这起事件，许多塔可钟的顾客是这样回应的：

> 我来这里用餐主要是因为这里的食物便宜，我想不会有什么问题的。
>
> ——迈尔斯·杰弗里（Myles Jeffrey），16 岁高中生[52]

想想看，正因为发生了此类事件，它们才会变得更洁净。

——海若·帕特尔（Hiral Patel），20 岁[53]

这起事件对于我来说没有什么影响，我认为它是安全的，而且它们也采取了措施，难道你没注意到除了我，其他人也来了吗？

——兰迪·麦克莱恩（Randy Mclain），数据处理顾问[54]

像这样的观点或许给了塔可钟一线希望，但是劳瑞·甘农认为，要想恢复被严重影响的食品连锁店需要进行大量的工作，以使顾客确信餐馆的食物能够再次安全食用。对于这起大肠杆菌感染事件，塔可钟公司应该如何回应呢？公司如何重塑消费者的信心呢？应该与谁进行沟通以缓解问题呢？公司应该采取怎样的措施来提高食品质量，避免类似健康问题的再次发生呢？距离下次塔可钟发生危机还会有多久呢？

◆ 讨论题

1. 劳瑞·甘农最关心的是什么？她首先会采取怎样的措施？她要采取的后续措施是什么？

2. 本案例中谁是主要的利益相关者？谁会赢得最多及谁会输得最多？利益各方面临怎样的风险？

3. 塔可钟应该做些什么以重塑其顾客的信心和忠诚？公司应与其顾客沟通些什么？公司应如何与顾客沟通？

4. 谁应该对确保塔可钟公司出售的食品安全可靠负有责任？谁应该对当前的大肠杆菌感染事件负责？

5. 塔可钟公司应采取怎样的措施以防止今后污染事件的发生，以及确保整个供应链遵循高标准？

6. FDA，CDC 及 USDA 是应该对食品行业供应商实行更多的监管，还是由这些行业自行管理？

7. 塔可钟公司应该如何对当前的诉讼做出反应？公司是应该承担法律责任，还是将责任推给特许经营商？塔可钟公司或百盛是否应该对受影响的特许经营门店给予诉讼支持？

8. 塔可钟公司能否在继续面临食品质量和安全问题的同时仍然保持其顾客群和销售水平？什么是塔可钟公司的独到之处，即使公司在过去类似的健康卫生问题上化险为夷？

注 释

1. Martin, Andrew. "Left Holding the Bag in the Land of Fast Food," *The New York Times.* February 20, 2007.
2. DePalma, Anthony and Lambert, Bruce. "Gumshoe Work and Luck Helped in E. coli Case," *The New York Times.* December 10, 2006.
3. Tacobell.com. Our Company—Latest News.
4. Ibid.
5. Ibid.
6. Ibid.
7. Ibid.
8. Martin. "Left Holding the Bag in the Land of Fast Food."
9. Tacobell.com. Our Company—Interesting Facts.
10. Yum.com.
11. Yumfranchises.com.
12. Tacobell.com. Our Company—Interesting Facts.
13. Ibid.
14. The Associated Press. "Onions May Not Be E. coli Source After All," Msnbc.com. December 12, 2006.
15. Tacobell.com. "Taco Bell Tunes in to the New TNN with Multimillion-Dollar Viacom Marketing Deal."
16. Brazil, Eric. "Officials probe Bay Area E. coli cases," *The San Francisco Chronicle.* December 10, 1999.
17. Carver, Tom. " 'GM Tacos' Recalled," *BBC News.* September 25, 2000.
18. Marler, Bill. "Not to pile on Taco Bell, but how many times does lightning need to strike?" http://www.marlerblog.com, December 6, 2006.
19. Ibid.

20. Miller, Dan. "64 Sickened by Taco Bell E. coli; More Onions Test Positive." Cnn.com. December 12, 2006.
21. The Associated Press. "Taco John's Drops Supplier Amid E. coli Scare," Msnbc.com. December 12, 2006.
22. Pearson.
23. Cdc.gov.
24. Ibid.
25. Pearson.
26. Cdc.gov.
27. Jerry Hirsch and Rong-Gong Lin. "Lettuce is Suspect in Taco Bell E. coli Case," LATimes.com. December 14, 2006.
28. The Associated Press. "Onions may not be E. coli source after all."
29. Ibid.
30. Ken Belson and Ronald Smothers. "Reports on Illness Spread as Searchers Zero In on E. coli Source."
31. Ibid.
32. Martin. "Left Holding the Bag in the Land of Fast Food."
33. Hirsch and Lin. "Lettuce is Suspect in Taco Bell E. coli Case."
34. Martin. "Left Holding the Bag in the Land of Fast Food."
35. Ibid.
36. Ibid.
37. The Associated Press. "Onions May Not Be E. coli Source After All."
38. "E. Coli Spurs New Industry Guidelines." *The Wall Street Journal*, January 2, 2007. p. D.6.
39. Liddle, Alan. "Feds, Calif. Officials Probe E. coli Link to Taco Bell Units," *Nation's Restaurant News*. December 20, 1999.
40. Cdc.gov
41. Ibid.
42. FDA.gov
43. Liddle. "Feds, Calif. Officials Probe E. coli Link to Taco Bell Units."
44. Strott, Elizabeth. "Taco Bell and KFC: Not so YUM-my?" MSNMoney.com. February 23, 2007.
45. Msnbc.com. "E. coli Takes Bite out of Taco Bell Earnings."
46. Ibid.
47. "Eleven Suits Filed Over Taco Bell E. coli Outbreak." Bizjournals.com, February 28, 2007.
48. Kates, William, "NY Lawsuit Claims Taco Bell Served Food Unfit for Consumption," http://www.health.state.ny.us/diseases/communicable/e_coli/outbreak/, December 11, 2006.
49. Ibid.
50. Ibid.
51. Martin. "Left Holding the Bag in the Land of Fast Food."
52. Hirsch, Jerry. "E. coli Incident Takes a Bit Out of Taco Bell," *The Los Angeles Times*. February, 13, 2007.
53. Martin. "Left Holding the Bag in the Land of Fast Food."
54. Martin, Andrew. "With Onions No Longer the Top Suspect, the Search for E. coli Resumes." *The New York Times*. December 13, 2006.

This case was prepared by Research Assistants Andree Johnson, Daniel VanDerWerff, Steven Howenstein, and Kathryn Fromm, under the direction of James S. O'Rourke, Concurrent Professor of Management, as the basis for class discussion rather than to illustrate either effective or ineffective handling of an administrative situation. Information was gathered from corporate as well as public sources.

■ 案例研究分析

在众多的商业教学工具中，案例研究越来越流行。大学教授们运用案例研究来讲授各种不同的现代商业问题。这是个必然趋势。除了有关的基本原理，我们需要对商业世界的问题进行描述。真正检验你是否具有企业管理能力的是当你被要求担当起管理者这一角色、步入实际的商业环境、认识周围所发生的一切、拟订计划和采取行动之时。

A. 1　为何研究案例

一直以来法学院都将研究案例作为探索法律概念和理解法院实务的途径。哈佛商学院在第一次世界大战以后把企业高管和经理们邀请到其教学课堂，旨在培养学生具有成功商业人士的真知灼见。不久，商学院的教授们开始把这些管理者的叙述记录下来，以捕捉贯穿于日常商务管理中的歧义和复杂性。

这一想法后来被其他商学院所借鉴和采纳，并且从研究生课程移植到本科生课程。今天，许多商学院教师采用案例教学是因为管理者的叙述在开发学生的分析和批判性思维能力以及组织和沟通技巧方面意义重大。你可能会记住那些事例、程序和特点。你可能偶尔会猜对多项选择题。然而，你无法记住你从未遇到过的问题的答案，你也无法做出某位管理者必须面临的复杂、困难且往往是模棱两可的选择。

A. 2　案例的种类

尽管每个案例均有所不同，但根据研究主题，大致可分为以下三类案例：原始案例、图书馆案例（有时是指公共记录案例）和虚构案例。

A. 2. 1　原始案例

原始案例是由商学院的教师与学生在亲身经历案例所涉及的事件和问题的管理者的合作下撰写的。这类案例涉及对真名实姓的人们进行大量的访谈。这些案例中所包含的信息普遍存在于商界。商业新闻中对相关事件的报道和描述在提供重要事实方面可能起到一定的作用，但对于时间的来龙去脉，即对谁说了什么、每位管理者当时对事件了解的情况，以及管理层主要采取了哪些措施等，广大公众均不得而知。

与员工、经理和高管进行大量的访谈往往会揭示更多的信息，而对商业记录和数据的仔细考察会揭示有关事件的背景和原因。然而，通常公司的积极配合是案例作者确切了解事件真相的唯一途径。

　　原始案例往往比其他类型的案例来得长且面面俱到，这会使案例作者陷入两难境地：通过允许案例作者进入其经营或生产场所、接触其记录和员工，公司会从中获得怎样的好处？该案例是否只是通过描述事实揭示高管的良好形象？这些案例是否作为当不利于企业的事件发生时的公关手段？通常，为了能够进入一家企业，案例作者必须与该企业的掌管者拥有某些特殊的关系，并且必须在准确客观报道事件方面拥有好名声。

　　这类案例的一个缺点是，一旦公开发表，就无法对它们进行修改，并且马上就可能过时。

A.2.2　图书馆案例

　　与原始案例不同，图书馆案例或公共记录案例无须与案例研究相关的企业进行特别的接触，它们不涉及访谈材料或无法获得的直接引用，并且通常它们不包括那些不属于公共记录、每个图书馆持卡者通过互联网及基本的检索技术可以获得的数字、数据或信息。

　　由于这样或那样的原因失败的公司——痛失良机、明显失误、路径选择错误，或者未及时采取必要的行动——不愿意让案例作者与其员工交谈或查看证据，这是可以理解的。如果它们犯了严重的错误——犯罪或危及公众利益——公司会竭力封锁、隐藏或掩盖事实真相。这的确是大多数商业记者所面临的一大挑战，因为他需要每天收集信息。

　　然而，图书馆案例作者可以利用大量的信息，除了提供给广播、出版和在线新闻组织的新闻故事以外，商业案例作者还可以关注一下大量的政府文件和其他来源，尤其是有关上市公司的一些报道等。证券交易委员会每年的档案，诸如 10-Q 和 10-K 报表等也是不错的信息来源。

　　当有公司声明其并购意向或受到起诉，有关该问题的大量文件可能成为公共记录的一部分。当某家公司准备上市或发行债券，它就需要披露大量的信息。案例作者对于这样的记录可以百分之百地放心，因为信息造假的代价会是重罚。

A.2.3　虚构案例

　　这类案例所涉及的公司或事件均为杜撰的。尽管它们与真实案例有相似之处，但是它们往往缺乏真实事件中的细节和复杂性。然而，在向学生介绍基本概念或激发他们讨论企业面临的关键问题方面，这类案例较为适用。

　　当商务教育者无法接触到现实企业中的人和数据时，或者当他们希望把复杂事件简化为一系列简单的决策机会时，他们就会编写虚构案例。虚构案例通常适用于激发这样的讨论，如变革管理、引进新技术或简要揭示外来文化中的事件。这类案例的主要优点在于它们可以随意修改和更新，而无须得到案例中虚拟企业或管理者的许可。

A.3 提供案例解决方案

提供案例的解决方案以表明你承担起了管理责任。具体包括以下步骤：

A.3.1 案例阅读

提供成功的案例解决方案的第一步就是反复阅读案例，要做到一丝不苟。个性学理论研究人员告诉我们，一些人总是匆匆忙忙地将案例一扫而过。"不要以案例细节烦我，"他们会说，"你只需告诉我发生了什么。"这类人通常会忽略案例中的细节，仅凭案例辅助大纲和行政摘要就对案例中的故事武断下结论。他们往往不愿阅读案例中的附录，以及标有数字的表格。他们中不少人会急于下结论，并且在还未掌握全部事实时就制定行动方案。他们把细节看作多余，认为阅读事实只会有碍于制定行动方案。

如果在你阅读并思考了案例中的问题之后仍然不确定该怎么做，那就再阅读一遍案例。随着你在商学院不断积累经验，你解读案例的能力会不断提升。但首先，为了避免受案例的困扰或产生挫败感，你应该充分地阅读案例。

A.3.2 做笔记

大学生特别喜欢在教材的章节、复印本或论文中的许多内容上画线或做重点标记。然而，案例研究则有所不同。教材的结构通常层次分明，其中的要点和次要点均根据其重要性进行排序，并附有详尽的诠释和归纳。案例研究却不是这样的，它通常仅是简单地以年代顺序来组织的。教材通常有比较明确的逻辑，例如一个概念的提出通常是基于前文的叙述。而案例研究则往往结构混乱：许多事件会一下子发生，通常没有秩序，并且重要问题也通常不是不言自明的。

另外，案例研究也包括大量运用图表显示的数据信息：年收入、产品出货率、原材料加工吨数或企业单位所整理的成本数据。为了解这些数据的意义，你必须阅读这些表格，并且应用你所学知识解读相关的资产负债表或基于活动的成本表。你可能会在一系列事件或部门经理的直接报价中发现重要信息。有时候你也会发现，真正最重要的问题并没有被案例中的重要人物提及——它们只是那些重要人物未曾想到或意识到其重要性的一些观点或工具而已。

你所做的笔记应该关注必要的细节，其中包括用于识别案例中所涉及的商业问题、与解决这些问题相关的重大问题，以及案例中管理人员可利用的资源。这些笔记对于你提供案例解决方案是十分有用的。

A.3.3 识别商业问题

每个案例至少涉及一个根本的商业问题。它可能属于一个较小的战术性问题，如公司如何从拖欠账款的顾客那里追要资金。但也可能属于一个涉及范围较广的问题，它们如何在 30 天或更短时间内收回应收账款。更大的战略性问题则可能包括公司的"慢性病"、紧急的现金流问题等。"如果这家公司不再资金短缺，那么将会迎来怎样的更长期发展的机会？"

你可能在一个案例中识别出多个问题。综合性案例通常会同时包括多个这样的问题。这些问题可能是技术性的，涉及会计或是成本控制系统，也可能涉及技术的运用。你还可能注意到案例中企业的供应链问题，市场营销方面的低效率问题，或者涉及监督、沟通、激励或培训等的人员问题。

A.3.4　为相关的管理人员设定明确目标

一旦你从案例中识别出了一个或多个商业问题，请你考虑一下针对案例中的企业或人物，你最希望看到的结果是什么。如果你需要为这家公司提供解决问题的方案（通常这也是一个商科学生进行案例分析的主要任务），那么你希望是什么样的结果？不要将自己的思维局限于该公司该做什么或不该做什么，而应考虑什么是最成功的结果。你应该明确要点以便公司了解其是否成功了。尽可能将你预期的结果进行量化。

A.3.5　识别关键问题并对其按重要性排序

关键问题是案例的核心。如果你未能识别出关键问题，就不可能解决案例所涉及的问题以达到教授的要求。

● 有些问题是相互依赖的。也就是说，对于某一问题的方案可能有必要先于或者依赖于其他问题。以生产-污染的案例为例，公关团队直到生产和包装团队明确产品的问题所在之后才能起草新闻稿。负责新产品开发的团队直到包装、运输和分销的相关问题都解决之后才能确定最终的广告和宣传决策。

● 有些问题要比其他问题更重要。企业可能有机会开发一个新产品，但是缺乏足够的市场调研数据来支持这一想法。更为重要的是，它们缺乏能够解读和正确使用这些数据的人才。因此，雇用一个市场调研主管要比简单地外包给外部企业来获得这些数据重要得多。

● 每个问题都存在一个时间维度。即使两个问题对于企业的成功来说同等重要，但是一个可能是短期的，另一个则可能是长期的。建立一个企业的网站固然重要，但是它无法解决企业长期的市场营销战略问题：我们是直接通过网络销售，还是利用零售商来营销我们的产品？应该明确哪些问题必须首先解决，同时也要考虑解决方案的持续性，即需要花费多长时间来解决问题。

● 有些问题仅仅是重大或深层问题的征兆。两名管理人员就预算或资源问题争执不休可能揭示了更为严重的、长期的预算问题、管理团队中缺乏沟通或一种鼓励在小问题上斤斤计较的企业文化。当西尔斯公司发现加利福尼亚州的汽车服务经理要求顾客更换没有完全用坏的部件这一问题时，事实上，揭示了存在比经理的过度热心更严重的问题。通过分析来自加利福尼亚总检察署的顾客抱怨资料，西尔斯公司意识到其薪酬体系只奖励那些销售更多部件的经理，而不是奖励那些完全为顾客车辆服务的经理。

A.3.6 考虑相关信息以及基于这些信息的假设

你应该接受这样的事实，即包含在案例中的大部分信息对于你的分析是没有用处的。你还应该接受这样的事实，即你不可能了解用于解决问题的所有信息。生活是这样，案例研究也是如此。识别包含于案例中的相关事实，并加以认真思考。同时，确认你可能希望获得的附加信息——也许是你解决方案的一部分——但不要细究。

你应该将假设与事实区分开来，认识到有些事情是你必须搞清楚的，而有些事情则无须这么做，并且还应认识到你可能需要对一些证据做出主观诠释，并针对案例中没有明确阐述的其他证据做出假设。然而，你做出的假设越多，你的分析就越站不住脚。

A.3.7 列出问题解决方案

每个问题可能都有不止一种解决方案。即便你已找到了问题的解决之道，也还要去寻求其他好的解决方案。将问题的所有解决方案一一罗列是头脑风暴的一种形式。这将帮助你为这些解决方案估值以及分配权重，并帮你回答如下问题：该解决方案比另一个方案的成本更低吗？该解决方案比另一个方案更有效吗？该解决方案实施起来是否更加快捷？其中的某个方案是否更具持续性效果？

A.3.8 选择问题解决方案

在对你所想到的各种解决方案进行估值和权重分配之后，选择你认为的最佳方案并考虑如何说服他人。你应阐述你的观点的优越性以及该方案如何能够解决问题。当然，如果你反对其他方案，也得阐明反对的理由。

A.3.9 决定如何实施最佳方案

仅有好主意是远远不够的，你还必须将它们付诸行动。公司高管对商学院毕业生的评价通常是"理论有余，实践不足"。一位化学行业的高管说："公司的一群年轻 MBA 建议我们应该出售公司的一个事业部，却没能告诉我应该做什么及怎么做。他们所知道的不过是我们应该寻找一个买家。"他总结道："点子有趣却不实用。"

A.3.10 解释方案的沟通方法

在管理沟通案例研究中，你需要识别信息的关键接收者。也就是说，你应该确定你的沟通对象以及所使用的沟通方式。仔细考虑案例中所涉及的众多利益相关者：雇员、顾客、股东、商业伙伴、供应商、监管人员以及整个市场。

明确如何传递信息以确保其被接收和理解，并考虑如何分析接收者的反馈。你还应该考虑传递信息的时机及顺序。先与谁沟通？由谁来传递信息？怎样才能使特定接收者接受这一特定的信息？

A.3.11 写出来

不同的教授对于书面案例解决方案所含内容的要求不尽相同。他们不太会详细而具体地告知你有关他们的期望，但是会告诉你是否提供了正确的答案。一些教授会要求你给出包含众多问题的宽泛的答案，有些教授则会期望你给出一个更为具体而集中的回答。你只需给你的教授提供你最佳的想法，并且在所规定的篇幅内做到尽可能具体。

A.4 你应该预料到的方面

如果你已经完整地阅读了案例，识别了案例中存在的商业问题，将关键事件排了序，提出了多种解决方案，而且也确定了如何将这些方案实施及表达出来，那么你就已经为参与课堂案例讨论做好了相对充分的准备。以下是你应该预料到的其他方面：

● 偶尔的突然袭击。准备好教授可能会要求你提供的案例的关键细节，有时可能是一些很零碎的细枝末节。你必须在两分钟或不到两分钟的时间内简洁明了地诠释案例中所发生的事情，识别该企业及其重要人物，并给出针对关键问题的最佳想法。不用急着提出你的解决方案，你的教授可能首先希望对问题进行较为深入的讨论。如果你特别自信的话，那么你可以自告奋勇发表自己的见解。

● 遵循合乎逻辑的、有步骤的方法。如果你的同学所提供的信息有用但却与教授所提出的问题不相关或不一致，那么你应该耐心等待，直到讨论再次回到教授认为最重要的问题上时再参与其中。

● 不同的教授所采用的方法不同。没有两个教授的方法和偏好是完全一样的。但事实上，他们都欣赏一种大胆的务实方法，而不是模棱两可、过于谨慎和勉强的行为。

A.5 你不该期待的方面

● 更多的信息。你的教授往往会给你一个案例 B 以提供新的或后续信息。这类案例是对案例 A 中相关内容的延伸，并且通常涵盖另外一个管理决策机会。然而，最重要的是，你应该认识到案例 A 中提供的信息是你的全部信息，因此你必须基于这些信息给出问题的解决方案。

● 一个"正确"的答案。由于案例研究经常是基于真实的事件，没有人能够断定如若你的想法或他人"更好的"想法被采纳实施会是怎样的情形。一些解决方案明显比另一些好，但是许多的想法也都是可行的。一些最佳想法可能还没人想到或被大声说出来。

● 对"究竟发生了什么"的解释。许多教授既不知道案例研究中所描述的管理者和企业发生了什么，也不认为拥有那样的信息对你的学习过程会有多大的帮助和意义。如果过于关注实际结果，你的思维可能会因此受到限制或出现偏差。

● 对于每个案例的单一学科处理。虽然一些案例原则上是关于会计的，但它们也涉及有关财务、运营管理、人力资源或沟通等问题。真实的企业问题即使有也很少是单一维度的。你越是愿意从企业的其他维度及其相互依赖性方面去思考，你对企业运作真实情况的了解也就越多。

● 你提出的方案能够解决案例中的所有问题。首先你应该关注那些最重要、最紧急、最相关的问题。你也许希望识别那些便于进行深入思考的问题，或者由案例中所提及的管理团队进行深入调查的问题，但是你无法也不应该试图解决案例中的所有问题。

总而言之，你的任务是阅读、识别和理解案例中的商业问题。通过识别、按重要性排序、探究案例中所包含的关键问题，你应该能够提供一个可行的解决方案，并且阐明如何实施和沟通。在此之前，你必须书面解释你的选择，并做好在课堂上为其辩护的准备。

延伸阅读 ///////////////////////

Barnes, L. B., Christensen, C. R., and A. J. Hansen. *Teaching and the Case Method*, 3rd ed. Boston, MA: Harvard Business School Press, 1994.

Bouton, C. and Garth R. (ed.). *Learning in Groups*. San Francisco, CA: Jossey-Bass, 1983.

Corey, R. "The Use of Cases in Management Education," Harvard Business School Case No. 376–240.

Erskine, J., Leenders, M. R., and Mauffette-Leenders, L. A. *Teaching with Cases*. London, Ontario: School of Business, University of Western Ontario, 1981.

Gragg, C. J. "Because Wisdom Can't Be Told," *The Case Method at the Harvard Business School*. New York: McGraw-Hill, 1954, p. 6.

McNair, M. P. "The Genesis of the Case Method in Business Administration," *The Case Method at the Harvard Business School*. New York: McGraw-Hill, 1954, pp. 25–33.

Penrose, J. M., Raspberry, R. W., and R. J. Myers. "Analyzing and Writing a Case Report," *Advanced Business Communication*, 3rd ed. Cincinnati, OH: South-Western College Publishing, 1997.

Wasserman, S. *Put Some Thinking in Your Classroom*. Chicago, IL: Benefic Press, 1978.

This teaching note was prepared from personal interviews and public sources by James S. O'Rourke, Teaching Professor of Management, as the basis for class discussion.

■ 撰写案例研究

21 世纪，全球一些较好的商业学校已经将案例研究作为商业教育中的一种主要学习工具。北美的一些学校，如哈佛、沃顿、达登（Darden）、门多萨（Mendoza）、艾维（Ivey）、塔克（Tuck）以及其他一些学校，已经将案例研究方法作为帮助管理者步入实际的商业情景、分析他们所遇到的情景以及采取相应措施的主要内容。

B.1　什么是商业案例研究

商业案例研究从根本上来讲就是讲述故事，它是关于管理者或主管所面临的问题、挑战或机遇的一个叙述性故事，它要求学生能够阅读、思考并做出反馈。案例研究的内容——包括叙述细节、案例中的事件的直接引用以及附件——是构成分析讨论的基础。这些讨论常常在课堂上展开，而其他的讨论则是以书面的形式在教师和学生之间进行。[1]

B.2　案例研究的特点

案例研究中的故事通常既不包括对商业问题的直接回答也不包括具体的解决方案。它的意义在于收集尽可能多的信息以尽可能正确、公正、完整地解释案例涉及企业所发生的事情，同时尽可能整合作者所收集的各种观点。这种案例写作的目的并不是为了识别英雄和恶人，而是为了开启商业问题的一个讨论。

在一些重要方面，案例研究不同于案例历史。首先，如上所述，案例研究对管理者在描述故事过程中所遇到的问题不提供答案、结果、备选方案或解决方案，而是为读者提供充分的细节使他们能够了解问题的性质和范围，以及为讨论和学习提供一个切入点。

案例历史通常总结事件，不仅描述那些导致管理者面对的问题、情形或机遇的事件，而且反复揭示管理者对那些事件的反应。案例历史通常更多地集中于管理层的反馈和解决方法上，而非就事件做出的决策上。此外，通过揭示公司面对危机或事件时的真实反应，这样简短的历史性摘要往往限制了学生的思维，压制了学生广泛的想象力（案例研究旨在激发）。

商业案例研究确实是一种学习工具，是一种用以引导学生对案例展开讨论而非进行推理或记忆的工具，其目的在于提高学生分析问题和解决问题的能力以及批判性思维的能力。

案例研究并不特别适用于培训。在培训中，学习者需要记忆已被认可的知识和经验。在有歧义的、不确定的和多重结果的情形下，案例研究更有助于促进学习。如果一个老师想让所有的学生都最终得到一个单一的、正确的解决方法，那么案例研究可能不是最佳的学习促进工具。但是，如果老师已经在头脑中确定了学习目标，即关注识别和分析商业问题的过程，并在此基础上展开头脑风暴式的讨论，那么案例研究是最适合的工具。

B.3　为什么学习商业案例

根据教育哲学家约翰·杜威（John Dewey）的分析，培训和教育之间的主要区别在于，培训仅仅改变行为的外在习惯。培训给学习者提供一个促进因素项目单，教他们对被认可的行为做出反应。当培训者为学习者提供一定的促进因素或情形时，学习能力很容易被测试出来。同时，学习者也会做出被认可的反应。

教育旨在向学习者提供解决他们从未遇见的问题以及培养学生对尚未想象到的促进因素做出知性和分析性反应的技能。没有一个完整的促进因素和反应项目单，学生就必须依赖于在教育期间获得的价值观。知道他们重视什么，这些价值观的排序是什么，以及他们为何将这些价值观如此排序对学生今后的生活意义深远。当然，培训和教育对我们的成功都很重要，但是只有教育才能够让我们对于尚未遇到的情形做好准备。[2]

B.4　案例的类型

虽然每种案例都有所不同，但是根据你所学的课程，你很有可能会接触到案例研究的三种最基本的类型：原始案例、图书馆案例（有时指公共记录案例）和虚构案例。附录 A "案例研究分析"对每一个案例类型都进行了详细介绍。

B.5　选择主题

如果你对撰写商业案例感兴趣，那么你首先应该选择一个你和你未来的读者都感兴趣的主题。如果你对这个主题怀有激情，那么你就很可能了解真正的问题所在、问题所涉及的关键人物以及获取最有价值的信息的途径。你所选择的主题也应该是大量未来读者所感兴趣的。如果案例研究——无论调研、组织和表述有多完善——只有一部分人感兴趣，那就无法为广大读者所阅读，从而也难以实现你的预期目标。

在选择主题进行写作时，你必须知道你所面对的读者是否具备理解案例中的问题和事件的知识和专业技能？他们是否具备你将要描述的过程、结构和组织的专业知识？他们是否理解你所运用的行业或职业方面的词汇？你的读者对该主题了解得越多越好。有必要的话，你可能需要定义术语、解释概念、举出例子，以帮助读者更好地理解案例中的问题。

如果你所要描述的是最近发生的事件，那么它还有一定的意义。但如果你所描写的案例中的大多数事件是发生在 5 年前的，就应该考虑换一个更新的话题。最后，你应该就所描述的事件收集精确的、可靠和最新的信息。选择一个有趣的主题是一回事，要获得大量可靠信息是另一回事。

B.6　开始调查

一旦确定了主题，你就必须开始进行初步的调查以确保你有一个切实可行的主题。其中包括查阅报刊和网上数据库，如 Factiva 或 NYTimes.com；浏览广播公司网站，如 CNN.com 或 MSNBC.com；或者通过其他获取新闻资源的途径，如美联社和路透社。你甚至可以拿起电话要求与那些可能了解你所选主题的普通人员进行交流。

如果你还不确定是否已拥有足够的信息来撰写你的案例，那么你应该设定一个坚定的"继续/终止"决策日期，至少涵盖一个或两个备选主题。了解你是否拥有足够的信息通常是相当主观的，但对于你是拥有太多的信息却缺乏足够的视角，还是拥有太少的信息且缺乏足够的合作，你会有明确的认识。

B.6.1　做出选择

当你确信自己已经有了一个切实可行的主题时，你就必须做出选择：

● 故事的切入点。谁是该案例中的决策制定者？读者从谁的观点中能够了解案例的细节？

● 故事的起止日期。每个故事以某一时刻开始，以管理者的某个决策点结束。你可以选择在故事的一开始，也可以选择在事件发生的过程中相对近期的但很关键的时刻，然后再返回到开始以描述其他的细节。无论哪种方法，对于你作为一名写作者而言都是十分重要的。

● 故事所涉及细节的类型和水平。有些事件仅仅用一句话就可以对过去做个总结，有些则需要用大标题和若干个段落加以仔细描述。不要用那些对理解故事和事件没有必要的细节来迷惑读者。但不要假设读者已经了解了细节，或者知道故事中的每个主要人物。

B.6.2　列表

调查研究的下一步将涉及你希望包含在你的教案中的一些事件。

● 将主要事件按照时间的先后顺序制定一份年表。该年表可能长达数页，但是它有助于使有关人物、问题和时间一目了然。何时发生了什么事以及事件发生的先后顺序很容易被忘记，在这种情况下，一份详尽的年表是非常有益的。

● 识别故事中的主角的名字及角色。向读者解释他们是谁，他们的背景以及为什么他们在案例中是重要的。此外，如果案例中包含很多人，那么在你开始写作之前制定一个按字母排序的人名表是很有帮助的。

● 识别案例中的关键问题，根据对于决策制定者的重要程度进行排序。你不希望将这些问题直接呈现给你的读者，但是你希望在你的教案中包含这些问题。按照重要程度由强到弱的顺序，该列表应包括高管或管理者需要考虑和处理的问题，并且简要说明其重要的理由。切记，对于某个观察者来说很重要的事情对于其他人来说可能并不重要。此列表应成为激发有趣而且有活力的讨论的基础。

B.6.3　制定电子表格

虽然这不是必需的，但是一个二维矩阵或电子文本表格（如 Excel, Lotus, QuatroPro 等）对于追踪案例的细节是很重要的。沿着 X 轴（横向的）列出公共记录或采访文件中的主要事件或问题，沿着 Y 轴（纵向的）列出有关事件或问题的信息来源，核实每个条目，这样你就可以知道你在何处获得该信息，以及有多少资料报道同样的信息。

当然，你会对于那些每个新闻来源都报道的事件拥有较大的信心，但你也可能需要特别关注那些只有一种类型的或仅从一个信息提供者那里获得的信息条目，问一下自己：为什么会是这样？那个信息提供者是否特别消息灵通？你确定信息准确吗？如果你对信息没有把握，你必须决定是否应该相信他。如果你不相信该信息，那就删掉它，不要写在案例中。如果你相信，那么你有责任在你的叙述中说明该信息是从一个信息提供者那里获得的，有必要的话，在文中提及这位信息提供者。

B.6.4　分工

一旦确定自己拥有可以开始写作的切实可行的案例和足够的信息，你就有必要对各种行动进行责任分配：

- 收集公司的相关财务数据信息。
- 对公司和员工进行历史性调查研究。
- 为你的 PPT 演示收集图片和截屏。
- 如果你的案例中包含正在发生的事件或爆炸性新闻，就收集有关晚间新闻的录像带。
- 收集对构架案例讨论有用的新闻发布会、访谈、商业广告或其他产品的视频集。
- 安排与案例中的关键人物的面对面访谈或电话采访。

B.7　开始写作

一旦你确定了主题、信息来源及阐述问题的方法——并且了解了决策制定者的观点、年表及开始-终止日期——每个团队成员都清楚其职责，就可以开始写作了。

从撰写案例研究的第一段开始，不一定要按顺序进行案例写作（如以第一段开始），也不一定完全由某一个人来写作。但是写作风格必须前后一致，便于读者轻松、有效地理解。你可以把不同的调查和写作任务分配给团队中不同的成员，但是有一个人——最好是最优秀的作者——必须负责阅读、整合、编辑和修订终稿。

当你开始写作时，应该确保至少有一个（最好更多）可靠的信息提供者来支持你的说法或应用到案例中。在写作过程中应插入脚注和尾注，不要放到最后再做。不要用类似"我将回过头来标明这些事件和引文的出处"这样的借口为自己增加额外的工作。随着草稿页数的增加，文章中的错误也将随之增多。你必须一丝不苟地记录每一个细节。

为了使写作过程更容易，你可以做份影印本或针对相关资料做好复印或详细的笔记。抄下日期、时间、页码、第几卷、第几版，以及任何有助于读者了解这些信息出处的其他信息。应避免有关引用或案例中重要事实等出现混乱。

B.8 准备初稿

开始写作时，最重要的是能够采用趣闻轶事、引文、事件或对某种现象的揭示来吸引读者的注意力。如果你不能确信开始的几段是否值得读者阅读，那么读者可能就会放弃阅读或者通过快速浏览以抓住精彩的部分。无论你是怎样开始的，你都要从第一段开始使事件的先后顺序清晰明了。不要让读者迷失方向或感到困惑。

下一步就是介绍公司或组织的历史、所属行业、生产的产品或服务以及每年创造的收益。同样，你也应该介绍公司的规模、员工数和市场份额。

在对公司和行业做了大概的描述后，就应介绍案例中的主要人物，包括各种角色的扮演者及决策制定者。读者在逐段阅读的时候，对你会在最后的句子中要求他们思考的"谁应该对这个决策负责"的问题有一个清晰的概念。

以下是准备初稿的一些建议：

- 使用通俗的语言解释发生了什么事、何时发生以及怎样发生。
- 识别所有相关的假设。
- 需要的时候，在文中标明信息来源。
- 不要急于寻找结论、起因或解决方案。
- 具体，并尽可能量化。
- 使用直接引语，标明引用出处。
- 识别那些你无法理解和回答的问题，并把它们留到与高管或管理层的访谈中去解决。

B.9 向多位信息提供者咨询

信息来源单一的案例是很危险的。原因很简单，主要的或唯一的信息源可能会有误。信息提供者可能带有政治性观点或者别有用心，这样就会歪曲或曲解你所获得的信息。结果，当其他重要的细节浮出水面时，案例研究就会陷入令人尴尬的境地。要想保护你和你的团队成员，你必须尽可能向多位信息提供者咨询。

然而，记住，每位一线主管、小时工以及资深的负责电话、电子邮件或面对面采访的高管都持有不同的观点，并且每个人与你交谈的出发点均有所不同。但你的目的始终应该是准确、完整、公正地陈述事实。

大量阅读。可以考虑阅读外地甚至外国的一些刊物以获得不同的观点。如果你无法理解全部的事实，你可以咨询一下那些曾经写过或报道过该新闻事件的记者。询问其是否愿意与你交流。一些人会很乐意与那些诚恳的、礼貌的学生分享他们所知道的事情。

与各种利益相关者进行交谈，其中包括顾客、供应商、股东、社区和民间组织、监督代理机构、雇员或竞争对手。你甚至可以与那些住在公司附近的居民交谈，或者与那些曾受到案例中事件影响的人交谈。

如果人们不愿与你交谈，你应礼貌地把你的初稿拿给他们看。让他们对其进行补充或提供建议。让他们成为这个过程中的合作伙伴。从某种程度上讲，你的工作就像是一个新闻工作者，只是游戏规则不同而已。记者在新闻公布之前是不会让信息提供者阅读有关新闻故事的，但你这么做并不会有任何损失。如果他们提供的修改建议是有益的，那么你的案例会因此而得以完善。

B.10　准备第二稿

整合所写内容，通读全文，检查故事的流畅度以及语法和句法。你的目标是让故事生动、用字准确、具有说服力以及符合规范。文章必须引人入胜，但最重要的是必须正确无误。

为了更好地帮助读者理解故事，可以考虑在文中运用表格、图示、统计图表、图解、地图或其他可视工具。如果你是自己设计的，就不需要经过出版社或网站的许可。如果你是从雅虎财经或 CNN.com 上下载的图表，那么你就需要给它们发送邮件以获得许可。只要你标明出处和获得使用许可，大多数新闻采集组织会免费让你使用它们的信息资源。一些资源，尤其是平面杂志，会因为你复印了它们大部分的资料而让你支付一定的版税。你必须决定是否愿意或能够那样做。

不要急于完稿，把它拿给你十分信任的同事、助手、教授或者那些能够给你提供宝贵意见的人看，并且确定自己已尽了最大的努力使文章达到最好以及语法上正确无误。然后再通读一遍，确保万无一失。

B.11　准备教案

好的案例研究包括一份教案。它是一种普通的文件，以解释案例中的故事、所涵盖的问题或各种选择，以及教师如何引导对案例展开讨论。

大多数的教案虽然只是寥寥数页，但它却涵盖了很多有用的信息，包括如何激发学生的思维、如何控制讨论的时间以及希望学生提供什么样不同的观点。至少，一份完整的案例研究教案应包括：

● 案例研究的目的。

● 一份关于商业问题的清晰陈述（不是沟通或公共关系问题，而是案例中的主要商业问题）。

● 预测最希望获得的结果。如果你能为案例写一个"好莱坞式结局"，那将会是怎样的呢？各利益相关者最想要的或最期待的是什么呢？

● 一份对案例中主要问题的陈述和排序列表。可能你还需要简单介绍每个问题的重要性所在。

● 一份利益相关者的列表以及各自所面临的危机类型。

● 一份界定专业术语或罕见术语的列表。你也可以考虑对于那些学生在理解上存在困难的问题、概念或观点做出界定。在讨论过程中，哪些方面需要另做解释？

● 一份有关问题解决方案的列表。

● 一份最佳方案的实施和沟通计划。

● 一份案例教学计划，包括你认为教师在准备课堂讨论时需要优先做的事情，以及在前 5～10 分钟和接下来的 30 分钟如何分配课堂时间的建议等。同时还包括对总结和完成讨论提供建议。

● 一份事件年表和一系列的五到六个讨论问题也是很有帮助的。

如果你愿意，在教案中不必提供具体的行动方针，但你必须认可学生在讨论中可能提出的各种对策。你可能需要揭示在案例中究竟发生了什么（如果你知道的话），但是你当然不需要把案例本身的一些细节和盘托出。

综合性案例不仅要包括一份打印的年表，还应包括一份专业术语表以及财务数据，如资产负债表、损益表或现金流量表。当然，除非文件已经被公布在证券交易委员会年度报告或财务报告上，否则你必须获得这些文件的使用权。

B.12　准备 PPT

当你准备把你的观点通过大屏幕来展示时，你必须考虑视觉上的感受。寻求便于人们明白所发生事情的方法。包括那些有助于传递信息的视觉形象：

● 关键人物或公司官员的照片；

● 公司的标识、象征物或商标；

● 产品、人物、事件以及可产生视觉兴趣的其他形象。

保持背景模板整洁、清新、简单和整洁。视觉干扰越少越好。除特殊情况外，应控制动漫于最少量并控制音响效果。当你在准备动漫时应保持连续性和简单性。同时，还应考虑使用超链接、视频以及从商业电视或有线网络上获得的视频片段。只要你使用简短的录像而且不以营利为目的，你就可以获得授权从新闻广播上截取视频片段用于课堂教学。

B.13　整　合

定期召开团队会议，讨论有关进程、最后期限和下一步措施等相关事宜。大多数的工作可以通过电话和电子邮件来完成，但是偶尔的面对面会议也是很有帮助的。在整个过程中，任何时候团队成员之间都应该相互尊重、相互帮助。你的团队成员也因此会非常感激，作为回报，他们会尽最大的努力工作。

最后，在案例发稿前，你可能还需要进一步对其进行更新和修改，然后不断排演你的演示文稿。你的任务就是尽可能表现出真诚和专业化。如果你能够很好地完成这些，你就会得到广大观众的关注和认可。

注 释 ///////////////////////

1. Barnes, Louis B., C. Roland Christensen, and Abby J. Hansen. *Teaching and the Case Method*, 3rd ed. Boston, MA: Harvard Business School Press, 1994.

2. Dewey, John. *Democracy and Education: An Introduction to the Philosophy of Education.* New York: Simon and Schuster, 1997. Originally published 1916.

This teaching note was prepared by James S. O'Rourke, Teaching Professor of Management, as the basis for class discussion.

BIG DOG 软件

创新应用·企业软件·商业控制系统

2012 年 10 月 25 日

华盛顿州 91277 - 3022，西雅图市

Elliott 大街 786 号

莱恩·P. 麦卡锡（Ryan P. McCarthy）先生

尊敬的麦卡锡先生：

当今的商业领域中最为流行的信函格式是全齐头式，而本文就是一份全齐头式格式实例。全齐头式格式之所以如此流行，最重要的原因是其简洁明了。由于这种格式的信函很容易写就，打字员也对其青睐有加。

这种格式的信函开始于页面左边空白处，包括日期、地址、称谓、正文中的段落、问候语和签名。日期不需要居中，也不需要把问候语和签名移到页面的另一端。

请注意这种信函格式要求使用全套标点符号，包括称谓后的冒号，以及在问候语后面的逗号。页面右边空白处凹凸不齐会使信函显得不够正式，但也因此省去了打字员的部分工作。

这是当今商业信函的最常见格式。但也有一些人偏爱其他格式，尤其是所写信函超过一页篇幅时，因为缩格式书写使每一段的分界一目了然。而在全齐头式信函格式中，每一段都显得很整齐，在行与行之间空一行，而在段与段之间空两行。

1743 信箱·加利福尼亚州 92037 拉霍亚·858 - 555 - 4321

www. bigdogsoftware.com

莱恩・P. 麦卡锡先生

2012 年 10 月 25 日

第 2 页

在北美，绝大部分的商业信函都是一页的篇幅。原因有二：第一，大多数商业信函只关注一个问题，大多数人都可以在 3～4 段之内将其说清楚；第二，全齐头式信函格式不使用缩格式段落编排。

文化方面的因素也是一页式信函流行的另一个理由。北美大多数的商业信函都开门见山，至少在第二段就点明主题。欧洲、亚洲和拉丁美洲的商业信函则会花更多的笔墨来描述人际关系，问候读者的健康状况，但是大多数美国和加拿大的作者更倾向于用最少的语句将所要阐述的重点列在最前面。

如果你想写一封多页篇幅的商业信函，那么全齐头式格式可以让你轻松如愿。你只需要在第一页之后的每页的左上角加上页眉即可。该页眉应包括收信人的姓名、日期和页码。

记住，如果你需要写一封两页篇幅的信函，第二页的正文必须至少有两行字。但是大多数信函的第二页都会包括完整的一段。信函最后一段之后应该是问候语和签名，如果需要的话，还应标上复印行或附件行，以显示是否有其他人收到了信函的复印件，或者信封中是否还含有其他文件。

真诚的，

保罗・麦格斯

总经理

附件

抄送：道格・汉菲尔（Doug Hemphill）

■ 商业备忘录实例

EUGENE D. FANNING 中心

日期：2012 年 10 月 25 日

收件人：管理沟通课程的学生

发件人：奥罗克（门多萨商学院 234 号，电话：555 - 8397）

　　　　FANNING 商务沟通中心主任

主题：常见的备忘录格式

　　这里向读者展示的是在北美地区常见的商业备忘录的大致格式。最常用的备忘录包括一段概述，突出重点建议、事实和讨论，以及一系列更加详细的建议和实施细则。

　　事实。商业作者可以运用许多不同的备忘录格式。但总体而言，备忘录都具有三大特征：

　　1. 简要。大多数备忘录都只有一到两段。偶尔写作者需要撰写长达 3 页（或更长）篇幅的备忘录以涵盖必要的信息，更多的详细资料应该以附件的形式呈现。

　　2. 直接。大多数备忘录都会明确收件人。另外，大多数备忘录只含有一个主题，就是写在"主题"行中的内容。

　　3. 非正式。大多数备忘录使用口语化语言，包括使用缩写、代名词以及便于读者理解的字词或短语。总体来说，备忘录要比大多数商业信函显得较为不正式。

　　讨论。在阐述了基本事实之后，大多数备忘录会讨论这些事实对于读者的意义。你不仅应该告诉读者他需要了解的事情是什么，还应告诉他这些事情的意义及其理由。此外，讨论部分还应该对可能会影响管理者决策所涉及的事物和情形做出解释。

　　建议。最后，当读者知晓了所有的事实（也许你仅仅假定如此），并且就你所了解的情况已与他们讨论了其重要性和相关性之后，你就应该提出你的建议。

　　1. 将最重要和最直接的建议列于最前面并以非常详细的方式阐明你想做什么、如何做以及何时做。

　　2. 将次重要的建议列在其后。有时你会包括一些你并未推荐的显然可行的做法，并且简单地解释一下你不推荐它们的理由。

常见的备忘录格式

2012 年 10 月 25 日

第 2 页/共 2 页

　　3. 大多数备忘录不会超过三条建议。当然有更多的建议也没有坏处，它们会告诉读者所需要知道的信息。不要提出比你能够回答的更多的问题。应该保持问题简洁明了，运用动词组织语句，并以备忘录格式记录行动、解决问题的方案和实施决策。

　　接下去的步骤。最后，大多数决策性备忘录会提出一些关于如何实施上述行动，或者如何与负责实施的人员进行沟通的建议。

—奥罗克—

战略备忘录实例

Eugene D. Fanning 中心
圣母大学门多萨商学院

日期：2012 年 10 月 25 日
收件人：管理写作课程的学生
抄送：有兴趣了解但不必付诸行动者
发件人：商务沟通中心奥罗克（门多萨商学院 234 号，电话：555 - 8397）
主题：战略备忘录：格式和内容

该备忘录格式向公司或组织介绍一种应对具体事件或情况的沟通计划。它将简洁明了地归纳该事件或情况的细节，探讨这些事件或情况所隐含的信息，以及它们的重要性或可能带来的后果。该备忘录还将提供一个有关已实施的行动和建议实施的行动方案的详细列表。

背景

在备忘录的这一部分，作者将简要而全面地回顾案例的事实。这一段将涵盖历史数据、公共记录信息以及与所推荐的沟通策略习惯的事实。

● 以项目符号表示具有概括性的句子对于突出事实信息相当有用。

● 这一段既不包括假设、推测或猜测性信息，也不涉及以第一人称形式表述的主观看法，如："我认为……""在我看来……"或者"我觉得……"

● 在这一段中，如果每一条信息来源均是准确无误的，那么作者就应考虑将信息来源直接放在句子中，比如："2000 年人口普查的结果表明……"另一种方法是，在你所提供的信息后面以圆括号的形式表明资料来源，如："Mead 公司位于亚拉巴马州史蒂文森的工厂每年生产 40 万吨波纹型集装箱板（资料来源：*Mead Financial Fact Book*，Mead Corp.，2003，p. 5）"。

讨论

在备忘录的这一部分，作者将详细叙述在"背景"中所引用的事实可能带来的影响。正是在这部分，作者将向读者诠释那些事实的意义及它们之所以重要的原因。该段落往往是随后所提建议的依据。如果讨论比较深入或比较复杂，那么作者会使用单独的段落、副标题和项目符号来突出所涉及的各种问题。

备忘录的这部分往往比"背景"和"建议"部分来得长，它通常涵盖针对"背景"中所涉及的问题和事件的充分和详尽的讨论，并且对这些问题和事件的

战略备忘录：格式和内容

2012 年 10 月 25 日

第 2 页/共 2 页

含义及重要性进行一定的阐释。

建议

在这一部分，作者将给出具体的建议。这些建议尽可能以动词开头，各建议之间以空行隔开并添加下划线，或者使用粗体以示强调，或者使用数字（如果作者提出三条以上的建议），或者使用项目符号进行标注。例如：

1. 签署给顾客的致歉信。此信不仅对我们在 7 月 1 日运输中的不足之处表示歉意，还对所有的货物给予 2% 的折扣，以及对所有存在质量问题的零部件予以退换。（执行人：董事长）

2. 把有质量问题的零部件送质检中心检查。当质检中心完成检查后，他们需要将检查结果的复印件送至销售和营销部、客服部以及高层管理团队以供审查。（执行人：客服部）

3. 联系销售设备的零售商，检查它们的退款/退货程序。我们必须确保任何一个经销我们产品的零售商都能明确其责任，即合理的情况下，接受顾客的退货及全额退款。（执行人：销售经理）

4. 对该客户进行后续跟踪以确保其对我们所采取的措施感到满意。这一点至关重要。尽管每一位顾客都对公司很重要，但有些顾客比其他顾客来得更重要。为了确保顾客满意，有必要与每位顾客进行直接的、个性化联系，以及撰写后续报告以便公司存档。（执行人：客服部）

其他问题

有时，"建议"段落会以"行动建议"来表示，在该段落前往往还有一个标明"已采取的行动"的段落。这主要取决于组织内部的权威当局。备忘录作者显然拥有采取行动的自主权，然后，通过该备忘录向其主管或经理汇报具体情况，而同一名作者也可能会向其主管或公司其他部门/机构建议，希望读者能够同意所建议的行动。通常情况下，对于读者而言，了解已完成了什么任务，以及什么任务需要获得他们的批准永远都是很重要的。

大多数备忘录不含签名栏，也不含称谓行（"尊敬的……"），或结尾的问候行（"您真诚的……"）。大多数备考录不用签全名，而是在"发件人"行后面写上作者名字的首字母。

请注意，该两页篇幅的备忘录的第二页也应有标题，即与第一页一样的标题行、日期行和页码。

最后，大多数备忘录的每页下方均标有独特的印刷标记，有些作者使用他们自己名字的首字母，有些作者则使用他们喜欢的标记。

###

■ **文档标示**——标明你研究中所引用资料的出处

F.1 背 景

中心思想很简单：当你借鉴他人的言语或观点时，你应告知读者或听众它们的来源及其原作者。然而，这在实践中却并不简单。我们中有谁的想法是完全原创的呢？可能有一些，但是不多。大多数我们所了解的东西都是从他人那里所读到或所听闻的。较有创新的做法可能也就是修改或调整他人的观点，将其用于一个新的情境中，但是很少有人会花时间来标明其确切来源。

给你们讲授管理沟通的老师对这个问题可能有不同的看法。如果你引用了他人的言论、想法或是知识产权，你的老师会坚持让你把这些都严谨地记录下来。只要这些不是常识或你的原创，他们就希望能看到出处的标注。如果你是直接引用，他们就会要求你使用引号。

这是关系到公平、诚实和坦率的问题。把你所找到的数据或是引言的出处标出来对于文献本身及其出处是最起码的公平。另外，这也关系到诚信的问题。如果你坚持让我们通过验证你所列论据来相信你（并且仅是你自己），那么事实上，你就是将自己置于一个尴尬的境地。让证据说话和让专家说话事情会变得容易些。你自身的说服力可能不如你所引用的资料的作者，所以何不解释一下这些资料的原作者呢？何不用他们的职称、地位以及成就来支持你的论点呢？

有些人认为这没什么大不了的，但有两个举足轻重的历史学家（一度被许多人敬仰）应该不会同意这一点。据《纽约时报》的马丁·阿诺德（Martin Arnold）报道，"最近，史蒂芬·E. 安布罗斯（Stephen E. Ambrose）和多里斯·科恩斯·古德温（Doris Kearns Goodwin），这两位畅销书的作者被发现抄袭他人作品中的素材以及窃取他人的言论。到目前为止，他们已经轻松不起来了，因为这事几乎可以确定了，并且已经开始出现批判的声音……"[1]

更重要的是，麻烦接踵而至。最近，古德温辞去了哥伦比亚大学极负盛名的普利策奖委员会（Pulitzer Prize Committee）的职务，而安布罗斯则承诺在其作品随后的版本中纠正错误。阿诺德及其他关注此事的人已经明确表示他们将拭目以待[2]：

> 对于安布罗斯先生这么一个日理万机的人而言，发生一些小的疏漏也是自然的。人们并不会在意，但其实他们不应该这样，一位像安布罗斯这样富有声望的作家，在他向出版商寄出稿件之前应该仔细阅读每一句话，并且对于哪些是他自己的或他人的语句，他当然应该一目了然。

"因为他们是非常专业的历史学家，"你可能会说，"所以对他们的要求当然要高于学生了。"也许是吧，但不是每个人都认为对于大学生或者高中生的粗心和抄袭是可以姑息的。在堪萨斯州的派珀县，一个十年级的植物学项目导致多位教师辞职——为了抗议当地学校董事会拒绝支持一位老师揭露其学生作业中的抄袭行为。[3]

克里斯汀·佩尔顿（Christine Pelton）推断她 118 位学生中有 28 位抄袭了主要项目的部分内容，所以她给了他们零分。当学校董事会的负责人驳回她的决定并且给了这些作弊的学生及格分数的时候，引发了一场激烈的争论，并且到现在依然是人们争论的一个话题。佩尔顿女士辞职了，校长迈克尔·亚当斯（Michael Adams）也辞职了。当堪萨斯州怀恩多特县的当地律师尼克·A. 托马斯克（Nick A. Tomasik）开始调查此案时，说："有太多鲜为人知的事情。对老师来说，他们的一个很大的担忧是，如果这种事情发生在他们当中的一个或者他们自己身上，他们将如何去防止它的发生？"[4]

F.2 什么是抄袭

作为一名大学生，你每天都会接触到他人的作品：你会欣赏他们的画作，聆听他们的音乐，阅读他们的文章，以及与他们的创新成果合作。那是大学魔力的一部分：直接向那些被认为极富天才或是极富洞察力的人学习。为了不时地考量你的理解水平以及你学习目标的实现程度，你的老师会要求你在课堂上写作或者发言。他们不会奢望所有你说的或写的内容都是你自己的。不过，他们希望你能够告诉你的读者或听众，这些你所借鉴的想法或言论是何时以及从哪里找到的。

"抄袭，"在印第安纳大学的写作中心看来，"就是使用别人的想法或言论，但没有明确标明这些信息的来源。"[5]

本附录将考察你作为一名作者或者学生的责任感。我们会为你展示正式和非正式文档之间的区别，并将讨论复述与直接引用之间的不同之处。同时，我们还将说明在你文章中标明资料来源的价值。我们还会讨论复述和引用资料的表现形式，以及脚注或尾注的正确表达方法，以便读者明确你文章所引用资料的出处。

F.3 什么是版权

首先，对抄袭和版权侵犯做一个简单的区分。抄袭者是指这样一类人，他让你觉得文中的言论和想法都是他自己的，但事实上，那些都是他直接从别人（通常是那些更有名但不在场因此无法提出抗议的人）那里抄袭过来的。大学里学生递交这样的论文都是为了挣学分的。

版权侵犯者是指这样一类人，他们试图借用别人的作品来谋利。如果他标明资料的来源那就没关系，但他没有权利去复制并且出售这些作品。这就是版权的含义。如果你抄袭了别人的诗歌，并把它放在你打算出售的一本书里，你首先必须征得版权所有者的同意（通常是作者或者出版商），然后你可能还需要支付版权费。

　　一些简短的篇章或是版权作品中的一部分经常会出现在学生论文中、报纸评论中，甚至是谋利的教材中。《大西洋月刊》（*Atlantic Monthly*）的理查德·波斯纳（Richard Posner）说：" '合理使用' 的理论允许书评或评论性文章直接引用书中的简短篇章；另外，允许一些诙谐文作者为了达到让读者认识到这是一种模仿新作，可以根据需要拷贝他人的作品。"[6]

　　多少作品可以被认为是适合采用 "合理使用" 理论的呢？斯坦福大学前教务长康德里萨·赖斯（Condoleeza Rice）说：" '合理使用' 的概念从抽象意义上来说有些模糊，而对其的应用关键取决于具体情况和具体事实。无论是案例法还是成文法都没有明文规定哪种使用是合理的，哪种是不合理的。"[7]以内幕交易为例，法律条款是故意含糊其词的，但是允许教育机构一次性复制受保护文件中的一小部分。还有一点也很重要，即需注意到法庭对校园书店出售的复印文件采取的是一种默认的态度。

　　不再受版权法保护的著作通常被称为是 "属于公共领域的"，并且在未经许可或无须付费的情况下使用。即便如此，在大学论文中，也不能在没有将这些资料来源正确标出的情况下进行引用（否则就是抄袭）。

F.4　何时该进行文档标示

　　答案是当言论或想法显然不是你自己的原创时。文档标示包括两种形式：正式的和非正式的。

　　● 非正式的标示是指在论及相关信息时就标明其出处。例如，"米其林公司是全球轮胎生产和销售领域的领导者。最近，其主席爱德华·米其林（Edouard Michelin）展示了由该公司与中国上海一家轮胎橡胶生产商共同组成的合资企业的创造力"。这一段引言明显表明，文献来源于米其林先生而非写这篇论文的学生。

　　● 正式的标示包括脚注、尾注，还有那些涉及资料来源的信息、数据、想法或直接引用的插入语。正式标示有一些约定俗成的方式，可以让读者自己找到同样的信息。例如，"米其林公司宣称，它在市场环境艰难的情况下仍能保持盈利，其2001 年营业利润达到 6.6％"（*Michelin* 2001 *Annual Report*, p.3）。

　　正式标示是指一种可持续的、被广泛接受的，并对读者有用的标示方式。商业作者普遍采用以下三种标示方式：

　　● 作者-日期法（*Publication Manual of the American Psychological Association*）。[8]资料来源根据作者的姓氏及出版日期进行标示。例如：

　　　　卡隆·博尔杰教授（Professor Carolyn Boulger, 2003, p.2）说："当企业和大型组织对其员工进行培训，使他们认识到各群体内部及群体之间合适的沟通渠道之时，就是整合沟通转型之时。"

　　在论文结尾处，应该有一个 "参考书目" 或 "参考文献" 部分，可以使用以下的格式：Boulger, C. *e-Technology and the Fourth Economy*. Cincinnati, OH: Thomson South-Western College Publishing, 2003.

　　美国心理协会（APA）的手册鼓励作者在指导读者寻找原始的引用资料时要

尽可能具体。因此，如果你引用了一段具体的章节（就如本文上述所做的那样），那就必须标明其出处的页码。如果你引用的资料涉及书中某一章节中较多内容，则需标注出所引用的章节号 (Boulger, 2003, ch. 1)。

如果你引用的只是简单地涉及作者的主要发现，并没有具体集中在某一页或某一章，则必须写出作者的姓名和出版日期 (Boulger, 2003)。请尽可能帮助读者。如果你希望他们关注你资料来源中特定的段落或引言，那么请告诉他们去哪里找。

● 作者-页码法 (*MLA Handbook for Writers of Research Papers*)。[9] 资料来源根据作者的姓氏以及资料所在的页码进行标示。例如：

> 对于我们中的大部分人来说，团队是 21 世纪不可或缺的必需品。而随着行业、贸易、组织、机构和部门逐渐进入全球化市场，团队很有可能继续主宰组织的生命 (Yarbrough 1)。

在论文结尾处，应该有一个"参考书目"或"参考文献"部分，可以使用以下的格式：Yarbrough, B. *Leading Groups and Teams*. Cincinnati, OH: Thomson South-Western College Publishing, 2008.

● 数字法 (*The Chicago Manual of Style*)。[10] 运用上标的形式来标注资料来源，并就相应的数字标出脚注或尾注，以提供完备的资料来源标示。例如：

> 在经历了一年多的僵持之后，福特汽车公司和普利司通公司 (Bridgestone) 的凡士通公司之间的怀疑和不信任最终导致了两者的分离。这不仅使世界著名的汽车制造商和全球著名的轮胎加工商之间的合作之门从此被关闭，而且双方因一系列导致全世界数千人受伤、100 多人死亡的灾难性轮胎故障和汽车事故相互扯皮，最终决定结束彼此之间长达一个世纪的合作关系。[11]

在论文结尾处，应该有一个"参考书目"或"参考文献"部分，可以使用以下的格式：11. O'Rourke, J. "Bridgestone/Firestone, Inc. and Ford Motor Company: How a Product Safety Crisis Ended A Hundred-Year Relationship," *Corporate Reputation Review*, 4, no. 3 (Autumn 2001), pp. 255 – 264.

如果你计划在接下来的几年里成为一名大学生，那么应考虑随身拥有这些参考书中的一本。请咨询你的老师，看看他们会给你什么样的建议，或者他们所青睐的文档标示方式是怎样的。

F.5　复　述

复述就是对他人的言论进行简单的改写。这种方式在你想要用自己的语言对复杂的思想进行简单的阐释时常常很有用。几年前，投资公司高管沃伦·巴菲特看到一份共同基金章程上这么写着：

> 成熟和持续的管理决策是在成熟的背景环境下制定的。成熟的投资组合结构是根据预期的利率周期的改变来调整的。这种调整不是为了抓住市场短期的、瞬间的运动变化，而是根据长期的利率水平和波动预期（例如超常的

或与商业周期不一致的波动）做出的。

在利率预期上升的情况下，用来缩短投资组合成熟期和持续期的调整方案主要是为了控制这个时期内的资产流失。相反，延长投资组合成熟期的持续期的调整方案主要依赖于对美国和全球的经济分析，集中于实际的利率水平、货币和财政政策以及周期性指标。

他用自己的话对该章程进行了复述。

我们试图通过正确地预测未来利率而获利。如果没有具有说服力的建议，我们将购买中期债券。但是当我们预期利率将长期持续上升时，我们将购买短期债券。相反，当我们预期利率将下降时，我们将购买长期债券。我们关注宏大的目标，而不会被短期利益所左右。[12]

F.6　归属线

复述的另外一种形式就是归属线，通过这种方法，你可以针对你的论文或讲稿解释有关观点的出处：

根据作者马伊肯·舒尔茨（Majken Schultz）和乔·哈奇（Jo Hatch）的观点，组织认同是指企业的员工如何看待和理解他们是谁和他们代表谁。[13]

《荷兰》（The Netherlands）一书的作者，塞斯·瑞尔（Cees B. M. van Riel）教授认为，"可持续的企业故事"是维系与顾客和投资者之间重要关系的一种方法。尽管这是千真万确的，但是一个有趣的企业故事要比可持续性更加重要。这也是把你是谁、你希望成为谁传达给市场的一种方法。[14]

上述每一种诠释方法，作者都借鉴了别人的想法，但都用自己的话表达出来。同时，他也很认真地解释了这些观点出自谁、来自何处。（在正式的文章中，你不必用斜体字标出归属线或复述部分，在这里我用斜体只是为了帮助你识别。）

F.7　引　文

如果你使用别人的言论——没有通过自己的话进行复述——那么你必须用引号标注。

"如果你去一个高档的酒店询问一些事情，通常都会获得你想要的答案。"人力资源经理约翰·科林斯（John Collins）说，"如果你去一个高档的酒店，你甚至都不需要提问。"[15]

如果你直接引用了别人所引用的东西，你就要明白什么是引号中的引号或者说间接引用。为了区别出间接引用，一般我们用单引号标注这些内容。

"今天的主题是基本法第 14 条，其内容是告诫员工对顾客及他人需使用合适的语言方式。比如，我们要说'请接受我的道歉'，而不是'对不起'，以及用'当然，我非常愿意'代替'可以'。"[16]

请注意，句号放在引号内，同时单引号和双引号都可以用来表示句子的结束。

F.8 括 号

方括号用于标注你自己的言论而不是你所引用的句子。例如：

> 20 世纪中期，管理哲学家彼得·德鲁克写道："管理者必须学习理解语言，从而理解单词及其内在含义。对他们来说可能最重要的是必须把语言当作［我们］最珍贵的财富和遗产。"[17]

F.9 省略号

使用省略号（多个）或表示省略的小圆点表明你省略了引言中的一些词句。例如：

> 即使你的衣服价格不菲，但忽视细节或失误会破坏整体效果。如果你总是顾不上细节，那就在家中贴一张细节清单……根据清单逐一核对自己的衣着，这样当人们看到你时，他们就不会发现任何不妥。[18]

F.10 利用互联网进行研究

对于商业人士以及将通过学习成为商业人士的商科学生来说，互联网已成为卓越的实用性的工具。全球范围内有几亿台电脑互相连接，可以即时（甚至是瞬时地）访问全世界的商业信息。

然而，互联网也带来了一些问题。首先，互联网上的信息是未经组织的。史蒂芬·海耶斯（Stephen Hayes）是一所大学的商务类图书管理员，他把互联网描述为"书籍全部堆在地上的图书馆"。[19]然而，互联网也不是普通的图书馆，几乎所有人都能创建自己的主页，购买到网址，以及在网上开展业务。1997 年，美国最高法院裁定政府审查互联网内容的行为是违反宪法的。所以，学生搜索信息时除了得到有用的信息以外，还可能经常会找到一些有欠准确性的信息。海耶斯说："我们无法核实互联网上大多数网站信息的准确性。因此，在对待网上的信息时，我们也应该像对待印刷物信息那样慎之又慎。"[20]

万维网（World Wide Web）大致可以分为四个类别的网站：政府、教育、商业和非营利组织。互联网地址，即网址中的字母可以反映这些类别。公司主页（一般以".com"结尾）所发布的信息是公司希望你们了解的东西，如购买渠道、公司股价行情，以及应聘方式。公司主页在许多方面都类似于广告。

政府资助的网站（以".gov"结尾）提供丰富多样的信息，比例普查数据、国际贸易与银行数据，以及政府管理信息。这些网站通常都会根据法律规定来维护数据的权威性。学院和大学等教育机构的网站（以".edu"结尾）可以供学生、校友以及其他人查找到从课程安排一直到学校曲棍球队的情况等一切信息。

最后，那些非营利组织（一般以".org"结尾），例如美国红十字会、慈善机构、国家广播电台等网站提供的信息包括节目时间表、广播稿和该组织当前活动的具体信息。

搜索引擎和目录是互联网上查找信息最有用的工具。简单地说，搜索引擎和目录是一种帮助你查找所需信息的程序。如果你登录 www.yahoo.com，你会发现它是一个最受欢迎、使用最普遍的目录。你只需键入你想要了解的产品、服务、公司或行业的关键词，雅虎目录会生成无数可能有用的链接。目录搜索到的是较高一级的网站，例如名称和作者；而搜索引擎会帮助你深入挖掘所需信息。

你给出的定义越精准、范围越小，则某个被广泛使用的搜索引擎帮你找到所需信息的可能性就越大。大众化的搜索引擎有 www.google.com，www.dogpile.com，www.bing.com，www.altavista.com。

F.11 引用互联网资源

搜索引擎使通过网络寻找信息变得如此容易，以至于在谷歌搜索中，只需键入一个短语或者一个问题，就能产生数百个学术研究论文、企业建议书、报告以及商业信函方面的资源。除了要听取史蒂芬·海耶斯所说的"不要相信你在网络上看到的一切"的建议，还有两个问题也十分重要。在一开始我们已经谈到，不要抄袭他人的作品。所以你必须绝对谨慎地记录从他人的资源中借用或者引用的一切信息。当然，如果你引用的量很大，那么你必须得到他人的同意并且支付一定的版税。

然而，如果你大部分工作是在大学里，则你真正要面对的挑战是双重的：首先，要指出你所引用的信息是否准确、及时和可靠。其次，你必须告知如何引用这些信息，从而让其他人明白这些资源是从哪里来的。之所以你的任务会变得复杂，主要是由于互联网上的网页和网站每天都在不断地更新。前一天晚上出现的内容不会在第二天早上再出现。今天的内容在一周内可能会被删除或不再具有时效性。

以下是一些可能对大家会有帮助的例子：

如何在参考书目中引用书籍：

Dickens, C. *A Tale of Two Cities*. New York: Vintage Classics, 1990.

如何在参考书目中引用电子书：

Dickens, C. *A Tale of Two Cities* [Internet]. Charlottesville, VA: University of Virginia Library, Electronic Text Center; 1994; © 1999 [updated 1996 May; cited 2002 June 24]. Available from etext.lib.virginia.edu/toc/modeng/public/DicTale.html.

如何在参考书目中引用报纸上的文章：

Stanley, A. and C. Hayes. "Martha Stewart's New Project Is Reconstructing Her Image," *New York Times*, June 23, 2002, pp. A1, A24.

如何在参考书目中引用网站上的同一篇文章：

Stanley, A. and C. Hayes. "Martha Stewart's To Do List May Include Image

Polishing," *New York Times* [Internet]. 2002 June 23 (cited 2002 June 23)：Available from hytimes. com/2002/06/23/business/23MART. html? todaysheadlines.

如何在参考书目中引用网站上的内容：

The Eugene D. Fanning Center for Business Communication [Internet]. Notre Dame, IN：Mendoza College of Business, University of Notre Dame；[updated 2002 May 14；cited 2002 Jun 23]. Available from www. nd. edu/~fanning.

如何在参考书目中引用电子邮件内容：

Rodgers, Priscilla (University of Michigan. psr@umich. edu). Materials for ORA Nomination [Internet]. Message to：James S. O'Rourke, IV (jorourke@nd. edu). 2002 Jun 18, 13：22：28 (cited 2002 Jun 23).

APA 的凯瑟琳·希迪 (Kathleen Sheedy) 说，设置参考文献的目的就是让读者能够识别出作者的研究来源从而便于查阅。APA 希望他们在其杂志中使用的参考目录能够"有助于读者尽量接近信息来源，甚至精确到特定的页码"。[21]

当然，网站的问题在于没有页码或者章节。另外，你也可能会发现你想引用的网站上的文章版本与杂志或报纸上的版本相比，会更短一些或者有所不同。如果你比较一下上述两个来自《纽约时报》的故事，你会发现它们内容是一致的，但是标题却不一样。《华尔街日报》的琼·克朗霍尔兹 (June Kronholz) 说，关于参考文献的格式并没有唯一的权威性说法。社会学家遵循由 APA 规定的格式；历史学家遵循《芝加哥格式手册》(The Chicago Manual of Style)；而那些人文学学者则遵循现代语言协会 (Modern Language Association) 所规定的格式，或者叫 MLA 格式。[22]

上述任何手册对于你从网站上引用信息提供任何帮助了吗？APA 去年更新了其手册，其中以 19 页的篇幅说明电子出版物引用中的复杂情况。此外，据克朗霍尔兹说，MLA 已经两次更新了其参考书目格式手册，以适应互联网的需要，并且他们现在正着手撰写另一个版本。《芝加哥格式手册》也一样。但是，克朗霍尔兹说："格式仍有不同：一些手册规定在网站地址的两端加上方括号，有些则要求用圆括号。标点符号和缩写格式仍然是棘手的问题。"[23]

如果这是所有那些以此为生的职业参考文献编纂者之间激烈争论的问题，那你该做些什么呢？答案相当简单：如果你知道作者是谁的话，尽你所能向读者标示你所引用的作品的出处。运气好的话，读者也许能幸运地找到这篇文章。

这里还有一些来自克朗霍尔兹的建议以及她在《华尔街日报》上的资料来源标注：

> 当你在网站上找不到页码时，你该怎么办？
> 答案：你可以写为（大约在第 5 页）或者（大约在第 6 屏）。
> 当你在网站上找不到文章的标题时，你该怎么办？
> 答案：用屏幕上开头的几个词语自己编一个标题。
> 当你在网站上找不到作者姓名时，你该怎么办？
> 答案：仔细找，努力找，如果确实找不到，就忽略这个问题。[24]

　　尽你所能对你的读者和你所使用的信息来源做到公正、诚实和坦率。仔细复查和校对你的文章，明确了你已竭尽所能，那么你就能安心入睡了。

注　释

1. Arnold, M. "Historians Who Resort to Cutting and Pasting," *New York Times*, February 28, 2002, p. B1.

2. Ibid.

3. Trotter, A. "Plagiarism Controversy Engulfs Kansas School," *Education Week*, April 2, 2002, 21, no. 9, p. 5.

4. Ibid.

5. "Plagiarism: What It Is and How to Recognize and Avoid It," Writing Tutorial Services, Indiana University, Bloomington, IN. Available online at: www.indiana.edu/~wts/wts/plagiarism.html. Retrieved June 22, 2002.

6. Posner, R. A. "On Plagiarism," *Atlantic Monthly*, April 2002. Available online at: www.the atlantic.com/issues/2002/04/posner.htm. Retrieved June 22, 2002.

7. Rice, C. "Copyright Reminder," A memo to members of the faculty, Hoover Institution fellows, academic staff, and library directors, Stanford University, October 30, 1998. Retrieved June 22, 2002, from firuse.stanford.edu/rice.html.

8. *Publication Manual of the American Psychological Association*, 4th ed. Washington, DC: American Psychological Association, 1994.

9. Gibaldi, J. and H. Lindenberger. *MLA Style Manual and Guide to Scholarly Publishing*, 2nd ed. New York: Modern Language Association of America, 1998.

10. *The Chicago Manual of Style: The Essential Guide for Writers, Editors, and Publishers*, 14th ed. Chicago, IL: University of Chicago Press, 1993.

11. O'Rourke, J. "Bridgestone/Firestone, Inc. and Ford Motor Company: How a Product Safety Crisis Ended a Hundred-Year Relationship." *Corporate Reputation Review*, 4, no. 3 (Autumn 2001), pp. 255–264.

12. *USA Today*, October 14, 1994, p. C1.

13. Schultz, M. and J. Hatch. "Scaling the Tower of Babel: Relational Differences Between Identity, Image, and Culture in Organizations," in *The Expressive Organization: Linking Identity, Reputation, and the Corporate Brand.* Oxford, UK: Oxford University Press, 2000, p. 15.

14. Van Riel, C. "Corporate Communication Orchestrated by a Sustainable Corporate Story," in *The Expressive Organization: Linking Identity, Reputation, and the Corporate Brand.* Oxford, UK: Oxford University Press, 2000, pp. 157–181.

15. Hemp, P. "My Week as a Room-Service Waiter at the Ritz," *Harvard Business Review*, 80, no. 6 (June 2002), p. 54.

16. Ibid.

17. Drucker, P. F. *The Practice of Management.* New York: Harper & Row, 1954.

18. Baldrige, L. *Letitia Baldrige's New Complete Guide to Executive Manners.* New York: Rawson Associates, 1993, p. 225.

19. Hayes, S. Mahaffey Center for Business Information, Mendoza College of Business, University of Notre Dame. Personal communication, April 2001.

20. Ibid.

21. Kronholz, J. "Bibliography Mess: The Internet Wreaks Havoc with the Form," *Wall Street Journal*, May 2, 2002, p. A1.

22. Ibid.

23. Ibid.

24. Ibid.

■ 企业专业人士的媒体关系——如何准备广播新闻采访

G. 1 引 言

在你的商界职场生涯中，与媒体的接触是在所难免的。通常某个突发事件发生时，媒体往往会在你措手不及的时候采访你，以期把你当作某领域的专家。

即使新闻媒体无法直接为我们与公众打交道，并且它们对公众的观点的影响也是间接且有限的，它们还是可以通过精心准备的消息发布为我们接触广泛的人提供颇具价值的服务和机会。那些善于和媒体打交道的人发现，与媒体打交道之前做好精心的准备并对媒体的运作机制有所了解是必不可少的。

G. 2 讨 论

你是否接受过媒体的采访？采访的效果如何？你对记者的印象如何？在事后你是否收听或阅读到相关报道？最后的报道内容是否忠实于你们之间的采访实际？

另外一系列问题是关于新闻媒体的，你对媒体的印象如何？对记者群体的印象如何？面对记者或编辑针对某一问题看法的提问时，是否应该做出积极的回应？

把以往和媒体打交道的经历抛在脑后，现在的你是否愿意再次接受媒体的采访？

总体而言，大多数企业和营利机构对媒体的采访，以及公司官员，尤其是高管直面公众抱有积极的态度。而大多数非营利组织则遵循这样的原则，即由公共关系办公室为这样的采访做准备和安排，当然，具体的采访对象不仅仅局限于公共关系办公室。事实上，大多数新闻机构更愿意与"新闻制造者"或者实际负责人打交道，而非企业派出的"官方发言人"。

如果你收到了采访的邀请，请你把这视作一个向公众讲述公司故事以及你的观点的绝佳机会，至少这是一个向广大听众传递你的观点的廉价途径。无论采访是以何种名义进行的，你都可以向公众展示组织的理念和蓝图。

然而如果你接受采访的话，你要切记这一切并非坦途。虽然接受采访的失败案例并不常见，但如果没有精心准备，失败也会不期而至。如果你能够遵循以下一些基本原则，为采访做准备并非难事。

G. 3 访谈前一周

至少在接受采访的前一周，你需要考虑以下方面：
● 向你公司的公关部经理询问，他对于这次采访所做的计划。采访将在什么时间、什么地点进行？主题是什么？是否我们计划将问题集中于某个主题，而记者希望涉及多个主题？记住，最好把焦点集中于此次访谈的主题，并且做好充分的准备，针对小范围内的问题做出解答，而不是任由记者随心所欲。如果你的公司没有此类公关部经理，那你就需要向你的同事请教，当然他必须是了解事情真相的、资深的且你信得过的。你需要考虑哪些问题可能会被问及，哪些是你最希望回答的问题，哪些是你不希望回答的问题。在向你信赖的同事征求意见之后，如果你还是不自信，那你就需要向专业的媒体公关顾问求助。因此而花费的时间和资金在保护你公司的声誉、股价、市场份额以及公众形象方面，会给出超值的回报。

● 阅读一些有关本次采访者的材料，或者观看一些你要参加的这个栏目的视频。了解该采访者或记者是如何工作的，其风格又是怎样的。

● 开始收集信息来确定你的"议程"。你在想什么？你的信息有哪些？你希望谈论的三到四个关键问题是什么？整合最新事实和数据，并着重考虑如何很好地整理所收集的信息。练习用 15～20 秒的时间段落来表达你的观点。这样如果它们被剪辑，你的观点也是独立的。大声说出你所准备的访谈内容，直到你对此倒背如流。反复操练，直到你对访谈主题胸有成竹。

● 准备一张随身携带的卡片，上面记录着时间、地点、采访者的姓名以及他所在的媒体单位。此外，还应包括其他重要细节，比如你会如何到达采访地点，谁会与你同行，将他的电话号码和姓名记录在卡片上。卡片的另一面，写下三到四个你将要谈及的要点并附上具体的支持性细节、数据和事实。

G.4　访谈前一天

在访谈的前一天，检查一下最后的细节部分。

● 让公关部经理与记者或主持人核对采访的地点和时间。在节目中谁将引导你？谁也将一起受访？谁将提问？这样到时你就不至于手忙脚乱、不知所措了。

● 检查一下你的卡片，确保卡片的内容完整正确，充分反映你对将要讨论的问题的立场。确定你的立场同时也反映了你所在组织的政策和当前管理层的观点。记住，你不仅代表你的公司，你还代表公司的员工、股东和其他利益相关者。

● 检查你明天日程中所涉及的交通、停车位和其他要素。你将如何到达采访地点？你将把车停在哪里？到那里需要多少时间？交通和天气会有什么问题？

● 确定穿上你最合适的衣服。穿着保守，以契和你的观点。你还可以考虑理个发。

G.5　采访当天

接受采访的当天，你还应该关注一些最后的细节：

● 观看当天的早间新闻，阅读报纸，浏览你最喜欢的新闻网站。查阅当地新闻并阅读早上的最新报道，看看是否有最新消息可在回答记者提问时为己所用。即使早间新闻所涉及问题并不属于你的专业领域，但仍有可能被记者问及，因此也应做好应答准备。

- 如果采访被安排在下午或者当天更晚些时候，男士应再刮一次脸，假如胡须特别浓密的话。检查一下你的衬衫、外套及鞋子，以尽可能留下最好印象。
- 尽早到达。在录播前给自己几分钟镇定一下，熟悉环境并重温采访笔记。
- 如果是坐着受访，则需解开西装扣子。从背后拉一下西装，以整理衣服上的褶皱之处。如果是站着受访，则需将西服扣子扣好。
- 男士：应穿高腰袜。颜色搭配得当，款式尽量简洁。
- 女士：穿素色无装饰的袜子，佩戴简洁素雅的珠宝。尽管晚宴上珠宝可让你熠熠生辉，但在电视节目上会太抢眼而分散观众注意力。
- 如果需要的话，你应佩戴眼镜。它可以让你更舒适自在些，又避免了将长久佩戴眼镜而在脸上留下的印痕暴露在聚光灯下。
- 无论是接受室内还是室外的采访，都不要戴太阳镜或有色眼镜。聚光灯会使镜片颜色加深而阻碍你与观众的眼神交流。
- 男士：不要穿背心、宽条纹衫或格子衫；单色、细条纹的衣服为上选。
- 女士：不要穿过艳或过暗的衣服。坐着受访时，超短裙会很麻烦，也不要穿。

G.6　录像之前

在进入演播室后，你需要考虑以下几件事情：

- 查看一下演播室的布局，观察一下镜头、话筒、灯光设备和工作人员的位置。如果有可能，可先与工作人员交流一下，这会让你更显亲切，也会消除你的紧张感。
- 男士：如果采访方提供化妆，那么收起你的骄傲，姑且接受化妆吧！这样你会更上镜，况且采访结束卸妆也很方便。
- 女士：不要刻意给自己化妆打扮。如果适合商业会议的化妆，那它也适合上电视。
- 检查一下演播室的监听室的位置。然后，在正式录播时，不要去看它，将目光只专注于主持人。
- 向大家介绍你自己。从心理学上讲，这种主动亲近他人的行为会让人感到友好、大方而不拘束。
- 如果你确有身体上的不适（如听力障碍）而希望侧面拍摄的话，则应诚恳地告知栏目组工作人员。
- 坐在椅子的前端，侧身45度对着摄像机镜头，面对采访者。将手放在膝盖或大腿上，不要无精打采，要坐直。
- 手势有益于沟通。轻轻握着自己的手，随意地放在腿上，这样就可以在需要时自由地做手势。手势还有助于消除紧张。
- 采访过程中90%的时间你需要看着采访者，并且只有当需要集中思考时才偶尔移开目光。尽量保持目光接触以提高真诚度。

● 在我们的陈述中，7％的含义出自我们的语言；38％的含义通过声音和音质传递，而55％的含义通过其他非语言的方式交流，包括肌肉紧张度、面部表情、身体姿势、肢体动作及手势。其中一些是有意识的，而更多的则在无意识的情况下发生的。你的目标是展现一个轻松、自信和专业的形象。人们会倾听你所说的话，但他们更会通过观察你的举止来对你进行评价。

● 记住，较之你所讲的内容，观众对你讲话的方式会更加记忆深刻，因此包装和传递你的信息的方式显得尤为重要。虽不幸，但却是事实——当他们结束电视访谈离开时，脑海中留下的并不是你提供的事实，而许多是有关你的印象和形象。

● 使用音频检测或麦克风检测来确定自己的声音有助于传递有关你组织或事业的积极的观点。

● 不要对着麦克风或在它附近说一些你不愿让全世界都知道的事情。要假设所有的摄像机和麦克风都处于工作状态。记住，你一直都在被录影，如果你说了或做了愚蠢的事，那些录影带都会保存下来。

G.7 传递你的信念

● 你的陈述不仅应包含你的想法，还应包括你的感受。你的情绪、精力和热情将对你在采访中取得成功至关重要——更多地强调情感而非认知。

● 你需要通过你的声音、手势、空间关系、肢体动作及语言传递你的观点。这些语言不是孤立的，它们是通过面部表情、声调以及一系列非语言的行为来呈现的。

G.8 你可能面临的问题类型

在大多数采访中，你会发现许多不同类型的问题。你能否成功地处理这些问题部分取决于你能否识别问题类型。

● 焦点问题。即那些让你有机会通过深入探究细节或提供例证来扩展观点的问题。

● 回避性问题。即那些你只是不愿意回答的问题，之所以不愿意回答可能是因为它们会给你或你的公司带来不利。可以用一种积极的方式复述问题的关键部分，然后将其过渡到你想阐述的观点上来。

● 可控性问题。即那些看似相对简单，但你愿意反馈给采访者的问题。在回答这些问题时，你应当针对问题的要点做出积极的评价，而非针对问题的处理做出评价。你甚至可以考虑以你期望的方式来重新叙述问题。

● 事实性问题。即那些看似非常直接或坦率的问题。它要求事实资料。然而不要局限于事件或数据，而应当将它们与你要表达的积极观点联系起来。

● 假设性问题。即那些要求你对将来做出推断或为一系列可能永远不会变成事实的假设做出回应的问题。不要陷入推断、假设或猜测之中。你可以通过回答你希望采访者提及的问题来转移这些假设性问题。

● 必选性问题。即需要你在采访者所提出的两个你都不认可的观点中做出选择的问题。不要落入采访者的术语、选择、分析或备选方案的陷阱之中。阐述你自己的观点，避免对一个问题采取比较极端的回答。很少有问题是非黑即白的，大部分问题相当复杂，有多种观点。

● 错误事实或错误的假设性问题。即那些由采访者或主持人以一个错误的事实开头，从而误导观众（听众）的问题。礼貌而坦率地纠正问题，但是，在回答问题的过程中千万不要放过任何重要的错误陈述。

● 引导性或哄骗性问题。即那些显然在引导你得出提问者预设结论的问题。不要被牵引到由采访者寻求证据以支持原有结论的路径中。通过提出"更重要的问题"或重新聚焦到你认为观众最需要理解的观点的讨论上来把握住整个访谈过程。

G. 9　保持对采访的控制

一些简单的技巧可以帮助你掌握采访的主动权，而不是由采访者或主持人牵着你走。如果你掌握了采访的过程，你就可以关注自己的议程，将你的观点和你想说的表述出来。反之，若没有掌握好采访的过程，采访者或主持人会将此次访谈引向他们所希望的方向。这就意味着你和你的企业、你的同事错失了一次宝贵的机会。

争取思考的时间。你可以要求采访者复述一遍问题或要求以其他形式来重新陈述问题，从而为自己赢得一个用于思考的短暂空隙。但不要过度使用这种方法，一两次足矣，它能够为你争取到一些时间。

● 把握节奏。不要让采访者打乱或干扰你的节奏。因为当提问者提出一个又一个问题时，毫无疑问，这会打乱你的节奏、时间和思考框架。你应当保持冷静、放慢节奏，同时掌握控制权。

● 搭桥。如果遇到了你难以应付且无法回避的问题，你应该勇于面对并承认它。在承认了问题的事实方面之后，将其衔接到你想要表达的观点上。

● 标注出要点。长时间的访谈可能需要在编辑后才能播报。你可以通过确定要点——需要谨记的，以及手头上最主要的问题来帮助你自己、采访者和编导。

● 采取主动。在一个问题回答结束前，你可以引导采访者问一些他可能没有想到的问题，从而留出讨论的空间。

● 保持积极的态度。不要重复使用消极的字词或短语。不要让采访者将他们的意思强加于你；不要按照采访者描述事情的方式去使用情绪化的哄骗性言辞。

● 不要说过多的话。一旦你已经充分和准确地回答了记者或节目主持人的提问，一旦对于该给定的主题你已经说了所有需要说的话，接下来最好的选择就是保持沉默。毕竟，"暖场"是记者或主持人的责任，而不是你的责任。在镜头或话筒前坐着或站着可能会使你激动起来从而导致你比通常情况下说得更多。为了避免这种情况，你可以通过准备和提供完整的、精确的、深思熟虑的回答来保护自己。但这并不意味着你要喋喋不休。不要东拉西扯地说一些你过后就会后悔的话。

G. 10　其他需要注意的事项

● 了解采访你的记者和听众。谁将是你要交谈的对象？谁又是你的观众和听众?

● 说实话。诚实地回答问题。如果你不知道答案，就照实说。但是不要说"无可奉告"，说这句话会显得你有负罪感或害怕触及该问题。

● 避免争论。与专业记者或脱口秀主持人争辩，你准输。因为他们与此类事情打交道的时间比你长得多。

● 保护记录。永远不要脱离记录而自由发挥。

● 利用你的经验、气质、权威和专业知识。毕竟你是他们想要见的、聆听的和交谈的人。

G.11 结 论

对你和记者或者脱口秀主持人来说，访谈可以是双赢的：他获得一次采访机会，充实播放时间或报刊栏目；而你得到了一个表达观点的机会。然而，你必须做好充分准备，保持自信并控制好局面。如果你这样做了，那么你的公司、同事、股东以及顾客都将会因此受益。

新闻稿 发行：♯2012 – 05

联系方式：奥罗克教授

　　　　　电话：219/555 – 8397

　　　　　传真：219/555 – 5255

　　　　　电子邮箱：James. S. ORourke. 2@nd. edu

立即发布

有关新闻稿格式的建议

　　印第安纳州圣母大学（2012 年 10 月 25 日）——这是一篇典型的新闻稿式样。根据《有效的公关关系》（*Effective Public Relations*）一书的作者斯科特·M. 卡特利普（Scott M. Cutlip）和艾伦·H. 森特（Allen H. Center），该书的第九版新闻稿即将完成，印刷或复印在 8.5 英寸×11 英寸规格的纸张上，然后被传送或通过电子邮件邮寄给所有拥有对该主题感兴趣的读者的媒体。当新闻或广播的最后期限临近，通常最好传递一份稿件给当地的媒体。

　　确认：稿源的姓名、地址、电话号码应当出现在左上方。新闻稿应当包括需要更多信息时可联系的人的姓名和号码。

　　发布日期：大多数新闻稿应该是即时发布的。只有当情形要求必须控制在特定的时间内发布，再规定一个可控制的发布时间和日期。

　　空白处：使用宽行距。印刷稿件需要空一行，广播稿件需要空两行。

—更多—

图书在版编目（CIP）数据

管理沟通：以案例分析为视角：第 5 版/詹姆斯·奥罗克著；康青译 . —北京：中国人民大学出版社，2018.9

（工商管理经典译丛）

ISBN 978-7-300-26128-7

Ⅰ.①管… Ⅱ.①詹… ②康… Ⅲ.①管理学 Ⅳ.①C93

中国版本图书馆 CIP 数据核字（2018）第 194081 号

工商管理经典译丛

管理沟通——以案例分析为视角（第 5 版）

詹姆斯·奥罗克 著

康 青 译

Guanli Goutong——Yi Anli Fenxi wei Shijiao

出版发行	中国人民大学出版社		
社 址	北京中关村大街 31 号	**邮政编码**	100080
电 话	010 - 62511242（总编室）	010 - 62511770（质管部）
	010 - 82501766（邮购部）	010 - 62514148（门市部）
	010 - 62515195（发行公司）	010 - 62515275（盗版举报）
网 址	http://www.crup.com.cn		
经 销	新华书店		
印 刷	天津中印联印务有限公司		
开 本	787 mm×1092 mm 1/16	**版 次**	2018 年 9 月第 1 版
印 张	23.5 插页 2	**印 次**	2023 年 5 月第 7 次印刷
字 数	508 000	**定 价**	55.00 元

中国人民大学出版社　管理分社

教师教学服务说明

　　中国人民大学出版社管理分社以出版工商管理和公共管理类精品图书为宗旨。为更好地服务一线教师，我们着力建设了一批数字化、立体化的网络教学资源。教师可以通过以下方式获得免费下载教学资源的权限：

★ 在中国人民大学出版社网站 www.crup.com.cn 进行注册，注册后进入"会员中心"，在左侧点击"我的教师认证"，填写相关信息，提交后等待审核。我们将在一个工作日内为您开通相关资源的下载权限。

★ 如您急需教学资源或需要其他帮助，请加入教师 QQ 群或在工作时间与我们联络。

中国人民大学出版社　管理分社

🔔 **教师 QQ 群：** 648333426(工商管理)　114970332(财会)　648117133(公共管理)
　　　教师群仅限教师加入，入群请备注(学校＋姓名)

☎ **联系电话：** 010-62515735，62515987，62515782，82501048，62514760

✉ **电子邮箱：** glcbfs@crup.com.cn

📍 **通讯地址：** 北京市海淀区中关村大街甲 59 号文化大厦 1501 室（100872）

管理书社

人大社财会

公共管理与政治学悦读坊